Neues Vorlesebuch Religion 2

Für Kinder von 6–14 Jahren

Herausgegeben von Dietrich Steinwede

Verlag Ernst Kaufmann

Die Deutsche Bibliothek – CIP-Einheitsaufnahme

Neues Vorlesebuch Religion: Geschichten für Kinder von 6–14 Jahren /
hrsg. von Dietrich Steinwede. – Lahr: Kaufmann.
2 (1998)
ISBN 3-7806-2449-4

1. Auflage 1998*
© 1998 Verlag Ernst Kaufmann, Lahr
Alle Rechte vorbehalten · Printed in Germany
Umschlaggestaltung: JAC
Hergestellt bei Bercker GmbH, Kevelaer
ISBN 3-7806-2449-4

Inhalt

G = Gedicht

Vorwort 14

LEBEN IN DER FAMILIE

Essgeschichte   *Gina Ruck-Pauquèt* 18
Einschlafgeschichte   *Gina Ruck-Pauquèt* 19

Der Vater

Mein Vater (G)   *Regina Schwarz* 20
Die leise Stimme   *Papago Woman* 20
Die Geschichte von dem Kind und dem Bild   *Rolf Krenzer* 20
Stern unter Sternen   *Manfred Hausmann* 21
Eine ziemlich haarige Geschichte   *Frederik Hetmann* 24
Ein Vater für den Trödelmarkt   *Ed Franck* 27

Die Mutter

Mutters Geburtstag (G)   *Dietrich Seiffert* 29
Mamas lustiges Leben   *Renate Schupp* 29

Geschwister

Zauberfisch   *Susanne von Schroeter* 33
Manuel   *Gina Ruck-Pauquèt* 36

Eltern

Das arme Kind   *Gina Ruck-Pauquèt* 38
Kummerjan   *Renate Schupp* 39

Die Großmutter

Meine Großmutter, meine Liebe   *Elisabeth Ntlhane, Südafrika* 42
Der blaue Brief   *Susanne von Schroeter* 43
An meine Großmutter   *Wolfgang Poeplau* 46

Der Großvater

Großvater und ich (G)   *Indianisch* 48
Der Weg   *Renate Welsh* 48

Hinter der Tür *Sigrid Kruse* 50
Damals in Kukulau *Dietrich Seiffert*. 53
Die Tür *Mechtild Theiss*. 55

Pflegekind – Adoption

Kleine Schritte zum Frieden *Harm H. Ridder*. 57
Zweimal Geburtstag *Susanne von Schroeter* 59

Kindesmisshandlung

Die Sache mit Harald Weißmann *Manfred Mai* 63

SICH SELBST WAHRNEHMEN

Wer bin ich?

Was du alles kannst (G) *Max Bolliger* 67
Nur ein Gefühl (G) *Gundula Menking*. 67
Manchmal (G) *Claudia Höly* 68
Tino denkt nach *Lene Mayer-Skumanz* 68
Lied des Menschen(G) *James Krüss* 69
Morgen *Gina Ruck-Pauquèt* 70

Zweites Ich

Milliputanien *Gina Ruck-Pauquèt*. 71
Der Zoo *Gina Ruck-Pauquèt*. 72
Der Hund *Gina Ruck-Pauquèt*. 74
Ein Fisch sein *Gina Ruck-Pauquèt*. 75

Was ich bin

Etwas vom Denken *Susanne Kilian* 76
Universum im Universum *Gudrun Pausewang*. 78

Wie ich bin

Wie ein Igel *Charles Singer*. 79
Ich mag mich *Gudrun Pausewang* 80
Gebet (G) *Fritz Köbler*. 83

Angst haben

Ein Traum (G) *Viola Richter* 83
Mitten in der Nacht (G) *Rolf Krenzer* 84

Traurig (G) *Regina Schwarz*	84
Der Spuk *Gina Ruck-Pauquèt*	85
Die bösen Tiere *Gina Ruck-Pauquèt*	86
Angst *Susanne Kilian*	87

Gegen die Angst

Der Sprung *Gunter Preuss*	89
Realitätsgefühl (G) *Marcus Carell*	92
Eins zu null für Bert *Hiltraud Olbrich*	93

Geborgenheit – Aufbruch

Lukas in der Hundehütte *Gudrun Pausewang*	97
Morgen werde ich aufbrechen *Gina Ruck-Pauquèt*	98
Die Geschichte vom jungen Krebs *Gianni Rodari*	103
Das Wagnis *Gudrun Pausewang*	104

Sich selbst überwinden

Die Sache mit dem Geld *Karin Bolte*	105

ANDERE WAHRNEHMEN

Ich und du

Wir (G) *Irmela Brender*	109
Du bist du (G) *Unbekannter Verfasser*	109

Freundschaft

Wen du brauchst (G) *Regina Schwarz*	111
Wer einen Freund hat (G) *Rolf Krenzer*	111
Wer eine Freundin hat (G) *Rolf Krenzer*	112
Hallo, liebe Freunde (G) *Mike Theobald, 6 Jahre*	112

Freundschaft in der Krise

Schlag was kaputt *Gina Ruck-Pauquèt*	113
Judith *Gudrun Mebs*	114
Der Klassenaufsatz *Jürgen Banscherus*	118
Die Kreidestadt *Gina Ruck-Pauquèt*	122

Erziehung

Migi und Opa *Gina Ruck-Pauquèt*	124

Migi und Onkel Kurt   *Gina Ruck-Pauquèt* 125
Das gesunde Kind   *Gina Ruck-Pauquèt* 127

Liebe

Migi und die Frau Schneewittchen   *Gina Ruck-Pauquèt* 128
Liebesgeschichte   *Gina Ruck-Pauquèt* 129
Was ist Liebe? (G)   *Gadieja, Südafrika* 130
Erwartungen (G)   *Fritz Köbler* 130
Die Züge nach Morrow   *Theodor Weißenborn* 131

In der Schule

Ich hab niemand, der mir hilft   *Gudrun Pausewang* 134
Vertrauen schenken   *Manfred Mai* 137
Unser Alois   *Gudrun Pausewang* 139

Alte Menschen

Telefonstreich   *Hartmut Kulick* 143
Seligpreisungen eines alten Menschen (G)   *Aus Afrika* 144

Außenseiter

Trotzdem (G)   *Rainer Hohmann* 145
Der Bankräuber   *Gudrun Pausewang* 146

Ausländer

Meine Heimat ist hier   *Bahattin Gemici* 150
Etwas ganz anderes   *Manfred Mai* 150
Lucias Vater   *Ursula Fuchs* 152
Marijana und die neuen Wörter   *Nortrud Boge-Erli* 156
Zwei Freunde   *Wolf D. Aries* 162

Asylbewerber

Alle in einem Boot   *Susanne von Schroeter* 163
Früher, später, jetzt   *Gudrun Pausewang* 167

Gemeinschaft mit Ausländern

Ein Haus des Friedens   *Rolf Krenzer* 169
Straßenbahn   *Renate Welsh* 172

Behinderte

Stefan   *Renate Welsh* 176
Na und!?   *Achim Bröger* 178

Katrin ist viel unterwegs   *Gudrun Pausewang* 183

Obdachlose

Geh an ihm vorbei (G)   *D. J. Purnell, 14, USA* 184
Der Mann auf der Bank   *Gina Ruck-Pauquèt* 185

Verwahrloste

Thea   *Gina Ruck-Pauquèt* 188

Drogenabhängige

Ein Tag in meiner realen Hölle   *Anja, 14 Jahre* 191

Dennoch lebenswertes Leben

Migi und Jannika   *Gina Ruck-Pauquèt* 193
Hannes   *Sepp Hollweck* 194
Für diesen Erik bist du da   *Rolf Krenzer* 196
Er und sie (G)   *Thomas Seiterich* 199
Trotzdem   *Gudrun Pausewang* 200

AGGRESSION – GEWALT

Dunkle Vergangenheit

Ihr, die ihr auftauchen werdet (G)   *Bertolt Brecht* 204
Der Empfang   *Hans-Peter Richter* 204
Die Internationale   *Hans-Peter Richter* 206
Wahl   *Hans-Peter Richter* 208
Nur ein schmaler Spalt   *Willi Fährmann* 211
Der Mann mit dem einen Arm   *Frederik Hetmann* 215

Gewalt gegen Juden

Mach mich klein wie eine Maus   *Winfried Bruckner* 218
Du wirst bald abgeholt   *Leserbrief eines Überlebenden* 221

Realität des Krieges

Der Angriff   *Hans-Peter Richter* 222
Hiroshima (G)   *Schuzo Nishio, Japan* 226

Die Kinder und der Krieg

Kinder aus dem ehemaligen Jugoslawien schreiben gegen den Krieg ... 227

Krieg ist ein schmutziges Geschäft   *Renate Schupp* 229
Schreibstunde I – Schreibstunde II   *Rudolf Otto Wiemer* 233
Eine Bombengeschichte   *Elfriede Becker* 234

Für den Frieden

Strandgut (G)   *Rudolf Otto Wiemer* 236
Uri auf der Demo   *Gudrun Pausewang* 237
Der Frühling und das Kind   *Janusz Korczak* 242
Friede (G)   *Schlomith Grossberg, 13 Jahre* 243

NATUR – KREATUR BEWAHREN

Der Mensch und die Bäume

Bäume (G)   *Heinz Piontek* 244
Ich bin ein Baum (G)   *Hans Peterson* 244
Der Baum (G)   *Bischof Hippolyt von Rom* 245
Einen Baum pflanzen   *Gina Ruck-Pauquèt* 245

Eins mit der Erde

Eins mit der Erde (G)   *Norman H. Russell* 246
Was ich ihm sage (G)   *Simon J. Ortiz* 247
Ganz anders (G)   *Rudolf Guder* 248

Leben bewahren

Der Hibiskus   *Susanne von Schroeter* 249
Die Linde   *Gudrun Pausewang* 253
Der Jäger spricht den Hirsch an (G)   *Jimalee Burton*. 255
Gebet an den jungen Zedernbaum (G)   *Indianisch* 255
Diese Erde ist uns heilig (G)   *Häuptling Seattle* 256
Danke   *Käthe Recheis* 257

Knappes Lebensmittel Wasser

Ich weine vor Durst (G)   *Alonzo Lopez*. 259
Der Reuschebach (G)   *Gudrun Pausewang* 259
Kann Wasser aufhören?   *Renate Schupp*. 260
Ein Brunnen für Afrika   *Susanne von Schroeter* 261

Knappes Lebensmittel Brot

Großmutter sagt (G)   *Rudolf Otto Wiemer*. 264

Welt-Themen   *Ingrid Kötter* 265
Zweimal Brot und zweimal Milch   *Elfriede Becker*............... 266
Das halbe Brot   *Nach Günter Schulze-Wegener* 267
Abendmahl im Slum   *Gudrun Pausewang*...................... 269

Tiere und Pflanzen als Mitgeschöpfe

Geburt eines Fohlens   *Linda Hogan* 270
Morgenröte   *Gina Ruck-Pauquèt* 271
Jedem kann man nicht helfen   *Heribert Haberhausen*............. 277
Das Wunder   *Gudrun Pausewang*............................ 277
Wenn wir der Erde etwas wegnehmen   *Jimmie C. Begay* 281
Ich werd' mal so wie Onkel Sepp   *Gudrun Pausewang*............ 282

IN EINER WELT LEBEN

Weltweite Gefahr

Diese Angst (G)   *Franz Fühmann*............................ 288
Wissen und vergessen   *Susanne Kilian*........................ 288
Sie sägen die Äste ab (G)   *Bertolt Brecht*...................... 290

Not in der einen Welt

Das Rattenkind   *Eva Maria Kremer* 290
Das Versprechen   *Isolde Heyne*.............................. 295
Canillitas   Rolf Krenzer.................................... 298

Kinderarbeit

O du fröhliche, o du selige...   *Hans-Martin Große-Oetringhaus*..... 300

Kinderprostitution

Alles gelogen   *Uwe Pollmann* 303

ZEIT – FREIZEIT GESTALTEN

Tiefendimension Zeit

Früher war alles ganz anders (G)   *Martin Auer*................. 306
Wie alt bist du?   *Max Bolliger*.............................. 306
Die Zeit und Lena mittendrin   *Susanne Kilian*.................. 307

Freie Zeit

Mittwochs darf ich spielen   *Kirsten Boie* 308
Medium (G)   *Fritz Köbler* 312
Keine Zeit für Märchen   *Jennifer Bottländer, 11 Jahre* 313
Der verlorene Sonntag   *Robert Tobler*. 313
Der Papalangi hat Zeit   *Südseehäuptling Tuiavii*. 316

UNTER DER MACHT DES TOTALITÄREN

Diktatur

In einem solchen Land   *Ursula Wölfel*. 318

Ausgeliefert sein

Der Jude   *Hans-Peter Richter* 321
Ende   *Hans-Peter Richter* 323
Ralph und Rita   *Harald Poelchau*. 325
Tod in Auschwitz   *André Schwarz-Bart* 327
Shalom David   *Antoinette Becker*. 331

EINE WELT?

Schwarze – Weiße

Dieser Mensch war ein Schwarzer   *Kurtmartin Magiera*. 334
David   *Hartmut Kulick* 336

Gerechtigkeit

Was willst du noch (G)   *El Loko*. 339
Ist das gerecht?   *Renate Schupp*. 340

CHRISTLICHE FESTZEITEN

Martinsfest

Martin   *Lene Mayer-Skumanz*. 341
Das Schlusslicht vom Sankt-Martins-Zug   *Josef Reding* 342

Advent

Das Licht der Kerze   *Rolf Krenzer*. 344

Jakob wartet auf Weihnachten   *Lene Mayer-Skumanz* 346
Dinis Christfest-Wunsch   *Bruno Horst Bull* 347
Der oberste Brief auf dem Stapel   *Gudrun Pausewang* 348

Weihnachten

Das kann ich noch   *Gudrun Pausewang* 350
Die Dinkelsbacher Weihnacht   *Gudrun Pausewang* 354
O du fröhliche   *Dietrich Seiffert* 361

Ostern

Die Tulpe (G)   *Josef Guggenmos* 363
Die Knospe   *Susanne von Schroeter* 364
Worte   *Gina Ruck-Pauquèt* 368

NEU LEBEN – VERLÄSSLICH LEBEN

Was ist das Leben? (G)   *Hans Baumann* 371
Jetzt nicht mehr   *Gudrun Pausewang* 372
Der Landstreicher und der Baum   *Gina Ruck-Pauquèt* 373

NACH GOTT FRAGEN

Gott suchen – Gott sehen

Was du nicht sehen kannst (G)   *Max Bolliger* 375
Die Fische im Fluss   *Aus einer alten Klosterschrift*. 375
Lied für jeden Tag (G)   *Hans Baumann*. 376
Ich weiß nicht, wie Gott aussieht (G)   *Gustav Heinemann* 376
Der Gewaltige und der Gütige   *Jakob Kneip* 377
Was du meinst, ist Gott (G)   *Birgitt Siegl*. 377
Tino und das Telefon   *Lene Mayer-Skumanz* 379
Tino sucht den lieben Gott   *Lene Mayer-Skumanz* 380
Früher   *Martin Buber* 381
Die Nacht im Dom   *Dino Buzati*. 381

Gott anklagen

Verpatzt   *Gudrun Pausewang* 384

Gottes Namen missbrauchen

Tante Ogottchen   *Gudrun Pausewang* 386

Gott verachten

Die beiden Töpfe   *Kardinal Franz König* 389

Gott loben

Vom Singen und Tanzen   *Rolf Krenzer* 391

Beten

Jakob betet   *Lene Mayer-Skumanz* 393

Gottes Schöpfung

Die Geschichte von Gott und dem Kind   *Rolf Krenzer* 394
Bekenntnis (G)   *Rose Ausländer* 395
Ohne uns (G)   *Josef Guggenmos* 396
Der Garten   *Mechtild Theiss* 397

TOD UND LEBEN

Endgültigkeit des Todes

Warten auf Daniel   *Hartmut Kulick* 398
Etwas Unwiderrufliches   *Renate Schupp* 399

Hoffnung auf Leben

Gespräch mit der sehr alten Tante Emmy   *Antoinette Becker* 401
Die Geschichte vom wundersamen Garten   *Monika Förster* 403

Wunder des Lebens

Ein Wunder (G)   *Rolf Krenzer* 406
Leben (G)   *Gudrun Pausewang* 406
Glauben II (G)   *Rose Ausländer* 408

DER GLAUBE IN DER WELT

Mission als Diakonie

Wann reitest du wieder, Mutter Gertrudis?   *Gudrun Pausewang* 408
Wie der Bauer Matias aus Guatemala begann,
    für die eigene Sache zu reden   *Lene Mayer-Skumanz* 414
Das weite Herz   *Eva-Maria Kremer* 419

Miteinander der Religionen

Ibrahim *Lene Mayer-Skumanz* 422
Ach! *Niko Kazantzakis* 424
Mit euch zusammen *Abu Hamid Ghazzali* 425

Frage an die Christen

Kruzifix *Renate Schupp* 426

TANZEN – TRÄUMEN – SEHNSUCHT – LEBEN

So verrückt bin ich gern *Gudrun Pausewang* 428
Anatol *Gina Ruck-Pauquèt* 429
Bruno *Gina Ruck-Pauquèt* 430
Das Lied der Gefangenen *Norbert Scholl* 431
Erinnerung an einen Apfelbaum *Susanne Kilian* 433
Von den Tagen, die im Traum zu uns sprechen
    Aus einem australischen Märchen 433
Träumen *Susanne Kilian* 435
Komm! *Gudrun Pausewang* 436
Der Löwenzahn *Peter Spangenberg* 437
Noch immer (G) *Gudrun Pausewang* 438

Stichwortverzeichnis 439
Übersicht über den Einsatz der Texte in den Altersstufen 449
Autoren- und Quellenverzeichnis 450

Vorwort

Unsere Kinder der Jahrtausendwende werden die Welt der Jahre 2020–2050 zu gestalten haben. Wie diese Welt sein wird, mit welchen Ängsten, welchen Chancen sie leben wird, wissen wir nicht. Eins aber dürfte sicher sein: Die Menschen dieser Welt, die Völker, die Hautfarben, die Religionen werden sich weiter aufeinander zubewegt haben. Der ferne Nächste wird viel näher sein als heute. Möge bis dahin das Elend in den armen Ländern der Welt geringer geworden sein. Mögen wir auf unserem Planeten dem Ziel eines dauerhaften Friedens ein Stück näher gerückt sein und der Zerstörung der Umwelt Einhalt geboten haben.

Ob das gelingt, liegt in der Hand unserer Kinder, die durchaus ein Zukunftsbewusstsein haben – auch im Hinblick auf mögliche Katastrophen. Die Voraussetzungen für ein Gelingen aber schaffen wir, die Elterngeneration, heute.

Die „Vorlesebücher Religion" versuchen durch Geschichten Bewusstsein zu wecken. Dabei ist Religion das entscheidende Stichwort.

Von klein auf kann der Mensch (das Kind) sich zurückbinden, festmachen („religere") an Gott. Das geschieht nicht zuletzt durch „personal orientierte Auseinandersetzung mit gelebtem Glauben" (Fritz Oser); d. h. in unserm Fall: Das Kind braucht im Glauben gebundene erwachsene Partner, die ihm die „religiösen" Geschichten des Buches interpretierend darbieten (vorlesen), die im Gespräch seinem Fragen weiterhelfen, die ihm Antworten anbieten. Denn das wollen wir mit den Geschichten dieses Buches: das Nachdenken über Sinn und Sinnhaftigkeit des Daseins befördern, Halt geben, stark machen gegen alle Art von Verführung (nicht zuletzt gegen die übermäßige Macht von Technik und Medien). Wir wollen, dass das Kind, der Jugendliche, immer wieder fragt nach Tod und Leben, nach Liebe und Hoffnung, nach Schuld und Vergebung, dass ihm eine Zukunft aufgetan wird mit Gott. „Der Mensch wird mit der religiösen Anlage geboren wie mit jeder anderen. Es ist ihm urtümlich eigen, dass er die dritte, die religiöse Dimension braucht. „Und wenn nur sein Sinn nicht gewaltsam unterdrückt, wenn nur nicht jede Gemeinschaft zwischen ihm und dem Universum gesperrt und verrammelt wird, dann müsste die Religion sich auch in jedem unfehlbar und auf eine je eigene Art entwickeln" (Friedrich Schleiermacher, „Dritte Rede über die Religion", 1799).

Geben wir unseren Kindern Mut, Kraft, Hoffnung – auch mit Geschichten, die an Vergangenes erinnern. Die Erinnerung hat lebenskonstitutive Funktion. Wer nicht aus der Vergangenheit lebt, lebt nicht. „Solange wir uns erinnern, wird unser Handeln von ethischen Prinzipien bestimmt sein" (Elie Wiesel). Im Hinblick auf den Krieg heisst das z. B.: „Niemand von uns ist in der Lage, ihn auszurotten, aber unsere Pflicht ist es, ihn (gerade im Rückblick auf die Schrecken dieses Jahrhunderts) zu denunzieren und in all seiner Abscheulichkeit bloßzustellen" (Elie Wiesel).

„Herr, gib uns Menschen der neuen Generation das Gewissen, was für ein Grauen der Krieg ist. Wir kennen den Krieg nicht und wissen nicht, wie gefährlich er ist. Herr, lass die Friedenstauben bleiben und uns den Krieg für immer begraben", betet ein Kind (Benjamin, 9). Und Martin Luther King sagt: „Ich weigere mich zu glauben, der Mensch sei lediglich Treibgut im Strome des Lebens. Ich weigere mich zu glauben, der Mensch sei so tragisch der sternenlosen Finsternis des Rassismus und des Krieges verhaftet, dass das strahlende Tageslicht von Frieden und Brüderlichkeit nie Wirklichkeit werden könne." Und Käthe Kollwitz, schmerzerfüllte Mutter eines im ersten Weltkrieg verlorenen heißgeliebten jungen Sohnes, drückt es ganz lapidar aus: „Einmal wird ein neues Ideal entstehen. Und es wird mit allem Krieg zu Ende sein. Man wird dafür arbeiten müssen. Aber man wird es erreichen." Schwerter zu Pflugscharen! Die Völker werden das Kriegshandwerk verlernen! Wir erinnern uns.

Die Unmenschlichkeit aufdecken, das gilt auch für das Elend der unzähligen Kinder dieser Welt. „Wir können nicht verhindern, dass diese Schöpfung eine Welt ist, in der Kinder gemartert werden. Aber wir können die Zahl der gemarterten Kinder verringern" (Albert Camus).

Die Unmenschlichkeit aufdecken, das gilt vor allem andern für den Holocaust. Auch, weil nach einem Wort von Bertolt Brecht das Gedächtnis der Menschen für erduldete Leiden erstaunlich kurz, ihre Vorstellungskraft für künftige Leiden fast noch geringer ist. Das aber darf nicht gelten. Wir dürfen nicht vergessen! Den Zweiten Weltkrieg nicht, die grausame Hitlerherrschaft nicht, weder Dresden noch Hiroshima noch Vietnam. Der Holocaust als größte Schuld der deutschen, der Menschheitsgeschichte muss auch nach 200 (ja nach 2000) Jahren noch erinnert werden, so wie es Jahrtausende alte Erinnerungen an Besseres, bei den Juden an den Auszug aus Ägypten, bei den Christen an die Geburt des Jesus aus Nazaret gibt.

Man kann etwas erinnern, das man im Ursprung nie erfahren hat. Erinnerung kann zugeführt werden durch Bilder, Filme, durch Romane, nicht zuletzt durch Geschichten, die auf einer inneren Bühne neue, unbekannte Welten entstehen lassen. Erzählung, Erzählsprache als präsentative Sprache vermag das zu leisten. Es ist „eine Art des Erzählens, die, einerlei, ob die Begebenheit längst oder gerade eben, ja einerlei, ob sie überhaupt je geschehen ist, diese in die unmittelbare Gegenwart des Hörers rückt" (Franz Rosenzweig). Kinder hören sehenden Auges, hingerissen, aufgenommen vom Sog der Sache, die sie umgebende Wirklichkeit vergessend zugunsten der Wirklichkeit, die die erzählte Geschichte heraufbeschwört. „So ist das, was erzählt wird, jeweils allein Gegenwart. Es füllt Schauplatz und Bewusstsein ganz aus" (Martin Buber). Es ist Weisung, Ausrichtung, Information und Lehre zugleich. Es bewegt zur Nachfolge. Es birgt einen Freiheitssinn.

Erzählen schafft Gestalten, lebendige Situationen, indem es verdichtet, indem es „dichtet". Wir kennen Jesus, Franziskus, Albert Einstein, Albert Schweitzer, Gestalten, die uns auch durch bildweckende Erzählsprache überliefert sind, besser als viele Menschen unserer engeren Umgebung.

Dabei gilt: Je elementarer diese Erzählsprache ist, desto eindringlicher wird ihre Wirkung. Nahezu alle Geschichten (Gedichte) dieses Buches leben durch eine solche elementare Sprache.

In besonderer Weise zu nennen sind in diesem Zusammenhang – auch nach 20 Jahren immer noch führend in der deutschen Kinderliteratur – die stillen, tiefen, fantasievollen, poetischen Geschichten von Gina Ruck-Pauquèt ebenso wie die realistischen, weltumgreifenden, authentischen – immer spannenden – Erzählungen von Gudrun Pausewang. Es sind Geschichten „gegen das Verdrängen und Verharmlosen". Es sind – gerade in ihrer Einfachheit – immer literarisch anspruchsvolle Geschichten. „Ich schreibe in kurzen Sätzen", sagt Gudrun Pausewang, „lasse die Handlung durch- und überschaubar sein. Ich kaue nicht alles vor, fordere vielmehr die Fantasie meiner Leser heraus. Wenn meine Geschichten wirklich vom Herzen her gehört werden, entbinden sie Emotionen und Reflexionen."

Worin unterscheidet sich Band 2 des Neuen Vorlesebuches Religion von Band 1? Haupt- und Untertitel haben z. T. andere Akzente. Neue Aspekte ergänzen die alten und ewig jungen klassischen Themen wie „Familie", „Freundschaft", „Liebe", „Ich", „Zeit", „Gott". Genannt seien „Kinderarbeit/Kinderprostitution" – „Diktatur/Ausgeliefertsein" („Unter der Macht des Totalitären"). Genannt seien neue Fragestellungen wie: Gibt es Gerechtigkeit in der Welt? Gibt es wirklich freie Zeit? Negativseiten werden beleuchtet: „Freundschaft in der Krise". Bei dem Haupttitel „Aggression–Gewalt" taucht der Untertitel „Die Kinder und der Krieg" auf, bei dem Haupttitel „Andere verstehen" der Aspekt „Erziehung".

„Dennoch lebenswertes Leben" wird gegen die Vielfalt der Not im mitmenschlichen Bereich („In der Schule" – „Ausländer" – „Asylbewerber" – „Behinderte" – „Obdachlose" – „Verwahrloste" – „Drogenabhängige") gesetzt. Bei den christlichen Festzeiten sind zwei Texte zum Martinsfest neu. Breit entfaltet ist der Abschnitt „Nach Gott fragen" („Gott suchen" – „Gott sehen" – „Gott anklagen" – „Gott verachten" – „Gottes Namen missbrauchen" – „Gott loben" – „Gottes Schöpfung" – „Beten"). Im Abschnitt „Tod und Leben" finden sich Untertitel wie „Endgültigkeit des Todes" – „Hoffnung auf Leben" – „Wunder des Lebens". Und der Abschnitt „Glaube in der Welt" enthält den Akzent „Mission als Diakonie".

Viele dieser Geschichten befördern kritisches Denken. Aber immer wieder finden sich Geschichten, die einem zu Herzen gehen, Geschichten, an denen man zu neuen Kräften kommen kann, Geschichten, bei denen die Kinder dem erzählenden (vorlesenden) Erwachsenen sagen: „Bei dir wird's einem warm."

Hinter dem Ganzen steht die Botschaft Jesu: „Kaum zu glauben, aber wahr: Das Leben dieses Jesus von Nazaret ist plötzlich hoch aktuell geworden" (Gudrun Pausewang). Und die Botschaft des Jesus von Nazaret ist eine Botschaft der Hoffnung.

Hoffnung auf eine bessere Zukunft mag eine Utopie sein. Aber sie ist eine Real-Utopie. Ohne sie können wir nicht leben. Und wenn Paulus sagt: „Nun aber bleiben Glaube, Liebe, Hoffnung, aber die Liebe ist die größte unter ihnen", so mag man heute in einer Verschiebung des Akzentes auch sagen: „Die Hoffnung ist die größte unter ihnen". Hoffnung z. B., dass „die Welt nicht mehr im Krieg sein wird gegen die Armen, sondern gegen die Armut; Hoffnung, dass die Straßenkinder nicht mehr wie Abfall behandelt werden; Hoffnung, dass die Kirche ein elftes Gebot ausrufen wird: ‚Liebe die Natur, denn du bist Teil von ihr'!" (Eduardo Galeano). Gewiss, ohne Liebe geht es nicht: „Die Liebe ist eine bescheidene, niedrig wachsende Pflanze, nichts aber ist stärker und tiefer eindringend als ihre Wurzeln" (Augustinus).

Unsere Kinder haben Visionen, wie die Welt gut sein kann. Sie sind sensibel in ihren Wahrnehmungen. Sie haben mehr Fantasie als wir. Bei aller grundsätzlichen Skepsis verfügen sie über Vertrauen, Offenheit, Spontaneität, Neugier, Unbekümmertheit und über Mit-Leiden-können. „Die Jungen beginnen zu verstehen", sagt Mutter Teresa. „Sie wollen mit ihren Händen dienen. Und mit ihrem Herzen lieben." Unsere Kinder sind die lebendigeren Menschen. Wo Kinder sind, explodiert das Leben. Unsere Kinder sind einzigartig, unverwechselbar. Hören wir auf sie. Nehmen wir sie ernst. Helfen wir ihnen. Unsere Kinder werden uns retten.

Mit welchem Wesen, mit welchem kleinsten Teil der Menschheit
werden alle gescheiterten Hoffnungen neu?
Mit jedem neugeborenen Kind.

Rudolf Hagelstange

Godesberg, Oktober 1997   *Dietrich Steinwede*

Essgeschichte

Inhalt: Schaschi, allein zu Hause, stellt sich vor, wie schön es ist, wenn sie in ihrer kleinen Familie – Vater, Mutter, Tochter – miteinander essen.

Stichworte: Eltern – Tochter – allein sein – Familie – Tisch – miteinander essen – Gemeinschaft – Glück

Alter: ab 6 Jahren

Heute hatte Schaschi den Schlüssel mit. Als sie die Tür aufschloss, kam sie sich sehr erwachsen vor. Sie war allein zu Haus. Sie würde sich Mittagessen machen und Radio hören.

Schaschi öffnete den Kühlschrank. Da lagen kleine, blasse Kartoffeln und Würstchen, die aussahen, als ob sie frören. Die Milch war in einem Pappbecher, den Schaschi nicht aufkriegte, und Salat war überhaupt keiner da.

Schaschi warf die Kühlschranktür wieder zu. Sie knipste das Radio an. Da sprach ein Mann über die zweckmäßige Fütterung von Hühnern.

Schaschi setzte sich auf die Tischkante, baumelte mit den Beinen und schaute zum Fenster hinaus. Es würde Regen geben. Der Himmel war grau.

Schaschi sprang vom Tisch hinunter und ging zum Spiegel.

„Bäh!", sagte sie zu sich selber.

Dann nahm sie einen Apfel aus dem Korb und biss hinein.

Wie schön war es doch, wenn sie alle zusammen am Tisch saßen und aßen! Schaschi glaubte sich zu erinnern, dass dann immer die Sonne durchs Fenster hereinschien. Dann war es, als ob der Schrank lächelte, der Herd, die Stühle und die Tapeten. Im Radio spielte Musik und sie waren beieinander, der Vater, die Mutter und Schaschi. Und auf dem Tisch standen die guten Sachen: Die kleinen, runden Kartoffeln waren knusprig braun, die Würstchen knackig und heiß, und es gab eine große Schüssel mit grünem Sahnesalat.

Schaschis Glas war auch da, das blaue, in dem die Milch ganz kühl aussah.

Die Bestecke klapperten ein bisschen und die Mutter fragte: „Willst du noch?"

Der Vater hielt den Teller hin und sagte: „Ja."

Und sie kauten und schluckten und waren glücklich in dem sonnigen Zimmer mit der Musik und dem feinen Essen.

Schaschi warf den angebissenen Apfel in den Korb zurück.

Dann musste sie plötzlich lachen. Sie würden ja wieder miteinander essen! Morgen schon!

Gina Ruck-Pauquèt

Einschlafgeschichte

Inhalt:	Vor dem Einschlafen stellt Schaschi sich eine Großfamilie vor. Tagesfantasien vermischen sich mit (beginnenden) Traumfantasien
Stichworte:	Kind – Tag – Realität – Radio – Großfamilie – Abend – Fantasie – Veränderung – Bett – einschlafen – Stammbaum
Alter:	ab 6 Jahren

Am Tag sind die Dinge ganz deutlich. Die Gegenstände und die Leute und die Worte, die die Leute sagen.

Am Tag hat Schaschi mit ihrer Puppe gespielt, sie hat in einem Buch eine Geschichte von einem Krokodil gelesen, sie hat im Supermarkt Essig eingekauft und Brötchen und in einem Schaufenster hat sie eine elektrische Eisenbahn angeschaut.

Einen Affen auf einem Baum hat Schaschi gemalt, sie hat Pfannkuchen gegessen und Radio gehört. Da hat ein Mann erzählt, dass die Menschen früher in großen Familien gelebt haben. Urgroßeltern, Großeltern, Mütter, Väter, Tanten, Onkel, Neffen, Nichten, Kinder und Enkel.

Dann hat Schaschi noch ferngesehen. Da wurde Musik gemacht und getanzt und der Junge mit der Gitarre hat Schaschi gefallen.

Nun ist es spät. Schaschi ist ins Bett gegangen. Bald wird sie einschlafen. Da fangen die Dinge des Tages an, sich zu verändern. So, als wären sie mit einem ganz weichen Pinsel und zarten Farben ein bisschen durcheinandergemalt.

Fährt nicht die elektrische Eisenbahn durchs Zimmer? Sie ist mit Brötchen beladen. Ein Äffchen jongliert mit Pfannkuchen und eine Puppe sagt: „Familie, Famolie, Famelie, Famulie."

Dabei zeigt sie auf den großen Baum, der mitten im Zimmer wächst. An seinen Zweigen hängen Großmütter, Urgroßväter, Mütter, Väter, Tanten, Neffen und Essigflaschen.

Das alles sieht Schaschi, obschon ihre Augen fest geschlossen sind. Und dazu hört sie die Musik, die das Krokodil macht.

Schaschi lächelt. Ist das nicht der Junge mit der Gitarre, der da kommt? Sein Hemd ist mit silbernen Blumen bestickt.

Die Eisenbahn fährt jetzt nicht mehr. Krokodil, Äffchen und Puppe sind fort und nicht eine einzige Großmutter ist mehr zu sehen.

Der Junge mit der Gitarre aber setzt sich auf Schaschis Bettrand.

Und – plumps! – ist Schaschi eingeschlafen.

Gina Ruck-Pauquèt

Mein Vater

Er bindet mir die Schuhe zu,
er spielt mit mir gern Blinde Kuh,
er macht mir für mein Kuscheltier
bald einen Hut aus Glanzpapier,
er nimmt mich fest in seinen Arm,
hab ich mir wehgetan.

Regina Schwarz

Die leise Stimme*

Mein Vater fuhr fort, mit leiser Stimme zu mir zu sprechen. So sprechen unsere Leute immer mit ihren Kindern, leise und ruhig. Dem Kind ist, als träume es. Aber es vergisst nie.

Papago Woman

Die Geschichte von dem Kind und dem Bild

Inhalt: Erst bei seinem Vater findet das Kind die sachgemäße (einfühlsame) Reaktion auf sein selbst gemaltes Bild.

Stichworte: Vater – Kind – Bild – Qualität – Anerkennung – Großvater – Großmutter – Schwester – Maler – Farben – Regenbogen

Alter: ab 6 Jahren

Einmal hat ein Kind ein Bild gemalt. Es hat lange gebraucht, bis es fertig war. Und das Kind hat alle Buntstifte benutzt, die es besaß. Dann ist es zu der Oma gegangen und hat ihr das Bild gezeigt.
„Was ist das?", hat das Kind die Oma gefragt.
„Ein schönes buntes Bild", hat die Oma gesagt.

---
* Titel redaktionell

„Aber was ist es?", hat das Kind erneut gefragt.
Das hat die Oma nicht gewusst.
Da hat das Kind den Opa gefragt.
„Das ist fast ein Picasso", hat der Opa gesagt und dabei gelächelt.
„Was ist *fast wie ein Picasso?*", hat das Kind darauf den Opa gefragt.
„Ein Maler", hat der Opa geantwortet.
„Ich bin auch ein Maler", hat das Kind gesagt.
Dann ist es zu seiner großen Schwester gegangen.
„Du hast ja wirklich alle Farben benutzt", hat diese gesagt.
„Ja", hat das Kind gesagt. „Und was ist es?"
„Buntes Gekritzel!", hat seine große Schwester gesagt.
Da hat das Kind ihr das Bild weggenommen.
Es ist zu seinem Vater gegangen.
Der Vater hat am Tisch gesessen und die Zeitung gelesen.
Da hat das Kind einfach sein Bild auf die Zeitung gelegt und weiter nichts gesagt.
„Oh!", hat sein Vater gesagt. „Das ist ja ein schöner bunter Regenbogen! Er geht von einer Seite zur anderen. Er reicht von dir zu mir."
„Genau!", hat das Kind gesagt.
Und dann haben sie das Bild aufgehängt, das Kind und sein Vater. Gerade dort, wo sich das Sonnenlicht an der Wand spiegelte.

Rolf Krenzer

Stern unter Sternen

Inhalt: Der verschmitzte Vater lässt sich durch seine Söhne nicht irreführen, vielmehr führt er sie hinters Licht. Das trägt ihm Respekt ein.

Stichworte: Vater – Söhne – Irreführung – Humor – List – Respekt

Alter: ab 7 Jahren

„Sieht wunderbar aus", sagte mein Bruder. Vor lauter Dunkelheit konnte ich ihn nicht erkennen, obwohl er nur ein paar Meter von mir entfernt stand.
„Einfach wunderbar", sagte ich, „wir haben einen neuen Stern erfunden. Junge, Junge!"
Ich fühlte mit dem Fuß nach einem Maulwurfshaufen und drückte den Stock hinein, an den ich die Drachenschnur geknotet hatte. Die Wiese war so trocken und hart, dass man den Stock nur dort in die Erde bekam, wo sich

ein Maulwurfshaufen befand. Dann ging ich ein bisschen hin und her, ohne den gelblichen Lichtpunkt aus den Augen zu lassen, der dort oben in der Nacht schwebte, himmelhoch über den Häusern von Göttingen.

So viel Drachenschnur wie in diesem Herbst hatten wir noch nie gehabt. Und so war unser Drachen denn höher gestiegen als alle anderen, jeden Nachmittag. Die Schnur hatten wir während des Sommers in Raten aus dem väterlichen Büro geholt, nicht eben auf gesetzliche Weise, aber das machte uns wenig aus. Unser Drachen sollte am höchsten stehen. Darauf kam es an. Und bislang hatte keiner mithalten können.

Jetzt war es Nacht, eine mondlose, aber sternklare Nacht. Wir hatten einen kleinen Lampion an den Schwanz unseres Drachens gehängt und ihn dann in die Finsternis emporrauschen lassen. Es war gar nicht so einfach gewesen, den Lampion hochzukriegen, ohne dass er in Brand geriet. Als er sich jedoch erst einmal vom Boden abgehoben hatte, gab es keine Schwierigkeiten mehr. Das Licht schwebte höher und höher. Zuerst konnte man noch das untere Ende des Schwanzes erkennen, das der Schein aus dem Inneren des Lampions hell machte. Aber dann war nur noch das gelbliche Licht da. Es wurde immer kleiner. Und nun sah es tatsächlich wie ein Stern aus, der unter den anderen Sternen schimmerte. Ganz ruhig. Je höher ein Drachen steht, umso weniger bewegt er sich, weil der Wind dort oben gleichmäßiger weht als in der Nähe der Erde. Gleichmäßiger und stärker. Es kostete mich allerlei Kraft, den Stock zu halten. Deshalb steckte ich ihn in den Maulwurfshaufen und trat ein paarmal darauf, bis er festsaß.

„Ob ihn schon jemand entdeckt hat?", sagte mein Bruder.

„Sicher", sagte ich. „Guckt doch immer mal einer in den Himmel."

„Vielleicht stehen sie schon in den Straßen und zeigen hinauf", sagte mein Bruder. „Das wäre aber was."

„Denken, sie sähen einen Stern", sagte ich, „und dabei ist es nur unser Lampion. Ob ich ihn den Eltern mal zeige? Vielleicht fallen sie ja darauf herein."

„Lieber nicht."

„Warum nicht?"

„Bei den Eltern weiß man nie."

„Ich möchte aber."

„Lieber nicht."

„Ich geh mal eben hin. Pass gut auf!"

„Was soll denn passieren?"

Ich schwang mich mit einer Flanke über unseren Gartenzaun, ging durch den Garten, der hinter unserem Haus lag, und bog ums Haus.

Meine Mutter spielte auf dem Klavier, mein Vater las. Er interessierte sich sehr für den neuen Stern. Meiner Mutter war es, wie sie unterm Klavier spielen zu verstehen gab, ziemlich gleichgültig, ob ein Stern mehr oder weniger am Himmel stand. Aber mein Vater legte gleich sein Buch weg, öffnete das Fenster und sah hinauf. Eine Weile sagte er nichts, dann meinte er, es könne ein Stern sein, es könne aber auch etwas anderes sein.

„Was anderes denn?"

„Zum Beispiel eine Laterne."

„Wie kommt die denn da hinauf?"

„Zum Beispiel mit einem Drachen."

„Den Jungen möchte ich mal sehen, der so viel Bindfaden hat."

„Er könnte ihn zum Beispiel irgendwo gestohlen haben. Heutzutage bringen die Jungen ja alles fertig." Er sah wieder hinauf und sagte mit zusammengekniffenen Augen, er wolle einmal mit der Sternwarte telefonieren. Wenn es sich tatsächlich um einen Drachen mit einer Laterne handele, dann sei es ein bodenloser Leichtsinn. Der Drachen könne jeden Augenblick in Brand geraten und beim Abstürzen eine Feuersbrunst verursachen.

Ich sagte, wahrscheinlich habe der Junge die Laterne an den Schwanz des Drachens gehängt.

„Und wenn der Schwanz anfängt zu brennen?"

„Wahrscheinlich hat der Junge am Ende des Schwanzes einen dünnen Draht befestigt und die Laterne unten an den Draht gehängt."

„Ambronn wird es schon herausbekommen."

Professor Ambronn war der Direktor der Sternwarte. Mein Vater ging auf die Diele. Ich hörte, wie er sich mit der Sternwarte verbinden ließ. Damals musste man noch die Nummer ins Telefon rufen und dann stellte ein Fräulein auf dem Postamt die Verbindung her. „Bitte zwei fünfundfünfzig", sagte mein Vater. Ich hoffte, dass die Sternwarte sich nicht meldete. Aber dann war Ambronn selbst am Apparat. Aus dem Gespräch ging hervor, dass er den neuen Stern schon entdeckt hatte.

„Ganz meiner Ansicht", sagte mein Vater. „Natürlich ... Bitte? ... Richtig. Völlig richtig ... Hätte ich auch getan. So etwas gehört vor die Polizei ... Bodenloser Leichtsinn ... Die Polizei wird den Betreffenden schon finden ... Was Sie nicht sagen, die Schnur zeigt hierher? Können Sie das denn in der Dunkelheit erkennen? ... Freilich, freilich mit Ihrem großen Fernrohr ... Ja ... Schon unterwegs. Die sind aber ..."

Ich wartete das Ende des Gespräches nicht ab, sondern schlüpfte an meinem Vater vorbei aus der Haustür und rannte los. Schon vom Garten aus rief ich meinem Bruder mit gedämpfter Stimme zu, er solle den Drachen herunterholen. Aber er verstand nicht, was ich wollte. „Runter!", zischte ich, als ich bei ihm war. „So schnell wie möglich runter!"

Während ich Hand über Hand die Schnur einholte, berichtete ich ihm von dem Telefongespräch. „Die Polizei ist schon unterwegs."

„Glaube ich nicht", sagte er. Mein Bruder war immer so.
„Erst mal runter! Dieser schurkische Ambronn mit seinem Fernrohr!"
Nach ein paar Minuten hatte ich den Drachen unten. Mein Bruder fing den Lampion auf und blies die Kerze aus. Der Drachen schlurfte raschelnd übers Gras. Nachdem wir ihn mitsamt dem Bindfadengeschlängel und dem Lampion unter der Hecke versteckt hatten, schlichen wir auf den Zehen ins Haus.
„Was für eine Nummer hat er verlangt?", flüsterte mein Bruder in der Diele.
„Zwei fünfundfünfzig."
Er schlug das Telefonbuch auf. Die Sternwarte hatte sechs null acht.
„Bist du sicher, dass es zwei fünfundfünfzig war?"
„Ich hab's noch im Ohr", sagte ich. „Zwei fünfundfünfzig. Sieh mal unter ‚Ambronn' nach!"
Ambronns Nummer war drei siebenundzwanzig.
„Irrst du dich auch nicht mit zwei fünfundfünfzig?"
„Mensch!"
„Dann hat er uns reingelegt", sagte mein Bruder.
„Na", sagte ich. „Aber nächstes Mal legen wir ihn rein."
„Gar nicht so leicht", sagte mein Bruder. „Wir haben nämlich einen verdammt schlauen Vater. Der ist nämlich verdammt schlau."
„Na", sagte ich.

Manfred Hausmann

Eine ziemlich haarige Geschichte

Inhalt: Bestimmte Zeiten unterliegen bestimmten Konventionen. Gegen den Willen seiner Eltern setzt Peter seinen Haarkult mit Geduld und Entschiedenheit durch: „Man trägt heute die Haare lang, wenn man dabei sein will."

Stichworte: Familie – Schule – Konventionen – Konflikt – Gruppenzwang – Zermürbungstaktik – Auseinandersetzung – Entschiedenheit – Hohn

Alter: ab 10 Jahren

Peter ist in einem Alter, in dem die Haare jedesmal, wenn er beim Friseur gewesen ist, nicht kürzer, sondern immer etwas länger geworden sind. Er nennt das vor sich selbst, den Vater schonend auf den Endzustand vorbereiten, gewissermaßen Zentimeter für Zentimeter.

Peters Vater kann sich nämlich über lange Haare unerhört aufregen.
Er findet Haare, die fast bis auf die Schulter fallen, bei einem Jungen, wörtlich, kriminell. Bei Peter bedeckten die Haare mittlerweile schon fast die Ohren.
Peters Vater ist bekannt, dass sich manche andere Menschen langsam an langes Haar, selbst bei Jungen, gewöhnt haben, aber bei ihm ist das nicht zu erwarten. Er gehört andererseits aber auch nicht zu der Sorte von Vätern, die sagen: So wie ich's will, so wird's gemacht. Punktum. Schluss.
Er geht da etwas raffinierter vor. Peter nennt das Vorgehen seines Vaters einfach Zermürbungstaktik. Dass er und sein Vater da die gleiche Taktik anwenden, diese Idee ist ihm aber noch nicht gekommen.
Der Vater erwähnt Peters Haare mindestens zehnmal am Tag. Ach was, zehnmal reicht nicht hin, wenn man es genau zählt, jedenfalls nicht an Wochenenden.
Der Vater sagt: „Also, Peter, ich kann mir nicht helfen. Du siehst wirklich langsam aus wie ein Beatle."
„Die Beatles gibt's schon längst nicht mehr", sagt Peter lachend.
„Jedenfalls sind deine Haare noch immer entschieden zu lang für meinen Geschmack", sagt der Vater, einen Ton ernster.
„Wie wäre denn die Länge nach deinem Geschmack", erkundigt sich Peter spitz. „Ich meine, genau, auf den Zentimeter?"
Peters Vater stöhnt.
Aber nach spätestens einer halben Stunde fällt schon wieder so eine Bemerkung.
„Also, schau doch mal, das sieht ganz einfach ungepflegt aus", sagt Peters Vater. „Was sollen denn die Leute von uns denken, wenn wir dich so 'rumlaufen lassen?"
Peter erinnert seinen Vater an Jesus Christus, an die Helden des Wilden Westens und an den Herrn auf dem Zehnmarkschein.
„Und ich erinnere dich an Absalom, falls du weißt, wer das ist", gibt der Vater zurück. „Mit dem nahm's auch ein schlimmes Ende. Wie viel muss ich dir denn zum Taschengeld dazulegen, damit du dir das nächste Mal deine Haare auf eine vernünftige Länge kürzen lässt?"
„Typisch", sagt Peter gereizt, „ihr denkt immer, alles ist käuflich."
„... war ja nur ein Vorschlag zur Güte, entschuldige bitte", sagt der Vater penetrant behutsam.
So geht es Tag für Tag. Stunde für Stunde.
Ist's der Vater nicht, ist's die Mutter. Die bringt es fertig, Peter an den Kopf zu werfen: „Also, du kannst nicht erwarten, dass du ein Geburtstagsgeschenk von deinen Eltern bekommst, wenn du dir nicht noch, ehe die Ferien zu Ende sind, die Haare kürzer schneiden lässt."

„Glatte Erpressung", murmelt Peter.

Später, beim Abendessen, warnt der Vater: „Pass auf, Peter, deine Haare kommen noch in die Suppenschüssel."

„Nein!", kreischt Lisa auf, Peters ältere Schwester. „Bitte nicht schon wieder. Von morgens bis abends habt ihr's mit Peters langen Haaren. Ich halte das nicht mehr aus. Ihr seid gemein."

„Wir diskutieren", sagt der Vater. „Ihr seid doch sonst immer so diskutierfreudig oder ...?"

„Haarige Diskussion", mault Peter.

„Na, erlaube mal", ruft der Vater heftig und lässt den Löffel auf die Tischplatte fallen, dass es nur so scheppert, „seine Meinung wird man doch wenigstens noch sagen dürfen!"

„Eben", meint Peter.

„Du sagst nicht deine Meinung, du hackst auf Peter herum ... und zwar ständig", verteidigt Lisa ihren Bruder.

„Genau", sagt Peter, „endlich mal jemand, der das einsieht. Du willst mich fertigmachen – so auf die weiche Tour, aber das schaffst du nicht."

Er unterdrückt dabei ein selbstgewisses Grinsen.

„Du wirst auch noch Vernunft annehmen", prophezeit die Mutter, weil nun Erwachsene einfach immer das letzte Wort haben müssen. So will es Sitte und Anstand.

Peter hat es nicht leicht.

Peters Haare haben es nicht leicht.

Peters Vater hat es mit Peter nicht leicht.

Peters Haare wehen leicht, wenn Wind geht. Sie sind immer gut gewaschen. Darauf achtet er. Da sollen sie ihm nichts nachsagen können, hat er sich vorgenommen.

Die Schule beginnt wieder. In Peters Klasse haben sie einen Neuen bekommen. Der Neue hat ganz kurze Haare.

Das kann's doch wohl nicht geben, denken sich die Klassenkameraden, das darf doch wohl nicht wahr sein!

„Wie nennen wir den jetzt?", beraten die Jungen in der Pause.

„Sträfling", schlägt einer vor.

„Ich wüsste was Besseres", sagt Peter lachend, fährt sich durch die Haare und stellt befriedigt fest, dass sie schon ganz schön lang sind. „Wie wäre es denn mit nackter Maus?"

„Gar nicht schlecht fürs Erste", sagt Horst, „vielleicht sieht er dann ein, dass man heute die Haare lang trägt, wenn man dazugehören will."

Frederik Hetmann

Ein Vater für den Trödelmarkt

Inhalt: Vorsichtig, dann aggressiver, fordert Tim seinen patriarchalischen Vater auf, sich auch einmal als Hausmann zu betätigen. Der Vater redet sich heraus. Tim ist empört.

Stichworte: Familie – Vater – Patriarch – Hausmann – Sohn – Vorschläge – Aufforderung – Misserfolg – Zorn – Enttäuschung

Alter: ab 7 Jahren

Mit einem Seufzer klappt Tim das Buch zu, in dem er gerade gelesen hat. Schöne Geschichten stehen darin. Und was für ein ulkiger Vater da vorkommt. Der wäscht und kocht, bügelt die Wäsche, legt dem Baby eine saubere Windel um, hat Angst vor Spinnen, kann stricken ...

Tim geht nach unten. Papa sitzt in einem Lehnstuhl und träumt. „Herrlich faulenzen am Wochenende", nennt er das. Eigentlich ganz praktisch, nicht wahr? Während Mama die normale Hausarbeit macht.

„Papa ...", beginnt Tim zögernd. „Du könntest doch heute mal Mittagessen machen."

„Wie? Mittagessen?" Papa schreckt aus seinen Träumen hoch. „Es ist Samstag. Da essen wir doch immer Pfannkuchen."

„Gut, dann back du die Pfannkuchen."

„Ich? Aber wieso denn, Timmie?"

„Viele Männer helfen in der Küche." Tim lässt nicht locker. „Hab ich gelesen. Und der Lehrer findet das auch gut. Das ist modern, sagt er."

„Du hast wieder Einfälle!" Papa schüttelt lachend den Kopf. „Siehst du mich schon den Teig machen? Klümpchen hier, Klümpchen da und eins in meinem Haar. He, das reimt sich sogar. Und dann das Backen. Den Pfannkuchen mit einem Schwung in die Luft geworfen. Klatsch, neben die Pfanne, das seh ich schon vor mir. Der Herd wird nach drei Pfannkuchen so dreckig sein wie eine Windel von Anja."

„Du könntest es doch versuchen, oder?", drängt Tim.

„Junge, du weißt doch, dass ich nur Rührei machen kann und Pizza aus der Tiefkühltruhe. Und außerdem ist das ein Rechenexempel: Ich backe Pfannkuchen und Mama spart eine halbe Stunde Arbeit. Danach brauchen wir eine geschlagene Stunde, um die Schweinerei zu beseitigen. Verlust: eine halbe Stunde. Verstehst du?"

Tim seufzt. Er hätte nicht gedacht, dass Pfannkuchen-Backen so schwierig ist. Aber jetzt fällt sein Blick auf den Korb mit der Bügelwäsche, der in der Küche steht. „Dann kannst du die Wäsche bügeln", beschließt er.

„Haha! Das ist ein guter Witz, Timmie! Ich fange gleich an: Zuerst die weiße Bluse von Mama. Dann klingelt das Telefon, ich hin. Inzwischen – ksss, ksss – ist in der Bluse ein großes Loch und die Mama spricht eine Woche nicht mehr mit mir. Schöne Stimmung!"

Tim wird langsam böse. Papa soll sich nicht so rausreden. „Du kannst doch *irgendetwas* tun", sagt er kratzbürstig.

Papa breitet die Arme weit aus. „Ich stehe jedem vernünftigen Vorschlag offen", sagt er feierlich.

„Hmm ... stricken, du könntest doch stricken."

„Ach, Tim", ruft Papa, „das muss man doch auch lernen! Und so geschickte Finger wie Mama habe ich sowieso nicht. Wenn ich für dich einen Pullover stricke, wird bestimmt der Halsausschnitt so eng, dass dein Kopf nicht hindurchpasst, und der eine Ärmel wird kürzer als der andere. Armer Junge, werden die Leute sagen, den Pullover hat er von der Altkleidersammlung."

Tim hüpft von einem Bein aufs andere. „Du kannst wohl gar nichts!", schreit er. „Du ... du bist total altmodisch, Papa. Du bist so altmodisch, dass Mama dich auf dem Trödelmarkt verkaufen kann!"

Mama kommt ins Zimmer. „Was ist denn das für ein Krach?", fragt sie.

„Hör mal", sagt Papa zu ihr. „Ich weiß jetzt, was unser Tim später studieren wird: moderner Vater. Ein Super-Luxus-mach-alles-selbst-Vater. Klasse, was?"

Tim läuft rot an. Er stampft auf den Boden. „Du verstehst gar nichts! Du bist einfach ... ein faules Stück!"

Er rennt die Treppe hinauf und knallt die Zimmertür hinter sich zu. Mit Tränen in den Augen kramt er seine Bücher zusammen, die im Zimmer herumliegen, und schmeißt sie unters Bett.

Geschichten lügen, denkt er, ich lese nie mehr.

Da geht die Tür auf. Mama steckt ihren Kopf durch die Türöffnung. „Deine Schimpfwörter sind nicht besonders schön", sagt sie. „Aber ein bisschen Recht hattest du eigentlich schon. – Ein bisschen."

Ed Franck

Mutters Geburtstag

Weil ich nicht viel habe,
ist auch meine Gabe
klitzeklein.

Brauch nicht nachzudenken:
Was soll ich dir schenken?
Bin schon dein.

Aber eine Freude
bringe ich dir heute:
Blumen bunt.

Soll'n für deine Plagen
dir nur DANKE sagen
jede Stund'.

Dietrich Seiffert

Mamas lustiges Leben

Inhalt: Die Mutter emanzipiert sich. Die gewohnten Abläufe in der Familie geraten durcheinander.

Stichworte: Familie – Vater – Mutter – Kinder – Pflege eigener Interessen – Kritik – fehlende Fürsorge – Unordnung – Gewohnheit – Unmut – Zorn – Wandlung – Aufmerksamkeit füreinander

Alter: ab 9 Jahren

Als Herr Frank am Nachmittag von der Arbeit kam, war keine Menschenseele zu Hause. In der Küche stand noch das Frühstücksgeschirr auf dem Tisch. Ein Blatt Papier, eilig aus einem Heft herausgerissen, lag neben der Kaffeekanne.
„Frau Birk ist so nett und nimmt mich mit nach Frankfurt zu der großen Töpferei-Ausstellung", las Herr Frank. „Bitte, macht euch die Suppe warm. Claudia soll sich ein bisschen um die Aufgaben von Anabel und Evi kümmern. Kuss! Mama."

Darunter stand: „Bin bei Matthias. Anabel und Evi können ihre Aufgaben alleine machen. Tschüss! Claudia."

„Wir haben heute gar nichts auf", hatten Anabel und Evi darunter geschrieben. „Wir gehen ins Schwimmbad."

Von Satz zu Satz hatte Herrn Franks Gesicht sich verdüstert und eine missmutige Falte furchte seine Stirn. Das war ja wieder einmal ein feiner Empfang für einen Familienvater, der müde von der Arbeit heimkehrte und gehofft hatte, dass seine Frau ihn mit einem Tässchen Kaffee erwartete.

Früher hatte sie das immer getan. Da strömte ihm ein Duft von frisch aufgebrühtem Kaffee entgegen, sobald er die Haustür aufschloss, und Helene trat aus der Küche und rief: „Schön, dass du kommst! Ich hab uns gerade ein Tässchen Kaffee gemacht."

Aber seit Helene sich für Töpferei und all diesen Kunstkram interessierte, hatte sie nur noch selten Zeit für derartige Fürsorglichkeiten. Man musste ja geradezu froh sein, wenn man sie überhaupt zu Hause antraf. Andauernd war sie mit dieser Frau Birk unterwegs. Sie besuchten Ausstellungen oder hörten sich Vorträge an oder fuhren zusammen in eine weit entfernte Fabrik, wo sie große hässliche Tonklumpen in verschmierten Plastiktüten einkauften. Danach hockten sie stundenlang in Frau Birks Keller und töpferten aus der Tonpampe Vasen und Schalen und anderes Zeug, das zu nichts nütze war.

Herr Frank ärgerte sich halbtot, wenn er nur daran dachte, wie viel Zeit Helene für diesen Unsinn verschwendete. Was in aller Welt stellte sie sich eigentlich vor? Machte sich ein lustiges Leben, während er im Büro über Abrechnungen und Geschäftsbriefen schwitzte!

Aber bitte sehr, was seine Frau konnte, das konnte er schon lange. Und viel besser! Auf der Stelle würde er jetzt wieder weggehen und auf den Tennisplatz fahren und sich dort einen vergnügten Abend machen.

Trotzig stapfte er die Treppe hinauf, um sich umzuziehen. Oben im Schlafzimmer waren die Fenster geschlossen und die Vorhänge zugezogen. Es roch nach Mief und ungemachten Betten. Frau Birk war anscheinend so plötzlich angekommen, dass Helene gerade noch Zeit gehabt hatte, dieses Stück Papier zu bekritzeln.

Herr Frank riss den Schrank auf und suchte seine Tennissachen zusammen. Wo zum Kuckuck waren seine weißen Socken? Natürlich, so war es richtig: Das ganze Haus in Unordnung zurücklassen und dann davonfahren und Töpferei-Ausstellungen besuchen!

Seit Helene sich dieses Wahnsinnshobby zugelegt hatte, ging es hier drunter und drüber. Da konnte es geschehen, dass am Abend kein Brot im Haus war oder etwas anderes fehlte, worauf sich Herr Frank verlassen hatte. Einmal war sogar der Kaffee ausgegangen, sodass er morgens Tee trinken musste, obwohl Helene doch wusste, dass er Tee verabscheute. Neulich lief Evi tagelang mit einer Jacke herum, an der ein Knopf fehlte, und Helene merkte es nicht einmal! Und gewiss wäre Anabels Zeugnis besser ausgefallen, wenn Helene mehr mit ihr gelernt hätte, anstatt mit Frau Birk im Keller zu hocken und in der Pampe zu manschen.

Herr Frank schnaubte. Wütend wühlte er in allen Schubladen. Ah, sieh mal an, da waren ja seine weißen Socken! Bei der Flickwäsche lagen sie und hatten ein Loch – groß wie ein Tennisball. Na wunderbar! Bald war es wohl so weit, dass er seine Strümpfe selber stopfen musste. Er schleuderte die Socken unters Bett und schlüpfte barfuß in die Tennisschuhe. Dann nahm er seine Sporttasche und rauschte davon.

Als Herr Frank am Abend nach Hause kam, war Helene immer noch nicht da. Die Küche war leidlich aufgeräumt und im Wohnzimmer saßen Claudia, Anabel und Evi vor dem Fernsehapparat und sahen sich einen Krimi an.

„Da bist du ja endlich!", sagten sie vorwurfsvoll. „Wir haben uns schon Sorgen um dich gemacht."

„Ach, sieh mal an – um mich? Macht euch lieber Sorgen um eure Mutter!", knurrte Herr Frank und jeder konnte merken, dass er eine fürchterliche Laune hatte.

„Ach, Mama! Die hat gerade angerufen", sagte Claudia. „Eigentlich hatte sie zum Nachtessen zu Hause sein wollen. Aber da ist noch irgend so ein Vortrag, den sie hören möchte. Wir sollen uns nicht beunruhigen, wenn es später wird, hat sie gesagt."

„So, hat sie gesagt? Wie liebenswürdig von ihr!" Herr Frank starrte böse auf den Fernsehapparat, wo gerade eine wilde Verfolgungsjagd im Gange war.

„Was ist das überhaupt für ein Mist, den ihr da anschaut?", polterte er plötzlich los. „Kümmert sich hier denn keiner darum, was ihr so treibt?" Er stürzte sich auf den Abstellknopf und hieb darauf, dass der Fernsehapparat erzitterte. Die Mädchen sahen sich erschrocken an und schwiegen.

„Warum bist du denn so böse?", wagte Evi schließlich zu fragen.

„Warum, warum!", rief Herr Frank erbost. „Soll ich vielleicht jauchzen und frohlocken, wenn hier jeder macht, was ihm gerade einfällt?" Mit großen Schritten ging er im Zimmer auf und ab. „Ein Saftladen ist das hier! Mama fährt einfach davon und vergnügt sich und hier steht alles Kopf! Sie hat wohl völlig vergessen, dass sie auch noch eine Familie hat? Und alles wegen dieser idiotischen Töpferei! Aber so geht das nicht weiter! So nicht! Nicht mit mir!"

„Aber Papa!", sagten die Mädchen und schauten ihn ängstlich an. „Reg dich doch nicht so auf, bloß weil Mama mal ein bisschen länger ausbleibt. Lass sie doch, wenn's ihr Spaß macht."

„Spaß, pah! Bei mir hört der Spaß hier auf!", schnaubte Herr Frank empört und warf seinen Töchtern einen vernichtenden Blick zu. „Aber natürlich, ihr haltet ja immer zu Mama!"

„Das ist nicht wahr, Papa", sagte Claudia. „Wir wollen nur, dass ihr beide euch vertragt. Andauernd beschwert ihr euch übereinander. Du beschwerst dich über Mama und Mama beschwert sich über dich."

„Was? Das ist ja das Neueste: Mama beschwert sich über mich?", rief Herr Frank und blieb jäh stehen. Die Mädchen sahen sich an und zuckten die Achseln.

„Manchmal", sagte Evi.

„Sie hat keine Lust mehr, immer bloß zu Hause zu sitzen und dir den Kaffee warm zu halten", sagte Anabel.

„Während du irgendwo draußen herumschwirrst", sagte Claudia.

Herr Frank ließ sich aufs Sofa fallen und starrte seine Töchter fassungslos an. „Sagt sie das?", fragte er ungläubig. Die Mädchen nickten.

„Stimmt ja auch", erklärte Claudia kühn. „Entweder gehst du Tennis spielen oder auf den Fußballplatz oder zu irgendeiner anderen Sportveranstaltung, während Mama zu Hause sitzt."

„Na und? Sie könnte ja mitgehen, wenn sie wollte", sagte Herr Frank beleidigt. „Warum geht sie nicht mit Tennis spielen oder auf den Fußballplatz wie viele andere Frauen?"

„Weil sie Tennis und Fußball langweilig findet. Sie interessiert sich eben mehr für Kunst und solche Sachen."

„Aha!"

„Ja, sie ist eben nicht sportlich. Sie hätte lieber, dass du mit ihr auf Ausstellungen gehst oder in Museen und –"

„Hat sie das gesagt?"

Claudia und Anabel und Evi nickten.

„Und deswegen beschwert sie sich?"

„Na ja, ich glaube, sie fände es schön, wenn du ein bisschen teilnehmen würdest an ihren Interessen", sagte Claudia.

Herr Frank saß auf dem Sofa und sah ziemlich sprachlos aus. Das waren ja feine Sachen, die ihm da zu Ohren kamen! Seine Frau beschwerte sich! Und seine Töchter mussten ihm das sagen.

Aus den Augenwinkeln heraus betrachtete Herr Frank die Mädchen und er wunderte sich, wie groß sie geworden waren – richtige junge Damen. Sie machten sich wohl schon so ihre Gedanken über ihn und Helene. Sie wussten einiges, von dem er keine Ahnung hatte, sie waren keine kleinen Dummchen mehr. Man konnte sich mit ihnen unterhalten fast wie mit Erwachsenen.

Herr Frank stand auf und begann wieder, im Zimmer herumzuwandern. Und er redete. Er redete mit seinen Töchtern, wie er es noch niemals zuvor getan hatte. Und er begriff, dass vieles sich geändert hatte, seit sie zum letztenmal auf seinen Schoß geklettert waren.

Draußen verdämmerte der Sommerabend und hinter den Dächern verschwand der letzte Streifen Helligkeit. Und gerade als Herr Frank herumging und die Fensterläden schloss, ging die Haustür und Helene kam zurück.

„Oh, ihr seid ja noch alle auf!", rief sie erschrocken. „Habt ihr auf mich gewartet?"

Herr Frank und Claudia und Anabel und Evi lächelten.

„Ich dachte wirklich nicht, dass es so spät werden würde", entschuldigte sich Helene. „Aber zu guter Letzt sind wir auf der Autobahn noch in einen Verkehrsstau geraten."

„Schon gut", winkte Herr Frank ab. „So etwas kommt vor. Nun setz dich erst mal hin und erzähle, wie es war."

Das tat Helene, wenn sie auch ein bisschen verwundert aussah. Sie erzählte alles, was sie erlebt hatte, und die anderen saßen um sie herum und hörten zu.

Renate Schupp

Zauberfisch

Inhalt: Nina freut sich über die neugeborene kleine Schwester. Dann aber merkt sie, dass sie nicht mehr die erste Rolle spielt. Sie reagiert aggressiv. Ihr Mobile-Fisch aber lehrt sie, dass man die Dinge von verschiedenen Seiten sehen kann. Sie wird wieder froh.

Stichworte: Schwester – Freude – neue Rolle – Aggression – Geschwisterkonflikt – Einsamkeit – Trotz – Überwindung – Glück

Alter: ab 6 Jahren

Das Baby lag auf einem rosa Kissen. Es hatte schon Haare. Dunkel kräuselten sich ein paar Löckchen auf dem rosa Kissenbezug. Aber das Schönste waren die Fäustchen, winzig, mit Fingerchen, wie bei einer Puppe.

Vorsichtig fasste Nina die winzigen Fäustchen an. Sie bog die kleinen Finger auseinander, bewunderte die Fingernägel. Dann zählte sie die Finger. Es waren tatsächlich fünf an jeder Hand, wie es sich gehörte.

Solange Nina denken konnte, hatte sie sich eine Schwester gewünscht. Und jetzt war sie da. Seit gestern lag sie in dem rosa Himmelbett. Gestern war Mutter mit ihr aus der Klinik zurückgekommen. Nina konnte nicht aufhören, sie zu bewundern.

Nina durfte zuschauen, wie das Baby gefüttert und gewickelt wurde. Am nächsten Tag durfte sie schon die Windeln reichen und den Puder. Es machte Spaß, eine kleine Schwester zu haben.

Am Tag danach kam Oma zu Besuch. Sie brachte ein gestricktes Jäckchen für das Baby, ein Mützchen und einen Teddybär. Nina bekam eine Tafel Schokolade. Sie hätte lieber den Teddybär gehabt. Aber der war für das Baby. Nina spielte ein bisschen mit dem Teddy, aber Oma nahm ihn ihr weg. „Damit er nicht schmutzig wird!"

Jeder, der zu Besuch kam, wollte das Baby sehen, und alle brachten etwas mit: Höschen, Jäckchen, Stofftiere, Bilderbücher, Rasseln, sogar ein Püppchen. Nina bekam Bonbons oder Schokolade. Manchmal bekam sie auch gar nichts.

Einmal sagte sie zu einer der Tanten: „Hast du mir nichts mitgebracht?" Da wurde Mutter ganz ärgerlich. Es war nicht mehr so schön, eine Schwester zu haben.

Immer wenn Besuch kam, um das neue Baby zu bewundern, spielte sich das Gleiche ab. Sie schauten in das Himmelbett und dann hörte Nina sie rufen: „Ist die süß!" – „Was habt ihr für ein Glück!" und lauter solche Sachen. Nach Nina schaute kaum jemand. Sie kannten sie ja alle schon. Nina wäre froh gewesen, wenn jemand ihr neues Kleid bewundert hätte.

Jedesmal, wenn Besuch kam, versuchte Nina sich von der besten Seite zu zeigen. Sie machte Kopfstand, stellte sich aufs Fensterbrett, ohne sich fest zu halten – es war sehr schwierig!

Einmal setzte sie den Blumenhut einer Besucherin auf und tanzte damit im Zimmer herum, wie der tolle Clown neulich im Fernsehen. Aber so viel Mühe sie sich auch gab, es half nichts.

Den Kopfstand sahen die andern kaum, weil da gerade das Baby zu brüllen anfing. „So süß", sagte jemand. Das mit der Fensterbank gefiel der Mutter nicht. Sie schimpfte, weil sie es gefährlich fand. Und als das mit dem Blumenhut passierte, nahm Mutter Nina an der Hand und führte sie aus dem Zimmer. „Bis du dich wieder benimmst", sagte sie.

Nina hatte aber keine Lust, sich zu benehmen. Sie schmiss alle Puppen auf den Boden, kippte die Möbel im Puppenhaus um und trat mit den Füßen gegen den Tisch. Dann warf sie noch einen Bauklotz nach dem Mobile über ihrem Bett, wo ein bunter Fisch zwischen Seerosen schwebte. Sie traf eine der Blüten und der Fisch hüpfte aufgeregt an seiner Schnur.

Als der Besuch weg war, schlich Nina ins Wohnzimmer, wo das Himmelbettchen stand. Das Baby war wirklich süß.

Vorsichtig streichelte Nina dem Kind über das Köpfchen, ganz zart. „Du sollst sie doch nicht am Kopf anfassen", hörte sie Mutters Stimme. Nina hatte die Mutter nicht kommen hören. Erschrocken drehte sie sich um. „Das

Köpfchen ist noch zu zart", sagte die Mutter tadelnd. Dann nahm sie das Baby aus dem Bettchen. Nina sah ihr zu. Sie wollte der Mutter eine Windel reichen. Aber die Mutter war sehr in Eile, und ehe Nina helfen konnte, hatte sie das Kind schon gewickelt.

Wütend rannte Nina aus dem Zimmer. Sie warf sich auf ihr Bett, schrie und strampelte mit den Beinen. Sie hörte auch nicht zu schreien auf, als die Mutter sie ermahnte, ruhig zu sein, damit das Baby einschlafen konnte. „Du darfst heute nicht mit, das Baby spazieren fahren", sagte die Mutter ärgerlich.

Später schlich Nina ins Wohnzimmer. Das Baby schlief friedlich in seinem Himmelbett. Nina rüttelte an dem Bettchen, aber das Baby rührte sich nicht. Da trat Nina mit dem Fuß an das Himmelbett, so fest sie konnte. Das Himmelbett wackelte bedrohlich und das Kind fing an zu schreien. Die Mutter stürzte aufgeregt ins Zimmer. „Was ist passiert?", fragte sie.

Aber Nina gab keine Antwort. Trotzig starrte sie die Mutter an. Dann trat sie noch einmal mit dem Fuß an das Bettchen.

„Nina!", rief die Mutter erschrocken. Dann nahm sie das Baby auf den Arm und wiegte es tröstend hin und her.

Nina rannte in ihr Zimmer. Es war schon dämmrig. Das Mobile an der Decke drehte sich leise. Nina legte sich auf ihr Bett und sah hinauf, wo der Fisch seine Kreise zog. Es sah aus, als könne er schwimmen. Nina sah ihm zu, wie er kam und wegschwamm, immer im Kreis.

Nebenan sang die Mutter ein Wiegenlied für das Baby. Nina fühlte sich einsam und verlassen. Sie starrte den Fisch an. Immer größer wurde er und immer dunkler. Sein großes Fischmaul sah wie eine düstere Höhle aus und seine zitternde Schwanzflosse wehte riesig und drohend über Ninas Bett hin. Mutters Lied nebenan wurde immer leiser, bis Nina es nicht mehr hörte.

Als Nina aufwachte, schien die Sonne hell ins Zimmer. Der Vorhang vor dem Fenster bauschte sich leicht im Wind. Draußen in der Birke hüpfte eine Amsel. Nina sah, wie sie sich plusterte auf einem Zweig.

Aus der Küche hörte sie Tellergeklapper und die Stimmen der Eltern. Im Flur kamen Schritte näher. Die Tür ging auf. Mutter erschien im Türspalt, sie lächelte.

„Guten Morgen, meine Große", sagte sie zärtlich. Sie setzte sich zu Nina aufs Bett und strich ihr die Haare aus der Stirn. Das hatte Nina gern. Sie steckte ihre Nase in Mutters Pullover, der weich war und ein bisschen nach Küche roch. „Hast du gut geschlafen?", hörte sie die Mutter fragen.

Da fiel Nina der riesige schwarze Fisch ein. Sie sah nach oben. Das Mobile schwebte still und ruhig über ihr. Grünrot und golden zog der Fisch zwischen den glitzernden Seerosen seine Kreise. Seine bläuliche Schwanzflosse schimmerte herrlich in der Sonne. Er war ganz anders als gestern.

"Zauberfisch", sagte Nina.
Draußen in der Birke fing die Amsel an zu singen. Der Fisch tänzelte zierlich mit zitternden Flossen in seinem Mobile. "Sing", sagte Nina glücklich, "sing, Zauberfisch, sing!"

Susanne von Schroeter

Manuel

Inhalt: Der fantasievolle, sensible Manuel, von seinen älteren Brüdern gehänselt, findet Selbstbestätigung in der Kommunikation mit einem geheimnisvollen, nur ihm gehörenden Tier. Eine Auseinandersetzung mit seinen Brüdern reißt ihn aus der magischen Welt heraus. Nichts wird wieder sein wie vorher.

Stichworte: Jüngerer Bruder – Spott – Eigenwelt – alleiniger Besitz – Geheimnis – Tier – Selbstbestätigung – Ernüchterung – harte Realität – Ablösung – älter werden – anders werden – Verlust – Abschied – Ende einer Kindheitsphase – ärmer werden

Alter: ab 8 Jahren

Und wenn sie noch so gemein waren, die kriegten ihn doch nicht! Nicht wirklich. Weil Manuel in sich selber hineinkriechen konnte. Und weil er da die anderen nicht mitnahm.
Die anderen waren seine Brüder. So dumm war er nicht mehr, dass er ihnen Dinge zeigte, die ihm gehörten. Sie nahmen sie ihm doch nur weg. Der große Froschkönig war jetzt auch ihr Besitz. Dabei hatte er ihn entdeckt. Sie waren älter als er und er fühlte sich manchmal allein. Da gab es Stunden, in denen er wünschte, dass sie gut mit ihm waren. Er hatte sie dann auch richtig gern, obschon er das eigentlich gar nicht wollte. Es machte ihn schwach.
Jedenfalls verriet er ihnen jetzt nichts mehr.
Der Stein mit dem Froschmaul war so groß, dass man auf ihm sitzen konnte. Man konnte auf ihm sitzen und so allerhand denken. Aber das war jetzt nicht mehr Manuels Froschkönig. Manuel würde nie wieder auf ihm sitzen. Das war nicht schlimm. Manuel hatte ganz was anderes. Was Besseres hatte er!
Er ging leise die Treppe hinauf, öffnete die Speichertür einen Spalt und glitt hinein. Dann schlich er auf Fußspitzen zum Schrank. In dem Schrank mit den alten Kleidern wohnte sein Tier.

„Das schöne Tier" nannte Manuel es bei sich. Es war eine Katze, eine Eule, ein Luchs und ein Frettchen, alles zusammen. Es war, was es nie zuvor gegeben hatte. Es war sein schönes Tier.

Manuel drückte sein Gesicht an den Spalt in der Schrankwand. Natürlich hätte er die Schranktür öffnen können. Aber das wollte er nicht einmal in Gedanken. Er drückte sein Gesicht an den Spalt in der Schrankwand und sie blickten einander an.

Manuel atmete durch den Spalt in den Schrank hinein. Das Tier mochte seine Wärme und seinen Geruch. Ganz sanft atmete Manuel, und das schöne Tier hatte Augen wie Monde, und nur für ihn.

Alle Tage sah Manuel sein Tier, viele Wochen lang.

„Was machst du denn auf dem Speicher?", fragten sie ihn plötzlich.

Manuel hätte etwas erfinden können.

„Nichts", hätte er sagen können.

Aber da war eine Wut in ihm, und er wollte, dass sie ahnten, dass es geheimnisvolle Dinge in seinem Leben gab. Dinge, an denen sie nicht teilhaben konnten.

„Ich treffe jemand", sagte Manuel.

„Auf dem Speicher!" Sie lachten. „Der Kleine trifft jemand auf dem Speicher. Ist es das Rumpelstilzchen?"

„Der sieht ja auch den Froschkönig in einem ganz einfachen Feldstein", sagte der eine.

„Und in der Gosse einen blauen Fisch!"

Da war auch einer gewesen! Es war lange her. Manuel schnappte nach Luft.

„Spinner!", sagten sie.

„Ich hab ein Tier im Kleiderschrank!", schrie Manuel. „Ein schönes Tier!"

Er drehte sich um und rannte die Treppe hinauf. Er stand vor dem Schrank und er musste es tun. Er riss die Tür auf und natürlich war das Tier fortgegangen, weil er es verraten hatte.

Doch ganz tief innen wusste Manuel, dass etwas anders geworden war. Etwas war für ihn vorüber und er ahnte, dass er werden würde wie seine Brüder und die anderen Jungen, die er kannte. Nicht so gemein vielleicht. Aber er würde nur noch die gleichen Dinge sehen wie sie.

Ganz ruhig griff er in den Schrank. Er nahm das dunkle Wollkleid, das zusammengesunken in der Ecke lag und faltete es so, dass die beiden großen, goldenen Knöpfe nun innen waren.

Gina Ruck-Pauquèt

Das arme Kind

Inhalt:	Die allein erziehende Mutter verdient als Frau weniger als ein Mann. So muss Marek auf vieles verzichten. Aber er hat das Wichtigste: Wärme und Liebe.
Stichworte:	Allein erziehende Mutter – Sohn – Vater – Arbeit – Frauen benachteiligt – Armut – Verzicht – Wünsche – Wärme – Glück
Alter:	ab 8 Jahren

„Meine Schuhe sind kaputt", sagte Marek.
„Ich weiß", sagte die Mutter.
Die Mutter war eben erst heimgekommen.
„Was gibt's zu essen?", fragte Marek.
„Milchsuppe", sagte die Mutter. „Du magst doch Milchsuppe?", sagte sie.
Marek nickte.
„Kann ich dann noch zu Schindlers gehen?", fragte er. „Fernsehen?"
„Ja", sagte die Mutter.
Sie pustete sich die Haare aus dem Gesicht und knipste den Elektroherd an. Marek nahm die Illustrierte vom Sofa und blätterte darin.
„Warum haben wir weniger Geld als die anderen?", fragte er.
„Weil ich nicht viel verdiene", sagte die Mutter. „Das weißt du doch."
„Väter verdienen mehr als Mütter", sagte Marek. „Nicht wahr?", sagte er.
„Ja", sagte die Mutter. „Meistens", sagte sie.
Sie gab die Haferflocken in die Milch und rührte.
„Wenn ich einen Vater hätte", sagte Marek.
„Du hast einen Vater", sagte die Mutter.
„Ja", sagte Marek. „Aber wenn wir zusammenlebten, hätten wir ein Auto. Vielleicht", sagte er. „In meiner Klasse haben fast alle Anoraks", sagte er.
„Mal sehen", sagte die Mutter.
Sie stellte die Suppe auf den Tisch. Die Suppe war süß und warm und gut.
„Wollen wir das Würfelspiel machen?", fragte Marek.
Beim Würfeln gab's immer was zu lachen. Marek gewann.
„Später werden wir ein Auto haben", sagte die Mutter.
„Ja", sagte Marek. „Wenn ich groß bin. Hörst du, es regnet", sagte er.
„Schön", sagte die Mutter.
„Ja", sagte Marek. „Darf ich noch ein bisschen zu dir ins Bett?", fragte er dann.
Als sie nebeneinander lagen, war der Regen noch besser zu hören.
„Frauen müssten genauso viel verdienen wie Männer", sagte Marek.

„Ja", sagte die Mutter. „Dann würde ich weniger arbeiten", sagte sie. „Damit wir mehr zusammen sein könnten", sagte Marek. „Man müsste es ändern", sagte er. „Kann man es ändern?"
„Ja", sagte die Mutter.
„Später", sagte Marek. Es würde viel zu tun sein später. Beim Einschlafen dachte er noch, dass sie den Regen nicht hören könnten, wenn sie einen Fernseher hätten. Und dass er sehr glücklich war.

Gina Ruck-Pauquèt

Kummerjan

Inhalt: Im Widerstand gegen die unsinnigen Textaufgaben in Mathematik, die der Sohn lösen soll, ist die Familie völlig solidarisch. Vater und Mutter stehen hinter ihrem Sohn.

Stichworte: Eltern – Kind – Klassenarbeit – Mathematik – Anforderung – Verzweiflung – Sorgen – Solidarität – Mut machen – Familienzusammenhalt

Alter: ab 8 Jahren

Es gab eine Menge Dinge, mit denen Jan sich das Leben schwer machte. Aber Klassenarbeiten in Mathematik waren so ungefähr das Schlimmste, was er sich vorstellen konnte. Von dem Augenblick an, wo Herr Uhl den Termin für die nächste Arbeit bekannt gab, hatte Jan keinen ruhigen Tag mehr.
Der Ärmste, er verlor jedesmal fast den Verstand darüber. Selbst wenn er alle Aufgaben, die sie in der Schule durchgenommen hatten, vorwärts und rückwärts rechnen konnte, fühlte er sich nicht sicher.
„Wenn nun etwas ganz anderes drankommt?", fragte er verzagt und machte ein Gesicht, als lägen die Kümmernisse der ganzen Welt auf seinen schwachen Schultern.
„Kopf hoch, Kummerjan", sagte Papa dann und versuchte ihn aufzumuntern. „Du schaffst es schon!"
Aber Jan ließ sich nicht so leicht beruhigen. „Stell mir eine Aufgabe, Papa", bat er. „Zur Probe!"
Er brachte Papa sein Rechenbuch und zeigte ihm, was sie gerade gelernt hatten. Papa, der viel lieber seine Zeitung gelesen hätte, seufzte.
„Na schön, eine einzige", sagte er, um Jan einen Gefallen zu tun. „Nenne die kleinste dreistellige Zahl, die gleichzeitig durch drei und durch fünf teilbar ist."

„Ach so was! Das ist zu leicht!", rief Jan. „Das kann ich natürlich. Du musst mich etwas Schwierigeres fragen!"

So war es immer. Fragte man ihn etwas Leichtes, so fand Jan es unter seiner Würde, es auszurechnen. Dachte Papa sich dann aber etwas wirklich Schwieriges aus, dann geriet Jan völlig in Verzweiflung, wenn er nicht sofort die Antwort wusste.

„Siehst du, ich kann's nicht!", rief er und fing an, wild und planlos durcheinander zu rechnen. Meistens endete es damit, dass Jan heulte und Papa die Geduld verlor und wütend das Buch zuknallte.

Dann lief Jan zu Mama, beschwerte sich über Papa und lag ihr so lange in den Ohren, bis sie sich erbarmte und sich mit ihm an den Tisch setzte.

„Die Textaufgaben sind so schlimm, Mama", klagte Jan und beim bloßen Gedanken daran kamen ihm von neuem die Tränen. „Sieh nur, diese hier: Drei Uhren schlagen gleichzeitig um 12 Uhr. Die erste geht richtig, die zweite geht innerhalb einer Stunde 10 Minuten vor, die dritte 12 Minuten nach. Wann schlagen sie wieder gleichzeitig eine volle Stunde?"

„Was?", rief Mama entsetzt. „Zeig mal her!" Sie las die Aufgabe noch einmal durch und schüttelte den Kopf.

„Wer in aller Welt denkt sich nur solche unsinnigen Aufgaben aus?", rief sie ärgerlich. „So etwas gehört verboten! Hast du nichts Vernünftigeres?"

Jan sah hilflos auf sein Rechenbuch.

„Vielleicht diese hier?", schlug er vor. „Sieben Banditen waren Stammgäste in Jimmys Kneipe. Der erste kam täglich, der zweite jeden zweiten Tag, der dritte jeden dritten Tag und so weiter. Wann kamen sie wieder einmal alle zusammen am gleichen Tag?"

Mama zog hörbar die Luft durch die Nase und runzelte die Stirn. Aber sie sagte nichts weiter, sondern begann, Zahlen aufzuschreiben und Skizzen zu entwerfen, um Jan den Sinn der Aufgabe zu verdeutlichen. Aber am Ende musste sie doch noch Papa zu Hilfe holen. Und mit Hilfe des Wandkalenders und der Küchenuhr, des Weckers und Jans Armbanduhr kamen sie gemeinsam der Lösung der beiden Aufgaben ziemlich nahe. Gewöhnlich war die ganze Familie völlig erschöpft, wenn endlich der Tag der Mathematikarbeit gekommen war.

Natürlich konnte Jan am Abend zuvor nicht einschlafen. Mama fürchtete sich geradezu, hinaufzugehen und ihm Gutenacht zu sagen, weil sie wusste, dass er nur darauf wartete, sie mit irgendeiner spitzfindigen Rechenaufgabe zu überfallen und die halbe Nacht festzuhalten.

„Hör nur, Mama", jammerte er, „da ist noch eine Aufgabe, die ich einfach nicht begreife: Zwei Zahnräder greifen ineinander. Das erste hat 48 Zähne und macht 15 Umdrehungen in der Minute. Das zweite hat 30 Zähne. Wie viele Umdrehungen macht das zweite Rad in der Minute?"

„O nein!", stöhnte Mama. „Nicht schon wieder so eine!"

„Bitte, Mama", flehte Jan sie an, „ich kann sonst nicht einschlafen!"

Er sah so verzweifelt aus! Mama hätte ein Herz aus Stein haben müssen, um ihm zu widerstehen.

Natürlich tat er trotzdem die ganze Nacht kein Auge zu. Jedenfalls behauptete er das am anderen Morgen. Bleich und verstört saß er am Frühstückstisch, das Rechenbuch auf den Knien, und brachte vor Aufregung keinen Bissen hinunter.

„Rechnen am Morgen bringt Kummer und Sorgen!", sagte Papa und versuchte, ihm das Buch wegzuziehen. „Ich an deiner Stelle würde lieber ordentlich frühstücken, anstatt mich verrückt zu machen."

„Du hast gut reden", sagte Jan weinerlich und hielt sein Buch fest. „Du musst ja auch keine Arbeit schreiben mit solch schwierigen Textaufgaben. Hör doch nur: Die Vorderräder eines Traktors haben einen Umfang von 250 cm, die Hinterräder 375 cm. Auf beiden Rädern wird –"

„Nein, nein, nein!", rief Papa entschieden. „Ich will kein Wort mehr davon hören! Hast du dich denn nicht genug geplagt?"

Jan blätterte nervös in seinem Buch und schwieg.

„Wahrhaftig", sagte Papa. „Du hast dir Mühe gegeben und alles gelernt, was ihr durchgenommen habt. Mehr kannst du wirklich nicht tun!"

Jan schwieg noch immer. Aber er sah aus, als erwarte er jeden Augenblick das Ende der Welt.

„Ich hab solche Angst", flüsterte er schließlich. „Wenn Herr Uhl nun lauter Aufgaben drannimmt, die ich nicht kann?"

„Aber so warte es doch erst mal ab, Jan! Kannst du nicht ruhig sein und die Dinge auf dich zukommen lassen?"

Jan schüttelte unglücklich den Kopf. Gerade das war es ja, was er einfach nicht fertig brachte. Immerzu musste er sich das Schlimmste vorstellen: lauter Aufgaben mit Zahnrädern und Vorderrädern und Hinterrädern und Uhren, die vor- und nachgingen. Das Herz blieb ihm fast stehen, wenn er nur daran dachte.

„Ach, Jan", sagte Papa und legte ihm die Hand auf die Schulter. „Warum machst du dir so unnötige Sorgen? Es werden nur Aufgaben drankommen, die jeder herausbringt, der in der Schule aufgepasst und zu Hause ordentlich gelernt hat. Herr Uhl weiß doch, was ihr könnt. Etwas anderes verlangt er nicht."

Jan seufzte. Er stand auf, packte seine Schulsachen zusammen und zog seine Jacke an, denn es war Zeit zu gehen.

Papa und Mama brachten ihn zur Haustür und sahen ihm nach, wie er mit gesenktem Kopf davonschlich. Als er beinahe schon vorne um die Ecke war, schrie Papa hinter ihm her.

„He, Jan, es wird alles gut gehen! Hörst du? Alles wird gut gehen!"
Jan hob den Kopf, drehte sich um und winkte. Und Papa und Mama hofften so sehr, dass er es gehört hatte und dass es ihm ein wenig Mut machte.

Renate Schupp

Meine Großmutter, meine Liebe

Ich liebe meine Großmutter.
Meine neunzigjährige Großmutter ist meine Liebe.
Mein Leben ist in ihren Händen.
Jetzt ist sie alt.

Ich liebe meine Großmutter.
Sie hasst Schmutz, Lärm, Streit und trockenes Essen.
Jetzt ist sie alt.

Ich liebe meine Großmutter.
Immer sitzt sie auf einer Matte in der Sonne.
Immer lächelt sie.
Jetzt ist sie alt.

Meine Großmutter
ist meine Liebe.

Elisabeth Ntlhane, Temba, Südafrika

Der blaue Brief

Inhalt: Als Beate, die bisher von ihrer Großmutter nur Großzügigkeit und Güte erfahren hat, fest bei ihr wohnt, lernt sie auf einmal auch Strenge und Konsequenz kennen. Sie entwickelt Widerstand. Als sie deswegen aber in Schwierigkeiten gerät, sieht sie sich überraschend angenommen und aufgefangen.

Stichworte: Großmutter – Enkelin – Güte – Liebe – Strenge – Konsequenz – Widerstand – Lüge – Betrug – angenommen werden – Solidarität

Alter: ab 7 Jahren

„Omi ist die Beste", stand auf der Torte. Die Torte hatte rosa Zuckerguss und einen Rand von Schokoladenstreuseln. Die Schrift war aus Liebesperlen, solchen kleinen bunten Zuckerperlchen. Beate hatte die Perlchen sehr sorgfältig auf die Torte gestreut. Die Schrift war wirklich gut gelungen. „Omi ist die Beste."

Beate las es nochmal laut. Omi würde sich sicher freuen über das Geburtstagsgeschenk.

Sie freute sich tatsächlich sehr, als sie am nächsten Tag die Torte auf dem Kaffeetisch sah. Beate hatte den Tisch selbst gedeckt mit der rosa Decke und den Tassen mit den blauen Blümchen.

Vater und Mutter schenkten einen neuen Regenschirm, dunkelrot mit blauen Streifen. Er gefiel der Großmutter.

Onkel Klaus, der später kam, brachte einen neuen Kaffeewärmer. Auch darüber freute Großmutter sich.

Aber als die anderen nebenan im Wohnzimmer saßen, da nahm Großmutter Beate in den Arm und sagte: „Am schönsten von allen Geschenken ist die Torte und das, was du draufgeschrieben hast." Sie zeigte auf die Worte aus Liebesperlen. Das meiste von der Schrift war aufgegessen. Aber „Omi" konnte man noch lesen und „Beste".

„Du bist ja auch die Beste", sagte Beate. Großmutter legte zärtlich den Arm um sie.

Nachher nahm sie das dicke Buch mit den Geschichten und den bunten Bildern aus dem Regal. Beate saß neben Großmutters Sessel und hörte zu. Keiner konnte so gut vorlesen wie Großmutter, nicht mal die Lehrerin in der Schule und die Mutter schon gar nicht. Die Mutter hatte so selten Zeit. Sie arbeitete vormittags im Geschäft, da musste sie nachmittags die Hausarbeit machen. Zum Vorlesen blieb dann keine Zeit.

Deshalb war es ja bei Omi so schön. Da wurde vorgelesen, da brauchte Beate das Geschirr nicht abzutrocknen. Omi ermahnte sie nie wegen der

Hausaufgaben. Sie spielte mit ihr Lotto und Schwarzer Peter und jedesmal bekam Beate ihr Leibgericht: Milchreis mit Zimt und Zucker. Bei der Omi war es herrlich!

Am Abend hörte Beate, wie die Eltern miteinander sprachen.

„Schön, dass sie die Omi so gern hat", sagte die Mutter, „da wird sie gern bleiben."

Beate verstand nicht, was die Mutter meinte. Aber am nächsten Tag verstand sie es. Die Mutter erklärte es ihr beim Mittagessen.

„Gehst du gern zu Omi?", fragte die Mutter, als Beate ihre Erbsensuppe löffelte. Was für eine Frage! Natürlich ging sie gern zur Omi.

„Möchtest du öfter hingehen?", fragte die Mutter leichthin. „Jeden Tag vielleicht?"

„Klasse", sagte Beate, „jeden Tag Milchreis mit Zucker!"

Die Mutter lachte. Dann erklärte sie, warum Beate jetzt jeden Tag zur Großmutter gehen sollte. Die Mutter wollte wieder den ganzen Tag arbeiten. Das ging nur, wenn Großmutter auf Beate aufpasste.

„Prima!", sagte Beate.

Es war wirklich herrlich, das neue Leben bei der Großmutter. Morgens ging Beate zur Schule wie immer. Aber nach der Schule ging sie zur Omi. Drei Tage lang gab es Milchreis mit Zimt und Zucker. Es war wie im Schlaraffenland. Am vierten Tag stand Möhrengemüse auf dem Tisch.

„Das mag ich nicht", maulte Beate.

„Du musst Gemüse essen", sagte die Großmutter freundlich.

Aber Beate aß das Gemüse nicht, vor lauter Wut. Bei der Großmutter gab es doch sonst nur das Leibgericht.

„Sonst warst du nur manchmal bei mir", sagte die Omi. „Jeden Tag kann es nicht Milchreis geben."

Ein paar Tage lang stocherte Beate mittags unlustig im Essen herum. Aber Großmutter ließ sich nicht erweichen. Milchreis gab es nur noch einmal in der Woche.

„Die Omi ist doof", sagte Beate abends, als die Mutter sie abholte.

Auch sonst war es jetzt anders bei der Großmutter. Sie las nicht mehr so viel vor.

„Erst die Aufgaben, dann vorlesen", sagte sie.

In der Küche musste Beate beim Abtrocknen helfen. Beate wollte lieber Lotto spielen. „Erst die Arbeit, dann das Spiel", sagte Omi.

„Deine Oma hat Ansichten wie ein alter Mülleimer", sagte Frank nachher, als sie es ihm im Hof erzählte.

„Ich will nicht mehr zur Omi", maulte Beate abends zu Hause. Aber es half nichts. Es wurde sogar noch schlimmer. Wenn es kühl war, musste Beate einen Schal umbinden. Die anderen lachten dann. Sie durfte keine Cola trinken, weil Omi das schädlich fand. Die Hausaufgaben kontrollierte die Großmutter genau. Mutter hatte dazu nie Zeit gehabt.

„Du kannst einem Leid tun", sagte Iris, „deine Oma ist'n Drachen!"

Beate saß jetzt meistens bei den andern im Hof, bei Iris, Frank und Andy.

„Aufgaben machen!", rief die Großmutter vom Balkon.

„Ich hab nichts auf", log Beate.

Das erste schlechte Diktat zeigte sie der Großmutter noch. Die nächsten versteckte sie.

„Es reicht, wenn man sich vor den Zeugnissen anstrengt", sagte Iris. „Immer arbeiten ist doof!"

Die Sache mit dem Schwänzen fing nach der Turnstunde an. „Ich hab die Nase voll", sagte Maik auf einmal. „Ich hau ab." Er meinte es ehrlich. Er packte tatsächlich seine Mappe. „Morgen sieht mich keiner hier", verkündete er.

Er kam wirklich nicht am nächsten Morgen. Nach der Schule trafen sie ihn. Er saß vor den Garagen und trank eine Cola.

„Toller Morgen", sagte er lässig. „Erst war ich im Kaufhaus, dann im Park. Morgen schwänze ich wieder."

Am nächsten Tag schwänzte auch Frank die Schule und nachmittags ging Iris nicht zum Turnen. Als Beate aus der Turnstunde kam, saßen die drei vor den Garagen und lachten.

„Da kommt ja die Fleißige!", sagte Frank.

„Guck mal, die Streberliese!", rief Iris.

„Omas Liebling!", höhnte Maik.

Das ärgerte Beate am meisten. Am nächsten Tag ging sie auch nicht zur Schule. Sie ging zum Kaufhaus stattdessen.

Eigentlich war es ganz langweilig, das Schwänzen.

Zwei Tage später kam der blaue Brief von der Schule. Er lag auf dem Küchentisch, als Beate heimkam.

„Was hast du denn angestellt?", fragte die Großmutter.

Beate gab keine Antwort. Sie setzte sich kleinlaut an den Tisch und fing an, ihre Aufgaben zu machen. Ein paarmal sah sie Großmutters besorgten Blick. Dann guckte sie schnell weg. Immer wieder schielte sie zu dem blauen Brief hinüber. Mutter würde furchtbar schimpfen.

Großmutter setzte sich mit dem Strickzeug neben sie an den Tisch. „Warum sagst du mir nicht, was los ist?", fragte sie. Beate schwieg verstockt.

„Hast du mich gar nicht mehr lieb?", hörte sie die Großmutter sagen.

Da fiel Beate wieder alles ein, wie es früher so schön war. Sie fing an zu reden, von ihrer ganzen großen Enttäuschung.

Großmutter hörte aufmerksam zu. Nachher half sie Beate bei den Aufgaben. „Wir schaffen das schon, wir zwei", sagte sie.

Beate nickte. Sie wusste, dass Omi nicht nur die Aufgaben meinte.
Als Mutter abends schimpfte: „Auf Beate ist kein Verlass!", da sagte Omi: „Ich verlass mich auf sie!"
Auch auf dem Nachhauseweg schimpfte die Mutter noch ein bisschen.
Eigentlich, dachte Beate, eigentlich ist es bei Omi doch sehr schön, auch wenn es nicht jeden Tag Milchreis gibt.

Susanne von Schroeter

An meine Großmutter[*]

Inhalt: Der Enkel berichtet aus der Rückschau über all das Schöne und Menschliche, das er mit seiner Großmutter über viele Jahre hinweg erlebte – bis er sich aus Gründen der Entwicklung als Heranwachsender zunächst von der alten Frau zu distanzieren begann.
Dieser Reflexionstext ist eine hommage an die Großmutter.

Stichworte: Großmutter – Enkel – Erinnerung – zuhören – Zeit – Großzügigkeit – Fürsorge – Trost – Herzenswärme – sich distanzieren – Ablösung – Lobpreis

Alter: ab 14 Jahren

In deinem Garten bin ich zweimal aus dem Apfelbaum gefallen, lag im ungemähten, hohen Gras und glaubte, jetzt müsste ich wohl sterben. Aber nichts dergleichen geschah. Ich stand wieder auf, heulte noch ein wenig, damit du mich gleich in die Arme nehmen und trösten konntest … Und dann bugsiertest du mich hinauf in die Wohnküche und sagtest: „Nun iss erst mal was nach dem Schrecken!"

Du holtest die Zwiebacktüte aus dem weiß getünchten Küchenschrank von anno dazumal und verschwandest für einige Augenblicke in der Besenkammer, wo deine Vorräte an Eingemachtem und Selbstgebrautem versteckt waren, und kehrtest schließlich mit einem herrlichen Glas Pflaumenmarmelade zurück, an dem meine Kinderaugen voll Begeisterung hingen und dessen Anblick genügte, die Ahnung wunderbarer Freuden wachzurufen.

Ein Zwieback, ein wenig gute Butter, viel Marmelade … Die Welt war wieder in Ordnung. Mehr noch: Es schien nun keinen größeren Genuss und keine heftigere Leidenschaft zu geben, als Zwieback mit Pflaumenmarmelade zu essen. Gemütlich war es dann bei dir in der alten Wohnung aus der Vor-

---
[*] Titel redaktionell

kriegszeit, mit rot gestrichenen Holzböden, mit einem riesigen Kachelofen, mit einem Heiligenbild über dem Bett, mit dem Geruch nach Bohnerwachs und alten Möbeln.

Du warst eine gute Zuhörerin. Du hattest Zeit. Vor dir lagen keine Termine, ausgenommen das Treffen mit deinen Freundinnen und Bekannten. „Aber die sterben weg ...", wie du Jahr für Jahr zu deinem Geburtstag feststelltest, wenn die Tafelrunde wieder einmal kleiner geworden war.

Man konnte dir alles erzählen. Du warst dankbar für jeden Traum, den ich vor dir ausbreitete und den du aufgriffst, so als wärst du bereit, ihn mit mir auszukosten. Dann warst du ganz jung, Oma, und ich wollte keine andere Spielgefährtin als dich. Aber beim Spazierengehen war ich dir immer ein paar Schritte voraus und lief dreimal die Strecke vom Haus und zurück zu dir, bis du angelangt warst.

Irgendwann hörte dann mein Interesse für Apfelbäume, Zwieback und Pflaumenmarmelade auf. Nicht von heute auf morgen, sondern wie ein langsamer, unbewusster Abschied, ein Sich-Distanzieren. Hast du es damals bemerkt, wie ich mich von dir zu lösen begann und andere Spielgefährtinnen fand, solche, die meinen raschen Schritten folgen konnten und jeden Weg dreimal mit mir gehen wollten?

Wir haben uns dann aus den Augen verloren ...

Heute komme ich manchmal zu dir, um dich ein wenig zu bewundern, wie du immer noch voller Lebensgeist und Freude bist. Du hörst mir zu wie damals, aber statt Zwieback und Marmelade bietest du mir Glühwein an. Ob Sommer oder Winter – immer hast du noch eine Flasche Wein in der Besenkammer und Gewürze im Küchenschrank. Und wenn es draußen noch hell ist, ziehst du die Vorhänge zu und zündest die Kerzen an, die drei Kerzen an dem alten Kandelaber, Kerzen, die schon gelb geworden sind von den Jahren. Ich glaube fast, du bewahrst sie für mich auf: die Kerzen und die Jahre. Manchmal glaube ich, du wirst noch viel älter werden als ich, und eines Tages, wenn ich selbst mit langsamen Schritten zu dir komme und niemand mehr mit mir die Wege geht, wirst du anfangen, mir mein Leben ein zweites Mal zu erzählen.

So gut hast du zugehört ...

Wolfgang Poeplau

Großvater und ich[*]

Großvater und ich plaudern.
Großvater singt, ich tanze.
Großvater lehrt, ich lerne.
Großvater stirbt, ich weine.

Ich warte geduldig, Großvater zu sehen
in der Welt, die mir dunkel ist.
Ich vermisse meinen Großvater.

Geduldiges Warten ist beladen von Einsamkeit.
Ich weine und weine und weine.
Wann werde ich ihn sehen?

Indianisch

Der Weg

Inhalt: Der Großvater beherrscht die Kunst, Dinge des Alltags und die der Natur in einem geheimnisvollen Licht erscheinen zu lassen. In der Erinnerung der Enkelin wird er zum „Zauberer".

Stichworte: Großvater – Enkelin – Erinnerung – Vielseitigkeit – Nähe – Geborgenheit – Vertrauen – Verzauberung – Weg

Alter: ab 12 Jahren

Ich hatte einen Großvater, der konnte zaubern. Damals habe ich das noch nicht gewusst. Damals habe ich nur gewusst, dass ich gern bei ihm war. Er erzählte mir Geschichten. Wahre Geschichten: Wie das Wasser aus dem Meer aufsteigt in die Wolken. Wie ein Baumstamm Ringe bekommt. Wie ein Küken im Ei wächst. Er sagte Gedichte auf in einer fremden Sprache, die ich nicht verstand. Aber es klang so schön, dass ich mit den Zehen wackeln musste. Er spielte Klavier und ich durfte ganz vorsichtig die Hände auf die Saiten legen. Er reparierte meine Puppen und alles andere, was ich zerbrochen hatte. Er reparierte auch Uhren, am liebsten alte Uhren. Die einzelnen

---

[*] Titel redaktionell

Teile kamen in ein Kistchen, das mit Sägespänen und Petroleum angefüllt war. Da ging der Rost ab. Aber es stank auch sehr. Außerdem roch es nach Tabak bei meinem Großvater.

Ich fand das alles wunderschön. Ich steckte meine Nase in seine alte Jacke. Dann hatte ich vor nichts mehr Angst. Vor gar nichts. Normalerweise hatte ich sehr viel Angst.

Meine Großmutter schimpfte mit meinem Großvater. Sie schimpfte, weil das Petroleum mit seinem Gestank die Wohnung verpestete. Sie schimpfte, wenn unser Spielzeug herumlag. Sie schimpfte mit ihm genauso, wie sie mit mir schimpfte. Mit derselben Stimme. Dann gingen wir spazieren. Am liebsten auf den Roten Berg. Da gab es eine Wiese, auf der die Feldmäuse raschelten, da gab es ein Stück Wildnis, da gab es vor allem unseren Lieblingsweg.

Auf diesem Weg stand ein hoher, alter Baum – eine Buche. Ihre Wurzeln waren so dick wie Baumstämme. Manche Wurzeln standen hoch.

Unter den Wurzeln floss ein kleiner Bach. Hinter der Buche begann der Wald, ein sehr dunkler, unheimlicher Wald. Aber mein Großvater war ja bei mir. Wenn man ein kleines Stück in den Wald hineinging, kam man zu einem Teich. Dieser Teich hatte schwarzes, weiches Wasser. Wenn man die Hände hineinhielt, wurden sie zu silbrigen, fremden Dingen. Man musste sie schnell wieder herausziehen. Über den Teich flitzten Libellen. Am Rand des Teiches wanderten kleine, rote Krebse. Wir hockten dort und ließen Steinchen über die glatte, schwarze Fläche springen. Manchmal ließen wir Rindenschiffe unter dem Bootssteg durchfahren. Manchmal saßen wir nur so da.

Später, als ich schon ein großes Mädchen war und mein Großvater lange tot, habe ich den Weg gesucht. Ich habe ihn nicht gefunden. Alle sagten: „Du spinnst. So was gibt es hier nicht. Am Roten Berg! Lass dich nicht auslachen. Das hast du geträumt."

Ich war sicher, dass ich nicht geträumt hatte. Aber ich sagte nichts.

Da kam ich einmal ins Museum. Ich ging durch die Säle und sah die Bilder an. Plötzlich blieb ich stehen. Da hing ein Bild, nicht größer als eine Postkarte, in einem zarten, goldenen Rahmen.

Das war der Baum. Das waren die hoch stehenden Wurzeln. Das war der Bach. Das war der Wald. Vorne links ging es zum Teich. Ich blieb lange vor dem Bild stehen.

In den Wald bin ich nicht mehr gegangen. Das habe ich nur wirklich gekonnt, solange mich mein Großvater an der Hand gehalten hat. Und der war eben ein Zauberer.

Renate Welsh

Hinter der Tür

Inhalt:	In seiner Hilflosigkeit und häufigen Verwirrtheit fällt der Großvater der Großmutter zur Last. Die Enkelin Anne aber steht zu ihm, verteidigt ihn, hilft ihm.
Stichworte:	Generationen – Großmutter – Großvater – Enkelin – Alter – Hilflosigkeit – Verwirrung – Belastung – Verteidigung – Entschiedenheit
Alter:	ab 8 Jahren

Mit dem Opa ist was geschehen, seit ich das letzte Mal in den Ferien hier war. Beim Essen hat die Oma den Opa gescholten, weil er gekleckert hat. Schon beim ersten Bissen ist ihm das Fleisch von der Gabel in die Soße gefallen, das hat bis ans Hemd gespritzt.

Ich musste lachen, aber die Oma hat den Opa streng angesehen, hat ihm die Serviette umgelegt und in den Kragen gesteckt, wie früher bei mir. Die Hand vom Opa hat viel mehr gezittert beim zweiten Bissen, aber er hat alles aufgegessen und zu mir hat er gesagt: „Du musst auch essen, damit du groß und stark wirst."

Das hat er immer schon gesagt, solange ich mich erinnern kann. Die Oma hatte gar keine Zeit zum Essen. Sie war mit dem Opa beschäftigt. Sie hat ihm die Pillen gezählt. Zwei rosa vor dem Essen und eine braune, dicke nach dem Essen. Als ob der Opa nicht bis drei zählen kann, und als er den Saft eingießen wollte, hat sie gesagt: „Das kannst du nicht", und ihm die Flasche aus der Hand genommen. Ich darf meinen Saft allein eingießen, auch wenn die Oma oft „Vorsicht" sagt und genau schaut, ob ich es auch richtig mache.

Nach dem Essen hat die Oma den Opa in sein Zimmer gebracht. Der Opa ist sehr langsam gegangen, mit ganz kleinen Schritten. Und weil er die Füße nicht richtig hoch gehoben hat, ist er über den Teppich im Flur gestolpert. Aber die Oma hat seinen Arm gut festgehalten und hat den Opa mit der großen, braunen Decke zum Mittagsschlaf zugedeckt.

Als sie die Tür hinter sich zugemacht hat, hat sie ganz tief geatmet und sich einen Augenblick auf einen Küchenstuhl gesetzt, hat die Hände in den Schoß gelegt, ganz klein ist sie geworden, und traurig hat sie ausgeschaut und sehr müde.

Ganz vorsichtig habe ich ihr über die Haare gestrichen. Da hat sie ausgesehen, als wenn sie gleich weinen will, und ich bin sehr erschrocken. Aber sie hat nur geseufzt, hat sich den Rock glattgestrichen und laut klappernd die Bestecke und die Teller aufs Tablett geräumt. Und hat vor sich hingemurmelt: „Wie ein Kind, wie ein Kind." Das hat wie ein Schimpf geklungen. Früher hat die Oma gelacht, wenn der Opa mit mir Hund gespielt hat und auf allen Vieren gelaufen ist.

Ich habe gefragt, warum der Opa nicht wie ein Kind sein darf. Aber die Oma hat nur gesagt: „Das verstehst du nicht. Geh spielen, ich muss die Küche aufräumen."

Ich kann ihr da nicht helfen, meint die Oma immer. – Im Hausflur traf ich Stefan, der ist schon elf und hat ein neues Fahrrad. Er ist so stolz auf sein Geburtstagsgeschenk. Der Stefan lachte, als er mich sah. „Dein Opa hat gesagt, das ist aber ein schönes Weihnachtsgeschenk, und hat mir fröhliche Weihnachten gewünscht. Dein Opa spinnt etwas."

„Mein Opa spinnt nicht", sagte ich.

Der Stefan erzählte noch schlimmere Sachen. Opa hat einkaufen wollen und ist mit dem Korb einfach bei Rot über die Straße gelaufen. Der Stefan hat's selbst gesehen. Der Opa hat großes Glück gehabt, weil der Autofahrer noch bremsen konnte. Der Opa hat sich gar nicht umgedreht, als ginge ihn das Hupen nichts an. Er ist einfach weitergegangen zum Bäcker und hat zwanzig Brötchen für die ganze Familie verlangt, obwohl die Oma nur vier haben wollte, und dann wollte er noch Wurst kaufen, Wurst in der Bäckerei! Der Stefan klingelte wie wild mit seiner Fahrradglocke.

„Du lügst!" Ich war wütend und hätte am liebsten mit meinem Schlüssel das glänzende rote Schutzblech an seinem Fahrrad zerkratzt.

Der Stefan hat meine Hand festgehalten. „Frag doch meine Mutter, die hat den Opa untergehakt und über die Straße zu deiner Oma gebracht und ihr alles erzählt, und dass sie besser aufpassen muss, wenn er so verwirrt ist. Deine Oma hat sich bedankt und gesagt, dass der Opa jetzt nicht mehr allein einkaufen darf, weil er so unvernünftig ist."

Ich hatte keine Lust mehr, mit dem Stefan über den Opa zu reden. Und spielen will ich auch nicht mehr mit ihm.

Mein Opa ist der klügste Opa der Welt. Immer hat er beim Memory gewonnen und hat mir schwierige Kartentricks gezeigt und Zauberkunststücke, damals in Holland, als es so viel geregnet hat.

Als ich in die Wohnung zurückkam, saß der Opa im Wohnzimmer im Sessel. „Da bist du ja endlich, Susanne", sagte er und lächelte.

„Ich bin aber Anne", sagte ich laut. „Susanne heißt meine Mutter, und die kommt erst morgen." Ich verschränkte die Arme auf dem Rücken und lachte den Opa aus.

„Das ist schön", sagte der Opa und lachte auch.

„Ich bringe euch jetzt eure Milch", rief die Oma aus der Küche.

Dann durfte ich das Fernsehen anmachen. Aber es war langweilig, viel langweiliger, als mit dem Opa Memory zu spielen.

„Opa?"

„Pst", sagte die Oma und legte die Stopfsocken beiseite, „der Opa braucht Ruhe."

Ich schaute den Opa an. Er sieht friedlich aus. Ich schaue ganz genau hin. Die weißen, langen Haare auf dem Kragen sind ganz glatt. Sie zittern etwas, wenn der Opa atmet. Sein Mund steht auf, als wenn er sich wundert. Auf den Backenknochen sind so kleine rote Striche, ganz fein gezeichnet. Ich hoffe, dass der Opa tief schläft, weil die Oma jetzt telefoniert. Da spricht sie immer so laut, als wenn sie dem Telefon nicht traut. Er soll nicht hören, was die Oma über ihn sagt. Sie sagt, wie schwer es mit ihm ist, weil er immer die falschen Knöpfe am Herd dreht und die Badewanne überlaufen lässt und ...

Ich habe das Fernsehen ganz laut gestellt, damit ich nicht hören musste, was der Opa alles falsch macht.

In der Nacht bin ich aufgewacht. Ich habe die Oma laut flüstern gehört. „Sei doch still, du weckst die Kleine", und Opas Stimme, ganz wach und ausgeschlafen: „Aber ich muss doch ins Büro." – „Du musst nie mehr ins Büro", hat die Oma geflüstert, „du gehörst ins Bett."

Ich bin hinter der Tür geblieben und habe durch den Spalt gesehen, wie der Opa in seinem blauen, großen Bademantel und seiner alten Aktentasche in der Hand ins Büro wollte. Wie die Oma ihm den großen Wecker mit den leuchtenden Zahlen zeigte. „Es ist viel zu früh", sagte sie ganz sanft, aber ihre Stimme zitterte.

„Dann geh ich heute gar nicht ins Büro", sagte der Opa entschieden. Ich hörte nur noch die Toilettentür und das Rauschen der Wasserspülung.

Ich fror, nur meine Stirn war heiß, und ich träumte viele kleine Träume auf einmal und wachte sehr früh auf und konnte mich nur noch an den Opa erinnern und wusste plötzlich nicht mehr, ob ich den Opa im Traum oder in der Wirklichkeit gesehen hatte.

„Hast du gut geschlafen?" Die Oma hatte ganz kleine Augen mit dunklen Schatten darunter.

Ich sah den Opa an, der schaute aus dem Fenster und hatte ganz helle Augen. „Heute ist ein schöner Tag."

Ich wollte nicht mit Stefan spielen. Ich wollte beim Opa bleiben. Wir saßen in den großen, braunen Stühlen auf dem Balkon. Der Opa trug einen dicken Schal um den Hals und hielt sein Gesicht in die Sonne. Aber er schlief nicht. Seine Lider bewegten sich etwas, und er legte seine Hand auf meinen Arm. Ganz weiße Nägel haben seine Finger und so viele Falten. Seine Haut fühlt sich trocken und spröde an wie Herbstblätter.

Der Opa horchte in sich hinein. „Ich verrate dir etwas", sagte er, „nur dir. Wenn ich die Augen schließe, bin ich unsichtbar. Dann fange ich noch mal ganz von Anfang an. Ich gehe durch viele Türen und hinter jeder Tür steht jemand und will mich aufhalten, aber ich bin schneller und lasse alles zurück – die Stadt, die Schule, den Krieg ..."

„Aber wohin, Opa?" Ich hatte den Opa unterbrochen. Der Opa schwieg und war weit weg.

„Hörst du die Vögel? Es wird Frühling."

So sehr ich mich auch anstrengte, ich hörte keine Vögel, nur Geräusche aus der Küche. Es war Mittagszeit.

Nach der Mittagsruhe war der Opa nicht mehr da. Die Mutti war gekommen, und die Oma und ich haben uns gefreut und so laut erzählt, dass wir das leise Schlagen der Haustür überhört haben. Die Oma hatte rote Flecken am Hals. Sie wollte sofort die Polizei anrufen. Die Mutti überlegte, wo er sein könnte. Und ich dachte an sein Geheimnis und dass er sich vielleicht wirklich unsichtbar gemacht hat, weil er gedacht hat, wir lachen ihn aus hinter der Tür, und er muss im Bett bleiben. Oder weil er nicht schwierig sein will.

Die Polizei sagte, der Opa ist sicher nur spazieren, aber sie wollen auf ihn achten. Die Oma soll abends nochmal anrufen. Die Mutti war mit dem Fahrrad unterwegs, um den Opa zu suchen. Und die Oma und ich, wir warteten. Ich durfte auf ihrem Schoß sitzen, obwohl ich schon zu schwer bin. Ich legte mein Gesicht an ihre Wange und bat sie: „Erzähl mir was von früher." Aber die Oma konnte nicht und hielt mich nur ganz fest.

Als die Mutti mit dem Fahrrad zurückkam, war der Opa wieder da. Er stellte seinen schwarzen Stock in den Schirmständer und sagte einfach: „Ich musste doch mal zum Friseur."

Sigrid Kruse

Damals in Kukulau

Inhalt: Die Kinder haben sich einen „Großvater" zum Erzählen gesucht. Ganz unglaublich klingen seine Geschichten. Zweifel erscheinen angebracht. Auf einer Klassenfahrt entdecken die Kinder plötzlich: Alles hat einen sehr realen Hintergrund.

Stichworte: „Großvater" – Kinder – Geschichten – erzählen – Zweifel – Realitätsgehalt – Überraschung – Brücke – Regenbogen

Alter: ab 10 Jahren

Es war einmal ein alter Mann, den nannten sie „Großvater". Philipp sagte „Großvater" zu ihm, weil er so runzlig aussah. Anna sagte „Großvater", weil er ganz allein in einem klitzekleinen Haus wohnte, gleich neben dem Spielplatz. Und Mareike sagte „Großvater", weil der alte Mann Geschichten erzählen konnte, wenn er draußen auf der Bank in der Sonne saß. Man musste ihn nur antippen: „Großvater, erzähle etwas von Kugelau!"

„Von Kukulau!", verbesserte der Großvater, und dann hörten die Kinder hundert tolle Geschichten von damals, als in Kukulau die große Brücke übers Meer zu der Insel hinüber gebaut wurde und der Großvater ganz unten auf dem Meeresboden den Brückenpfeiler in den schlammigen Grund treiben musste. In einer Kugel hatte er gesteckt, in einer Riesentaucherglocke mit einem Fenster, rund wie ein Rad. Die Fische stießen mit dem Maul daran, Heringe und Barsche. Und einmal kam eine Riesenkrake, ein kohlschwarzes Ungetüm, die hatte Krakenarme mit Saugnäpfen, so groß wie Elefantenrüssel. Aber erschrecken ließ sich der Großvater nicht. Schließlich musste die große Brücke, diese Riesenbrücke, gebaut werden, damit der Briefträger jeden Tag pünktlich die Post von Kukulau rüber auf die Insel bringen konnte. Und damit nicht wieder solch haarsträubende Sachen passierten wie früher in dem Jahr, als der Winter so lange gedauert hatte und die Leute auf der Insel noch im März von Eisschollen eingeschlossen waren. Da feierten die drüben Kaisers Geburtstag mit Schulfrei und heißem Punsch, weil sie nicht erfahren hatten, dass der alte Kaiser auf dem Festland längst gestorben und begraben war.

„Kaiser!", kicherte Philipp und stieß Mareike an. Alle kicherten ein bisschen, trotzdem hörten sie zu. Kein Mensch blieb auf dem Spielplatz. Sie lauschten und spitzten die Ohren. Bis eines Tages Jumbo auftauchte. Jumbo ging schon in die achte Klasse. Eigentlich hatte er auf dem Spielplatz nichts mehr zu suchen.

„Das ist doch Blech, was du den Kindern erzählst, Opa", sagte Jumbo. „Von wegen Riesenbrücke und Riesenkrake und so. Alles Quatsch."

„In Kukulau ...", fing der Großvater wieder an, aber Jumbo lachte ihn einfach aus. „Wo soll 'n das liegen, dein komisches Ku-ku-kukulau?"

Der Großvater zeigte über Jumbo hinweg auf einen grünen Lindenbaum. Irgendwo hinter der Linde, in weiter, weiter Ferne sollte Kukulau liegen und das Meer und die Brücke mit der Insel.

Jumbo lachte nur noch lauter. „Ziegenhain liegt dort, Opa, und Frielendorf. Wo soll 'n da ein Meer sein, hm? Lauter Lügen!" Er spuckte aus und sprang mit einem Satz über den Holzzaun. Schwups – war er drüben.

Auch Michi spuckte aus und Thomas Raabe. Nur über den Zaun konnten die nicht springen. Das brachten sie noch nicht fertig. „Erzähl weiter, Großvater!", drängelte Mareike, aber der Großvater stand auf, stumm und taub. Ein wenig später war er in seiner klitzekleinen Haustür verschwunden.

Am nächsten Tag fehlte der Großvater auf dem Spielplatz. Am übernächsten Tag blieb er ebenfalls verschwunden. Eine ganze Woche lang ließ er sich nicht mehr blicken.

Dann fuhren Philipp, Anna und Mareike mit ihrer Klasse in den Bergzoo nach Laubenthal. Dicke schwarze Wolken schoben sich vor die Sonne, es gab einen Platzregen, wie aus Eimern schüttete es auf den großen Bus herunter. Zehn Minuten später war alles vorbei. Die Sonne blinzelte wieder durch ein Wolkenloch und auf einmal rief Anna: „Was ist denn das?"

Ein Regenbogen spannte sich über den ganzen Himmel, so groß und so leuchtend hatte ihn noch keiner gesehen.

Der Busfahrer hielt an. Ringsum glitzerten die Regentropfen an den Blättern und Zweigen der Straßenbäume und geradeaus, genau vorm Bus, glänzte die breite asphaltierte Straße wie lauter Silber. Ganz langsam rollte der Bus weiter über eine endlos lange Brücke, es schien so, als wollte er genau in der Mitte unter dem Regenbogen durchfahren. Mareike presste die Nase an die Fensterscheibe. Ein Ortsschild kam auf sie zu: wahrhaftig, Kugelau!

Am nächsten Tag pochten Philipp, Anna und Mareike an die klitzekleine Haustür. „Großvater, wir haben die Brücke gesehen. Mit einem Regenbogen darüber. Kugelau hat auf dem Schild gestanden."

„Ihr meint wohl Kukulau?", sagte der Großvater.

„Kugelau oder Kukulau, ist doch egal", rief Anna, „da war ein Regenbogen, viel, viel größer als bei uns. Und eine Brücke, einfach riesig!"

„Bei der Brücke habe ich mitgeholfen, unten in der Taucherglocke", begann der Großvater, und einen Moment später saßen die drei in der klitzekleinen Stube und lauschten einer neuen Geschichte: „Damals in Kukulau …"

Dietrich Seiffert

Die Tür

Inhalt:	Eltern und Großvater liegen im Streit. Der Enkel vermag es, die „Tür" zum Großvater wieder zu öffnen.
Stichworte:	Großvater – Eltern – Enkel – Streit – Tür – Mut – Hoffnung – Erfüllung
Alter:	ab 8 Jahren

Auf seinem Weg zur Geigenstunde kam Gero immer an einem alten Haus vorbei. Es war grün und weiß getüncht, seine großen Fenster waren in kleine Einzelscheiben eingeteilt, es hatte ein mächtiges Dach. Einige flache Stufen führten zu der breiten Haustür hinauf.

Gero hielt kurz vor dieser Treppe an. Früher war er sie oft hinuntergeeilt und hatte die schwere Türklinke über dem verzierten Schloss nur mit Mühe bewegt. Den runden Türklopfer, den ein messingner Löwenkopf im Maul hielt, hatte er lange nicht erreichen können. Ganz klein war er sich immer vor dieser Tür vorgekommen. Aber dann hatte Großvater die Tür geöffnet und ihn mit ins Haus genommen.

All das war schon lange her. Großvater wohnte zwar noch hier, aber Gero durfte ihn nicht mehr besuchen. Die Eltern und Großvater hatten Streit miteinander.

„Es ist doch unsinnig, wenn ein alter Mann in so einem schönen Haus wohnt", hatte der Vater gemeint. Er wollte, dass Großvater das Haus verkaufen und ihm dann eine größere Geldsumme geben sollte. Großvater aber wollte im Haus wohnen bleiben.

„Es gehört mir, und solange ich mich selbst versorgen kann, bleibe ich", antwortete er Vater. Es gab immer wieder Streit wegen des Hauses, einmal hatte Vater den Großvater beschimpft und angeschrien. Nun besuchten sie sich schon jahrelang nicht mehr.

Wenn Gero an dem Haus vorüberging, zögerte er jedesmal. Dort oben hinter dem Eckfenster saß Großvater jetzt bestimmt an seinem Schreibtisch. „Wenn ich käme, würde er sich wohl freuen", dachte Gero, denn Großvater hatte ihn immer gern gehabt. Aber da war die Tür zwischen ihnen, die Tür mit der schweren Klinke, die dunkle Tür, die so abweisend war, als wollte sie zu ihm sagen: „Bleib draußen!"

Beschämt ging Gero weiter und blickte sich noch einmal um. Oben in Großvaters Arbeitszimmer brannte Licht. Gero sah Großvaters Schatten am Fenster. Ob er gehört hatte, dass jemand an der Haustür gewesen war? Aber er hatte ihn nicht eingelassen!

Eines Tages rief der Lehrer Gero zu sich. Er zeigte ihm ein Buch und fragte: „Hat das eigentlich dein Großvater geschrieben?"

Gero las den Namen und nickte.

„Es gefällt mir sehr. Richte das deinem Großvater aus", sagte der Lehrer. Gero wurde rot. Er hatte keine Ahnung, dass Großvater Bücher schrieb. „Auf so einen Großvater kannst du stolz sein. Grüß ihn von mir!", sagte der Lehrer. Als Gero wieder einmal an dem alten Haus vorbeikam, blieb er stehen. In Großvaters Arbeitszimmer brannte Licht.

„Dort oben sitzt er und schreibt", dachte Gero, „und hier unten stehe ich und würde ihn so gerne vieles fragen. Wenn die Tür nicht wäre, würde ich einfach reingehen!"

Gero stieg langsam die Treppe hinauf. Er drückte die Klinke herab. Im Haus rührte sich nichts. Zaghaft griff Gero nach dem Türklopfer. Er schlug den Ring gegen die Tür – einmal, ein zweites Mal. Dann lauschte er gespannt.

Das Fenster von Großvaters Arbeitszimmer wurde geöffnet. Großvater beugte sich heraus.

„Gero? Bist du es, Gero?", rief er zögernd und sah angestrengt hinunter. „Es ist Gero!" Seine Stimme klang freudig-erregt. „Warte, ich komme herunter!"

Das Fenster ging wieder zu. Gero hörte Schritte. Ein Schlüssel wurde umgedreht. Großvater öffnete die Tür. Helles Licht strömte heraus in die Abenddämmerung.

„Gero!", rief der Großvater. „Wie groß du geworden bist! Ich habe so gehofft, dass du einmal zu mir kommen würdest!" Er legte freundlich den Arm um Geros Schultern und führte ihn ins Haus.

Mechtild Theiss

Kleine Schritte zum Frieden

Inhalt: Andreas, das Pflegekind in der Familie, stiehlt. Es gibt große Schwierigkeiten mit ihm. Antje, das leibliche Kind, ist voller Sorge. Der Vater aber verliert seine Zuversicht nicht.

Stichworte: Pflegekind – Diebstahl in der Familie – Schmerz – Liebe – annehmen – Konsequenz – Zuversicht – aushalten – Vergebung – Frieden

Alter: ab 7 Jahren

Antje war schon ins Bett gegangen, aber schlafen konnte sie nicht. Sie hatte unheimliche Wut auf ihren Bruder Andreas. Und je länger sie im Bett lag, desto trauriger wurde sie. Sie musste weinen. Und dann kam ihr Vater ins Zimmer. Er kam jeden Abend. Manchmal schlief sie schon, manchmal war sie noch wach, und dann erzählten sie sich noch ein wenig.

Als Vater sich heute zu ihr beugte und ihre Tränen sah, setzte er sich auf die Bettkante. Er sagte nichts, sondern streichelte nur ihr Gesicht. Nach einer Weile sagte Antje: „Andreas hat mir meine Maus und eine Tafel Schokolade gestohlen." Dann umarmte sie ihren Vater und sagte: „Ich kann ihn nicht mehr sehen, ich hasse ihn." Und dann ließ sie sich in ihr Bett zurückfallen.

Vater sagte ganz leise: „Mir hat er neulich meine Taschenuhr weggenommen, die ich von Großvater bekommen habe."

„Die mit den kleinen Schwälbchen drauf?", fragte Antje.

„Ja."

Antje wurde ganz still. Sie wusste, wie gern Vater diese Uhr hatte.

Dann nahm Vater eine Hand von Antje, schaute sie an und sagte: „Aber ich hab sie schon wieder."

Nach einer Weile fragte Antje: „Bleibt Andreas immer bei uns?"

„Wo soll er hin?", fragte Vater. „Als er zu uns kam, war er drei Jahre alt, und wir waren die dritte Familie, in die er kam. Einmal war er im Krankenhaus wegen Unterernährung. Seine Eltern hatten ihn einfach allein gelassen. Was wird aus ihm, wenn wir ihn auch wieder weggeben? Das wird doch immer schlimmer."

„Noch schlimmer?", fragte Antje.

„Ja, wenn wir nicht durchhalten, wird es mit Andreas immer schlimmer!"

„Wird er dann später einmal ein Dieb wie andere auch?"

„Vielleicht", sagte der Vater. „Wir müssen es immer wieder mit ihm versuchen. So hat es uns Jesus gezeigt. Er hat gesagt: ‚Vergebt euren Mitmenschen nicht nur einmal, nicht nur siebenmal, sondern siebzig mal siebenmal.' Und damit meint Jesus, immer wieder, auch wenn es sehr schwer fällt."

„Und was willst du machen?", fragte Antje.

„Ich werde morgen zu ihm gehen und deine Maus von ihm zurückverlangen. Die wird er wohl nicht aufgegessen haben. Er muss wissen, dass die Maus dir gehört und dein Lieblingstier ist. Und in den nächsten Tagen werde ich ihm etwas schenken, worüber er sich freut."

„Ob er dann zufrieden ist?", fragte Antje.

Der Vater sagte: „Für eine kurze Zeit wird er seinen Frieden mit sich haben, aber zum richtigen Frieden ist noch ein langer Weg. Vielleicht schaffen wir es, du, Mama und ich. Vielleicht schaffen wir es auch nicht. Wir müssen es versuchen."

Harm H. Ridder

Zweimal Geburtstag

Inhalt: Als sie in der Nachbarschaft die Adoption eines dunkelhäutigen Mädchens miterlebt, kann Nina ihre eigene Situation – auch sie ist ein Adoptivkind – besser bewältigen.

Stichworte: Adoptiveltern – Adoptivkind – Identitätskonflikt – Zuneigung – Liebe – Heim – eigene Eltern – Wunsch – Unruhe – Glück

Alter: ab 8 Jahren

Nina strich sich die blonde Haarsträhne aus der Stirn. Sie betrachtete kritisch ihr Spiegelbild: blondes Haar, blaue Augen. „Was für ein nettes Mädchen", hatte neulich eine alte Dame hinter ihr gesagt, im Bus. Nina band sich ein Tuch um die Haare und setzte eine Sonnenbrille auf. Das veränderte.
    Unten vor dem Haus hörte sie den Vater lachen. Er redete mit den Nachbarn. Nina sah verstohlen durch die Gardine. Sie sah Vaters fröhlich lachendes Gesicht. Dunkelhaarig war er und er hatte braune Augen.
    „Dein Vater sieht toll aus", sagte Birgit immer, „wie ein Italiener!" Nicht grad wie ein Italiener, dachte Nina. Aber blond war er jedenfalls nicht. Und die Mutter war auch nicht blond. Auch die Mutter hatte dunkle Augen. Nina nahm das Kopftuch ab und die Brille. Sie strich sich die blonden Haare glatt. Ihre Augen sahen ihr prüfend aus dem Spiegel entgegen. Dann nahm sie die Perücke vom Bett. Die Negerperücke vom Karneval. Sie stülpte sich die schwarze Perücke auf. Komisch sah das aus, die blauen Augen unter dem Kraushaar. Kein bisschen ähnlich! Kein bisschen wie die Eltern!
    „Sogar wenn ich mir die Haare färbe", dachte Nina, „die Augen bleiben hell. Sie werden es immer alle sehen, dass ich nicht dazugehöre."
    „Adoptivkind", sagte Nina laut, „Adoptivkind!" Natürlich hatte sie immer gewusst, dass sie adoptiert war. Die Eltern hatten es ihr immer gesagt. Sogar zweimal Geburtstag feiern durfte sie jedes Jahr. Einmal den richtigen Geburtstag und einmal den Tag, an dem die Eltern sie aus dem Heim geholt hatten. „Du hast's gut", sagten die andern, „zweimal Geschenke, zweimal 'ne Party. Du hast tolle Eltern!"
    Als Birgit einmal Krach hatte mit ihren Eltern, sagte sie: „Ich wollte, ich wäre auch adoptiert von anderen Leuten. Von solchen wie deinen Eltern!"
    Nina lachte dann. Aber ihr war nicht nach Lachen zu Mute. Die anderen hatten keine Ahnung! Nichts wünschte Nina sich so sehr wie Eltern, eigene Eltern. Sie ließ sich auf ihr Bett fallen. Ein schönes Zimmer hatte sie, Bücher, Bilder, eine Gitarre, einen Kanarienvogel.
    Die Eltern schenkten ihr so viel Schönes, fast alles, was sie wollte. „Du hast Grund zur Dankbarkeit", hatte Tante Helga mal zu ihr gesagt, Vaters

Schwester. „Du musst dich benehmen, damit du das alles verdienst." Seitdem machten ihr die Geschenke keine rechte Freude mehr. Obwohl die Eltern nie etwas sagten vom Benehmen. Und über Tante Helga würden sie sich ärgern, wenn sie es wüssten. Aber trotzdem! Nina musste immer daran denken.

„Sie können ja auch zufrieden sein", dachte sie bitter. „Sie sollen's nicht bereuen", sagte sie laut. Ihre Stimme klang nicht froh. Sie gab sich wirklich alle Mühe. In der Schule lernte sie, damit die Eltern zufrieden waren. Sogar Gitarre übte sie, weil sie merkte, dass es die Eltern freute. Sie hielt den Vogelkäfig sauber. Die Mutter sollte keinen Grund zur Klage haben. Der Vogel begann, im Käfig zu hüpfen und gegen das Gitter zu flattern. „Du musst den Vogel mal rauslassen", hatte Birgit gesagt, „du musst mit ihm spielen. Sonst singt er nicht. Sonst ist er nicht froh."

„Ich bin ja auch nicht froh", dachte Nina. Sie sah dem Vogel zu, wie er im Käfig hüpfte. Birgit und die andern, die hatten gut reden. Bei denen war alles selbstverständlich. Bei denen sagte keiner: Du musst dich benehmen, damit du's verdienst.

Im Gemüsegeschäft hörte Nina, was Schulzes vorhatten. Zwei Nachbarinnen unterhielten sich darüber. „Die Schulzes wollen ein Kind adoptieren, ein ausländisches." Die Geschichte stimmte. Frau Schulze selber erzählte es der Mutter. Frau Schulze kam jetzt oft und redete mit Ninas Mutter über das Adoptivkind. „Sie verstehen das ja am besten", sagte sie. Das Kind würde bald kommen, ein Mädchen, ganz braun war es. Sie zeigte stolz ein Foto. „Als wenn es ihr eigenes wäre", dachte Nina erstaunt.

Die Mutter besorgte Rosen und ein Püppchen, kaffeebraun, mit rosa Kleidchen. „Das kannst du der Kleinen schenken, wenn sie kommt", meinte sie.

Wie ein Lauffeuer ging es durch die ganze Nachbarschaft: „Das Adoptivkind von Schulzes ist da. Sie haben es heute Morgen am Flughafen abgeholt."

„Wie ein Schokoladenbonbon", sagte eine Nachbarin, die es gesehen hatte. „So was von süß: Augen wie Herzkirschen!"

Natürlich war Nina neugierig. Alle waren sie neugierig. Um fünf Uhr klingelte Frau Schulze. „Unsere Tochter ist da. Sie heißt Miriam. Ihnen wollte ich's zuerst sagen. Sie können unser Glück doch am besten verstehen." Noch nie hatte Nina ein so strahlendes Gesicht gesehen wie das von Frau Schulze. „Herzlichen Glückwunsch!", sagte die Mutter. Sie drückte Frau Schulze immer wieder die Hand und dann holte sie schnell die Rosen aus dem Badezimmer. Frau Schulze freute sich so!

„Du kommst doch mit rüber, Nina", bat Frau Schulze, „du hast schließlich auch zweimal Geburtstag im Jahr, genau wie unsere Miriam." Die Mutter drückte Nina das Päckchen mit der kraushaarigen Puppe in die Hand.

Etwas so Drolliges wie Miriam hatte Nina noch nie gesehen. Miriam war braun. Ihre Augen sahen tatsächlich aus wie große schwarze Kirschen. Wenn sie lachte, blitzten ihre Zähne in dem dunklen Gesichtchen. Sie lachte oft. Miriam saß auf einem hohen Kinderstuhl am Küchentisch und patschte mit Genuss in einem Teller herum. Reisbrei war darin. Mit viel Zucker. Miriam steckte sich mit beiden Händen den Reis in den Mund und lachte. Der Reisbrei tropfte ihr an den Kleidern herunter. Auf dem Boden saß die Katze und schleckte den Brei, der heruntergetropft war.

„Löffel scheint sie nicht zu kennen", meinte Frau Schulze entschuldigend. Miriams Gesichtchen war verschmiert. Sie wischte sich die Hände am Kleid ab.

„Lätzchen kennt sie auch nicht", lachte Herr Schulze, als Miriam wieder mit beiden Händen in den Brei fuhr, „aber es schmeckt ihr auch so."

Seine Stimme klang ganz zärtlich. Nina sah erstaunt zu ihm auf. Dem riesigen Herrn Schulze mit seinen großen Fäusten hatte sie so eine zärtliche Stimme gar nicht zugetraut. Er beugte sich zu Miriam hinunter.

„Na, du kleine Maus", sagte er und zwickte sie in den Arm. Miriam quiekte begeistert und patschte Herrn Schulze mit beiden Breihänden aufs Hemd. Er lachte dröhnend. „Sie mag mich", sagte er geschmeichelt. Er wechselte einen glücklichen Blick mit seiner Frau.

Nina sah den beiden zu, wie sie sich über das Kind beugten, seine schwarzen Locken streichelten, sein lachendes Gesicht.

„Miriam-Maus", sagte Herr Schulze.

„Miriam-Mau", wiederholte das Kind.

„Was für ein kluges Kind!", rief Herr Schulze bewundernd. „Die wird bald mit uns reden können!"

„Ich hab' ihr etwas mitgebracht", sagte Nina. Sie reichte Miriam das Päckchen. Miriam riss die Schnur herunter. Als sie das dunkle Püppchen sah, schrie sie begeistert. Sie ließ die Puppe nicht einmal los, als sie in die Badewanne gebracht wurde. In der Wanne schrie sie wie am Spieß und war nicht zu bewegen, sich hinzusetzen. Herr Schulze sah ganz unglücklich aus, als er das brüllende Bündel ins Kinderzimmer trug. Er wiegte das wütend strampelnde Kind in den Armen, bis das Gebrüll langsam leiser wurde und schließlich ganz aufhörte.

Da fiel Nina auf einmal ein, wie der Vater sie früher herumgetragen hatte, wenn sie weinte. Genauso zärtlich wie Herr Schulze.

Miriam lachte wieder. Sie rannte im Zimmer herum, bewunderte die schönen Sachen, das himmelblaue Bett, die Puppenwiege, den roten Ball. Sie betastete alles, streichelte die Sachen und lachte glücklich über ihr ganzes braunes Gesicht. Immer wieder streichelten ihre kleinen Hände über all die schönen Sachen.

Nina ging langsam nach Hause. In ihrem Zimmer sah sie sich um, als wäre alles neu für sie, die Bücher, die Bilder, die Gitarre, der Kanarienvogel. Miriam hatte alle ihre Sachen gestreichelt. So sehr freute sie sich.

Die Mutter kam herein mit einem Stapel Wäsche.

„Warum schenkt ihr mir das alles?", fragte Nina.

Die Mutter sah überrascht auf.

„Das alles", wiederholte Nina.

„Weil wir dich lieb haben", sagte die Mutter. Dann ging sie hinaus.

Nina nahm die Gitarre in die Hand. Sie strich über die Saiten, zupfte daran, bis eine Melodie erklang. Langsam ging sie durchs Zimmer. Ihre Hand glitt über die Bilder, die Bücher. Sie öffnete den Vogelkäfig. Der Vogel hüpfte auf ihre Hand. Nina begann, sein helles Gefieder zu streicheln. Sie ging die Treppe hinunter. Die Mutter war in der Küche. Sie hörte Radio.

„Die Schulzes, die freuen sich so", sagte Nina, „die sind ganz glücklich mit dem Kind."

„Das kann ich verstehen", sagte die Mutter.

„Habt ihr euch auch so gefreut, damals, als ich kam?", fragte Nina.

Die Mutter stellte das Radio leiser. „Wir waren so glücklich", sagte sie, „und wir sind immer noch so glücklich. Ein Kind, das ist das Schönste auf der Welt!"

Ninas Finger streichelten immer wieder über das flaumige Gefieder des Vogels. Der Vogel hüpfte vergnügt auf ihrer Hand und dann begann er zu singen.

„Er freut sich", lachte Nina.

Die Mutter lächelte.

„Ich freu' mich auch", sagte Nina.

Susanne von Schroeter

Die Sache mit Harald Weißmann

Inhalt: Durch die anonyme Information eines Mitschülers wird eine Kindesmisshandlung aufgedeckt.

Stichworte: Schule – Lehrer – Mitschüler – Außenseiter – Kindesmisshandlung – Scham – Eltern – Rechenschaft

Alter: ab 10 Jahren

Die Familie Weißmann ist vor ungefähr vier Monaten vom Ruhrgebiet in eine Kleinstadt auf der Schwäbischen Alb umgezogen und Harald kam in die Klasse 5b der Gottlieb-Daimler-Schule.

Dort saß er seit dem ersten Tag allein an einem Tisch und redete nur das Allernötigste. In den Pausen stand er meistens neben der Mülltonne und nach dem Unterricht lief er schnell nach Hause. Aber am eigenartigsten war sein Verhalten im Turnunterricht. Anfangs wollte Harald in seiner Straßenkleidung turnen. Die anderen Schüler lachten und Herr Birkenmeier sagte zu ihm: „Du brauchst richtige Turnsachen, sonst kannst du nicht mitmachen."

In den nächsten Turnstunden fehlte Harald unentschuldigt, bis Herr Birkenmeier sagte, dass er seine Eltern benachrichtigen werde. Danach kam Harald schon im Trainingsanzug und in Turnschuhen zur Schule, wenn sie Turnen hatten. Als Herr Birkenmeier das merkte, wurde er zornig: „Sag mal, Harald, was ist eigentlich los mit dir? Warum stellst du dich immer außerhalb und machst nicht mit wie die anderen?"

Aber Harald gab keine Antwort.

„Der ist wahrscheinlich so schmutzig, dass er sich vor uns nicht umziehen will", rief Werner. „Oder er hat sonst etwas zu verbergen!"

Die Schüler flüsterten miteinander, während Harald einfach so dastand.

Nach dem Turnen wollte Harald wie immer schnell nach Hause. Doch ein paar Jungs schnappten ihn und zerrten ihn hinter die Turnhalle. Willi, Manfred, Heinz und Dieter hielten ihn an Armen und Beinen fest.

„Jetzt wollen wir doch mal sehen, was du zu verstecken hast", rief Werner, der sich ganz breit vor Harald hingestellt hatte. „Bei dir stimmt's wohl nicht ganz – da unten", machte Kurt weiter und alle lachten.

„Zieh ihm mal die Hose runter!", sagte Werner zu Kurt.

„Nein, bitte nicht, lasst mich doch", bettelte Harald. Er versuchte sich loszureißen, gab aber schnell auf.

Kurt streifte Haralds Trainingshose langsam hinunter. Außer einigen blaugelben Flecken auf den Oberschenkeln und einer nicht mehr ganz weißen Unterhose war nichts Besonderes zu sehen.

Kurt und die anderen schauten Werner an. „Los, weiter", befahl der. Mit einem Ruck zog Kurt die Unterhose nach unten. Es kamen noch mehr Flecken zum Vorschein: blaue, gelbe, grüne und rote. Willi ließ Haralds Arm los und trat einen Schritt zurück. Manfred, Heinz und Dieter ließen ihn ebenfalls los. Harald schaute auf den Boden; die sechs sahen sich an. Keiner wusste, was sie jetzt tun sollten.

„Sag mal, woher hast du denn die vielen Flecken?", fragte Willi.

„Ich bin die Treppe runtergefallen", murmelte Harald, zog seine Hose wieder hoch, nahm seine Schultasche und ging. Sie sahen ihm nicht einmal nach.

„Das hat der doch nie, weil er eine Treppe runtergehagelt ist", sagte Werner. „Das ist mir auch schon passiert und ich hab nicht so schlimm ausgesehen."

„Der wird garantiert von seinem Vater geschlagen", stellte Willi fest.

„Ich werde von meinem Vater auch geschlagen, ihr vielleicht nicht?", brummte Dieter.

„Ja, schon, aber doch nicht so", sagte Willi.

Zu Hause saß Willi ruhiger als sonst an seinem Platz. Er stocherte in seinem Teller herum.

„Ist etwas passiert?" Seine Mutter sah ihn fragend an.

Willi schüttelte den Kopf. Niemand fragte weiter; man hörte nur das Klappern der Gabeln, Messer und Löffel.

Plötzlich platzte es aus Willi heraus: „Der Harald wird von seinem Vater grün und blau geschlagen, er hat überall so große Flecken."

Seine Eltern sahen sich an, beinahe wie ertappte Sünder.

„Der Harald Weißmann?", fragte Willis Mutter.

„Ja, der."

„Das glaube ich nicht. Weißmanns sind anständige und nette Leute, die schlagen ihre Kinder nicht – höchstens mal eins hinten drauf."

„Woher weißt du denn, dass er die blauen Flecken hat?" Der Vater ließ die Gabel sinken.

Willi wurde rot im Gesicht, tat so, als müsse er sich etwas von der Backe reiben und sagte: „Beim Umziehen nach dem Turnen haben wir's gesehen."

„Dann wird sich euer Lehrer schon um die Sache kümmern."

„Der weiß doch gar nichts davon."

„Ja, habt ihr ihm denn nichts gesagt?"

„Nein."

„Warum denn nicht?"

„Weiß nicht", sagte Willi und wieder stieg Röte in sein Gesicht.

„Dann ruf ich heute Nachmittag Herrn Birkenmeier an, damit er Bescheid weiß", sagte die Mutter.

„Das lässt du bleiben, das geht uns nichts an. Da halten wir uns raus", rief der Vater in einem Ton, dass Willi und seine Mutter zusammenzuckten. „Weißt du vielleicht, was die Kinder wirklich gesehen und was sie nur erfunden haben? Nachher stellt sich alles als Irrtum heraus, dann sind wir die Dummen. Nein, nein, da lassen wir die Finger davon. Das gilt auch für dich", wandte er sich an Willi, „ist das klar! So und jetzt will ich in Ruhe essen."

Willi war der Appetit nun endgültig vergangen; seiner Mutter schmeckte es auch nicht mehr; das sah man.

Ganz ähnlich reagierten Dieters Eltern. Als der Junge ihnen von Haralds blauen Flecken erzählte, sagte Dieters Vater nur, er wünsche nicht, dass andere Leute ihre Nase in sein Privatleben stecken, und deshalb mache er das bei anderen auch nicht. Wenn der Weißmann seinen Sohn über das normale Maß hinaus verprügle, so sei es Sache der Schule und der Polizei, dagegen etwas zu unternehmen.

Werner, Kurt, Manfred und Heinz erzählten ihren Eltern nichts. Sie trauten sich nicht, davon zu reden und hätten am liebsten alles schnell vergessen.

Aber Willi ließ es keine Ruhe. Er konnte in den folgenden Nächten kaum noch schlafen, und wenn er Harald begegnete, schaute er immer auf die andere Seite. Er fragte die anderen, ob man nicht dem Birkenmeier oder dem Rektor Bescheid geben solle, doch die waren dagegen. Sie drohten ihm sogar Schläge an, falls er das tun würde.

Willi hatte zwar Angst vor seinem Vater und ein bisschen auch vor seinen Freunden; weil er aber irgendetwas tun wollte, kam er auf die Idee, einen anonymen Brief an Herrn Birkenmeier zu schreiben.

In der großen Pause schloss er sich im Klo ein und kritzelte mit der linken Hand einige Sätze auf ein Blatt Papier:

Sehr geehrter Herr Birkenmeier!
Ich weiß, warum Harald nicht immer mitturnt. Er möchte sich nicht umziehen, weil er überall blaue und rote Flecken hat. Die sollen wir nicht sehen.
Ich glaube, dass sein Vater ihn immer kräftig verprügelt. Bitte helfen Sie ihm.

Erst zu Beginn der vierten Stunde ergab sich eine günstige Gelegenheit. Willi steckte das zusammengefaltete Blatt schnell in Herrn Birkenmeiers halb geöffnete Schultasche. Als der sein Lesebuch herausholen wollte, fiel ihm der Zettel sofort auf. Er sagte den Schülern, welche Seite sie aufschlagen sollten und las in der Zwischenzeit Willis Gekritzel.

Willi saß unbeweglich auf seinem Platz, ein wenig nach vorn gebeugt, mit leicht geöffnetem Mund. Sein Blick hing an Herrn Birkenmeiers Lippen, doch die bewegten sich nicht.

Ohne aufzuschauen, faltete Herr Birkenmeier das Blatt wieder zusammen und legte es auf seinen Tisch. Dann begann er mit dem Unterricht, als ob nichts gewesen wäre.

Willis Gesichtszüge entspannten sich. Aber man konnte ihm seine Enttäuschung deutlich ansehen.

Am anderen Tag hatte die Klasse in der letzten Stunde Turnen. Fünf Minuten vor Schulschluss schickte Herr Birkenmeier die Schüler nach Hause; nur Harald musste noch bleiben.

Herr Birkenmeier nahm Harald an der Hand, setzte sich auf eine Bank im Umkleideraum und sagte leise: „Du hast dich heute wieder nicht umgezogen und geduscht wie die anderen. Willst du mir nicht sagen weshalb?"

Harald sah auf den Boden und sagte kein Wort.

„Zieh mal deine Trainingsjacke aus."

„Nein, bitte nicht."

„Warum denn nicht?"

Harald schwieg.

„Schlägt dich dein Vater manchmal?"

Harald schüttelte den Kopf.

„Sieh mich an", sagte Herr Birkenmeier, fasste mit einem Finger unter Haralds Kinn und drückte es leicht hoch. „Du bekommst also nie Schläge?"

„Nein!"

„Warum willst du dann deine Jacke nicht ausziehen?"

Harald antwortete nicht.

„Komm, ich helf dir", sagte Herr Birkenmeier und griff nach dem Reißverschluss. Da wich Harald zurück. Doch Herr Birkenmeier ließ nicht locker. Er fasste Harald mit einer Hand am Arm und öffnete mit der anderen die Trainingsjacke. Harald wehrte sich nur kurz. Herr Birkenmeier legte die Jacke auf die Bank, nestelte Pulli und Unterhemd aus Haralds Hose und streifte beide Stücke hoch.

Vorne waren ein paar faustgroße blaue Flecke zu sehen und über Haralds Rücken zogen sich mehrere rote Striemen.

Herr Birkenmeier stand auf.

„Zieh dich wieder an", sagte er.

Von nun an ging alles sehr schnell. Der Schulleiter telefonierte mit dem Jugendamt. Obwohl es kurz vor zwölf Uhr war und die Leute zum Essen wollten, kam schon wenig später eine junge Frau und nahm Harald mit.

Das alles ist jetzt drei Wochen her. Seither liegt Harald im Krankenhaus. Als man ihn untersuchte, stellten die Ärzte fest, dass vor einiger Zeit sein linker Unterarm angebrochen war. Weil die Verletzung nicht behandelt wurde, war der Knochen falsch zusammengewachsen. Die Ärzte mussten ihn jetzt ganz brechen, damit er wieder richtig zusammenwachsen kann.

Haralds Eltern wurden wegen Kindesmisshandlung angezeigt und müssen sich bald vor Gericht verantworten. Was mit Harald geschieht, ist noch nicht entschieden. Vielleicht kommt er in ein Heim; vielleicht hat er Glück und findet nette Pflegeeltern.

Zu seinen richtigen Eltern muss er auf keinen Fall mehr zurück.

Manfred Mai

Was du alles kannst

Der Mutter den Kuchenteig rühren,
einen Blinden über die Straße führen.
Die Zehen und Finger zählen,
deine Freunde wählen.
Beim Spiel verweilen,
das Brot und den Apfel teilen.
Über dein Brüderchen wachen,
singen, tanzen und lachen,
dein Dreirad lenken –
und denken!

Max Bolliger

Nur ein Gefühl

Ich lebe, liebe und fühle.
Durch und durch lebe ich.
Bis in jede Faser meines Körpers
spüre ich dieses Leben.
Laufen möchte ich
bis zum Hinfallen,
lachen und springen.
Ich könnte platzen vor Glück.

Gundula Menking

Manchmal

manchmal
kriech ich
in mich hinein
und bin
ganz klein

doch irgendwann
komm ich
wieder raus
und wachse
über mich
hinaus

Claudia Höly

Tino denkt nach

Inhalt: Tino stellt sich vor, was er alles sein könnte – ein Schornsteinfeger, eine Libelle, ein großer starker Vogel, ein kleiner schwarzer Vogel, ein Wurm, der gefressen wird – nein, er möchte doch er selbst sein

Stichworte: Ich-Identität – Selbsterkenntnis – sich annehmen

Alter: ab 6 Jahren

Tino sitzt im Garten und denkt nach.
   Er denkt nach, wer er wäre, wenn er nicht er selber wäre.
   Tino sieht den Schornsteinfeger auf der Straße vorübergehen. Der Schornsteinfeger winkt über den Zaun. Sein Gesicht ist schwarz von Ruß. Seine Hände sind schwarz. Sogar sein Hals ist schwarz. Der Schornsteinfeger gefällt Tino.
   „Der könnte ich sein", denkt er.
   Tino sieht eine Libelle durch die Luft sausen. Sie surrt wie ein kleiner Hubschrauber. Ihre Flügel glänzen in der Sonne. Die Libelle gefällt Tino.
   „Die könnte ich sein", denkt er.
   Tino sieht einen kleinen Vogel, der einen Wurm aus der Erde zieht. Ein größerer Vogel mit schwarzen Federn und gelbem Schnabel fliegt herbei. Er drängt den kleinen Vogel beiseite, pickt den Wurm auf und fliegt davon. Der

kleine Vogel schüttelt seine Flügel. Er hüpft durch das Gras und sucht einen neuen Wurm, aber er findet keinen.

Tino denkt: „Der große starke Vogel könnte ich sein. Ich hätte aber auch der kleine, schwache Vogel sein können, dem der Wurm weggenommen worden ist."

Tino denkt weiter.

Tino sagt: „Ich hätte auch der Wurm sein können."

Und Tino ist sehr froh, dass er er selber ist.

Lene Mayer-Skumanz

Lied des Menschen

Ich bin ein Mensch; doch bild ich mir nicht ein,
ich könnt im Dunkeln besser sehn als Eulen,
ich könnte lauter als die Wölfe heulen
und könnte stärker als ein Löwe sein.

Ich bin ein Mensch; doch glaub ich nicht, ich sei
so glücklich wie Delfine, wenn sie springen,
so selig wie die Meisen, wenn sie singen,
auch nicht so schnurrig wie ein Papagei.

Ich bin ein Mensch und doch in jedem Tier,
in Laus und Adler, Raupe, Pfau und Schnecke.
Sie sind die fernsten Ahnen, und ich stecke
in jedem Tier, und jedes steckt in mir.

Doch bin ich Mensch in ganz besondrem Sinn.
Wenn Tiere schnurrig sind, verspielt und heiter,
dann sind sie schnurrig, heiter und nichts weiter.
Ich aber weiß es, wenn ich glücklich bin.

Was Tiere sind, das sind und bleiben sie.
Ein Wolf bleibt Wolf. Ein Löwe bleibt ein Löwe.
Doch ich kann alles sein, Delfin und Möwe.
Ich bin ein Mensch. Ich habe Fantasie.

James Krüss

Morgen

Inhalt:	Viele Bilder lässt Bibi nach dem Aufwachen an sich vorüberziehen. Sie entdeckt ihren Körper. Und die Welt ist da. Das ist gut.
Stichworte:	Mädchen – aufwachen – Gedanken – Gefühle – Fantasien – Körper – Welt
Alter:	ab 8 Jahren

Bibi wurde ein bisschen wach. Sie zog die Decke über den Kopf. Ganz langsam ging der Schlaf aus ihr fort. Bibi erinnerte sich ans Meer. Wie das Meer seine Wellen zurücknahm. So ähnlich machte es jetzt der Schlaf. Er entglitt, er spielte sich von ihr weg.

Bibi bewegte ihre Zehen. Ihre Zehen waren noch müde. Alles an Bibi war müde, warm und schwer. Bibi versuchte, mit der Nasenspitze zu zucken wie ein Häschen. Aber es war zu anstrengend.

Morgenstund hat Gold im Mund, dachte Bibi.

Tief in ihrem Bauch lachte es. Vielleicht lag Bibi im Mund der Morgenstund? Wenn sie blinzelte, schimmerte es hell durch die Bettdecke. Es sah wirklich fast golden aus.

Bibi zog die Beine an. In den Kniekehlen war noch Schlaf. Ihre Hände tippten sich gegenseitig wach und alle Finger fanden sich wieder. Bibi kratzte sich am Kopf. Dann griff sie nach ihren Zehen. Der dicke Zeh war ein Bällchen, prall und warm. Da kamen die anderen Zehen nicht mit. Einer war sogar ein wenig krumm. Aber natürlich brauchte Bibi sie alle.

Sie fasste ihre Beine an. Ihre Beine waren weich.

Das ist, weil die Muskeln noch nicht aufgestanden sind, dachte Bibi. Es waren ohne jeden Zweifel ihre Beine von gestern. Bibi kannte sie wieder, weil beide Knie aufgeschürft waren vom Hinfallen.

Zwischen den Beinen war Bibi ein Mädchen. Sie war natürlich auch sonst ein Mädchen. Aber zwischen den Beinen konnte man es genau feststellen, weil sie da einen Schlitz hatte.

Bibis Bauch war ein kleiner Hügel. Da waren die Bratkartoffeln von gestern Abend drin und das Eis. Aber das Eis war jetzt nicht mehr kalt. Bibi gähnte. Im Bett brauchte man nicht die Hand vor den Mund zu halten. Weil einem da nichts reinfliegen kann, dachte Bibi. Sie gähnte gleich nochmal.

Vorne fehlte ihr ein Zahn. Sie fühlte nach, ob schon ein neuer Zahn gewachsen war. Es war kein neuer Zahn gewachsen. Vielleicht wuchs er nach dem Frühstück.

Was war das überhaupt für ein Tag? Bibi wurde neugierig. In der Küche spielte das Radio. Wenn Bibi aufwachte, spielte immer das Radio in der Küche.

Das war gut, weil Bibi dann wusste, dass die Welt da war. Alles, was Bibi kannte, war da.
Bibi drehte sich auf die Seite. Sie hob die Bettdecke einen Zentimeter und schaute hinaus. Warum ist es so hell, dachte es in Bibis Kopf.
„Weil die Sonne scheint!", sagte Bibi zu sich selber.
Sie warf die Decke zurück und stand auf.

Gina Ruck-Pauquèt

Milliputanien

Inhalt: Pumpernickel ist Jottes imaginärer Gesprächspartner, sein zweites „Ich". Mit ihm unterhält er sich so intensiv, dass er mit allem anderen nicht vorankommt.

Stichworte: Fantasiewelt – Fantasiefigur – Junge – Selbstgespräch – Zeit

Alter: ab 6 Jahren

Das ist so eine Sache mit dem Pumpernickel. In vielem ist er ganz anderer Ansicht als Jotte. Zum Beispiel will er morgens nicht aufstehen.
„Es ist Zeit", sagt die Mutter zu Jotte.
Sie weiß ja nicht, dass Pumpernickel auch da ist.
„Ja", sagt Jotte.
„In Milliputanien stehen die Kinder überhaupt erst nach Mittag auf", sagt Pumpernickel.
„Wo ist Milliputanien?", fragt Jotte.
„Weißt du, wo Zwilliputanien ist?", fragt Pumpernickel dagegen.
„Ne", sagt Jotte.
„Siehste!", sagt Pumpernickel. „Die Kinder stehn erst nach Mittag auf, damit sie nicht übertreten werden von den Erwachsenen. Weil die ja morgens so eilig sind."
„Das heißt nicht übertreten", sagt Jotte.
„Das heißt ja auch überfahren", sagt Pumpernickel, „wenn es sich um ein Auto handelt."
Jotte schweigt. Er steht auf. Zuerst schaut er zum Fenster hinaus. Dann geht er ins Bad und putzt sich die Zähne. Aber weil der Pumpernickel dauernd Geschichten erzählt, geht beim Jotte nichts voran.
„Jotte!", ruft die Mutter.

Kaum hat der nämlich die Zahnbürste im Mund, fängt der Pumpernickel doch schon wieder an.
„In Milliputanien", fängt er an, „da kann man die Mütter an- und abstellen. Wie die Radios."
„Das lügst du", sagt Jotte mit Zahnpastaschaum vorm Mund.
„Neins!", sagt Pumpernickel.
„Nein!", verbessert ihn Jotte. „Neins ist falsch."
„Man sagt ja auch eins und keins", sagt Pumpernickel.
„Jotte!", ruft die Mutter.
„Jaja!", singt Jotte als Antwort. „Lass mich jetzt", sagt er zu Pumpernickel. „Sonst werd ich nie fertig."
„Kommst du jetzt?", ruft die Mutter.
Jotte versucht, Pumpernickel aus dem Bad zu schieben.
„Neins!", schreit Pumpernickel ganz laut.
Da steht Jottes Mutter in der Tür. „Hast du nein gesagt?", fragt sie.
„Nein", sagt Jotte. „Das heißt – ja", sagt er.
„Manchmal denk ich, dass ich mehrere Kinder hab", sagt die Mutter. Aber den Pumpernickel bemerkt sie nicht. Weil der nämlich für Erwachsene überhaupt nicht sichtbar ist.

Gina Ruck-Pauquèt

Der Zoo

Inhalt: Jotte fantasiert mit Pumpernickel die aufregendsten Zoo-Erlebnisse.

Stichworte: Zoo – Fantasie – erleben – Schwindelei – Freundschaft – einschlafen

Alter: ab 6 Jahren

Jotte soll sich die Haare schneiden lassen. Er setzt sich aufs Fahrrad und fährt los. Pumpernickel hockt hinten auf dem Gepäckträger.
„Links", sagt Pumpernickel, „jetzt rechts, wieder rechts und geradeaus."
Da stehen sie vorm Zoo. Jotte nimmt das Haarschneidegeld und kauft sich davon eine Eintrittskarte. Es wird ein wunderschöner Tag. Und seine Haare hat Jotte auch noch.
„Warum warst du nicht beim Friseur?", fragt die Mutter.
„Ja", sagt Jotte, „wir sind gefahren und gefahren, und dann waren wir beim Zoo."

„Wer – wir?", fragt die Mutter.
„Das Fahrrad und ich", sagt Jotte. „Dann ist ein Affe herausgekommen und hat mich bei der Hand genommen. Und drinnen hab ich auf dem Elefanten reiten dürfen. Der hat mich überhaupt nicht mehr runtergelassen."
„Du bist ein Schwindler", sagt die Mutter.
Sie schickt Jotte ins Bett.
„Pumpernickel?", fragt Jotte.
Pumpernickel sitzt am Fußende. „Ja?", sagt er.
„Es ist aber doch wahr", sagt Jotte. „Erinnerst du dich?"
„Und ob!", sagt Pumpernickel. „Du bist auf dem Rüsselfanten geritten und ich auf dem Löwen."
„Ein paar von den Affen haben Gitarre gespielt", sagt Jotte. „Weißt du noch?"
„Und die Gemurmeltiere haben dazu getanzt", sagt Pumpernickel.
„Dann sind wir mit dem Nilpferd geschwommen", sagt Jotte.
„Ja", sagt Pumpernickel, „im Limonadenteich."
„Das Känguru hat Vanilleeis aus seinem Beutel verteilt."
„Und der Bär hat seine Felljacke ausgezogen ..."
„... und mit uns Federball gespielt", sagt Jotte. „Pumpernickel?", sagt er.
„Ja?", sagt Pumpernickel.
„Es ist gut, einen Freund zu haben", sagt Jotte.
„Ja", sagt Pumpernickel.
Jotte lächelt ihm zu. Dann schließen sich seine Augen wie von selber und er schläft ein.

Gina Ruck-Pauquèt

Der Hund

Inhalt:	In der Familie fühlt sich Jotte ausgebeutet. Er klagt Pumpernickel sein Leid. Der tröstet ihn. Das Gespräch hören die Eltern mit. Sie glauben, ihr Sohn sei zu viel allein. Darum schenken sie ihm einen Hund. Von dem Augenblick an ist Pumpernickel verschwunden.
Stichworte:	Familie – Kind – Arbeit – Ausbeutung – Klage – Trost – besorgt sein – Geschenk – Hund
Alter:	ab 6 Jahren

„Jotte", sagt die Mutter, „räum doch bitte mal die Teller weg! Jotte", sagt sie, „trag den Abfall runter! Bring den Brief zum Kasten! Gieß die Blumen!"
Jotte räumt die Teller weg, er trägt den Abfall runter, bringt den Brief zum Kasten und gießt die Blumen.
„Ist alles selbstverständlich", sagt er zu Pumpernickel. „Ich werde ausgebeutet", sagt er.
„Ja", sagt Pumpernickel.
Sie sitzen in Jottes Zimmer nebeneinander auf dem Bett.
„Keiner sagt mal was Nettes zu mir", sagt Jotte.
„Doch", sagt Pumpernickel, „ich! Guter Jotte", sagt er. „Lieber Jotte. Armes, missbrauchtes Kind."
Das tut gut. Jotte lehnt sich an Pumpernickel. Wenn er eine Katze wäre, würde er schnurren.
„Jotte-Schätzchen", sagt Pumpernickel. „Mein Liebling, mein Herzchen, mein Täubchen, mein Engelchen."
Die Eltern stehen vor Jottes Tür und hören zu.
„Das Kind wird immer seltsamer", sagt die Mutter.
„Er ist zu viel allein", sagt der Vater. „Es muss etwas geschehn!"
Am anderen Tag schenken sie Jotte einen Hund. Es ist ein großer Hund mit langen Ohren, der Jotte gut gefällt.
„Freust du dich?", fragen die Eltern.
„Jaha", sagt Jotte und guckt in den Schrank.
Pumpernickel ist nämlich verschwunden. Im Schrank ist er auch nicht. Kein Wunder, Pumpernickel hat sich schon immer vor Hunden gefürchtet.
Jotte findet ihn nicht mehr wieder. Aber je länger er den Hund anschaut, desto mehr sieht er die Ähnlichkeit im Blick. Ist es denn ausgeschlossen, dass Pumpernickel in dem Hund steckt? Nein, bei so einem Pumpernickel, da ist wahrhaftig ganz und gar nichts ausgeschlossen!

Gina Ruck-Pauquèt

Ein Fisch sein

Inhalt: Tagträumend verwandelt sich Hanna in einen Fisch. Mit ihrem ganzen psychischen Vermögen spürt sie dem Wesen der Kreatur nach. Erwachend findet sie zurück zum alltäglichen Spiel mit ihrem kleinen Bruder.

Stichworte: Mädchen – Tagtraum – Fantasie – allein sein – Verwandlung – Wahrnehmung – Bruder – Spiel – Freude – Identität

Alter: ab 10 Jahren

Hanna steht am Fenster. Es regnet. Der Regen rinnt die Scheibe hinab, unaufhörlich, endlos. Schön ist das. Hanna gefällt es. Draußen ist es neblig und grau. Verschwommen sind die Konturen der Bäume und die Lichter in der Ferne leuchten gelblich und matt.

„Hanna", sagt Dietz, „spiel doch mit mir."

„Nein", sagt Hanna. „Ich mag jetzt nicht. Lass mich." Dietz ist ihr kleiner Bruder. Er fällt ihr auf die Nerven. Immer will er was. Hanna starrt hinaus. Nebelwelt, Wasserwelt. Ringsum ist es still.

Als wären alle Geräusche ertrunken, denkt Hanna. Das Wasser hat die Welt zugeflutet, das Land, die Stadt, die Straße, das Haus, dieses Zimmer. Ich bin ein Fisch in einem Aquarium.

„Hanna", ruft Dietz, „bei dem roten Auto ist ein Rad ab! Kannst du das wieder dranmachen?"

„Nein", sagt Hanna. „Jetzt lass mich endlich in Ruhe!" Sie braucht ein paar Minuten, bis sie wieder ein Fisch geworden ist. Weich, flink, geschmeidig. Taucht hinab, immer tiefer auf den Grund, wo es leuchtende Muscheln gibt, glitzernden Sand und Korallen.

Stille – nur ein Klang ist da. Es mag das Geläut einer fernen Glocke sein. Vielleicht ist es aber auch einfach das Lied des Wassers, das nur die Fische hören können.

„Hanna", dringt da die Stimme aus der anderen Welt, die Stimme von Dietz, quengelig, fordernd. „Hanna, das gelbe Auto ist auch kaputt."

„Dietz", sagt Hanna, „wenn du mich nicht in Ruhe lässt, werde ich nie wieder mit dir spielen. Im ganzen Leben nie wieder. Hast du verstanden?"

Ein Fisch. Ich bin ein Fisch, denkt sie. Ich will wieder ein Fisch sein. Drückt ihre Nase gegen das Fenster, die Fischnase gegen das Glas des Aquariums, lässt sich sinken, tief, tief. Spürt die Beweglichkeit ihrer Flossen, und das Wasser, das sie trägt, so weich und doch so fest. Stille zwischen den Muscheln, Stille über dem Sand, Stille zwischen den Korallen, endlos. Nur der Hall der fernen Glocke, der sich nicht verändert. Hanna ist ein Fisch, der sich in der Stille wiegt, wiegt und wiegt, Stunden und Tage, wiegt und wiegt.

Nichts verändert sich je. Selbst die kleine Säule der Luftblasen, die vor dem Fischmaul aufsteigt, bleibt immer gleich. Hanna ist ein Fisch. Ein einsamer Fisch in einem Aquarium. Hebt sich ein wenig, lässt sich hinabsinken, weiter nichts. Ein einsamer Fisch. Ein einsamer, trauriger Fisch. Nichts als die Welt im Dämmerlicht, in der Lautlosigkeit, nichts als Wasser ringsum.

Nein, denkt Hanna, Fische können nicht weinen. Oder doch? „Dietz", ruft sie. Es klingt ganz erstickt, so unter Wasser ausgesprochen. „Dietz?"

„Ja?", sagt Dietz mit einer sehr kleinen Stimme.

Hanna taucht auf, schnell. Die Aquariumwand wird wieder ein Fenster, an dem das Wasser hinabrinnt. Auf dem Boden des Zimmers hockt Dietz, der kleine Dietz, und heult. Auf einmal ist es toll, dass es ihn gibt.

„Dietz", sagt Hanna, „hör auf. Bitte, hör auf und lass uns was spielen."

Gina Ruck-Pauquèt

Etwas vom Denken ...

Inhalt: Bruno schaut seiner Mutter bei der Zubereitung von Hirnknödeln aus Kalbshirn zu. Das bringt ihn zum Nachdenken über die vielfältigen Möglichkeiten des menschlichen Gehirns.

Stichworte: Gehirn – Möglichkeiten – Vorstellungen – Empfindungen – Erfahrungen – Erinnerungen – denken – nachdenken

Alter: ab 10 Jahren

Eines Tages kam Bruno früher als sonst aus der Schule. Seine Mutter war in der Küche und fing gerade an zu kochen. Auf dem Küchentisch lag ein Klumpen rosa Zeug auf einem Holzbrett. Bruno beugte sich drüber, sah merkwürdige Windungen und Adern darin. Fleisch schien das nicht zu sein, auch Fisch nicht und erst recht kein Gemüse. „Was ist das?", fragte er seine Mutter.

„Ist Kalbshirn", sagte sie und ließ Wasser in einen großen Topf laufen, „heute gibt's Hirnknödel."

Die hatte Bruno schon oft gegessen, aber es wäre ihm nie eingefallen, dass da wirklich Kalbshirn drin war. Den Klößen sah man es nicht an, dass sie aus diesem ekelhaften rosa Brocken gemacht waren. Abscheulich fand Bruno das. Aber plötzlich packte es ihn. Dieses Ding da, das nackter schien als nackt, begann ihn auf einmal mächtig zu interessieren. Er setzte sich ganz dicht davor und sah es sich so genau an, wie er nur konnte: Einem Kalb hatte dieses Gehirn einmal gehört. Und dieses Kalb hatte damit gedacht. Kalbsgedanken. Gab es das? Wie dachten Kälber? Dachten sie überhaupt? Was dachte ein Kalb? Aber in diesen Windungen da vor ihm musste es drin sein: Stallgedanken. Wiesengedanken. Kuhmuttergedanken. Sonnengedanken. Regengedanken. Schlaf. Angst. Der grausame Schreck, als es geschlachtet wurde! Das ganze Kälberleben! Bruno wusste, dass auch er so ein Ding im Kopf hatte, und konnte sich das trotzdem nicht richtig vorstellen. Es war zu fantastisch. Damit konnte er denken, sich erinnern ... auch in seinem Gehirn war sein ganzes Leben aufbewahrt!

Als er kleiner war, hatte Bruno sich das ganz anders vorgestellt. Er dachte, in seinem Kopf wäre so etwas wie ein Schrank mit hundert- und aberhunderttausend Schublädchen, winzig klein. Und je nachdem, was er gerade dachte oder woran er sich erinnern wollte, zog er sie einfach auf oder sie sprangen auf, ganz von selbst. Wenn er zum Beispiel einen Namen vergessen hatte, kribblig machte ihn das. Er wusste doch ganz genau, dass der irgendwo in seinem Kopf drin war. Dass er bloß nicht gleich draufkam. Das ganze Alphabet ging er durch: A B C D E F ... Manchmal half das, beim richtigen Anfangsbuchstaben fiel ihm der Name dann ein. Manchmal auch nicht, er vergaß die ganze Sache. Aber beim Abendbrot oder beim Waschen – längst dachte er nicht mehr an den vergessenen Namen –, da war er wieder da. Einfach so!

Aber wie ging das nun mit dem Denken? Immer noch schaute Bruno das Hirn vor sich an und kam nicht dahinter. Er konnte es noch so genau ansehen, es brachte ihn nicht weiter. Nur eklig fand er das rosa Ding nicht mehr, sondern fast schön. Überhaupt schien es kein Ding mehr zu sein, sondern etwas Lebendiges.

Plötzlich wurde das Brett unter Brunos Augen weggezogen, seine Mutter griff mit beiden Händen danach.

„Nein", rief er hastig, ganz aufgeregt, „nein, nein. Du kannst das nicht einfach kochen! Du kannst nicht einfach Hirnknödel draus machen! Da sind Gedanken drin und Erinnerungen und ach, man kann das doch nicht einfach kochen und aufessen!"

Einen Blick warf seine Mutter ihm nur zu, einen kurzen Blick, stumm hielt sie das Brett mit dem Hirn drauf immer noch in der Schwebe. Dann ging sie zum Herd und warf den rosa Klumpen in den großen Topf mit dem kochenden Wasser. Sie stellte das Brett auf den Tisch. Kramte in der Schublade nach einem Messer. Spießte das Hirn aus dem kochenden Wasser, brauste kaltes Wasser drüber und ließ es tropfnass auf das Brett fallen. Sie zog die Haut ab und die Adern raus und schnitt den Rest in kleine Stücke.

Bruno konnte kaum schlucken, sein Herz raste.

„Ich esse keine Hirnknödel. Nie mehr", sagte er und sah auf die Schüssel, in die sie die Stückchen geschüttet hatte, sah zu, wie sie sie mit eingeweichtem

Brötchen, Petersilie, Zwiebeln und Fett zu einem Brei rührte. Nichts war mehr zu sehen von dem Ding, das er so lange betrachtet hatte.

„Du hast vielleicht Ideen", sagte sie und sah Bruno an, „ganz kindische Ideen hast du."

Und es war gut, dass sie nicht sehen konnte, was Bruno dachte, als er seine Mutter anschaute.

Susanne Kilian

Universum im Universum

Inhalt:	Es gibt eine Unendlichkeit des Universums im Größten und im Kleinsten. Der Mensch sieht sich immer im Mittelpunkt. Alles hat eine Ordnung, einen Sinn.
Stichworte:	Kind – Vater – Weltall – Unendlichkeit – Erde – Staubkorn – Mensch im Mittelpunkt – Nichts – Universum im Kleinen – Ordnung – Sinnhaftigkeit – Gott – Identität
Alter:	ab 10 Jahren

Bettina: Vati, was ist denn hinter dem Himmel?
Vater: Da ist das Universum, von dem wir nicht wissen, wo es ein Ende hat und ob es überhaupt ein Ende hat – ein Raum, in dem unzählige Planeten und Sonnen kreisen.
Bettina: Gibt es denn mehr als eine Sonne?
Vater: Es gibt zahllose Sonnen. Wir können sie nur nicht sehen. Und es gibt Milliarden von Sternen, kleiner und größer als unsere Erde.
Bettina: Aber wie können die denn alle noch Platz im Universum haben? Unsere Erde ist doch so riesig!
Vater: Das scheint uns nur so, weil wir viel kleiner als die Erde sind. Unser Planet, auf dem wir uns zu Hause fühlen, ist nur wie ein Staubkorn im Universum.
Bettina: Wie ein Staubkorn? Wie groß muss da das Universum sein! Aber wir sind genau in seinem Mittelpunkt, nicht wahr?
Vater: Wir wissen nicht, wo der Mittelpunkt des Universums ist. Von dir aus gesehen bist jedenfalls du der Mittelpunkt.
Bettina: Wenn aber unsere Erde nur wie ein Staubkorn mitten im Universum ist – was sind dann wir?
Vater: Es kommt darauf an, wie man's betrachtet. Im Universum sind wir fast ein Nichts.

Bettina:	Ach …!
Vater:	Aber vergiss nicht, dass wir aus unzähligen kleinen und kleinsten Teilchen bestehen, so kleinen Teilchen, dass man sie nicht einmal mehr mit bloßem Auge sehen kann. Für jedes dieser Teilchen sind *wir* ein Universum.
Bettina:	Also bin ich ein Universum im Universum?
Vater:	So ist es. Und dein kleinster Blutstropfen ist wieder ein Universum in dir.
Bettina:	Da wird einem ja ganz schwindlig, Vati!
Vater:	Du kannst ganz ruhig sein, Bettina: Wir sind gewollt. Ganz bestimmt sind wir gewollt und eingepasst als Teil einer großen Ordnung. Du kannst nie ins Nichts fallen.

Gudrun Pausewang

Wie ein Igel

Inhalt:	Das Kind, das hinter einer stachligen Haut eine ängstliche Seele verbirgt, möchte gern frei sein von den eigenen Unzulänglichkeiten.
Stichworte:	Bosheit – Böswilligkeit – Aggressivität – Gemeinheit – Verletzung – Selbsterkenntnis – Identitätskrise – Wunsch, anders zu sein – Gebet
Alter:	ab 10 Jahren

Wie ein Igel stelle ich meine Stacheln auf, Stacheln, die spitz sind und stechend: Manchmal bin ich kratzbürstig und eigensinnig, ich bin schlecht gelaunt: Heute habe ich viel Böses angerichtet. Bernd hat sich verletzt: Ich hatte ihm ein Bein gestellt. Ute hat ein komisches Kleid getragen: Ich habe sie ausgelacht. Sie hat geweint. Mit Vater habe ich arg gestritten. Wie Rumpelstilzchen habe ich mit den Füßen gestampft und geschrien.

Wie ein Igel stelle ich meine Stacheln auf, harte Stacheln, die andere verletzen.

Ich habe die Schularbeiten meiner Schwester verschmiert. Im Schwimmbad habe ich Peter verhöhnt und ihn „Angsthase" genannt. Meiner Mutter habe ich die Zunge herausgestreckt. Blind vor Zorn habe ich das Blumenbeet zertrampelt.

Heute war ein stachliger Tag. Warum nur stelle ich meine Stacheln auf wie ein Igel, der angegriffen wird?

*Du, lieber Gott, kennst mich.
Du weißt, dass ich unter meinen Stacheln
schüchtern und ängstlich bin.
Ich möchte meine Stacheln abschütteln.
Ich möchte gut sein zu den anderen
und ihnen nicht wehtun.
Lieber Gott, hilf mir dabei.*

Charles Singer

Ich mag mich

Inhalt: Tanja ist mit ihren roten Haaren, ihren Sommersprossen und ihren graugrünen Augen ganz und gar unzufrieden, bis ein Junge kommt, der das alles ganz wunderbar findet.

Stichworte: Mädchen – Unzufriedenheit – anders sein – Wünsche – Träume – Identitätskrise – Junge – Bewunderung – Wandel – sich annehmen – Selbstwertgefühl – Freude

Alter: ab 7 Jahren

Tanja hat rotes, krauses Haar und graugrüne Augen. Ihr Gesicht ist rund und rosa und voller Sommersprossen. Im Sommer muss sie aufpassen: Sie kriegt schnell einen Sonnenbrand. Braun ist sie noch nie geworden.

Sie ist jetzt schon fast so groß wie Erwachsene. Bis gestern konnte sie rotes Kraushaar nicht ausstehen und graugrüne Augen schon gar nicht. Leute mit Sommersprossen fand sie furchtbar hässlich. Aber gestern, aber gestern ...

Als sie so alt war, dass sie sich im Spiegel erkannte und sich nicht mehr „Tanja", sondern „ich" nannte, begriff sie, dass ihre Mutter anders aussah als sie selbst, nämlich braunhaarig und braunäugig und braungebrannt. Und sie hörte die Mutter oft sagen: „Wo hast du nur deinen Feuerschopf und die Hexenaugen her? Und welcher Troll hat dir Sommersprossen ins Gesicht geblasen, mein Tanjakind?"

Da weinte Tanja und schluchzte: „Ich will kein' Feuerschops! Ich will so ssön sein wie du!"

Als sie schon in den Kindergarten ging, las ihr die Mutter jeden Abend ein Märchen vor. Im Märchenbuch waren viele Bilder. Am längsten betrachtete

Tanja das Bild von Schneewittchen. So hätte sie gern ausgesehen: langes, glattes schwarzes Haar, rote Wangen und eine schneeweiße Haut ohne braune Punkte. Die Schönste im ganzen Land. – Als sie in die Schule kam, gafften die anderen Tanjas rotes Haar an, bis sie sich daran gewöhnt hatten. Tanja aber starrte zur Lehrerin hinüber. Die hatte silberweißes, gewelltes Haar und eine silbrig funkelnde Brille.

„Wenn ich doch auch so aussähe", dachte Tanja sehnsüchtig.

Im zweiten Schuljahr kam eine neue Schülerin in die Klasse. Sie hieß Sujata und war aus Indien. Sie hatte lange schwarze Zöpfe und eine braune Haut. Tanja musste immerzu hinüberschielen zu ihr und in der Nacht träumte sie, dass sie selbst so aussähe wie Sujata. Ein wunderschöner Traum.

Einmal kam Tante Marie-Luise auf Besuch. Sie hatte dunkelbraune Dauerwellen. „Aber in Wirklichkeit hat sie rote Haare", sagte die Mutter zu Tanja. „Sie lässt sie sich färben."

Tante Marie-Luise schenkte Tanja eine große Puppe. Die hatte rotes Kraushaar, graugrüne Augen und aufgetupfte Sommersprossen. „Als wär's eine Zwillingsschwester von dir", sagte Tante Marie-Luise zu Tanja. „Ich hab lange suchen müssen, bis ich sie fand. Und sie ist nicht billig gewesen. Gefällt sie dir?"

„Nein", antwortete Tanja heftig und stopfte die Puppe in den Flickenkoffer auf dem Dachboden.

Da war Tante Marie-Luise sehr gekränkt.

Tanja spielte am liebsten mit Steffi. Das war die Blondeste und Blauäugigste aus der ganzen Klasse. Aber Steffi hatte viele Freundinnen und wollte nicht nur mit Tanja spielen. Da weinte Tanja und dachte: „Das liegt bestimmt daran, dass ich so hässlich bin. Niemand lässt sich gern mit mir sehen."

Als die Klasse ein Theaterstück einübte, wollte Tanja unbedingt die Fee spielen. Dafür musste sie eine blonde Perücke tragen und ihre Sommersprossen überpudern.

„Wie du aussiehst!", rief die Mutter und hatte Mühe, nicht zu lachen. „Wie irgendein fremdes Kind."

Aber Tanja kam sich wunderschön vor und lief noch einen Tag nach der Aufführung als Fee herum.

Als Tanja dann schon älter war, sah sie im Fernsehen oft Sängerinnen mit ganz schwarzer Haut und schwarzem Kraushaar. In den dunklen Gesichtern schimmerten Augen und Zähne weiß. Tanja hätte gern so ausgesehen. Alles, alles, nur nicht rothaarig und sommersprossig sein!

Zu Karneval färbte sie sich Gesicht und Haare schwarz. Aber nun erkannte sie niemand. Und keiner fand sie schön. Steffi, die sich als Pippi Langstrumpf verkleidet hatte, merkte im Vorübergehen, dass die Farbe nicht echt war, und sagte: „Ob das wieder abgeht?"

Aber gestern, gestern, als sie ganz allein neben einem Wasserbassin im Park saß und ihrem Spiegelbild Fratzen schnitt, kam ein rothaariger, sommersprossiger Junge vorbei, pfeifend, blieb stehen, sah sie an und sagte: „Mann, bist du schön!"

Tanja schaute sich verwundert um. Aber hinter ihr stand niemand.

„Meinst du mich?", fragte sie. „Schön? Ich?"

„Hast du das etwa noch gar nicht gemerkt?", rief er lachend. „Du bist die Schönste, der ich je begegnet bin. Prachtvoll, die rote Mähne und die seltenen graugrünen Augen. Und so eine wunderschön gesprenkelte Haut!"

Er zog eine Handvoll dicker roter Kirschen aus seiner Hosentasche und reichte ihr die Hälfte davon. Gemeinsam aßen sie sie auf, spuckten die Kerne hinter sich in die Hecke, und dann zeigte der Junge Tanja sogar den Baum, von dem er die Kirschen gestohlen hatte.

„Du bist die erste, der ich ihn zeige", sagte er. „Weil ich dich mag, Rotschopf." Und sie kletterten in den Baum hinauf, aßen sich satt und matt und spuckten den Leuten, die tief unter ihnen vorübergingen, Kerne auf den Kopf.

Als Tanja gestern Abend heimkam, hatte sie über jedem Ohr ein Kirschpärchen hängen. Sie summte. Kaum war sie im Haus, rannte sie auf den Dachboden hinauf, kramte Tante Marie-Luises Puppe heraus und setzte sie im Wohnzimmer mitten aufs Sofa.

„Nanu", sagte die Mutter, „du mochtest sie doch nicht leiden. Oder?"

„Das hat sich geändert", sagte Tanja und begann sich vor dem Spiegel zu kämmen. Sie wandte den Kopf hierhin und dahin, während sie sich betrachtete, wie man einen Schatz betrachtet, den man eben vom Grund des Meeres heraufgeholt hat. Dann drehte sie sich zur Mutter um und sagte: „Nämlich – ich mag mich jetzt."

Gudrun Pausewang

Gebet

Herr, unachtsam und lieblos, voller Ungeduld und Ungerechtigkeit,
undankbar und unlustig,
gehe ich um mit den Menschen in meiner Nähe.
Ich tue es, weil ich mir selbst nicht gut bin,
mir selbst zur Last falle,
mir selbst ohne Achtung, ohne Dank, ohne Zufriedenheit begegne,
lustlos bin und oft voll grausamer Freude, mich selbst zu quälen.
Hilf mir, mich zu sehen, wie du mich gemeint hast,
damit ich mich annehmen kann
und Menschen in meiner Nähe
ein Spiegel sein kann deines Bildes.

Fritz Köbler

Ein Traum

„Vater!", schreit das Kind in der Nacht,
„ich hatte einen schlimmen Traum.
Eine Hexe hat ganz schrecklich gelacht
und überall sind Gespenster im Raum!"

„Ja", sagt der Vater, „Donner und Regen
toben draußen und Blitz und Wind.
Ich will mich ein Weilchen zu dir legen."
„Schön warm bist du", flüstert das Kind.

Viola Richter

Mitten in der Nacht

Mitten in der Nacht
bist du weinend aufgewacht.
Etwas hat dir Angst gemacht.

Ich habe dich in den Arm genommen.
Da ist die Angst einfach fortgeschwommen
und ist auch nicht mehr wiedergekommen.

Genauso haben wir es gemacht:
Wir haben die Angst einfach weggelacht.
Wir zwei
um halb drei
mitten in der Nacht.

Rolf Krenzer

Traurig

Manchmal kommt
ein großes schwarzes Tier,
das meine Freude auffrisst
und mein Lachen,
das mich festhält
in seinen Klauen
und nicht loslässt.
Manchmal kann ich nichts
dagegen machen – nur warten –
bis es geht, auf leisen Sohlen,
wie es gekommen ist.

Regina Schwarz

Der Spuk

Inhalt: Mit der Mutter zusammen kann Nuschi die Nacht- und Sturmängste gut überstehen.

Stichworte: Kind – Mutter – Sturm – Nacht – klopfen – Spuk – Angst – Angstüberwindung – befreit sein

Alter: ab 6 Jahren

Es ist Abend. Die Mama sitzt im Sessel und liest die Zeitung. Nuschi hockt auf dem Teppich und legt ein Puzzle. Es ist ein Gespensterpuzzle und zu einem Gespenst findet Nuschi die linke Kopfhälfte nicht. Draußen stürmt es.

„Ich krieg's nicht fertig", sagt Nuschi.

Die Mama raschelt mit der Zeitung.

„Was liest du?", fragt Nuschi.

„Tja", sagt die Mama, „in einem Dorf im Norden heult jede Nacht um zwölf ein Hund."

„Der Arme!", sagt Nuschi. „Warum heult er denn?"

„Das weiß kein Mensch", sagt die Mama. „Aber das Tollste ist, dass es in dem Dorf überhaupt keinen Hund gibt."

„Iii", sagt Nuschi, „das ist aber unheimlich."

In diesem Augenblick geht das Licht aus. Nur für eine Sekunde.

„Mama!", schreit Nuschi und klammert sich an ihre Mutter.

„Das ist doch kein Grund zur Aufregung", sagt die Mama. „Das macht der Sturm."

Sie liest weiter in der Zeitung. Nuschi wartet noch einen Moment. Dann kehrt sie zu ihrem Puzzle zurück.

„Mama", sagt Nuschi.

Sie hat das Stück vom Gespensterkopf gefunden.

Da klopft es.

Die Mama blickt über die Zeitung hinweg Nuschi an. Nuschi blickt die Mama an. Ihr ist innen ganz kalt.

„Es hat geklopft!", flüstert sie.

„Das war nicht an der Tür", sagt die Mama leise.

Nuschi macht keine Bewegung. Es ist schön und schrecklich, sich mit der Mama zusammen zu fürchten.

„Wer ist da?", sagt die Mama endlich. „Ist da jemand?"

Niemand antwortet. Da kann die Mama trotz ihrer Furcht aufstehen und am Fenster nachschauen. Das hätte Nuschi nie fertiggebracht.

„Es war der Sturm", sagt die Mama.

Sie guckt ins Nebenzimmer, in die Schränke und unter das Bett. Nuschi springt auf. Jetzt will sie auch was unternehmen. Sie öffnet alle Schubladen, den Backofen und die Kaffeekanne.
„Ist da wer?", ruft sie.
„Du hast vergessen, in der Zuckerdose nachzusehen", sagt die Mama. Sie blicken sich an und lachen.

Gina Ruck-Pauquèt

Die bösen Tiere*

Inhalt:	Mit zupackender Energie verjagt die Großmutter alle Ungeheuer, vor denen sich Alina so fürchtet.
Stichworte:	Kind – Angstträume – Einbildung – Eltern – Hilflosigkeit – Großmutter – Aktion – Erfolg
Alter:	ab 6 Jahren

„Das Kind ist krank", sagten die Eltern.
Alina hatte kein Bauchweh und keine Zahnschmerzen. Aber sie war trotzdem blass und hatte dunkle Ränder unter den Augen.
„Das Kind schläft schlecht", sagten die Eltern. „Es wacht aus bösen Träumen auf und schreit. Das Kind sagt, dass ein Tier im Wandschrank sitzt. Im Wandschrank, unter dem Bett und hinter den Vorhängen am Abend."
Der Doktor verschrieb einen Saft für Alina. Aber die Tiere waren trotzdem da und nichts änderte sich.
„Nun schau doch selber nach", sagten die Eltern. „Niemand ist im Schrank. Unter dem Bett ist keiner und hinter dem Vorhang auch nicht."
Sie kauften eine Spieldose für Alina. Sie kauften ihr einen rosa Teddybär und Bücher mit schönen Bildern.
Die Tiere waren schwarz und haarig. Das im Wandschrank hatte sechs Tatzen.
„Du bist doch unser großes Mädchen", sagten die Eltern.
Und dann gingen sie aus dem Zimmer und Alina sah, wie es sich hinter dem Vorhang bewegte. Sie blieb nun nicht mehr allein in der Wohnung.
Als die Eltern am Abend fort mussten, holten sie die Oma. Die Oma war sehr alt.
„Bringst du mir ein Handtuch aus dem Wandschrank?", fragte sie Alina.

---
* Titel redaktionell; Originaltitel „Das kranke Kind"

Da musste Alina es ihr erzählen. Die Oma sagte nicht, dass Alina sich das alles einbilde. Sie nahm ihren Krückstock und riss die Tür zum Wandschrank auf. Dann schlug sie zu.

„Da!", schrie sie. „Du Mistvieh! Da!"

Sie schlug das Tier im Wandschrank tot und das hinter dem Vorhang auch. Und bei dem letzten Ungeheuer unter dem Bett holte Alina den Teppichklopfer und half mit.

Gina Ruck-Pauquèt

Angst*

Inhalt: Weil ihm schlimme Strafen angedroht wurden, hat der Junge Angst, mit einer Fünf nach Hause zu kommen. Er will draußen schlafen, aber dadurch wird seine Angst nur noch größer.

Stichworte: Junge – schlechte Zensur – Angst – weglaufen – Dunkelheit – allein sein – Verlorenheit – Eltern – Zuhause – angenommen werden

Alter: ab 8 Jahren

Plötzlich überfiel ihn wieder die Angst. Es wurde dämmrig. Schlafen. Er musste irgendwo schlafen. Er war jetzt schon müde. Und Hunger hatte er auch. Vor lauter Kino hatte er vergessen, sich noch was zum Essen zu kaufen. Er setzte sich unter einen Baum. Lehnte den Kopf an den Stamm. Presste die Hände ins Gras. Hier würde er bleiben, bis es Nacht war. Hier würde er schlafen.

Die Polizisten suchen Kinder hoch zu Pferd. Das wusste er aus dem Fernsehen. Und gerade weiter draußen. Aber er war so müde. Ameisen krabbelten an seiner Hand hoch. Er schlenkerte den Arm wie verrückt. Nein. Hier konnte er nicht schlafen. All die fremden Laute, die er jetzt in der Dämmerung deutlicher als zuvor hörte. Sie waren ihm nicht vertraut wie der Lärm in der Stadt. War das ein Tier, das da schrie? Und das Knacken. Was war das? Das Rauschen der Fabriken kam näher, war plötzlich wieder weiter weg. Der Baum, unter dem er saß, wurde dunkel, immer dunkler, gespenstisch. Er sprang auf. Wieder ging er und ging. Die Straßen wurden heller in der Stadt. Menschen hasteten an ihm vorbei. Stießen ihn an. Manche blieben lachend vor einem Schaufenster stehen. Gingen aufeinander zu. Gingen zu-

---
* Titel redaktionell

sammen weiter. Dem Jungen schien es, als liefe er ständig im Kreis. In einem Schaufenster flimmerten farbige Mattscheiben. Fernsehen. Wenn sie sein Bild im Fernsehen zeigen würden! Dass er das vergessen hatte. Er ging schneller. Er wusste, dass seine Eltern ihn suchten. Ob die Polizei ihn auch schon suchte? Sein Bild? Sein Bild im Fernsehen? Wieder kroch Angst in ihm hoch. Nicht mehr wegen der Fünf, nein. Die schien ihm jetzt ganz klein gegen sein Weglaufen. Er war nicht zu Hause. Er war nicht da, wo er hingehörte. Er war hier ganz allein in der Stadt.

Er stand an der Ampel und wartete auf Grün. Eine Hand legte sich auf seine Schulter. Er fühlte es wie einen Schlag. „Na, so spät noch aus der Schule?" Ein Mann lachte ihn an. Nahm die Hand wieder von seiner Schulter.

„Ja. Ja, ja!" Das schrie der Junge fast und sein Mund verzerrte sich ganz gegen seinen Willen zu einem breiten Grinsen.

„Dann wird's aber Zeit, dass du nach Hause kommst!"

Die Ampel sprang auf Grün und der Mann verschwand in der Menge. Der Junge schluckte. All die Zeitungsgeschichten von den Männern, die Kinder mitnahmen, fielen ihm wieder ein. Die sie anfassten, erschlugen, erdrosselten. Was hätte er nur gemacht? Jetzt, wo es Nacht war, wo er so ganz allein war?

Und der Ranzen. Ja, der Ranzen. So spät lief kein Kind mehr mit einem Ranzen herum. Er musste in eine Gegend gehen, wo er sich auskannte. Knapp hinter der Schule war ein Neubau.

Er zitterte vor Angst. Die Plastikplanen vor den leeren Fensterrahmen scharrten. Die Leuchtreklame vom Haus gegenüber zuckte: an, aus, an, aus. Hell, dunkel, hell, dunkel. Er lag mit dem Kopf auf seinem Ranzen. Unter sich hatte er ein paar von den Zeitungen geschoben, die da herumlagen.

Ein paar Straßen weiter waren seine Eltern.

Plötzlich schien ihn die ganze Stadt mit tausend Augen anzusehen. Es kam ihm vor, als flüsterte das ganze Haus: „Du! Wie kannst du das nur tun! Wir finden dich! Wir finden dich ja doch!"

Ja, wo immer er hingehen würde in dieser Stadt, sie würden ihn finden. Hell, dunkel. Das Licht zuckte. Es lachte ihn aus. Alle lachten sie ihn aus. Weil er davongelaufen war. Wie er alles bedacht hatte, nur nicht seine Angst. Die schnürte ihm den Hals zu und er schluckte und schluckte. Was sollte er sagen? Was sollte er bloß sagen, wenn seine Eltern ihn fanden? Das Zeugnis mit der Fünf wurde kleiner und kleiner. Heute früh hatte er Mut, jetzt hatte er nur noch grenzenlose Angst, so allein. „Wenn ich jetzt nach Hause gehen würde?" Leise, ganz leise hatte er sich selbst gefragt. Und seine Angst fiel zusammen wie ein riesiger Luftballon. Er setzte sich auf.

Seine Eltern hatten sicher Angst um ihn. Vielleicht dachten sie, er sei tot. In einer Illustrierten war mal das Bild eines Jungen, der sich wegen einer Fünf aufgehängt hatte. Ja. Sie würden froh sein, dass er nur weggelaufen war. Ja.

Ja. Er war sich so sicher. Er hörte ihre Stimmen im Ohr: „Mein armer Junge!" – „Doch nicht wegen einer Fünf!" – „Ich habs doch gar nicht so gemeint!" – „Wie gut, dass du wieder da bist!" – „Wie gut ..."
  Er fror nicht mehr. Er war nicht mehr müde. Er rannte und rannte. Er klingelte. Die Frau aus dem ersten Stock über ihnen machte auf. „Da bist du ja! Na, wie siehst du denn aus, komm, mein Häschen, komm ..." Sie legte ihm den Arm um die Schultern. Während sie ihn an seine Wohnungstür brachte, redete und redete sie. Wie sie alle gewartet hätten, wer ihn gesucht hatte, wo sie gesucht hatten und ... Da stand seine Mutter in der Tür. Hinter ihr der Vater. Sie sahen ihn an.

Susanne Kilian (Ausschnitt)

Der Sprung

Inhalt: Hannes, der vor einem Mädchen damit angegeben hat, dass ihm der Sprung vom Dreimeterbrett nichts ausmacht, soll es jetzt beweisen. Er klettert hinauf und kommt wieder herunter. Mit all seinem Mut gesteht er vor der Klasse (vor dem Mädchen), dass er Angst hat.

Stichworte: Schule – schwimmen – Dreimeterbrett – Junge/Mädchen – Angabe – Angst – Mut

Alter: ab 8 Jahren

Der Wecker klingelt. Hannes zieht sich das Kissen über den Kopf. Er hat keine Lust aufzustehen. Schön wär's, wenn er jetzt krank wäre. Er horcht in sich hinein. Aber er hat weder Fieber noch Kopfschmerzen. Nur im Bauch rumort und kribbelt es ein bisschen.
  Schließlich springt Hannes doch aus dem Bett. Er ist allein im Haus. Wie jeden Tag. Seine Eltern sind bereits auf Arbeit. Hannes duscht kalt. Er schrubbt die Zähne, schlüpft in seine Klamotten. Im Stehen trinkt er auf einen Zug ein Glas Milch leer. Dann schultert er den Ranzen und macht sich auf den Schulweg. Er pfeift: „Eine Seefahrt, die ist lustig ..."
  In der Schule ist die Klasse bereits auf dem Pausenhof versammelt. Hannes wird mit Geschrei empfangen.
  „Ruhe!", ruft Frau Söller, die Sportlehrerin. „Wir sind jetzt vollzählig. Also Abmarsch zum Hallenbad."

Mit einemmal ist das Bauchbrummen wieder da. Hannes geht an der Spitze der Klasse. Seine Freundin Susen geht neben ihm. Sie sagt: „Heute zeigst du es allen. Du legst ihnen einen feinen Sprung hin."

„Aber klar", sagt Hannes. „Das wird ein Weltklassesprung."

Hannes' Schritte werden immer langsamer und kürzer. Als sie bei der Schwimmhalle ankommen, geht er am Schluss der Klasse. Und im Umkleideraum ist er der letzte, der seine Badehose anzieht. Sein Bauch brummt nun wie ein hungriger Bär.

Frau Söller lässt die Mädchen und Jungen am Schwimmbecken in Reih und Glied antreten. Sie wirft einen Ball ins Wasser und ruft: „Zuerst spielen wir uns warm. Dann üben wir den Kopfsprung."

„Und Hannes führt uns seinen Kopfsprung vom Dreimeterbrett vor!", ruft Susen. Mit lautem Geschrei springen die Mädchen und Jungen vom Beckenrand ins Wasser. Sie lachen und toben. Und jagen dem Ball hinterher.

Hannes ist ganz elend zu Mute. Die Schweißtropfen stehen ihm auf der Stirn. Er sieht zum Sprungturm hoch. Ganz oben ist das Dreimeterbrett. Hannes versucht sich zu beruhigen. So hoch sieht das gar nicht aus, denkt er. Das schaffst du doch. Kein Problem.

Frau Söller ruft die Mädchen und Jungen aus dem Wasser.

„Jetzt ist Hannes dran", sagt Susen. „Er wird uns als erster seinen Sprung vom Dreimeterbrett vorführen."

„Hannes, bist du wirklich schon so oft von da oben gesprungen?", fragt Frau Söller besorgt.

„Hundertmal. Mindestens", antwortet Susen für Hannes. „Er kann das einwandfrei."

Blödes Weib, denkt Hannes. Sie ist schuld, dass er irgendwann einmal vor allen behauptet hat: „So ein Sprung ist kinderleicht." Nur weil Susen immer angeben will. Überall will sie auffallen. Sie sagt, ihr Freund muss ein toller Mann sein. Einer wie Batman.

„Nun gut, dann zeig uns den Sprung", sagt Frau Söller. Sie springt selbst ins Wasser und schwimmt zum Sprungturm hin, um bei einem Unfall sofort eingreifen zu können.

Unter den anfeuernden Rufen der Klasse steigt Hannes die ersten Stufen des Sprungturmes hinauf. Das geht doch ganz gut, denkt er. Zwischendurch verweilt er einen kurzen Moment. Das Bauchbrummen wird stärker. Und der Hals wird eng und trocken.

„Höher", schreit es von unten im Chor.

Jede Stufe fällt Hannes schwerer. Endlich steht er ganz oben. Er will den Sprung schnell hinter sich bringen. Aber dazu muss er nach unten schauen.

Mann, ist das tief! Das Schwimmbecken wirkt, als wäre es nur so groß wie ein Planschbecken, und Frau Söller ist nur ein kleiner Punkt.

Hannes klammert sich an das Geländer. Seine Hände sind feucht, die Knie weich. Sein Kopf scheint zu glühen.

„Spring!", schallt es herauf. „Springen!!!"

Langsam lässt Hannes das Geländer los. Er tritt an den Rand des Turmes. Dort bleibt er stehen. So lange, bis er ganz ruhig wird. Bis das Bauchbrummen verschwindet. Und sein Kopf wieder frei wird, dass er denken kann.

Unten ist es ganz still geworden. Alle erwarten den Sprung. Aber da tritt Hannes vom Rand des Sprungturmes zurück. Langsam steigt er die Stufen hinunter.

Und dann steht er vor der Klasse. Er sieht den Jungen und Mädchen in die Augen.

„Warum bist du nicht gesprungen, Mensch?", ruft Susen enttäuscht. „Das ist aber eine schwache Leistung!"

Die anderen beginnen zu lachen. Worte wie „Angeber" und „Feigling" sind zu hören.

Da nimmt Hannes allen Mut zusammen. Es ist, als müsste er doch noch vom Dreimeterturm springen. Nur viel schwerer ist es.

Er sagt: „Ich ... hatte einfach Angst."

Alle schweigen. Auch Frau Söller. Aber dann lächelt sie ihm aufmunternd zu.

Hannes sieht, wie Susen sich von ihm abwendet. Sie stellt sich neben Jens. Das gibt Hannes einen Stich in die Brust. Und doch fühlt er sich gut. Endlich kann er tief durchatmen. Er stößt Frau Söller den Ball aus der Hand. Der Ball fällt ins Wasser.

„Jippiheijeee!"

Hannes springt vom Beckenrand dem Ball hinterher, dass das Wasser nur so spritzt.

Gunter Preuss

Realitätsgefühl

ich habe Angst
Angst
als ich neulich
bei der Gartenarbeit
wie gebannt
einem Hubschraubermanöver
zusah
Angst
wenn ich mir anhöre
wie der Nachrichtensprecher
mir vorliest
dass die Lebensmittel
die ich täglich zu mir nehme
vergiftet sind
und in einem Atemzug
die Zahlen
vom Mittwochslotto
vorliest
alles ohne Gewähr
Angst
weil ich weiß
dass ich bei einem möglichen Unfall
des nahen Atomkraftwerks
an der Evakuierungsgrenze wohne
Angst
jedesmal wenn
ich mich ducke
und laut schreien möchte
denn ein Überschallflugzeug
zieht über mich hinweg
ich bin einen Augenblick
starr vor Schreck
und es läuft mir kalt
den Rücken herunter
tausend kleine Kinder
weinen vor Angst und
werden fürs Leben geprägt
alles fürs Vaterland

oh wie ich das hasse
und ich weiß
es kommt wieder
eine schreckliche Einsicht
jedesmal wieder
Angst
wenn auf unserer Welt
Demonstranten
erschossen werden
einfach so
und nichts passiert
Angst
wenn ich schaue
wie es weitergeht
doch
ich kämpfe
gegen die Ursachen
dieser Ängste
und hoffe ...

Marcus Carell

Eins zu null für Bert

Inhalt: Berts Bekenntnis zu seinem kleinen Bruder trägt ihm zunächst den Hohn, dann die Achtung seiner von ihm belogenen Kameraden vom Klassenfußballklub ein.

Stichworte: Krankheit – Geschwisterfürsorge – Notlüge – Verachtung – Feindseligkeit – sich bekennen – Verzicht – Anerkennung – Freude

Alter: ab 8 Jahren

Es wird gleich regnen, denkt der Junge mit dem Kinderwagen. Gott sei Dank wird es gleich regnen. Dann trainieren wir nicht, dann wird es nicht auffallen, wenn ich wieder nicht dabei bin. Bert schiebt den Wagen schneller. Vater wird es freuen, wenn ich schon eingekauft habe, überlegt der Junge.

Seit Berts Mutter fort ist, fährt der Vater nur noch Nachtschicht im großen Schacht auf der Zeche: als Schachthauer, Nacht für Nacht.

Nachmittags schläft er. Dann ist Bert da, hilft im Haushalt und achtet auf den Kleinen. Und deswegen kann Bert nicht mehr zum heiß geliebten Fußballspiel in den Klassenklub, deswegen muss er das Training auslassen und deswegen wird er wieder Ärger bekommen, ganz bestimmt.

Aber es geht nicht anders, das weiß Bert. Es wird sich erst ändern, wenn seine Mutter wiederkommt. Hoffentlich kommt sie bald!

Manchmal bedrängt der Gedanke den Jungen, wie lange das noch gut gehen wird. Was ist, wenn sie sich einen anderen Torwart nehmen, einen, der immer zum Training kommt?

Das Einkaufsnetz zieht wie ein Bleigewicht an Berts Arm. Der Junge hält den Kinderwagen an. Vorsichtig schiebt er die Beinchen des schlafenden Bruders zur Seite, schafft Platz für das Netz.

Als sich Bert dann aufrichtet, sieht er sie, alle zehn.

Ratlos zieht er die Unterlippe durch die Zähne. Jetzt haben sie mich.

Und natürlich sehen sie ihn. Sie kommen direkt auf ihn zu, die ganze Fußballmannschaft. Bedrohlich heben sich ihre Körper vom gelben Horizont ab. Dann bleiben sie stehen, bilden geschickt einen Halbkreis um Bert mit dem Kinderwagen: eine wütende, schweigende Mauer.

Wie ruhig es plötzlich ist! Bert versucht an seinen Klassenkameraden vorbeizuschauen. Wenn irgendjemand käme! Aber kein Mensch außer ihnen ist zu sehen, eine leere, ausgestorbene Straße. Ausgerechnet jetzt.

Was werden sie tun? Berts Blick sucht in ihren Gesichtern. Es wird Keile geben, das steht fest. Man belügt nicht ungestraft den Klub, man lässt den Klub nicht im Stich. Das ist eiserne Regel.

„So, so!" Martin, der Lange, wippt herausfordernd auf den Zehenspitzen. „Mal wieder auf Omas Beerdigung, was?"

Ein Stein trifft Berts Schienbein. „Zum Training zu faul, aber spazieren gehen!" Frank, den sie den Bär nennen und den alle fürchten, steht direkt neben Bert. Der Junge kann den Atem des anderen spüren. Krampfhaft schaut Bert geradeaus.

Jetzt wisssen sie es, denkt er gequält. Jetzt wissen sie, dass ich sie immer belogen habe. Immer, wenn ich nicht zum Training konnte.

Alles Mögliche hat Bert als Entschuldigung angegeben: Arztbesuch, Beerdigung, wichtige Fahrt in die Kreisstadt. Alles Mögliche, nur nicht die Wahrheit.

„Au", Bert stöhnt auf. Der Bär hat Berts Arm gepackt und dreht ihn nach hinten um. Ein Spezialgriff. Man kommt nicht aus ihm heraus. Mit einem kurzen Ruck reißt der Bär den Arm hoch. Der Schmerz zieht heftig durch Berts Körper.

„Sag endlich, was du dir dabei gedacht hast!" Noch dichter tritt der Bär an Bert heran. „Uns so anzulügen!"

Bert beißt sich auf die Lippen und schweigt. Sie würden ihn doch nicht verstehen.

„He, bist du schwerhörig? Wo warst du jedesmal?" Irgendjemand aus der Menge ruft es. Irgendjemand. Bert weiß nicht, wer. Die Gesichter verschwimmen vor seinen Augen. Ihm ist, als sprächen sie mit einer Stimme, aus einem einzigen riesigen Maul. Das Maul eines Raubtiers, das jeden Augenblick bereit ist zuzuschnappen.

Berts Arm schmerzt. Noch mehr aber verletzen ihn die verächtlichen Blicke der Jungen. Sie zeigen es deutlich. Sie wollen ihn nicht mehr. Aus ist's mit dem Klub – vorbei! Alle Lügen waren umsonst.

Berts Knie zittern vor Anspannung. Wenn sie doch endlich mit dem Prügeln anfangen würden!

Aber nicht mal das.

„Mensch, zisch ab", sagt jetzt einer. „Bei dir lohnen sich nicht mal Prügel. Wäre reine Kraftverschwendung. Hau ab, zur Mami!"

Bert merkt, wie ihm das Blut in den Kopf steigt. Was wissen sie von der Mutter? Sie können alles machen, nur seine Mutter sollen sie aus dem Spiel lassen.

Aber schon geht es los.

„Bert kann nicht zur Mami. Mami ist in der Klapsmühle", schreit einer. „Bert muss selbst Mami spielen."

Es ist wie ein Signal. Die Jungen grölen jetzt durcheinander. „Klapsmühle!", schreien sie und „Mamispielen". Dabei hüpfen sie herum und boxen sich schadenfroh in die Seiten. „Klapsmühle, Mamispielen!"

Bert steht wie betäubt, noch immer im Griff von dem, den sie Bär nennen. Und der Lärm weckt schließlich den kleinen Bruder auf. Verstört schaut er auf die vielen Köpfe über ihm. Dann schreit er los, kräftig und anhaltend.

Überrascht verstummen die Jungen und blicken auf das schreiende Baby. Der Bär lässt irritiert Berts Arm los.

Bert reibt sich das schmerzende Handgelenk. Der Kleine hat Angst, denkt er. Er spürt sie wie ich, die Feindseligkeit und die Gefahr. Saubande, blöde.

Das Weinen des Kindes wird heftiger, drängender. Hilflos streckt es Bert die Arme entgegen. Der kleine Oberkörper beugt sich weit vor, als suche er durch eigene Kraft in die Nähe des großen Bruders zu kommen. Dahin, wo er sich sicher glaubt, wo er Schutz vermutet.

Einen Augenblick lang zögert Bert. Dann bückt er sich, ohne die anderen eines Blickes zu würdigen, nimmt ruhig den Kleinen auf den Arm und drückt ihn zärtlich an sich. Dann gibt er ihm einen Kuss mitten auf die Nasenspitze.

„Ganz wie Mami", höhnt einer und lacht dazu. Aber die anderen lachen nicht mehr mit. Sie sind still. Nur der Bär sagt etwas. „Halt die Klappe", sagt er und ist auch so merkwürdig still. Eine eigenartige plötzliche Stille.

Bert bemerkt sie nicht. Er spürt das nasse Gesichtchen an seinem Hals und eine warme, weiche Hand, die Halt in seinen Haaren sucht.

Da lächelt Bert. „Sucht euch mal einen anderen Torwart", sagt er leise, „ich verzichte." Entschlossen schiebt er mit der freien Hand den Kinderwagen auf die Gruppe der Jungen zu. Verwundert machen sie Platz.

Ganz fest hält Bert den kleinen Kinderkörper. Schon lange hat der Junge nicht mehr ein so gutes Gefühl gehabt. Er spürt das Gewicht des Kleinen kaum. Leicht wie eine Feder scheint er zu sein.

Als ihn dann die anderen einholen, hat Bert noch das Lächeln im Gesicht. Er hört ihre Schritte, dreht sich ruhig um. Erstaunt, als hätte er sie eine lange Zeit nicht gesehen, schaut er sie an und fragt: „Ist was?"

Keiner der Jungen gibt eine Antwort. Die ersten Regentropfen fallen. Warmer Sommerregen wäscht die staubige Straße.

Es dauert eine kleine Ewigkeit, ehe Martin zögernd spricht: „Du könntest den Kleinen ja zum Training mitbringen. Wir passen dann abwechselnd auf ihn auf. Ganz bestimmt. Du kannst dich auf uns verlassen."

Nun hätte Bert zum erstenmal an diesem Tag fast geweint. Er holt tief Luft und seine Schultern heben sich. Dann nickt er, erst schwach, dann immer kräftiger. „In Ordnung", sagt er, „bis morgen also, zum Training." Er geht ein paar Schritte und dreht sich noch mal um. „Und den Kleinen bring' ich mit."

Wenig später zieht er den Kinderwagen in den Hausflur, nimmt das Einkaufsnetz und geht mit dem kleinen Bruder die Treppe hinauf. Leise öffnet er die Wohnungstür. Vielleicht schläft der Vater noch.

Ich werde es der Mutter in die Klinik schreiben, nimmt sich Bert vor. Ich werde ihr schreiben, wie glücklich ich bin. Das wird sie freuen, und die Freude wird ein wenig mithelfen, ihr krankes Gemüt wieder gesund zu machen. Denn Freude macht gesund, das hat ihm einmal der Arzt gesagt.

Hiltraud Olbrich

Lukas in der Hundehütte

Inhalt: Lukas schafft sich in der leeren Hundehütte eine eigene Behausung, in der er sich wohl und geborgen fühlt.

Stichworte: Junge – Hundehütte – eigene Wohnung – Geborgenheit – Freude

Alter: ab 7 Jahren

Harko, der große alte Hofhund, ist schon seit einem Monat tot. Aber seine Hütte steht noch immer leer. Die Eltern wollen keinen neuen Hofhund kaufen.
„Was wird mit der Hütte?", fragt Lukas.
Darüber hat sich der Vater noch keine Gedanken gemacht.
„Darf ich sie haben?", fragt Lukas.
„Was, um alles in der Welt, willst du mit dieser Hütte anfangen?", fragt der Vater.
„Drin wohnen", antwortet Lukas, ohne lange überlegen zu müssen.
„Was?", sagt der Vater und muss lachen. „Verrückte Idee. Du kannst dich da drin nicht mal richtig ausstrecken, so klein ist sie." – „Darf ich?"
„Also, von mir aus – meinetwegen", sagt der Vater. „Aber mach sie vorher sauber. Sie wird voller Flöhe und Hundehaare sein."
Lukas räumt Harkos alte Decke aus der Hütte und wirft sie in den Müllcontainer. Dann holt er einen Eimer voll Wasser und eine Wurzelbürste. Damit schrubbt er die Hütte aus. Flöhe hüpfen auf und im Eimer schwimmen Hundehaare. Die Mutter bringt Lukas eine Streubüchse voll Insektenpulver. Das streut er in der Hütte aus, sobald sie wieder trocken ist. Dann lässt er sich von der Mutter das Schaffell geben, das früher mal ein Bettvorleger gewesen ist. Es hat schon ein paar kahle Stellen, aber es ist noch immer schön weich und flauschig. Er breitet es auf dem Boden der Hütte aus. Seine kleine Nachttischlampe fällt ihm ein. Er holt sie aus seinem Zimmer, klopft einen Nagel in die Innenwand der Hütte, hängt die Lampe daran, bettelt sich von Mutter und Großmutter drei Verlängerungskabel zusammen und legt damit eine elektrische Leitung aus dem Kuhstall in die Hundehütte. Die Großmutter schenkt ihm zwei alte Kissen, die für ihr Sofa nicht mehr schön genug sind, und der Vater borgt ihm die Reisedecke aus dem Auto.
„Kannst du für deine Wohnung vielleicht einen Kalender gebrauchen?", fragt die Mutter.
Natürlich kann Lukas ihn gebrauchen, denn was ist eine Wohnung ohne Kalender? Er hängt ihn neben die Lampe. Und ein Poster klebt er sich auch hin. Auf dem Poster ist ein Vogelnest zu sehen, in dem eine Vogelmutter ihre Jungen füttert.

„Wie wär's mit Proviant?", fragt die Großmutter.

O ja, Proviant ist immer gut, vor allem wenn's Gummibärchen sind. Aber wohin mit ihnen? Noch ein Nagel muss her, damit Lukas die Gummibärchentüte an der Wand aufhängen kann. Dieser Nagel muss auch noch die Tasche mit der Blockflöte und dem Liederheft tragen. Und über dem Türloch befestigt Lukas mit Reißzwecken einen leeren Kartoffelsack, den er wie einen Vorhang herunterlassen kann.

Dunkle Wolken ziehen auf.

„Gleich wird's gießen!", ruft die Mutter Lukas zu. „Komm rein!"

„Wozu?", fragt Lukas. „Ich hab doch ein Haus."

Er kriecht in die Hundehütte, lässt den Sack herunter, kuschelt sich aufs Schaffell, deckt sich mit der Reisedecke zu, kaut Gummibärchen und lauscht dem Regen, der auf das Hüttendach trommelt. Kein Tropfen dringt ein, kein Sturm, keine Kälte. Lukas findet es urgemütlich. Nur dass er sich manchmal kratzen muss, weil es ihn juckt. Sind etwa doch ein paar Flöhe auf ihn gehüpft?

Ab und zu schaut die Mutter aus dem Küchenfenster zur Hundehütte hinüber. Es dämmert schon. Noch immer regnet es. Auf einmal sieht sie Licht aus den Ritzen der Hütte schimmern. Und dann hört sie ein Lied auf der Flöte.

Da möchte sie am liebsten zu Lukas in die Hütte kriechen.

Gudrun Pausewang

Morgen werde ich aufbrechen

Inhalt: Der arme Fischerjunge Joschko entschließt sich, die vertraute Heimat am Meer, die ihm aber wenig Zukunftsperspektiven bietet, zu verlassen, um in der Fremde sein Glück zu machen.

Stichworte: Junge – Armut – Heimat – Sehnsucht – Zukunftsfantasien – Zukunftspläne – Fremde – Aufbruch – Wagnis – Welt

Alter: ab 8 Jahren

Es war die Stunde, in der das Dorf erwachte. Igrane, dessen alte, grob gemauerte Häuser die winzige Meeresbucht umstanden, schien aufzuatmen. Die Zeit der großen Hitze war vorüber. Es wurde Abend.

Joschko hatte den Nachmittag im Schatten der Agaven am Strand verschlafen. Er rieb sich die Augen, dann sprang er mit einem Satz auf die Füße.

Bald würden die Fischer erscheinen. War es nicht, als zitterten die Boote schon in der Erwartung, auszufahren, der warmen Nacht entgegen?

Nun trug die alte Babuschka ihren Stuhl vors Haus. Sie hielt den Spinnstock in der Hand, und ohne genauer hinzuschauen, vermochte Joschko sich vorzustellen, wie ihre Finger den groben Faden formten. Oben am Hang ertönte Raikos Stimme. Raiko war der jüngste der Fischer, und wenn er nicht gerade sang, so lachte er.

Es war alles wie immer. Pepa und Franka schwatzten beim Brunnen miteinander, das Mädchen Senja ließ die Hühner aus dem kleinen Stall ins Freie, die Männer traten gähnend vor die Häuser, die schmalen gebräunten Gesichter dem Himmel zugewandt.

„Joschko!", rief es plötzlich neben dem Jungen. „Auf der ganzen Welt habe ich nach dir gesucht!"

Der kleinen Sabina hingen die Fransen der schwarzen Haare bis in die Augen. Auf der ganzen Welt! Was wusste sie schon von der Welt!

Aber bevor Joschko antworten konnte, spürte er etwas. Etwas geschah, wurde anders. Es war nicht wie alle Tage. „Jugo!", schrie er. „Jugo!" Und er stürmte auf die Männer zu.

Südwind kam auf! Nichts war es mit dem Fischen heute Nacht. Der Südwind vertrieb die Sardellen, da konnte man ebenso gut zu Hause bleiben.

„Jugo!", knurrte Ante böse, und Raiko ließ ärgerlich die Rose tanzen, die er zwischen seinen Lippen trug. Mirko starrte unter buschigen, schwarzen Brauen schweigend aufs Meer hinaus.

Joschko blickte sie der Reihe nach an. Der Südwind konnte sich tagelang halten und Fische waren in Igrane die einzige Nahrung. Und trotzdem – Joschko freute sich. Sie würden nicht ausfahren. Und wenn sie nicht ausfuhren, würden sie Stühle vor das Haus der Babuschka rücken, Wein würden sie trinken und reden. Reden von dem einen, das Joschko bewegte und das ihn nicht mehr losließ.

Schon regte sich das Meer, als rühre ein Ungeheuer es von innen her auf.

„Jugo", wiederholten die Frauen mit sorgenvollen Gesichtern. Dann gingen sie fort, um das Abendbrot zu bereiten. Die Männer folgten ihnen.

„Bei wem isst du heute?", fragte Pepa, schon im Fortgehen.

„Ich weiß noch nicht", entgegnete Joschko.

Der schweigsame Mirko und die pralle, fröhliche Pepa im verblichenen blauen Kittel waren Sabinas Eltern. Und Sabina war seine Freundin.

Sie waren weitergegangen und standen beim Haus der Babuschka. Die alte Frau lächelte ihnen zu. Das Gesicht unter dem groben, schwarzen Wolltuch war verschrumpft und gefältelt wie Feigen, wenn sie lange Zeit in der Sonne gelegen hatten.

„Willst du mit mir zu Abend essen?", fragte die Babuschka.

„Ja", sagte Joschko, „wenn du meinst."

Es machte Spaß, mit der Babuschka zu essen. Sie hatte niemals viel Hunger und da bekam er stets den größten Teil. Eigentlich hatte Joschko es gut. Er durfte sogar schlafen, wo er wollte. Er war aller Leute Kind. Genau genommen gehörte er zu niemandem. Nicht einmal nach Igrane gehörte er richtig.

Eines Tages war er in einem Boot an den Strand getrieben worden. Ganz allein war er gewesen und nicht viel größer als eine junge Katze, damals, vor vierzehn Jahren. So hatte es die Babuschka erzählt. Und weil die Leute in Igrane arm waren, hatten sie alle zusammen für ihn gesorgt. Es ging ihm recht gut, und groß geworden war er auch, so groß wie ein junger Mandelbaum.

Aber seitdem er die Männer reden gehört hatte, an den Abenden, an denen der Südwind ging, wusste er, dass alles anders werden würde für ihn. Und immer, immer musste er daran denken. – Es war Abend in Igrane. Die Fischer saßen mit ihren Frauen vor dem Haus der Babuschka und blickten aufs Meer hinaus.

Joschko hockte am Boden, den Rücken gegen eine Palme gelehnt, und wartete. Nun brachte Pepa den Wein. Herber, roter Wein war es. Joschko hatte geholfen, die Trauben zu ernten im letzten Herbst. Der Krug ging reihum und jeder nahm einen Schluck. Sogar die kleine Sabina.

„Fast wie Regen schmeckt der Wein", sagte sie. „Fast so gut wie Regen."

„Wer weiß schon noch, wie Regen schmeckt", meinte Franka.

„Gegenden gibt es", brummte Mirko mit seiner Bärenstimme, „in denen regnet es jede Woche."

„Da soll Gras wachsen, das einem bis an die Knie reicht", sagte Pepa.

Joschko richtete sich auf. Jetzt war es soweit. Sie würden reden, von der Welt, die groß war und wunderbar, und in der man etwas werden konnte. Etwas Großes und Wunderbares.

„Die haben ja auch Kühe, in denen man drei von unseren Eseln verstecken könnte!" Ante machte eine weit ausholende Bewegung, malte mit beiden Händen eine dieser herrlichen, fernen Kühe in die Luft.

„Und Schafe", sagte Franka, „denen die Wolle über die Erde schleift!"

„Das ist anderswo!", rief Jarosch. „In den Bergen sind die Schafe. Die Leute in den Bergen, die haben ein Leben! Es geht immer ein Wind da oben. Und Regen gibt es auch genug, den ganzen Sommer über. Die Schafe versorgen sich selbst. Wenig Arbeit – und dafür Fleisch, Wolle und Milch. Wenn einer viele Schafe hat, kann er sogar in die Stadt gehen und sie verkaufen. Mach das mal mit Fischen", wandte er sich an Mirko, „die sind nach drei Stunden hin."

Mirko nickte.

„Und im Winter", fuhr Jarosch versonnen fort, „im Winter sitzen sie in ihren Häusern, da oben in den Bergen. Sie haben ein großes Feuer und draußen ist nichts als Schnee und Eis."

„Wie ist der Schnee?", fragte Joschko zaghaft. „Und das Eis?"

„Weiß", antwortete Jarosch, „und kalt. Und schön", setzte er hinzu.

So ganz genau wusste er es natürlich auch nicht. Nicht aus eigener Erfahrung. Er hatte Igrane niemals verlassen, er nicht und die anderen Fischer ebenso wenig. Aber schon ihre Väter hatten von der Fremde erzählt, und manchmal, sehr selten, waren sie auch einem Wanderer begegnet. An der Straße, die hinter dem Dorf am Hang vorbeiführte.

Eine Weile saßen sie alle schweigsam und in ihre Gedanken versponnen.

„Ich habe einen gesprochen", hob Ante an, „der hatte die großen Städte gesehen. Ich sage euch – wenn man nur nicht faul ist, ein reicher Mann kann man da werden. Ein Auto hat man schnell. So, wie wir Esel haben, haben andere Autos."

„Und dann?", fragte Pepa gespannt.

„Sie setzen sich hin und hören Musik", erklärte Raiko. „Sie essen herrliche Dinge und tragen seidene Hemden."

„Und Läden gibt es", fuhr Jarosch fort, „die können wir uns gar nicht vorstellen."

„Ja, die Welt", seufzte Mirko.

„Warum ist die Welt nicht hier?", fragte die kleine Sabina.

„Die Welt ist auch hier", lächelte die Babuschka und sie spann in der Dunkelheit weiter an ihrem langen Faden. „Die Welt ist überall und überall ist es schön."

„Ja", knurrte Ante, „bloß – hier kann man nichts werden! Draußen kann man ein großer Bauer werden, ein reicher Schafzüchter oder ein wohlhabender Mann in der Stadt. Ein Fischer aber ist immer nur ein Fischer!"

Joschko fieberte. So war es. Wenn er hier blieb, würde er ein Boot haben und satt zu essen. Und ein Tag würde sein wie der andere. Immer so weiter, bis an das Ende seines Lebens. Ging er aber fort, dann konnte er seinen Platz suchen in der weiten Welt, den Platz, an dem er etwas leisten würde, etwas Großartiges, Besonderes. Den schönsten Platz der Erde würde er finden. Er, Joschko.

Es war Vormittag. Die Männer flickten die Netze, die sie zum Trocknen am Strand ausgebreitet hatten. Sie hatten gute Fänge gemacht in den letzten Nächten.

„In Ordnung!", rief Ante. „Wir können zusammenlegen."

Die Netze waren groß, da mussten alle anfassen. Joschko ergriff einen Zipfel in Antes Nähe.

„Ante", sagte er und die Aufregung schnürte ihm fast die Kehle zu. „Ich möchte fortgehen. In die Welt."

„Dann geh nur", meinte Ante. Nicht einmal den Kopf hob er, als er das sagte. Joschko glaubte, nicht recht zu hören. Dann geh nur! So einfach war das?

Als Joschko die anderen fragte, Mirko, Jarosch und Raiko, da lachten sie. Es war helllichter Tag und die Verlockungen der weiten Welt waren ihnen fern. So fern wie der Regen vom letzten Jahr.

„Geh nur, Kleiner", brummte Mirko und er legte seine schwere Tatze auf Joschkos schmale, gebräunte Schulter. „Geh nur immerzu."

Doch keiner der Männer nahm an, dass es ihm ernst wäre. Joschko musste sich zusammenreißen, um nicht loszujubeln. Sie waren einverstanden! Alle waren einverstanden! Alle? Es gab noch jemanden, den er fragen musste.

Er lief zum Haus der Babuschka. Die alte Frau war im Garten und begoss ihre Rosen.

„Babuschka", begann Joschko, „sag, ist es dir recht, wenn ich fortgehe? In die Welt?"

Die Babuschka blickte ihn ernsthaft an. „Willst du das wirklich?"

„Ja", antwortete Joschko. „Ich will mir einen Platz suchen. Meinen Platz." Und er blickte forschend in das dunkle, zerfurchte Gesicht der alten Frau.

„Morgen möchte ich gehen", begann er wieder. „Morgen, lange bevor die Sonne kommt."

„Joschko", sagte die Babuschka und sie sprach zu ihm, wie man zu einem Mann spricht, „ich habe dich gerne hier. Hier in Igrane, bei mir. Doch wenn es dich forttreibt, dann musst du gehen. Geh in die Welt, mein Kind. Und Gott möge auf allen deinen Wegen bei dir sein."

Da war es Joschko ganz und gar gut und leicht ums Herz. Sie waren einverstanden. Alle waren einverstanden. In Wirklichkeit aber wusste nur die Babuschka, dass es ihm ernst war, dass er gehen würde – morgen, lange bevor die Sonne kam.

Gina Ruck-Pauquèt

Die Geschichte vom jungen Krebs

Inhalt: Der junge Krebs wagt es, anders als alle Artgenossen, vorwärts zu gehen. Das stößt auf Verwunderung und Entsetzen, bringt ihm Vertreibung und Einsamkeit ein. Aber er bleibt dabei, wider den Stachel zu löcken.

Stichworte: Neue Wege – andere Richtung – Familie – Erstaunen – Entsetzen – Vertreibung – Spott – Einsamkeit – Unbeirrbarkeit – Stolz

Alter: ab 10 Jahren

Ein junger Krebs dachte bei sich: „Warum gehen alle Krebse in meiner Familie immer rückwärts? Ich will vorwärts gehen lernen, so wie die Frösche, und mein Krebsschwanz soll mir abfallen, wenn ich es nicht fertig bringe."

Und heimlich begann er zwischen den großen Steinen seines heimatlichen Bächleins zu üben. In den ersten Tagen kostete ihn dieses Unternehmen ungeheure Kräfte. Überall stieß er sich und quetschte sich seinen Krebspanzer, unaufhörlich verfing sich ein Bein im anderen. Aber von Mal zu Mal ging es ein bisschen besser, denn: Alles kann man lernen, wenn man will.

Als er seiner Sache sicher war, stellte er sich vor seine Familie und sagte: „Jetzt schaut mir einmal zu!"

Und machte einen ganz prächtigen Lauf vorwärts.

„Sohn", brach da seine Mutter in Tränen aus, „bist du denn ganz verdreht? Komm doch zu dir – gehe so, wie es dich dein Vater und deine Mutter gelehrt haben. Gehe wie deine Brüder, die dich alle lieben."

Seine Brüder jedoch lachten ihn nur aus. Der Vater schaute ihn eine gute Weile streng an und sagte dann: „Schluss damit. Wenn du bei uns bleiben willst, gehe wie alle Krebse. Rückwärts! Wenn du aber nach deinem eigenen Kopf leben willst – der Bach ist groß –, geh fort und komm nie mehr zu uns zurück!"

Der brave junge Krebs hatte die Seinen zwar zärtlich lieb, war aber so sicher, er handle richtig, dass ihm nicht die mindesten Zweifel kamen. Er umarmte seine Mutter, sagte Lebewohl zu seinem Vater und zu seinen Brüdern und machte sich auf in die Welt.

Als er an einem Grüppchen Kröten vorüberkam, erregte er großes Aufsehen. Sie hockten unter den Blättern einer Wasserlilie, um als gute Gevatterinnen ihren Schwatz zu halten.

„Jetzt geht die Welt verkehrt herum", sagte eine dicke Kröte, „schaut euch nur diesen jungen Krebs an! Da müsst ihr mir Recht geben!"

„Ja, Respekt gibt es überhaupt nicht mehr", sagte eine andere.

„Pfui, pfui", sagte eine dritte.

Doch der junge Krebs ließ sich nicht anfechten und ging aufrecht seine

Straße weiter, man muss es wirklich sagen. Plötzlich hörte er, wie ihn ein alter Krebs, an dem er vorüberging, rief. Der sah ganz melancholisch aus und hockte allein auf einem Stein.

„Guten Tag", sagte der junge Krebs.

Der Alte betrachtete ihn lange, schließlich sagte er: „Was glaubst du, was du da Großartiges anstellst?! Als ich noch jung war, wollte ich auch den Krebsen das Vorwärtsgehen beibringen. Sieh mal, was mir das eingebracht hat! – Ich muss ganz allein leben, und die Leute würden sich lieber die Zunge abbeißen, als ein Wort an mich zu richten. – Hör auf mich, solange es noch Zeit ist! Bescheide dich, lebe wie die anderen! Eines Tages wirst du mir für meinen Rat dankbar sein!"

Der junge Krebs wusste nicht, was er antworten sollte, und blieb stumm. Aber im Innern dachte er: „Ich habe doch Recht! Ich habe Recht!"

Und nachdem er den Alten höflich gegrüßt hatte, setzte er stolz seinen Weg fort.

Ob er weit kommt? Ob er sein Glück macht? Ob er alle schiefen Dinge dieser Welt gerade richtet?

Wir wissen es nicht, weil er noch mit dem gleichen Mut und der gleichen Entschiedenheit dahinmarschiert wie am ersten Tag. Wir können ihm nur von ganzem Herzen „Gute Reise" wünschen.

Gianni Rodari

Das Wagnis

Inhalt: Vor der schadhaften Hängebrücke über dem tiefen Abgrund kehrt einer der beiden Indios um. Der andere wagt es, sich hinüber zu hangeln. Drüben ist alles wie neu. Riskiere etwas. Du kannst Erfolg haben. Und das gibt neue Kraft.

Stichworte: Suche – Weg – Gefahr – Risiko – zurückziehen – Wagnis – Erfolg – Verwandlung – Mut – Hoffnung

Alter: ab 10 Jahren

Zwei Indios wanderten gemeinsam auf der Suche nach einem erträglichen Leben einen Gebirgspfad entlang. Sie kamen an den Rand einer Schlucht, über die sich eine schadhafte Hängebrücke aus Lianen und Zweigen spannte. Eine andere Möglichkeit, die Urwaldschlucht zu überqueren, gab es nicht.

„Das ist mir zu riskant", sagte der eine Indio. „Ich kehre um."

„Ich riskier's", sagte der andere Indio.
Die Brücke hielt. Als der Mann drüben ankam, schlotterten ihm noch die Knie. Aber er fühlte sich wie neugeboren, spürte seinen Mut wachsen und war plötzlich voller Hoffnung. Pfeifend wanderte er weiter.

Gudrun Pausewang

Die Sache mit dem Geld

Inhalt: Der Freund des Bruders wird während der Reise verdächtigt, 50 DM genommen zu haben. Sabine findet das Geld zufällig im Autoatlas – und behält es, muss sich dann aber, reuegeplagt, der Mutter offenbaren.

Stichworte: Geld – Diebstahl – Verdächtigung – Versuchung – Schuld – Reue – wieder gutmachen

Alter: ab 8 Jahren

„Dieses Geschmiere willst du morgen abgeben?", fragte Vater empört. „Das kommt nicht in Frage. Was sollen die in der Schule denken? Dass wir überhaupt nicht auf dich achten?"

Sabine schwieg. Sie wollte Vater nicht reizen, aber sie war auch bockig, denn sie fand die beiden Seiten nicht schlimmer als andere vorher.

„Antworte!", verlangte Vater.

„Nein", sagte Sabine brav, aber in mauligem Ton.

Vater stutzte, aber er hatte vergessen, was er gefragt hatte. „Schreib das nochmal", sagte er, „und sieh auf dem Atlas nach, wie die Orte geschrieben werden, da stimmt was nicht."

„Der Atlas ist nicht da."

„Wo ist denn, bitte, der Atlas?"

„Den hab ich in der Schule vergessen."

Vater holte gerade tief Luft, um zu einer längeren Rede anzusetzen, aber da rief die Mutter aus dem Nebenzimmer und er ging zu ihr. In der Tür drehte er sich noch einmal um: „Nimm den Autoatlas, da steht es auch drin."

Sabine starrte ihm düster nach. Mann, so ein Quatsch, jetzt kam sie wieder vor sechs nicht raus zum Spielen. Immer, wenn Vater früher nach Hause kam, gab's solchen Ärger. Nie mit Mutter.

Sie stand auf und ging zum Bücherregal. Der Autoatlas war abgegriffen und hatte Brause- und Fettflecke. Es war ihm anzusehen, dass er auf vielen Reisen benutzt worden war. Als sie ihn herauszog, flatterte ein Zettel auf den

Boden, eine Quittung über den Tausch von Mark in italienische Lire. Die musste vom vergangenen Jahr sein, von der Urlaubsfahrt. Neugierig geworden nahm Sabine den Autoatlas am Rücken in beide Hände und schüttelte ihn heftig. Tatsächlich fiel noch etwas heraus: ein Geldschein, fünfzig Mark. Sabine starrte den Schein an, ohne ihn aufzuheben. Sie wusste sofort, woher er stammte. Vor vier Wochen hatten die Eltern auch Jürgen, den Freund ihres Bruders Sebastian, zu einer Wochenendfahrt mitgenommen. Nach der dritten Rast hatten fünfzig Mark gefehlt, ein Schein. Vater wusste genau, dass er ihn noch an der Tankstelle in der Hand gehalten hatte, und dann war er weg. Keiner hatte es deutlich gesagt, aber sie hatten es gedacht: Nur Jürgen konnte ihn haben. Sebastian verteidigte ihn erst noch, aber Vater ging mit ihm jeden Moment der letzten Stunden durch, danach konnten es nur zwei gewesen sein: Sebastian oder Jürgen. Und dass er das Geld nicht hatte – das wusste Sebastian genau.

Jürgen war nie wieder zu ihnen gekommen und Sebastian sprach auch nicht wieder von ihm. Sabine sah den Jungen noch vor sich, der sich nicht verteidigen konnte, weil niemand offen mit ihm sprach, und der genau wusste, was sie von ihm dachten. Und da lag nun das Geld. Es fiel Sabine plötzlich ein, dass Vater die Angewohnheit hatte, den Autoatlas zwischen die Vordersitze im Auto zu klemmen. Irgendwie musste der Schein dann hineingefallen sein. Sabine bückte sich und hob das Geld auf. Fünfzig Mark, so viel Geld hatte sie noch nie besessen.

Halt – wieso besessen? Sie würde das Geld den Eltern bringen, die würden es Jürgen erzählen und sich bei ihm entschuldigen. So einfach war das.

Aber Sabine stand immer noch auf demselben Fleck und hielt das Geld in der Hand. So viel Geld und keiner vermisste es! Es würde doch niemandem schaden, wenn sie es behielt. Keiner sprach mehr davon. Aber nein, schließlich war da der Verdacht gegen Jürgen, das konnte wieder in Ordnung gebracht werden. Doch Sabine stand immer noch wie angewurzelt; etwas hielt sie fest. Die guten Gedanken im Kopf teilten sich nicht ihren Beinen mit; wurden nicht in die Tat umgesetzt.

„Hast du alles im Atlas gefunden?" Das war Vaters Stimme, dicht hinter der Tür. Mit einer schnellen Bewegung steckte Sabine den Schein in die hintere Hosentasche und setzte sich an den Schreibtisch, den Atlas in der Hand.

„Kommst du zurecht?" Vater steckte, Gott sei Dank, nur den Kopf durch die Tür.

„Ja, danke, es geht!" Sie schaute nicht hoch von dem Buch, denn sonst hätte er sicher bemerkt, wie rot sie im Gesicht war.

Die Tür klappte, die Schritte des Vaters entfernten sich wieder. Sabine saß und konnte nicht arbeiten. Sie versuchte, zu einem Entschluss zu kommen. Jetzt ging es noch, das mit dem Zurückgeben. Jetzt könnte sie es eben noch gefunden haben. Aber sie blieb sitzen. Es wurde spät und später. Dann rief Mutter zum Abendessen. Sabine stellte den Atlas weg und ging in die Küche. Der Schein steckte in ihrer Hosentasche, aber sie schob alle Gedanken an ihn beiseite.

Sebastian war beim Essen einsilbig und machte ein so mürrisches Gesicht, dass Mutter ihn schließlich fragte, was denn eigentlich los sei.

Er stocherte lustlos in seinem Teller herum. „Es ist wegen dem Sport", sagte er schließlich, und als alle ihn ansahen, fügte er hinzu: „Irgendjemand hat mal wieder geklaut, im Umkleideraum."

„Habt ihr einen Verdacht?", wollte Vater wissen.

Sebastian schwieg.

„Doch nicht der Jürgen?" Mutter ließ die Gabel sinken.

Sebastian nickte nur.

„Ist das bloß ein Verdacht oder habt ihr Gründe dafür?", fragte Vater.

„Er ist der Einzige, der nicht mitgeturnt hat."

„Das ist doch noch kein Grund. Es kann doch jemand hereingekommen sein, von außen."

Sebastian sah Vater an und sagte: „Du hattest ja auch keinen Beweis, damals, und hast gesagt, dass er es war."

Vater wurde rot im Gesicht. „Das ist doch wohl was anderes. Das war doch innerhalb unserer Familie. Wir kennen und vertrauen uns schließlich, oder?"

Sabine starrte auf ihren Teller. Sie kaute immer noch an demselben Bissen, der im Mund immer mehr zu werden schien. Wenn sie mich ansehen, wissen sie alles, dachte sie, ich muss doch rot sein wie ein Feuermelder. Wieso merkt es denn keiner?

Aber es sah wirklich keiner. Sie hingen ihren Gedanken nach. Ob sie sich wohl getäuscht hatten, damals, ob sie dem Jungen Unrecht getan hatten?

Als Mutter abends zum Gute-Nacht-Sagen zu Sabine ins Zimmer kam, fand sie zu ihrer Verwunderung schon das Licht ausgeschaltet und Sabine mit geschlossenen Augen. „Ist dir nicht gut?", fragte sie besorgt.

„Ach, ich hab' bloß Kopfschmerzen, und dann tut mir das Licht in den Augen weh."

Mutter fühlte ihr die Stirn, fand die aber nur mäßig warm und war beruhigt. „Du liest zu viel, das kann nicht gut für die Augen sein, ich hab' dir das ja immer gesagt. Aber du willst ja nicht hören."

„Ja, Mutti."

„Ach, ich weiß, das geht hier rein und da raus!" Sie schloss die Tür lauter als sonst.

Sabine lag im Dunkeln und hatte das Gefühl, der Geldschein klebe an ihr wie das Pech an der Pechmarie. Würde sie ihn jetzt abgeben, wüssten alle, dass sie ihn hatte behalten wollen. Sie würden misstrauisch werden, es auch bei anderen Vorfällen sein. Das hatte sie ja eben erlebt. Sie stöhnte auf. Hätte sie doch bloß den blöden Schein nie in die Hand genommen!

Am Morgen, beim Frühstück, betrachtete Mutter besorgt ihre Sabine. Das Mädchen sah müde und blass aus und wollte nichts essen. „Dreimal war ich heute Nacht bei dir drin, weil du so unruhig warst", sagte sie. „Was ist denn los. Hast du was geträumt?"

„Ich weiß nicht, ich hab' noch immer Kopfschmerzen", sagte Sabine ausweichend.

Als Vater und Sebastian schon gegangen waren, lief Sabine in das Arbeitszimmer und suchte den Autoatlas. Sie suchte ihn da, wo er immer stand, auf dem Schreibtisch, sogar auf dem Fußboden – überall. Der Atlas war weg.

„Suchst du was?" Mutter stand in der Tür.

„Wo ist denn der Autoatlas?"

„Den hat Vater mitgenommen, er hat doch gestern erzählt, dass er nach Hannover muss. Was ist denn damit?"

Sabine starrte die Mutter nur an. Sie konnte nicht verhindern, dass ihr die Tränen in die Augen stiegen und sie etwas im Hals würgte. Sie zwinkerte heftig und schluckte und zog die Nase hoch, aber es half nichts.

„Weinst du? Was ist denn, Kind, bist du krank?" Die Besorgnis in Mutters Stimme gab Sabine den Rest.

„Ach, Mutti!", schluchzte sie. Langsam, stockend, mit viel Nase-Hochziehen und Schlucken, erzählte sie und nach einigen Rückfragen hatte Mutter auch verstanden.

„Oh, Kind", sagte sie und setzte sich, „das ist ja eine scheußliche Geschichte. Was machen wir denn jetzt?" – „Bist du nicht böse?"

„Ach, böse ist nicht das richtige Wort, traurig bin ich."

„Ich nehm mein Taschengeld und kauf dem Jürgen etwas ganz Tolles. Und Sonntag mach ich das Frühstück", rief Sabine eifrig, „und ..." Mutter nahm sie in den Arm und erstickte so weitere Aufzählungen.

„Was ist?", fragte Sabine kleinlaut.

„Merkst du was?" Mutter streichelte sie. „Du wirst so stolz sein auf das, was du als Wiedergutmachung tun willst, dass du darüber vergisst, was passiert ist. Aber was zählt, ist, dass es dir Leid tut und dass du daraus lernst, das nächste Mal anders zu handeln. Ich bin sehr froh, dass du es mir erzählt hast, du auch, nicht wahr? Und noch etwas: Vati und ich haben ja auch mit Schuld an dieser schlimmen Sache. Ich hab' eine gute Idee: Wir veranstalten einen Grillnachmittag, laden den Jürgen dazu ein, entschuldigen uns und erklären ihm alles. Einverstanden?"

„Ach, Mutti, und wie!", sagte Sabine froh und erleichtert.

Karin Bolte

Wir

Ich bin ich und du bist du.
Wenn ich rede, hörst du zu.
Wenn du sprichst, dann bin ich still,
weil ich dich verstehen will.
Wenn du fällst, helf ich dir auf,
und du fängst mich, wenn ich lauf.
Wenn du kickst, steh ich im Tor,
pfeif ich Angriff, schießt du vor.
Spielst du pong, dann spiel ich ping,
und du trommelst, wenn ich sing.
Allein kann keiner diese Sachen,
zusammen können wir viel machen.
Ich mit dir und du mit mir –
das sind wir.

Irmela Brender

Du bist du

Kein Mensch
auf der ganzen Welt
hat Augen so wie deine.

Manche sind braun
und groß und rund dazu,
doch deine sind einzig,
es sind eben deine.

Dich gibt's nur einmal,
du bist eben du.

Nicht eine Stimme
klingt genau wie deine,
ob sie nun stammelt,
redet oder singt;

denn deine Stimme
hast nur du alleine,
sonst gibt es keine,
die so klingt.

Du bist etwas Besonderes;
denn dich gibt's nur einmal.
Keiner ist genauso,
wie du eben bist.

Du hast eigene Gefühle
und hast dein Geheimnis
und dein eigenes Glück,
das tief in dir ist.

Und keiner kann lächeln,
so wie du jetzt lächelst.
Kein Mensch der Welt
macht's genau wie du.

Dein Gesicht hast du
ganz für dich alleine.
Du bist etwas Besonderes.

Du bist eben du.

Unbekannter Verfasser

Wen du brauchst

Einen zum Küssen und Augenzubinden,
einen zum lustige-Streiche-erfinden.
Einen zum Regenbogen-suchen-gehn
und einen zum fest-auf-dem-Boden-stehn.
Einen zum Brüllen, zum Leisesein einen,
einen zum Lachen und einen zum Weinen.
Auf jeden Fall einen, der dich mag,
heute und morgen und jeden Tag.

Regina Schwarz

Wer einen Freund hat

Wer einen Freund hat, der hat's gut.
Ein guter Freund macht einem Mut.
Er tröstet, wenn du traurig bist.
Er lacht mit dir, wenn's lustig ist.
Er sitzt gern neben dir am Tisch.
Wenn du dich freust, dann freut er sich.
Er spielt mit dir
und teilt mit dir
und bindet sich ganz fest an dich.
Wenn du was sagst, hört er dir zu.
Und manchmal denkt er so wie du.
Er kommt zu dir und lädt dich ein
und will gern immer bei dir sein.
Er ist bei dir, weil er dich mag,
jeden Tag,
und hofft, weil du sein Freund ja bist,
dass das bei dir genauso ist.

Wer einen Freund hat, kann sich freun,
denn er braucht nie allein zu sein.

Rolf Krenzer

Wer eine Freundin hat

Wer eine Freundin hat, hat's gut,
denn eine Freundin macht dir Mut.
Sie tröstet, wenn du traurig bist.
Sie lacht mit dir, wenn's lustig ist.
Sie sitzt gern neben dir am Tisch.
Wenn du dich freust, dann freut sie sich.
Sie spielt mit dir
und teilt mit dir
und bindet sich
ganz fest an dich.
Wenn du was sagst, hört sie dir zu.
Und manchmal denkt sie so wie du.
Sie kommt zu dir und lädt dich ein
und will gern immer bei dir sein.
Sie sitzt bei dir, weil sie dich mag,
jeden Tag
und hofft, weil du die Freundin bist,
dass das bei dir genauso ist.

Zwei Freundinnen sind nie allein
und können sich zusammen freun.

Rolf Krenzer

Hallo, liebe Freunde!

Ich kenne drei Kinder.
Es sind Sebastian, Florian und Patrick,
ja, meine Freunde.
Sie mögen zwar nicht immer
solche Himmelsgeschöpfe sein,
aber sie sind lieb.
Meinen Freunden verdanke ich
all meinen Mut.

Mike Theobald, 6 Jahre, Deutschland

Schlag was kaputt

Inhalt: Dix wird von seinem Freund nicht mehr akzeptiert. Er weiß nicht, warum. Schmerz und Trauer überwältigen ihn.

Stichworte: Vater – Mutter – Freund – Freundschaft – gern haben – Verlust – Schmerz – nicht verstehen – Verunsicherung – Trauer

Alter: ab 8 Jahren

Dix ging langsam die Treppe hinauf. So fühlte man sich also, wenn man seinen Freund verloren hatte. So mies fühlte man sich.

Dix schloss die Tür auf. Sein Vater spielte Gitarre. Er saß auf dem Tisch und lachte ihm zu. Neben ihm stand ein Teller mit Hefegebäck.

„Hallo, mein Kleiner", sagte Dix' Mutter.

Sie hatte die Beine in den Sessel hoch gezogen und hielt ein Buch in der Hand.

„Geht es dir gut?", fragte sie.

Im anderen Sessel lag die Katze. Die Katze öffnete ein Auge und blinzelte kurz.

Dix ließ die Schultasche fallen. Überall lag was rum. Dix wurde nicht zur Ordnung angehalten wie die anderen Kinder in seiner Klasse.

„Die Dinge sind fröhlicher, wenn man sie frei lässt", pflegte Dix' Mutter zu sagen.

Dix durfte sogar die Wände bemalen. Er schaute sein Bild von gestern an. Die Kinder mit den Luftballons. Es sah lustig aus. Gestern war es Dix noch gut gegangen.

„Zisch ab!", hatte Bruno heute gesagt. „Du bist doch doof!", hatte er gesagt.

Dix wusste, dass er nicht doof war. Das traf ihn nicht. Aber dass Bruno ihn nicht mehr gern hatte.

Der Vater übte einen schwierigen Griff.

Es klingt, als wenn ein Vogel weint, dachte Dix.

Er wusste, dass Vögel nicht weinen.

Die Mutter lächelte beim Lesen. Das lange Haar fiel ihr ins Gesicht. Sie sah schön aus.

Dix ging zu dem Teller mit dem Gebäck. Er drückte mit dem Zeigefinger ein Loch in eine Hefeschnecke. Sein Vater sah es und grinste.

Warum hatte Bruno ihn nicht mehr gern? Konnte man aufhören, jemanden gern zu haben, so, wie man aufhörte zu essen, zu trinken oder zu lachen?

„Bruno kommt heut nicht", sagte Dix laut.

„Wieso?", fragte sein Vater.

"Weil er überhaupt nicht mehr kommt", sagte Dix. "Weil er mich nicht mehr mag", sagte er.
"Mein Kleiner", sagte seine Mutter. Sie hielt einen Finger auf die Stelle, die sie eben las. "Morgen gehen wir ins Kino, ja?"
"Schlag was kaputt!", sagte sein Vater. "Das hilft."
Dix blickte an ihnen vorbei. Er wollte nicht ins Kino und er wollte nichts kaputt schlagen. Er wollte verstehen, warum Bruno so war.

Gina Ruck-Pauquèt

Judith

Inhalt: Die Ich-Erzählerin quält sich, weil die Freundschaft mit Judith, die sie so gern erhalten sehen möchte, zu zerbrechen droht.
Stichworte: Mädchen – Freundschaft – Krise – Wunsch – Eifersucht – Mädchen/Junge
Alter: ab 8 Jahren

Ich kann die Judith nicht mehr leiden. Das ist eine ganz doofe Kuh! Ach was, so doof wie die sind Kühe nie ...
Kühe sind freundliche, nützliche Tiere. Die Judith ist eine ganz Unnützliche. Und freundlich ist die auch nicht. Die ist richtig unfreundlich. Zu mir jedenfalls. Zu anderen ja nicht. Da ist sie zuckersüß.
Erst gestern hat sie Simon einen Bleistiftspitzer geschenkt, einfach so. Einen Auto-Spitzer. Ich hab' es genau gesehen. Alle in der Klasse haben es gesehen. Es haben ja auch alle sehen sollen. Damit sie mal wieder wissen, wie zuckersüß die Judith ist. Simon hat gestrahlt und in der Pause hat er Judith von seinem Pausenbrot abbeißen lassen. Die hat vielleicht gierig geschlungen. Das halbe Pausenbrot hat sie Simon weggefressen.
Aber so ist die, genauso!
Simon ist das mit dem Brot nicht aufgefallen, der hat bloß den Spitzer gesehen. Die anderen auch. Und sogar Frau Grüber ist auf die zuckersüße Judith hereingefallen. Sie hat sie gelobt, wegen so einem doofen kleinen Spitzer. Sie hat gesagt, sie finde es toll, dass sich Judith um Simon kümmere. Weil sich sonst niemand um den kümmert. Kümmert? Einen Spitzer schenken ist doch nicht kümmern!
Die Judith ist beinahe geplatzt vor Stolz über das Lob, sie hat hochnäsig in der Klasse herumgeschaut. Aber zu mir hat sie nicht geschaut oder höchstens ein bisschen aus den Augenwinkeln.

Für Judith bin ich Luft! Das weiß ich längst. Seit den Sommerferien. Da hat es angefangen. Meine Mama hat gesagt, ich dürfe wieder ein Kind mit in die Ferien nehmen. Damit ich nicht so alleine bin und damit sie und Papa von mir entlastet sind.

Ich habe immer die Judith mitgenommen. Wir sind ja Freundinnen. Wir waren Freundinnen ...

Und außerdem waren ihre Eltern ganz froh, mal ohne Judith verreisen zu können.

In den Ferien war es mit Judith immer toll. Wir haben alles zusammen gemacht. Schwimmen und essen und spielen sowieso. Wir haben in einem Zimmer schlafen dürfen. Und da haben wir so laut und so lange Gespenster gespielt, bis meine Eltern Krach geschlagen haben. Oder wir sind zusammen unter eine Bettdecke gekrochen und haben uns was leise ins Ohr erzählt. Das war schön schummerig. Es waren immer tolle Ferien, für mich, für Judith und für meine Eltern auch.

Diesmal aber hat Judith nicht mitdürfen. Weil ihre Eltern gemeint haben, sie wollten auch mal was haben von ihrer Tochter, und sie reisen mit ihr zur Oma. Das hat Judith ganz schön gestunken. Und mir auch.

Aber wehren kann man sich nicht. Wenn die Eltern wollen, dann wollen sie, da kann man als Kind gar nichts machen.

Eigentlich war es ja auch ganz schön, dass Judiths Eltern die Judith mal mitnehmen wollten. Weil sie ja sonst nicht so scharf auf Judith sind. Das wissen wir beide.

Jedenfalls, die Judith hat nicht mit mir in die Ferien gedurft. Und da habe ich Simon mitgenommen. Ein Simon ist besser als nichts. Den habe ich auch ganz gerne, für einen Jungen ist der sehr erträglich. Der ist kleiner als ich und ziemlich still und freundlich. Meine Eltern mögen ihn gerne. Wahrscheinlich, weil er so klein und still und freundlich ist, der fällt nie auf.

Es war auch ganz nett mit Simon. Meine Eltern haben nie Krach schlagen müssen wegen Endlos-Gespensterspielen. Mit Simon kann man nicht Gespenster spielen, der fürchtet sich doch. Er liest auch lieber. Dicke Wälzer, von vorne bis hinten. Und die hat er mir vorgelesen und das waren dann für ihn zwei Fliegen mit einer Klappe. Weil er nämlich lesen konnte und sich als höfliches Gastkind auch noch mit mir beschäftigt hat.

Als ich Judith gesagt habe, dass ich Simon mitnehme, da hat sie geseufzt und genickt. Sie hat mir schöne Ferien gewünscht und versprochen, sie schreibt mal. Sie hat aber nicht geschrieben. Ich schon. Drei Postkarten, ich weiß es genau. Gleich in den ersten Ferientagen. Simon hat immer unterschrieben und meine Fehler verbessert. Im Schreiben ist der besser als ich.

Von Judith kam nichts. Das hat mich schon gewundert. Ich habe gedacht, vielleicht hat sie meine Ferienanschrift verloren. Das passt zu Judith, sie ist ein bisschen schlampig. Meine Eltern haben sich auch gewundert, sie mögen Judith gerne. Aber gesagt haben sie nichts. Sicher wollten sie nicht den Simon kränken. Das kränkt ja, wenn man dauernd nach einer Judith fragt, wenn doch ein Simon da ist.

Als die Ferien vorbei waren, bin ich gleich am ersten Schultag zur Judith gerannt. Ich habe sogar den Simon übersehen. Der stand in der Schultür und wollte mir den Ranzen tragen. Weil er doch so ein Höflicher ist und unser Gastkind war. Ich habe ihn einfach stehen lassen, ich weiß es noch genau, und bin auf Judith losgeschossen und wollte fragen und wollte erzählen und wollte sie umarmen ... da zischt sie mir „Verräterin" entgegen und dreht sich weg, als wäre ich Luft.

Verräterin! Ich habe zuerst überhaupt nichts begriffen. Ich habe nur gemerkt, die Judith ist böse auf mich, unheimlich böse. Aber warum? Ich wollte sie fragen. Das ging aber nicht. Sie hat einfach nicht geantwortet. Sie hat mich übersehen! Sie hat getan, als gäbe es mich gar nicht!

Ich habe vielleicht gestaunt! Erst beste Freundin und dann Luft?

Ich habe gegrübelt und gegrübelt und dann ... dann habe ich was gemerkt. Einen Tag später. Da hat der Simon Frau Grüber gefragt, ob er neben mir sitzen dürfe. Er hat gedurft. Und ein bisschen habe ich mich gefreut. Weil ich nämlich alleine gesessen bin. Judith hat sich gleich am ersten Tag weggesetzt. Ohne zu fragen. Das ist Frau Grüber gar nicht aufgefallen. Mir schon ...

Jedenfalls habe ich Simon Platz gemacht, und als er seine Schulsachen neben mir verstaut hat, da habe ich genau gesehen: Die Judith beobachtet uns. Ganz scharf! Und als Simon mich freundlich angegrinst hat, so wie er alle und jeden angrinst, hat sie den Mund zusammengekniffen und wild im Lesebuch geblättert.

Und da ist es mir endlich gedämmert: Die Judith ist ja eifersüchtig! Auf den Simon! Sie denkt, Simon und ich seien jetzt gute Freunde, bloß weil er mit in die Ferien gedurft hat!

Beinahe hätte ich laut gelacht. Der Simon mein Freund! Judith ist doch meine beste Freundin!

War meine beste Freundin ...

Und außerdem, sie kann Simon nicht besonders leiden. Weil der so still und leise ist. Das weiß ich zufällig genau. Weil sie es mir gesagt hat.

Ich hab' zur Judith hinübergeschaut. Ganz fest!

Sie hat aber nicht zurückgeschaut. Sie hat wüst an den Lesebuchseiten gerissen. Da habe ich ein Zettelchen geschrieben: „Simon ist doof und Judith hat eine lange Nase."

Das war ein lustiges Zettelchen, darüber hätte meine Freundin Judith bestimmt gelacht. Sie hat aber nicht gelacht, sie hat den Zettel zerknüllt, ohne ihn zu lesen.

Da habe ich nochmal einen Zettel geschrieben: „Liebe Judith, ich weiß jetzt alles." Das klang so schön geheimnisvoll. Der Zettel hat mir sehr geschadet. Bei Frau Grüber. Die hat was empört gemaunzt von wegen „Unaufmerksamkeit im Unterricht" und „du hast es gerade nötig". Gelesen hat sie den Zettel nicht, da ist sie fair, die Frau Grüber.

Judith hat ihn leider auch nicht gelesen, sie hat ihn weggekickt, unter die Bank.

Da habe ich gewusst, jetzt ist alles aus.

Mir war ganz komisch. Die Grüber-Rüge hat mich geärgert und der Zettel-Wegschmiss von Judith hat mir komische Stiche im Bauch versetzt. Ich habe beschlossen, Zettel schreibe ich keine mehr, nie mehr. Aufpassen im Unterricht konnte ich aber auch nicht. Wegen der Stiche im Bauch.

Zum Glück hat mir Simon dauernd vorgesagt. Bei Frau Grüber und auch sonst.

Er hat meinen Ranzen geschleppt, er schleppt meinen Ranzen. Er hat mich abschreiben lassen, er lässt mich abschreiben. Er lernt mit mir Hausaufgaben, da freuen sich meine Eltern und Frau Grüber. Er spielt mit mir, wenn ich mit ihm spielen mag. Das mag ich jetzt oft. Weil sonst niemand mit mir spielt.

Der Simon ist ein ganz Nützlicher, nicht so einer wie die Judith. Er ist einfach immer da, wenn ich ihn brauche. Die tuscheln schon in der Klasse, weil der Simon dauernd an meiner Seite klebt. Die haben ja keine Ahnung …

Judith tuschelt auch. Die tuschelt überhaupt am lautesten. Und schenkt Simon Bleistiftspitzer. Der freut sich auch noch und merkt überhaupt nichts.

Ich schon. Ich bin ja nicht blöd. Ich merke, die Judith will, dass Simon sie toll findet. Weil er mich dann nicht mehr so toll finden wird. Und dann hocke ich alleine da, ohne Simon, ohne Judith … und das will sie.

Aber warum?

Ich habe jetzt oft Stiche im Bauch. Die Stiche kommen, weil die Judith eine ganz doofe Kuh ist. Ach was, so doof wie die ist niemand, Kühe ganz bestimmt nicht … Kühe sind freundliche, nützliche Tiere. Die Judith ist eine Unfreundliche. Zu mir Unfreundliche.

Ich möchte, dass Judith wieder freundlich wird. Ich möchte, dass Judith wieder meine Freundin wird … aber wann? Aber wie?

Gudrun Mebs

Der Klassenaufsatz

Inhalt: Stefan wird wegen seiner Kleinwüchsigkeit ebenso verspottet und gequält wie wegen seiner außerordentlichen Klugheit. In einem simulierten Telefongespräch erklärt er seiner Lehrerin, weshalb er zu dem Thema „Mein bester Freund" nichts zu Papier gebracht hat. Er wollte seinen einzigen (heimlichen) Freund nicht durch Bloßstellung verlieren.

Stichworte: Kleinwüchsigkeit – Klugheit – Streber – Spott – Quälerei – Einsamkeit – heimliche Freundschaft – Klassenaufsatz – Selbstverleugnung – Schutz

Alter: ab 10 Jahren

Nein, Frau Baumann, ich bin nicht krank. Dann wäre ich heute Morgen bestimmt zu Hause geblieben. Mir ist auch jede Menge zu dem Thema eingefallen. Nur hingeschrieben habe ich es nicht.

Sie wissen nicht, was Sie mit dem leeren Heft anfangen sollen? Wer nicht mitschreibt, bekommt eine Sechs. Geben Sie mir ruhig eine Sechs. Mir macht das nichts aus. Und die anderen werden sich freuen. Garantiert. Endlich kriegt der Zwerg mal eine vernünftige Note, werden sie sagen.

Sie haben nicht gewusst, dass sie mich Zwerg Nase nennen? Entschuldigen Sie bitte, Frau Baumann, aber dann müssen Sie stocktaub sein. Ehrlich. Ich brauche doch nur den Mund aufzumachen und schon grölen alle: Zwerg Nase!

Ich bin nicht sauer auf Sie. Wirklich nicht. Schließlich sind Sie die erste Lehrerin, die mich anruft. Da kann ich wohl stolz drauf sein. Rufen Sie eigentlich jeden an, dem bei einer Klassenarbeit nichts einfällt?

Ach so, ich bin der Beste. Und dem Besten muss immer etwas einfallen. Das meinen Sie doch, oder? Was wäre, wenn ich heute Morgen einfach einen Krampf in der Hand gehabt hätte?

War nur Spaß, Frau Baumann. Entschuldigung. Also gut. „Mein bester Freund oder meine beste Freundin" – mit dem Thema tu ich den Kindern einen Gefallen, haben Sie sich überlegt, stimmt's? Die anderen haben ja auch sofort angefangen zu schreiben, als ginge es um die Versetzung. Dabei war es der erste Aufsatz in der Vier. Friederike hat am Schluss sogar geheult, so kaputt war sie. Nur ich habe vor meinem leeren Heft gesessen und gewartet, dass es endlich klingelt. So oft habe ich noch nie auf die Uhr geguckt. Die Zeit ging einfach nicht rum. Sie haben nichts gemerkt, Frau Baumann. Der kommt schon klar, haben Sie gedacht, der Stefan kommt immer klar. Hinten bei Hartmut und Christian haben Sie gestanden und aufgepasst, dass die nicht abschreiben. Wollen wir wetten, dass die beiden es doch geschafft haben? Die schaffen es immer. Das sind Profis.

Sind Sie noch dran? Sie sagen überhaupt nichts!

Aber ich versuche Ihnen doch die ganze Zeit zu erklären, warum das heute Morgen passiert ist! Haben Sie sich mal überlegt, wie das ist, allein zu sitzen? Als einziger aus der ganzen Klasse?

Und ob das etwas mit Ihrer Frage zu tun hat! Sie wissen doch, wie wir in der Vier sitzen, Frau Baumann: links neben mir Jochen und Alexander, daneben Martin und Miriam, rechts von mir Birgit und Svenja, dahinter Mehmet, Erdal und die anderen. Immer schön zu zweit an einem Tisch. Ich habe sie alle gefragt, ob ich neben ihnen sitzen darf. Alle. Wissen Sie, was passiert ist? Ausgelacht haben sie mich. Irgendwann habe ich aufgehört zu betteln. Hat sowieso keinen Zweck. Vielleicht wird es auf dem Gymnasium besser.

Wenn sie mich in Ruhe ließen, wäre alles halb so schlimm. Aber kaum dreht sich der Lehrer um, fliegt mir alles Mögliche an den Kopf. Apfelsinenschalen, Brotkugeln, Büroklammern, Papierschnipsel, was weiß ich. Einmal haben sie mir sogar einen lebendigen Frosch ins Hemd gesteckt.

Nein, ich wehre mich nicht. Die sind stärker. Sogar Svenja. Und die ist nur einen Kopf größer als ich.

Glauben Sie wirklich, dass ich Ihnen verrate, wer mich besonders viel ärgert? Ich bin doch nicht lebensmüde!

Das geht so seit dem ersten Tag in der Grundschule, Frau Baumann. Mein Vater musste lange nach einem Parkplatz suchen. Wir kamen als letzte in die Klasse. Alle haben mich angestarrt, als ob ich ein Marsmännchen wäre. Nicht nur die Kinder, auch die Eltern kriegten Stielaugen. Damals war ich winzig, genau neunzig Zentimeter. Wie eine große Puppe. Sie hatten mich schon für ein Jahr in eine Schule für Körperbehinderte gesteckt. Aber dann hatte es mein Vater geschafft, dass sie mich in einer normalen Grundschule nehmen. Natürlich waren die Tische viel zu hoch für mich. Der Hausmeister hat ein Tischchen und ein Stühlchen aus dem Kindergarten nebenan geholt. Seitdem sitze ich allein.

Jetzt bin ich 1,10 Meter groß. Wenn ich 1,30 Meter schaffe, kann ich froh sein, hat der Arzt gesagt. Aber er glaubt, dass ich bei 1,20 Meter stehen bleibe.

Sie waren immer freundlich zu mir, Frau Baumann. Das stimmt. Aber was wäre, wenn ich klein und doof wäre?

Ich bin nicht undankbar. Überhaupt nicht. Es ist gut, dass ich den Haufen Einser habe. Da sind wenigstens die Lehrer freundlich zu mir. Aber glauben Sie wirklich, ich wäre stolz auf meine Noten? Die sind mir total egal. Ehrlich. Ich möchte so groß sein wie die anderen, das ist alles, was ich will. Oder wenigstens fast so groß. Dann hätte ich Freunde, ob ich gut in der Schule wäre oder nicht. Dann müsste ich auch bestimmt nicht jeden Aufsatz vorlesen. „Aber bitte laut und deutlich, Stefan", sagen Sie immer. Am liebsten möchte ich mich im Erdkundeschrank verkriechen, wenn Sie Klassenarbeiten zurückgeben. Aber diesmal haben Sie sich geschnitten, Frau Baumann. Diesmal werde ich nicht vorlesen. Diesmal werde ich keine Kopfnüsse kriegen, nur weil Sie mir wieder eine Eins gegeben haben. Diesmal werden die anderen klatschen, wenn Sie meine Note vorlesen. Alle werden sich freuen. Und ob Sie es glauben oder nicht – ich mich auch.

Sie lassen wirklich nicht locker. Augenblick, ich muss mich hinsetzen. Ich kann nicht so lange stehen. So. Versprechen Sie, dass alles unter uns bleibt, was ich Ihnen erzähle? Großes Ehrenwort?

Also gut. Ich habe heute Morgen nichts hingeschrieben, weil ich einen Freund habe.

Sie haben schon richtig verstanden, Frau Baumann: Weil ich einen Freund habe. Es ist der Busfahrer. Wissen Sie, der Mann mit der eingeschlagenen Nase, der uns morgens zur Schule bringt.

Dafür, dass er mein Freund ist, ist er schon ganz schön alt. Das stimmt. Aber warum soll ein Freund nicht alt sein? Keine Ahnung, wie er heißt. Er weiß doch nicht mal, dass er mein Freund ist. Wahrscheinlich würde er mich für verrückt erklären, wenn er mich reden hörte. Aber er ist der Einzige, für den ich nicht der schlaue Däumling oder Zwerg Nase bin.

Nein, vor ihm hatte ich keinen Freund. Meine Eltern haben sich auf den Kopf gestellt, um Kinder zu finden, die mit mir spielen wollen. Am Anfang geht es auch immer ganz gut. Aber dann spielten wir „Stadt, Land, Fluss" oder so etwas und schon ist alles aus. Dabei kann ich nicht so schnell laufen wie sie, nicht so weit werfen und bin nicht so stark wie die anderen. Ich bin im Kopf ein bisschen schneller – das nehmen sie mir übel. Aber irgendwo muss doch auch ein Zwerg gut sein!

Ach, wissen Sie, Frau Baumann, manchmal tut es richtig weh. Dann hocke ich zu Hause in meinem Zimmer und habe zu überhaupt nichts mehr Lust. Dann möchte ich am liebsten ... Ist ja egal. Irgendwann nehme ich mir ein Buch und träume mich weg. Am liebsten zu den Pygmäen. Die leben in Afrika und sind alle so groß wie ich.

Sofort, sofort, Frau Baumann. Ich konnte nichts über meinen Freund schreiben, weil ... Mist, so geht's nicht. Aber vielleicht so. Stellen Sie sich vor, ich müsste nächste Woche vorlesen:

„Mein bester Freund ist der Busfahrer, der uns jeden Morgen zur Schule bringt und uns mittags nach Hause fährt. Er ist nicht nur mein bester, sondern auch mein einziger Freund. Wenn ich einsteigen will, reiche ich ihm meinen Schulranzen. Dann klettere ich die Stufen hinauf. Das ist gar nicht so einfach. Sie sind so hoch, dass Hände und Knie helfen müssen. Manchmal geht es dem Busfahrer nicht schnell genug. Dann schaut er auf die Uhr und schnipst mit den Fingern. Er hat noch nie etwas zu mir gesagt. Ich habe ihn auch noch nie lachen sehen. Vielleicht ist er traurig über seine eingeschlagene Nase.

Der Sitz hinter meinem Freund ist immer für mich frei. Keine Ahnung, wie er das schafft. Alexander, Miriam und die anderen sitzen lieber hinten. Deshalb habe ich vorn meine Ruhe. Ich schaue meinem Freund zu, wie er den Bus durch die Stadt lenkt. Er ist ein sehr guter Fahrer. Ich möchte auch einmal Busfahrer werden, aber ich glaube kaum, dass das klappt.

Wenn der Bus hält, reiche ich meinem Freund den Schulranzen. Er hält ihn fest, bis ich die Stufen hinuntergeklettert bin. Dann wirft er ihn mir zu. Beim ersten Mal bin ich umgefallen, aber inzwischen fange ich die Schultasche mit links. Ich freue mich jeden Morgen, wenn er mich abholen kommt. Und mittags freue ich mich schon in der vorletzten Stunde, dass er mich gleich nach Hause bringt. Er ist mein bester Freund, auch wenn er es nicht weiß."

Was glauben Sie, wäre passiert, wenn ich den Aufsatz vorgelesen hätte? Die anderen hätten mir meinen Freund weggenommen. Garantiert. Die hätten so lange herumgestichelt, bis ich nicht mehr mit dem Bus gefahren wäre. Bestimmt hätten sie dem Busfahrer alles erzählt.

Verstehen Sie denn nicht? Ich will die Sechs. *Unbedingt.* Vielleicht merken dann die anderen, dass ich gar nicht so ein großer Streber bin. Aber eigentlich glaube ich nicht daran.

Bis morgen, Frau Baumann.

Jürgen Banscherus

Die Kreidestadt

Inhalt: Durch niederträchtige Fehlinformation wird eine entstehende Jungen-Mädchen-Freundschaft in Gefahr gebracht.

Stichworte: Mädchen – Junge – gemeinsames Vorhaben – Kreativität – erste Zuneigung – Verabredung – Erwartung – Fehlinformation – Verleumdung – Enttäuschung – hilfloser Zorn – Kurzschlusshandlung – Zerstörung – überraschendes Erkennen – Verwirrung

Alter: ab 12 Jahren

Dass Benze rote Haare hatte, war kein Problem. Einmal hatte einer gewagt, einen Witz zu machen, aber das war lange her.

„Holt die Feuerwehr!", hatte er geschrien. „Dem Benze brennt sein Hirn. Die Flammen schlagen schon raus!"

Dann hatte er Benzes rechten Haken zu spüren bekommen und es war Ruhe gewesen. Alle respektierten Benze. Es war nicht so, dass er es nötig hatte, mit einem Mädchen zu spielen. Aber das, was er mit Mandi machte, war etwas Besonderes. Etwas Tolles war das:

Mandi und Benze bauten eine Stadt. Genau genommen malten sie sie bloß. Mit Kreide. Ganz hinten, in der Ecke des großen Parkplatzes, da, wo früher die alten Karren von den Lagerhallen gestanden hatten.

Sie hatten sich da mal zufällig getroffen und rumgealbert. Und auf einmal hatte Mandi mit Kreide Striche um Benze rumgemalt.

„Jetzt bist du im Gefängnis", hatte sie gesagt. „Da kommst du nicht mehr raus!"

Benze war natürlich mit einem Satz weg. Als er hinter ihr her wollte, hatte sie ‚Halt' geschrien. Auf dem Ende einer Kreidelinie hatte sie gestanden.

„Ich bin ganz oben auf einem Telefonmast! Da kannst du nicht ran!"

So hatte das angefangen. Benze hatte einen Sportplatz gemalt. Mandi Häuser mit Fenstern und Schornsteinen obendrauf.

Ein Park mit Bäumen war entstanden, eine Fabrik, in der Schokolade hergestellt wurde, ein Supermarkt, ein Schießstand, eine Kirche, ein Kino, zwei Hochhäuser, ein Krankenhaus und zwischen allem Straßen. An den Ecken standen Eisbuden. Ein kleiner Teich war da und dahinter ein Schloss.

„Hier wohne ich", sagte Mandi.

Benze baute sich lieber ein Motorrad.

„Brr, beng, beng", startete er.

„Mensch", sagte Mandi, „mach doch nicht so'n Lärm! Du weckst ja alle auf!"

„Wen denn?", wollte Benze wissen.

„Na ja", sagte Mandi. „Die Leute. Und die Tiere im Zoo."
Au ja, sie wollten einen Zoo haben! Aber das war gestern gewesen. Und da war es dunkel geworden und sie hatten heim gemusst.
„Kommste morgen wieder her?", hatte Benze gefragt.
Mandi hatte genickt.
Doch jetzt war morgen, und Benze war hier und Mandi nicht. Eigentlich hätte er ja anfangen können mit dem Zoo. Er wollte Raubvögel malen, die auf einer Stange saßen und Wölfe und Füchse und Urtiere mit riesigen Hörnern.
Aber allein machte es keinen Spaß. Benze ging durch seine Stadt. Er hatte die Taschen voller Kreide. Extra gekauft.
Nur um sie auszuprobieren, brachte er Feuerleitern an den Hochhäusern an. Er machte sie rot. Blau, gelb und grün hatte er auch. Mandi würde gucken.
Er rannte rum und hielt nach ihr Ausschau. Vielleicht war ja gar nicht so viel Zeit vergangen. Aber Benze schienen es Stunden zu sein. Das Motorrad, das er gestern gemalt hatte, kam ihm blöd vor. Er fand einen Stein und trat ihn in Mandis Schloss. Sie hatte auch Blumen hingezeichnet. Sonnenblumen.
Jetzt komm aber!, dachte Benze.
Warten lag ihm nicht. Das hielt er nicht aus. Er nahm ein Stück Kreide aus der Tasche, warf es in die Luft und fing es wieder.
Dann hörte er das Fahrrad quietschen. Der Bursche blieb neben ihm stehen. Es war der, der für die Lagerhallen rumfuhr.
„Was machst'n?", fragte er.
„Nix", sagte Benze.
„Wartest du auf die?", fragte der Bursche. „Die kommt heut nicht. Die spielt in der Steinstraße mit den anderen."
„Ach Quatsch!", sagte Benze. „Ich warte überhaupt nicht."
„Na, denn", sprang der wieder auf sein Fahrrad und sauste ab.
Mandi spielte in der Steinstraße mit den anderen. Und er, der Trottel, stand hier und wartete! Eine Hitze stieg Benze in den Kopf, eine rote, wolkige Hitze, die ihn wild machte und ganz sinnlos.
Zuerst zerstörte er das Schloss, rieb es mit seinen Kreppsohlen weg. Spuckte hin und rieb. Die Sonnenblumen zertrampelte er, den Teich.
Er radierte die Schornsteinhäuschen aus, die Schokoladenfabrik, den Supermarkt, das Krankenhaus, die Hochhäuser, alles.
Spuckte hin, wischte und stampfte und spuckte und kreiselte mit seinen Sohlen Linien aus, machte weg, zerstörte und konnte schon gar nicht mehr spucken, weil sein Mund so trocken war.
Die ganze Stadt!, dachte er. Die ganze Stadt! Alles muss weg!
Als Mandi plötzlich neben ihm auftauchte, erstarrte er.

Was machst du da?
Wahrscheinlich fragte sie: „Was machst du da?"
Aber Benze hörte es nicht. In seinem Kopf rauschte es und er sah eine Ecke vom Schießstand, die er nicht erwischt hatte.
Als Mandi zu weinen anfing, rannte er weg. Benze rannte, als ob sie hinter ihm her wären. Und er dachte die ganze Zeit an den Burschen mit dem Fahrrad, und wie es möglich ist, dass einer so lügt.

Gina Ruck-Pauquèt

Migi und Opa

Inhalt: Migis Großvater hat nur ein geringes Einkommen. Vielleicht gerade darum versucht er seinem elternlosen Enkel – die Erziehung ist unkonventionell-partnerschaftlich – eine glückliche Kindheit zu vermitteln.

Stichworte: Enkel – Großvater – Armut – Erziehung – Partnerschaft – Selbstständigkeit – freie Entscheidung – Freiheit – Sparsamkeit – Genügsamkeit – Fantasie – Zufriedenheit

Alter: ab 8 Jahren

Der Migi hat keine Eltern mehr. Er wohnt bei seinem Opa. Viel Geld hat der Opa nicht. Darum kriegt der Migi auch kein Fahrrad. Die anderen wollen in den Ferien Radtouren machen.
Der Migi und der Opa nehmen sich am Samstag ihr Taschengeld. Der Opa für Zigarillos und der Migi für was er will. Aber viel ist es nicht.
„'n Abend", sagt der Migi.
Der Opa nickt. Der brät Weißbrotstücke in Fett aus. Die gibt er dann in die Würfelsuppe. Migi bringt den Mäusen Körner und frisches Wasser. Der Opa hat die Zeitung extra für Migi so hingelegt. Die Fußballergebnisse obenauf.
„Mensch!", sagt der Migi. „Die haben schon wieder verloren", sagt er.
Beim Essen teilen sie sich die Zeitung.
„Bist du beim Pferderennen gewesen?", fragt der Migi.
Der Opa nickt.
„Hast du gesetzt?"
„Ich schau mir das nur an", sagt der Opa.
Eines Tages wird er setzen. Das wissen sie beide.
Sie essen, stehen auf und spülen schweigend die Teller ab. Dann holen sie

das Spiel und spielen zwei Runden. Der Opa gewinnt sie beide.
„Ist heut was?", fragt der Migi.
„Im Zweiten", sagt der Opa.
Migi stellt den Fernseher an. Dann rückt er die Sessel zurecht.
„Wenn's warm ist, gehen wir abends wieder an den Fluss", sagt der Migi.
„Ja?"
„Klar", sagt der Opa.
Sie werden am Fluss stehen und ins Wasser starren, bis sie glauben, dass sie Schiffe sind.
Migi kuschelt sich in den Sessel. Es ist ein Abenteuerfilm. Zum Schluss reitet der Held davon, wird immer kleiner. Und nachdem der Opa ausgeschaltet hat, sieht der Migi ihn noch kleiner werden.
Ins Bett geschickt wird der Migi nicht. Der Opa sagt, dass ein Mench selber wissen muss, wann er müde ist. Und als der Migi müde ist, da steht auf dem Hocker zwischen den Betten eine Blechdose mit einem Schlitz drin.
„Fahrrad" hat der Opa oben drauf geschrieben.
Und die Dose ist wahrhaftig schon schwer.

Gina Ruck-Pauquèt

Migi und Onkel Kurt

Inhalt: Bei seinem Onkel Kurt sieht sich der frei aufgewachsene Migi sogenannten Erziehungsmaßnahmen ausgesetzt. Er kriecht in sich zusammen, möchte verzweifeln.

Stichworte: Erziehung – Strenge – Benehmen – Konventionen – Unterdrückung – Unzufriedenheit – Widerstand – Lüge – Schmerz – Verzweiflung

Alter: ab 8 Jahren

Als der Opa ins Krankenhaus muss, wohnt der Migi bei Onkel Kurt und Tante Jenni.
„Hier herrscht Ordnung", sagt der Onkel Kurt gleich zur Begrüßung. „Wenn du dich daran hältst, werden wir gut miteinander auskommen."
Es klingt wie eine Drohung. Migi schaut seine Tante an.
„Um zehn nach eins gibt es Mittagessen", sagt sie.
Der Migi kommt um halb zwei. In der Tierhandlung hatten sie japanische Tanzmäuse im Fenster.
„Wenn man zu spät kommt, entschuldigt man sich", sagt Onkel Kurt.

Migi versteht nicht, was der Onkel davon hat.

„Es tut mir Leid", sagt er.

Es tut ihm natürlich nicht Leid und der Onkel Kurt ist schuld, dass der Migi nun lügt.

Als er eben den Löffel in die Suppe tauchen will, ist schon wieder was.

„Räum deine Schultasche fort!", sagt der Onkel Kurt.

„Gleich", sagt der Migi.

Aber dann muss er es doch sofort tun. Als er sich bückt, um die Tasche aufzuheben, ist es, als ob ihn eine riesige Hand gewaltsam niederdrückt. Migi hat keinen Hunger mehr. Er will gehen.

„Du setzt dich an den Tisch", sagt Onkel Kurt.

„Wenn ich aber nichts essen mag", sagt der Migi.

„Dann setzt du dich trotzdem hin, bis wir fertig sind."

„Ja", sagt die Tante Jenni.

Der Migi spürt, dass ihn seine Beine nicht zum Tisch tragen wollen. Aber was kann er schon tun?

„Es ist kein Wunder, dass du dich schlecht benimmst", sagt Onkel Kurt. „Der Opa ist zu alt, um ein Kind zu erziehen."

„Überhaupt nicht!", sagt der Migi.

Und dann erfährt er, dass er nur zu reden hat, wenn er gefragt wird. Ein paar Tage geht das so. Der äußere Migi tut, was der Onkel Kurt sagt. Der innere Migi aber schreit und tobt, bis er schließlich nur noch weint.

„Kommst du klar mit dem Onkel Kurt?", fragt der Opa, als Migi ihn besucht.

Migi nickt.

„Werd wieder gesund", sagt er. „Mach schnell!"

Gina Ruck-Pauquèt

Das gesunde Kind

Inhalt: Die überversorgte und überbehütete, kränkelnde Kressi wird von ihrer resoluten Tante Johanna auf eine unbefangen fröhliche Art seelisch und körperlich stabilisiert.

Stichworte: Kind – Eltern – Tante – Kränklichkeit – Überversorgung – Wohlstandsgesellschaft – Unbefangenheit – natürliches Leben – Gesundung – Fröhlichkeit

Alter: ab 8 Jahren

Als die Eltern verreisen mussten, brachten sie Kressi zu Tante Johanna. Tante Johanna war jung – fast noch ein Mädchen.

„Kressi ist ein zartes Kind", sagte die Mutter. „Du musst gut auf sie aufpassen."

Tante Johanna pustete auf ihre frisch lackierten Fingernägel und nickte.

„Hier ist der Lebertran", sagte die Mutter. „Und die Vitamintabletten. Kressi geht früh ins Bett und steht früh auf. Gib ihr eine Wärmeflasche."

Tante Johanna blickte Kressi an.

„Wenig Süßigkeiten", sagte der Vater. „Keine scharfen Gewürze."

„Und dann ist sie empfindlich gegen Zugluft, Aufregung, Anstrengung und Katzenhaare", sagte die Mutter noch.

Am ersten Abend schauten Tante Johanna und Kressi Fernsehen und knabberten Bonbons. Als Kressi um elf in ihrem Sessel einschlief, trug Tante Johanna sie ins Bett. Und weil sie keine Wärmeflasche hatte, legte sie ihr die Katze auf den Bauch.

„Geht es dir gut?", fragte Tante Johanna am nächsten Morgen um zehn am Frühstückstisch. Tante Johanna hatte Urlaub.

Sie aßen Gulaschsuppe und Eier mit Senf.

Kressi war es nie besser gegangen.

Es folgte eine fröhliche Zeit. Sie gingen in den Zoo und zum Freistilringen. Sie fuhren Fahrrad, dass ihnen der Wind nur so um die Ohren sauste. Die Vitamintabletten verfütterten sie im Park an die Goldfische. Sie gingen in einen Abenteuerfilm, kauften ein Pfund Lakritze und hörten Musik. Sie schliefen, wenn sie müde waren, und aßen, was ihnen schmeckte.

„Was machen wir damit?", fragte Kressi, einen Tag bevor ihre Eltern sie wieder abholten. Die Lebertranflasche war noch voll.

„Vielleicht kann ich sie als Möbelpolitur benutzen", sagte Tante Johanna. „Ich habe sicher nicht alles richtig gemacht mit dir", sagte sie und schaute Kressi an. „Aber ich glaube, du bist ein sehr gesundes Kind."

Gina Ruck-Pauquèt

Migi und die Frau Schneewittchen

Inhalt: Migi liebt die Kassiererin mit den schwarzen Haaren und dem Blick voll von Sonne.

Stichworte: Kind – junge Frau – Zuneigung – gern haben – Zufriedenheit – Glück

Alter: ab 8 Jahren

Das Mädchen mit den langen Wimpern setzt sich an die zweite Kasse im Supermarkt.

„Komm hierher", sagt sie zu Migi. „Hier geht's schneller."

Aber Migi schüttelt den Kopf. Er will zu Frau Schneewittchen. Auch wenn da noch jemand vor ihm ist und er länger warten muss.

In Wirklichkeit heißt die Frau natürlich anders. Aber Migi will gar nicht wissen, wie. Er will überhaupt nichts von ihr wissen.

Er will bei ihr bezahlen. Und sie werden sich anschauen und ein bisschen lachen, wie immer.

Die Frau Schneewittchen hat schwarze Haare, nicht lang und nicht kurz und auch nicht immer wohlfrisiert. Sie hat Hände mit kurzen, unlackierten Fingernägeln und zwei runde Brüste unter dem Pullover.

Sie hat Migi noch nie etwas gefragt, keine von diesen doofen Fragen, die die anderen Erwachsenen stellen. Sie hat ihm auch noch nie ein Bonbon geschenkt und das ist auch richtig so.

Migi schiebt den Einkaufswagen vor. Die Frau Schneewittchen hat ein Fahrrad. Migi hat sie einmal ankommen sehen. Wenn er sein Fahrrad kriegt, könnten sie miteinander eine Radtour machen. Er wird sie fragen. Später.

Jetzt rechnet sie die Preise zusammen.

„Fünfundzwanzig Mark und zehn", sagt sie.

Sie schaut ihn mit ihren braunen Augen an. Für Migi ist ihr Blick wie der Abend von einem Sommertag, wenn man von draußen heimkommt, voll von Sonne und müde, und alles ist in Ordnung.

Er versucht, beide Kartoffeltüten mit einer Hand zu nehmen. Natürlich fallen sie hin. Die Frau Schneewittchen lacht ihm zu. Migi fühlt sich prima. Und, mit der Radtour, das eilt überhaupt nicht.

Gina Ruck-Pauquèt

Liebesgeschichte

Stichworte: Elsa hält sich für dumm und hässlich. Außerdem wird sie von niemandem gebraucht. Serjoscha zeigt ihr, dass alles ganz anders ist.

Stichworte: Mangelndes Selbstvertrauen – Selbstmitleid – Zuwendung – Zärtlichkeit – Trost –Traum – Glück

Alter: ab 10 Jahren

Elsa war allein. Sie lag im Gras hinter dem großen Parkplatz auf dem Bauch und heulte.

„Elsa?", sagte Serjoscha. Er hielt ihr sein Eis hin und setzte sich neben sie. Aber Elsa wollte kein Eis.

„Die sind ja alle so gemein!", schluchzte sie. „In der Schule haben sie mich ausgelacht, weil ich das beim Rechnen nicht konnte. Und ich bin ja auch dumm!"

Serjoscha strich ihr übers Haar. Ganz sanft strich er ihr übers Haar, immer wieder.

„Und hübsch bin ich auch nicht", sagte Elsa. „Deswegen lachen sie auch. Weil ich schiefe Zähne habe und so."

Serjoscha sagte nichts. Er streichelte Elsa.

„Laura ist nicht gemein", sagte Elsa. „Aber die braucht mich nicht. Die hat ja den Martin. Und der Martin braucht mich auch nicht, weil er die Laura hat."

Sie weinte, dass ihr ganzer Körper bebte. Serjoscha streichelte Elsas Haar. Er streichelte ihre Schultern, ihre Arme, ihren Rücken, ihren Popo und ihre Beine.

Es war wunderschön. Ein bisschen schluchzte Elsa noch. Dann hörte sie auf zu schluchzen. Serjoscha war da.

Er nahm sie bei der Hand und er trug einen veilchenfarbenen Anzug und Elsa ein Spitzenkleid. Sie gingen an der Schule vorbei und alle guckten.

„Das ist meine Frau", sagte Serjoscha.

Da erklang Musik und alle waren nett und tanzten um Serjoscha und Elsa im Kreis.

Doch das musste Elsa wohl geträumt haben. Sie lag hinter dem Parkplatz im Gras auf dem Bauch. Aber sie weinte nicht. Sie war sehr glücklich. Sie drehte sich um und schlug die Augen auf. Da saß Serjoscha neben ihr. Er aß ein Eis und lächelte ihr zu.

Gina Ruck-Pauquèt

Was ist Liebe?

Für mich
ist Liebe ein Gefühl,
das niemand erklären kann.

Wenn du liebst,
dann weißt du es,
weil es bestimmt
deinen Körper bis zum Rand füllen wird.

Du wirst so voll Gefühl sein,
dass du gar nicht weißt,
was es ist.

Du wirst so viel haben,
dass du davon austeilen kannst.
Du wirst auch deinen Freunden
davon anbieten.

Gadieja, Südafrika

Erwartungen

Erwarte nicht,
dass ich mich ändere,
damit du
mich lieben kannst.
Liebe mich,
damit
ich mich ändern kann.

Fritz Köbler

Die Züge nach Morrow

Inhalt: Tom liebt Anne. Aber er kann es weder sich noch ihr eingestehen. Alles setzt sich um in Trotz und Gemeinheiten. Da zieht Anne sich – schmerzerfüllt – zurück.

Stichworte: Jugendliebe – Nähe – Unsicherheit – Abwehr – Unfähigkeit, sich zu äußern – Starrköpfigkeit – Trotz – Gemeinheit – Schuld – Schmerz – Verlust

Alter: ab 14 Jahren

Vom Ende der Brückenfahrbahn aus, die wie abgeschnitten über die Gleise hinausing, übersah man das ganze Bahngelände. Man sah das Stellwerk, die Güterschuppen, die beiden Ablaufberge, das Gewirr der Schienen und Weichen, das sich bis drüben an die Hinterhausmauern von Duggstreet erstreckte, und man sah natürlich die Züge. Die Züge aus Richtung Mansfield kamen immer unter Whallandstreetbridge zum Vorschein, fuhren am Schlachthof vorüber, an Tailors Kohlenlager, dann rollten sie vor dem Stück Fahrbahn der Brücke vorbei und waren für Augenblicke so nah, dass man die Leute sehen und ihnen zuwinken konnte mit der Aussicht, ebenfalls gesehen zu werden. Das dauerte nur kurz, dann verschwanden die Züge hinter den Schuppen des Güterbahnhofs und man konnte sie nicht mehr sehen.

Tom saß oben am Ende der Brücke auf der Betonfahrbahn und starrte in die Gegend. Anne saß neben ihm und hatte ihre Schultasche auf die seine gelegt. Sie sah ihn an. Er wusste, dass sie ihn ansah, und blickte immerzu auf die Schienen.

„Los!", sagte Anne. „Sag schon endlich, was los ist!"

„Nichts ist los! Gar nichts!", sagte Tom. „Ich muss eben mal etwas Ruhe haben. Ich muss nachdenken." Er schlug mit der Faust neben sich auf den Beton. – Wir haben das Match gegen die Bacon School verloren, dachte er, und es ist meine Mannschaft und wir wären die beste Schule von Derby gewesen. Wir haben verloren. Hol's der Teufel! Tom Yorks Mannschaft hat verloren. – Er schlug immerzu mit der Faust auf den Beton.

Anne sah ihn unsicher an. Sie strich sich das Haar aus der Stirn und dachte nach. – Plötzlich gab eine Schiene unten einen Summton von sich. Unter Whallandstreetbridge tauchte der Silver Star auf und brauste heran.

„Komm, wir winken!", rief Anne und schwenkte wild beide Arme. Tom verzog keine Miene.

„Wink doch auch!", rief Anne. Tom rührte sich nicht.

Eine alte Dame winkte Anne wieder und ein junger Mann mit einer Zeitung und ein Bursche, der ein gelbes Ding wie eine Jockeimütze aufhatte. Der Bursche mit der Jockeimütze war Tom unsympathisch. Er hatte Ähn-

lichkeit mit Jim Harris, dem Mannschaftsführer von Bacon School, gegen den er verloren hatte. Tom spuckte hinunter auf den Bahndamm. Verdammt, ich habe verloren, dachte er. Der Zug verschwand hinter den Güterhallen.
„Du bist richtig stur", sagte Anne. Sie hatte ganz rote Backen bekommen.
„Ich bin nicht stur", sagte Tom. „Ich will bloß meine Ruhe haben." Anne schüttelte den Kopf. Sie zog die Knie an, legte die Arme darum und beobachtete ihn. Es war ihm lästig, wie sie ihn beobachtete. Er legte sich mit dem Bauch auf den Beton und sah hinunter auf die Schienen. Auf dem ersten Gleis, das genau unter dem Ende der Brücke lag, näherte sich langsam ein Güterzug. Etwa vierzig offene Wagen, mit Bausand beladen. Er kam von Whallandstreetbridge, fuhr am Schlachthof, an Tailors Kohlenlager vorbei, dann war er genau unter ihnen.
„Mensch, Tom", sagte Anne, „ich hab eine tolle Idee. Wenn wir hinuntersprängen, wir könnten bis nach Morrow fahren und Onkel Fred besuchen und rudern und – es wäre herrlich, du! Wir könnten von Onkel Fred aus daheim anrufen, dass wir den Sonntag dableiben. Du, traust du dir zu, hinunterzuspringen?"
Tom schätzte die Tiefe. Es waren nicht mehr als drei Meter von der Brücke bis zur Höhe der Sandladung. Er verzog geringschätzig den Mund und nickte.
„O bitte, spring hinunter!", bettelte Anne. „Ich möchte dich hinunterspringen sehn. Ich springe auch. Du musst zuerst."
Tom schüttelte den Kopf. „Kein Interesse", erklärte er.
„Och, Tom, mir zuliebe", sagte sie. „Sieh mal, man braucht gar nicht mal zu springen. Man kann sich einfach fallen lassen. Er ist ganz weich, der Sand."
„Ich mag nicht", sagte Tom. Unten rollte ein Wagen nach dem andern vorbei.
„Siehst du, du willst einfach nicht", sagte Anne. „Es ist immer dasselbe mit dir. Du könntest schon. Du willst einfach nicht."
Sie stand auf und ging nach hinten zu dem Stück Geländer, das man als Probe angebracht hatte. Der letzte Wagen rollte unten vorbei, der Zug wurde schneller, lief in den Güterbahnhof ein, dann war er nicht mehr zu sehen.
Tom lag mit dem Bauch auf dem kalten Beton. Er sagte sich zum siebenunddreißigsten Mal, dass er verloren habe. Die Wut saß ihm oben im Hals, der ihm schon ganz weh tat.
Nach einer Weile, während Anne am Geländer gestanden und sich den Wind ins Gesicht hatte wehen lassen, hörte er, wie Anne von hinten zu ihm kam. Sie kam in dem vertieften Gang der Fahrbahn herauf, den man für die Kabel vorgesehen hatte. Sie hielt die Hände vor sich und kam ganz dicht zu ihm.

„To-om?", sagte sie.
„Hm?", machte er.
Sie streichelte ihm den Nacken.
„Komm, Tom!", sagte sie.
Er schüttelte ihre Hand ab.
„Lass mich!", sagte er. Er konnte kaum schlucken, solch eine Wut hatte er. Und dann sagte er – ohne dass er begriff, warum: „Du bist langweilig." Er sagte es ganz langsam und betont und er wusste, dass er log. Er wusste, dass Anne es gut meinte und überhaupt ein großartiges Mädchen war, und er wusste, dass er Anne mochte. Und als hätte er noch nicht genug gesagt, sagte er noch einmal nachdrücklich: „Du bist richtig langweilig."

„Oh, Tom, du bist gemein!", sagte sie. „Du bist gemein! Ein gemeiner Dickkopf bist du! Immer bist du so! Immer! Jetzt langt's mir aber!" Sie hatte Tränen in den Augen. „Jetzt geh ich aber!", sagte sie. Sie nahm ihre Tasche und ging die Fahrbahn hinunter und schluckte und rief ihm zu: „Dickkopf, du! Dickkopf! Morgen komm ich nicht wieder her und übermorgen auch nicht! Ich komm überhaupt nicht mehr!"

Tom lag da und rührte sich nicht. Er hatte Anne nicht angesehen. Er hörte sie weinen und wusste, dass sie hinten an der Barriere stand, mit der die Brückenfahrbahn zur Straße hin abgesperrt war. Er wusste auch, dass es jetzt aus war mit Anne, wenn er sie nicht zurückrief. Er rief nicht. Er duckte den Kopf zwischen die Schultern und biss auf das Kettchen des Reißverschlusses an seiner Jacke. Einmal wollte er rufen, aber dann tat er's doch nicht. Er wartete, bis er nichts mehr hörte, und wusste, dass Anne weg war.

Der Acht-Uhr-Express kam von Mansfield herauf. Er tauchte unter Whallandstreetbridge auf, fuhr am Schlachthof, an Tailors Kohlenlager vorbei und war dann für Augenblicke so nahe, dass man winken konnte. Ein kleiner Junge erblickte Tom auf dem Brückenende und winkte ihm zu. Tom sah es nicht. Er lag mit dem Bauch auf dem kalten Beton und dachte: – Ich habe verloren.

Theodor Weißenborn (gekürzt)

Ich hab niemand, der mir hilft

Inhalt:	Durch die positive Zuwendung der neuen Lehrerin wird die verwahrloste und einsame Petra, bisher Außenseiterin in der Klasse, zur akzeptierten Mitschülerin.
Stichworte:	Außenseiter(in) – Schule – Verwahrlosung – allein erziehender Vater – Einsamkeit – Missachtung – neue Lehrerin (positiv) – Zuwendung – Hilfe – Anerkennung – Ich-Stärkung – Freunde – Integration
Alter:	ab 8 Jahren

Wir haben eine in der Klasse, neben der wollte immer niemand sitzen. Petra Leiser heißt sie. Auf dem Schulhof hatten mir die aus ihrer früheren Klasse erzählt, dass Petra nachts noch ins Bett macht, obwohl sie schon zehn Jahre alt ist. Sie ist nämlich im letzten Jahr sitzen geblieben. Am Ellenbogen hatte sie oft Löcher. Die Schuhe hatte sie auch nie geputzt. Meistens hatte sie kein Taschentuch bei sich, obwohl ihr die Nase immer lief. Da saß sie mit krummem Rücken und eingezogenem Kopf und stank ein bisschen und zog die Nase hoch – wer wollte da schon neben ihr sitzen?

Sie wohnt mit ihrem Vater zusammen. Meine Mutter kann sich noch gut an Frau Leiser erinnern. Die ist fortgegangen, als Petra drei Jahre alt war, und wollte nicht mehr zurückkommen. Sie lebt jetzt in einer anderen Stadt und ist mit einem anderen Mann verheiratet.

Petra ist fast alle Nachmittage allein zu Hause. Ihr Vater kommt meistens spät nach Hause und dazu noch manchmal betrunken. Wir sehen ihn oft, wenn er heimkommt, denn die Leisers wohnen uns gegenüber.

Das Mittagessen macht sich Petra selber, das hat sie mir mal erzählt. Früher kam sie manchmal zu uns herüber, wenn wir auf der Straße spielten, und wollte gern mitspielen. Aber niemand wollte mit ihr zusammen sein. Ihre Haare waren ja auch immer so zottelig und sie zog die Nase hoch. Später kam sie nicht mehr. Sie ließ sich überhaupt kaum mehr auf der Straße sehen, seitdem sie sitzen geblieben war. Von der Lehrerin, die wir am Anfang dieses Schuljahres hatten, wurde sie nur ausgescholten.

„Seht sie euch an", rief Frau Frinzig. „Nicht gekämmt und nicht einmal ein Taschentuch! Bei euch daheim muss ja eine schöne Wirtschaft herrschen!" Da zog Petra ihren Kopf noch tiefer ein und die ganze Klasse lachte.

Aber seit zwei Monaten haben wir eine neue Lehrerin, Frau Ebenroth. Die ist ganz anders als Frau Frinzig. Frau Ebenroth merkte gleich am dritten oder vierten Tag, dass Petra anders war als wir. In der Zeichenstunde sollten sich immer zwei zusammentun und zu zweit ein Plakat malen. Es sollte für irgendwas Reklame machen.

Wir sind achtundzwanzig Kinder in der Klasse. Udo war krank und fehlte. Petra blieb natürlich übrig.

„Versuch mal, ob du's allein schaffst, Petra", sagte Frau Ebenroth. Aber Petra saß vor ihrem leeren Plakatkarton, starrte darauf, machte ein paar schüchterne Striche und radierte sie wieder aus.

„Es wird schon werden", tröstete sie Frau Ebenroth. „Mancher braucht eben für eine gute Idee ein bisschen länger. Dafür wird sie dann umso besser. Nimm den Karton mit heim und lass dir am Nachmittag von einer Freundin oder jemand von deiner Familie helfen."

Wir warfen uns Blicke zu. Frau Ebenroth hatte ja keine Ahnung!

Wir alle nahmen unsere Plakate mit heim. Wir waren voller Begeisterung. Für das schönste Plakat sollte es sogar einen Preis geben!

Am Nachmittag kam Annemarie Müller zu mir und wir machten unser Plakat fertig. Es machte Reklame für GURGELFRISCH, DAS MUNDWASSER, DAS PRINZESSINNEN BENÜTZEN. Ich hatte eine Prinzessin gemalt, die gerade einen Prinzen küssen wollte. Aus ihrem Mund quoll eine hellblaue Wolke, auf der stand GURGELFRISCH.

Annemarie zeichnete die Buchstaben. Im Buchstabenzeichnen ist sie groß. Ich bin besser im Malen. So hatte jeder von uns seinen Teil zu tun. Das war wirklich eine Sache, die Spaß gemacht hat.

Am nächsten Morgen kamen dreizehn Plakate zusammen. Frau Ebenroth hängte sie im Gang vor unserer Klasse auf und es gab ein Riesengelächter über so viel verrückte Reklame.

Nur Petra hatte einen leeren Karton mitgebracht. Auf ihm war viel radiert worden. Er sah jetzt ziemlich schmutzig aus. Als ihn Frau Ebenroth etwas enttäuscht betrachtete, fing Petra an zu heulen und sagte: „Ich hab niemand, der mir hilft!"

Dabei lief ihr die Nase ganz fürchterlich und natürlich hatte sie wieder kein Taschentuch. Frau Ebenroth gab ihr ein Papiertaschentuch aus ihrer Tasche und sagte: „Wenn es so ist, Petra, dann komm heute Nachmittag zu mir. Da will ich dir helfen."

Petra schaute auf, strahlte Frau Ebenroth glücklich an und nickte.

„Hast du denn schon eine Idee?", fragte Frau Ebenroth. „Wofür willst du denn Reklame machen? Für Waschpulver? Für Hundefutter? Oder für fliegende Autos wie Klaus?"

„Nein", sagte Petra leise. „Für Sie."

„Oh", sagte Frau Ebenroth und lächelte, „das freut mich. Für mich hat noch nie jemand Reklame gemacht."

Petra blieb den ganzen Nachmittag bei Frau Ebenroth und wir beneideten sie. Am nächsten Morgen kam sie mit ihrem Plakat, darauf war eine lächelnde Frau in Frau Ebenroths kariertem Kleid zu sehen, die beide Arme ausstreckte, und darunter stand: FRAU EBENROTH IST DIE BESTE LEHRERIN DER WELT!

„Ist es nicht hübsch?", fragte uns Frau Ebenroth. „Und das Tollste ist, dass ich keinen Strich daran geholfen habe. Petra hat es plötzlich ganz allein geschafft, sogar die Buchstaben. Ich habe ihr nur gesagt, dass LEHRERIN mit H geschrieben wird. Ich finde, wir sollten darüber abstimmen, ob wir nicht ihr den Preis geben wollen."

Das war natürlich manchen nicht recht, mir auch nicht. Ich hätte so gern selber den Preis bekommen. Aber wir mussten zugeben, dass Petras Plakat sehr schön geworden war. Sogar unser Rektor tippte auf Petras Plakat und sagte: „So eine Reklame hätte ich auch gern."

Bei der Abstimmung bekamen Gert Feldmann und Manfred Fröhlich eine Stimme mehr als Petra für ihr Raketenplakat, das Reklame machte für Reisen auf den Mond, jeden Samstag für nur tausend Mark.

„Abstimmung ist Abstimmung", sagte Frau Ebenroth. „Aber ich darf doch auch mit abstimmen?"

Natürlich durfte sie mit abstimmen, darin waren wir uns einig. Sie stimmte für Petras Plakat.

„Wenn beide Plakate gleich viel Stimmen haben", sagte Frau Ebenroth, „dann bekommen sie beide einen Preis."

So bekamen Gert, Manfred und Petra einen Tierschutzkalender mit vielen Bildern drin. Petra war vor Freude ganz außer sich. Sie ging herum und zeigte allen ihren Kalender und merkte gar nicht, dass ein paar wütend waren, weil sie nicht selber einen Kalender bekommen hatten.

Petra ist jetzt fast jeden Nachmittag bei Frau Ebenroth. Die hat zwei kleine Jungen. Petra spielt mit ihnen und macht dort auch ihre Hausaufgaben. Bei Ebenroths gibt's eine Großmutter, die hat Petra die Löcher an den Ellbogen gestopft. Petra stinkt auch kein bisschen mehr.

Kürzlich habe ich mich mit Annemarie zerstritten, weil die so angibt mit allen ihren Spielsachen und ihren Kleidern. Da bin ich mit Petra von der Schule heimgegangen. Sie hat die ganze Zeit von Frau Ebenroth erzählt. Als wir am Spielplatz vorbeikamen, haben wir dort eine Weile zusammen gewippt.

Ich weiß nicht, woran es liegt, dass ihr jetzt nicht mehr die Nase läuft. Vielleicht setze ich mich nach den Ferien neben sie.

Gudrun Pausewang

Vertrauen schenken

Inhalt: Bei der Wahl eines Klassensprechers/einer Klassensprecherin zeigt die Lehrerin die entscheidende Qualität auf: Man muss ihm/ihr Vertrauen schenken können.

Stichworte: Schule – Klassensprecher(in) – Wahl – Junge/Mädchen – Qualitäten – Vertrauen

Alter: ab 8 Jahren

Die Sommerferien sind vorbei. In der ganzen Schule riecht es nach Putzmitteln und frischer Farbe. Die Schüler laufen und rufen aufgeregt durcheinander; sie suchen ihre neuen Klassenzimmer.

Die 3 b hat ihres im Erdgeschoss hinten rechts. Dort warten die Mädchen und Jungen gespannt auf ihre neue Lehrerin.

„Guten Morgen, Kinder", grüßt sie freundlich, als sie hereinkommt.

„Guten Morgen, Frau Zeller", antwortet die Klasse.

„Wir haben es also in diesem Schuljahr miteinander zu tun", sagt Frau Zeller. „Ich hoffe, dass wir gut miteinander auskommen." Dann erzählt sie von sich, fragt die Kinder dies und das, teilt Bücher und Arbeitshefte aus, schreibt den Stundenplan an die Tafel und so weiter. Nachdem alles erledigt ist, sagt sie: „So, jetzt fehlt uns noch etwas ganz Wichtiges."

„Die Namensschilder", ruft Axel. „Nein, viel wichtiger: Ein Klassensprecher."

„Daniel ist doch unser Klassensprecher", ruft Anne.

„Der wollte ja immer nur alleine bestimmen." Markus schüttelt den Kopf. „Den will ich nicht mehr."

„Du willst ja bloß selber Klassensprecher werden", sagt Daniels Freund Tobias. „Aber dazu fehlt es dir hier." Tobias tippt sich an die Stirn. „Du bist ein …"

„Halt, halt!", ruft Frau Zeller dazwischen. „So hat das keinen Zweck. Mit Vorwürfen und Streit kommen wir nicht weiter. Ihr solltet erst mal in Ruhe überlegen, was ihr von eurem Klassensprecher erwartet. Und ich notiere alles an der Tafel."

Er muss mutig sein.
Er darf nicht nur an sich selber denken.
Er muss gut reden können.
Er soll nett sein.
Er darf nicht frech sein.
Er darf nicht dumm sein.

Er muss tun, was die Klasse will.
Er darf kein Angeber sein.

Frau Zeller kann kaum schnell genug schreiben.

„Sonst noch etwas?", fragt sie, nachdem alle Schülermeinungen an der Tafel stehen.

Daniela hebt die Hand. Frau Zeller nickt ihr zu. „Sie haben immer ‚Er' geschrieben. Aber ein Mädchen kann doch auch Klassensprecher sein."

„Ein Mädchen?!", fragt Michael und verdreht die Augen.

„Ja, ein Mädchen", sagt Daniela spitz.

„Natürlich, da hast du Recht." Sofort schreibt Frau Zeller vor jedes „Er" ein „Sie". „Daran hab ich gar nicht gedacht. Für mich war das ganz selbstverständlich."

Ein paar Jungen tuscheln miteinander. Frau Zeller räuspert sich. „Möchtet ihr noch etwas dazu sagen?"

Die Jungen werden verlegen und schütteln schnell die Köpfe.

„Dann habe *ich* noch einen Punkt", sagt Frau Zeller.

Man muss ihm oder ihr vertrauen können, schreibt sie an die Tafel.

„Die wählen doch alle nur ihre Freunde", sagt Axel.

„Dich wählt jedenfalls keiner", ruft Tobias.

„Sei nicht so vorlaut", sagt Frau Zeller. Und zu den andern: „Lest bitte alles noch einmal genau durch und überlegt dabei, ob wir davon etwas streichen können."

„Er soll nett sein, könnte weg", schlägt Petra vor.

„Einverstanden?", fragt Frau Zeller die Klasse.

Die meisten nicken. Alles andere möchte die Klasse stehen lassen.

„Also dann", sagt Frau Zeller. „Ihr kennt einander ja gut. Das ist die Voraussetzung für eine sinnvolle Wahl. Und bevor ihr wählt, solltet ihr euch fragen: Wer entspricht am meisten dem, was an der Tafel steht? Wem möchte ich mein Vertrauen schenken?"

Manfred Mai

Unser Alois

Inhalt: Ein Lehrer kann einen hochaggressiven Schüler, der bereits zur Einweisung in ein Erziehungsheim vorgesehen ist, durch Zuwendung und Vertrauen zu positivem Verhalten und zu Lernerfolgen bewegen. „Unser Alois" hat er gesagt. Das öffnet dem Jungen das Herz.

Stichworte: Schule – Lehrer – Außenseiter – Vernachlässigung – Aggressivität – Unterrichtsstörung – Lernverweigerung – Versagen – Prügelstrafe – Hass – Gegenwehr – Erziehungsheim – Vertrauen – Zuwendung – annehmen – teilen – Erfolg

Alter: ab 10 Jahren

Diese Geschichte handelt in der Zeit, als die Lehrer ihre Schüler noch schlagen durften.

Da war in unserer kleinen Stadt ein Junge, der Alois Schaffranek hieß. Schon sein Vorname fiel auf. Aber es gab noch andere Auffälligkeiten an ihm. Er hatte steifes, struppiges Haar, das ihm immer vom Kopf abstand, und sein Gesicht war übersät von Sommersprossen. Seine Mutter war Waschfrau, die jeden Tag der Woche reihum zu reichen Leuten Wäsche waschen ging. Seinen Vater kannte er nicht. Alois trug Hemden und Hosen, die die Kinder der reichen Leute abgelegt hatten. Mittags ging er dorthin, wo seine Mutter gerade wusch, und durfte mit ihr in der Küche essen. Sobald er den Teller ausgelöffelt hatte, schickte ihn seine Mutter hinaus auf die Straße.

„Die Herrschaften wollen nicht gestört werden", sagte sie.

So war das damals.

Wenn die Mutter abends todmüde heimkam, hatte sie keine Zeit für ihren Jungen, denn dann musste sie den eigenen Haushalt in Ordnung bringen. So streunte Alois den ganzen Tag in den Straßen der Stadt herum, zog die Nase hoch oder wischte sie sich am Ärmel ab. Er sah immer schmuddelig aus.

„Spielt nicht mit dem", sagten die Mütter zu ihren Kindern. „Das ist kein Umgang für euch."

Allmählich begriff er, dass er nicht gern gesehen wurde, und so wurde aus dem kleinen Kerl ein verstockter Bursche, noch bevor er in die Schule kam. Er schlug um sich, wenn er gehänselt wurde. Er streckte denen, die ihn anstarrten, die Zunge heraus. Er warf Steine nach den Kindern, die ihn nicht mitspielen ließen. Und wenn jemand freundlich zu ihm war, starrte er ihn misstrauisch an.

Als er in die Schule kam, war er zuerst in Frau Seligmanns Klasse. Bei Frau Seligmann musste alles sauber und ordentlich zugehen. Alois aber war weder sauber noch ordentlich, er zog ununterbrochen die Nase hoch, so laut, dass man es fast in der Nachbarklasse hören konnte, und brachte Unruhe in den Unterricht, indem er weder aufpasste noch schön still auf seinem Platz sitzen blieb.

Frau Seligmann musste ihn alle Augenblicke tadeln. Er brachte sie fast zur Verzweiflung. Schließlich erwirkte sie, dass er in die Parallelklasse kam.

„Nur ein Mann wird mit ihm fertig", sagte sie.

So kam er zum Lehrer Maschke. Vor dem fürchteten sich alle Kinder, weil er so streng war.

„Dich Lümmel werde ich schon kleinkriegen", sagte Herr Maschke und führte den Alois am Ohr in seine Klasse. Und nun verging kein Tag, an dem Alois nicht mindestens eine Ohrfeige bekam. Schon wenn Herr Maschke in einiger Entfernung vorüberging, duckte sich Alois. Im Unterricht sprach er kein Wort. Er fasste auch keinen Stift an und weigerte sich, lesen zu lernen. Wenn Herr Maschke ihn schlug, starrte ihn Alois mit hasserfüllten Augen an. Meistens schrie er nicht einmal. Er hielt viel aus. Herr Maschke legte ihn über die Bank und zog ihm mit dem Rohrstock ein paar Hiebe über oder packte ihn am Haarschopf und beutelte ihn.

Die ersten Male, als so etwas passierte, ließ Alois noch alles mit sich geschehen. Aber bald begann er sich zu wehren. Er sprang an Herrn Maschke hoch und zerriss ihm das Hemd und beim nächsten Mal, als Herr Maschke ihn wieder mit dem Stock verprügelte, biss er ihn in die Hand. Herr Maschke schrie auf und geriet in eine solche Wut, dass er Alois verprügelte, bis der Junge Nasenbluten bekam.

Am nächsten Tag wurde die Mutter bestellt. Der Rektor sagte ihr, dass man vorhabe, Alois in eine Anstalt für schwer erziehbare Jungen zu überweisen. Hier in der Schule könne man ihn nicht behalten.

Als die Mutter wieder aus dem Büro herauskam und auf dem Schulhof auftauchte, ging Alois zaghaft auf sie zu. Sie blieb stehen, wischte sich mit einem sauber gewaschenen Taschentuch die Augen und schneuzte sich.

Dieses Taschentuch benutzte sie nur zu besonders feierlichen Anlässen, das wusste Alois. Er schlang seine Arme um die Hüften seiner Mutter und schluchzte: „Wein doch nicht so, Mama, ach wein doch nicht so!"

Die Kinder auf dem Schulhof scharten sich um die Schaffraneks. Einige von ihnen lachten. Da wandte die Mutter ihr Gesicht ab und löste sich aus den Armen ihres Jungen.

„Lass mich gehen", sagte sie. „Ich will nicht zu aller Schande auch noch zum Gespött werden."

Alois ließ seine Hände sinken und hörte auf zu schluchzen. Während seine Mutter eilig den Schulhof verließ, zog er sich in eine Ecke des Hofes zurück, knurrte und streckte denen die Zunge heraus, die ihn angafften.

Der Lehrer, der gerade an diesem Tag auf dem Schulhof Pausenaufsicht führte und das alles beobachtete, hieß Theobald Hanisch. Er war schon ein alter Mann, aber alle Kinder in der Schule liebten ihn. Er war der Klassenlehrer der 1 c.

Nach der Pause ging er zum Rektor.

„Ich komme wegen dem Schaffranek", sagte er. „Ich glaube, in dem Jungen steckt ein guter Kern. Ich möchte es doch nochmal mit ihm versuchen, bevor er in ein Heim für Schwererziehbare eingewiesen wird."

„Um Gottes willen, Herr Hanisch", rief der Rektor, „wenn schon Herr Maschke nicht mit ihm fertig werden konnte, der doch viel jünger ist als Sie, was wird er dann erst mit Ihnen anstellen?"

Aber Herr Hanisch war von seiner Idee nicht abzubringen und so kam Alois zu ihm.

In der ersten Stunde saß der Junge finster in der Ecke und zog die Nase hoch. Schon in der nächsten Pause verprügelte er einen Jungen aus der Klasse, der sein Nasehochziehen nachgeäfft hatte. Herr Hanisch zog die beiden Kampfhähne auseinander, aber er strafte Alois nicht. Im Gegenteil, er zog ein Bonbon heraus und hielt es ihm hin. Alois sah ihn misstrauisch an und zog sich zurück. Das Bonbon nahm er nicht.

In der zweiten Stunde wurde gelesen. Herr Hanisch rief auch Alois auf, aber der sah ihn nur böse an und blieb stumm. Von da an ließ ihn Herr Hanisch ganz in Ruhe. In der zweiten Pause beobachtete er ihn von fern auf dem Schulhof. Alois hatte kein Schulbrot bei sich, während die Kinder rings um ihn kauten. Da ging er zu ihm, brach sein Brot in der Mitte durch und sagte: „Magst du? Mir ist es zu viel."

Alois warf ihm aus den Augenwinkeln einen verstörten Blick zu, dann steckte er die Hände in die Hosentaschen und schnitt eine Grimasse.

Zu Beginn der letzten Stunde zog Alois eine Weile die Nase hoch, dann legte er seinen Kopf auf die Arme und schlief ein.

Die übrigen Kinder waren sprachlos. So etwas war noch nie geschehen! Alle sahen Herrn Hanisch erwartungsvoll an. Aber er schimpfte nicht.

„Er wird eben sehr müde sein", sagte er. „Seid leise, dass ihr ihn nicht weckt."

Aber als die Stunde zu Ende war, schlief Alois immer noch. Herr Hanisch musste ihn wecken. Er beugte sich über ihn und strich ihm behutsam über den Kopf. Da fuhr Alois hoch und biss ihm in den Daumen.

Herr Hanisch stieß einen Schmerzensschrei aus. Die Kinder verstummten vor Schreck. Wie konnte Alois es wagen, diesen guten Herrn Hanisch zu beißen, der doch nie zornig wurde und nie jemanden schlug? Aber jetzt würde er wohl wutschnaubend zuschlagen.

Herr Hanisch schlug nicht zu. Er ging zu seinem Pult zurück und ließ die

Kinder nach Hause. Draußen begann gleich eine Prügelei. Ein paar Jungen stürzten sich auf Alois.

„Du hast unseren Lehrer gebissen!", schrien sie. „Das kriegst du heimgezahlt!"

Herr Hanisch trat dazwischen und schaffte Frieden.

„Unser Alois hat sich doch nur geirrt", sagte er. „Sicher dachte er, ich wollte ihm eine runterhauen."

Die Kinder verzogen sich verstört. Sie begriffen ihren Herrn Hanisch nicht mehr. Dass er sich so was gefallen ließ! Alois aber sah Herrn Hanisch mit höchstem Erstaunen an und sagte: „Du hast ja ‚unser Alois' gesagt!"

„Das bist du doch auch", antwortete Herr Hanisch ruhig. „Also dann – bis morgen. Lauf heim, es ist schon spät."

Er drehte sich um und ging. Alois aber tat etwas Merkwürdiges: Er trottete nicht dorthin, wo seine Mutter an diesem Tag Wäsche wusch, sondern zottelte hinter Herrn Hanisch her, immer in sicherem Abstand. Herr Hanisch drehte sich ein paarmal nach ihm um und lächelte ihm zu, sprach ihn aber nicht an, bis er am Gartentor seines Hauses angekommen war. Er ließ das Tor hinter sich offen stehen, er ließ auch die Haustür weit offen. Alois blieb am Gartentor stehen, zog die Nase hoch und sah ihm sehnsüchtig nach.

„Komm, Alois", rief Herr Hanisch von drinnen, „das Essen wird kalt. Du isst doch Fisch?" Da ging Alois hinein.

Nach dem Essen machte sich Herr Hanisch zusammen mit Alois auf den Weg zu Frau Schaffranek, um mit ihr zu sprechen. Von diesem Tag an aß Alois jeden Mittag bei Hanischs und blieb den ganzen Nachmittag dort bis zum Abend. Er lernte lesen, und es zeigte sich, dass er ein guter Rechner war.

„Willst du mitspielen? Spiel doch mit!", riefen ihm bald die anderen Kinder auf dem Schulhof zu. Und er spielte mit.

„Donnerwetter", sagte Herr Maschke nach ein paar Wochen zu Herrn Hanisch, „wie haben Sie das bloß fertig gekriegt?"

„Fragen Sie ihn doch selbst", antwortete Herr Hanisch und lächelte.

Als Herr Maschke dem Alois das nächste Mal begegnete, blieb er vor ihm stehen und sagte: „Ich sehe, du hast dich gebessert. Brav. Aber wie ging das zu? Wieso hast du mich gebissen und Herrn Hanisch nicht?"

„Den hab ich doch auch", antwortete Alois.

„Was?", rief Herr Maschke verblüfft.

„Aber der hat mich dafür nicht geschlagen", sagte Alois. „Er hat sogar ‚unser Alois' gesagt. Deshalb!"

Gudrun Pausewang

Telefonstreich

Inhalt:	Sabine und Tanja veralbern Leute am Telefon. Als sich aber, voller Freude über den Anruf, eine einsame alte Frau meldet, geraten sie in ein ernsthaftes Gespräch. Aus dem Anruf wird ein Besuch.
Stichworte:	Spiel (Jux) – Telefon – Generationen – Alter – Einsamkeit – Angst – Hoffnung – zuhören – wahrnehmen – Betroffenheit – Besuch – Freude
Alter:	ab 8 Jahren

„Schindler, Hedwig, 51 08 73." Sabine fuhr mit dem Finger im Telefonbuch die Spalten rauf und runter. Bei Schindler, Hedwig, blieb sie stehen. Langsam sprach sie die Telefonnummer. Und da war auch noch Tanja. Tanja saß ihr gegenüber in einem Sessel. Sie hatte das Telefon auf den Knien und wählte die Nummer. Fünf, eins, null, acht, sieben, drei. Nach einigem Rattern und Knacken kam das langgezogene Tuten aus der Hörmuschel. Der Anschluss 51 08 73 war frei. Beide Mädchen drängten ihre Ohren dichter an den Telefonhörer. Nur mühsam konnten sie ein Kichern unterdrücken.

Es machte ihnen riesigen Spaß, die Leute zu veralbern. Einfach eine Telefonnummer wählen, dem Angerufenen irgendetwas Albernes sagen und schnell wieder auflegen. Warum dauerte es nur bei dieser Nummer so lange, bis sich jemand meldete? Schindler, Hedwig. Wird wohl 'ne alte Oma sein? Wer Hedwig heißt, kann nur alt sein. Na, Oma, mach schon!

„Ja, bitte?", kam es aus dem Hörer. Es war eine kleine, zittrige Stimme. „Hallo, wer ist denn da?", fragte die zittrige Stimme noch einmal. Sie wirkte so zerbrechlich, dass sie Sabine und Tanja erschrocken machte. Bisher hatten sie immer nur die Meiers und Schulzes und Schmidts an der Strippe, die sich so forsch meldeten, dass man richtig Angst bekommen konnte. Da rasselten sie immer nur ihren Quatschsatz herunter und legten rasch wieder auf. Und jetzt diese leise Zitterstimme.

„Ich", sagte Sabine und die Zitterstimme fragte noch einmal: „Wer ist denn da?"

„Ich bin es, Sabine", antwortete Sabine ganz verdattert. Plötzlich war ihr nicht mehr kichrig zu Mute. Selbst Tanjas albernes Grinsen ging ihr auf die Nerven.

„Was möchtest du denn, Sabine?", sagte die Stimme am anderen Ende der Leitung. Dabei klang sie freundlich und warm. Nun wusste Sabine überhaupt nicht mehr, wie sie sich verhalten sollte. Die Wahrheit sagen oder einfach auflegen? Ihr fiel nichts mehr ein, aber ihre Stimme sagte: „Eigentlich wollen wir nichts. Wir haben nur ein bisschen am Telefon gespielt und dabei Ihre Nummer gewählt. Neben mir steht noch meine Freundin, die Tanja."

Nun war es heraus und Sabine erwartete ein Schimpfen in der Zitterstimme. Doch die blieb freundlich. Sie sagte stattdessen: „Ich freue mich über euren Anruf. Es ist der erste Anruf seit langer Zeit. Ich habe schon geglaubt, ich brauche das Telefon gar nicht mehr. Ich bekomme ja doch keinen Anruf!" Und nach einer Pause sagte die Stimme noch leiser als vorher: „Wer soll mich auch schon anrufen!"

„Na, wir", sagte Sabine ganz mutig und dachte nicht mehr an das, was sie eigentlich vorgehabt hatten. Sie fragte vielmehr die Zitterstimme nach dem Alter, nach der Familie, und Hedwig Schindler erzählte. Anfangs zögerte sie noch, aber langsam kam sie in Fahrt. Sabine und Tanja lernten sie alle kennen, die Mitbewohner und Nachbarn. Aber sie hörten auch von dem täglichen Einerlei der Hedwig Schindler, ihrer Einsamkeit, ihren Krankheiten, ihren Hoffnungen, ihren Ängsten um sich und die, die ihr nahe stehen, und von der Angst, überflüssig und unwichtig zu sein. Hedwig Schindler war aus der Versenkung aufgetaucht. Der Zufall hatte ihr Menschen geschickt, die ihr zuhörten und die mit ihr sprachen.

Etwas muss noch ergänzt werden. Im Telefonbuch stand hinter dem Namen „Schindler, Hedwig" auch eine Straße: „Berchtesgadener Str. 14". An einem Nachmittag sind Sabine und Tanja mit dem Stadtbus dorthin gefahren. Lange standen sie vor dem Haus und wussten nicht, was sie tun sollten. Doch dann drückten sie bei „Schindler" die Klingel. Es dauerte lange, bis die Tür geöffnet wurde. Ganz vorsichtig und nur einen Spalt breit. „Ja, bitte", sagte eine zittrige Stimme und Sabine und Tanja nannten ihre Namen.

Hartmut Kulick

Seligpreisungen eines alten Menschen

Selig, die Verständnis zeigen
für meinen stolpernden Fuß
und meine erlahmende Hand.

Selig, die begreifen,
dass mein Ohr sich anstrengen muss,
um alles aufzunehmen, was man mit mir spricht.

Selig, die zu wissen scheinen,
dass meine Augen trübe
und meine Gedanken träge geworden sind.

Selig, die mit
freundlichem Lächeln verweilen,
um ein wenig mit mir zu plaudern.

Selig, die niemals sagen:
„Diese Geschichte haben Sie mir
heute schon zweimal erzählt."

Selig, die es verstehen,
Erinnerungen an frühere Zeiten
in mir wachzurufen.

Selig, die mich erfahren lassen,
dass ich geliebt, geachtet
und nicht allein gelassen bin.

Selig, die in ihrer Güte
die Tage erleichtern,
die mir noch bleiben
auf dem Weg in die ewige Heimat.

aus Afrika

Trotzdem

Auch
wenn das Nachbarskind
nicht mehr
mit dir spielen darf,
weil die Nachbarn
und deine Eltern
sich nicht mehr vertragen:
Geh trotzdem zum Nachbarskind
und schenk ihm
deine bunteste Glaskugel.
Vielleicht werdet ihr einmal bessere Nachbarn!

Rainer Hohmann

Der Bankräuber

Inhalt: Manfred, der Bankräuber, ist aus dem Gefängnis zurück. Der Verachtung, die ihm im Hause entgegenschlägt, widersetzt sich ein Kind. Dessen älterer Bruder bietet seine Hilfe an – mit Erfolg. Der Grund für Manfreds Verfehlung liegt in seinen negativen Kindheitserlebnissen.

Stichworte: Gefängnisstrafe – Außenseiter – Verachtung – Zuwendung – Hoffnung – Kindheitserlebnisse – angenommen werden – Mutter

Alter: ab 9 Jahren

In der vorigen Woche ist der Manni heimgekommen. Eigentlich heißt er Manfred, aber schon immer nannten ihn alle Manni. Er ist mit meinem Bruder in der gleichen Klasse gewesen, obwohl er zwei Jahre älter ist als Erik. Er ist nämlich zweimal sitzen geblieben. Mannis Mutter wohnt unter uns. Als der Manni damals fortgebracht wurde, hat auch noch sein Vater da gewohnt. Der ist aber vor einem Jahr gestorben. Am Suff, sagt meine Mutter.

Der Manni ist über viele Jahre im Gefängnis gewesen. Ich kann mich nicht mehr so genau an die ganze Sache erinnern. Damals war ich noch ziemlich klein. Ich bin zwölf Jahre jünger als der Erik. Aber an die Aufregung erinnere ich mich noch gut. Es stand in allen Zeitungen: ein versuchter Bankraub, bei dem ein Kassierer schwer verletzt wurde.

Zuerst hatte niemand geahnt, dass es der Manni gewesen ist. Aber ein paar Stunden später war plötzlich das Treppenhaus voller Polizisten. Ich sehe ihn noch vor mir, den Manni, wie sie ihn mit gefesselten Händen abführten. Die Frauen drängelten. Meine Mutter war auch dabei. Alle wollten sehen, wie er in den vergitterten Wagen geschoben wurde. Schmal war er und bleich sah er aus. Seine Mutter weinte, als der Polizeiwagen abfuhr. Und dann stand sie allein da. Niemand sprach mit ihr und sie trocknete sich die Augen mit einem Zipfel ihrer Strickjacke.

Ich hätte ihn nicht wiedererkannt. Er ist immer noch bleich, aber er sieht viel älter aus als damals. Wie ein richtiger Mann. Und einen Bart trägt er jetzt.

Keiner im ganzen Haus spricht mit ihm. Wenn meine Mutter gerade im Treppenhaus mit Frau Kopp klönt und der Manni kommt vorbei, dann tun sie so, als wäre er Luft. Dabei grüßt er immer. Es muss scheußlich sein, wenn man auf einen Gruß keine Antwort bekommt. Hinterher tuscheln sie über ihn.

„Wann kommt die nächste Bank dran?", hörte ich kürzlich die Oma Plettich aus dem dritten Stock zur Frau Schallmeier im zweiten Stock herunterrufen. Sie rief so ungeniert laut, dass es sogar Mannis Mutter gehört hat. Die hat noch mehr hören müssen: „Und arbeitslos ist er auch. Der kriegt nie eine Arbeit. Wer will denn so einen? Plötzlich hält der einem 'ne Pistole vors Gesicht. Na, is' doch wahr!"

Ich bin dem Manni auch im Treppenhaus begegnet. Er hat mich angesehen. Da konnte ich doch nicht weggucken. Ich hab ihn sogar angelächelt, ein bisschen nur, weil er mir Leid tat. Da hat er zurückgelächelt. Komisch. Das war der erste lächelnde Bankräuber, den ich je gesehen hab. Im Fernsehen lächeln Bankräuber nie.

Der Erik studiert in Frankfurt. Als er am Freitag heimkam, hat ihm die Mutter gleich vom Manni erzählt. Dass er heimgekommen ist.

„Ich geh mal zu ihm runter und sag ihm guten Tag", sagte Erik.

„Bloß nicht!", rief die Mutter. „Der ist doch ganz verkommen und verdorben. Das siehst du ihm schon an. Diese Augen! Und dieser Bart!"

„Ich hab doch auch einen Bart", sagte Erik und lachte. „Bin ich verkommen und verdorben?" – „Und mir hat er zugelächelt", sagte ich.

„Was weißt denn du von bösen Menschen?", sagte die Mutter zu mir. „Du hältst noch die ganze Welt für gut. Lasst euch nur ja nicht mit diesem Kerl ein, sonst macht er sich Hoffnungen."

„Hoffnungen braucht er", sagte Erik, „sonst geht er kaputt. Der Manni ist kein schlechter Kerl. Die Leute haben ihn nur schlecht gemacht."

Und er erzählte von Manni: Schon in der Schule ging das Elend los. Manni stotterte. Wahrscheinlich, weil sein Vater so oft betrunken heimkam. Davor hatte Manni Angst, denn dann kam es vor, dass der Vater die Mutter schlug und ihn verdrosch. In der Schule lachten sie über sein Gestotter. Da wurde er unsicher und traute sich nicht mehr, sich zu melden. Er blieb sitzen und kam eine Klasse tiefer. Dort lachten sie ihn nicht nur aus, weil er stotterte, sondern auch, weil er sitzen geblieben war. Da war's ganz aus und er blieb noch einmal sitzen.

„In meiner Klasse haben sie's wirklich schlimm mit ihm getrieben", sagte Erik. „Ich weiß nicht, wie ich geworden wäre, wenn sie's mit mir so gemacht hätten. Ich kann schon gut verstehen, dass er sich eines Tages dafür rächen und den Leuten das Fürchten beibringen wollte."

„Aber er hat doch auf den Kassierer geschossen!", rief die Mutter. „Das ist mehr, als jemanden nur erschrecken."

„Ich wette, dass er gar nicht schießen wollte", sagte Erik. „Er hat nur aus Angst geschossen, als er die Polizeisirene hörte. Und jetzt geh ich hinunter zu ihm." Er stand auf. „Eigentlich", sagte er, „schäme ich mich ja. Ich hätte mich schon längst um den Manni kümmern sollen. Aber damals ging's gerade mit dem Studium los und dann hab ich ihn einfach vergessen."

Die Mutter sah ihn ganz verdattert an. Sie gibt nämlich sehr viel auf Eriks Meinung, seit unser Vater tot ist.

Ich drückte mich im Treppenhaus herum und beobachtete, wie Erik bei den Frankenbergs schellte und in der Wohnung verschwand. Nach einer Viertelstunde kam er mit Manni wieder heraus. Sie gingen die Treppe hinunter und zur Haustür hinaus. Frau Kopp, die gerade vom Einkauf heimkam, blieb stehen und starrte ihnen nach. Ich wollte hinterherschleichen, aber als ich auf die Straße kam, waren sie schon verschwunden.

Ich blieb vor dem Haus und wartete. Nach fast zwei Stunden kamen sie wieder zurück. Ich lief ihnen entgegen. Sie waren in ein Gespräch vertieft.

„Wo seid ihr gewesen?", fragte ich.

„Kahn fahren", antwortete Erik und zeigte mir seine Hände. Sie waren voller Blasen. Auch Manni hatte Blasen.

„Es war herrlich", sagte er, ohne zu stottern.

„Komm doch heute eine Weile zu mir rauf", sagte Erik zu ihm.

„Gern", sagte der Manni und ich sah, wie sehr er sich freute.

Als die Mutter hörte, dass Erik den Manni für den Abend eingeladen hatte, wurde sie ganz aufgeregt.

„Das kannst du doch nicht machen!", rief sie. „In unsere Wohnung!"

„Wenn du nicht willst, dass er heraufkommt, geh ich den ganzen Abend zu ihm hinunter", sagte Erik.

Nein, das wollte die Mutter auch nicht. Sie freute sich ja auf jedes Wochenende, wenn Erik da war.

Es wurde ein sehr schöner Abend. Erst saß der Manni eine Stunde bei Erik in der Bude und sie hörten Musik. Ich durfte auch dabeisitzen. Und dann rief Erik die Mutter: „Setz dich doch auch ein bisschen zu uns. Der Manni erzählt gerade von den Lehrgängen, die er im Knast mitgemacht hat. Dort wird, wie's scheint, 'ne Menge für die Leute getan. Davon erfährt unsereiner kaum was. Wirklich interessant, Mutti."

Bei dem Wort „Knast" fuhr die Mutter zusammen, aber dann setzte sie sich doch neben Erik und hörte zu, was Manni erzählte: Dass es dort zum Beispiel auch eine Theatergruppe gegeben habe. Erst habe er kleinere Rollen gespielt und dann eine große. Er habe viel Applaus bekommen.

„Im Gefängnis wird Theater gespielt?", fragte die Mutter erstaunt. Sie erfuhr, dass es dort auch einen Chor und eine Bücherei und Schachspiel-Gruppen gab. Sie musste immer wieder fragen und bald war ein lebhaftes Gespräch im Gange. Nur ich hörte zu.

„Jetzt muss ich aber wieder gehen", sagte Manni plötzlich und erhob sich. „Meine Mutter sitzt nämlich ganz allein da unten."

„Vielleicht hat sie Lust, mit heraufzukommen?", sagte die Mutter. „Da könnten wir ja noch ein Weilchen plaudern."

Erik starrte die Mutter überrascht an. „Oh", sagte Manni erfreut, „sie kommt sicher gern. Sie ist so viel allein."

„So geht's mir auch", sagte die Mutter, „seit dem Unfall."
Mannis Mutter war erst sehr verlegen, sie saß nur da und presste ihr Taschentuch in den Händen. Aber als die Mutter ein paar Häppchen in der Küche zurechtmachte, half sie ihr. Sie konnte aus Radieschen wunderhübsche Blumen zum Garnieren schneiden und zwischendurch erzählte sie der Mutter, was für ein lieber Sohn ihr Manni war: Im Gefängnis habe er ihr immer so schöne Geburtstags- und Weihnachtsgeschenke gebastelt. Schon als kleines Kind sei er so anhänglich gewesen. Ich stand dabei und hörte zu. Und dann gingen wir alle wieder in Eriks Bude.

Nun war Mannis Mutter nicht mehr stumm. Sie taute richtig auf und lud uns ein, doch an einem der nächsten Abende runterzukommen, um Mannis Geschenke anzuschauen – vor allem den Blumenständer.

„Wunderbar hast du das gemacht, Mutti!", sagte Erik, als Manni und seine Mutter gegangen waren.

„Ich? Was?", fragte die Mutter. „Ach so. Na ja. Da kann man doch nicht so sein. Du hast Recht – eigentlich hätte ich mich schon längst ein bisschen um die Frau Frankenberg kümmern können. Es wird natürlich Gerede geben im Haus. Aber die Frau Kopp, die kriege ich rum. Die macht mit. Und wenn die mitmacht, macht auch die Frau Schallmeier mit."

„Ich mach auch mit", sagte ich.

Das war vorgestern. Gestern waren wir abends bei den Frankenbergs, und wir haben wirklich gestaunt über die hübschen Sachen, die der Manni seiner Mutter gemacht hat.

„Sowas bringst du nicht zustande", sagte unsere Mutter zu Erik.
Und dann haben wir noch lange zusammengesessen.

Heute früh hat der Erik wieder nach Frankfurt fahren müssen. Aber wir kommen schon allein zurecht. Heute Morgen hat sich die Mutter mit Frau Frankenberg lange im Treppenhaus unterhalten, so, dass es alle, die vorbeikamen, sehen mussten. Und heute Nachmittag geh ich mit dem Manni rudern. Ich freu mich schon darauf.

Gudrun Pausewang

Meine Heimat ist hier

Alles ist hier.
Sieh mal,
meine Heimat ist hier, Papa.
Bitte, versteh mich doch!
Die Türkei ist mir fremd.
Ich könnte mich dort nicht einmal an die Toiletten gewöhnen.
Außerdem: Hast du nicht gehört, was sie über mich reden?
Einige haben gesagt: Er ist ungläubig geworden in Deutschland.
Andere haben über meine Sprache gelacht.
Eigentlich bin ich ein deutscher Türke.
Papa, lass mich bitte hier bleiben.
Glaub mir, ich fühle mich nicht wohl in der Türkei.
Und sag mir,
wann kommst du wieder nach Hause?

Bahattin Gemici

Etwas ganz anderes

Inhalt: Johanna widersetzt sich der Mutter, die Ayshe und Melek aus der Nachbarschaft unter einem Vorwand nicht ins Haus lassen will. Mut tut gut.

Stichworte: Ausländer – Mädchen – Mutter – Türkenkinder – Zurückweisung – Vorurteil – Widerstand – Zivilcourage – Mut – Solidarität

Alter: ab 7 Jahren

Endlich ist Johanna mit den Schulaufgaben fertig. Sie geht zu ihrer Freundin Lisa. Aber Lisa ist nicht allein. Melek und Ayshe aus dem Nachbarhaus sitzen mit Lisa im Sandkasten. Im ersten Augenblick ärgert sich Johanna darüber. Schließlich haben sie und Lisa in der Schule abgesprochen, dass sie heute Nachmittag zusammen spielen. Von Melek und Ayshe war nicht die Rede. Lisa sieht Johanna und ruft: „Hallo, Johanna! Wir bauen eine Burg mit einem Wassergraben drum herum. Komm, hilf uns!" Johanna setzt sich neben Ayshe und baut mit. Doch die Sandburg stürzt immer wieder ein.

„Wir brauchen mehr Wasser", sagt Johanna. Sie läuft zum Wasserfass, kommt mit einer Gießkanne zurück und gießt Wasser über den Sand. Dann patschen und manschen alle vier in dem nassen Sand herum. Eine richtige Burg bringen sie zwar nicht fertig, aber sie haben viel Spaß miteinander. Bis Lisa gerufen wird, weil sie sich für den Klavierunterricht fertig machen muss.

„Dann spielen wir drei bei mir noch ein bisschen", schlägt Johanna vor. Melek und Ayshe sind einverstanden.

„Tschüss, Lisa!", rufen sie und gehen zu Johanna.

Zu Hause drückt Johanna auf den Klingelknopf. Kurz danach hören sie die Stimme ihrer Mutter durch die Sprechanlage:

„Wer ist da?", fragt sie.

„Ich", antwortet Johanna. „Ich habe Melek und Ayshe mitgebracht."

„Wen?"

„Melek und Ayshe."

„Sind das die beiden Türkenkinder?", möchte die Mutter wissen.

„Ja!", ruft Johanna.

„Und was willst du mit denen hier?"

„Spielen!"

Johanna schaut gebannt auf die Sprechanlage, aber die bleibt stumm.

Dafür geht plötzlich die Tür auf und Johannas Mutter kommt heraus.

„Was ist ... Johanna! Wie siehst du denn aus?!"

Johanna schaut an sich hinunter.

„Und die beiden sind ja auch so schmutzig." Johannas Mutter schüttelt den Kopf. „Die kommen mir nicht ins Haus!"

Johanna möchte etwas sagen, aber ihre Mutter ist schneller: „Du kommst jetzt sofort rein und gehst ins Bad!"

„Ich denke, wer schmutzig ist, darf nicht ins Haus", sagt Johanna. „Schließlich sind Ayshe und Melek nicht mal halb so schmutzig wie ich und die willst du doch auch nicht reinlassen."

„Red nicht so dumm daher, das ist etwas ganz anderes."

„Immer ist es etwas ganz anderes, wenn ich etwas sage", ruft Johanna wütend. „Du willst doch Ayshe und Melek nur nicht!"

„Schluss jetzt!", sagt die Mutter. „Du kommst jetzt rein und die beiden verschwinden hier!"

„Du bist gemein!", schreit Johanna. Einen Moment zögert sie. Dann läuft sie hinter Ayshe und Melek her.

„Johanna! Komm sofort zurück!"

Aber Johanna denkt nicht daran. Sie bleibt bei ihren Freundinnen.

Manfred Mai

Lucias Vater

Inhalt: Das italienische Mädchen Lucia, deren Vater in Deutschland arbeitslos ist, geht mit ihrer deutschen Freundin Franziska auf eine Demonstration gegen Ausländerfeindlichkeit. Dort beginnt Franziska zu träumen.

Stichworte: Ausländer – Deutsche – Kinder – Freundschaft – Vater – Arbeitslosigkeit – Verheimlichung – Ausländerfeindlichkeit – Parolen – Demonstration – Mut – Zukunftsgedanken – Gemeinschaft aller Menschen auf der Erde

Alter: ab 8 Jahren

Es ist Abend und es ist kalt auf dem Platz vor der Marienkirche. Ich stecke meine rechte Hand mit in die linke Manteltasche von Lucia. Sie zwickt mich mit ihren Fingern in den Daumen und grinst mich an.

„Hast du noch immer Angst, dass du erwischt wirst?", frage ich. Lucia schüttelt den Kopf. Der dunkle Zopf fliegt ihr dabei um die Ohren.

„Guck nur, wie viele Menschen gekommen sind!" Ich drücke ihre Hand und bin froh, dass Lucia mitgekommen ist. „Wie sollen deine Eltern dich unter so vielen Menschen entdecken!"

Eigentlich durfte Lucia nämlich nicht mitkommen zur Lichterkette auf dem Markplatz. Ihre Eltern haben es verboten. Der Vater hat gesagt: „Bei einer Demonstration für Ausländer hast du nichts zu suchen. Das ist Sache der Deutschen. Wir sind selber Ausländer."

Die Eltern von Lucia kommen nämlich aus Sizilien, aber Lucia und ihr kleiner Bruder nicht. Die sind in Deutschland geboren.

Ausländer raus! hat jemand mit roter Farbe auf die gelbe Wand an der Vorderseite unserer Schule gesprüht. Dreimal hat der Hausmeister das schon mit gelber Farbe überstrichen. Als es zum vierten Mal an die Schulwand gespritzt worden war, hat er sich geweigert. „Ist zu schade um die Farbe und um die Arbeitszeit", hat er zu Frau Böhmer gesagt. Frau Böhmer ist unsere Schulleiterin.

Vielleicht werden Lucia und ich die bösen Wörter mit gelber Farbe überpinseln.

„Franziska! Lucia! Ihr könnt eure Fackeln anzünden." Mein Papa hält mir seine Kerze hin. Die Flamme knistert ein bisschen.

Ich gebe mein Licht an Lucia weiter und die hält meiner Mutter die Fackel hin, damit sie ihre Kerze anzünden kann. Es ist eine Weihnachtskerze. Meine Mutter drückt sie meinem kleinen Bruder Stefan in die Hände. Aber Stefan schreit. Er will seine Fackel haben und nicht so eine Kerze. Die Fackel hat Papa für ihn gekauft und jetzt hat Lucia die Fackel.

„Die ist viel zu groß für dich", sagt Mama.

Stefan findet das nicht und er schreit so lange, bis er seine Fackel bekommt. Zuerst bin ich sauer auf Stefan. Aber dann nicht mehr. Lucia und ich halten die Fackel gemeinsam fest und ich drücke mich dabei ganz fest an Lucia.

Da beginnen die Glocken der Marienkirche zu läuten. Ich habe auf einmal Tränen in den Augen. Warum muss ich weinen? Vielleicht, weil es so schön ist, mit Lucia und der Fackel und meinen Eltern und dem kleinen Bruder zwischen all den Leuten zu stehen? Selbst Stefan steht ganz friedlich da. Viele Menschen mit vielen Lichtern sind auf dem Platz.

„Heul doch nicht!" Lucia wischt mir mit dem Taschentuch die Tränen vom Gesicht.

Ich schniefe und dabei fällt mir ein, wie ich Lucia zum ersten Mal gesehen habe. Das war im Kindergarten. So lange kenne ich die Lucia schon! Jetzt sind wir beide in der vierten Klasse und haben immer nebeneinander gesessen.

Oft fahre ich mit Lucia nach Sizilien. In einem Schiff aus Matratzen. Manchmal ist Lucia der Kapitän, manchmal bin ich es. Mein kleiner Bruder und ihr kleiner Bruder wollen immer mitfahren. Wenn wir Matrosen brauchen, dann dürfen sie das.

Lucia ist erst einmal in Sizilien gewesen. Da hat sie ihre Großmutter besucht. Manchmal sehnt Lucia sich nach dem Meer und nach den kleinen weißen Häusern in Sizilien. Ihrer Mama und ihrem Papa geht es auch so. Lucias Vater hat in Sizilien keine Arbeit gefunden, darum ist er mit seiner Familie nach Deutschland gekommen.

Lucias Mutter hat ein Album, da sind Bilder drin von dem Dorf, in dem sie früher gelebt haben. Mir gefallen die Bilder. In dem Garten ihrer Oma laufen die Hühner und die Ziegen umher. Früher hat der Opa oft vor dem Haus auf der Bank gesessen. Aber nun lebt er nicht mehr.

Später, wenn ich groß bin, möchte ich mit Lucia richtig nach Sizilien fahren. Wir wollen dann auch in einem weißen Haus wohnen. Aber dann denke ich auch: Vielleicht ist es besser, dass wir hier bleiben. Denn in Sizilien bin ich ja eine Ausländerin. Es könnte doch sein, dass die Leute in Sizilien dann an unser kleines Haus mit roter Farbe sprühen: *Ausländer raus!*

Ich kann es mir ja nochmal überlegen.

Als die Schrift *Ausländer raus!* zum ersten Mal an der Wand unserer Schule stand, habe ich gar nicht gewusst, was ein Ausländer ist.

Die Mama hat es mir dann beim Mittagessen erklärt. „Eigentlich ist das gar kein böses Wort. Ein Ausländer ist einfach ein Mensch, der aus einem anderen Land stammt. Wenn ein Engländer zu Besuch in Deutschland ist, dann ist er in Deutschland ein Ausländer. Wenn wir zum Beispiel in Frankreich Ferien machen, dann sind wir dort Ausländer. Na und? Die Wörter Inländer oder Ausländer haben im Grunde nicht viel zu bedeuten. Viel schöner wär's, wenn man einfach von Russen und Österreichern und Griechen und Chinesen und Italienern und Deutschen und Schweden und Australiern und Nigerianern redete. Alle Länder auf der Welt haben eben ihre Namen. Dann weiß man, aus welchem Land die Menschen stammen. Aber eigentlich leben wir Menschen ja zusammen auf dem Planeten Erde. Und wenn man's genau nimmt, sind alle Erdenbewohner auf unserem Planeten Inländer. Verstehst du das?"

Das habe ich verstanden.

Als die Mama die Sache mit Lucias Vater erfahren hat, hat sie sich sehr aufgeregt. Eigentlich hätte ich mit der Mama nicht darüber reden dürfen, das hat die Lucia gesagt. Aber es ist gut, dass ich mit Mama gesprochen habe, denn sie hat es dem Papa weitererzählt. Und meine Eltern überlegen nun, ob sie Lucias Vater nicht helfen können.

Der Papa von Lucia ist nämlich arbeitslos geworden. Vor einer Woche schon. Weil er keine Arbeit mehr hat, kann er nun immer zu Hause bleiben. Die Lucia hat sich schon richtig gefreut, weil er jetzt viel Zeit für sie und ihren kleinen Bruder hat. Aber Lucias Vater bleibt nicht zu Hause. Er geht jeden Morgen mit seiner Tasche los und kommt erst am Nachmittag wieder.

„Wieso bleibt der Papa denn nicht hier?", hat Lucia die Mama gefragt. „Ich denke, er ist arbeitslos."

„Ist er auch", hat Lucias Mama geantwortet. „Aber niemand darf es erfahren! Die Kleinkamps schon gar nicht."

„Und warum nicht?", wollte Lucia wissen.

„Weil Herr und Frau Kleinkamp bestimmt keine arbeitslosen Ausländer in ihrem Haus haben wollen", hat die Mama gesagt und dabei ganz ängstlich ausgesehen.

Dem Herrn Kleinkamp und der Frau Kleinkamp gehört das Haus, in dem Lucia und ihre Familie zur Miete wohnen. Früher waren die Kleinkamps immer sehr nett. Aber nun haben Herr und Frau Kleinkamp Angst, dass jemand in ihrem Haus Feuer legt, weil Ausländer drin wohnen. Ausländer: Das finden sie gefährlich. Aber ein Ausländer ohne Arbeit: Das finden sie noch viel gefährlicher. Darum sollen die Kleinkamps nicht wissen, dass Lucias Vater keine Arbeit mehr hat.

Die Lucia hat wissen wollen, wohin denn der Vater mit seiner Tasche geht, wenn er doch keine Arbeit mehr hat. Das hat die Mama von Lucia auch nicht gewusst. Aber wir wissen es jetzt! Lucia und ich sind ihm heimlich nachgelaufen. Am Donnerstagmorgen, da ist die Schule wegen der Lehrerkonferenz ausgefallen. Aber das haben wir zu Hause nicht verraten. Ich hab wie immer die Lucia abgeholt, nur ein bisschen früher. Lucia hat schon auf der Straße auf mich gewartet.

„Mein Papa ist schon weg!", hat sie gesagt und mich in Richtung Tannenallee gezogen.
Da haben wir ihn gesehen. Auf dem Bürgersteig ging er, stocksteif. In der Hand trug er seine Tasche. Manchmal hat er mit dem Kopf genickt. Zum Beispiel, als Frau Barger aus ihrem Haus kam.
„Die kennen wir schon lange", hat Lucia mir zugeflüstert. „Die war schon mal bei uns zu Hause. Mama hat ihr das Spagettikochen beigebracht."
In der Sternstraße ging Lucias Vater nicht mehr stocksteif. Da hat er den Rücken krumm gemacht und er hat sehr müde ausgesehen.
Am Bahnhof mussten wir uns hinter einer Litfaßsäule verstecken. Der Vater von Lucia schloss seine Tasche in ein Schließfach. Das konnten wir deutlich sehen. Den Schlüssel steckte er in die Hosentasche.
Wir sind hinter ihm her in den Bahnhof geschlichen. Auf Gleis drei stand der Zug nach Berlin. Der Mann mit der roten Mütze und der blauen Jacke und den goldenen Knöpfen stand auch da. Mit seiner Signalkelle.
Als er die Kelle hob, fuhr der Zug los.
„Ein Glück!" Die Lucia hat laut gestöhnt. „Ich hab schon gedacht, der Papa will abhauen."
Wir sind lange am Bahnhof geblieben, denn der Papa von Lucia blieb auch lange. Er hat auf der Bank gesessen und dem Stationsvorsteher mit der roten Mütze zugeschaut.
„Wenn ich groß bin, möchte ich eine Stationsvorsteherin werden", hat die Lucia gesagt.
„Ich auch", habe ich gesagt. Denn es hat mir gefallen, wie der Mann mit der Signalkelle das Abfahrtszeichen gegeben hat und wie die Züge dann losgefahren sind.
„Vielleicht möchte dein Vater auch so ein Mann mit der roten Mütze sein", habe ich zu Lucia gesagt.
Das wusste sie nicht. Vielleicht wollte er ja lieber ein Clown sein. So einer stand vor dem Kaufhaus in der Innenstadt und spielte auf seiner Mundharmonika. „Mein Papa kann auch Mundharmonika spielen", hat die Lucia gesagt.
Im Kaufhaus ist ihr Papa dann mit dem Aufzug durch die Stockwerke gefahren. Bestimmt zwei Stunden lang. Wir beide mussten die Treppe benutzen, damit wir von ihm nicht erwischt wurden. Wir haben richtig Hase und Igel gespielt. Ich hab im Kaufhaus mein Taschengeld für den ganzen Monat ausgegeben, weil sie im Lautsprecher immerzu von dem Riesenmarzipanbrot sprachen, das es im ersten Stock zu kaufen gab. Lucia und ich sind verrückt auf Marzipan. Es hat gut geschmeckt, schon ein bisschen wie Weihnachten.
„He, Franziska!" Lucia stupst mich an. Ich soll zuhören, weil die Trompeter vor dem Kirchenportal so schön blasen.

Da wache ich aus den Gedanken auf. Ich bin auf der Demonstration gegen Ausländerfeindlichkeit mit all den anderen Leuten. Lucia und ich halten gemeinsam die Fackel. Wir singen, zusammen mit Mama und Papa und den vielen Menschen, das Lied mit, das die Trompeter spielen.
Es ist schön. Aber wenn Lucias Vater Arbeit bekäme, wäre alles noch viel schöner.

Ursula Fuchs

Marijana und die neuen Wörter

Inhalt: Immer wieder spielen die schrecklichen bosnischen Kriegserinnerungen in Marijanas trostlose niedersächsische Flüchtlingsgegenwart hinein. Ihre Familie erfährt Feindlichkeit, ja Hass. Erst Ilses Oma erreicht, dass Ilse sich für Marijana öffnet.

Stichworte: Ausländer – Bosnienflüchtlinge – Flüchtlingsheim – Elend – Sprachschwierigkeiten – Schule – Außenseiterin – fremd sein – Ablehnung – Verachtung – Zuwendung – Hoffnung

Alter: ab 8 Jahren

Marijanas Hände liegen flach auf dem Schultisch. Die Daumen hat Marijana unter dem Rand der Platte. Mit den Handflächen spürt sie das Holz. Es ist glatt und kühl. Seidig fühlt sich der Lacküberzug an. Zu Hause waren die Schultische nicht so glatt und fein.
Hier ist sie nicht zu Hause.
Die Lehrerin stellt sich neben Marijanas Tisch. Sie sagt etwas zu ihr. Aber Marijana versteht es nicht. Die Sprache, die alle hier sprechen, kann sie noch nicht. Hart klingen diese Wörter. Keins geht weich ins andre über. Marijana wundert sich, dass die anderen Kinder nicht bei jedem Wort stolpern.
Zu Hause klingen die Wörter sanft. Zu Hause ist weit weg. Zwei Tage und zwei Nächte lang mussten Marijana und ihre Familie im Zug sitzen, ehe sie hier ankamen.
Marijana schaut der Lehrerin ins Gesicht. Das Gesicht lächelt zu ihr herunter. Die Stimme klingt freundlich, trotz der holprigen Sprache. Vorsichtig nimmt die Lehrerin Marijana die Hände vom Tisch und legt sie ihr in den Schoß. Dabei schüttelt sie den Kopf, lächelt immer noch und sagt etwas. Es heißt wohl: „Du brauchst die Hände nicht auf den Tisch zu legen. Schau!"

Sie zeigt auf die anderen Kinder, die auf ihren Stühlen herumrutschen, wie es ihnen gerade passt.

„Jeder darf seine Hände legen, wie er mag, wie er es gerade braucht, verstehst du?"

Marijana lächelt. Ganz versteht sie nicht. Ihre Hände im Schoß zupfen an dem geblümten Rock, den Marijana trägt. Es ist kein besonders schöner Rock. Die anderen Mädchen in der Klasse tragen sowieso keine Röcke. Alle gehen in Jeans wie die Jungen. Nichts ist hier wie zu Hause.

Minuten später haben Marijanas Hände vergessen, dass sie hier liegen dürfen, wie sie wollen. Sie legen sich ganz von selbst wieder flach auf die Tischplatte, die Daumen unter den Rand wie kleine Haken. So mussten sie zu Hause sitzen. So ist es Marijana gewohnt.

Der Junge neben ihr ist groß, hat strohblondes Haar und sehr blaue Augen. Er heißt Jens. Fast sieht er aus wie ein Mädchen, denn seine Haare sind nicht stoppelkurz, wie Marijana das von den Jungen aus ihrer früheren Klasse kennt. Jens hat die Haare bis zum Kinn hängen und am Hinterkopf einen kleinen Schwanz, der noch länger ist.

Jetzt schubst Jens mit dem Ellbogen in Marijanas Seite, dass es wehtut. „Du bist blöd!", flüstert er und reißt ihr mit einem Ruck die Hände vom Tisch. Dann tippt er sich mit dem Finger an die Stirn und zieht eine Grimasse.

Die anderen Kinder kichern. Die Lehrerin hat nichts bemerkt, sie schreibt gerade etwas an die Tafel, was Marijana nicht lesen kann. Marijana schaut darum aus dem Fenster. Auch, damit sie Jens nicht anschauen muss. *Du bist blöd* – das hat sie verstanden. Drei neue Wörter, die hört sie immer wieder von den anderen Kindern, egal, was sie tut.

Ganz flach ist das Land hier. Nie zuvor hat Marijana so viel weites, flaches Land gesehen. Lauter Wiesen und dazwischen ein paar große Bäume, unter denen sich ein Bauernhaus versteckt mit roten Ziegelwänden. Marijana hat immer in der Stadt gewohnt, in einer großen Stadt in Bosnien. Das hier ist ein Dorf in Niedersachsen. Das Schulhaus liegt am Dorfrand, dahinter beginnen die Felder.

Was für Früchte auf den Bäumen wachsen? Apfelbäume gibt es hier, Birnbäume, das hat sie schon gesehen. Sogar einen Pflaumenbaum hat sie entdeckt. Pflaumenbäume gab es bei den Großeltern, die wohnten auch in einem Dorf. Aber in den Bergen. Blaue und gelbe Pflaumen, die im Sommer von den Bäumen tropften. Marijana und ihr Bruder Radovan sind in die Bäume geklettert und haben sich satt gefuttert. Marijana denkt an die bunten Hühner, die unter den Pflaumenbäumen herumliefen, die schneeweißen Gänse mit ihren blauen Augen und dem zornigen Gezisch aus gelben Schnäbeln. Hier im Dorf laufen weder Hühner noch Gänse so frei herum. Schweine schon gar nicht. Die Bauern haben nur fette Kühe und riesige Landmaschinen, mit denen sie Heu machen und Getreide ernten. Der Großvater hatte einen Ochsen und den Traktor liehen sich die Bauern gegenseitig aus. Marijana und Radovan durften aber die Kuh hüten, wenn sie in den Ferien zu Besuch waren.

Marijana sieht ihre Oma vor sich. Die vielen, vielen Fältchen in ihrem lieben Gesicht, das dünne weiße Haar, das sie zu einem winzigen Knoten zusammengerollt hat. In ihrem alten Kleid und der großen Küchenschürze sitzt Oma auf der Bank unter den Pflaumenbäumen und rupft Gänse. Ein Korb voll weißer Federn wie Blütenblätter. Opa nimmt seine Mütze vom Kopf, kratzt sich die Stirn und setzt die Mütze wieder auf. Eine alte graugrüne Filzmütze.

Mama sagt, sie sind tot. Soldaten haben ihr Dorf überfallen, sagt Mama. Sie haben Löcher in die Hauswände geschossen. Dann haben sie die Häuser angezündet und alle Menschen auf den Dorfplatz getrieben. Auch die Großeltern. Dann haben sie alle getötet.

„Sie sind ganz schnell gestorben", sagt Mama und weint. „Es hat ihnen nicht mehr weh getan, bestimmt nicht, Marijana."

Soldaten, die Bomben werfen, Handgranaten schleudern. Gewehrsalven, das Donnern der Abwehrgeschütze, das kennt Marijana. Den Alija, der in der Schule neben ihr gesessen hat, hat ein Balken zerquetscht, als das Haus von einer Bombe zerstört wurde. Marijanas Papa und die anderen Männer haben Alija aus dem Trümmerhaufen geborgen, aber er war tot.

Danach sind alle in den Keller der Schule gezogen, an der Papa vor dem Krieg Rektor war. Dort haben sie gewohnt: Mama, Papa, Radovan und der kleine Mate und alle die anderen Familien. Viele Wochen lang durften sie nicht aus dem Keller und draußen spielen. Das war zu gefährlich. Nicht einmal aus dem Fenster schauen konnten sie. Die Fenster waren mit Sandsäcken verstopft. Im Keller hatte jede Familie eine Ecke für sich. Pappschachteln, Koffer oder alte Regale aus dem Schulkeller waren die Trennwände.

Marijana spürt den Ruck, mit dem Jens ihr schon wieder die Hände von der Tischplatte zerrt.

„Du bist echt bescheuert!" Jens lacht.

„Lass, die kapiert es doch nicht!", sagt Ilse, die Marijana am Vierertisch gegenübersitzt.

„Seid bitte leise!", mahnt die Lehrerin.

Aber Jens knufft Marijana heimlich in den Arm.

Im Keller haben sie einander alle Bücher vorgelesen, die sie finden konnten. Marijana kann gut vorlesen und schön betonen. Sie haben gespielt, mit Fingern, mit Wollfäden, haben aus Kissen und Decken Zelte gebaut und sich selbst Geschichten ausgedacht. Wenn Mate und die anderen kleinen Kinder gar nicht mehr still sitzen konnten, hat Marijana mit ihnen gesungen und Tanzspiele gemacht. Die Erwachsenen haben dazu geklatscht.

Nachts hat sie oft von den Großeltern geträumt. Von den Pflaumenbäumen und den Bergen und vom Fluss, der am Dorf vorbeizog, in dem man herrlich baden konnte.

In der Pause spricht keiner mit ihr. Die andern toben über den Pausenhof, die Mädchen haben lange Gummibänder mitgebracht. Zwei stellen sich breitbeinig in die Gummischleifen und die anderen springen drüber oder hinein. Keiner fragte Marijana, ob sie mitmachen will. Auch Ilse nicht.

Nur Radovan, der ins erste Schuljahr geht, kommt angesprungen. Radovan in seinem alten Ringelpulli mit den viel zu kurzen Haaren. Er lacht Marijana an.

Nach der Schule gehen sie zusammen nach Hause. Wo sie jetzt wohnen müssen, ist alles alt und kaputt. Fast wie im Keller unter dem Schulhaus in ihrer Heimatstadt. Ob sie nie wieder ein eigenes Zimmer haben wird wie früher, bevor der Krieg anfing?

Marijana schiebt die Haustür auf, die kreischt. Es riecht so muffig wie im Keller. Das Haus, mitten im Dorf, war Schulhaus, bevor man die neue Schule gebaut hat, und es stand lange leer. Von den Wänden bröckelt der Putz, die Steinfliesen haben Risse und die Holzdielen in den Zimmern knarren. Es riecht überall nach Essen, nach altem Bettzeug, nach den Toiletten. Es gibt nur zwei für fünf Familien, aus den beiden anderen hat man Duschen gemacht. Aber die reichen auch nicht. Ihre Abflüsse sind fast immer verstopft.

Aus allen Räumen tönen Stimmen. Überall spielt Radiomusik. Die Türen stehen offen. Kleine Kinder krabbeln durcheinander.

Jede Familie hat ein Zimmer bekommen. Es waren aber nur zwei große Klassenräume da und ein Lehrerzimmer. Also haben die Leute vom Dorf dünne Holzwände aufgestellt. Eisenbetten übereinander. Elektroplatten zum Kochen.

Mama hat Reisfleisch mit Paprika gekocht, aber sie sagt, die Paprika schmeckten nach nichts, sie seien wässrig und außerdem teuer. Mama weiß manchmal nicht, was sie kochen soll, weil sie so wenig Geld haben. Dabei kann man sogar hier im Dorf alles kaufen, was sie zu Hause lange nicht mehr gesehen haben.

Papa liegt auf dem oberen Eisenbett, hat die Knie angewinkelt und liest. Papa lernt Deutsch, die harte schwierige Sprache. „Bald kann ich sprechen", sagt er zu Mama, „dann bewerbe ich mich um eine Stelle als Nachhilfelehrer. Das werden sie brauchen. Es sind ja viele Flüchtlinge hier, die Deutsch lernen müssen."

„Dafür werden sie ihre eigenen Lehrer nehmen", sagt die Mama. „So gut, dass du unterrichten kannst, sprichst du noch lange nicht."

„Aber irgendetwas muss ich doch tun!" Papa seufzt.

Mate sitzt am Bettende und zieht Papa die Socken an und aus und wieder an und wieder aus.

Marijana gibt Mama einen Kuss und deckt den Tisch. Wie im Keller ist es doch nicht. Vor dem Fenster hängen die weißen Leinengardinen, die Oma bestickt hat. Hinterm Fenster liegt der alte Schulhof, da stehen Kastanien und eine Linde. Marijana kann aus dem Fenster schauen und die Sonne kann hereinscheinen, und wenn sie mit den Hausaufgaben fertig ist, geht Marijana mit Radovan und Mate nach draußen.

Da schießt niemand. Kein Flugzeug wirft Bomben. Aber manchmal donnern Düsenjäger über das Dorf. Dann schreit Mate und will überhaupt nicht aufhören. Er versteht nicht, dass diese Düsenjäger nur so zum Spaß herumsausen. Dass sie nur Krieg spielen. Nur üben. Marijana und Radovan verstehen das. Trotzdem fährt es Marijana jedesmal in den Magen, und ihr Herz pocht wild, wenn die Düsenjäger Krieg üben. Und Radovan geht es genauso.

Als sie schon im Keller wohnten, ist einmal eine Bombe im Hof explodiert und hat ein riesiges Loch ins Pflaster gerissen. Im Keller ging das Licht aus, und die Wände haben gezittert, als sei Erdbeben. Marijana hat auch gezittert und sich unter ihrer Bettdecke verkrochen, aber das Zittern hat trotzdem lange nicht aufgehört. Von da an haben die kleinen Kinder jede Nacht geweint, weil man von draußen das Donnern und Pfeifen der Flieger in der Luft gehört hat.

Der Tisch, den Marijana deckt, wackelt, obwohl Papa schon Holzstückchen unter den kaputten Fuß geleimt hat.

„Für uns ist hier das Schlechteste gerade gut genug." Mama seufzt.

„Wenn der Krieg vorbei ist", sagt Papa und steigt vom oberen Bett, „fahren wir nach Hause. Vielleicht ist es ja bald soweit!"

Bei den Hausaufgaben hilft er Marijana und Radovan. So viel Deutsch kann er schon.

Radovan kann zwei neue Wörter: *Hau ab!* heißen sie. Das sagen die anderen Kinder in der Klasse zu ihm, wenn sie ihn wegschubsen.

„Sie wollen, dass du weggehst", übersetzt Papa. Da bekommt Mama Tränen in die Augen.

Später sind Marijana, Radovan und Mate die ersten auf dem Spielplatz. Von den Kastanienbäumen fallen schon die ersten Früchte. Rosskastanien, die glänzen rötlich. Mate und Marijana sammeln sie auf. Radovan klettert auf dem Holzgerüst herum, das wie ein kleiner Hochstand gebaut ist, mit Wackelbrücke davor. Aber dann kommen Jens und Sven und verjagen Radovan vom Kletterhaus. Radovan setzt sich auf eine der Schaukeln. „Hau ab, hau ab!", ruft er Jens und Sven zu. „Hau du doch ab!", schreien die zurück. Marijana beachten sie gar nicht.

Später kommt Ilse mit einer Frau, die vielleicht ihre Mutter ist. Allerdings hat sie schon viele graue Haare. Sie schiebt einen Kinderwagen, in dem ein kleiner Junge sitzt. So klein wie Mate. „Oma, Oma!", ruft der und streckt der Frau die Arme hin. Da hebt sie ihn aus dem Wagen. Der kleine Junge tapst mit seinen krummen Babybeinchen auf Mate zu. Mate lacht. Er gibt dem fremden Kind eine Kastanie. Das Kind lacht auch und steckt die Kastanie in den Mund.

„Nicht schlucken, Nils!", ruft die Oma und läuft zu Nils. Wie eine Oma kommt sie Marijana wirklich nicht vor, so flink läuft sie. Ilse ist näher bei Nils. Sie reißt Nils die Kastanie aus dem Mund und zerrt ihn von Mate und Marijana weg. Dann sagt sie etwas zu ihrer Oma und schaut zu Marijana hin. Unfreundlich schaut sie, als sei Marijana schuld, dass Nils sich beinahe verschluckt hätte.

Mate ist über den Spielplatz gestapft. Er steuert auf das Kletterhäuschen zu. Radovan springt von der Schaukel und rennt hinter Mate her. Aber Mate ist schon auf der Wackelbrücke. Jens und Sven sind auch vor Radovan auf der Wackelbrücke. Sie schwingen wild hin und her. Mate fällt um.

„Hau ab!", schreit Jens.

Radovan will Mate helfen, aber Sven tritt ihm auf die Finger, als er seinen kleinen Bruder aufheben will. Mate schreit und fällt von der Brücke. Radovan beißt nur die Zähne zusammen und schüttelt seine gequetschten Finger.

„Hast du dir weh getan?" Marijana hebt Mate auf. Radovan ist schon selbst heruntergesprungen, aber das genügt Jens und Sven nicht, sie jagen ihn über den ganzen Platz.

„Sagt mal, was soll das?" Ilses Oma geht dazwischen.

„Die sind blöd, die sollen uns in Ruhe lassen!", schreien Jens und Sven.

„Sie stören euch doch nicht!", sagt die Oma.

Aber Jens und Sven haben rote Köpfe vor Zorn.

„Die stören wohl. Wir brauchen keine Ausländer bei uns im Dorf. Meine Eltern sagen das auch. Die sollen dorthin zurück, wo sie herkommen!", schreit Jens.

„Das können sie aber nicht", sagt Ilses Oma. „Wo sie herkommen, da ist Krieg."

„Na und? Geht mich doch nichts an!", ruft Sven.

Die Oma lässt Sven und Jens stehen. Sie nimmt den kleinen Nils an die Hand und geht mit ihm zu Mate und Marijana.

Marijana setzt Mate auf die Schaukel und schwingt ihn. Da weint er nicht mehr.

„Wie heißt du?", fragt die Oma und schaut Marijana freundlich an.

Das versteht sie. Den Satz hat sie schon oft gehört. Sie nennt ihren Namen und zeigt auf Mate und nennt seinen.

„Die kann kein Deutsch!" Ilse stellt sich neben ihre Oma. Ilse guckt ärgerlich.

„Wenn ihr nicht mit ihr redet, wird sie es nie lernen", sagt die Oma.

Am nächsten Tag lächelt Ilse, als Marijana sich ihr gegenüber an den Vierertisch setzt. Marijana guckt verwundert, dann lächelt sie zurück. Warum schaut Ilse plötzlich so freundlich? Marijana denkt an die Frau mit dem grauen Haar.

Als es zur Pause schellt, streckt Ilse die Hand nach Marijana aus. Sie sagt: „Komm mit!" Und Marijana versteht sofort.

Nortrud Boge-Erli

Zwei Freunde

Inhalt: Müssen Ausländer hierzulande besser sein als Deutsche, um beruflich voranzukommen? Diese Frage bewegt Martin, nachdem sein türkischer Freund Hasan sie gestellt hat.

Stichworte: Deutscher – Türke – Freundschaft – Beruf – Qualifikation – Unterschiede

Alter: ab 14 Jahren

War das ein schöner Tag! Martin fühlte sich so richtig wohl. Vor lauter Vergnügen setzte er mit einer Flanke über die Gartentür hinweg.

„Martin! Musst du immer solchen Unsinn machen?" Frau Özdogan war richtig erschrocken, als Martin plötzlich wenige Meter vor ihr auf dem Plattenweg landete.

„Tut mir Leid, Tante Emine. Ist Hasan zu Hause?"

„Sicher! Soweit ich weiß, macht er gerade Schularbeiten. Hast du deine fertig?"

„Nein! Ich wollte den Käse nach dem Training angucken." Und schon stürmte Martin hinein.

Oben saß Hasan über den Mathematikaufgaben. „Mensch, Hasan, die können wir doch nachher noch machen. Los, kommt mit zum Verein." Martin hatte überhaupt keine Lust, bei dem Wetter im Zimmer zu bleiben.

„Setz dich! Wir machen sie jetzt!"

Irgendetwas in Hasans Stimme bremste Martin. Und schon redete der Freund weiter. „Weißt du, Adem hat gestern Abend aus dem Betrieb erzählt. Er meint, dass wir Türken immer besser sein müssen, wenn wir das Gleiche erreichen wollen wie ihr."

„Quatsch! Dein Bruder lernt doch bei Miele."
„Ja, aber er hat gesagt, wie schwer er es unter den Lehrlingen hat."
„Willst du auch zu Miele? Wir wollten doch zusammen zur Feuerwehr."
Martin verstand Hasan nicht.
„Weißt du das denn nicht? Türken werden nicht überall gern gesehen. Und wenn wir gut sein wollen, dann müssen wir besser sein als ihr. Nimm dir einen Zettel und hilf mir. Zum Training schaffen wir es immer noch."
Widerwillig blieb Martin.
Später saß er mit seiner Familie am Abendbrottisch. Hasans Worte gingen ihm nicht aus dem Kopf. So aß er schweigend vor sich hin, während seine Geschwister sich fröhlich unterhielten.
Der Vater betrachtete verwundert das Gesicht seines Ältesten.
„Was hast du, Martin? Woran denkst du?"
„Papa, ist das wahr?"
„Was?"
Da erzählte Martin von dem Gespräch mit Hasan, dessen Sorge ihm unverständlich geblieben war. „Wir sind seit langer Zeit immer in derselben Klasse, wir turnen zusammen und ..."
„... ihr macht stets denselben Blödsinn", unterbrach ihn seine Schwester.
„Lass das", erwiderte Martin verärgert und dann blickte er den Vater an: „Muss Hasan besser sein als ich, damit die Feuerwehr ihn nimmt?"

Wolf D. Aries

Alle in einem Boot

Inhalt: Deutsche Jungen beginnen spielerisch eine vorsichtige Freundschaft mit einem boat-people-Jungen aus Vietnam. Sprachbarrieren werden überwunden.

Stichworte: Asylbewerber – Vorurteile – Aggressivität – Spott – Leiden – Sprachbarrieren – Trauma – Spiel – Fantasie – Annäherung – helfen – Verständigung – vertrauen – Gemeinschaft – Wir-Gefühl

Alter: ab 8 Jahren

Der Junge stand am Zaun vor dem Asylbewerberheim. Sie sahen ihn, als sie vom Spielplatz kamen. Der Junge schaute zu ihnen herüber. Er war ungefähr so groß wie Martin und er hatte ganz schmale, dunkle Augen. „He!", sagte einer. „Das ist ja 'n Chinese!"

Als der Junge merkte, dass sie über ihn redeten, drehte er sich um und rannte ins Haus.

Am nächsten Tag sahen sie ihn wieder. Er saß auf der Treppe vor dem Haus. Zwei Männer, die auch wie Chinesen aussahen, kamen aus dem Haus und dann noch eine Frau.

„Da ist wohl ein Nest", sagte einer. „Ein richtiges Chinesennest. Vielleicht sind es morgen noch mehr." Aber es waren nicht mehr. Es waren nur zwei Männer, eine Frau und der Junge. Martin hörte, wie die Mutter mit der Nachbarin darüber redete. Und Chinesen waren es auch nicht. Es waren Vietnamesen. Sie waren geflüchtet aus Vietnam, in einem kleinen Boot. „Boat people", erklärte die Mutter, und „Asylbewerber".

Als Martin wieder mit den anderen am Asylbewerberheim vorbeiging, saß der Junge wieder da. Er saß einfach auf den Stufen und schaute sie an.

„Sching, schang, schung!", rief ein Vorwitziger. „So reden die da nämlich", erklärte er stolz. „He, sag doch was, du Chinatze, chung, peng!"

Der Junge sprang auf und rannte ins Haus.

Martin lachte, genau wie die andern, aber ein bisschen fand er es auch gemein.

In den nächsten Tagen kam der Junge nicht mehr heraus. Aber Martin sah ihn oben am Fenster stehen. Was machte der wohl den ganzen Tag? Es wohnten doch gar keine Kinder in dem Heim, nur junge Leute aus fremden Ländern.

Die Mutter hatte Martin erklärt, dass das Verfolgte seien, sie kämen hierher, um Schutz zu suchen – Asyl.

Martin musste daran denken, wie ihn der Ralf manchmal verfolgte, der war so brutal und trat immer alle, sogar an den Kopf und in den Bauch. Nachher, auf dem Spielplatz, redeten sie über alles Mögliche, bis dann einer anfing von dem Chinesen.

Sie sagten immer noch Chinese, obwohl es gar keiner war. „Mein Vater sagt, es sind sowieso schon zu viel von den Asylanten da", erklärte einer. „Und jetzt auch noch die da, aus Vietnam."

„Mein Onkel meint das auch", pflichtete ihm ein anderer bei. Da fiel Martin das von der Verfolgung ein.

„Ich weiß ein neues Spiel", rief er.

Er malte einen Kreis aufs Pflaster und schrieb hinein „Asyl". Dann zählte er ab. Drei waren Verfolger und einer Verfolgter. Das Spiel war einfach, wie „Fangen", nur musste man nicht rennen, bis man gefangen war, man konnte sich, wenn man Glück hatte, mit einem Sprung in den Kreis retten. Dann musste man rufen „Asyl!"

Die andern fanden das neue Spiel gut. Sie spielten „Asyl", bis sie ganz außer Atem waren. Sie bekamen fast keine Luft mehr, vor lauter Rennen.

Einmal wurde es Martin angst und bange, als der Ralf ihn fast erwischte. Der guckte schon so wild, als er Martin an der Jacke packte, aber da erreichte Martin gerade noch den Kreis und keuchte: „Asyl!" Und dann saß er da, mitten im Asylkreis und atmete erleichtert auf.

„Na, du Asylant", witzelte einer. Martin lachte.

Als sie nach Hause gingen, stand der Junge wieder am Zaun. „He, du Asylant", rief einer, aber es klang gar nicht unfreundlich. Der Junge lief auch nicht weg, diesmal. Martin blieb bei ihm stehen.

„Wie heißt du?", fragte er. Der Junge schaute ihn an. Sein Gesicht war unbewegt. Er antwortete nicht. Martin zeigte auf sich. „Martin", sagte er, „Martin".

Auf dem Gesicht des Jungen erschien ein winziges Lächeln.

Martin ging jetzt oft am Asylbewerberheim vorbei. Er sagte „Hallo" und „Guten Tag" und „He", aber der Junge antwortete nicht. Er sah Martin nur schweigend an. Manchmal lächelte er sein winziges Lächeln. Vielleicht ist er stumm, dachte Martin. Aber der Junge war nicht stumm. Einmal hörte Martin ihn nämlich reden mit seiner Mutter. Ganz fremdartige Laute waren das.

Eines Abends sah Martin im Fernsehen einen Film über Boat people, die waren in einem winzigen Boot geflüchtet; dann hatten Piraten sie überfallen. Einige waren gestorben und nur ganz wenige hatten später ein Schiff erreicht, das sie in Sicherheit brachte. Martin erzählte es den andern. Sie fanden es auch sehr spannend.

Wenn man nur mit dem Jungen reden könnte. Aber der sagte ja kein Wort. Zu Hause kramte Martin in seinen Sachen herum. Eine Schere fand er, eine alte Illustrierte, seine Malstifte, einen Malblock mit Eselsohren. Er packte alles in eine Plastiktüte und marschierte damit zum Asylbewerberheim. Unterwegs traf er noch die andern. Die wollten zum Spielplatz, aber dann gingen sie doch lieber mit Martin.

Der Junge stand nicht am Zaun, aber als sie „Hallo" riefen, kam er. Sie setzten sich auf die Treppe und Martin breitete sein Sachen aus. Der Junge sah neugierig zu. Martin fing an zu malen: ein Auto. „Auto", sagte er, „Auto."

Der Junge lächelte.

„Flugzeug", sagte einer und zeigte ein farbiges Bild in der Illustrierten.

Der Junge betrachtete das Bild und schwieg. Er wollte weder „Haus" sagen noch „Hund" oder „Katze". Er sagte nichts.

Sie versuchten es mit Malen. Sie schnitten die herrlichsten Bilder aus der Zeitung.

Sie sagten die Wörter zehnmal, ohne Erfolg.

„Vielleicht ist er doof", meinte einer schon.

Da kam Martin eine Idee. Er fing an zu malen: ein großes, braunes Boot auf blauen Wellen. Der Junge sah aufmerksam zu. Dann malte Martin ein paar Männchen auf das Boot, große und kleine, einige hatten Ruder in der Hand, wie in einem Paddelboot.

Da schüttelte der Junge den Kopf. Er nahm den Stift und malte ein großes, rotes Segel mitten auf das Boot und dann noch mehr Männchen, große und kleine, bis kein Platz mehr war.

„So viele?", staunte Martin. „Alle in einem Boot?"

Der Junge nickte, als ob er es verstanden hätte. Dann stand er plötzlich auf und winkte ihnen mitzukommen. Sie gingen neugierig hinter ihm her ins Haus, durch einen kahlen Flur. Einige Zimmertüren standen offen. Ein paar dunkelhäutige Männer spielten an einem Tisch ein Kartenspiel. Sie sahen erstaunt auf.

Der Junge führte sie zu einer Ecke am Ende des Flurs. Eine Kiste stand dort, so eine flache, lange Gemüsekiste. Der Junge stieg in die Kiste und setzte sich. Sie schauten ihm verständnislos zu. Der Junge schaukelte ein wenig.

Einer der jungen Kartenspieler war aus dem Zimmer gekommen. „Boot spielen", sagte er, „immer Boot spielen", und er deutete auf die Gemüsekiste. Der Junge schaukelte in der Kiste.

„Meer", erklärte der junge Mann.

Das also spielte der Junge! Er spielte, was er nicht vergessen konnte: „Boot auf dem Meer".

Sie merkten auf einmal, wie schrecklich das war, wie er so dasaß in seiner Gemüsekiste, so allein. „Mach mal Platz", sagte Martin. Er stieg in die Kiste und schaukelte mit. Das sahen sich die anderen nicht lange an. Sie stiegen auch ein in das schaukelnde Kistenboot. Für zwei war gerade noch Platz. Der Dritte quetschte sich dazwischen. Sie hielten einander fest und schaukelten, dass sie fast aus der Kiste gepurzelt wären.

„Wir sitzen alle in einem Boot", sagte Martin. Der Junge schaute ihn an. Er verstand es ja nicht, aber er lachte.

„Boot", sagte Martin.

„Boot", wiederholte der Junge.

„Wir", Martin zeigte auf alle im Boot. „Wir!"

„Wir", sagte der Junge.

Susanne von Schroeter

Früher, später, jetzt

Inhalt: Überraschend bringt Karin ihre Freundinnen aus dem Asylbewerberheim zu Großmutters Kaffee mit. Zunächst skeptisch, zeigt die alte Frau angesichts der Offenheit und Freundlichkeit der Besucherinnen bald Anteilnahme, Wärme und den Wunsch nach Fortsetzung der Bekanntschaft.

Stichworte: Großmutter – Enkelin – Vergangenheit – Zukunft – Skepsis – Gegenwart – Asylbewerberinnen – Zurückhaltung – Gastfreundschaft – Kommunikation – Anteilnahme – Zuwendung

Alter: ab 9 Jahren

Oma erzählt gern aus früheren Zeiten. Sie hat uns erzählt, dass sie als Kind Zöpfe trug und ein Knöpfleibchen mit Strumpfbändern und dass sie den ganzen Sommer über barfuß lief, sogar in der Schule, weil Schuhe so teuer und ihre Eltern so arm waren. Und dass sie Zwiebeltunke gehasst hat, so wie ich Spinat hasse. Und sie hat im Wald immer Reisig sammeln und im Bollerwagen heimfahren müssen, für den Winter. Vor dem hatten alle Angst. Damals.

Sie hat uns auch vom Krieg erzählt: Wie sie und ihre Familie aus Ostpreußen fortmussten. Hals über Kopf. Sie war jung verheiratet, ihr Mann war Soldat, und unterwegs auf der Flucht, im Planwagen, hat sie ihr erstes Kind bekommen, das war Onkel Gerhard. Und ihre Mutter ist kurz danach gestorben, weil sie die Strapazen nicht ausgehalten hat.

Sie hat uns auch von der Zeit nach dem Krieg erzählt: Wie sie in Hamburg mitgeholfen hat, die Trümmer wegzuräumen, und wie sie sonntags hinaus auf die Dörfer gefahren ist und bei den Bauern um Brot und Kartoffeln gebettelt hat. Ja, über Omas vergangene Zeiten wissen wir gut Bescheid.

Aber Oma redet auch gern über die Zukunft. Sie jammert und klagt: „Wer weiß, was noch alles auf uns zukommt! Die Zeiten werden schlechter, die Arbeitslosigkeit und die Kriminalität nehmen zu, und wer weiß, was das noch gibt, wenn immer mehr Ausländer ins Land kommen. Die Rente werden sie uns kürzen!" Sie trägt immer wieder Geld auf die Bank und in ihrem Keller hat sie Mehl und Zucker und ein paar dicke Salamis „für Notzeiten, denn der Zukunft darf man nicht trauen …"

„Du sprichst immer von dem, was längst gewesen ist, und von dem, was irgendwann mal sein wird, Oma", hat meine Schwester Karin kürzlich mal zu ihr gesagt, als wir beide übers Wochenende bei ihr waren. „Aber von dem, was gerade geschieht, sprichst du nie."

„Das ist der Alltag", antwortete ihr Oma. „Vom Alltag gibt's doch nichts zu reden."

„Das lässt sich ändern", meinte Karin, zog sich den Mantel an und verkündete, sie treffe sich mit ihren Freundinnen.

„Sei aber zum Kaffee wieder da", sagte Oma.

„Darf ich meine Freundinnen zum Kaffee mitbringen?", fragte Karin.

„Natürlich", sagte Oma. „Sind's zwei oder drei?"

„Ich weiß es noch nicht genau", kicherte Karin. Ich verstand nicht, was es da zu kichern gab.

Pünktlich um vier war Karin wieder da – mit Mirjam aus dem Asylbewerberheim. Mirjam geht in dieselbe Klasse wie Karin. Sie hat krauses schwarzes Haar und ganz dunkle Haut. Und Mirjams Mutter und drei Schwestern waren auch dabei. Mirjams Mutter hatte ihre vier Töchter hübsch angezogen und sie selbst sah auch sehr nett aus. Ihre Zähne blitzten.

Oma war sprachlos, als die Tür aufging und Karin alle fünf ins Wohnzimmer schob. „Das sind meine Freundinnen, Oma", sagte sie.

Das war nicht gelogen. Denn Karin ist oft bei den Bawungus im Asylbewerberheim und die Bawungu-Mädchen sind auch schon bei uns gewesen. Aber bisher hatten wir sie nie mit zu Oma genommen, weil die was gegen Asylbewerber hat.

„Nehmt Platz!", rief Karin munter und verteilte die Bawungus rund um den Kaffeetisch. Was sollte Oma da anderes tun, als den Kaffee aufzutragen und ihren Marmorkuchen anzubieten? Die Bawungu-Mutti war zuerst ein bisschen schüchtern, denn sie kann noch nicht viel Deutsch, aber ihre Töchter sprechen schon richtiges Hamburger Platt außer der Jüngsten, denn die ist erst zwei Jahre alt.

Na ja, anfangs war unsere Oma auch ziemlich schweigsam, aber als sich Karin mit Mirjam so unterhielt, wie das eben zwei Schulfreundinnen tun, und als ich mit der Zweitältesten Fingerhakeln machte und die Dritte sehr stolz das Lied „Steht im Wald ein kleines Haus" vorsang, das sie im Kindergarten gelernt hatte, da wurde sie bald gesprächig und fragte Mirjams Mutter dies und das, und Mirjam übersetzte. Es wurde richtig gemütlich. Aber als sie erfuhr, dass Herr Bawungu daheim in Afrika im Gefängnis gesessen hatte und schlimm behandelt worden war, bevor er hatte fliehen können, fing die Tasse in ihrer Hand an zu zittern.

„Kommen Sie doch bald wieder", sagte sie, als sich die Bawungus verabschiedeten und, eine nach der anderen, Oma die Hand schüttelten und sich bedankten. Und sie versprach Frau Bawungu, ihrer Jüngsten Schal und Mütze zu stricken. Rosa – das stehe ihr sicher gut.

„Ich stricke so gern", erklärte sie den Bawungus, „und meine beiden Enkeltöchter habe ich schon mit allem versorgt, was strickbar ist ..."

„Na sowas", murmelte sie, als sich die Tür hinter den Bawungus schloss, und ließ sich auf den nächsten Stuhl fallen. „Na sowas ...!"

„Siehste, Oma", sagte Karin, „was du da eben erlebt hast, das war nichts von früher und auch nichts von später. Das war jetzt!"
„Nette Leute", murmelte Oma. „Solche Leute kannst du öfter mitbringen ..."

Gudrun Pausewang

Ein Haus des Friedens

Inhalt: Alle Parteien, Jung und Alt, Fremde und Einheimische, kommen in diesem Haus wunderbar miteinander aus.

Stichworte: Haus – Ausländer – Deutsche – Alte/Junge – Wohngemeinschaft – gegenseitige Hilfe – Rücksichtnahme – Toleranz – Fröhlichkeit – Feste – Schalom

Alter: ab 9 Jahren

„Bei uns zu Hause ist das alles ganz anders!", hatte Murat laut gerufen, als Frau Ohlsen davon gesprochen hatte, wie schwer sich manche Leute in Deutschland tun, um mit ausländischen Mitbürgern gut auszukommen.

Jeder wusste Bescheid, was das Wort Ausländerhass bedeutete. So oft hatten sie im Fernsehen schon gesehen, dass plötzlich türkische Häuser in Flammen gestanden hatten und Banden von jungen Leuten einen farbigen Menschen so geprügelt hatten, dass er ins Krankenhaus eingeliefert werden musste.

„Sei dankbar, dass du bisher nicht angepöbelt worden bist und sie dich in Ruhe gelassen haben!", sagt Frau Olsen und nickt Murat zu, bevor sie sich an seine Klassenkameraden wendet, die fast alle Deutsche sind.

„Ihr würdet das doch nie zulassen!", sagt sie. „Ihr würdet dem Murat doch beistehen, wenn wirklich einmal so etwas passierte!"

Die Kinder nicken. Sie haben noch niemals Probleme mit Murat gehabt und Murat nicht mit ihnen. Schließlich ist er wie die meisten von ihnen in Hannover geboren und spricht deutsch so gut wie sie. Nur in seinem Kinderausweis steht, dass er ein Türke ist. Ein Türke wie seine Eltern und seine Schwestern und Brüder, die alle in diesem Haus mitten in Hannover wohnen, von dem Murat so gern erzählen möchte.

„Wir wohnen alle zusammen in unserem Haus!", sagt er.

„Es ist nicht euer Haus!", verbessert ihn Roby, sein bester Freund. „Es gehört der Frau Matuschek, die ganz oben unter dem Dach wohnt! Sie hat euch ganz unten die Wohnung im Erdgeschoss vermietet!"

„So ist es!" Murat nickt. „Aber es ist wie unser Haus!"
Jetzt muss Frau Olsen doch nachfragen. Sie versteht nicht recht, warum die Vermieterin ausgerechnet unter dem Dach und nicht in der besten Wohnung wohnt.

„Die Frau Matuschek hat das Haus vor langer Zeit geerbt!", erklärt nun Murat. „Sie ist Malerin und braucht viel, viel Licht zum Malen. Deshalb hat sie sich viele Fenster oben unter dem Dach einbauen lassen. Der Herr Dreiseidel wohnt bei ihr. Und das ist ihr Freund!"

„Aha, ein Atelier!", sagt Frau Olsen und lacht. „Und der Herr Dreiseidel malt auch?"

Da schüttelt Murat wild den Kopf. „Nein, der Herr Dreiseidel arbeitet auf der Bank! Und Kinder haben sie auch keine. Deshalb wollen sie auch aus ihrer Wohnung im fünften Stock nie heraus!"

„Dann wohnen ja noch viel mehr Leute in dem Haus!", wirft Vera ein. „Bei uns sind es über zwanzig Leute! Da ist es oft laut und es gibt viel Krach! Meine Mutti sagt immer, sie würde am liebsten ausziehen!"

„Bei uns ist es auch oft laut!", lacht Murat. „Manchmal sehr laut und richtig Krach! Aber wir haben keinen Krach *miteinander*. Meine Geschwister sind laut und die Leute über uns erst!"

„Was sind das denn nun für Leute?", fragt Frau Olsen verwundert.

Jetzt springt Roby wieder ein. Schließlich kennt er sich bei Murat zu Hause bestens aus. „Es sind der Hannes und die Heidi, der Christian und der Christoph, die Anke, die Sventje und zweimal der Matthias!" Roby muss die Finger beider Hände zu Hilfe nehmen, um keinen zu vergessen. „Ja, acht Leute sind es!", sagt er dann.

„Und warum zweimal der Matthias?", fragt Heike nach.

„Es sind alles Studenten. Die meisten von ihnen kommen aus Ostfriesland!", erklärt Murat. „Und es sind eben zwei Matthiasse dabei!"

„Eine Wohngemeinschaft also!", stellt Frau Olsen fest. „Naja, das gibt wohl einigen Lärm!"

„Manchmal nachmittags, wenn ich bei Murat bin!", nickt Roby. „Dann proben sie mit ihren elektrischen Gitarren, mit dem Bass und mit dem Synthesizer. Der Hannes, der Christian und der eine Matthias spielen nämlich in einer Band. Und die Sventje singt!"

„Das hält doch kein Mensch aus!", sagt Frau Olsen. „Was macht ihr denn, wenn sie manchmal so laut proben?"

„Dann gehen wir einfach zu ihnen nach oben!" Murat nickt Roby zu. „Stimmt doch!" Und Roby pflichtet ihm sofort bei: „Ich gehe auch immer mit! Es ist geil!" Die Kinder lachen.

„Mutter Bernward kommt auch immer dazu!", sagt Murat. „Obwohl sie jetzt ein lahmes Bein hat und Schwierigkeiten beim Treppensteigen!"

Roby schlägt sich auf die Schenkel. „Sie rutscht manchmal auf ihrem Po die Treppe Stufe für Stufe herunter! Nur, um dabeizusein!"

„Wer ist Mutter Bernward?" Die Kinder haben sich zu den beiden Jungen umgedreht und hören gespannt zu, was sie alles zu berichten haben. Sogar Frau Olsen kann nicht genug davon bekommen.

„Mutter Bernward wohnt im vierten Stock!", erklärt nun Murat. „Letztes Jahr im Oktober ist Vater Bernward gestorben. Das war für uns im Haus sehr schlimm. Da haben die Leute über uns fast vier Wochen lang keine Musik mehr gemacht. Aber dann ist Mutter Bernward zu ihnen hinunter gegangen und hat sie so sehr gebeten, endlich wieder zu spielen, und dann haben sie wieder angefangen. Und Mutter Bernward kommt fast immer dazu. Ihr ist es oft sehr langweilig allein oben in ihrer Wohnung.

„Sie ist aber nicht oft allein!", sagt Roby. „Sie hat schon immer mit den Kindern im Haus die Schularbeiten gemacht, als ihre eigenen Kinder nicht mehr da waren. Murats große Brüder und Schwestern haben alle mit ihr gelernt. Deshalb sprechen sie auch alle so gut deutsch!"

„Ich auch!", sagt Murat stolz.

„Ja, wir gehen oft zu ihr!", ergänzt Roby. „Manchmal auch nur zum Fernsehen.

„Und alle kaufen für Mutter Bernward ein!", sagt Murat und staunt selbst, als ihm bewusst wird, was er da sagt. Eigentlich ist es für ihn selbstverständlich. „Wir helfen ihr alle!", sagt er noch einmal. „Meine Eltern, meine Brüder und Schwestern, Roby und ich, die Studenten, die Frau Matuschek und der Herr Dreiseidel. Wir klingeln immer und fragen, ob wir ihr etwas mitbringen sollen und so. Manchmal ist es der Mutter Bernward sogar zu viel. ‚So viel Geld habe ich doch gar nicht', sagt sie immer, ‚was ihr alles für mich ausgeben wollt.'"

„Dann ist euer Haus so etwas wie ein Haus des Friedens!", sagt da Laura plötzlich in die Stille hinein. Die Kinder blicken sich erstaunt nach ihr um. Das ist ein schönes Wort. Ein Wort, das sie bisher noch nie gehört haben.

„Ein Haus des Friedens!", sagt auch Frau Olsen und nickt. „Und das mitten in Hannover!"

„Ihr solltet erst einmal dabei sein, wenn wir ein Fest in unserem Haus feiern!", ruft Murat. „Dann feiern alle mit! ‚Die Feste bei uns sind einmalig!', sagt Frau Matuschek immer. Sie und ihr Freund besorgen das Trinken. Die Studenten-Band spielt und meine Mutter kocht für uns alle."

„Und Mutter Bernward?", fragt Frau Olsen.

Da lacht Roby: „Sie isst am allerliebsten türkisch!", sagt er. „Genau wie ich!"

Rolf Krenzer

Straßenbahn

Inhalt: Karin hadert mit sich selbst, weil es ihr nicht gelungen ist, der angepöbelten Ausländerin in der Straßenbahn wirkungsvoller beizustehen.

Stichworte: Straßenbahn – Ausländerin – Deutsche – Anpöbelung – Unterstellungen – Law and Order – Eskalation – Feindseligkeit – Niedertracht – Hass – sich trauen

Alter: ab 12 Jahren

Als Karin zur Haltestelle kam, standen schon acht Frauen und zwei Männer da. Das war ungewöhnlich um diese Zeit, kurz nach zehn Uhr vormittags. Eine Frau trat vom Gehsteig, blickte in die Richtung, aus der die Straßenbahn kommen sollte, schüttelte den Kopf und zuckte mit den Schultern. Die Wartenden sahen einander an. Sie hatten fast den Punkt erreicht, wo sich ihr Unwille Luft machen musste. Ihre Wangenmuskeln arbeiteten schon. Karin zog ein Buch aus der Tasche. Sie musste die Zeit nützen. Nächste Woche war Abschlussprüfung.

„Die geschichtlichen Vorbelastungen und Gärungskräfte der deutschen Nationalidee sammeln sich in ihrer äußersten Zuspitzung in der Ideologie des Nationalsozialismus und finden unter anderem in der sogenannten Kristallnacht ihre erste Entladung", las sie. Sie versuchte sich zu konzentrieren. Es gelang ihr nicht, das Gemurmel ringsum ungehört an sich vorbeiplätschern zu lassen.

„... aber die Tarife erhöhen, das können sie ..."

„... sicher wieder ein Unfall ..."

„... ich weiß noch wie heute, damals im Sechzigerjahr – oder war es schon Neunundfünfzig? – Stunden danach bin ich vorbeigekommen, ganz zufällig, und da ist noch ein Finger gelegen. Den haben sie einfach vergessen ..."

Die Straßenbahn kam. Sie war sehr voll. Die Fahrgäste rückten widerwillig noch enger zusammen, musterten die Einsteigenden wie eine vorrückende Besatzungsmacht.

Niemand schien zu wissen, was die Verspätung verursacht hatte. Eine leise Enttäuschung breitete sich auf den Gesichtern aus. Die Gespräche verstummten.

Karin wurde in den Mittelgang abgedrängt. Neben ihr stand ein junges Paar. Das Mädchen klammerte sich am Kragen ihres Freundes fest statt an der Halteschlaufe. Sie trug einen langen, bunt gewebten Schal mit geknoteten Fransen. So einen hätte ich gern, dachte Karin.

Eine Gießkanne stieß sie in die Kniekehlen. Zwei ältere Frauen waren offenbar auf dem Weg zum Friedhof, beladen mit Gartenwerkzeug und großen

Körben. Karin hatte die eine schon oft gesehen, eine Frau mit freundlichem, rosigem Gesicht, die immer in die Runde lächelte, bevor sie sich aufseufzend setzte. Heute trug sie weiße Stiefmütterchen in ihrem Korb. Das letzte Mal waren es Primeln gewesen. Die Frau hielt den Korb in Brusthöhe und schützte die Blüten mit der Hand.
 Die Straßenbahn klingelte anhaltend und bremste scharf.
 Karin wäre gefallen, wenn sie nicht im letzten Augenblick nach einer Lehne gegriffen hätte.
 Hinter ihr schrie eine Frau auf.
 Karin drehte sich erschrocken um. Eine dunkelhaarige Frau mit strengem, hagerem Gesicht rieb mit dem Handrücken über ihr rechtes Auge.
 Die Straßenbahn fuhr ruckartig an. Die dunkelhaarige Frau wandte sich an das Mädchen mit dem Schal: „Können Sie nicht sagen: Entschuldigung?"
 Das Mädchen zuckte mit den Schultern. „Wofür?"
 „Sie haben mich getroffen am Auge. Mit Schal." Die Frau sprach langsam und überdeutlich, sie hatte einen fremden Akzent und ihre Stimme war scharf.
 Das Mädchen sagte: „Ich habe es nicht bemerkt."
 „Nicht einmal sagen: Entschuldigung", wiederholte die Frau. Die Sehnen an ihrem mageren Hals zuckten.
 Das Mädchen wandte sich ihrem Freund zu. Er legte den Arm um sie. Die beiden flüsterten miteinander.
 Karin erwartete, dass sich die Fahrgäste nun über die Rücksichtslosigkeit der heutigen Jugend verbreiten würden. Aber die alte Frau mit den Stiefmütterchen sagte: „Wird schon nicht so schlimm gewesen sein."
 „Gehört sich entschuldigen", beharrte die dunkelhaarige Frau.
 Der Mann, der ihr gegenübersaß, ließ seine Zeitung sinken. „Wenn es Ihnen hier nicht passt, dann gehen Sie doch zurück, wo Sie hergekommen sind."
 Die Frau schüttelte den Kopf. Ihr linker Mundwinkel zuckte hoch und legte einen Goldzahn frei.
 „Ja, gehen Sie nur!", rief eine schrille Stimme.
 Karin sah die Sprecherin nicht, sie stand hinter einem großen breitschultrigen Mann.
 „Sitzt da, während unsere eigenen Leute stehen müssen, und regt sich auch noch auf!"
 Die Menschen, eng gedrängt, einander anstoßend, aber doch jeder für sich, wurden zu einer Masse.
 „Was will die denn überhaupt?"
 „Sicher eine Zigeunerin ..."
 „... frech auch noch ..."

Jede Bemerkung wurde mit Zustimmung aufgenommen, lockte weitere, immer feindseligere heraus.

„Ruhe!", rief der Fahrer in sein Mikrofon.

Es wurde noch lauter. Das Mädchen mit dem Schal begann zu weinen. „Das habe ich nicht gewollt! Das habe ich wirklich nicht gewollt!"

Karin war nicht sicher, ob das Mädchen zu ihrem Freund sprach oder zu der Frau, die steif dasaß, die Hände im Schoß gefaltet. Ihre großen Knöchel traten immer weiter hervor. Die Falten in ihren Wangen gruben sich tiefer ein.

„... da gehört eine starke Hand her, die Ordnung macht mit solchen Leuten..."

„... man sieht ja, wohin das führt – im eigenen Land kann man sich nicht mehr rühren..."

Sagten sie das alles wirklich? Diese Gespenstersätze? Sie sagten es, und mehr. Bis zu „... unter Adolf hätte es das nicht gegeben..."

Das Mädchen mit dem Schal schluchzte. „Ich halte das nicht aus!" Sie drängte sich zur Plattform vor; man ließ sie durchgehen. Ihr Freund folgte verwirrt. An der nächsten Haltestelle stiegen sie aus.

Karin wäre am liebsten auch ausgestiegen. Sie hatte Angst.

„Ruhe! Oder ich lasse den Wagen räumen!", rief der Fahrer ins Mikrofon.

„Das wird ja immer schöner. Hält der auch noch zu dem fremden Gesindel ... und die sitzt da, als ob sie das alles nichts angeht..."

Karin sah sich verzweifelt um.

Die Gesichter schienen immer näher zu kommen, ineinander zu verschwimmen; ein einziges Riesengesicht mit hundert bösen Augen.

Warum sagt denn keiner was dagegen?, dachte Karin. Aber die Frau hatte schließlich angefangen. Warum musste sie so ein Theater machen?

Wenn doch wenigstens einer da wäre...

Karin wurde weiter nach vorn geschoben. Sie stand jetzt neben der Frau, die mit weit aufgerissenen Augen vor sich hin starrte. Hin und wieder blinzelte sie heftig. Auf der Oberlippe hatte sie einen dunklen Flaum, auch auf den Wangen.

Karin drehte sich um. Sie wollte die Frau nicht so mustern.

„... aber Kinder wie die Karnickel..."

„... traut man sich als Frau kaum mehr, nach zehn auf die Straße zu gehen..."

„... da kann einer sagen, was er will. Damals war das alles ganz anders..."

Selbst die alte Frau, die ihre Stiefmütterchen so liebevoll schützte, hatte einen bösen Zug um den Mund. So mussten die Gesichter ausgesehen haben in der Kristallnacht. So mussten die Stimmen geklungen haben.

Karin holte tief Atem. „Was hat denn die Frau getan?", fragte sie. „Die hat doch nichts getan!"
Die Gesichter kamen noch näher. Karin spürte eine Bewegung hinter sich. Ihr Herz klopfte hart.
„Du hast dich da gar nicht einzumischen, verstanden?"
Karin machte sich schmal, zwängte sich zum Ausgang durch. Die nächste Station ist ohnehin meine. Und keine Kreuzung dazwischen. Nur noch drei Querstraßen. Sie drückte auf den Knopf neben der Tür. Die rote Schrift leuchtete auf.
Plötzlich sah sie aus dem Augenwinkel, wie ihr am anderen Ende des Wagens jemand zunickte. Sie sah zuerst nur die Bewegung, dann den weißhaarigen Kopf. Der Mann nickte noch einmal, lächelte ihr zu, fast ohne den Mund zu verziehen.
Wir wären zu zweit gewesen, dachte Karin.
Die dunkle Frau stieg hinter ihr aus und bog in die Seitengasse ein, die hinunter zum Fabrikviertel führte. Sie ging sehr aufrecht, fast steif, und nahm Karin nicht zur Kenntnis.
Die Autokette auf der Hauptstraße riss nicht ab. Karin stand lange da, einen Fuß auf dem Gehsteig, einen frei wippend. Sie konzentrierte sich auf den wippenden Fuß. Das half gegen die schlaffe, müde Traurigkeit, die sich in ihr breit machte.
Es war ja gar nicht ihretwegen, dachte sie.
Es war meinetwegen.
Nur hätte ich mich viel früher trauen müssen.
Ich hätte früher den Mund aufmachen müssen.
Ich habe zu lange gewartet.
Aber immerhin.

Renate Welsh

Stefan

Inhalt:	Der schwerst mehrfach behinderte 17-jährige Stefan wird von seiner Familie – vom 6-jährigen Felix, von der 14-jährigen Susanne, von Vater und Mutter – aufs liebevollste betreut.
Stichworte:	Geistig und körperlich Behinderter – Verkrampfung – Rollstuhl – Tagesheimstätte – Familie – Zuwendung – Liebe – Fürsorge – füttern – spielen – sich freuen – falsches Mitgefühl – Gemeinheit
Alter:	ab 6 Jahren

Felix hat einen Stock gefunden. Ein Stock ist praktisch, wenn man auf einen Berg geht. Oder einen wilden Löwen trifft. Oder Nüsse vom Baum schlagen will. Oder überhaupt. Felix ist sechs. Er geht in die erste Klasse.

Felix hat eine Schwester, die heißt Rabea. Sie ist noch klein, erst drei Jahre alt. Aber sie ist riesig gegen früher. Als sie neu war, war sie winzig. Besonders ihre Hände. Da konnte sie nur schlafen und schreien und trinken und in die Windeln machen. Jetzt kann sie schon viel.

Felix ist auch ein kleiner Bruder. Seine große Schwester heißt Susanne und ist vierzehn. Susanne ist groß und schön und gescheit und kann schon fast alles. Oder noch mehr. Felix hat Susanne lieb. Aber sie ist furchtbar vernünftig und will, dass Felix auch immer furchtbar vernünftig ist. Das will er nicht immer. Bauen macht besonders viel Spaß, wenn Susanne mitspielt. Sie ist die beste Mitspielerin, die Felix kennt.

Felix, Rabea und Susanne haben auch einen großen Bruder. Er heißt Stefan und ist siebzehn Jahre alt. Stefan kann viel weniger als Rabea. Stefan kann den Kopf nicht allein halten. Wenn man ihn im Rollstuhl schiebt, fällt sein Kopf oft nach vorne. Stefan kann auch den Mund nicht zumachen. Im Sommer muss man sehr aufpassen, dass ihm nicht eine Biene in den Mund fliegt. Oder eine Wespe.

Stefan kann nicht laufen. Auch mit Schienen nicht. Die sind notwendig, damit seine Beine nicht verkrampfen, wenn er im Rollstuhl sitzt. Stefan kann nicht allein trinken. Mama gibt ihm Saft mit dem Löffel. Stefan kann nicht allein essen. Das Schlucken fällt ihm schwer, deshalb bekommt er meist Brei. Es dauert lange, bis Stefans Teller leer ist. Manchmal wird Felix ganz zappelig, wenn Papa oder Mama Stefan füttern.

Aber Stefan kann sich freuen. Wenn er sich freut, müssen alle mitlachen. Er gurgelt und wiegt sich hin und her. Stefan kann sich ansteckend freuen. Er ist der beste Freuer in der ganzen Familie.

Felix kann Stefan im Rollstuhl schieben. Der Rollstuhl ist schwer, aber es macht Spaß. Besonders, wenn Susanne nebenher läuft. An schwierigen Stellen fasst Susanne mit an. Sie glaubt einfach nicht, dass Felix schon ein so guter Rollstuhlschieber ist. Nur über Bordkanten und Treppen kann Felix den Rollstuhl nicht schieben. Sogar Mama plagt sich damit. Manchmal hat Felix eine Riesenwut auf die Bordsteinbauer und Treppenmacher. Die haben noch nie einen Rollstuhl geschoben.

Morgens um halb acht muss Stefan an der Haltestelle sein, wo der Bus abfährt, der ihn in die Tagesheimstätte bringt. Mama hat es eilig. Mama hat es meistens eilig. Felix trödelt. Es gibt viel zu sehen auf der Welt: Eine Ameise, die eine Tannennadel schleppt. Ein Glitzerding. Eine Taubenfeder. Aber der Bus wartet.

Die kleine Maus haben Felix und Rabea Stefan geschenkt. Er muss immer etwas in der Hand halten, damit er nicht krampft. Und damit der Schweiß aufgesaugt wird. Die Leute, die vorübergehen, schauen ganz schnell weg, wenn sie Stefan sehen. Einmal hat eine Frau Felix eine Mark gegeben, als er mit Stefan vor einem Geschäft auf Mama warten musste. Felix wollte die Mark nicht haben. Obwohl er doch auf ein Fahrrad spart.

Um halb vier kommt Stefan heim. Er freut sich, wenn er seine Geschwister wiedersieht. Er freut sich besonders, wenn Felix neben ihm spielt.

Stefan ist schon zu schwer für die Mama. Nächstes Jahr wird Felix ihn tragen müssen. Oder übernächstes. Spätestens, wenn er so groß ist wie Papa.

Felix läuft zur Mama und flüstert ihr ins Ohr: „Ich beeil mich sowieso mit dem Wachsen." Gleich geht es ihr besser. Felix ist der beste Mama-Tröster. Das sagt sie immer.

Manchmal ist Felix ein Rennfahrer. Leider stehen auf der Rennbahn viel zu viele Sachen herum, Möbel und so. Rabea rührt sich nicht vom Fleck. Sie ist die beste Im-Weg-Steherin, die Felix kennt. Aber Rabea will auch mithelfen. Manchmal.

Mama ist gerade dabei, Stefan zu füttern. Wenn Stefan gefüttert wird, kriegt Rabea sofort auch Hunger. Oder Durst. Sie ist noch zu klein zum Warten. Mama sagt, dass Warten eine Kunst ist. Und dass viele Große diese Kunst nicht beherrschen. Und dass sie sehr stolz ist auf ihren Felix, der schon warten kann. Manchmal wenigstens.

Papa kommt nach Hause. Als erstes geht er zu Stefan und begrüßt ihn. Es ist schön, wenn Papa wieder da ist. Er kann gut spielen. Er ist das beste Schaukelpferd, das Felix kennt. Und gut zuhören kann er auch.

Wenn die Sonne scheint, gehen alle zusammen auf den Spielplatz. Rabea schaukelt gern. Aber nicht so hoch wie Felix. Und Stefan ist immer dabei.

Papa hat sich doch glatt auf das Kinderkarussell gesetzt. Ob Felix antauchen soll? Aber dann erschrickt Papa womöglich und fällt runter.

Stefan ist zufrieden auf dem Balkon. Er schaut zu, wie die Blätter im Wind zittern. Felix findet, dass der Balkon größer sein müsste. Mindestens hundertmal so groß. Dann könnte er auf dem Balkon eine Burg bauen. Oder ein Zelt aufstellen. Oder Schnecken züchten. Das wäre gut.

Papa hat Stefan hereingeholt. Er will wissen, wie es Felix heute in der Schule gegangen ist. Felix wird Papa nicht erzählen, dass Michi heute zu ihm gesagt hat: „Du mit deinem blöden Bruder."

Eigentlich hat Felix gedacht, dass er gar keinen Hunger hat. Aber dann ist ihm eingefallen, dass morgen Samstag ist. Und dass er sich auf morgen freut. Plötzlich ist mit der Freude der Hunger gekommen.

Susanne erzählt Stefan eine Geschichte. Ihm erzählt sie ganz viel, das sie sonst niemandem sagt. Alle Geheimnisse. Oder fast alle. Felix darf nicht zuhören. Keiner darf das.

Am Samstag muss Papa Stefan rasieren. Ganz vorsichtig tut er das. Manchmal brummelt Stefan mit, wenn der Rasierapparat surrt.

Früher ist Rabea immer im Rollstuhl mitgefahren. Sie hat gar keinen Kinderwagen gebraucht. Auch jetzt noch steigt sie manchmal zu Stefan, wenn sie müde ist vom Laufen.

Renate Welsh

Na und!?

Inhalt:	Zur großen Freude von Mutter und Schwester schafft die geistig behinderte Claudia es, allein einzukaufen. Nur bringt sie statt der erwarteten Brötchen Schokolade. Die mag sie so gern.
Stichworte:	Geistig Behinderte – Hirnschädigung – Schwester – Mutter – üben – Sprache – Aktion – Mut – Wagnis – Hindernisse – Fortschritte – Bewältigung – Ziel – Erfolg – Freude
Alter:	ab 8 Jahren

„Heute probieren wir's", hat Mutter vorhin gesagt. „Ich hoffe ja nur, dass sie's schafft!"

Toll wäre das. Ich drücke meiner großen Schwester die Mark in die Hand. Mutter drückt ihr den Zettel in die andere. Auf dem Zettel steht, was Claudia einkaufen soll.

„Drei Brötchen", sage ich und zeige zur Zettelhand. „Eine Mark", sagt Mutter und zeigt zur Geldhand. Meine Schwester nickt, sieht auf die eine, dann auf die andere Hand. Ich glaube, sie hat verstanden, was sie tun soll. „Ge-hen", sagt sie langsam.

„Ja", sagt Mutter.

Claudia setzt sich auf den Stuhl im Flur. Das tut sie immer, wenn man ihr die Schuhe anziehen und zubinden soll. Vor allem das Zubinden schafft sie nicht.

Und jetzt geht meine große Schwester zum erstenmal allein zum Bäcker. Immer wieder haben wir das mit ihr geübt und ihr alles genau gezeigt. Das muss man auch, sonst kann sie sich das einfach nicht merken.

Mutter öffnet die Wohnungstür und streichelt Claudia über die Haare. Fast gleich groß sind die beiden, fällt mir auf.

Claudia bleibt stehen. „Was ist?", fragt Mutter. Meine Schwester hört etwas und lächelt. „Psst", sagt Mutter. „Musik." Manche Dinge bekommt Claudia schneller mit als wir.

Einen Moment sind wir ruhig im Flur. Hören zu dritt leise Musik aus dem Treppenhaus. Claudia klatscht in die Hände und freut sich. „Tschüs", sagt Mutter dann und schließt die Wohnungstür. Claudia geht los, mit Zettel und Geld.

„Komm!", sagt Mutter, und wir stellen uns nebeneinander ans Küchenfenster. Von hier oben im dritten Stock können wir genau sehen, was auf der Straße passiert. Unsere Tribünenplätze sind das.

„Wo steckt sie denn?", fragt Mutter ungeduldig. „Hoffentlich hat sie sich nicht einfach auf eine Treppenstufe gesetzt und bleibt sitzen."

In dem Augenblick kommt Claudia drei Stockwerke unter uns aus der Haustür. „Da ist sie!", sage ich.

„Sehr gut", sagt Mutter. „Das erste Hindernis hat sie geschafft."

Eigentlich sieht das aus wie bei anderen auch, wenn Claudia den Gehsteig hinuntergeht. Na ja, vielleicht etwas langsamer.

Anfangs kann sie nicht viel falsch machen. Sie braucht nämlich nur immer geradeaus zu gehen. Aber gleich wird's schwieriger.

„Jetzt muss sie über die Straße", sagt Mutter.

„Schafft sie bestimmt", sage ich. „Haben wir oft geübt."

Wir gucken nach unten, wo meine große Schwester an der Fußgängerampel wartet. „Warum drückt sie den Knopf denn nicht?", fragt Mutter. „So wird's nie grün."

Am liebsten würde sie losrennen und den Knopf für Claudia drücken. Das sehe ich ihr an. „Guck ... sie hat gedrückt", sage ich.

Mutter fasst mich am Arm und beißt sich auf die Unterlippe. Das tut sie immer, wenn sie sich aufregt. „Geh nicht gleich los", bittet sie, als würde sie neben Claudia stehen. Auf die Idee loszugehen könnte Claudia wirklich kommen, weil weit und breit kein Auto zu sehen ist.

„Nein, tut sie nicht", sage ich, obwohl ich gar nicht so sicher bin. „Es ist doch rot." Claudia muss sich ganz genau an die Regeln halten. Sie kann den

Verkehr nämlich nicht so gut einschätzen wie andere. Außerdem reagiert sie langsamer, wenn zum Beispiel ein Auto kommt.

„Rotes Männchen ... stehen! Grünes Männchen ... gehen!", flüstert Mutter. So haben wir das Claudia oft gesagt und vorgemacht. Sie muss das behalten haben. „Rotes Männchen ... stehen! Grünes Männchen ... gehen!"

Und Claudia bleibt wirklich stehen. Jetzt kommt ein Junge und stellt sich neben sie. Der will auch über die Straße. Hoffentlich wartet er. Wenn er losginge, würde sie glatt hinterherlaufen. „Nicht gehen. Bitte", sage ich.

Ein Glück. Der Junge bleibt stehen. Sehr gut.

Guckt er meine Schwester komisch an? Ja, ich glaube schon, so von der Seite. Er merkt wohl irgendetwas. Und ich kann das überhaupt nicht leiden, wenn sie meine Schwester angaffen. So auffällig unauffällig. Furchtbar.

Da, die Fußgängerampel springt auf Grün. Der Junge geht los. Claudia guckt erst nach links, dann nach rechts, genau wie sie das soll.

„Sie schafft's!", sagt meine Mutter. „Ich glaub', sie schafft's wirklich. Los! Weiter, Claudia!", feuert Mutter meine große Schwester an.

„Toll, dass sie das jetzt kann!", freue ich mich.

„Du, das hätten wir uns vor einiger Zeit nicht träumen lassen", sagt meine Mutter und stupst mich.

„Stimmt", sage ich. „Da konnte sie ja nicht einmal ihren Namen richtig aussprechen. Das hat sie inzwischen auch gelernt."

„Sie lernt zur Zeit prima", sagt Mutter. „Man versteht schon immer mehr von dem, was sie sagt."

„Hm", mache ich. Na ja, meine Mutter übertreibt gerade, weil sie sich so freut. Wenn Claudia etwas erzählt, versteht man vielleicht die ersten zwei, drei Wörter. Danach wird es sehr undeutlich. Das ist dann Claudias Privatsprache. Die klingt bei meiner großen Schwester wie bei einem Baby.

Claudia ist über die Straße gegangen. Sie steht bewegungslos, als würde sie nachdenken. Hat sie vergessen, wohin sie soll?

„Nach rechts musst du. Los! Nach rechts!", sagt Mutter. Da dreht sich Claudia etwas und geht ... nach rechts. „Toll!", sagt Mutter und pustet Luft aus. Sie kann sich unheimlich über Claudias Fortschritte freuen.

Über gute Zensuren oder irgendetwas anderes, was ich schaffe, freut sie sich nicht so. Schade. Ich würde gerne mal gelobt werden wie Claudia. Werde ich nie. Ganz plötzlich fällt mir das ein. Bei uns zählt nur, was Claudia kann und nicht kann.

Ich will so etwas nicht denken, aber ich denke es trotzdem manchmal. Obwohl ich genau weiß, dass Claudia es viel schwerer hat als ich. Sie hat nämlich bei der Geburt eine Zeit lang keine Luft bekommen. Dabei ist etwas mit ihrem Gehirn passiert.

Wir stehen da oben, Mutter und ich. Sie fasst mich um die Schulter und drückt mich an sich. Zum Bäcker ist es für Claudia nicht mehr weit, keine hundert Meter mehr.

Ein Mann kommt ihr entgegen. „Ach, Herr Körbel aus dem ersten Stock", sagt Mutter. Er bleibt bei Claudia stehen. Bestimmt sagt er etwas. Wahrscheinlich lächelt sie ihn an, obwohl sie ihn kaum versteht.

Ich mag, wenn sie lächelt. Ihr Gesicht ist dann ... ja ... richtig schön.

„Hoffentlich stiefelt sie nicht hinter ihm her", sage ich.

Herr Körbel geht nach links. Claudia steht kurz da. Jetzt dreht sie sich etwas und geht auch ... und zwar nach rechts. „Prima", sagt Mutter. Danach stöhnt sie: „Oh, ich halt' das nicht aus. Es wär' viel leichter mitzugehen."

„Aber dann lernt sie's nie allein", sage ich.

„Hast natürlich Recht", sagt Mutter. „Weißt du, das Einkaufen ist für Claudia fast eine Expedition. Bis zum Ziel gibt's jede Menge Hindernisse."

Gleich ist sie beim Bäcker, meine große Schwester. Ziemlich klein sehe ich sie auf der anderen Straßenseite. „Wenn sie's schafft, schenke ich ihr was", verspreche ich.

„Was denn?", fragt Mutter.

„Meine halbe Tafel Schokolade", sage ich und überlege: Was kann noch schief gehen? Na ja, es wäre möglich, dass sie einfach beim Bäckerladen vorbeimarschieren würde. Wehe! Schwesterchen!

„Sie geht die Stufen hoch!", jubelt Mutter.

„Gut, Claudia! Ganz toll. Sie hat es geschafft!", sage ich.

„Mensch, das erzählen wir heute Abend Papa."

„Der glaubt das sicher erstmal nicht", sagt Mutter und strahlt. „Und dann wird er sich unheimlich freuen."

Claudia ist im Laden. Sie hat allein eingekauft! Das muss man sich mal vorstellen. Bei mir in der Klasse kann ich das nicht erzählen, fällt mir ein. Die kapieren nicht, dass das was Besonderes ist. Die würden sagen: „Na und?" Nein, sie sind nicht doof. Sie haben nur keine Ahnung, weil sie so etwas nicht kennen.

Über Autodächer sehen wir, meine Mutter und ich. Unter uns rennt ein Mädchen auf dem Gehsteig. „Claudia kann allein einkaufen", sage ich.

Mutter nickt und sagt: „In so einem Augenblick fällt mir leider auch ein, was sie alles nicht kann. Dann wird mir ganz unheimlich ... Ich darf sie eben nicht mit anderen in ihrem Alter vergleichen. Das muss ich endlich kapieren."

Mensch, das klingt, als würde sie gleich weinen. Und ich frage schnell: „Was macht Claudia so lange im Bäckerladen? Kauft die den leer?"

Aber da kommt Claudia aus der Tür und geht die Stufen hinunter.

„Siehst du die Brötchentüte?", fragt Mutter.

„Nein", sage ich. „Vielleicht hat sie die in der anderen Hand. Die sieht man von hier nicht." Das Einkaufen im Laden kann nicht mehr schief gegangen sein, denke ich. Das war das niedrigste Hindernis.
Claudia kommt näher. Langsam, Schritt für Schritt.
„Eigentlich müsste man die Tüte jetzt erkennen!", sage ich.
„Sie hat keine Tüte", sagt Mutter enttäuscht. „Wir haben uns umsonst gefreut. Schade!"
Was hat Claudia nur gemacht? So was Doofes!, denke ich und ärgere mich. Wir haben ewig geübt und es klappt trotzdem nicht.
„Immerhin, den Weg hat sie geschafft", sagt Mutter. „Ist ja auch was."
„Mh", sage ich. „Ich hol' dann die Brötchen." Jetzt nehme ich eine Mark, renne aus der Wohnung, die Treppe runter und Claudia entgegen.
Meine Schwester steht auf der einen Seite des Fußgängerübergangs. Ich auf der anderen. Vor Ungeduld wäre ich beinahe bei Rot rübergelaufen. Aber das darf ich auf keinen Fall, denn sie würde das garantiert nachmachen. Rotes Männchen ... stehen! Grünes Männchen ... gehen! Klar.
Grün ist es. Ich laufe ihr entgegen. „He, Claudia", sage ich. Sie guckt und lächelt. „He", brummt sie.
„Wo ... sind ... die ... Bröt ... chen!", frage ich ganz langsam. Dazu zeige ich auf ihre Zettelhand. Sie öffnet die. Den Zettel hat sie noch. Brötchen hat sie keine. Da zieht sie eine Tafel Schokolade aus der Tasche.
„Mhh", sagt sie. Schokolade hat sie also gekauft. Ich muss grinsen. Klar, die mag sie lieber als Brötchen. Genau wie ich. Vielleicht hat sie vergessen, dass sie einen Zettel in der Hand hält.
Ich kann mir vorstellen, wie sie im Laden stand und auf die Schokolade gezeigt hat. Da! Dann hat sie der Verkäuferin die Mark gegeben.
Ich nehme die Tafel und halte sie hoch. Vielleicht sieht Mutter das. Jedenfalls sehe ich sie da oben im Fenster.
Claudia fasst meine Hand. Und wir gehen zusammen zum Bäcker.
Ich überlege: Muss ich ihr meine halbe Tafel geben? Oder nicht?
Hat sie's geschafft, allein einzukaufen? Oder hat sie's nicht geschafft?
Doch, eigentlich hat sie's geschafft, meine ich. Sie ist losgegangen. Ganz allein hat sie das mit der Ampel hingekriegt und alles andere. Gekauft hat sie auch was, Schokolade nämlich.
„Toll!", sage ich und drücke ihre Hand. Aber meine ganze halbe Schokoladentafel kriegt sie doch nicht. Die Hälfte der ganzen halben Tafel reicht.
Ich fang' richtig an, mich zu freuen. Und ich dreh' mich um. Claudia dreht sich mit um. „Mama", sage ich und zeige zu unserm Fenster hinauf. „Mama", sagt Claudia. Dann winkt sie.

Achim Bröger

Katrin ist viel unterwegs

Inhalt: Seit einem Unfall kann Katrin nur noch den Kopf bewegen. Aber ihre Fantasie ist nicht gelähmt. Immer wieder entgleitet sie in die wunderbarsten Traumwelten. Da möchte sogar die Mutter mit.

Stichworte: Behindertes Mädchen – allein sein – Fantasie – Traumwelten – Seelenfrieden

Alter: ab 9 Jahren

Katrin ist zwölf Jahre alt. Als sie in der dritten Klasse war, wurde sie auf dem Zebrastreifen von einem Lastwagen angefahren. Seitdem ist sie gelähmt. Nur den Kopf kann sie bewegen.

Sie lebt jetzt daheim bei ihren Eltern. Die umsorgen sie mit sehr viel Liebe. Aber von morgens bis nachmittags ist ihr Vater im Büro, und ihre Mutter muss ab und zu einkaufen gehen und jeden zweiten Tag nach dem Großvater sehen, der am anderen Ende der Stadt wohnt und nicht mehr allein mit allem klarkommt. Und um die alte Frau Eppelberg kümmert sie sich auch.

Katrin ist dann allein. Oft stundenlang.

Das hört sich schlimm an: allein sein, wenn man sich nicht rühren kann. Die Wände, die Bilder, die Möbel anstarren, die man doch so genau kennt. Geräusche hören, die einem längst vertraut sind: das Ticken der Wanduhr, das Summen des Kühlschranks, das Brausen der Stille in den Ohren.

Aber Katrin findet das Alleinsein nicht schrecklich. Im Gegenteil: Da wird sie von niemandem gestört. Dann stehen ihr alle Möglichkeiten der Welt offen. Denn ihre Fantasie ist nicht gelähmt.

Manchmal treibt sie auf einem Floß einen breiten Fluss hinunter, sieht die Fische springen – prachtvolle, bunt schillernde Wesen, wie man sie in keinem Tierlexikon findet – bestaunt die steilen Felsen an den Ufern, auf denen sich Indianer und Neandertaler tummeln, riecht das Wasser, hört das Geplätscher an den Floßbalken. Mit einem Jubelschrei steuert sie das Floß über den Wasserfall in die Tiefe, kommt wohlbehalten unten an, dreht sich auf dem Wasserwirbel im Kreis, Schaum sprüht – sie spürt ihn auf der Haut.

Oder sie öffnet das Fenster, steigt auf das Fensterbrett, stößt sich ab und fliegt. Sie kreist über den Salatbeeten und Rhabarberstauden im Garten, schraubt sich höher hinauf, zieht über die Apfelbäume, über das Schuldach, über die Kirchturmspitze davon, in den leuchtenden Himmel empor.

Oder sie taucht in ein grünes Meer – ohne Taucherausrüstung, ohne Sauerstoff-Flasche –, senkt sich zwischen bunten Fischen tiefer und tiefer, bis dorthin, wo der große, schwarzweiß gestreifte Ozeandampfer algenüberwuchert auf dem Meeresboden liegt. Sie taucht bis an eines seiner Salonfenster, presst ihre Nase an die Scheibe, schirmt das Gesicht seitlich mit den Handflächen ab und späht ins Innere des Schiffes. Sie sieht hinter einem Flügel einen Pianisten sitzen. Neben ihm lehnt ein Geiger. Beide sind tot. Als Katrin vor das nächste Fenster gleitet, sieht sie sich dem Gesicht eines toten Mädchens gegenüber, etwa so alt wie sie und auch so blond. Ihr langes Haar bewegt sich träge in der Flut. Herrliches Haar! Sie heißt Benedicta. Katrin weiß das. Sie lächelt Benedicta zu: „Wollen wir zusammen tanzen?"

Benedicta nickt. Da gleitet Katrin in den Salon. Der Pianist beginnt zu spielen. Der Geiger richtet sich auf und setzt die Geige ans Kinn.

Als die Mutter heimkehrt, beugt sie sich über Katrin und fragt gespannt: „Warst du wieder unterwegs?"

„Heute war ich auf der Titanic", antwortet Katrin.

„Schade", antwortet die Mutter, „dorthin werde ich nie kommen. Das schaffst nur du."

„Soll ich dich mal mitnehmen?", fragt Katrin.

„Oh", sagt die Mutter, „mit Vergnügen. Passt es dir am Mittwoch Nachmittag? Da muss ich nicht zu Opi. Da hab ich Zeit."

Am Mittwochnachmittag werden sie also zur Titanic unterwegs sein. Katrin kennt den Weg und die Mutter lässt sich führen.

Gudrun Pausewang

Geh an ihm vorbei

Geh an ihm vorbei,
als ob er nicht da wäre.
Kümmere dich nicht
um seinen versunkenen Blick.
Er ist hier,
weil er hier sein will.
Alles Geld,
das du ihm schenkst,
gibt er für Schnaps aus.
Er ist nicht unser Problem.
Wir kennen ihn nicht.
Noch ein Penner auf der Straße.

Was kümmert mich das.
Soll er doch arbeiten,
dann hat er auch zu leben.
Er ist gar kein richtiger Mensch,
nur Müll auf dem Weg.
Noch ein Stück Müll,
das ist alles ...

O bitte, Gott, lass nicht zu,
dass mir das Gleiche geschieht.

D. J. Purnell, 14, USA

Der Mann auf der Bank

Inhalt: Die Kinder sehen einen Obdachlosen, der bei eisiger Kälte im Park auf einer Bank sitzt. Zu Hause sprechen sie mit ihrer Oma über Hilfsorganisationen und Hilfe am Nächsten. Sie entschließen sich, den Mann in ihr Haus zu holen.

Stichworte: Kinder – Familie – Großmutter – Obdachloser – Hilfsorganisationen – Verantwortung des Einzelnen – handeln – Hilfe für den Nächsten – Weltverbesserung

Alter: ab 8 Jahren

Die Kinder stürzen ins Haus.

„Mensch!", sagt Janne. „So kalt war es noch nie!"

Tom drückt den Fausthandschuh auf seine eisige Nase. In der Wohnung riecht es nach Kartoffelpuffern.

„Prima!", sagt Janne. Sie legen ihre Wintersachen ab – Mäntel, Jacken, Pullover – und drücken sich an die Heizung.

„Drüben sitzt einer auf der Bank", sagt Tom.

„Wo?", fragt die Mutter. Sie gießt Kaffee durch den Filter.

„Drüben", sagt Tom. „In dem kleinen Park."

„Bei der Kälte!", sagt Janne. „Ein Mann."

Der Vater stellt die Teller auf den Tisch. „Der sitzt bestimmt nicht mehr lange da", sagt er. „Der geht schon weg, bevor er sich den Hintern abfriert."

Tom lacht. Die Oma lässt die Zeitung sinken. „Und wenn er nicht weiß, wo er hin soll?"

„Wir essen", sagt die Mutter. Sie bringt die Platte mit den Kartoffelpuffern. Die Kinder gucken den Vater an.

„In unserem Land", sagt der Vater, „braucht keiner zu hungern und zu frieren. Es gibt Organisationen für alles."

„Was ist das?", fragt Janne. „Organisationen?"

„Organisationen sind Verbände", sagt die Mutter, „die in Not geratenen Menschen helfen. Esst jetzt, die Kartoffelpuffer werden kalt."

„Wenn es einem schlecht geht, dann kann er sich an die Fürsorge wenden", sagt der Vater. „Oder an die Caritas. Wenn er krank ist, kann er sich in ein Krankenhaus legen. Wenn er Probleme hat, kann er die Telefonseelsorge anrufen. Und wenn er keine Wohnung hat, kann er zur Bahnhofsmission gehen oder in ein Obdachlosenasyl. Klar?" – „Ja", sagt Janne.

Die Oma legt die Gabel mit dem aufgespießten Kartoffelpufferstück wieder hin. „Und weil wir so viele Organisationen haben", sagt sie, „darum geht es den Menschen so mies."

„Wieso?", fragt Tom mit vollem Mund.

„Weil sich einer nicht mehr um den anderen kümmert", sagt die Oma. „Weil wir die unter uns, die Hilfe brauchen, abschieben. An öffentliche Einrichtungen. An Organisationen. Wir wollen nicht mehr füreinander verantwortlich sein!"

„War das denn früher anders?", fragt die Mutter. Sie gießt Kaffee nach.

„Früher lebten die Menschen in großen Familien", sagt die Oma. „Da sind sie sich zwar manchmal ganz schön auf die Nerven gefallen, aber sie waren auch füreinander da. Und dann gab es nicht so viele Stellen, die zuständig waren für die einzelnen Wehwehchen. Da mussten die Menschen einander beistehen."

„Dann war es früher besser?", fragt Tom.

„Nein", sagt die Oma. „Anders. Es ist ja gut, dass es das alles gibt, das Rote Kreuz und die Alkoholikerfürsorge, die Eheberatung, die Telefonseelsorge und wie das so heißt. Nur dürfen wir nicht denken, dass wir damit aufhören, für unsere Mitmenschen verantwortlich zu sein."

„Wie können wir verantwortlich sein für all das viele Elend auf der Welt?", fragt die Mutter. Sie hat nun auch aufgehört zu essen.

„Die Antwort ist einfach", sagt die Oma. „Wenn jeder da hilft, wo er gerade mit der Nase draufgestoßen wird, dann schrumpft das Elend auf der Welt schon erheblich zusammen."

„Du verlangst also nicht von uns, dass wir nach Indien fahren und Leute vorm Verhungern retten?", fragt der Vater.

„Nein", sagt die Oma, „weil es in der nächsten Nähe genug zu tun gibt. Es ist bestimmt besser, sich um einen Nachbarn zu kümmern, als zwanzig Mark irgendwo hinzuschicken, wo eine Überschwemmungskatastrophe stattgefunden hat. Es ist auch schwieriger."

„Das stimmt", sagt die Mutter. „Weil man weniger gern Zeit hergibt als Geld."

„So, und was sollen wir jetzt tun?", fragt der Vater.

„Wir hätten uns um den kümmern müssen", sagt Tom. „Nicht wahr? Um den auf der Bank."

„Und wir haben bloß blöd geguckt", sagt Janne.

„Vielleicht hat er nicht gewusst, wo die Fürsorge ist", sagt Tom. „Oder er hat nicht hingehen wollen."

„Vielleicht war er krank und hat keinen Krankenschein gehabt", sagt Janne.

„Vielleicht war er so traurig, dass er gar nicht reden konnte. Auch nicht mit der Telefonseelsorge", sagt Tom.

„Du wirst die Kinder noch so weit bringen, dass sie uns jeden Penner ins Haus schleppen", sagt der Vater.

„Ihr wollt doch dauernd die Welt verändern", sagt die Oma. „Ihr Jungen. Verbessern wollt ihr die Welt. Glaubt ihr, das funktioniert ganz einfach, indem ihr noch mehr Organisationen errichtet? Nein", sagt die Oma. Sie steht auf und schiebt ihren Stuhl zurück. „Das geht nur, wenn der Einzelne anfängt, sich verantwortlich zu fühlen und zu handeln. Wenn's auch unbequem ist", sagt sie. „Und kalt draußen."

„Wohin willst du?", fragt die Mutter.

Die Oma schlüpft in ihren alten, flauschigen Mantel. „Ich will mal nachsehen", sagt sie. „Zum Schluss erfriert der Mann da noch."

Tom und Janne springen auf.

„Ich komme mit!", sagt Janne.

„Ich auch!", sagt Tom. „Holen wir ihn her?"

„Kartoffelpuffer haben wir ja noch", sagt die Mutter. Sie zieht ihre Pelzjacke an.

„Da will ich doch lieber mitgehen", sagt der Vater. „Es kann ja sein, dass er ein arbeitsscheuer, versoffener Rumtreiber ist."

„Und wenn!", sagt die Oma. „Es sind fünfzehn Grad unter Null."

Sie treten auf die Straße hinaus.

„Vielleicht will er gar nicht, dass sich einer um ihn kümmert", sagt der Vater.

„Vielleicht braucht er nur Geld, um irgendwo hinzufahren", sagt Tom.

„Vielleicht ist er schon weg", sagt die Mutter.

„Vielleicht sitzt er da und ist tot", sagt Janne leise. „Erfroren."

Sie gehen schneller.

Gina Ruck-Pauquèt

Thea

Inhalt:	Die Erzählerin aus behütetem Elternhaus hadert mit sich selbst, weil es ihr trotz eigener Betroffenheit über die als ungerecht empfundenen sozialen Unterschiede nicht gelingt, der schulschwachen vaterlosen Thea zu helfen.
Stichworte:	Soziale Not – Armut – Krankheit – Elend – Außenseiterin – Schulprobleme – Gerechtigkeit/Ungerechtigkeit – Betroffenheit – Verantwortung – unterlassene Hilfe – Vorwürfe
Alter:	ab 9 Jahren

Sie hieß Thea. Ich weiß noch, dass sie in der letzten Bank saß. Sie war anders als wir und sie roch nicht gut. Thea saß allein in der letzten Bank. Manchmal habe ich mich nach ihr umgedreht.

„Wenn man auf der Toilette war", sagte das Fräulein Preking, „kann es passieren, dass ein Tröpfchen Urin in die Hose gerät. Um das zu verhindern, solltet ihr euch immer mit einem Stück Papier abtupfen."

Dann sagte sie noch, dass man die Wäsche so oft wie möglich wechseln solle. Sie sagte das scheinbar ganz allgemein. Aber natürlich meinte sie die Thea. Das war klar. Diesmal drehten sich alle um.

Kurz darauf setzte die Preking die Thea in die erste Reihe. Die Thea sagte zu all dem nichts. Sie hatte eine Art, abwesend zu sein, obschon sie doch eigentlich da war. Saß dort, klein und stämmig, das aschblonde Haar nicht lang und nicht kurz und schaute nach vorn.

Manchmal lief ihr die Nase, und sie schien auch das nicht zu bemerken. Es war nicht so, dass die Thea blöd war. Aber sie meldete sich nicht von selber.

„Siehst du, du weißt es ja!", sagte die Preking, wenn Thea geantwortet hatte. Und sie versuchte es mit einem Lächeln. Aber sie erreichte die Thea nicht wirklich. Vielleicht ging es ihr wie mir. Sooft ich die Thea ansah, war es mir, als falle ich durch ihren Blick hindurch.

In der Pause auf dem Schulhof war sie auch für sich. Sie ging rum und ließ einen kleinen, grauen Ball hüpfen. Den hatte sie immer mit. Einmal ist mir der Ball vor die Füße gesprungen und ich hab' ihn ihr zurückgegeben. Da hat sie gelächelt. Ich hatte gar nicht gewusst, dass sie so schiefe Zähne hat. Eine Zahnspange hätte sie tragen müssen.

Etwas an der Thea hat mich angezogen. Vielleicht war es die Tatsache, dass sie aus der Buschgasse kam. Die Buschgasse, das war der andere Teil unseres Viertels, der Teil, von dem ich nichts wissen sollte.

Ich hatte einen Garten, in dem ich spielen konnte. Einen Garten mit Sonnenblumen, Hortensien und einem Kirschbaum in der Mitte. Und ein Gartenhaus für meine Freundinnen und mich und für die weiße Angorakatze.

In der Buschgasse gab es keine Gärten. Da standen im Sommer die Türen der Häuser auf und die Kinder quollen heraus. Frauen in Büstenhaltern saßen auf Stühlen an der Hauswand in der Sonne, struppige Hunde strichen umher und irgendwo gab es immer Streit.

Da war das Kreischen einer Frauenstimme, ein Betrunkener torkelte herum, es roch nach Weißkohl, ein Säugling weinte und überall spielten Radios, als versuchten sie, das alles zu übertönen.

Die Buschgasse – das waren Jungen, die nach Büchsen traten, das war Wäsche vor den Fenstern, war Gelächter und Lallen, war Gefahr, Geheimnis, war das, was ich wissen wollte.

Aber ich wohnte weiter oben in einem Patrizierhaus in der Rosenstraße. Ich habe Thea nie in unserer Straße gesehen. Und in die Buschgasse konnte ich nur dann einen schnellen Blick werfen, wenn ich zum Markt geschickt wurde, um Schnittlauch zu kaufen.

Eines Tages kam Thea nicht mehr in die Schule. Sie hatte immer schon mal gefehlt und die Preking hatte kein großes Aufsehen darum gemacht. So, wie sie ihr auch nachsah, dass sie ohne Hausaufgaben kam.

„Ich hab's nicht", pflegte die Thea zu sagen.

Die Kinder lachten dann los und die Preking hatte einen Zug von Hilflosigkeit im Gesicht und sagte, dass es nicht mehr so weitergehe.

Aber es war immer so weitergegangen. Bis die Thea dann eben überhaupt nicht mehr kam. Da hieß es, ich solle hingehen.

„Du wohnst doch in der Nähe", hieß es. „Schau mal nach, was los ist."

Meine beste Freundin war damals Margot, ein Mädchen wie aus Porzellan, zart, mit einer Fülle schwarzer Haare und blauen Augen.

„Soll ich mitkommen?", sagte sie. „Hast du Angst?"

Ich sagte nein. Es schien mir verächtlich, Angst zu haben vor dem, was der Thea doch Heimat war.

Nummer fünfzehn. – Als ich hinkam, war Mittag. Die Wohnung war im Parterre. Das Erste, was ich wahrnahm, war das Dämmerlicht. Dämmer trotz des Sonnenscheins draußen.

Auf dem Fußboden spielten Kinder, und es herrschte ein wildes Durcheinander im Raum.

Thea zog eben ein schmuddeliges Wäschestück aus einem brodelnden Topf auf dem Herd. Als sie mich sah, ließ sie es zurücksinken.

Die Frau lag im Bett an der Rückseite des Raumes. Es musste Theas Mutter sein. Ein Eimer stand neben ihr und ein übervoller Aschenbecher. Eines der kleinen Geschwister Theas hatte die Hand voller Zigarettenstummel.

Ich weiß noch, dass mich so etwas wie Panik befiel. Ich hatte den Eindruck, dass es unmöglich sein müsse, hier jemals Ordnung zu schaffen. Dann verstand ich, wieso Thea ihre Hausaufgaben nicht machte.

„Kommst du nicht mehr in die Schule?", hörte ich mich fragen. Und im selben Moment erschien mir diese Frage angesichts der Situation so ungeheuerlich dumm, dass ich mich schämte.

Thea zerrte das Wäschestück heraus und klatschte es ins Spülbecken. Eines der kleinen Kinder fing an zu schreien. Ich sah jetzt, dass ihm die nasse Hose auf den Knien hing. Thea blickte mich an wie eine, die eine andere Sprache spricht und nun überlegt, wie sie sich verständlich machen soll. „Meine Mutter ist krank", sagte sie.

Die Frau wälzte sich im Bett herum. „Bist du aus ihrer Klasse?"

Ich nickte. Mir war beklommen zumute. „Und dein Vater?", fragte ich leise.

„Der ist doch weg", sagte Thea.

Später, als ich wieder auf der Straße stand, hab' ich zum erstenmal über die Gerechtigkeit nachgedacht. Ich hab' gezittert vor Wut, weil es der Thea so ging, so elend, so erbärmlich. Anders als den Leuten, die ich kannte. Warum gab es so was? Warum machte das Leben das? Warum hatten's die einen so schön und die anderen so verdammt mies?

Ja, da hab' ich einen großen Zorn gehabt und ich war stolz, so zornig zu sein.

Die Thea ist dann nochmal wieder in die Schule gekommen, Wochen später. Aber sie hat es nicht mehr geschafft. Sie hatte den Anschluss verpasst, wie man so sagt.

Manchmal, wenn ich sie angesehen habe in dieser Zeit, hab' ich mich schlecht gefühlt. Dann ist mir wieder eingefallen, wie es bei mir zu Hause aussieht. Aber ich hab' es dann auch wieder vergessen, denn es war kurz vor den Ferien und meine Freundin Margot durfte zum erstenmal mit uns zusammen verreisen. Da hab' ich mich gefreut wie verrückt.

Dass die Thea sitzen geblieben ist, hab' ich überhaupt nicht mitgekriegt. Wir sind so schnell nach Hause gelaufen, die Margot und ich.

Und dann waren Ferien und danach war die Thea nicht mehr da. Gefragt hat eigentlich keiner nach ihr. Aber das Fräulein Preking hat es von selber gesagt: Dass die Thea in einem Heim ist, hat sie gesagt. Weil sie doch nicht mitkommt. Und die Mutter ist nicht gesund.

Nachmittags sind wir zum Rollschuhlaufen bei uns an den Rhein gegangen. Am Ufer entlang war so feiner Asphalt. Es war nicht weit bis zur Buschgasse.

Ich weiß nicht mehr, wie es zuging, aber auf einmal war ich da. Die Tür stand offen und es sah wieder dämmrig aus. Aber sonst war alles ganz anders. Das Bett im Hintergrund war gemacht und die Kleinen ordentlich angezogen. Eine junge Frau stand am Herd und rührte in einer Pfanne.

„Na", sagte sie, „suchst du jemanden?"

Ich wusste keine rechte Antwort. „Die Thea", sagte ich einfältig.
„Die Thea ist jetzt in einem Heim", sagte die Frau, „und solange die Mutter im Krankenhaus liegt, hüte ich die Kleinen. Ich bin vom Jugendamt", sagte sie. „Bist du eine Freundin von der Thea?" Sie lächelte mir zu.
Lügen konnte ich nicht. Nicht so. „Ich war nur in ihrer Klasse", sagte ich. „Es tut mir so Leid, dass sie ... sitzen geblieben ist."
„Ja", sagte die Frau. „Hast du versucht, ihr zu helfen?", fragte sie.
Hast du versucht, ihr zu helfen? Diesen Satz hab' ich noch lange gehört. Ich hatte nicht versucht, ihr zu helfen. Ich hatte nicht einmal daran gedacht.
Ich hätte mit ihr Hausaufgaben machen können. Ich hätte ihr erklären können, was sie nicht verstand. Sie hätte nicht sitzen bleiben müssen. Ich hatte nicht versucht, ihr zu helfen. Ich hatte gemeint, dass das Leben ungerecht ist. Aber wer war das – das Leben? Hatte nicht auch ich mit zum Leben der Thea gehört, zu dem Kreis der Lebendigen, der sie umgab?
Plötzlich konnte ich die Ungerechtigkeit keiner großen, unbekannten Macht mehr anlasten. Ich war zuständig gewesen. Und ich hatte versagt. Mir wurde klar, dass Gerechtigkeit etwas ist, das man schaffen muss, Stück für Stück. So gut man kann.
Ich habe die Thea nie wieder gesehen. Und ich habe nichts mehr von ihr gehört. Es ist möglich, dass ihr weiterhin Ungerechtigkeit widerfährt.
Aber vielleicht ist ihr jemand begegnet, der die Ungerechtigkeit in ihrem Leben unterbrochen hat, indem er ihr gerecht wurde.
Schade, dass ich es nicht war.

Gina Ruck-Pauquèt

Ein Tag in meiner realen Hölle

Inhalt: Hart, eindringlich, im Jargon des Milieus, schildert eine 14-Jährige ihre aussichtslos erscheinende Situation als Drogenabhängige.

Stichworte: Jugendliche – Drogenproblematik – Drogenmilieu – Hausbesetzung – Heroin – Entzugserscheinungen – Prostitution – Schmerzen – Elend – Aussichtslosigkeit – Verzweiflung

Alter: ab 14 Jahren

Ich wache im besetzten Haus auf. Die Sonne knallt auf meinen Schlafsack. Es ist 12 Uhr mittags. Aus dem Nebenzimmer dröhnt laute Punkmusik, ein Hund bellt.

Ich stehe auf. Ich bin nass geschwitzt und überall kleben Hundehaare und Dreck. Alle Glieder schmerzen, als hätte ich Muskelkater am ganzen Körper. Entzugserscheinungen.

Mein erster Gedanke: Wo bekomme ich den ersten Druck her? Ich ziehe meine versifften Klamotten an, bunker mein Spritzbesteck in meiner Bomberjacke ab und mach mich so erst auf den Weg zum Bahnhof Zoo.

Draußen ist herrliches Wetter, die Leute lachen, schlecken ihr Eis und sind gut drauf, nur mich kotzt alles an.

Noch schlimmer als die körperlichen sind die Schmerzen im Kopf. Ich könnte laut schreien. Am Zoo latsche ich erst mal quer durch den Bahnhof, keine Sau da, die mich einladen will. Am Breitscheidplatz ist auch nix los. Ich versuche es im Tiergarten, aber ohne Geld läuft da auch nichts. Inzwischen ist es schon 19 Uhr und der Entzug wird schlimmer, mein Kopf scheint zu explodieren. Ich fahre zur Bülowstraße. Nach einer Stunde Betteln drückt mir einer 'n Filter* ab, den ich mir sofort aufkoche, doch mir geht es kein Stück besser.

Ich laufe die Kurfürstenstraße ab, in der Hoffnung, eine „Freundin" zu treffen, die anschaffen geht und mich einlädt. Ich habe Glück, Chris ist da, doch sie hat auch kein Geld und muss erst 'n Freier machen. Nach einer Stunde hält endlich einer an und nimmt sie mit. Ich schreibe mir die Autonummer auf. Es ist schon dunkel. Ich warte, warte und warte. Bullen, Nutten, Freier, Dealer und Fixer laufen an mir vorbei, ich hasse diesen Ort. Nach eineinhalb Stunden kommt sie endlich, doch sie hat nur 50,- Mark gemacht. Wir kaufen Dope. Ich gehe mit ihr auf ein Klo und wir hauen das Pack auf den Löffel und kochen auf. Sie gibt mir nur ein paar Einheiten ab, das mach ich mir weg. Doch ich habe immer noch Entzugserscheinungen und brauche mehr. Chris geht erneut anschaffen, doch einladen will sie mich nicht mehr. Klar, sie braucht das Zeug ja selber dringend. Es ist schon 1 Uhr und ich stehe mit den anderen Junks am Sex-Kino am U-Bahnhof Bülowstraße. Die arabischen Dealer machen mich an: Wie heißt du? Wie alt bist du? Was nimmst du?

Ich antworte und jammer ihnen von meinen Entzugserscheinungen vor. Sie tun so, als hätten sie Mitleid mit mir, legen ihre Grabscher um mich, geben mir Küsschen und packen mich an den Arsch. Ich find's widerlich und ekelhaft, mache aber gute Miene zum bösen Spiel, in der Hoffnung, ein kleines Pack geschenkt zu bekommen.

Einer drückt mir auch tatsächlich eins in die Hand. Ich muss ihm dafür einen Kuss geben. Dann fragt er mich, ob ich mit zu ihm nach Hause komme,

---

* Die beim Heroinspritzen verwendeten Filter enthalten Reste, die wiederaufbereitet werden können. Es gibt eigens dafür Leute, die „Service" machen, d.h. Filter sammeln und daraus nochmals Stoff, besser gesagt den letzten Dreck, gewinnen.

er würde mir ein halbes Gramm geben. Ich sage: „Nein!", und er zischt: „Dann verpiss dich!"
Ich gehe, mach mir meinen Druck und bin jetzt todmüde und völlig fertig. Aber die letzte Bahn ist weg.
Drei Stunden hocke ich noch zwischen den ganzen Leichen rum (ich bin ja selber schon eine) und fahre dann mit der ersten Bahn ins besetzte Haus zurück. Als ich ankomme, ist es schon hell draußen. Ich lege mich in meine Penntüte und schlafe ein, in ein paar Stunden gehts wieder von neuem los.
Es kotzt mich an.

Anja, 14 Jahre

Migi und Jannika

Inhalt: Die sechsjährige Jannika sitzt im Rollstuhl. Aber sie meistert das Leben. Gegen zwei Jungs, die eine Katze quälen, entwickelt sie Aggressivität.
Stichworte: Mädchen – Behinderung – Rollstuhl – Lebensfreude – Fantasie – Energie – Mut – Tierquälerei – einschreiten – Handgreiflichkeit – Erfolg
Alter: ab 7 Jahren

Migi lässt den Rollstuhl mit der Jannika den Bürgersteig runter. „Hoppla", sagt er.
Die Jannika ist sechs. Kein Mensch weiß, ob sie je wieder wird laufen können.
„Links rum!", sagt die Jannika.
„Wir gehen doch in den Park", sagt der Migi.
„Ne!", sagt die Jannika. „Auf den Fußballplatz!"
„Aber da ist nichts los", sagt der Migi. „Heute nicht."
„Trotzdem", sagt die Jannika. „Bitte", sagt sie.
Der Migi schiebt los.
„Gestern", sagt die Jannika, „hat es geklopft."
„Und?", fragt Migi.
„Es war ein Krokodil", sagt die Jannika.
Migi seufzt.
„Es wollte die Beine von meinem Bett fressen", sagt die Jannika.
„Und?", fragt der Migi. Er kann nicht umhin, sich nun doch für die Geschichte zu interessieren.

"Ich hab ihm eine Ohrfeige gegeben", sagt die Jannika.
Migi lacht. Man könnte sich das vorstellen. "Endstation", sagt er.
Der Fußballplatz ist leer bis auf zwei Jungen.
"Wer sind die?", fragt die Jannika.
"Die sind aus meiner Klasse", sagt der Migi. "Der Meier Jochen und der Dieter."
"Die machen was", sagt die Jannika. "Geh nachschauen", sagt sie.
Der Migi seufzt und geht. Als er kommt, lassen sie die Katze los. Sie hatten ihr eine Milchdose an den Schwanz binden wollen.
"Ihr seid gemein!", schreit die Jannika, die die Zusammenhänge erkannt hat.
"Warum macht ihr denn sowas?", fragt der Migi.
Der Dieter grinst und geht weg. Der Meier Jochen geht nicht.
"Darum!", schreit er und wirft dem Migi die Milchdose gegens Bein.
"Hau ihn!", schreit die Jannika. "Zeig's ihm! Los!"
So ein kleines Mädchen und der Migi packt sich wahrhaftig den Meier Jochen.
"Katzenquäler!", schreit die Jannika.
Der Migi legt den Meier Jochen auf den Rücken. Dann lässt er ihn. Als er zur Jannika zurückkommt, schnauft er ein bisschen. Dann sehen sie sich an und lachen.

Gina Ruck-Pauquèt

Hannes

Inhalt: Der 25-jährige mongoloide Hannes wird von der Fußwaschung am Gründonnerstag in der Kirche so tief getroffen, dass er sie eine Woche lang zu Hause für sich immer wieder vollzieht.

Stichworte: Geistig Behinderter – Down Syndrom – Fußwaschung – Symbolhandlung – Zuwendung – Fürbitte – Glück

Alter: ab 12 Jahren

Ein Pfarrer erzählt:
Er kam jeden Sonntag mit seiner Mutter in den Gottesdienst. Ich wusste nicht viel von ihm. Geduldig wartete er jedesmal, bis er mir "Auf Wiedersehen" sagen konnte. Dabei verneigte er sich höflich und streckte mir seine

Hand entgegen, eine kräftige Hand mit rissiger Haut, die Finger waren etwas kurz geraten – wie so vieles an ihm. Hannes, etwa 25 Jahre alt, litt am Down Syndrom. Ich habe ihn immer gern gehabt. Es rührte mich, wie er das Gesangbuch zur Hand nahm, darin blätterte und kräftig mitsang, obwohl er mit Buchstaben und Noten nichts anfangen konnte. Wenn ich predigte, hing er an meinen Lippen, obwohl er kaum etwas begriff.

Ich wollte Hannes gern in den Gottesdienst einbeziehen, ihn etwas tun lassen, aber was? Die Lesung vortragen oder etwas Ähnliches – das ging nicht. Hannes hatte wie alle Mongoloiden eine kurze, schwere Zunge, es war für ihn schwierig, sich verständlich zu machen. Außerdem konnte er ja nicht lesen.

Da kam mir eine Idee. Zur Fußwaschung am Gründonnerstag suchte ich jedes Jahr Menschen, die entweder schweres Leid oder eine große Freude erlebt hatten: Einander die Füße waschen heißt, füreinander da sein in guten und bösen Tagen. Ich rief Hannes' Mutter an. Sie zögerte zuerst, stimmte schließlich zu.

Vor der Zeremonie stellte ich der Gemeinde die Einzelnen vor: einen Bräutigam, einen Mann, der durch einen Unfall seine Frau verloren hatte, eine Frau, die ein Kind erwartete ... Ich sagte ihnen, dass sie nicht allein seien, dass sie zu uns gehörten, ob sie nun Freud oder Leid zu tragen hätten. Zu Hannes sagte ich: „Ich möchte, dass du weißt, dass wir dich gern haben, dass du zu uns gehörst."

Bei den Fürbitten trug jeder, dem ich die Füße gewaschen hatte, eine Bitte vor. Als Hannes an der Reihe war, ging er ans Mikrophon und stammelte mit schwerer Zunge: „Für meine Mama, dass sie mich weiter gern hat."

Die Antwort „Wir bitten dich, erhöre uns!" brachten nicht viele von uns heraus, den meisten versagte die Stimme.

Hannes' Mutter erzählte mir später, er habe zu Hause eine Woche lang jeden Tag die Fußwaschung noch einmal nachvollzogen und sei dabei glücklich gewesen.

„Und zwar so glücklich, wie wir es gar nicht sein können", sagte die Mutter.

Sepp Hollweck

Für diesen Erik bist du da

Inhalt: In der Geistigbehindertenklasse wird dem Zivildienstleistenden Kai der kleinkindhafte 17-jährige schwerstmehrfachbehinderte Erik anvertraut. Nach anfänglicher Unsicherheit findet Kai bald Freude am Duschen, Windeln, Füttern dieses Bündels Mensch. Kai sieht ein Lächeln, hört ein leises Schnaufen, Minimalkundgaben für Wohlbefinden. Zu sprechen vermag Erik nicht.

Stichworte: Zivildienstleistender – Schwerstmehrfachbehinderter – Aufgabe – Orientierung – zögern – zutrauen – Pflege – Reaktion – Freude

Alter: ab 12 Jahren

Kai hatte sich dafür entschieden zu verweigern. Er wollte nicht als Soldat der Bundeswehr eingezogen werden, dafür lieber mit geistig behinderten Kindern arbeiten. So begann er kurz nach Ostern seinen Dienst als Zivildienstleistender an der Schule für geistig Behinderte.

„Unser neuer Zivildienstleistender!", sagte Frau Davy und nickte ihm freundlich zu, als er sich am ersten Tag bei der Schulleiterin meldete. Und später führte sie ihn in Herrn Reihls Klasse, der schon auf ihn wartete. Beim ersten Umschauen nahm Kai acht Schüler wahr, die nicht viel jünger als er selbst sein mochten.

„Unsere Oberstufe!", sagte Herr Reihl und stellte ihm die Mädchen und Jungen vor. Die meisten konnten auch selbst ihre Namen sagen. Nur einer fiel Kai sofort auf. Er lag leicht gekrümmt in einem Rollstuhl, dessen Oberteil so weit nach hinten gebogen war, dass er fast waagerecht darin lag. Er hielt die Hände vor seinen Mund und hatte seine Augen geschlossen. Fast wie ein Kleinkind lag er da. Einer, der überhaupt nicht in diese Klasse zu passen schien.

„Das ist unser Erik!", sagte Herr Reihl und strich dem kleinen Jungen leicht über das Haar. Für einen kurzen Moment öffnete der Junge die Augen. Doch kam es Kai so vor, als wäre sein Blick leer, wenn sich auch seine Pupillen unstet und wie unbeabsichtigt von links nach rechts bewegten.

Kai wusste nicht, wie er sich verhalten sollte. Ein solches Kind hatte er vorher noch nie gesehen, vor allem nicht in einer Schule.

„Erik ist siebzehn", meinte Herr Reihl und nickte noch einmal bestätigend, als er Kais verdutzten Blick bemerkte. „Bisher hat sich Boris um ihn gekümmert", fügte er hinzu, „aber sein Zivildienst ist zu Ende. Jetzt bist du für Erik da!" Und als er sah, wie unschlüssig und hilflos Kai vor dem kleinen Rollstuhl stand, löste er die Bremsen an beiden Rädern und schob ihn Kai so entgegen, dass er nicht anders konnte, als die beiden Griffe zu nehmen.

„Er muss jeden Morgen gebadet werden!", sagte Herr Reihl. „Ihr macht das zu zweit. Ich habe Lutz bereits Bescheid gesagt. Er kommt gleich und hilft dir. Er weiß auch, wie man es macht. Und danach hilfst du ihm, die kleine Birgit zu versorgen."

Lutz, das war der andere Zivildienstleistende. Kai hatte ihn bereits kennen gelernt, als er sich damals an der Schule vorstellte. Lutz hatte ihn durch die Räume geführt und auch auf einige Kinder aufmerksam gemacht. Aber eigentlich konnte sich Kai an niemand mehr richtig erinnern. Es war über ein halbes Jahr her.

Herr Reihl arbeitete inzwischen mit den Mädchen und Jungen am Tisch weiter, während Kai noch immer unschlüssig – beide Griffe in der Hand – vor dem kleinen Jungen im Rollstuhl stand und am liebsten davongelaufen wäre. Er war dankbar, als Herr Reihl ihn einlud, sich mit zu den anderen an den Tisch zu setzen. „Mach aber zuerst die Bremsen fest!", sagte er.

Als dann später Lutz kam, sprang Kai auf, um wenigstens die Bremsen wieder zu lösen, wenn er auch sonst noch nicht wusste, was nun mit Erik geschehen sollte. Im Waschraum hoben sie ihn gemeinsam aus dem Rollstuhl und legten ihn auf die breite Wickelkommode.

„Halt ihn oben fest!", sagte Lutz und war schon dabei, dem Jungen die Hosen, Strümpfe und den Schlüpfer auszuziehen. Das dicke Windelpaket löste er ebenso schnell und warf es in den Windeleimer neben sich.

Als Kai der Geruch von Kot und Urin in die Nase kam, hätte er sich am liebsten abgewendet. Aber Lutz tat alles so selbstverständlich, dass er ihm gebannt zusehen musste.

„Erik, jetzt geht's oben los!", meinte Lutz dann und hatte ihm schon mit schnellen, geübten Griffen den Pullover über den Kopf gezogen. „Pack' richtig zu!", sagte er noch und hob den kleinen Jungen ganz behutsam mit beiden Händen unter dem Po und den Beinen hoch, sodass Kai nichts anderes übrig blieb, als den Oberkörper ebenso festzuhalten. Gemeinsam trugen sie ihn dann zu dem Duschbett. Lutz prüfte erst sorgfältig die Wassertemperatur, bevor er den leichten Duschstrahl auf den kleinen Jungen richtete. In diesem Augenblick entdeckte Kai plötzlich das Lächeln auf Eriks Gesicht.

„Mach weiter!", sagte Lutz und drückte Kai bereits die Dusche in die Hand. Da überlegte der überhaupt nicht mehr, sondern griff wie selbstverständlich nach der Seife und begann, den schmächtigen Körper des Jungen einzuseifen und anschließend abzuduschen. Dabei hörte er zum ersten Mal das leise wohlige Schnaufen Eriks.

„Das macht er immer, wenn er sich wohl fühlt!", hörte er Lutz neben sich sagen. „Sprechen kann er nicht. Manchmal weint er lautlos vor sich hin. Aber so schnauft er immer, wenn ihm etwas gefällt!"

Immer wieder ließ Kai nun den warmen Duschstrahl über den kleinen

Körper laufen und spürte plötzlich, dass alle Angst und Unsicherheit weg waren. Er hätte noch lange duschen und auf das wohlige Schnaufen hören können.

Als er dann mit Lutz zusammen Erik mit dem großen Badetuch abrubbelte und später noch eincremte, da entdeckte er, dass ihm das alles Spaß machte. Kai freute sich richtig, als Lutz ihn aufforderte, Erik nun anzuziehen, damit er die kleine Birgit holen konnte. Nur beim Windeln musste Lutz noch helfen. Das klappte noch nicht auf Anhieb.

„Na, war's schön?", fragte Herr Reihl, als Kai Erik in seinem Stuhl in die Klasse zurückbrachte.

Hatte er Erik gemeint oder ihn? Jedenfalls nickte Kai und schob Erik in seinem Rollstuhl so nahe an den Tisch, dass er sich noch neben ihn setzen konnte und ihn nahe bei sich spürte.

„Nach der Pause zeige ich dir, was du mit Erik auf dem Wasserbett machen kannst!", meinte Herr Reihl dann. „Aber vorher gehen wir zum Frühstück. Ich zeige dir dann, wie man ihn füttert. Er kann nur Brei essen. Alles andere bringt er nicht hinunter."

Kai nickte und spürte, dass er sich auf all das zu freuen begann, was er mit Erik tun wollte, heute, morgen und übermorgen. Vor ein paar Stunden hatte er noch nicht einmal gewusst, dass es diesen Erik überhaupt gab. Diesen Erik, der so stark behindert war, dass er nicht einmal sprechen konnte, von der Hilflosigkeit seines Körpers ganz zu schweigen. Aber leise schnaufen, vor Freude ganz zart schnauben, das konnte er. Und darauf begann Kai sich jetzt zu freuen.

Rolf Krenzer

Er und sie*

Am Samstagnachmittag
im evangelischen Pfarrhaus
es gab Kaffee und Kuchen
30 Leute waren im Saal
Er kam als letzter
seine Eltern haben ihn gebracht
Er
trug zu kurze Hosen
grüne Strümpfe
Klumpfußschuhe
und ein rosa Hemd von Wertkauf
Sehr klein
stand er in der großen Tür
Er war unsicher
Sie
rutschte von ihrem Stuhl herunter
ließ ihren Kuchen im Stich
und rannte
mit unbeholfenen Schritten
auf ihn zu
Sie umarmten sich
Den Rest der Leute im Saal
vergaßen sie für kurze Zeit
Sie bewunderte
sein rosa neues Hemd
Er sagte
dass ihre Ohrringe
(wie kleine Mädchen sie tragen)
schön seien
Er flüsterte ihr etwas ins Ohr
Sie lachten
Dann
waren die anderen wieder da
Sie nahm seine Hand
und brachte ihn an ihren Tisch

---
*Titel redaktionell

Eigentlich
ohne Grund war ihre Freude
am Morgen
hatten sie sich zuletzt gesehen
Sie ist 49 Jahre alt
Er 28
Beide sind geistig behindert

Thomas Seiterich

Trotzdem

Inhalt: Eine alte Frau holt ihren von der Familie als kriminell verstoßenen Enkel, der Feuer an seine alte Schule gelegt hat, aus der Untersuchungshaft. Sie erweist ihm Liebe, stärkt sein Selbstvertrauen.

Stichworte: Großmutter – Enkel – Schulschwäche – Zurücksetzung – Straffälligkeit – Brandstiftung – Untersuchungshaft – Resignation – Liebe – Hilfe – annehmen – Selbstvertrauen

Alter: ab 10 Jahren

Die alte Frau mit der großen Einkaufstasche kam vom Bahnhof und musste zweimal fragen, bis sie das Gefängnis in der Berliner Straße fand. In der Eingangshalle blieb sie unschlüssig stehen und schaute sich um. Sie kannte sich hier nicht aus. Sie war noch nie hier gewesen.

Ein Mann in Uniform kam vorüber. An seinem Gürtel hing ein Schlüsselbund. Er sah die alte Frau da stehen und wandte sich ihr zu.

„Sie wollen sicher jemanden besuchen", sagte er. „Dort ist das Büro, wo Sie sich anmelden müssen."

Die alte Frau nickte dankbar und ging ins Büro.

„Ich wollte den Herbert besuchen", sagte sie zu dem Mann hinter dem Schreibtisch. Ihre Hände zitterten vor Aufregung.

„Haben Sie eine Besuchserlaubnis?", fragte der Mann.

Die alte Frau nickte und kramte einen Zettel aus der Tasche. Sie reichte ihn dem Mann und sagte: „Der Herbert ist nämlich mein Enkel. Mein Sohn hat zwei Jungen, den Werner und den Herbert. Der Werner ist der ältere, der studiert schon. Arzt will er werden. Mein Sohn und meine Schwiegertochter sind so stolz auf ihn. Er wird es zu was bringen. Der Herbert ist gegen ihn nie angekommen. In der Schule hat er bei jeder Versetzung Mühe gehabt. Und dann hat er ja auch so abstehende Ohren."

„Sie können dort drüben im Wartesaal Platz nehmen", sagte der Mann. „Sie werden aufgerufen."

Aber die alte Frau blieb noch stehen.

„Wissen Sie", sagte sie zu dem Mann, „sein ganzes Leben lang hat er nichts anderes zu hören bekommen als ‚Nimm dir doch ein Beispiel an deinem Bruder'. Vor allem in der Schule."

Der Mann nickte zerstreut. Er hatte viel zu tun.

„Niemand hat ihn gemocht", sagte die alte Frau, „weder zu Hause noch in der Schule. Deshalb kam er so gern zu mir. Ich hab ihn gern. Mir ist er lieber als der Werner, das muss ich ehrlich zugeben."

„Ja, ja", sagte der Mann etwas ungeduldig. „Aber ich habe zu tun."

Die alte Frau nickte und ging hinüber in den Wartesaal. Verlegen grüßte sie die anderen Leute, die hier warteten, und suchte sich einen Stuhl. Die Einkaufstasche stellte sie zwischen ihre Füße. Neben ihr saß eine etwas jüngere Frau, die gleich ein Gespräch anfing.

„Sie sind wohl das erste Mal hier?", fragte sie.

„Ja", sagte die alte Frau. „Er ist noch nie im Gefängnis gewesen. Für mich war das alles neu, mit der schriftlichen Besuchserlaubnis und so. Ich hab zuerst meinen Sohn gebeten, dass er mir hilft. Der versteht sich auf Schriftliches; er ist ja Büroangestellter. Aber er hat gesagt: ‚Ich will mit dem Herbert nichts mehr zu tun haben. Wir sind eine anständige Familie. Kriminelle haben bei uns nichts zu suchen. Lass ihn. Vergiss ihn.' Da hat mir dann ein Nachbar geholfen."

„Was hat er denn getan, Ihr Herbert?", fragte die jüngere Frau.

„Feuer gelegt", seufzte die alte Frau.

„Ach, der ist das?", rief die jüngere Frau und machte entsetzte Augen. „Von dem hab ich in der Zeitung gelesen. Herbert Mosbacher, nicht wahr? Einen ganzen Schulhausbau hat er auf dem Gewissen und noch ein Wohnhaus, das daneben stand."

„Ja", sagte die alte Frau, „es war die Schule, in die er früher gegangen ist."

„Und dabei ist doch ein alter Mann ums Leben gekommen!", rief die jüngere Frau. Ihre Backen wurden rot.

„Das hat der Herbert aber nie gewollt", sagte die alte Frau. „Das nicht!"

„Also an Ihrer Stelle würde ich den nicht besuchen", sagte die jüngere Frau. „Der ist ja gemeingefährlich. Mein Sohn hat nur ein paar kleine Einbrüche auf dem Kerbholz."

„Aber er hat doch niemanden als mich", sagte die alte Frau. „Als er noch klein war, kam er oft zu mir heraus. Seine Eltern wohnen ja in der Stadt, und ich wohne so weit draußen, in Rauschenbach. Dort hab ich einen Laden. Bei mir war er immer glücklich, der Herbert. Aber als er dann zur Schule ging, da hat ihn mein Sohn nur noch selten fahren lassen, zur Strafe für schlechte Noten. Die letzten zwei Jahre hab ich ihn gar nicht mehr gesehen. Jetzt ist er achtzehn."

Aber die jüngere Frau hatte sich abgewandt und sprach nicht mehr mit ihr. So blieb auch sie still sitzen, bis sie aufgerufen wurde.

„Diese Tasche", sagte der Mann, der sie durch einen langen Gang führte, „müssen Sie jetzt in ein Schließfach einschließen."

„Aber warum denn?", rief die alte Frau bestürzt. „Ich hab ihm doch einen Kuchen mitgebracht, einen Königskuchen, den er so gern isst –"

„Tut mir Leid", sagte der Mann. „Wir müssen uns an die Bestimmungen halten."

Sie kannte sich mit dem Schließfach nicht aus. Er half ihr, dann führte er sie in einen kahlen Raum. Da war nichts als ein Tisch mit zwei Stühlen und in der Ecke stand noch ein Stuhl. „Nehmen Sie da am Tisch Platz", sagte der Mann und verschwand.

Da saß sie nun auf der Stuhlkante und starrte auf die gegenüberliegende Tür.

Als die Tür aufging und ein junger Mann eintrat, fuhr sie hoch. Er starrte sie an. Hinter ihm erschien ein anderer Mann in Uniform, der sich auf den Stuhl in der Ecke setzte und eine Zeitung hervorzog.

„Junge", sagte die alte Frau und streckte ihre Hände aus. Die Tränen schossen ihr in die Augen. Aber jetzt hatte sie doch in all der Aufregung ihr Taschentuch draußen in der Tasche gelassen!

„Hier", sagte Herbert und reichte ihr sein Taschentuch.

„Danke", sagte sie, „danke, Herbert." Sie setzte sich wieder auf die Stuhlkante und Herbert setzte sich auch.

„Dass du gekommen bist –", sagte er.

„Ist denn wirklich bisher niemand von den anderen dagewesen?", fragte sie ungläubig.

Er schüttelte den Kopf und schaute zur Erde. „Ich hab's auch nicht erwartet", sagte er. „Nach alledem –"

„Du bist schmal geworden", sagte sie.

„Ja", sagte er, „jetzt stehen meine Ohren noch mehr ab."

„Was sind denn schon die Ohren", seufzte sie. „Jetzt hab ich dir doch einen Königskuchen gebacken und ich darf ihn dir nicht geben. Draußen ist er eingeschlossen. Was ist das für eine Welt!"

„Lass nur", sagte er traurig. „Ich brauch hier ja nicht zu hungern."

„Aber wer backt dir hier schon deinen Lieblingskuchen!", rief sie.

Eine Weile saßen sie sich stumm gegenüber, dann sagte Herbert mühsam: „Fahr heim. Es hat alles keinen Zweck."

„Was hat keinen Zweck?", fragte sie. Er setzte ein paarmal an, dann sagte er: „Graut dir nicht vor mir?"

„Der Lehrer Antweiler hat mir geholfen", antwortete sie. „Er hat für mich telefoniert und geschrieben und ist mit mir in die Büros gegangen. Ich habe erreicht, dass du zu mir kommen kannst, bis die Gerichtsverhandlung stattfindet. Und danach kannst du auch bei mir bleiben. Natürlich nur, wenn du willst. Du müsstest einen Antrag unterschreiben. Der Antweiler hat schon alles fix und fertig gemacht. Es fehlt nur deine Unterschrift –" Sie sah ihn erschrocken an. „Jetzt hab ich doch auch den Antrag draußen in der Tasche vergessen", jammerte sie. „Ich muss hinaus und ihn holen!" Sie erhob sich hastig.

„Oma", sagte der Junge und sprang auf. „Das kannst du doch nicht machen. Ich könnte dir das Haus anzünden."

„Ach Junge", sagte sie, „was redest du da. Bück dich ein bisschen, damit ich dir über das Haar streichen kann. Wie groß du geworden bist. Du kannst mir erst mal im Laden zur Hand gehen. Mir macht das alles schon ein bisschen Mühe. Ich hab dir die Dachkammer zurechtgemacht. Es ist alles darin noch so wie früher."

Er starrte sie an und presste die Lippen aufeinander.

„Du kommst doch?", fragte sie.

Da beugte er sich zu ihr herab, legte seinen Kopf auf ihre Schulter und schluchzte: „Ach Oma – dass du mich annimmst!"

„Dies darf ich nicht dulden", sagte der Mann in Uniform. „Und außerdem ist die Besuchszeit jetzt zu Ende. Sie müssen Abschied nehmen."

„Aber der Antrag!", rief die alte Frau. Der Mann war kein Unmensch, er ließ sie den Antrag aus der Tasche holen und Herbert unterschrieb vor ihren Augen.

„Der Antweiler hat gesagt, in etwa vierzehn Tagen werden sie dich aus der Untersuchungshaft entlassen", sagte sie noch. „Und wegen dem Strafmaß sollst du dir keine großen Sorgen machen. Du bist ja noch nicht vorbestraft, also wirst du eine Strafe auf Bewährung bekommen. Das heißt, dass du bei mir bleiben kannst, wenn du dir nichts mehr zu Schulden kommen lässt."

Er nickte. Danach sprachen sie nichts mehr. Zum Abschied lächelten sie einander nur an. Auf dem Weg zum Bahnhof schenkte die alte Frau den Königskuchen einer Schar spielender Kinder. Erst gegen Abend kam sie in Rauschenbach an.

Gudrun Pausewang

Ihr, die ihr auftauchen werdet

Ihr, die ihr auftauchen werdet aus der Flut,
in der wir untergegangen sind,
gedenkt,
wenn ihr von unseren Schwächen sprecht,
auch der finsteren Zeit,
der ihr entronnen seid.

Bertolt Brecht

Der Empfang

Inhalt: Die Erzählung – sie steht im Zusammenhang mit den beiden folgenden Texten – schildert die gefährliche Ekstase, die die Massen ergriff, wenn Hitler angesagt war. In ihren Verführungsmitteln (Spruchbänder, geschwenkte Hakenkreuzfähnchen, Heilrufe, Hitlerkult der Jugend) war die Nazipropaganda teuflisch.

Stichworte: Nazizeit – Hitler – Hitlerjugend – SS – Führerkult – Massen – Verzückung – Ekstase – Fanatismus – Verführung – Demagogie

Alter: ab 12 Jahren

Die Sonne stach. Seit nahezu vier Stunden standen wir ungeschützt in der Hitze. Gegenüber bemühten sich Krankenschwestern um ein Mädchen, das ohnmächtig geworden war. Gemeinsam mit Einheiten der SA, der Hitlerjugend, der Mädel und der Jungmädel sperrten wir den großen Platz ab. Über der leeren Platzmitte flimmerte die Luft. „Wer sein Volk liebt, beweist es einzig durch die Opfer, die er für dieses zu bringen bereit ist! – Adolf Hitler", verkündete ein riesiges Spruchband. Um die Zeit zu vertreiben, stimmten wir abwechselnd Lieder an. Manchmal sangen die wartenden Menschenmengen ringsum mit. Dazwischen erklang über einen Lautsprecher Marschmusik. Von Zeit zu Zeit trat ein Neugieriger vor und schaute nach rechts die Straße hinunter. Nichts! Nur Menschen, Menschen, so weit man sehen konnte; zwischen den Menschenmauern blieb gerade so viel Raum, dass ein Wagen durchfahren konnte; und aus allen Fenstern Fahnen – ein Meer von Menschen und Fahnen.

Auch Heinz langweilte sich. Er trat von einem Bein auf das andere und starrte vor sich auf den Boden. Zum Reden hatte keiner Lust. In immer kürzeren Abständen schritt der Fähnleinführer die Kette ab. Er versuchte, uns das Warten zu erleichtern, indem er uns jedesmal neue Nachrichten zuflüsterte: „Noch eine halbe Stunde!" – „Es kann nicht mehr lange dauern!" – „Er ist gemeldet!"

Und auf einmal, ganz unerwartet, hörten wir es. Erst schien es nur ein Rauschen, wie bei einem starken Wind. Aber es schwoll an; es nahm zu; von Augenblick zu Augenblick wuchs es; rasch pflanzte es sich fort; es brauste; wie ein Sturm fegte es näher; donnernd jagte es die Straße herauf. Die Massen begannen zu wogen. Man drängte, stieß. Ein Pfiff. Befehlsgemäß umklammerte jeder das Handgelenk seines Nachbarn. Die Kette war geschlossen. Hier und dort verbesserte der Fähnleinführer den Griff und ermahnte uns standzuhalten. Dann lief er auf seinen Platz zurück. Plötzlich fühlte ich mich nicht mehr erschöpft. Heinz fasste fester. Er hob sich auf die Zehenspitzen, um weiter blicken zu können. Überall spürte man die Erregung. Deutlich ließen sich schon die Heil-Rufe verstehen. Die Begeisterung wanderte heran.

Da sah ich sie. Eine lange Reihe großer, schwarzer Wagen schob sich langsam zwischen den winkenden und jubelnden Menschen durch. Tausende von Hakenkreuzfähnchen aus Papier wehten in der Luft. Der Lärm steigerte sich. Hinter mir weinte eine junge Frau vor Erregung. Einzelne begannen schon „Heil! – Heil!" zu schreien. Der erste Wagen musste halten. Ein Stöhnen der Enttäuschung ging durch die Massen. Der Wagen fuhr wieder an. Die Stimmen überschlugen sich. „Heil!", tausendfach: „Heil!", zehntausendfach: „Heil!" Das toste.

Der große, schwarze Wagen rollte auf den freien Platz. Da brach die Kette. Unhaltbar wälzten sich die Massen auf die Mitte des Platzes zu. „Festhalten!", schrie Heinz. Der linke Nebenmann riss los. Meine rechte Hand verkrampfte sich. Heinz schrie auf. Das stieß ... Das trat ... Das tobte ... „Heil!" – „Heil!" – „Heil!"

Ich taumelte. Heinz zerrte mich hoch. „Heil!" – „Heil!" – „Heil!" Ich wurde getragen. Heinz grub seine Finger in mein Gelenk. „Heil!" – „Heil!" – „Heil!" Ich jammerte vor Schmerzen. Aber Heinz ließ nicht los. Ich stürzte. Über mir Menschen, Füße, unzählige Füße ... „Heil!" – „Heil!" – „Heil!" Heinz neben mir. „Auf! Auf! Die trampeln dich tot!" „Heil!" – „Heil!" – „Heil!"

Ebenso plötzlich, wie sie begonnen hatte, stockte die Bewegung. Langsam wichen die Massen wieder. Eine doppelte Kette Schwarzuniformierter trieb sie auf den zugewiesenen Raum. „Heil!" – „Heil!", dröhnte es über den Platz. Heinz blieb bei mir; er deckte mich. Erst durch die SS-Männer ließen wir uns zurückdrängen. Zuletzt standen wir in der vordersten Reihe. Der

Platz war geräumt. Die schwarzen Wagen fuhren nebeneinander auf. „Heil!" – „Heil!" – Ohne Ende: „Heil!" – „Heil!" Ich rieb mein Handgelenk und brüllte: „Heil!" – „Heil!" Heinz schwenkte beide Arme: „Heil!" – „Heil!" „Achtung!", schallte es mit übermächtiger Stimme aus dem Lautsprecher. Sogar die alten Leute strafften sich. „Ich melde unserem Führer und Reichskanzler!", hallte es von den Hauswänden wider.

Ein kleiner Mann in brauner Uniform schritt rasch quer über den Platz. Kurz vor dem größten Wagen hielt er an und hob den Arm zum Gruß.

Klar und deutlich klang es über den Platz: „Mein Führer! Ich melde Ihnen die Parteigenossen, die Mitglieder der Organisationen und die Bevölkerung unserer Stadt versammelt!"

Ich schaute zu Heinz. „Das ist ...", flüsterte ich.

„Mein Vater!", sagte Heinz stolz, ohne mich anzublicken.

Hans Peter Richter

Die Internationale

Inhalt: Zwei Jungen singen die Internationale. Der Vater des einen, in Hitlerangst, verbietet es ihnen. Sie sollen lieber Nazilieder singen. Das Singen in Gruppen (gar im Marschtritt der Kolonnen) hatte zu allen Zeiten stimulierende (verführerische) Funktion. Das wussten die Nazis. Mit dem Absingen ihres Hochchorals „Die Fahne hoch" wurden die Seelen gefangen.

Stichworte: Nazizeit – Internationale – KPD-Verbot – Angst – Konzentrationslager – singen – Nazilieder – Verführung

Alter: ab 12 Jahren

Ich saß mit Günther auf den Stufen vor der Haustür. Wir erwarteten meinen Vater. Um diese Zeit musste er von der Arbeit heimkommen; dann gab es bei uns Abendessen und Günther ging nach Hause. Es nieselte. Trübes Licht lag auf der Straße. Für einen Sommer war es zu kühl.

„Du", sagte Günther, „ich möchte Heinz zum Freund haben."

„Warum solltest du nicht?", fragte ich.

Günther schwieg.

Ich zupfte an meinen Schnürriemen. Auf einmal begann Günther leise zu singen:

„Völker hört die Signale..."

Und ich stimmte mit ein:

"Auf zum letzten Gefecht ..."

Zusammen schmetterten wir gegen das unfreundliche Wetter über die nasse Straße:

"Die Internationale
erkämpft das Menschenrecht ..."

Vater räusperte sich. "Also ihr beide seid gleich alt! – Hört einmal zu, Jungens. – Ich weiß nicht, wie ich euch das erklären soll. – Ihr begreift das noch nicht! – Ihr seid noch zu jung. – Ja, wie soll ich es sagen ..."

Mutter, schon auf dem Weg zur Küche, wandte sich um und meinte: "Lass doch die Kinder mit der Politik in Frieden."

Vater schwieg und überlegte. "Jungens! Die Zeiten, zu denen man solche Lieder auf der Straße singen konnte, sind vorüber. Unser neuer Reichskanzler, der Hitler, mag das nicht. Er hat die Roten verboten. – Es ist schon besser, ihr vergesst diese Lieder."

Vater tupfte sich nach der langen Rede den Schweiß von der Stirn. "Am Ende zeigt uns noch jemand an wegen solch einem dummen Lied und wir werden in eines von diesen Lagern gesteckt." Vater fasste nach der Türklinke.

"Und was sollen wir singen?", maulte Günther.

"Nun, wenn du schon unbedingt draußen singen musst", meinte Vater, "dann sing: Die Fahne hoch ..." Vater öffnete die Wohnungstür. "So, Günther, nun kannst du nach Hause gehen. Wir wollen zu Abend essen."

Günther verabschiedete sich. Während er die Treppe hinabstieg, hörten wir ihn leise singen:

"Die Fahne hoch,
die Reihen fest geschlossen,
SA marschiert
mit ruhig festem Schritt.
Kam'raden, die Rot-Front und Reaktion erschossen,
marschier'n im Geist
in unsern Reihen mit ..."

Mutter hatte bereits aufgetischt. Es gab Bratkartoffeln mit Bauchspeck. Vater schnitt sich den Speck zurecht. Er spießte eine Kartoffel auf die Gabel und blickte mich an. "Du hast gefährliche Freunde!", stellte er fest, "sehr gefährliche Freunde!"

"Das sind doch Kindereien", meinte Mutter.

"Aber gefährliche Kindereien!", bemerkte Vater.

Mutter erhob sich; sie holte die große Kanne mit Malzkaffee an den Tisch. Da klingelte es. Mutter ging zur Tür. Wir lauschten. Mutter sprach. Eine kräftige Männerstimme antwortete. Feste Schritte kamen über den Flur. Die Küchentür öffnete sich.
„Heil Hitler!", grüßte der Mann, der eintrat.
Vater nickte ihm zu: „N'Abend, Paul."

Hans Peter Richter

Wahl

Inhalt: Ein drittes Schlaglicht auf dunkle Zeit: Die Naziherrschaft war gekennzeichnet durch massive Wahlmanipulation. Bei der Wahl (Pseudo-Wahl) im November 1933 gab es nur die Möglichkeit Hitler zu wählen. Jemand leistet dagegen Widerstand. Er wird aus dem Wahllokal abgeführt. Der Vater des Erzählers passt sich an.

Stichworte: Hitlerzeit – „Wahl" – Manipulation – Widerstand – Anpassung – Reichsparteitag – Fahnen – Flugblätter – Hitlergruß – Deutsches Jungvolk – Braunhemd – Befehlshörigkeit

Alter: ab 12 Jahren

Im Januar wurde Adolf Hitler Reichskanzler; im Februar brannte das Reichstagsgebäude in Berlin; im März waren Wahlen; im April ging es gegen die Juden; im Mai wurden die Gewerkschaften aufgelöst; im Juni begannen die Parteien sich selber aufzulösen; im Juli wurde es verboten, neue Parteien zu gründen; im August, der Urlaubszeit, gab es wenig Ruhe; im September feierte man in Nürnberg den „Reichsparteitag des Sieges"; im Oktober verließ Deutschland den Genfer Völkerbund; – und nun, im November, wurde schon wieder gewählt.
Mutter schaute zum Fenster hinaus. „Hm", meinte sie, „ziemlich neblig. Und kühl ist es auch." Sie holte meinen dicken Mantel aus dem Schrank und legte mir einen Wollschal um. Auch die Pudelmütze musste ich aufsetzen.
Vater zog seinen besten Anzug an. Zu einem Mantel für ihn hatte es noch nicht gereicht.
Selbst Mutter machte sich fein.
Dann zogen wir los: Zur Schule, dort wurde gewählt.

Den Weg zur Schule säumten Fahnen und Spruchbänder. Immer abwechselnd wehten schwarzweißrote Fahnen und Hakenkreuzfahnen. Die Spruchbänder verkündeten:

„Mit Adolf Hitler für den Frieden!"
„Deutschland fordert Gleichberechtigung!"
„Selbstbestimmungsrecht für Deutschland!"

Plakate zeigten den Reichskanzler Adolf Hitler neben dem Reichspräsidenten Generalfeldmarschall von Hindenburg.

Auf den Plätzen standen Wagen bereit, um Alte und Gebrechliche zur Wahl zu fahren. Die Fahrer hockten auf den Trittbrettern und spielten Karten.

Viele Menschen gingen in Richtung Schule. Die ganze Stadt schien unterwegs zu sein.

Vater und Mutter mussten oft grüßen. Meistens hieß es einfach „Guten Morgen!" Manchmal streckte Vater aber auch die Hand aus und rief ein „Heil Hitler!" über die Straße. Mutter nickte dann nur, sagte aber auch „Heil Hitler!"

Bei der Schule zeigten ungezählte Schilder und Pfeile zur Turnhalle. Wer zögerte, dem sprang sogleich ein SA-Mann oder ein Hitlerjunge bei und führte ihn den richtigen Weg.

Vor dem Eingang zur Turnhalle stand Heinz; er verteilte Zettel; jedem Wähler drückte er ein Flugblatt in die Hand. Er nahm seine Arbeit genau: Kamen mehrere Wähler gleichzeitig, so verstellte Heinz den Zugang zur Halle so lange, bis er alle abgefertigt hatte.

Mutter erkannte Heinz erst, als er ihr sein Flugblatt aufdrängte; denn Heinz trug ein Braunhemd. „Was tust du denn hier?", fragte Mutter erstaunt.

„Ich bin jetzt auch dabei", antwortete Heinz stolz.

Mutter begriff nicht: „Bei was?"

Heinz deutete auf sein Braunhemd, schlug die Absätze zusammen, presste mit der linken Hand sein Zettelpaket vor den Bauch, während er die rechte an die Hosennaht legte. „Beim Deutschen Jungvolk!", erklärte er.

„So?!", stellte Mutter fest. „Und wie alt bist du?"

„Ich bin schon zehn Jahre alt", gab Heinz zur Antwort.

„So, so!", meinte Mutter. „Dann gibt Acht, das du dich nicht erkältest in deinem dünnen braunen Hemd."

Vater las noch immer das Flugblatt.

„Heinz!", schallte es über den Schulhof. „Heinz!"

Heinz machte eine rasche Wendung zum Rufer hin. „Hier!", meldete er sich.

Ein Mann in brauner Uniform rief vom Lenkrad eines großen offenen Wagens her: „Komm mit!"

„Zu Befehl, ich komme!" Heinz kehrte sich wieder uns zu. „Entschuldigen Sie bitte, aber ich muss mit meinem Vater Wähler holen." Und wieder knallte er die Hacken zusammen; mit dem Kinn deutete er auf mich. „Er sollte auch Pimpf werden."

Vater blickte Heinz nach, der zum Wagen lief und sich auf den Sitz neben seinen Vater schwang. Mit einem Ruck fuhr der Wagen an, verließ den Schulhof und lenkte zur Vorstadt hin.

Vater und Mutter betrachteten die Turnhalle. Ein Ordner empfing sie und wies mich neben andere Kinder auf eine Bank am Eingang. Dort mussten wir so lange warten, bis unsere Eltern gewählt hatten. Vater und Mutter stellten sich an das Ende einer Schlange, um die Stimmzettel und die Umschläge zu bekommen. Jeder Wähler erhielt zwei Zettel, einen weißen und einen grünen.

„Was soll denn das?!", begehrte ein Mann auf. Er hielt seinen weißen Stimmzettel in die Höhe. „Hier kann man nur bei Hitler ein Kreuzchen machen?!" Er redete laut in die Turnhalle hinein.

Sofort verstummte alles Geschwätz; kein Geräusch war zu hören; jeder blickte auf den Mann. Da erkannte ich ihn: Es war Günthers Vater.

„Und wenn ich Hitler nicht wählen will?"

Der Ordner schloss die Tür der Turnhalle. Mit wenigen Schritten eilte er zu Günthers Vater.

Der ließ sich nicht stören. „Und das?", fragte er schallend in die Halle hinein. Mit voller Stimme begann er den grünen Zettel vorzulesen: „Billigst du, deutscher Mann, und du, deutsche Frau, diese Politik deiner Reichsregierung, und bist du bereit, sie als den Ausdruck deiner Auffassung und deines eigenen Willens zu erklären und dich feierlich zu ihr zu bekennen?"

Noch ehe Günthers Vater geendet hatte, fasste der Wahlordner ihn beim Arm. Schweigend beobachteten alle in der Halle, was geschah.

„Lassen Sie mich bitte los", verlangte Günthers Vater ruhig.

„Verhalten Sie sich still!", ermahnte der Ordner. „Was Sie hier tun, ist Wahlstörung und Wahlbeeinflussung."

Günthers Vater hielt dem Ordner die beiden Stimmzettel hin. „Wahl?!", lachte er. „Zeigen Sie mir doch bitte, wo man auf diesen Zetteln wählen kann."

Der Ordner antwortete nicht.

Langsam, ganz langsam, zerriss Günthers Vater vor den Augen aller Anwesenden seine Stimmzettel: Die Schnippel flatterten zu Boden. Dann ließ er sich vom Ordner aus der Halle führen.

Eine kurze Weile war es unheimlich still in der Halle. Erst als der Ordner allein zurückkehrte und wieder beide Türflügel öffnete, lief alles weiter, als

habe sich nichts ereignet: Die Wähler verschwanden hinter den Holzkästen, sie kamen nach einiger Zeit wieder hervor und warfen ihre Briefumschläge mit den Stimmzetteln in die aufgestellten Wahlurnen.
    Als ich mit Vater und Mutter die Turnhalle verließ, sprachen sie nicht. Auf dem Schulhof begegneten wir Heinz. Mit seinem Vater half er einer uralten Frau aus dem Wagen. Hände und Kopf der Frau zitterten; aber Heinz leitete sie vorsichtig über den Schulhof. Er erklärte der Greisin: „... Auf dem weißen Zettel müssen Sie ein Kreuz in den Kreis machen, neben dem ‚Nationalsozialistische Deutsche Arbeiterpartei' steht, und auf dem grünen Zettel müssen Sie den Ja-Kreis ankreuzen. Dann haben Sie richtig gewählt."
    Dem Mütterchen tränten die Augen.
    Vater nahm mich bei der Hand. Draußen vor der Schule sagte er zu Mutter: „Ein tüchtiger Junge, dieser Heinz." Und mir riet er: „Solche Freunde musst du dir suchen!"

Hans Peter Richter

Nur ein schmaler Spalt

Inhalt: Krieg und schreckliche Nöte in den Völkern waren die Folgen der Naziherrschaft. Aber Menschlichkeit, wagende Liebe, war nicht zu töten. Erzählt wird, wie im 2. Weltkrieg die Mutter einer deutschen Familie russischen Kriegsgefangenen, die zu verelenden drohen, hilft.

Stichworte: 2. Weltkrieg – Kriegsgefangenschaft – Russen – Lager – Verachtung – „Untermenschen" – Elend – Hunger – Hilfe – Gefahr – Brot – Dank

Alter: ab 12 Jahren

Unser Schlafzimmer lag zu ebener Erde. Das eine große Fenster des Raumes zeigte zur Straße hin. Es war durch einen Rollladen gesichert. Es war ja Krieg. Ich lag als Kind oft stundenlang wach, zumal, wenn uns die Sirenen mit ihrem schauerlichen Heulton mehrmals in der Nacht in den Keller getrieben hatten.
    Eines Morgens gegen fünf wurde die Ruhe durch ein geheimnisvolles Schlurfen unterbrochen. Erschreckt fuhr ich im Bett auf. Es klang leise und schwoll allmählich an. Als es unmittelbar unter unserem Fenster war, vermeinte ich, tausend harte Schritte zu vernehmen. Schließlich versickerte das Stapfen und Tapsen wieder, die ersten Fahrräder rollten langsam vorbei, von alten Männern müde vorwärts getreten. Ich schlief nicht mehr ein und war-

tete auf das Scheppern des Weckers. Mutter machte mir das Frühstück für die Schule.

„Hast du die Schritte vorhin gehört, Mutter?"

„Schritte? Welche Schritte?"

„Es klang, als ob viele Menschen unter unserem Fenster vorbeigegangen wären."

„Es waren sicher Soldaten."

Ich wusste, dass es keine Soldaten gewesen waren. Abends gegen sieben kehrte der Zug zurück. Da sah es die ganze Straße. Gefangene Russen waren es. Einige liefen barfuß, obwohl die Nächte noch Frost gebracht hatten. Die meisten Gefangenen jedoch gingen schwerfällig in Holzpantoffeln dahin, die sie sich wohl selber roh aus Bretterstücken zusammengebastelt hatten. Sie gingen über den Gehsteig und ihre Arme streiften unsere Fensterbank. Stumpf trotteten die Gestalten dahin. Fast alle hielten den Kopf gesenkt. Nur einer, der im vorletzten Glied ging, schaute auf und sah mich an. Wasserhelle Augen in einem alten, zerfurchten Gesicht.

Vater wusste mehr zu berichten. „Sie müssen an der Schlackenhalde arbeiten", sagte er.

„Die armen Menschen", seufzte Mutter.

Doch Vater zuckte nur die Achseln.

Bald hatten wir uns an die Schritte gewöhnt. Auch daran, dass der Trupp abends oft auf rohen Brettern Tote mit ins Lager zurückschleppte, mit alten Säcken zugedeckt und den Blicken verborgen.

Der Gefangene, der mir vom ersten Sehen her im Gedächtnis geblieben war, ging stets auf seinem Platz im Zug, im zweitletzten Glied links außen. Eines Nachmittags brachte Großvater uns den letzten Grünkohl aus seinem Gärtchen. Er schien sehr niedergeschlagen. Zusammengesunken saß er neben dem Herd auf dem kleinen Schemel.

„Sie sterben dahin, sie sterben alle dahin", murmelte er.

„Die Russen?", fragte die Mutter.

Sie fragte das, obwohl sie, wie alle, genau wusste, wie es im Lager stand. Doch niemand sonst sprach darüber.

„Ja, die Russen. Junge Burschen sind es zum größten Teil. Ab und zu singen sie, wenn ich abends vom Garten aus nach Hause gehe. Das ist am schlimmsten. Sobald ein Sonnenstrahl ein wenig Wärme bringt, stehen sie gegen die Wände der Baracken gelehnt, wie leblos, und wenden ihre gelblichen Gesichter der Sonne zu, ausgemergelt, zerschunden."

„Russen", antwortete der Vater. Und das klang, als ob er „Ungeziefer" gesagt hätte.

„Menschen", erwiderte Großvater, „Menschen!"

Mutter hantierte mit den Töpfen.

„Wisst ihr eigentlich, dass sie selbst bei den Fliegerangriffen nicht aus ihren Baracken heraus dürfen?"
„Welche Angst müssen sie ausstehen", sagte die Mutter. Vater stand auf und ging hinaus. – „Es quält ihn auch", versuchte Mutter zu erklären.
„Ich werfe ihnen ab und zu ein Stück Brot über den Stacheldraht. Wenn du einmal ein Endchen übrig hast?"
„Ich will daran denken", versprach Mutter. „Aber ist das nicht sehr gefährlich?"
„Ich gebe Acht, weißt du. Unser Garten liegt ja nicht weit vom Lager weg und ich kann den günstigsten Augenblick abpassen."
„Sei vorsichtig, Vater", mahnte die Mutter ängstlich. „Man weiß ja, was mit denen geschieht, die erwischt werden."
Ich konnte mir das nicht ausmalen. Selbst die wilden Bären im Tierpark durfte ich ja damals füttern.
Sicher, wir wussten alle, was mit den deutschen Gefangenen in Russland geschah. Tausendfach klangen uns die Worte „sowjetische Untermenschen" und „bolschewistische Bestien" im Ohr. Aber nur durch eine dünne Glasscheibe und auf Ritzen gestellte Rollläden von solchen Menschen getrennt, verloren diese Schilderungen und diese Bezeichnungen jede Bedeutung.
Am Morgen nach Großvaters Besuch schreckte ich auf. Im ersten Tagesschimmer sah ich Mutters Schatten vor dem Fenster, vielmals zerschnitten von den Stäben des Rollladens. Sie hatte den Gurt ein wenig gestrafft und das uns von der Straße trennende Gitter so hoch gezogen, dass sich unten ein handbreiter Schlitz bildete.
Die Schritte der Gefangenen schlurften heran, müde und schlapp schon jetzt, bevor die schwere Arbeit begonnen hatte. Schattengestalten, verschwommen, unwirklich, wischten dahin. Fast schon war der Zug vorüber, da schob Mutter die Hand durch den Spalt und reichte irgendetwas hindurch, zuckte zurück, und der Rollladen schloss sich wieder. Behutsam schlüpfte Mutter wieder unter die Decke.
Am nächsten Morgen lag ich bereits früh auf der Lauer, um das seltsame Geschehen zu ergründen. Kaum kündeten die Holzpantoffeln das Nahen des Trupps an, erhob sich Mutter fast lautlos, griff nach einem Päckchen auf ihrem Nachttisch, hantierte an dem Rollladen, die Hand fuhr hinaus und wieder zurück.
Am fünften Morgen stand ich neben ihr. Sie schien zu zaudern. Doch dann legte sie den Finger über den Mund und zeigte mir das Päckchen Brot! Vier Scheiben Brot. Die erdbraunen Schatten schleppten sich dahin, der zweitletzte griff nach dem Päckchen und in weniger als zwei Minuten lagen wir wieder in unseren Betten.
Jeden Abend wartete ich nun drüben an der Mauer auf die Gefangenen.

Der Alte zwinkerte mir gelegentlich zu. Manchmal glaubte ich zu erkennen, dass ein Lächeln über sein Gesicht huschte. Als das Frühjahr kam, schien es mir, als werde er von Tag zu Tag ein wenig kleiner. Sein Gang wurde beschwerlicher, müder. Ich erinnere mich genau an den ersten klaren Tag in jenem Frühjahr. Rot hing der Sonnenball noch in den Bäumen, als die Russen in ihr Lager zurückgeführt wurden. Der Alte schwankte. Mehr ermunternd als brutal stieß ihn der Wachsoldat mit dem Gewehrkolben leicht in die Seite.

„Mach schon, Michail", knurrte er.

Größer und dunkler erschienen mir heute die Augen des Gefangenen. Er hob schlapp die Hand zu einem knappen Gruß. Dann sank sein Kopf tief vornüber und er trottete schneller, damit er den Anschluss nicht verliere.

„Michail heißt er", flüsterte ich Mutter zu.

„Sprich nicht darüber", befahl sie mir. „Mit niemandem! Hörst du!"

Ich spürte, wie Angst auf mich übersprang. Das Frühlicht war nun so gewachsen, dass ich Mutter am nächsten Morgen zuzischelte: „Man kann jetzt sehen, was du tust." – „Ja", hauchte sie.

Die Gesichter, stumpf und ohne Hoffnung, klein unter den schmutzigbraunen Mützen, schoben sich an den Ritzen vorbei. Mutter reichte das Päckchen hinaus. Doch es dauerte heute ein wenig länger, bis sie schließlich ihren Arm behutsam durch den Spalt zurückzog. In der Schale ihrer Hand ruhte ein kleiner Vogel, sorgsam aus Holzspänen zusammengesetzt, kunstvoll geformt, den Hals gebogen, gespreizt, papierdünn die Federn, angstvoll den Kopf geduckt und rund und aufgerissen die Augen. Die Mutter wagte nicht, ihre Hand zu bewegen.

Als Vater den Vogel nach dem Mittagessen bewunderte, fand er ein Wort in kyrillischen Buchstaben klein eingeritzt. „Das heißt Mutter", übersetzte er. Dann stellte er das zarte, wundersame Gebilde auf das Deckbrett der alten Küchenuhr.

Am Abend, als ich Michail mit einem Blick für das Geschenk danken wollte, war sein Platz im zweitletzten Glied leer. Sie trugen ihn ins Lager zurück. Auf einem ungehobelten Brett lag er, mit schmutzigen Säcken zugedeckt. Während der Nacht zitterte die Luft vom tiefen Gebrumm der viermotorigen Bombenflugzeuge. Die Bomben zerrissen die Rasenfläche und wühlten den schwarzen Boden des Parks auf. Der Luftdruck stürzte die Parkmauer und zerzauste unsere Rollläden. Die Trümmer versperrten den Russen den Weg. Später, als der Schutt fortgeräumt worden war und der Gefangenentrupp wieder vorüberzog, schleppte sich der Trupp fernab unseres Fensters über die Straße. Unser Fenster war mit festen Brettern vernagelt.

Der totale Krieg hatte den schmalen Spalt geschlossen.

Willi Fährmann

Der Mann mit dem einen Arm

Inhalt: Im Krieg muss man Leute totschießen, um einen Orden zu bekommen. So dachten Kinder damals. Ein Ordensträger hat den 2. Weltkrieg überstanden. 25 Jahre später ist er immer noch ein unverbesserlicher Militarist. Vietnamveteranen in Amerika hingegen marschieren zum Kapitol und werfen ihre Orden in den Dreck.

Stichworte: 2. Weltkrieg – Töten – Orden – Militarist – Unbelehrbarkeit – Brutalität – Vietnamkrieg – Veteranen – Protest

Alter: ab 12 Jahren

Ich habe einmal einen Mann gekannt, der war noch jung zu der Zeit, als der letzte große Krieg anfing in Europa. Ich war damals noch ein Kind. Ich kam gerade zur Schule.

Der junge Mann meldete sich freiwillig zu den Soldaten. Der junge Mann und ich lebten damals im Großdeutschen Reich und Deutschland machte Krieg mit einem Land nach dem anderen, um noch größer zu werden. Es gab zu Anfang viele Siege.

Bei jedem Sieg spielten sie im Radio eine Fanfare. Da lief's einem kalt über den Rücken, aber es war so schön und feierlich wie zu Weihnachten, wenn die Tür zum Zimmer aufgemacht wird, in dem beschert wird.

Damals sagten die Erwachsenen den jungen Männern, es wäre tapfer und mutig, wenn man in den Krieg ziehe und andere Menschen totschieße, die keine Deutschen waren, sondern Untermenschen. Ich hatte keine Ahnung, was Untermenschen wohl für Leute wären. Ich dachte mir, die wohnten vielleicht unter der Erde und sähen ganz schwarz aus. Aber ich wusste, wer gut traf und viele totschoss, bekam einen Orden und dann bewunderten ihn alle Leute sehr, wenn er auf Urlaub kam.

Manchmal kam der Orden auch ohne den jungen Mann zurück. Dann weinten die Frauen und die Großväter, aber in der Zeitung stand bald darauf eine Anzeige, in der zu lesen war, wie stolz sie auf ihre Trauer waren. Das begriff ich nicht so ganz, aber ich nahm es eben hin, wie manches, was einem unerklärlich bleibt bei den Großen.

Also, ich bewunderte diesen jungen Mann sehr, als ich in die erste Klasse ging.

Als ich in die zweite Klasse kam, hatte er inzwischen noch mehr Orden. Es hieß, er wäre schneidig, und sofern das möglich ist, bewunderte ich ihn noch mehr. Auch in der dritten Klasse noch. Ich wollte so werden wie er. Dass man Leute totschießen muss, um Orden zu bekommen, war mir zwar etwas unangenehm. Ich hatte meine Zweifel, ob ich das fertig bringen würde. Der

Knall – man erschrickt. Man lässt vielleicht die Waffe aus der Hand fallen und ist blamiert. Aber ich redete mir dann ein: Wenn du erst einmal groß bist, wirst du das schon lernen. Dann bist du stärker, kannst härter zupacken und erschrickst vielleicht nicht mehr so sehr bei dem Knall.

Ich kam in die vierte Klasse. Da war der Krieg aus. Was den jungen Mann anging, so hatte er Glück gehabt. Von ihm kamen nicht nur die Orden zurück. Er selbst kehrte heim, wenngleich abgemagert, abgerissen, nach langer Gefangenschaft – und nur noch mit einem Arm. Er beklagte sich darüber, wie hart er in Russland habe schuften müssen, wie wenig es zu essen gegeben habe. Ich bewunderte ihn jetzt nicht mehr; denn erstens wusste ich inzwischen aus eigener Erfahrung, wie es ist, wenn man zu denen gehört, die von Soldaten gejagt und totgeschossen werden sollen. Und außerdem: Mit dem einen Arm, in den abgerissenen Kleidern und mit seinen eingefallenen Wangen sah er eher mitleiderregend als bewunderungswürdig aus. Aber ich konnte auch nicht so recht Mitleid für ihn empfinden wie manche andere.

Wir verloren uns dann aus den Augen.

Erst fünfundzwanzig Jahre später sahen wir uns zufällig wieder. Er war, nun sagen wir, irgendetwas; es spielt keine Rolle, welchen Beruf er ausübte. Wichtig für diese Geschichte ist nur, dass er einen Beruf hatte, in dem man genug Geld verdiente, um sich etwas zu essen und zu trinken zu kaufen, ein Haus zu bauen, seine Kinder auf gute Schulen zu schicken und ein Auto zu fahren.

Wir trafen uns und wir redeten so, wie man eben redet. Von alten Zeiten und den neuen Zeiten, in denen so vieles anders geworden war. Von der kranken Tante und vom Erfolg. Dann erzählte er mir, dass er wieder Soldat sei. Nein, nicht im Hauptberuf. Reserveoffizier. Das ist jemand, der Ferien nimmt, um Offizier zu spielen, könnte man sagen.

Ich blickte fragend auf den leeren Ärmel an seiner Jacke. „Du, mit dem einen Arm?" Ich fand das einfach verrückt.

„Jemand muss sich darum kümmern."

Ich wusste nicht mehr, was ich sagen sollte.

„Ja ja", fügte er immer noch etwas verlegen über meine Bestürzung hinzu, „da krieg' ich später mehr Geld, wenn ich mal pensioniert werde."

Es verging einige Zeit, in der wir uns nur gelegentlich begegneten. Dann kam jener August, da die russischen Truppen in Prag einmarschierten. Wir saßen an einem dieser Abende zufällig zusammen vor dem Fernsehapparat und sahen uns die Nachrichten in der Tagesschau an. Man sah junge Männer, die sich um die Panzer drängten und mit den russischen Soldaten, die das Land plötzlich besetzt hatten, diskutieren wollten.

Der Mann, den ich einmal bewundert hatte, der junge Mann, der jetzt schon ein älterer Herr ist, der Mann, der nur noch einen Arm hat, dessen anderer Arm irgendwo in Russland abgeschossen wurde und verfault ist, der Mann, der genügend verdiente, der Mann, der wieder Soldat wurde, um einmal noch mehr zu verdienen, Reserveoffizier – dieser Mann sagte plötzlich, als wir die Bilder in der Tagesschau sahen: „Bewunderungswürdig, diese Russen ... Welch eine Disziplin. Wäre ich mit meinen Männern dort gewesen, ich hätte nicht lange gefackelt. Dreimalige Aufforderung und dann – Feuer frei, aber nicht über die Köpfe hinweg, sondern mitten hinein in die Menge!"

Ich habe nichts gesagt, verdammt. Mir ist nicht das passende Wort eingefallen. Mir graute vor diesem Mann. Ich gehe ihm seither aus dem Weg.

Aber solche wie ihn gibt's mehr, als man denkt. Und man kann ja schließlich nicht um alle einen Bogen machen. Übrigens sah ich neulich im Fernsehen einen Bericht aus Washington. Da zogen junge Männer in abgerissenen Uniformen, manche an Krücken, andere waren unrasiert, zu dem vornehmen Haus mit der leuchtend weißen Kupel und dem Säulenvorbau, in dem das Parlament tagt. Es waren Soldaten, die aus dem Krieg in Vietnam heimgekehrt waren und die Schandtaten dieses Krieges nicht vergessen konnten. Man hatte ihnen für die Schandtaten, die man ihnen dort zu begehen befohlen hatte, Orden verliehen. Sie trugen sie an ihren verdreckten Uniformjacken, während sie zum Kapitol marschierten. Und als sie dort angekommen waren, rissen sie die Orden ab, nahmen sie und schmissen sie über den Zaun in den Dreck.

Es waren tapfere Männer, manche hatten auch nur noch ein Bein oder einen Arm.

Frederik Hetmann

Mach mich klein wie eine Maus[*]

Inhalt: Deutsche Soldaten lassen den siebenjährigen Judenjungen Michel Bronsky, den sie außerhalb der Warschauer Gettomauern mit Konserven erwischten, laufen. Sie haben selbst Kinder, verachten den elenden, lausigen und gemeinen Krieg, in dem man auf Kinder schießen soll. In seiner Todesangst hatte Michel zu Gott gebetet: „Mach mich klein wie eine Maus."

Stichworte: 2. Weltkrieg – Deutsche Soldaten – Warschauer Getto – Judenjunge – Hunger – Lebensmittel – Todesangst – erschießen – Gebet – Menschlichkeit – Mitleid – Mut

Alter: ab 9 Jahren

1941. Eine drei Meter hohe Mauer umschloss das Warschauer Getto, in dem Tausende polnischer Juden eingepfercht vegetieren mussten, hungrig und krank. Immer wieder wagten es einige von ihnen, unter Todesgefahr über die von Deutschen streng bewachte Mauer zu klettern, um draußen in der Stadt Lebensmittel zu organisieren. Zu diesen gehörte auch der kleine Michel Bronsky.

Für Michel Bronsky verlief alles programmgemäß. Er kam zu dem bezeichneten Haus, er klopfte und er erhielt von einem finster aussehenden Mann einen Sack mit Konserven. Sie redeten kaum. Lolek hatte schon vorher alles erledigt.

Der Sack mit den Konserven war schwer. Die Büchsen schlugen aneinander, obwohl der Sack gut ausgepolstert war. Dann gab es ein scharfes, schepperndes Geräusch und Michel glaubte jedesmal, das ganze Viertel müsse davon aufwachen.

Knapp vor der Mauer traf er die Streife. Er sah sie so spät, dass er nicht mehr ausweichen konnte. Es waren zwei Männer mit Gewehren und sie kamen breitspurig auf ihn zu. Tapp, tapp, schlugen ihre Stiefel gegen das Pflaster. Ihm stockte der Atem. Er sah sich entsetzt um, aber die Straße war zu lang. Zurücklaufen war sinnlos, sie hätten ihn ohne Mühe niedergeschossen. Er wusste nicht, ob sie ihn schon gesehen hatten. Sie gingen langsam, wie Männer gehen, die wissen, dass ihnen ihr Opfer nicht entkommen kann.

Es gab kein Versteck, nur eine kurze Ecke in der Mauer, dort, wo zwei unregelmäßig gebaute Häuser zusammenstießen. Michel drückte sich hinein, aber er wusste, dass es kein gutes Versteck war. Der Sack lehnte schwer gegen seine Knie. Er fühlte, wie der Schweiß über seinen Körper rann. Er zitterte, fühlte seine Zunge riesengroß und trocken in seinem Mund.

Michel Bronsky begann lautlos zu beten. Er war ein kleiner Bursche, und wenn er früher zu Gott gebetet hatte, dann um einen Teddybären, um Scho-

---

[*] Titel redaktionell

kolade, um den Sieg seiner Mannschaft. Und er hatte das Gebet schnell wieder vergessen.
    Tapp, tapp, kamen die Soldaten näher. Tapp, tapp.
    »Lieber Gott«, betete Michel Bronsky, „lieber Gott, lieber Gott."
    Tapp, tapp, schlugen die Stiefel aufs Pflaster.
    „Lieber Gott", betete Michel Bronsky, „mach mich ganz klein, dass sie mich nicht sehen. Mach mich so klein wie eine Maus, dass ich mich verkriechen kann. Lieber Gott, mach, dass sie blind sind, sonst werden sie mich niederschießen oder mit ihren Stiefeln treten. Lieber Gott, es sind so schwere Stiefel und ich habe Angst davor. Ich bin nicht mutig, lieber Gott, wie David oder Lolek, und ich fürchte mich vor diesen Stiefeln."
    Tapp, tapp. Die Stiefel blieben vor ihm stehen. Er sah die Stiefel und er sah die Uniform nur bis zum Gürtel. Er sah die Gewehrkolben dicht vor seinem Kopf und er schloss die Augen und rührte sich nicht.
    „Da ist er", sagte der eine Soldat. Sie waren beide nicht mehr jung und sie schienen nicht glücklich über diesen Krieg. Sie hatten beide Kinder zu Hause, die ihnen bei jedem Brief ein paar krakelige Zeilen hinzufügten.
    „Komm heraus", sagte der andere, „los, komm schon." Michel rührte sich nicht. Er spürte, wie sie ihn am Arm packten, und er ließ seinen Sack nicht los.
    „Mein Gott, das ist ja ein Kind", sagte der erste, „was heißt Kind: ein halber Säugling." Sie hielten ihn gepackt und beide waren sie verlegen.
    „Wir müssten ihn mitnehmen oder weiß Gott was", sagte der Ältere zornig.
    „Wahrscheinlich Lebensmittel", sagte der andere und stieß die Spitze seines Stiefels gegen den Sack. Es gab einen hellen Ton. „Konserven", sagte er.
    „Sieh dir das an", sagte der Ältere, „nur Haut und Knochen. Und so etwas muss über die Mauer kriechen und man schießt mit einem Maschinengewehr auf ihn. Ich stelle mir immer vor, das wäre mein Junge."
    „Das habe ich die ganze Zeit gedacht", sagte der andere. „Wie heißt du?", fragte er auf polnisch; die Worte kamen fremd aus seinem Mund. Michel antwortete nicht.
    „Wie heißt du?", fragte er geduldig. Michel sah ihn zum erstenmal an und seine Augen waren trüb vor Angst.
    „Michel", sagte er.
    „Und wie alt bist du, Michel?"
    „Sieben." Die Soldaten blickten zu Boden. Beide dachten sie an ihre Kinder und an zu Hause und an ihre eigene Kindheit.
    „Wir werden dir nichts tun", sagte er langsam.
    „Nicht mit dem Stiefel", flüsterte Michel, „nur nicht mit dem Stiefel."
    „Was sagt er?", fragte der andere.

„Er hat Angst, dass wir ihn mit den Stiefeln treten." Er spuckte aus.
„Schweinerei, dass Kinder Angst vor unseren Stiefeln haben müssen."
Sie waren unruhig. Jeden Augenblick konnte irgendjemand die Straße herunterkommen.
„Was machen wir mit ihm?", fragte der Jüngere.
„Ich würde ihn laufen lassen."
Jetzt, da es ausgesprochen war, atmeten sie auf. Sie waren Soldaten und sie hatten ihre Pflicht zu tun. Zu schießen, Häuser anzuzünden und Bomben zu werfen. Aber sie hatten nichts gegen Frauen und Kinder.
„Lauf", sagte der Ältere.
Michel starrte ihn an.
„Weglaufen?", fragte er verständnislos.
„Los, geh schon."
„Aber Sie werden mir nachschießen", sagte Michel, „nicht wahr, Sie schießen mir nach? Sie schießen mich in den Rücken und dann bin ich tot und Sie werden die Konserven essen."
„Geh schon", sagte der Soldat rauh, „keiner wird dir nachschießen, verdammt noch mal."
„Aber Sie sind doch Deutscher?", fragte Michel.
„Geh", sagte der Soldat, „aber schnell."
Michel stürzte davon. Er schleifte den Sack hinter sich her. Er rannte mit eingezogenem Kopf und die ganze Zeit wartete er auf den Schuss und die Konserven klapperten. Die letzten Meter vor der Ecke machte er einen riesigen Sprung vorwärts, er taumelte dabei, aber er war um die Ecke und die Gewehre konnten ihn nicht mehr erreichen.
Die Soldaten starrten ihm mit zusammengepressten Lippen nach. Sie sagten nichts. Aber sie verstanden einander auch so und sie verstanden, was dies für ein elender, lausiger, gemeiner Krieg war, in dem Kinder darauf warteten, dass die Deutschen sie hinterrücks niederschossen.

Winfried Bruckner

Du wirst bald abgeholt

Inhalt: In einem Leserbrief an DIE ZEIT berichtet ein achtzigjähriger Holocaust-Überlebender über antisemitische Äußerungen und Handlungen in einem deutschen Dorf.

Stichworte: 90er Jahre – Holocaust-Überlebender – Zeitzeuge – deutsches Dorf – Antisemitismus – Bedrohungen – anonyme Anrufe – Beschimpfungen – Gewalt

Alter: ab 12 Jahren

Ich bin bereits 80 Jahre alt, einer der sehr wenigen noch lebenden Zeugen des Infernos von Auschwitz.

Meine Mutter ist im Getto Lodz umgekommen, alle meine Geschwister wurden in Auschwitz bei unserer Ankunft auf der „Ausladerampe" auf die linke Seite getrieben und in Auschwitz-Birkenau vergast. Ich überlebte Auschwitz und den „Todesmarsch" vom Januar 1945 bis April 45. Übrig blieb mir nur die Nr. 140735, die mir in den linken Unterarm eingebrannt wurde. Was ich in Auschwitz erlitten und erlebt habe, möchte ich nicht noch einmal schildern.

Wir leben in unserem kleinen Dorf sehr isoliert. Die Leute im Ort sowie auch der Bürgermeister lassen mich spüren, dass sie mich als Juden nicht mögen.

Anonyme Anrufe, auch in der Nacht, „man hat vergessen, dich zu vergasen" oder „Du wirst bald abgeholt" sind keine Seltenheit. Ganz schlimm ist es, sobald im Fernsehen über den Holocaust berichtet wird. Dann erfolgen böse Beschimpfungen und Drohungen. Unseren Briefkasten hat man mit einem Sprengsatz zerstört.

Leserbrief eines Überlebenden

---

* Name und Anschrift des Absenders sind der Redaktion bekannt

Der Angriff

Inhalt: Eindringliche Schilderung eines Fliegerangriffs 1942 auf eine deutsche Stadt.

Stichworte: 2. Weltkrieg – Luftangriff – Luftschutzkeller – Bomben – Feuer – Angst – Nervenversagen – Trümmer – Ausgraben eines Toten

Alter: ab 10 Jahren

Als die Sirenen heulten, sprang ich aus dem Bett. So rasch ich konnte, schlüpfte ich in meine Uniform, setzte den Luftschutzhelm auf und zog Stiefel an. Meine Mutter ließ sich mehr Zeit mit dem Anziehen. Vater blieb immer bis zum letzten Augenblick im Bett.

An der Tür fing Mutter mich ab. „Hier, nimm", sagte sie und reichte mir eine Doppelschnitte, „man weiß nie, wie lange es dauert!" Auf der Treppe rief sie mir noch nach: „Pass auf, Junge! Nimm dich in Acht!"

Im Erdgeschoss stellte Frau Resch, die Frau des Hauseigentümers, bereits die Koffer vor die Wohnungstür. Sie musste hinüber zu einem öffentlichen Luftschutzraum; denn dort war ihr Mann Wart.

Die Sterne leuchteten, aber es schien kein Mond. Es war eine wunderschöne Frühjahrsnacht. Die Bäume dufteten. Vereinzelte alte Leute liefen schon mit ihren Köfferchen und Handtaschen zu den nächsten Schutzräumen. Man hörte noch nichts. Nur ein einziger Scheinwerfer richtete seinen Lichtstrahl bewegungslos senkrecht gegen den Himmel. Wenn man genau hinschaute, konnte man an den Rändern der Verdunkelungsvorhänge in fast allen Wohnungen Licht sehen. Überall bereitete man sich darauf vor, beim ersten Schuss der Fliegerabwehr in den Keller oder den nächsten Schutzraum zu stürzen.

Ruhig ging ich meinen Weg, so wie ich ihn schon viele Nächte vorher gegangen war. Alle diese Nächte waren harmlos verlaufen. Seit fast einem Monat hatten die Bomber unsere Stadt verschont.

Kurz bevor ich das Heim erreichte, bemerkte ich das Brummen in der Luft. Es schwoll sehr rasch an. Und mit einem Schlag setzte die Fliegerabwehr ein. Sie schoss aus allen Rohren gleichzeitig. Ringsum suchten Dutzende von Scheinwerfern den Himmel ab. Wo sie einen Bomber entdeckten, schlossen sie sich zu Bündeln zusammen. Gleißend zog das Flugzeug im hellen Licht dahin, versuchte auszubrechen, stieg, stürzte, schwenkte. Aber die Leuchtspur der Geschosse zog ihren Weg zum Ziel. Alle Geschütze, in deren Bereich es lag, beteiligten sich an der Jagd, bis ein Blitz und ein später folgendes dumpfes Donnern das Ende anzeigten. Tragflächen und Rumpf torkelten einzeln in die Lichtgarbe und die Scheinwerfer suchten sich neue Ziele.

Weil die Luft von herabfallenden Splittern surrte, stellte ich mich in einen Hauseingang. Von dort aus beobachtete ich das Schauspiel am Himmel. Als der Splitterregen jedoch dichter wurde und die gezackten heißen Eisenstücke vom Pflaster wieder hochhüpften, ging ich bis in den Flur zurück.

Die Straße war leer. Nirgends sah man einen Menschen. Auch die Ritzen zwischen Verdunkelungsvorhang und Fensterrahmen leuchteten nicht mehr. Alles lag dunkel. Nur der Widerschein des Feuerwerks am Himmel erhellte Häuser, Straßen und Bäume.

Hinter mir hasteten die letzten Mieter über die Treppe in den Keller. Sie waren sehr aufgeregt. „Heute gibt's was!", hörte ich einen Mann mit stoßendem Atem sagen.

Dann war ich wieder allein. Ich brauchte nur noch quer über die Straße; dort lag das Heim; dort warteten die andern. Aber nun überflogen Verbände uns gerade. Vom Brummen der vielen Flugzeuge dröhnte mir der Kopf. Ich kroch in mich zusammen; ich fürchtete mich.

Da begann es über mir zu rauschen. Ich warf mich auf den Boden. Das Rauschen nahm zu. Ich drückte mich an die Mauer. Das Rauschen übertönte den Lärm der Flugzeuge und den Geschützdonner.

Ich zitterte. Ein Schlag! Ruhe! Nur noch Brummen und Schießen. Keine niederbrechenden Mauern! Kein Staub! Prasseln! Ich blickte hoch. Brandbomben!

„Es brennt überall!", rief ich in den Heimkeller.

Sie saßen bleich, müde, zusammengesunken.

Günther hob die Schulter. „Wir haben noch keinen Einsatzbefehl!" Ich setzte mich zu ihnen. Niemand spürte Lust zum Reden. Geduckt lauschten sie auf das, was draußen vorging und gedämpft in den Keller hereinklang.

„Nur der Dicke fehlt", sagte Günther nach einer Weile.

„Er wird es verschlafen haben", vermutete einer.

„Vielleicht ist er irgendwo unterwegs im Keller geblieben", gab ich zu bedenken.

Da überflog uns ein neuer Schwarm. Die Kellerwände schwangen mit dem Geräusch draußen. Die Schüsse der Abwehr ließen das ganze Haus erbeben. Da. Es sauste. Wir machten uns klein. Irgendwo in der Nähe schlug es ein. Der ganze Keller hob und senkte sich. Einer, der in der Ecke geschlafen hatte, fiel von der Bank. Das Licht erlosch. Die Tür flog auf.

„Verdammt!", schimpfte einer.

„Licht!", schrie man von der anderen Seite.

Alle suchten nach Zündhölzern. Endlich leuchtete die erste Kerze auf. Man schloss die Tür. Bomberverband nach Bomberverband überflog uns.

„Die an der Front haben es doch besser", stellte Günther fest. „Heinz kann sich wenigstens wehren, wenn die andern angreifen. – Wir aber müssen hier sitzen und alles über uns ergehen lassen. – Das ist zum Verrücktwerden! Sitzen, abwarten, gar nichts tun können – und der ganze Himmel hängt voller Bomber."

Plötzlich sprang einer von den Kleinen auf. Er rannte zur Tür.

„Wohin willst du?", fragte Günther und stellte den Fuß vor die Tür.

Der Kleine heulte. „Lass mich raus! Ich will zu meiner Mutter! Lass mich raus!" Er trat Günthers Fuß beiseite.

Günther fasste ihn. „Du kannst jetzt nicht gehen!"

„Doch! Doch!", kreischte der Kleine. Er warf Günther zu Boden.

Die beiden rangen und wälzten sich im Dreck. Es krachte. Alle Kerzen verlöschten. Die Tür riss aus dem Rahmen. Glas splitterte. Trümmerstaub drang ein. Steinbrocken purzelten die Kellertreppe herunter.

Der flackernde Schein der Brände draußen erhellte unseren Keller. Wir husteten; wir rieben die Augen; wir brauchten lange, bis wir uns wieder zurechtfanden.

„Wo ist der Kleine?", fragte Günther in das rotflackernde Dunkel hinein.

Der Kleine war fort.

„Raus!", schallte der Befehl durch den Keller. „Geräte mitnehmen! Wir müssen helfen!"

Vor unserem Heim lag ein riesiger Trümmerhaufen: das Haus, in dem ich mich untergestellt hatte.

Zuerst rannten alle nach Hause, auch Günther und ich.

„Wir treffen uns hier beim Heim wieder!", rief Günther noch.

Über allen Straßen hing Trümmerstaub. Ganze Häuserreihen waren verschwunden. Aus manchen Schutthaufen schlugen meterhohe Flammen. Männer, Frauen und Kinder kletterten zwischen den Trümmern umher. Manche schrien laut und durchdringend. Niemand kümmerte sich um den weiterrollenden Angriff; keiner achtete auf die glühenden Splitter der Abwehr.

Ein alter Mann riss mir den Spaten aus der Hand. „Den habe ich nötiger als du!" Und er stürzte sich damit auf einen Trümmerhaufen. Wie irr begann er zu graben.

In unserem Haus fehlten die Fensterscheiben, sonst war nichts geschehen.

Sofort machte ich wieder kehrt. Dem Heim gegenüber arbeiteten schon Männer.

„Hier liegen noch Verschüttete!", sagte der eine. „Wir haben Klopfzeichen gehört. Komm, hilf mit!"

Nach einiger Zeit kam auch Günther. „Alles in Ordnung!", erklärte er. „Nur der Dachstuhl ist abgebrannt."

Dann fasste er ebenfalls mit an. Wir begannen, Steine fortzuräumen. Werkzeug gab es nicht; wir arbeiteten mit der bloßen Hand. Kleine Stücke warfen wir beiseite; große wälzten wir gemeinsam weg. Brocken, die zu mächtig waren, umgingen wir. Von den anderen kam keiner zurück.

Allmählich verebbte der Angriff. Kein Brummen mehr; die Abwehr schwieg. Nur die Scheinwerfer suchten weiter den Himmel ab, bis auch sie, einer nach dem andern, ausgeschaltet wurden. Dann kam Entwarnung.

Der Himmel über der Stadt leuchtete rot, als der Staub sich verzogen hatte. Eine einzelne Feuerwehr raste einem fernen Ziel zu. Es begann zu dämmern.

Nach ungefähr einer Stunde brachte eine Frau uns eine Spitzhacke. Nun zerspalteten die Männer abwechselnd die großen Brocken zu tragegerechten Stücken.

Günther und ich schleppten die Stücke zu einem Haufen am Straßenrand. Immer wieder unterbrachen wir die Arbeit und lauschten auf die Klopfzeichen unter uns. Dann legten wir uns auf den Bauch, formten die Hände zum Schalltrichter und brüllten in die Trümmer hinein: „Haltet aus! Wir kommen!"

Nach und nach gesellten sich noch andere Männer und Frauen zu uns und halfen mit. Auch eine Greisin löste mit zitternden Händen Steine aus dem Schutt.

Inzwischen war es hell geworden. Über uns leuchtete ein schöner blauer Frühjahrshimmel, durchzogen von rauchgrauen Wolken. Meine Hände schmerzten. Es biss in den Augäpfeln.

Die Männer gruben mit dem Hackenstiel vor dem Kellereingang. Eine blutige Hand erschien, blutig vom Graben im Staub. Bald darauf sahen wir auch die zweite Hand. Vorsichtig schaufelte der Mann die Arme frei. Sie griffen die Arme und zogen. Dreck rutschte nach.

Wir erweiterten das Loch. Wieder zogen die Männer. Ein staubgraues Gesicht. Geschlossene Augen. Schürfwunden auf den Backen.

Weiter.

Ein Leib in unkenntlicher, zerfetzter Kleidung.

Weiter.

Unterhalb der Knie zerschmetterte, zermalmte Füße, nur eine blutige, staubverklebte Masse.

„Der ist tot!", sagte der Mann.

Sie legten ihn auf die Trümmer. Günther trat an die Leiche und wischte ihr den Schmutz aus dem Gesicht. Dann drehte er sich zu mir um und sagte: „Es ist der Dicke!"

„Weitermachen!", forderte der Mann uns auf.

Hans Peter Richter

Hiroshima

Der Morgen graute.
Das Feuer erlosch.
Von den leuchtenden Strahlen der Morgensonne übergossen,
zogen wir den Berg hinunter in die Stadt.
Wo ich auch hinschaute, lagen die Toten.
Tote mit mächtig angeschwollenen Brandblasen.
Toten, denen eine ölige zähe Flüssigkeit
aus den Augen quoll.
Ich fürchtete mich sehr, mir wankten die Beine.
Ich konnte nicht weitergehen.
Viele Bekannte lagen unter den Leichen.
Die Stadt war zu Asche verbrannt.
Die Straßen lagen unter der Asche begraben.
Wir wateten durch sie hindurch.
Sie war noch heiß.
Ein ekelhafter Geruch entströmte ihr.
Wir hielten uns die Nase zu.
Über die weiße Asche hinweg kehrten wir heim.
Wo einst unser Haus gestanden hatte,
erblickte ich geschwärzte Mauern und verkohlte Balken.
Und – weiße Asche.
Bruder und Schwester fanden wir nicht – nur Asche.
Gestern noch waren sie gesund mit uns zusammen,
jetzt sind sie diese Asche ...
Ich hocke auf der Asche.
Meine Tränen fallen auf sie.
Wo sie niederfallen,
entstehen kleine schwarze Löcher,
viele, viele, viele kleine schwarze Löcher ...

Schuzo Nishio, Japan, deutsch von Theres Eigen-Hofmann

Kinder aus dem ehemaligen Jugoslawien schreiben gegen den Krieg

1.

Wenn ich durch unsere Stadt laufe, sehe ich merkwürdige Gesichter voller Verbitterung und Schmerz.
Wohin ist unser Lachen verschwunden?
Wo ist unser Glück? Irgendwo weit, weit weg von uns.
Warum haben sie uns das angetan?
Wir sind doch ihre Kinder.
Alles, was wir wollen, ist unsere Spiele spielen und unsere Freunde besuchen.
Und wir wollen nicht diesen schrecklichen Krieg haben.

So viele Menschen haben diesen Krieg nicht gewollt.
Jetzt bedeckt sie die schwarze Erde.
Unter ihnen sind meine Freunde.

Ich schicke euch diese Botschaft:
Tut niemals den Kindern weh.
Sie sind an überhaupt nichts schuld.

Sandra, 10 Jahre, aus Vukovar

2.

Die Soldaten befahlen uns, das Haus zu verlassen, dann brannten sie es nieder. Danach brachten sie uns zum Zug, wo sie allen Männern befahlen, sich auf den Boden zu legen.

Aus der Gruppe wählten sie diejenen aus, die sie töten wollten. Sie wählten meinen Onkel und einen Nachbarn. Dann erschossen sie sie mit ihren Maschinengewehren.

Danach zwangen die Soldaten die Frauen in die vorderen Waggons des Zuges und die Männer in die hinteren. Als der Zug sich in Bewegung setzte, koppelten sie die hinteren Waggons ab und brachten die Männer in die Lager.
Ich habe alles gesehen!

Jetzt kann ich nicht mehr schlafen. Ich versuche, alles zu vergessen, aber es geht nicht. Es fällt mir schwer, überhaupt noch etwas zu fühlen.

Alik, 13 Jahre, Flüchtling

3.

Wenn ich Präsident wäre,
wären die Panzer Spielhäuser für Kinder.
Bonbonschachteln würden vom Himmel fallen.
Die Granaten würden Luftballons verschießen.
Aus den Gewehren würden Blumen wachsen.

Alle Kinder der Welt würden in Frieden schlafen,
ungestört von Alarmsirenen und Schießereien.

Die Flüchtlinge würden in ihre Dörfer zurückkehren.
Und wir würden einen neuen Anfang machen.

Roberto, 10 Jahre, aus Pula

4. An alle Kinder in der Welt

Ich will, dass ihr von unserem Leid wisst, von den Kindern in Sarajevo. Ich bin noch jung, aber ich fühle, dass ich viele Dinge erlebt habe, die viele Erwachsene nie erleben werden. Ich will euch nicht erschrecken, aber ihr sollt wissen, dass meine Mutter und ich in einer Gegend lebten, die von den Serben besetzt wurde, und dass man uns auf eine Liste setzte von Menschen, die hingerichtet werden sollten. Jene unter euch, die ein normales Leben haben, werden so etwas nicht verstehen können. Ich konnte es auch nicht, bis ich es selbst erlebt habe.

Während ihr eure Früchte esst und eure süße Schokolade und Bonbons, reißen wir hier das Gras aus, um zu überleben. Wenn ihr nächstes Mal etwas Leckeres esst, sagt bitte zu euch selbst: „Dies ist für die Kinder in Sarajevo."

Während ihr im Kino sitzt oder schöne Musik hört, rennen wir in die Keller und hören das schreckliche Heulen der Granaten. Während ihr lacht und Spaß habt, weinen wir und hoffen, dass dieser Terror rasch vorübergeht. Während ihr Licht und warmes Wasser genießt und in der Badewanne sitzt, beten wir zu Gott um Regen, damit wir etwas Wasser zum Trinken haben.

Kein Film kann wirklich das Leid, die Angst und den Schrecken zeigen, die mein Volk jetzt durchlebt. Sarajevo ist gebadet in Blut und überall sieht man plötzlich Gräber. Ich bitte euch im Namen der Kinder Bosniens, lasst niemals zu, dass bei euch so etwas passiert oder sonst irgendwo in der Welt.

Edina, 12 Jahre, aus Sarajevo

Krieg ist ein schmutziges Geschäft

Inhalt:	Dies ist die klassische (aktuelle) Geschichte gegen das Vergessen: In der Schule wird der 2. Weltkrieg thematisiert. Lauras 82-jähriger Großvater war als blutjunger Soldat Kriegsteilnehmer. Angesichts der unglaublichen Zahl von Gefallenen auf beiden Seiten fragt Laura sich urplötzlich: „Ist im Krieg alles erlaubt?" – „War mein Großvater ein Mörder?"
Stichworte:	2. Weltkrieg – Großvater – Kriegsteilnehmer – Russland – Enkelin – Schule – Information – Bewusstsein – sich erinnern – Uniform – Gewehre – Pervertierung des Menschen – Kriegstote – töten – Mörder – Sinnlosigkeit – schweigen
Alter:	ab 9 Jahren

Niemand in der Klasse hat einen Großvater, der so alt ist wie der Großvater von Laura: zweiundachtzig! „Aber fit wie ein Turnschuh", sagt Laura. „Der marschiert noch jeden Tag seine zwei Stunden – bei Wind und Wetter!"

Laura ist stolz auf ihren Großvater. Er hat alle Höhen und Tiefen dieses Jahrhunderts miterlebt. Vor allem die Tiefen ...

Als der Lehrer nach den großen Ferien damit beginnt, den Zweiten Weltkrieg durchzunehmen, stellt Laura fest, dass ihr Großvater der Einzige ist von allen Großvätern der Klasse, der diesen Krieg noch richtig als Soldat mitgemacht hat – vom ersten Tag an bis zum bitteren Ende. In Großmutters Familienalbum gibt es ein paar alte Fotos, auf denen der Großvater in Uniform zu sehen ist. Er war noch jung damals – viel jünger als Lauras Vater heute ist.

Der Lehrer hat im Klassenzimmer eine große Landkarte aufgehängt. Darauf sind alle Länder eingezeichnet, in denen Krieg war. Laura steht oft davor und schaut sie an. Dass der Krieg so groß war, hat sie nicht gewusst. Kaum ein Land, das nicht betroffen war!

„Wo war denn dein Großvater überall?", fragt der Lehrer. Das weiß Laura nicht. Eigentlich komisch: Der Großvater erzählt gern von früher, aber über den Krieg hat er ihr nie etwas erzählt.

Laura fragt zu Hause ihren Vater.

„Wo Großvater im Krieg war? Hm!" Der Vater schaut Laura überrascht an. „Wie kommst du denn darauf?" Dann überlegt er. „Am Anfang war er in Frankreich, glaube ich. Und später in Russland."

„Russland ist riesig", sagt Laura und denkt an die Wandkarte in der Schule.

„Wo in Russland war er denn?"

„Keine Ahnung", antwortet der Vater. „Am besten fragst du ihn das alles an Großmutters Geburtstag."

„Aber das musst du doch auch wissen", sagt Laura hartnäckig. „Er ist doch dein Vater. Hast du ihn denn nie gefragt?"

„Ehrlich gesagt nein", erwidert der Vater. „Vielleicht weiß es Onkel Peter. Der ist zehn Jahre älter als ich. Oder Tante Monika. Die waren beide noch näher dran. Als ich groß wurde, war der Krieg kein Thema mehr."

Tante Monika ist auf Geschäftsreise. Und Onkel Peter weiß es auch nicht genau: „Zuletzt in Russland, da bin ich sicher", sagt er. „Aber wo? Mein Gott, er hat wohl mal den einen oder anderen Namen genannt. Aber wer kann sich schon russische Namen merken! Wozu musst du das denn wissen?"

„Nur so", antwortet Laura. „Wir nehmen gerade den Zweiten Weltkrieg durch."

„Weißt du", sagt Onkel Peter, „als der Großvater heimkam, da hatten alle die Nase so voll vom Krieg, dass niemand mehr etwas davon hören wollte. Alle fanden, dass man ihn am besten so schnell wie möglich vergessen sollte."

Lauras Lehrer findet nicht, dass man den Krieg am besten vergessen sollte. Im Gegenteil: Man soll über ihn reden, je mehr desto besser. Bis man alles über ihn weiß: Wie er anfing. Wie er endete. Warum er geführt wurde. Und überhaupt: Wie das war – einen Krieg miterleben zu müssen?

„Vielleicht müsst ihr später einmal mitentscheiden, wenn es um Krieg und Frieden geht", sagt er. „Dann sollt ihr hinterher nicht sagen, ihr hättet nicht gewusst, wie schrecklich Krieg ist!"

Der Lehrer schont die Klasse nicht. Er liest Briefe vor, Kriegstagebücher, in denen Soldaten über ihre Erlebnisse geschrieben haben. Er bringt Bildbände mit voller Fotos von Schlachtfeldern, die übersät sind von Toten. Er zeigt einen Film. Er geht mit der Klasse in eine Ausstellung.

Im Geschichtsbuch steht: Von 110 Millionen Soldaten, die gekämpft haben, sind 27 Millionen gefallen – jeder vierte. Und zu Hause in den Städten und Dörfern sind noch einmal genauso viele Frauen und Kinder und Alte und Kranke umgekommen. Die Verwundeten und Verstümmelten und Vermissten nicht mitgezählt. Über 50 Millionen Menschen – und 20 Millionen davon allein in Russland.

Wie breit ist ein Sarg, denkt Laura. Achtzig Zentimeter? 50 Millionen Särge zu achtzig Zentimeter. Wenn man die alle nebeneinander stellen würde, gäbe das eine Reihe, die einmal rund um die Erde reicht – mindestens.

Laura kriegt einen Kloß in den Hals. Sie kann nicht aufhören, sich das vorzustellen. Sarg an Sarg, ohne Ende. So viele Tote. Und wofür?

Laura denkt an den Großvater. Zwanzig Millionen allein in Russland, denkt sie. Was für schlimme Dinge muss der Großvater dort erlebt haben ...

An Großmutters Geburtstag kommen sie alle zusammen: Laura mit ihren

Eltern, Onkel Peter und Tante Helga mit Felix. Und Tante Monika natürlich. Tante Monika ist gerade von ihrer Geschäftsreise zurück. Großmutter hat den Wohnzimmertisch ausgezogen und festlich gedeckt. Sie selbst und der Großvater sitzen oben an der Schmalseite. Laura und Felix sitzen am unteren Ende.

Als sie mit dem Kaffeetrinken fast fertig sind, fragt Laura plötzlich über die ganze Länge des Tisches hinweg: „Du, Großvater, hast du eigentlich im Krieg Menschen getötet?"

Die Gespräche, die gerade noch munter hin und her gegangen sind, verstummen jäh. Alle Augen richten sich auf Laura.

„Ich – ich meine ja nur", stottert Laura. „Zwanzig Millionen – allein in Russland –. Irgendwer muss die doch –."

Der Großvater hat die Kuchengabel mit dem letzten Stück Apfelkuchen, das er gerade in den Mund schieben wollte, sinken lassen. Er holt Luft. Doch bevor er etwas antworten kann, schrillt vom Flur her das Telefon. Der Großvater lässt die Kuchengabel auf den Teller fallen und steht mit einem Ruck auf. „Moment!", sagt er und geht zur Tür. „Ich bin gleich wieder da!"

In die Stille, die hinter ihm zurückbleibt, sagt die Großmutter: „Was fragst du nur für Sachen, Laura! Dein Großvater ist sein Leben lang ein durch und durch anständiger Mensch gewesen. Er hat nie etwas Unrechtes getan. Auch nicht im Krieg!"

„Aber Mutter", sagt da Tante Monika, „das kannst du doch gar nicht wissen! Du warst doch nicht dabei."

„So etwas fühlt man!", behauptet die Großmutter. „Wenn Großvater einen Menschen getötet hätte, dann wüsste ich das."

„Niemand weiß irgendetwas", antwortet Tante Monika entschieden. „Wir wissen ja nicht einmal genau, wie die Orte heißen, an denen er während des Krieges war – oder? Was er im Krieg getan und erlebt hat, das weiß nur er selbst. Und er war nie einer, der viel darüber geredet hat. Glaubst du, er hätte es dir erzählt, wenn er russische Männer erschossen, ihre Frauen vergewaltigt, ihre Kinder erschlagen, ihre Häuser in Brand gesteckt hätte?"

„Aber Monika!", rufen Tante Helga und Lauras Mutter gleichzeitig und schauen Monika ganz entsetzt an. „Jetzt gehst du wirklich zu weit."

„Ich sage ja nicht, dass er's getan hat", lenkt Tante Monika ein. „Ich sage nur, dass wir nichts wissen. Nichts! Krieg ist ein schmutziges Geschäft. Er macht aus netten, freundlichen Nachbarn Ungeheuer. Seht ihr nicht jeden Tag im Fernsehen, was alles passiert in Bosnien und Ruanda und wer weiß wo überall auf der Welt? Rechtschaffene Bürger, die in Friedenszeiten keiner Fliege etwas zu Leide tun, drehen völlig durch und begehen unglaubliche Greueltaten. Zieh einem Mann eine Uniform an und drücke ihm ein Gewehr in die Hand und du erkennst ihn nicht wieder!"

„Aber euer Vater doch nicht!", ruft die Großmutter aus und blickt hilfesuchend in die Runde.

„Man kann's nur hoffen!", sagt Tante Monika. Onkel Peter und Lauras Vater spielen mit ihren Servietten und sagen nichts.

Gerade als das Schweigen anfängt peinlich zu werden, gibt es einen Tumult im Hausflur. Großvater, das Telefon noch am Ohr, macht die Wohnzimmertür auf und komplimentiert mit dem freien Arm drei Freundinnen aus Großmutters Seniorengruppe herein, die zum Gratulieren kommen.

„Ah", ruft die Großmutter und steht erleichtert auf.

Felix, der die ganze Zeit still dagesessen hat, stößt Laura an.

„Los", flüstert er, „verschwinden wir. Hier werden wir im Augenblick nicht gebraucht." Und in dem Begrüßungsgedränge, das gleich darauf entsteht, verdrücken sich beide in den Garten.

„Jetzt weiß ich's doch nicht", sagt Laura draußen zu Felix. „Hat Großvater nun einen Menschen getötet oder hat er nicht?"

„Natürlich hat er", antwortet Felix.

„Was?", ruft Laura entsetzt. „Das sagst du so einfach hin? Woher weißt du das denn?"

„Ist doch klar", sagt Felix gelassen. „Wenn er keinen getötet hätte, wäre er ein schlechter Soldat gewesen. Glaubst du, Großvater war ein schlechter Soldat?"

Laura weiß nicht, was sie darauf antworten soll.

„Aber – dann", sagt sie schließlich stockend, „dann wäre er doch ein – Mörder."

„Quatsch!" Felix bleibt ganz ruhig: „Wenn man im Krieg tötet, ist man kein Mörder. Da ist man ein Held. Im Krieg ist es erlaubt."

Laura kriegt wieder einen Kloß in den Hals. Es ist alles so verkehrt. Sie weiß, dass es verkehrt ist. Aber sie weiß nicht, wie sie es Felix erklären soll.

Felix lacht. „Mensch, Laura, mach doch nicht so ein Gesicht! Sowas verstehst du nicht. Krieg ist Männersache." Er kickt einen Erdklumpen vom Gartenweg gegen die Hauswand, dass er nach allen Seiten auseinander spritzt, und ruft: „Los, komm, wir laufen auf den Berg und schauen, ob die Nüsse schon reif sind!"

Renate Schupp

Schreibstunde I

Es schreiben die Kinder der Welt,
schreiben auf lammweißes Papier:
FRIEDEN.
Sie schreiben und schreiben.

Sie schreiben den ersten Buchstaben,
da werden Parolen befolgt.

Sie schreiben den zweiten Buchstaben,
da werden Fahnen aufgehängt.

Sie schreiben den dritten Buchstaben,
da werden Schlagzeilen gedruckt.

Sie schreiben den vierten Buchstaben,
da werden Gewehre entsichert.

Sie schreiben den fünften Buchstaben,
da werden Panzer in Marsch gesetzt.

Sie schreiben den sechsten Buchstaben,
da werden Bomber auf die Startbahn gerollt.

Sie schreiben und schreiben.
Sie schreiben den siebenten Buchstaben, den letzten,
sie schreiben ihn nicht,
da schreit die Sirene.

Schreibstunde II

Es schreiben die Kinder der Welt,
schreiben auf lammweißes Papier:
FRIEDEN.
Sie schreiben und schreiben.

Sie schreiben den ersten Buchstaben,
da streckt einer die Hand aus.

Sie schreiben den zweiten Buchstaben,
da sagt einer:„ Ich bin schuld."
Sie schreiben den dritten Buchstaben,
da teilt einer das Brot mit dem Hungrigen.
Sie schreiben den vierten Buchstaben,
da schenkt einer den Mantel dem, der da friert.
Sie schreiben den fünften Buchstaben,
da schiebt einer den Rollstuhl des Kranken.
Sie schreiben den sechsten Buchstaben,
da kümmert sich einer um den Mann aus dem Knast.

Sie schreiben und schreiben.
Sie schreiben den siebenten Buchstaben, den letzten,
sie schreiben ihn,
da sagt der Engel: „Fürchtet euch nicht."

Rudolf Otto Wiemer

Eine Bombengeschichte

Inhalt: Beim Videokriegsspiel lassen die Freunde Richi und Erik voller Eifer von Menschen errichtete Gebäude zerbersten. Da erzählt ihnen der Großvater vom wirklichen Krieg.

Stichworte: Weihnachten – Geschenke – Videospiel – Aggression – Zerstörung – Kriegsrealität – Bomben – Vernichtung –Tod

Alter: ab 7 Jahren

Am Nachmittag nach den Weihnachtstagen läutet Richi an der Tür der Nachbarwohnung. Erik öffnet.
„Komm herüber", sagt Richi, fasst seinen Freund an der Hand und zieht ihn in seine Wohnung. „Ich zeig dir was Tolles."
Durch eine offene Tür sieht Erik den Großvater von Richi sitzen. Der Großvater schreibt auf der Schreibmaschine. Er dreht ihnen den Kopf zu und lächelt.
Richi schiebt Erik in sein Zimmer. Auf einem kleinen Tisch steht es – das tolle Ding.

„Von meinem Vater", sagt Richi. „Er hat es mir zu Weihnachten geschickt."
„Ein Videospiel!", ruft Erik.
„Ja, und was für eines!", trumpft Richi auf. Er setzt sich davor und schon geht es los auf dem Bildschirm. Flugzeuge jagen über den Himmel, lassen Bomben auf Häuser, auf Plätze, auf fliehende Menschen fallen. Gebäude stürzen in sich zusammen, Rauch steigt auf. Eine Bomberwelle um die andere braust daher.
Erik starrt gebannt auf den Bildschirm. Er schreit: „Aber doch nicht auf das Krankenhaus und nicht in den Park. Da spielen vielleicht Kinder!"
„Ach wo! Die sind doch in den Schutzräumen", lacht Richi und lässt die ganze Stadt in Schutt legen. Dabei schreit er: „Tschin! Bum! Krach! Treffer! Wumm! Noch einer!"
Plötzlich hört er auf und sagt: „Jetzt du. Ich zeige es dir."
Erik zögert eine Weile. Irgendetwas gefällt ihm nicht. Doch er lässt sich auf den Stuhl drücken. Es ist ja nur ein Spiel – nicht wirklich, denkt er.
Erik lernt schnell. Bald lässt er Fabriken, Hochhäuser, Kirchen und Schulen in Stücke bersten. Jeden gezielten Treffer bejubeln die beiden: „Tschin! Bumm! Krach! Treffer!"
Sie bemerken nicht die große Gestalt im Türrahmen. Es ist der Großvater. Mit leisen Schritten tritt er hinter die Kinder. Sanft legt er eine Hand auf Richis Schulter. Die Freunde schauen zu ihm auf. Sie haben rote Backen vor Eifer, ihre Augen glänzen.
„Was ist?", fragt Richi ungeduldig.
„Ich möchte euch gern etwas erzählen", sagt der Großvater und setzt sich zu ihnen. Er wendet das Gesicht dem Fenster zu und beginnt zu reden: „Stellt euch eine große Stadt vor. Es ist Krieg. Im Radio wird der Anflug von Bombergeschwadern gemeldet. Alarmsirenen heulen auf. Frauen, Kinder, alte Leute rennen in die Schutzräume, in die Hauskeller ... Zwei Stunden lang fallen Bomben auf die Stadt. Häuser stürzen ein, begraben die Menschen. Manche versuchen zu fliehen. Aber die ganze Stadt brennt. Durch die Straßen fegt der Feuersturm. Wer zu schwach ist, wird in die Flammen gerissen. Kinderwagen bleiben im heißen Teer stecken. Niemand weiß, wohin er flüchten soll. In den Parks brennen die Bäume ... Die Flugzeuge ziehen ab. Niemand kann löschen. Es gibt Tausende von Toten, Verletzten, Schreienden. Einzelne graben mit bloßen Händen in den Trümmern nach ihren Lieben."
Der Großvater schweigt.
Mit gesenkten Köpfen sitzen die Freunde da. Dann fragt Erik leise: „Haben Sie das erlebt?"
Der Großvater nickt. „Es waren die schlimmsten Stunden meines Lebens. Die anderen vierzehn im Keller waren tot. Darunter zwei Freunde, neun Jah-

re alt wie ich. Ein verkeilter Balken über mir hat mich gerettet. Zwei Soldaten haben mich viele Stunden später ausgegraben. Einer war der Vater des einen Jungen. Er war gerade auf Urlaub gekommen."

Der Großvater steht auf. Er nimmt vom Tisch die heutige Zeitung. Auf der Vorderseite steht in dicken Buchstaben: BOMBEN AUF EIN KRANKENHAUS.

Elfriede Becker

Strandgut

Wir haben am Strand im Sand gewühlt,
da ward uns vor die Füße gespült
ein Stück braunes Holz.

Und auf dem Holz von fremder Hand
Buchstaben waren eingebrannt –
irgendein Wort.

Das Wort war nicht groß, das Wort war klein –
was für ein Wort wohl mochte es sein?
Keiner konnte es lesen.

Wir sagten „Ruhm", wir sagten „Geld",
„Brot", „Heimat", „help me", „ship zerschellt" –
Wörter gibt's viel.

Zuletzt hat einer „Frieden" gesagt
und dann hat keiner mehr gefragt –
wir blickten uns an.

Rudolf Otto Wiemer

Uri auf der Demo

Inhalt: Im Rollstuhl beteiligt sich die 92-jährige halbblinde aber hellwache und resolute Urgroßmutter zusammen mit ihren Urenkeln an einer großen Friedensdemonstration. Das hat sie gegen den anfänglichen Widerstand anderer Familienmitglieder durchgesetzt.

Stichworte: Urgroßmutter – Generationen – Demonstration – Protest – Krieg – Gewalt – Auseinandersetzung – Widerstand – Furchtlosigkeit – Begeisterung – Fernsehen

Alter: ab 10 Jahren

Die Wallbergs sind eine große Familie: die Kinder Änne, Robert und Frank, die Eltern, eine Großmutter und eine Urgroßmutter, Uri genannt. Sie ist Großmutters Mutter. Sie ist schon zweiundneunzig Jahre alt, winzig klein und verrunzelt wie eine Backpflaume. Den ganzen Tag sitzt sie in einem Ohrensessel, der so mächtig ist, dass man sie kaum darauf sieht. Sie ist fast blind. Aber sie hört noch sehr gut. Meistens schweigt sie und hört den anderen zu. Manchmal schüttelt sie den Kopf über das, was sie hört. Oft vergessen die übrigen Familienmitglieder, dass sie noch da ist. Der Arzt hat gesagt, ihr Herz sei gesund, sie könne hundert Jahre alt werden.

Änne ist eigentlich kein Kind mehr. Sie ist schon achtzehn. Sie geht ins Gymnasium. An einem Mittwoch kam sie nach Hause und sagte: „Am Sonntag geh ich auf die Demo. Wer kommt mit?"

„Ich", sagte Robert.

„Ich auch", sagte Frank.

„Misch du dich doch nicht in so politisches Zeugs!", rief die Großmutter Änne zu. „Wer weiß, welchen Strick man dir daraus drehen kann. Am Ende kriegst du deshalb keine Anstellung, wenn du mit dem Studium fertig bist –"

„Ihr werdet euch doch nicht in solche Gefahr begeben", ängstigte sich die Mutter. „Man sieht's ja im Fernsehen, wie das auf Demos zugeht. Die Polizisten werden auf euch einknüppeln und am Ende kommt Änne ins Gefängnis, weil man sie für eine Rädelsführerin hält."

„Wir gehen trotzdem mit", sagte Robert. „Wir alle drei."

„Kommt gar nicht in Frage", sagte der Vater. „Du, Robert, bist fünfzehn und Frank ist dreizehn. Ihr seid beide noch nicht volljährig. Noch habe ich über euch zu bestimmen. Wenn Änne sich in solche zweifelhaften Abenteuer stürzen will, ist das ihre Sache. Robert und Frank aber bleiben weg von der Demo."

„Was ist das – eine Demo?", fragte da die Urgroßmutter aus ihrem Ohrensessel.

„Eine Demonstration, Uri", erklärte ihr Änne. „Es wollen über hunderttausend Menschen in unserer Stadt zusammenkommen und in einem langen Zug durch die Straßen wandern. Das ist alles."
Die Uri schüttelte den Kopf. „Was soll denn daran schlecht sein?"
„Es ist was Politisches, Mama", sagte die Großmutter und tätschelte ihr die Hand. „Das verstehst du nicht. Irgendwelche Unruhestifter haben das alles angezettelt. Ich hab mich einmal in Politik eingelassen, damals bei Hitler. Was hat man mir hinterher für Schereien daraus gemacht! Nein, mir reicht's. Mit Politik will ich nichts mehr zu tun haben und ich rate allen davon ab, sich in Politik einzulassen."
„Was hat denn so ein Spaziergang durch die Stadt mit Politik zu tun?", fragte die Uri verwundert.
„Es ist eine Friedensdemo", erklärte Änne geduldig. „Alle die Leute, die in diesem Zug mitwandern, sind Kriegsgegner. Sie werben für den Frieden. Für den seid ihr doch alle – oder etwa nicht?"
„Na ja", sagte die Großmutter, „wer ist denn nicht für den Frieden! Aber deshalb muss man doch nicht gleich einen solchen Wirbel darum machen."
„Doch", sagte Änne. „Wir sind das Volk. Wir gehen drauf, wenn es zu einem Krieg kommt. Wir müssen deutlich zeigen, dass wir für keine Nachrüstung und Aufrüstung und schon gar keine Atomwaffen in unserem Land – oder sonstwo – sind. Wir wollen, dass sich alle Völker vertragen. Also, wer geht mit?"
„Ich gehe mit", sagte da die Uri ganz klar und deutlich.
Alle waren sprachlos.
„Aber Mama", sagte die Großmutter, „du kannst ja doch gar nicht mehr gehen. Hast du das vergessen? Morgens tragen wir dich aus dem Bett auf den Sessel und abends tragen wir dich ins Bett zurück."
„Aber sitzen und denken und hören kann ich noch", antwortete ihr die Uri lebhaft. „Das genügt, um bei so einer Demo mitzumachen. Wenn ihr mir irgendwoher einen Rollstuhl besorgen könntet –"
„Mach ich", rief Änne und drückte der Uri einen Kuss auf die Wange. „Du, Uri, das finde ich einfach großartig von dir."
„Aber Uri", sagte der Vater ganz verwirrt, „du weißt nicht, was das für eine Strapaze ist. Du bist doch schon seit Jahren nicht aus dem Haus gekommen. Höchstens im Sommer auf den Balkon. Du kannst in dem Getümmel einen Herzschlag bekommen!"
„Auch nicht schlimm", meinte die Uri trocken. „Einmal muss es ja sein. Warum nicht auf einer solchen Demo?"
Die Großmutter schlug die Hände zusammen und redete auf die Uri ein.
„Hör auf", sagte die Uri. „Du bist ein Hasenfuß, Else, ich weiß. Bleib daheim. Du brauchst ja nicht mitzugehen."

„Nein, Uri, da wird nichts draus", sagte der Vater energisch. „Das kann ich nicht verantworten."

„Aber Hans", sagte die Uri sehr bestimmt, „ich bin volljährig und weiß, was ich tue. Du kannst mir nichts verbieten."

„Änne kann sich doch nicht allein mit dem Rollstuhl in diese Menschenmenge wagen!", rief die Mutter verzweifelt.

„Wir schieben die Uri!", riefen Robert und Frank gleichzeitig.

Die Mutter schrie entsetzt auf, der Vater empörte sich. Und schon redeten alle auf alle ein, versuchten einander zu überzeugen, gestikulierten, wurden wütend, schüttelten die Köpfe, zeigten auf die Uri. Die saß als einzige ganz ruhig da und hörte dem Lärm heiter zu.

Schließlich, nach einer halben Stunde, hatten sie einen Beschluss gefasst: Der Vater selber wollte die Uri schieben. Und weil der Vater mitging, hatten auch Frank und Robert durchgesetzt, dass sie mitgehen durften. Die Großmutter kannte sich mit Uris Befinden am besten aus, sie konnte sozusagen an Uris Nasenspitze ablesen, ob sie sich gut oder schlecht fühlte. Deshalb hatte auch sie sich wohl oder übel entschlossen, die Uri zu begleiten.

„Wenn alle gehen, will ich auch mitgehen", seufzte die Mutter.

„Nein", sagte der Vater, „einer muss daheim bleiben, am Telefon, damit man das Nötigste veranlassen kann, falls was passiert. Wir brauchen dich hier als eine Art Notrufzentrale."

Es zeigte sich, dass die Uri nicht einmal mehr einen Mantel besaß, der ihr passte. Die Großmutter ist zu rundlich, in deren Mäntel geht die Uri zweimal hinein. Auch Mutters Mäntel sind der Uri zu weit.

„Wir müssen einen neuen Mantel für sie kaufen", stellte die Großmutter fest.

„Unsinn", sagte die Uri. „Änne, lass mich mal *deinen* Mantel probieren."

Änne ist sehr schlank, aber fast doppelt so groß wie die Uri. Ännes Strickmantel reichte der Uri bis auf die Füße.

„Damit siehste aus wie eine Heiligenfigur aus der Kirche", bemerkte Robert. Er und Frank schüttelten sich aus vor Lachen.

„Den zieh ich an", sagte die Uri. „Ich sitze ja im Rollstuhl, da kann ich mir den Mantel um die Füße wickeln."

„Du wirst zum Gespött der Leute werden mit diesem Teenagermantel", rief die Großmutter und begann zu weinen. „Und noch dazu mit Kapuze! Und so lebhafte Farben – entsetzlich!"

„Da siehst du, was du für einen Wirbel verursachst mit deinem verrückten Entschluss", grollte der Vater.

„Ein bisschen Wirbel schadet nichts", antwortete ihm die Uri.

„So hast du's schon immer gemacht", rief die Großmutter erbost, „und wir können uns dabei zu Tode ängstigen! Weißt du noch, wie du damals dein

Mutterkreuz auf den Misthaufen im Hof geworfen hast – so, dass es alle liegen sehen konnten? Damit hast du uns auch in die größte Verlegenheit gebracht!"

„Ja", sagte die Uri, „das war an dem Tag, als ich die Nachricht bekam, dass mein Bruno gefallen war. Wo ich doch ein halbes Jahr vorher schon den Herbert verloren hatte. Ich habe sie beide für den Krieg großziehen müssen. Deshalb hab ich das Ding nicht mehr haben wollen. Ich hab's dort hingeworfen, wo es hingehörte." – „Was ist ein Mutterkreuz?", fragte Robert.

„Das war ein Orden für Mütter, die vier oder mehr Kinder geboren hatten", erklärte die Großmutter.

„Ich hab jedenfalls Anlass genug, für den Frieden Wirbel zu machen", sagte die Uri eigensinnig. „Für den kann man gar nicht genug Wirbel machen."

Am Sonntag um elf zogen sie los, ein ganzes Rudel rings um den Rollstuhl, die Großmutter bepackt mit Wärmflaschen, Herztabletten und Diätproviant. Die Mutter rief ihnen noch eine Unmenge Warnungen und Ratschläge vom Balkon aus nach.

„Wenn die Polizei kommt, müsst ihr darauf hinweisen, dass ihr nur mitgeht, um die Urgroßmutter zu pflegen und zu beschützen!", empfahl sie ihnen. „Und der Uri werden sie nichts tun –"

Frank und Robert grinsten.

„Ja, ja, beruhige dich, meine Liebe", rief die Uri mit ihrem dünnen Stimmchen, „ich nehme die Verantwortung für alle ganz allein auf mich."

Den halben Sonntag lief die Mutter unruhig zwischen Balkon und Telefon hin und her. Aber es kam kein Anruf und sie kehrten und kehrten nicht heim. Endlich, nach fünf Stunden, erschienen sie, allesamt putzmunter.

„Endlich!", rief die Mutter erlöst und umarmte Frank, als ob er entführt und nun freigelassen worden wäre. „Ich hab mir ja solche Sorgen um euch gemacht."

„Wieso?", fragte die Uri verwundert. „Es war alles wunderbar ruhig, nicht wahr, Else? Nicht halb so laut wie euer Gezeter am vergangenen Mittwoch ..."

„... obwohl's statt hunderttausend über zweihunderttausend gewesen sind", rief Änne begeistert. „Kein Polizist hat sich einzumischen brauchen, stell dir das vor!"

„Die Reden waren gut", sagte die Uri. „Mir aus dem Herzen gesprochen."

„Eine Quarkschnitte mit Knoblauch hat sie gegessen!", klagte die Großmutter.

„Unglaublich, wen ich alles dort gesehen habe", berichtete der Vater. „Nicht nur Gammler und Rocker und Mädchen mit langen Baumwollgewändern. Die meisten Demonstranten waren ganz normale Leute. Sogar mein Chef war dabei."

„Eine Quarkschnitte!", wiederholte die Großmutter und fasste sich an die Stirn.

„Warum nicht?", fragte die Uri. „Änne hat sich eine gekauft, von einem Stand am Straßenrand. Die roch so appetitlich. Sie erinnerte mich an die Kriegs- und Nachkriegszeiten. Damals haben wir viel Quark gegessen. Deshalb hab ich Änne gebeten, dass sie mir auch so eine Schnitte kauft –"

„Sie wird dir nicht bekommen", seufzte die Mutter.

„Sie *ist* mir schon bekommen", meinte die Uri heiter.

„Die Uri ist auch interviewt worden", sagte Frank. „Vielleicht kriegen wir sie heute Abend im Fernsehen zu sehen."

Als sich die Wallbergs am Abend vor dem Fernseher versammelten, um sich Berichte von der Demo anzusehen, erschien wirklich und wahrhaftig die Uri auf dem Bildschirm. Man sah, wie der Reporter sie fragte, wie alt sie sei, und sie sagte es ihm ohne Scham und Scheu. Dann fragte er sie, warum sie bei der Friedensdemo mitmache. Da sagte sie: „Weil mein Großvater im Deutsch-Französischen Krieg gefallen ist und mein Mann im Ersten Weltkrieg und meine beiden Söhne und mein Schwiegersohn im Zweiten Weltkrieg und weil meine älteste Tochter mit zwei kleinen Kindern in den letzten Kriegstagen auf der Flucht umgekommen ist. Hier sehen Sie meine drei Urenkel. Ich will, dass sie leben bleiben, sie und ihre Kinder und ihre Enkel."

Nun schwenkte die Kamera um, und man sah für einen Augenblick ganz groß die Gesichter von Änne, Frank und Robert. Auch den Vater und die Großmutter streifte sie.

Die Wallbergs saßen noch immer überwältigt vor der Röhre, als der Sprecher schon längst zu anderen Berichten übergegangen war.

„Nein so was", sagte der Vater, „jetzt sind wir alle im Fernsehen zu sehen gewesen –"

„Meine liebe Uri", sagte die Mutter, „ich glaube, du hast eine Menge Leute in unserer Bundesrepublik eben zum Weinen gebracht", und sie wischte sich verstohlen die Augen.

„Wenn du doch nur einen anderen Mantel angehabt hättest", seufzte die Großmutter. „Was werden die Leute von uns denken?"

„Du hast einen Sinn fürs Unwichtige, Else", sagte die Uri. „Der Mantel ist dir wichtiger als das Leben. Das ist in Gefahr, wenn ein Krieg kommt – begreif das doch! Frieden kommt nicht von allein."

„Das nächste Mal gehe ich auch mit", sagte die Mutter. „Ich bin doch auch für den Frieden. Wenn ich mir vorstellen sollte, ich müsste unsere beiden Buben hergeben –" Sie zog schon wieder das Taschentuch.

Gudrun Pausewang

Der Frühling und das Kind

Inhalt: Meditative Erinnerung an den Zweiten Weltkrieg, an Tod, Grauen, Entsetzen. Und doch: Es ist Frühling. Ein Kinderlachen schenkt Hoffnung.

Stichworte: Erinnerung – Krieg – Zerstörung – Gewalt – Tod – Tränen – Friedenssehnsucht – Hoffnung

Alter: Ab 14 Jahren

Erinnerungen an den letzten Krieg:

Unsere Marschkolonne durchquerte ein fast gänzlich ausgebranntes Dorf. Ein herrlicher Frühlingstag. Das Unkraut stand hoch zwischen den Büschen auf den Feldern. Eine Ruine menschlichen Daseins. Hier ein Schornstein, dort ein aufgerissenes Haus, hier Pfähle eines umgefallenen Zaunes. Verrußte Skelette im triumphierenden, ungestraft wachsenden grünen Unkraut.

Ein Bild: ein zerstörtes Haus, eine verrußte Wand, etwas überdacht, ein wenig Putz. – An den verkohlten Balken hängt eine aus Stacheldraht gefertigte Schaukel, statt des Sitzes – die auf Draht gezogene Hülse eines Artilleriegeschosses.

Und ein Kinderlachen, laut und übermütig auf der Brandstätte. Ein Symbol. Trotz des Verbrechens, trotz der erbärmlichen vernichtenden Gewalttätigkeit der Menschheit geht das übermächtige Leben weiter voller Hoffnung, ohne Sorge, ob es ewig währen wird.

Tagtäglich haben wir uns gefragt, ist es so weit, wann endlich – in qualvollen Gedanken haben wir einen Strich unter diese teuflische Komödie gezogen!

Ist es so weit – wann endlich?

So viel Leben wurde vernichtet, Herzen sind gestorben. Die Tränen der Frauen, Gebete der Mütter und Hunger der Kinder haben um Erbarmen gejammert. Es brannten Häuser und Rechte, auf den Kreuzwegen irrten Menschen und obdachlose Menschenseelen umher.

Wann wird die Bosheit oder die Geduld ein Ende haben? Wann wird die sich erbarmende Hand des Friedens die Macht aus den blutigen Händen der Brandstifter und Giftmörder nehmen? Wann?

In diese hilflose Pein, in Schande und Niederlage und gänzlich unerwartet schlägt übermütiges herausplatzendes, freudiges, frohes Kinderlachen herein, das die Zukunft besingt, den Frühling ruft und ein Morgen verkündigt.

Janusz Korczak

Friede

Was soll ich mir wünschen, lieber Gott?
Ich habe alles,
was ich brauche.
Nur eins wünsche ich mir –
doch nicht für mich allein,
für viele Mütter, Kinder, Väter,
nicht nur in diesem Land,
auch in fremden und feindlichen Ländern.
Ich will mir Frieden wünschen.
Ja, um Frieden bitte ich.
Und einem kleinen Mädchen
schlägst du sicher keine Bitte ab.
Du hast das Land des Friedens erschaffen,
in dem die Stadt des Friedens steht,
in der das Haus des Friedens war,
aber niemals, niemals Frieden …
Was soll ich mir wünschen, lieber Gott,
da ich doch alles habe?
Ich wünsche nur Frieden,
nur Frieden …

Schlomith Grossberg, 13 Jahre, Jerusalem

Bäume

Ihr, ja ihr.
Ruhig auf der dunklen Erde fußend.
Doch verwundbar wie wir,
die wir uns vorwärtskämpfen müssen.

Nützlich oder einfach schön
und immer etwas Neues bedeutend.

So wachsen.

In die Höhe, in die Tiefe
und mit ausgebreiteten Armen.

Heinz Piontek

Ich bin ein Baum[*]

Eines Tages steht Anna auf einer Wiese.
Es ist fast dunkel.
Aber es ist immer noch warm
und es regnet ein bisschen.
Und Anna träumt.
„Ich bin ein Baum", denkt sie.
„Meine Zehen sind die Wurzeln,
die sich ins Gras bohren.
Meine Beine sind der Stamm,
meine Arme die Äste
und meine Finger die Zweige.
Wenn der Wind weht,
schaukle ich hin und her,
vor und zurück.
So.
Und das ist schön …"

Hans Peterson

---

[*] Titel redaktionell

Der Baum

Dieser himmlische Baum
ist von der Erde empor zum Himmel gewachsen.
Unsterbliches Gewächs,
reckt er sich auf zwischen Himmel und Erde.
Er ist der feste Stützpunkt des Alls,
der Ruhepunkt aller Dinge,
die Grundlage des Weltenrunds,
der kosmische Angelpunkt.
Er fasst in sich zur Einheit zusammen
die ganze Vielgestalt der unendlichen Natur.
Er rührt an die höchsten Spitzen des Himmels
und festigt mit seinen Füßen die Erde.
Und die weite mittlere Sphäre dazwischen
umfasst er mit seinen unendlichen Armen.

Frühchristlich. Bischof Hippolyt von Rom, Anfang des 3. Jahrhunderts

Einen Baum pflanzen

Inhalt: Mali hat auf dem Komposthaufen im Park einen kleinen Baum gefunden. Mit großer Mühe pflanzt sie ihn in die hinterste Ecke des Hofes ein. Die anderen Kinder bezweifeln, dass aus dem Bäumchen etwas wird. „Ihr werdet schon sehen", sagt Mali.

Stichworte: Baum – Pflanzen – Mühe – Zweifel – Vertrauen – Hoffnung – wachsen – bewahren – Zukunft

Alter: ab 8 Jahren

Mali machte in der hintersten Ecke vom Hof rum. Da, wo nur Dreck war. Ante saß auf einem Grasbüschel und schaute zu.
Florian und Susanne gingen auch hin.
„Was machst'n da?", fragte Florian.
„Ich pflanze einen Baum", sagte Mali.
„Der ist aber klein", sagte Susanne.
Mali schwieg. Sie grub ein Loch. Sie warf die Erde auf einen Haufen und suchte die Steine heraus. Einmal war ein Regenwurm dazwischen. Den legte sie extra.

„Wo haste den Baum denn her?", fragte Florian.
Mali schob alle Steine zusammen.
„Der war im Park auf dem Komposthaufen", sagte der Ante.
Florian und Susanne setzten sich neben ihn. Das Loch war jetzt so groß wie eine Faust und die Erde war gelblich und trocken. Mali grub weiter. Sie stieß auf ein verrostetes Blechstück und brauchte ihre ganze Kraft, um es herauszuholen. Tiefer unten war die Erde dunkler.

Mali nahm das Bäumchen und senkte es in das Loch. Die anderen schauten zu. Keiner sagte was. Mali hielt das Bäumchen mit der linken Hand fest. Mit der rechten Hand krümelte sie von der dunklen Erde rings um seine Wurzeln, in das Loch hinein. Dann ließ sie das Bäumchen los und drückte die Erde an.

Sie ging einen Schritt zurück und betrachtete die Sache. Ante biss an seinen Fingernägeln herum. Das Bäumchen stand gerade. Mali schaufelte mit dem Rest der Erde das Loch zu. Dann trat sie die Erde fest. Zum Schluss bohrte sie mit dem Finger einen kleinen Gang und schob den Regenwurm hinein.

Dann holte sie in einer Blechdose Wasser aus der Tonne. Sie begoss die Wurzeln des Bäumchens, zog die Nase hoch und wischte sich die Hände an der Hose ab.

„Der ist aber klein", sagte Susanne wieder.
Mali blickte alle der Reihe nach an. „Ihr werdet schon sehen", sagte sie.

Gina Ruck-Pauquèt

Eins mit der Erde

für die kleinen samen
will ich den pflanzstock nicht nehmen
ich knie nieder
und mache löcher für sie
mit den bloßen fingern
glätte die erde darüber
berühre sie zärtlich
damit die kleinen samen sich meiner erinnern

in all den winzigen rillen meiner finger
in der rindigen haut meiner finger
unter den stumpfen nägeln meiner finger
steckt dunkle erde

denn meine hände wurden eins mit der erde
und mit ihnen auch ich

ich halte meine hände
in das eisklare wasser
des flüsternden fließenden baches
und der bach berührt meine finger
und schwemmt die erde fort
gibt sie dem erdreich zurück
an meinen händen ist wasser
denn meine hände wurden eins mit dem bach
und mit ihnen auch ich

Norman H. Russell

Was ich ihm sage

Ich gehe mit meinem Sohn ins Freie
und zeige ihm einen Baum,
lasse ihn die Blätter berühren:
„Das ist ein Blatt, sieh her,
es ist grün, es hat Adern,
so ist es geformt,
greif's an."
Er berührt das Blatt
und der Zweig zittert mit,
dicke Händchen greifen
ungestüm und zärtlich
nach dem, was ich ihm zeige.
Ich lasse ihn barfuß
auf dem Boden stehn, diese Erde
spüren, braune Erde und Kiesel,
festen Lehm, Samen haben es schwer,
darin Wurzel zu fassen, erst Sand
und Blätter, Zweige und Dünger
machen den Boden fruchtbar.
Das alles sage ich ihm.

Simon J. Ortiz (Indianer)

Ganz anders

Der große Peter hat nicht Recht.
Bestimmt nicht.
Das geht einfach nicht.

Nichts kann von alleine wachsen.
Einfach so.
Nichts kann von alleine blühen.
Einfach so.
Nichts kann von alleine leben.
Einfach so.
Ich weiß nicht, wie der Peter sich das denkt.

Nein,
das ist alles ganz anders.

Die Blumen und Bäume,
die Tiere und Menschen,
alles hast du gemacht,
lieber Gott.
Auch wenn wir nicht wissen,
wie du das geschafft hast.
Einfach so.

Da kann der Peter sagen,
was er will.

Rudolf Guder

Der Hibiskus

Inhalt: Der Gärtner aus der Nachbarschaft schenkt den Kindern Blumen zur Pflege. Liebevoll betreut Martin seinen Hibiskus. Als die Familie in Urlaub fährt, baut er, von seinen Geschwistern skeptisch beobachtet, eine Bewässerungsanlage für die wasserdurstige Pflanze. Bei der Rückkehr empfangen ihn herrlich rotleuchtende Blüten. Die Blumen der Geschwister sind längst verdorrt.

Stichworte: Gärtner – Kinder – Blumen – Geschenk – Freude – Pflege – Wasser – Fantasie – Zuversicht – Beständigkeit – Erfolg

Alter: ab 7 Jahren

Die Gärtnerei lag genau gegenüber. Von oben konnte man die blühenden Beete sehen. Rot, grün und gelb leuchtete es vom Frühjahr bis zum Herbst.

Martin stand oft auf dem Balkon und sah hinüber. Der Gärtner ging zwischen den Beeten hin und her. Im Frühjahr sah man ihn säen oder Stecklinge umpflanzen, im Sommer schnitt er blühende Blumen ab und stellte sie in Wassereimer, Schnittblumen zum Verkaufen.

Schön war auch, wenn er den Wassersprenger anstellte. Dann rannten sie manchmal hinunter, stellten sich an den Zaun der Gärtnerei und warteten, bis der kreisende Wasserstrahl sie erreichte. Sie kreischten gellend und glücklich und schüttelten sich die Wassertropfen aus den Haaren.

Manchmal sah der Gärtner zu ihnen herüber und lächelte. Einmal stellte er den Sprenger anders ein, so dass er schneller kreiste und ihnen die Wassertropfen noch öfter herüberschleuderte. Der alte Mann lachte, als er ihr glückliches Kreischen hörte.

Nach der Schule stand Martin auch oft allein am Zaun und sah dem Mann bei der Arbeit zu. Er freute sich jedesmal, wenn er in die Gärtnerei gehen konnte, wenn die Mutter Blumen brauchte. Die Blumen kaufte man im Glashaus, ganz hinten im Garten, aber Martin blieb jedesmal eine Weile stehen und sah dem alten Mann bei der Arbeit zu. Manchmal fragte er auch nach den Namen der Blumen. Oder wie viel Wasser sie brauchten.

Der alte Mann erklärte ihm, dass manche Blumen den Schatten lieben, andere die Sonne. Er zeigte ihm, wie man sät und Stecklinge umpflanzt. Martin wäre am liebsten stundenlang stehen geblieben, um ihm zuzuhören.

Manchmal kamen auch die Geschwister mit und sahen zu. Aber dann war es nicht so schön, weil Anne in die Beete rannte und Blumen abriss, und Gerd rannte hinter ihr her, um sie einzufangen, und zertrampelte noch mehr. Dann wurde der alte Mann ärgerlich und schickte sie nach Hause.

Aber einmal, einige Zeit vor den Ferien, gingen sie nochmal hin, alle drei. Die Nachbarin hatte Geburtstag und sie sollten einen bunten Sommerstrauß kaufen. Der alte Gärtner war diesmal nicht bei den Blumenbeeten. Er hantierte hinter dem Gewächshaus mit vielen Blumentöpfen und Blumenerde.

„Ich topfe um", erklärte er, als Martin ihn fragte. „Sie haben zu wenig Platz für ihre Wurzeln in den kleinen Töpfen."

Sogar Gerd und Anne rannten diesmal nicht herum. Sie sahen dem Mann aufmerksam zu.

„Die Blumen gefallen euch wohl?", fragte der Gärtner. „Habt ihr auch einen Garten?"

Nein, einen Garten hatten sie nicht. Nur einen Balkon, mit einem Blumenkasten, in dem Mutter Schnittlauch zog und Petersilie. Und im Wohnzimmer ein paar Blumentöpfe auf der Fensterbank.

„Möchtet ihr ein paar Pflanzen haben?", fragte der alte Mann.

„Für die Blumenvase?", erkundigte Anne sich sofort.

„Fürs Fensterbrett", sagte der Gärtner. „Die müsst ihr gießen und pflegen, dann blühen sie länger, als die in der Vase."

„Einen Blumentopf für jeden von uns?", fragte Gerd erstaunt. „Aber wir haben überhaupt nicht Geld genug."

„Das kostet nichts", sagte der Gärtner. „Ich schenke sie euch. Ihr müsst mir nur versprechen, sie gut zu pflegen." Er meinte es ehrlich, das merkte man. „Sucht euch nur die Richtigen aus", sagte er lächelnd.

Das ließen sie sich nicht zweimal sagen. Sie rannten zwischen den Blumentopfreihen hin und her. Es war gar nicht so einfach. Der Gärtner sah ihnen lächelnd zu. „Wer die Wahl hat, hat die Qual", sagte er.

Anne fand als erste, was sie suchte. Eine rot blühende Pflanze.

„Die hält aber nicht lange", warnte der Gärtner. „Such dir lieber etwas anderes aus."

„Die sieht aber schön aus", beharrte Anne.

Gerd entschied sich für einen kleinen Topf, in dem eine Pflanze blühte, über und über mit zarten blauen Blüten bedeckt.

„Ein Usambaraveilchen", erklärte der Gärtner. „Du darfst es nicht in die Sonne stellen. Und wenn du es gießt, dann gib Acht, dass du unter die Blätter gießt, ganz vorsichtig und nicht zu viel, dass die Wurzeln nicht verfaulen. Und was möchtest du?", wandte er sich an Martin.

Martin ging zwischen den Reihen hin und her und betrachtete die Pflanzen in den kleinen, braunen Töpfen. Die Entscheidung fiel ihm schwer, zwischen all den bunt schillernden Blüten. Ganz am Ende der Reihe standen ein paar Pflanzen ohne Blüten. Grün glänzende, gezackte Blättchen an ein paar dünnen Zweigen. Ganz unscheinbar sahen die Pflanzen aus.

„Was ist das?", fragte Martin.

„Das?" Der Gärtner kam näher. „Das ist ein Hibiskus. Er bekommt herrliche rote Blüten."

„Den würde ich nicht nehmen", sagte Gerd. „Da weiß man ja nicht, was draus wird."

„Der sieht überhaupt nicht schön aus", sagte Anne, „nur Blätter!"

Martin beugte sich über die grünen Blättchen und betrachtete sie aufmerksam. „Überhaupt keine Knospen", sagte er.

„Der bekommt noch Knospen", antwortete der Gärtner. „Der braucht nur viel Wasser, dann kommen die Knospen und dann blüht er wunderbar."

„Ich würde ihn jedenfalls nicht nehmen", sagte Gerd mit Nachdruck.

Martin nahm den Blumentopf in die Hand und strich mit den Fingern zart über die glänzenden Blättchen.

„Hibiskusblüten sind etwas Herrliches!", hörte er den alten Mann sagen.

„Ich nehme den Hibiskus", murmelte Martin.

„Du wirst nicht enttäuscht sein über deine Wahl", sagte der Gärtner. „Aber vergiss nicht, ihn zu pflegen!"

Vorsichtig trug Martin den Hibiskus nach Hause. In seinem Zimmer stellte er ihn auf die Fensterbank. Nachher kam die Mutter. Sie bewunderte Annes leuchtend rote Blüten. Auch das blaue Usambaraveilchen fand sie sehr schön.

„Warum hast du nichts Blühendes gewählt?", sagte sie zu Martin. „Schade, es sind nicht mal Knospen daran."

Martin wollte ihr schon erklären, dass die Knospen schon noch kommen würden, aber da klingelte es an der Wohnungstür und die Mutter hatte keine Zeit mehr zuzuhören.

In den nächsten Tagen pflegten sie ihre Pflanzen sorgfältig.

Annes rote Blume verwelkte schnell und fiel ab. Da hatte sie keine Lust mehr, sie zu gießen. Die Blätter wurden braun und trocken und schließlich stellte die Mutter den Blumentopf auf den Balkon.

„Vielleicht erholt sie sich wieder", meinte sie. Aber die Pflanze erholte sich nicht mehr.

„Wenigstens war sie schön", sagte Anne zu Martin. „Aber deine blüht überhaupt nicht."

Martin hörte nicht auf, seine Pflanze zu begießen. Tag für Tag betrachtete er die Blätter. Ein paar Tage vor den Ferien entdeckte er die erste Knospe. Am Tag danach waren es schon drei.

Die Ferien begannen bei herrlichstem Sommerwetter. Die Sonne brannte von einem wolkenlos blauen Himmel, schon vormittags. Sie standen jetzt oft am Zaun der Gärtnerei und ließen sich vom Sprenger berieseln. Martin nahm den Hibiskus vom Fensterbrett und stellte ihn in den Schatten. In diesen heißen Tagen brauchte die Pflanze noch mehr Wasser als sonst. Jedesmal, wenn Martin in den Übertopf fasste, war das Wasser aufgesogen, das er hineingegossen hatte.

Gerd vergaß sein Usambaraveilchen. Es stand in der prallen Sonne auf dem Fensterbrett und verdorrte. Gerd merkte nicht einmal, dass die Mutter es wegnahm und in den Mülleimer warf.

„Was wird aus deiner Pflanze?", sagte die Mutter zu Martin zwei Tage, bevor sie in den Urlaub fuhren. „Am besten, wir stellen sie auf den Balkon. Wenn es regnet, verdorrt sie da nicht. Und ab und zu gießt ja die Nachbarin die Blumen."

„Mein Hibiskus braucht nicht ab und zu Wasser", sagte Martin, „sondern immer!" Er füllte einen Eimer mit Wasser und begann eine Bewässerungsanlage zu bauen für den Hibiskus. Irgendwo hatte er so etwas mal gelesen. Einen halben Tag lang probierte er die Konstruktion aus, mit Strohhalmen und Wollfäden, einer Gießkanne und Kieselsteinen. Abends war die Bewässerungsanlage fertig. Langsam und stetig tropfte das Wasser über die Fäden in den Blumentopf. Da staunten die anderen.

„So viel Theater für 'ne Pflanze, die doch nicht blüht", sagte Gerd.

„Für den Hibiskus habe ich mich aber entschieden", sagte Martin. „Den hab ich mir ausgesucht und der blüht bestimmt!"

„Na!", meinte Gerd nur. „Na!" Die drei Knospen am Hibiskus waren ihm nicht aufgefallen.

Sie blieben vierzehn Tage im Urlaub. Als sie nach Hause kamen, rannte Martin als erster die Treppe hinauf. Drei Knospen waren dagewesen. Vielleicht war eine abgefallen oder zwei. Vielleicht hatte die Bewässerung nicht geklappt. Er öffnete die Tür zu seinem Zimmer und blieb wie angewurzelt stehen. Er sah nur die roten Blüten. Langsam ging er näher. Fast auf Zehenspitzen. Sieben zarte rote Blüten schimmerten zwischen den glänzend grünen Blättern.

Susanne von Schroeter

Die Linde

Inhalt:	Andreas vermag seinen Vater davon zu überzeugen, dass die uralte Familienlinde auf dem Hof nicht gefällt wird. Von Ehrfurcht vor dem Leben weiß der Junge mehr als sein Vater.
Stichworte:	Baum – Lebewesen – Gefährdung – Schönheit – Liebe – Ehrfurcht – Generationen – Rettung
Alter:	ab 7 Jahren

„Fährst du in den Wald?", fragte Andreas seinen Vater, der die Motorsäge aus der Scheune holte. „Darf ich mit?"

„Heute fahre ich nicht in den Wald", sagte der Vater. „Heute kommt die Linde dran."

„Die Linde in unserem Hof?", fragte Andreas erschrocken.

Der Vater sah den Jungen nicht an. „Sie muss weg", sagte er und räusperte sich. „Sie macht der Mutter so viel Arbeit, vor allem im Herbst. Aber es sind nicht nur die Blätter. Auch wenn sie blüht, macht sie Dreck."

„Blätter und Blüten sind doch kein Dreck", sagte Andreas.

„Nenn's wie du willst", sagte der Vater. „Weggekehrt werden muss es so und so. Die Mutter hat das Kehren satt. So viel Arbeit, die nichts bringt."

„Aber die Linde ist doch so schön!", rief Andreas.

Der Vater warf einen Blick hinauf in den mächtigen Baum.

„Für die Schönheit zahlt mir keiner 'was", sagte er. „Außerdem steht sie an einer ungünstigen Stelle. Ich muss mit dem Traktor immer einen Bogen um sie fahren, wenn ich in den Schuppen will."

„Ist denn das so schlimm?", fragte Andreas. „Zwei Minuten Umweg?"

„Jeden Tag ein paarmal 'rein und 'raus mit dem Traktor", sagte der Vater, „das macht schon eine halbe Stunde pro Tag. Im Jahr summiert sich das. Und jetzt verzieh dich, Junge, du hältst mich auf."

Andreas lief neben dem Vater her, der im Schuppen die Axt holen ging.

„Aber dein Urgroßvater hat sie doch gepflanzt", rief er. „Das hast du mir erzählt!"

„Na und?", brummte der Vater.

„Deinem Großvater hat der Dreck nichts ausgemacht und dein Vater hat sie auch nicht gefällt", sagte Andreas.

„Die sind ja auch noch auf ein Plumpsklo gegangen, damals", sagte der Vater. „Heute herrschen andere Sauberkeitsmaßstäbe. Also jetzt verschwinde."

„Aber ich weiß von der Großmutter, dass der Großvater die Linde lieb hatte!", rief Andreas. „Noch als er im Krieg auf Urlaub kam, hat er sich immer daruntergesetzt. Deshalb hat die Großmutter auch oft druntergesessen, nachdem er gefallen war. Und dein Vater hat sie sicher auch lieb gehabt. Wozu hätte er sie sonst stehen lassen? Da gibt's doch noch ein altes Foto, wo er unter der Linde sitzt. Damals war sie aber noch längst nicht so dick wie jetzt."

„Früher hatten die Leute eben noch Zeit, sich abends unter eine Linde zu setzen", knurrte der Vater. „Sowas kann man sich heutzutage nicht mehr leisten, wenn der Schornstein rauchen soll."

„Du sitzt doch auch eine Menge Zeit vor dem Fernseher", sagte Andreas.

„Das ist 'was ganz anderes", sagte der Vater ärgerlich. Er winkte dem Nachbarn, der gerade mit seinem Sohn, dem langen Bernd, zur Hofeinfahrt hereinkam und auch eine Axt in der Hand hielt.

„Na, kann's losgehen?", rief er herüber.

„Auf geht's!", rief der Vater zurück und zeigte zwischen Schuppen und Scheune. „Am besten, wir lassen sie dort hinüberfallen."

„Nein!", rief Andreas, lief zur Linde und versuchte, den dicken Stamm zu umklammern. „Ich hab sie doch auch lieb! Ich will auch daruntersitzen!"

„Jetzt mach' keine Schau", sagte der Vater zornig. „Der Baum ist ja kein Mensch."

„Du willst doch, dass ich später mal hier Bauer bin", rief Andreas. „Aber wenn du die Linde fällst, kannst du deinen Hof behalten!" Und er brach in Tränen aus.

Der Vater blieb unschlüssig stehen und sah den Jungen an.

„Ich kann ihn verstehen", sagte der Nachbar. „Ich würde sie auch nicht umlegen. Wär' verdammt kahl hier, ohne sie."

„Und dann die vielen Vögel in den Zweigen", sagte der lange Bernd. „Dann gäb's im Frühling kein Gezwitscher mehr auf dem Hof."

„Ich kehr auch jeden Tag", sagte Andreas und wischte die Tränen weg. „Und ich will zu meinem Geburtstag nichts mehr geschenkt bekommen, damit das mit dem Umweg wieder ausgeglichen wird."

„Also, so knapp geht's ja bei uns doch nicht zu, dass wir das nicht verkraften können", sagte der Vater. „Komm her, trag die Axt in den Schuppen. Aber wie bringen wir der Mutter bei, dass die Linde stehen bleibt?"

„Ich spreche mit ihr", sagte der lange Bernd. „Ich werde ihr sagen, Hof-Linden seien jetzt in."

„Nein, danke", sagte der Vater, „das müssen wir schon selber machen, der Junge und ich. Nicht wahr, Andreas?"

Gudrun Pausewang

Der Jäger spricht den Hirsch an

Es tut mir Leid, dass ich dich töten musste, kleiner Bruder.
Aber ich brauche dein Fleisch, denn meine Kinder hungern.
Vergib mir, kleiner Bruder.
Ich will deinen Mut, deine Kraft
und deine Schönheit ehren – sieh her!
Ich hänge dein Geweih an diesen Baum;
jedesmal, wenn ich vorüberkomme,
werde ich an dich denken und deinem Geist Ehre erweisen.
Es tut mir Leid, dass ich dich töten musste;
vergib mir, kleiner Bruder.
Sieh her, dir zum Gedenken rauche ich die Pfeife,
verbrenne ich diesen Tabak.

Jimalee Burton

Gebet an den jungen Zedernbaum

Schau mich an, Freund!
Ich bin gekommen, dich um dein Kleid zu bitten.
Du gibst uns alles, was wir brauchen –
dein Holz, deine Rinde, deine Äste
und die Fasern deiner Wurzeln,
denn du hast Erbarmen mit uns.
Du bist gern bereit, uns dein Kleid zu geben.
Ich bin gekommen, dich darum zu bitten, Spender langen Lebens,
denn ich will ein Körbchen für Lilienwurzeln aus dir machen.
Ich bitte dich, Freund, zürne mir nicht
und trag mir nicht nach, was ich jetzt mit dir tun werde.
Und ich bitte dich, Freund,
erzähle auch deinen Freunden, warum ich zu dir gekommen bin.
Beschütze mich, Freund!
Halte Krankheit fern von mir,
damit ich nicht in Krankheit oder Krieg umkomme, o Freund!

Indianisch (Kwakiutl)

Diese Erde ist uns heilig

Jeder Teil dieser Erde
ist meinem Volke heilig.
Jede glänzende Tannennadel,
jeder sandige Küstenstreifen,
jeder Nebel in den dunklen Wäldern,
jedes summende Insekt ist heilig
in der Erinnerung
und der Erfahrung meines Volkes.
Der Saft, der in den Bäumen hochsteigt,
trägt die Erinnerungen meines roten Volkes.

Wir sind ein Teil der Erde,
und sie ist ein Teil von uns.

Die duftenden Blumen
sind unsere Schwestern;
das Reh, das Pferd, der große Adler –
dies sind unsere Brüder.

Die felsigen Höhen, die saftigen Wiesen,
die Körperwärme des Ponys
und der Mensch –
all das gehört zu der gleichen Familie.

Die Flüsse sind unsere Brüder,
sie stillen unseren Durst.
Die Flüsse tragen unsere Kanus
und sie ernähren unsere Kinder.

Die Luft ist dem roten Mann wertvoll,
denn alle Dinge teilen denselben Atem –
die wilden Tiere,
der Baum,
der Mensch,
sie alle atmen die gleiche Luft.

Lehrt eure Kinder,
was wir unsere Kinder gelehrt haben,
dass die Erde unsere Mutter ist.
Was immer der Erde widerfährt,
widerfährt den Söhnen der Erde.

Wenn Menschen auf den Boden spucken,
spucken sie auf sich selbst.

Eines wissen wir:
Die Erde gehört nicht dem Menschen;
der Mensch gehört zu der Erde.
Diese Erde ist ihm kostbar,
und sie zu verletzen,
heißt
Verachtung auf ihren Schöpfer häufen.

Wir Indianer lieben diese Erde,
wie das Neugeborene
den Herzschlag seiner Mutter liebt.
Jeder Teil dieser Erde
ist meinem Volk heilig.

Aus der Rede des Häuptlings Seattle vom Stamm der Suquamish 1854

Danke

Inhalt: Der Mohawk-Indianer erzählt den Europäern, dass sein Volk, der Natur zutiefst verbunden, mit den Pflanzen redet, alle Lebewesen der Natur als Freunde ansieht. Das lehrt die Europäer, für die Schöpfung „Danke" zu sagen.

Stichworte: Indianer – Europäer – Freundschaft mit den Lebewesen – Schöpfung – Garten – Obst – Gemüse – Dank

Alter: ab 12 Jahren

„Redet ihr mit den Pflanzen in euren Gärten?", fragte er.
Ich schüttelte den Kopf. „Nein, Kanentiio."
Kanentiio war ein junger Mohawk-Indianer, der nach Europa gekommen war, um den Menschen hier von seinem Volk zu erzählen. Ich hatte ihn begleitet, ich war dabei gewesen, wenn er in den Schulen zu den Kindern sprach oder abends mit ihren Eltern beisammensaß. Ich hatte die alten Geschichten der Mohawks gehört, Geschichten, in denen alles, was auf der Erde lebt, zu Geschwistern der Menschen wurde.

Am letzten Tag, bevor er wieder heimfuhr, ging ich mit ihm in unseren Garten. Es war im September, an einem jener Tage, an denen der Sommer schon den Herbst ahnen lässt. Ein paar Schwalben, die sich auf den Flug nach dem Süden verspätet hatten, kreuzten oben am tiefblauen Himmel. In den Beeten leuchteten die Blüten der Dahlien und Herbstastern. Im Laub der Birken blinkte hier und da ein gelbes Blatt. Die Äste der Obstbäume neigten sich unter der Last ihrer Früchte. Auf den Gemüsebeeten standen dicke Krautköpfe, Buschbohnen, Tomaten, Kohl und Wintersalat.

„Wir reden mit unseren Pflanzen", sagte Kanentiio. „Wir reden mit ihnen, wenn wir ihren Samen in die Erde legen. Wir reden mit ihnen, wenn sie wachsen und gedeihen. Und wenn wir ernten, danken wir ihnen. Sie sind unsere Freunde. Und mit Freunden redet man doch, nicht wahr?"

„Ja", sagte ich.

Als Kanentiio fortgefahren war, als ich wieder allein war, ging ich noch einmal in den Garten. Büschel roter Tomaten hingen an den Stauden. Die Blätter waren braun und verschrumpelt, als hätten die Stauden, müde geworden von der überreichen Ernte, keine Kraft mehr. Ich pflückte eine der Früchte. So reif war sie, dass sie sich vom Stiel löste, als ich sie berührte.

Noch immer kreuzten die Schwalben über unserem Garten. Ich hörte ihr sanftes Gezwitscher. Meisen und Finken huschten im Gezweig umher, sangen und flöteten.

Prall und warm und rot leuchtend lag die Tomate in meiner Hand.

„Danke", sagte ich. „Danke!"

Und das war auf einmal ganz selbstverständlich.

Käthe Recheis

Ich weine vor Durst

Ich weine, ich weine vor Durst.
Singend bitte ich um Regen.
Tanzend bitte ich um Regen.
Der Himmel beginnt
seine Tränen zu vergießen,
denn er sieht mich, wie ich singe,
denn er sieht mich, wie ich tanze
auf der trockenen,
aufgesprungenen Erde.

Alonzo Lopez

Der Reuschebach

Als mein Urgroßvater zur Schule ging,
hat er noch das Trinkwasser
für die ganze Familie im großen Tonkrug
aus dem Reuschebach geholt.

Als mein Großvater Schuljunge war,
hat man das Reuschebachwasser
nicht mehr trinken können.
Aber Forellen hat er geangelt
und Krebse gefangen.

Als mein Vater Schuljunge war,
gab's keine Forellen und Krebse mehr
im Reuschebach. Aber die Kinder
haben da noch gebadet.

Das Baden ist jetzt verboten
im Reuschebach. Unser Lehrer sagt,
man kriegt davon Ausschlag und Pusteln.
Was wird mit dem Reuschebach sein,
wenn meine Kinder in die Schule gehen,
meine Enkel?

Gudrun Pausewang

Kann Wasser aufhören?

Inhalt: Susi muss erkennen, dass Wasser nicht unerschöpflich ist.
Stichworte: Wasser – Spiel – Verschwendung – Kritik – Erkenntnis – Kostbarkeit
Alter: ab 6 Jahren

Susi kommt in die Küche und will ihre Hände waschen. Sie schiebt einen Stuhl an die Spüle, klettert hinauf und dreht den Wasserhahn auf. Aber es ist keine Seife da.

Susi lässt das Wasser laufen, klettert wieder hinunter und holt ein neues Stück Seife. Sie seift ihre Hände ein, bis sie ganz voll Schaum sind, und hält sie unters Wasser. Zuerst die linke Hand, dann die rechte, dann alle beide. Händewaschen macht Spaß.

Das Wasser läuft.

Susi nimmt ein Glas vom Abtropfbrett und stellt es unter den Wasserstrahl. Im Nu ist es voll. Susi holt einen Topf und gießt das Wasser aus dem Glas in den Topf.

„Jetzt koche ich", sagt sie. Aber dazu braucht sie noch einen Kochlöffel.

Das Wasser läuft und läuft.

Susi schüttet ein Glas nach dem anderen in den Topf und rührt emsig mit dem Kochlöffel darin herum. Als der Topf voll ist, leert sie ihn mit einem Schwupp aus. „Blubb-blubb-blubb", gurgelt das Wasser im Abflussrohr.

„Hui!", macht Susi und horcht. Dann füllt sie den Topf von neuem und leert ihn noch einmal aus. Und füllt ihn und leert ihn. Und füllt ihn und leert ihn. Und jedesmal rumpelt und grunzt es im Abflussrohr, dass es das reinste Vergnügen ist.

Und das Wasser läuft und läuft.

Da kommt Mama herein. „Was machst du da? Du lässt ja das ganze Wasser weglaufen!", ruft sie und dreht sofort den Wasserhahn zu. Sie ist ärgerlich. Susi schaut sie erstaunt an.

„Aber es ist doch nur Wasser!", sagt sie.

Mama hebt Susi herunter und stellt den Stuhl weg. „Tu das nie wieder!", sagt sie. „Wasser ist kostbar und teuer. Wenn wir es verderben und verschwenden, dann haben wir eines Tages keins mehr."

Susi schaut Mama mit großen Augen an. „Aber Mama", fragt sie ganz erschrocken, „kann Wasser denn aufhören?"

Renate Schupp

Ein Brunnen für Afrika

Inhalt: Durch Sammeln von Altpapier wollen Kinder Geld für einen Brunnen in Afrika zusammenbringen. Der Gartenliebhaber Weiß gewinnt nur zögernd Verständnis für dieses Vorhaben.

Stichworte: Kinder als Entwicklungshelfer – Geld – Brunnen – Afrika – Trockenheit – Dürre – Regen – Verständnis – Dankbarkeit

Alter: ab 8 Jahren

Herr Weiß betrachtete gerade seine blühenden Rosen, als das Gepolter anfing. Ärgerlich ging er zum Gartenzaun. Ein paar Jungen zogen einen knarrenden Handwagen die Straße herauf. Herr Weiß schüttelte ärgerlich den Kopf. Er schätzte es nicht, wenn jemand in dieser ruhigen Wohngegend Lärm machte. Dann wandte er sich wieder seinen Rosen zu und begann, verwelkte Blüten wegzuzupfen. Außerdem war der Rasen schon wieder ein wenig über die Einfassung gewachsen; den würde er noch mit der Gartenschere in Form bringen müssen. Er seufzte. So ein Garten machte Arbeit, vor allem so ein gepflegter Garten.

Der polternde Handwagen kam näher. Vor einem der Nachbarhäuser hielten die Jungen an. Herr Weiß konnte hören, wie einer der Jungen mit der Nachbarin sprach. Er verstand nicht, worum es ging. Nach einer Weile kam der Junge mit einem Packen Zeitungen zurück zu dem Bollerwagen, der sich wieder in Bewegung setzte.

Direkt vor Herrn Weiß hielten sie an. Ein kleiner sommersprossiger Junge kam auf ihn zu. „Haben Sie vielleicht alte Zeitungen?", fragte er. „Oder sonstiges Altpapier?"

„Zeitungen?", fragte Herr Weiß erstaunt. Er warf einen Blick auf den Handwagen. Der war tatsächlich schon fast voll von Zeitungen und alten Zeitschriften.

„Ihr kommt wohl von der Müllabfuhr?", sagte er. Es sollte ein Scherz sein und die Jungen lachten auch pflichtschuldigst.

„Wir sammeln Zeitungen für Afrika", erklärte der kleine Sommersprossige ernsthaft.

„Zeitungen für Afrika?" Herr Weiß lachte. „Ihr wollt wohl Leute verhohnepiepeln, schon am frühen Morgen. Zeitungen für Afrika!" Er schüttelte den Kopf.

Der Junge erklärte ihm eifrig, dass sie das Altpapier sammelten, in einer Garage, die ein Nachbar zur Verfügung gestellt hatte. Dann würden sie es verkaufen, für einen Brunnen in Afrika.

„Jetzt reicht's", sagte Herr Weiß ärgerlich: „Ihr habt mich schon lange genug von der Arbeit abgehalten. Ein Brunnen für Afrika! So ein Blödsinn!" Er ging kopfschüttelnd hinters Haus. Die Jungen zogen mit ihrem rumpelnden Gefährt weiter.

Herr Weiß wandte sich wieder seinem Garten zu. Man sah ihm die Pflege an. Es war der schönste Garten in der Gegend und das wollte etwas heißen. Die Gärten waren alle ordentlich, außer drüben bei dem Nachbarn, dem die Frau so plötzlich gestorben war. Der ließ seitdem das Unkraut wachsen. Sogar Disteln wucherten im Vorgarten, der früher eine Pracht gewesen war.

Herr Weiß schüttelte den Kopf, als er daran dachte. Dann machte er sich an die Arbeit, Unkraut jäten und Blumen gießen. Das Wasser aus dem Regenfass bekam ihnen gut. Leider war nicht mehr viel drin. Es müsste unbedingt mal regnen, das würde dem Garten gut tun. Trotzdem, das Gemüse wuchs gut und die Obstbäume trugen reichlich. Über den Kirschbaum hatte Herr Weiß schon das grüne, riesige Plastiknetz gestülpt, damit die Vögel nicht an die Kirschen konnten, die rot und saftig aus dem satten Grün der Blätter leuchteten. Arbeit zahlt sich aus, dachte Herr Weiß zufrieden.

Er war gerade mit dem Wasserschöpfen aus dem Regenfass fertig, als der Junge von vorhin wieder auftauchte.

„Ich wollte ihnen das nochmal erklären", sagte er fröhlich, „das mit den Zeitungen für Afrika."

Herr Weiß konnte nicht mal sagen, dass er keine Zeit hatte, weil er die Erdbeeren noch ernten wollte, da hielt ihm der Junge schon einen Zettel vor die Nase. Ein Foto war darauf abgedruckt. Eine ausgedörrte Landschaft, ein bisschen Geröll, ein vertrockneter Baum, wie ein Gerippe, ein paar Lehmhütten, vor denen dunkle Gestalten im Schatten kauerten. Es stand tatsächlich etwas darunter von einem Brunnen für ein Dorf in Afrika. Ein Entwicklungshelfer wollte ihn bauen. Von Privatinitiative war die Rede, vom Erlös von Altpapier und genehmigt war es auch. Eigentlich war es ja lieb von den Jungen, dachte Herr Weiß, besser Zeitungen sammeln, als herumgammeln. Aber ein Brunnen für Afrika? Er schüttelte wieder den Kopf.

„Ich will dir etwas sagen, mein Junge", meinte er, „Wenn ich so im Schatten säße, wie die da", er zeigte auf das Foto, „was meinst du, wie mein Garten dann aussähe? Nicht viel anders als das da. Guck dir meinen Rasen an. Ich rackere mich ab bei der Trockenheit. Ich sprenge jeden Abend."

„Aber in Afrika, da kann man nicht sprengen", sagte der Junge. „Da regnet es in manchen Gegenden jahrelang nicht."

Sicher, das hatte Herr Weiß ja auch schon gehört, aber trotzdem. „Auf die Arbeit kommt es an", sagte er.

„Und auf den Regen", erwiderte der Junge.

Als er ging, ließ er Herrn Weiß den Zettel da. „Falls es Sie doch noch interessiert", meinte er.

Herr Weiß machte sich ans Unkrautjäten. Es sah nach einem guten Erntejahr aus. Noch ein paar kleine, warme Sommerregen, dann würde das eine Ernte werden, für die bestimmt die Kühltruhe zu klein war. Man würde zusätzlich in Gläser einkochen müssen, so wie früher. Er lachte zufrieden.

Es wurde immer schwüler. Der Himmel war wolkenlos blau. Kein Windhauch regte sich. Gegen Abend, als die Sonne weg war, rollte Herr Weiß den Gartenschlauch aus. Er sprengte zuerst die Gemüsebeete, dann den Rasen und die Bäume immer zwischendurch. Es machte ihm Spaß, wenn das Wasser so von den Bäumen heruntertropfte.

Er sprengte gerade den Steingarten, da sah er den Jungen wieder. Er stand am Gartenzaun und sah interessiert zu, wie Herr Weiß den Wasserstrahl regulierte, um so sanft wie möglich die bröcklig-trockene Erde des Steingartens zu besprühen.

„Möchtest du auch mal?", fragte Herr Weiß.

Das ließ sich der Junge nicht zweimal sagen. Begeistert nahm er den Gartenschlauch und ließ den Wasserstrahl über den Büschen kreisen. „Mann", rief er begeistert, „sowas müssten sie haben in Afrika!"

„Du bist mir ein ganz Hartnäckiger", sagte Herr Weiß.

Abends konnte Herr Weiß lange nicht einschlafen. Es war immer noch schwül und die Hitze staute sich im Haus. Hoffentlich würden sie nicht wieder das Rasensprengen verbieten, wie vor einigen Jahren bei der langen Trockenheit. Sein Rasen war damals braun geworden und seinem Nachbarn war ein Kirschbaum eingegangen. Dem Nachbarn, der jetzt seinen Garten nicht mehr pflegte, weil er traurig war.

Schließlich fiel Herr Weiß dann doch noch in einen unruhigen Schlaf. Bis in den Traum verfolgten ihn die Hitze und die Trockenheit. Er ging im Traum durch seinen Garten, der braun und staubig war. Die Kirschen lagen klein wie Dörrobst unter dem Baum, die Erdbeerpflanzen hatten braune, staubige Blätter und die Geranien hingen wie bräunliches Heu über die Topfränder. Im Steingarten wuchsen Disteln.

Herr Weiß erwachte vom Trommeln des Regens auf dem Garagendach. Er stand auf und trat ans offene Fenster. Der Geruch von nasser Erde drang aus dem Garten herauf. Aus der Dachrinne plätscherte das Wasser in die Regentonne. Die Arbeit war also nicht umsonst gewesen. Der Junge fiel ihm ein. Was hatte er gesagt? „Auf den Regen kommt es an!" Auf den Regen? Herr Weiß sah hinüber zu dem Garten des Nachbarn. Die Disteln würden kräftig hochschießen. Man müsste sie ausreißen und vielleicht den Rasen mähen, am besten gleich morgen früh. Vielleicht würde der Nachbar sich freuen über ein bisschen Hilfe.

Der Regen gluckerte weiter durch die Rinne in die randvolle Regentonne. Ein eigenartiges Gefühl beschlich Herrn Weiß, als er hinuntersah in seinen Garten, der hinter dem Regenschleier lag, fremd und fern in dem fahlen Licht. Er sog mit vollen Zügen die feuchte Gartenluft ein und dann fiel ihm plötzlich ein Name ein für dieses ungewohnte Gefühl: „Dankbarkeit".

Wieso ihm in dem Zusammenhang auch der Zeitungsstapel in seinem Keller einfiel und die große Gartenschubkarre, das hätte er selbst nicht sagen können. Auf jeden Fall eignete sich die Schubkarre gut dazu, die Zeitungen zu der Sammelgarage zu karren. Die Adresse hatte er ja.

Susanne von Schroeter

Großmutter sagt

Es hat eine Zeit gegeben,
da war das Brot sehr knapp.
Da schnitt ich eurem Vater
eine einzige Scheibe ab

und sagte: „Bis zum Abend
wird das die letzte sein."
Er nickte und packte sorgfältig
die schmale Stulle ein.

Doch auch in besseren Jahren
gab es manch hungrige Leut'.
Nie wurde Brot weggeworfen –
und heute? Wie ist es heut?

Rudolf Otto Wiemer

Welt-Themen

Inhalt: Kinder in Bonn können sich unter Hunger nicht viel vorstellen, Kinder in Bombay unter Sattsein dagegen sehr viel.

Stichworte: Eine Welt-Dritte Welt – Wohlstandsgesellschaft – Armutsgesellschaft – satt sein – Hunger – Überfluss – Mangel

Alter: ab 8 Jahren

„Schreibt einen Aufsatz
zu dem Thema:
Wie ich einmal großen Hunger hatte",
sagte ein Lehrer
zu Kindern
einer Schulklasse
in Bonn.

Die Kinder sahen sich an,
überlegten
und kauten an ihren Füllfederhaltern.
Niemand schrieb.

„Schreibt einen Aufsatz
zu dem Thema:
Wie ich einmal so richtig satt war!",
sagte der Lehrer
zu Kindern
einer Schulklasse
in Bombay.

Die Kinder
überlegten
nicht lange.
Sie schrieben,
und ihre Augen glänzten.

Ingrid Kötter

Zweimal Brot und zweimal Milch

Inhalt: Ein Tag, an dem es für die Armen in Neu-Delhi zweimal Brot und zweimal Milch gibt, ist ein wahrer Freudentag. Es ist der 24. Dezember.

Stichworte: Eine Welt-Dritte Welt – Indien – Hunger – Brot – Armut -- Freude

Alter: ab 7 Jahren

Heute gehen die Fremden in Neu-Delhi nicht aus. Sie feiern ein besonderes Fest. Sie essen gute Dinge. Sie schenken einander eine Menge Sachen, die sie gar nicht brauchen. Das alles weiß Gondar. Auch die anderen Menschen wissen es. Die Armen hocken in den Tornischen, hinter Hausmauern. Sie betteln heute nicht. Trotzdem ist für Gondar heute ein schöner Tag.

„Gehst du jetzt in die Schule?", fragt die Mutter.

„Ja", sagt Gondar und holt vom Wandbrett seine Ess-Schale. Er knöpft die Jacke zu und läuft aus dem Haus. Zuerst besucht er seinen Vater im Hotel. Sein Vater arbeitet dort in der Küche. Er muss Gemüse putzen, Geschirr waschen, den Fußboden aufwischen. Bei Sonnenaufgang fängt er zu arbeiten an, um Mitternacht geht er heim.

Gondar schlüpft durch den Hintereingang in den Hof. Er steigt ein paar Stufen hinunter und steht an der Küchentür. Sie ist offen. Es ist heiß in der Küche. Den ganzen Tag schwitzt der Vater. Wenn er heimgeht, friert er. In der Nacht hustet er.

Gondar läuft leise zum Vater und stellt sich hinter ein Regal. Der Vater drückt ihm etwas Weißes in die Hand. Er flüstert: „Gehst du um deine doppelte Ration?"

Gondar nickt und legt das Weiße in seine Ess-Schale.

„Dann lauf nur", sagt der Vater und hustet. Der Koch und seine Helfer rühren in Töpfen, würzen, kosten und sehen nicht nach Gondar. Erst auf der Straße schaut Gondar in die Ess-Schale. Ein Kuchen! Nur eine Ecke fehlt. Ein Gast hat ihn nicht gemocht. Der Vater sollte den Kuchen in den Abfalleimer werfen. Aber öfter gelingt es ihm, etwas zu verstecken: einen Hühnerknochen mit Fleisch daran, einen Apfel, eine Banane.

Gondar überlegt: Soll er den Kuchen essen oder heimbringen? Heute gibt es noch etwas Gutes.

Da greift eine Hand von hinten nach dem Kuchen. Schnell steckt ihn Gondar in den Mund. Er muss ein Stück abbeißen. Das andere Stück steckt er in seine Jacke. Ein Junge läuft davon.

Es ist Zeit für die Schule. Viele Kinder sind schon da. Sie stehen in einer Reihe bis in den Hof. Jedes hält eine Ess-Schale in den Händen. Sie reden und lachen. Heute ist ein besonderer Tag.

Bald ist Gondar an der Reihe. Auf einem Tisch liegen viele Brotschnitten. Hinter dem Tisch steht eine Frau. Sie nimmt zwei Brotschnitten, reicht sie Gondar und sagt: „Eins und zwei! Heute zwei Brote! Doppelt so viel!"
Gondar steckt die Brotschnitten in seine Jacke.
Auf einem zweiten Tisch steht ein Kessel voll Milch. Gondar hält seine Ess-Schale hin. Eine Frau schöpft Milch hinein. Sie lacht und sagt: „Eins! Zwei! Heute gibt es zweimal Milch."
Die Milch schwankt in der Schale hin und her. Gondar geht langsam zu einer Bank. Hier trinken die Kinder ihre Milch. Sie essen das Brot. Keines verschüttet die Milch, keines lässt ein Stückchen Brot fallen. Sogar die Brotbrösel klauben sie von der Erde auf.
Gondar trinkt die Milch. Das muss er. Das Brot bringt er seinen drei kleinen Geschwistern mit. Sie gehen noch nicht zur Schule. Sie wissen nichts vom 24. Dezember. Auch Gondar weiß nicht viel. Er weiß nur: Am 24. Dezember gibt es zweimal Brot und zweimal Milch.

Elfriede Becker

Das halbe Brot

Inhalt: Der eine Bedürftige gibt es dem anderen weiter, das halbe Brot. Jeder denkt, der andere brauche es noch nötiger. So kehrt es schließlich zu dem ersten Geber, einem alten kranken Arzt, zurück. Der ist in tiefstem Herzen erschüttert, zugleich voller Hoffnung.

Stichworte: Brot – Krankheit – Bedürftigkeit – Not – weitergeben – Liebe – Heiligkeit – sich erinnern

Alter: ab 10 Jahren

Das Brot war zu dem alten Vater, dem Arzt, zurückgekommen. Er hatte es umfasst mit seinen Händen. Er hatte es in einen Schrank gelegt, dieses Stückchen vertrocknetes, graugewordenes Brot.
Kostbar war dies Brot.
Warum?
Die Kinder des Alten fragten: „Warum?"
Sie wussten keine Antwort.
Antwort wusste die alte Haushälterin: „Ja, er hat schwer krank darniedergelegen, euer Vater. Er war zutiefst erschöpft. Die Ärzte haben die Stirn gerunzelt. Sie haben gemurmelt. Mit den Achseln haben sie gezuckt.

Damals hat ein Bekannter ein halbes Brot geschickt. Er hat gesagt: „Esst nur, Alter, dann werdet ihr zu Kräften kommen."
Aber der Alte ist nicht zu Kräften gekommen. „Im Nachbarhaus", hat er gesagt, „dort liegt das Kind krank, die Tochter des Lehrers. Ich bin alt. Sie ist jung. Schickt ihr das Brot, dass sie wieder zu Kräften kommt. Ich alter Mann, ich habe nicht mehr lange zu leben."
So hat er gesagt. Und die Lehrersfrau bekam das Brot. Aber sie hat es nicht behalten können. Sie gab es blutenden Herzens einer alten Witwe weiter, die, allein in ihrem armseligen Dachstübchen, in tiefe Not geraten war.
Aber auch die Witwe behielt es nicht, hatte sie doch in ihrem Alter nicht mehr viel zu besorgen.
Sie trug es zu ihrer Tochter mit den zwei Kindern in der kümmerlichen Kellerwohnung. Die aber erinnerte sich daran, dass ein paar Häuser weiter der alte Arzt krank lag. Kürzlich noch hatte er einen ihrer Söhne umsonst behandelt. Jetzt lag er auf den Tod. „Das ist die Gelegenheit", dachte sie, „ihm all das Gute zu vergelten." Und sie nahm das Brot unter den Arm und ging damit ins Haus des alten Arztes.
„Sofort haben wir das Brot wiedererkannt", fuhr die alte Haushälterin fort. „Als der Doktor sein eigenes Brot wieder in Händen hielt, da war er in tiefstem Herzen erschüttert. Da hat er gesagt: ‚Solange noch Liebe unter uns ist, die ihr letztes Stück teilt, solange habe ich keine Angst um uns.'"
„Das Brot hat er nicht gegessen", erzählte die alte Haushälterin. „Nein, er hat gesagt: ‚Wir wollen es gut aufheben und wenn wir einmal kleinmütig werden, dann schauen wir es an. Dieses Brot hat viele Menschen satt gemacht, ohne dass ein einziger davon gegessen hätte. Es ist ein heiliges Brot!'"
„Ja, damals hat er das Brot in den Schrank gelegt", erzählte die Haushälterin: „Ich weiß, dass er es oft angeschaut hat."
Tief bewegt hatten die Kinder dem Bericht der alten Haushälterin gelauscht. Als sie geendet hatte, schwiegen sie lange Zeit. Endlich sagte der Älteste: „Ich denke, wir sollten das Brot unter uns aufteilen. Ein jeder mag ein Stück davon mitnehmen und es aufbewahren zum Andenken an unseren Vater und zur steten Erinnerung an jene verborgene Kraft, die den Menschen auch in der bittersten Not das Wort vom Brotbrechen lebendig erhielt."

Nach Günther Schulze-Wegener bearbeitet von Dietrich Steinwede

Abendmahl im Slum

Inhalt: Unter den Ärmsten der Armen im Slum teilt der Priester das Brot aus. Alle nehmen und geben weiter. Es ist zugleich Brot zum Stillen des Hungers und Brot der Eucharistie, Brot Gottes.

Stichworte: Slum – Armut – Hunger – Priester – Seelsorge – Messe – Eucharistie – Brot – weitergeben – teilen – Hoffnung – satt werden – Dankbarkeit

Alter: ab 10 Jahren

Die Leute erwarten den Priester sehnsüchtig. Sie stehen auf dem freien Platz, wo im vergangenen Jahr ein Feuer gewütet und über hundert Hütten zerstört hat. Aber der freie Platz mitten im Slum, dem Armenviertel, ist nicht mehr so groß, wie er nach dem Brand gewesen ist. Viele der Menschen, die damals obdachlos geworden sind, haben sich aus Kistendeckeln, gestohlenen Ziegeln, Brettern, Säcken und Wellblechstücken längst neue Hütten in die Asche gebaut. Aber noch jetzt riecht es nach Brand, besonders nach dem Regen.

Die Leute warten geduldig. Am Morgen ist ein Platzregen über dem Slum niedergegangen. Hier gibt es keine Asphaltstraßen. Die Leute stehen im Schlamm, die meisten von ihnen ohne Schuhe. Sehr viele Kinder sind darunter. Die schlagen nach den Fliegen, von denen sie umschwärmt werden. Manche Kinder haben eitrige Wunden, andere haben Grinde. Die Fliegen wollen sich darauf niederlassen. Die Kinder müssen unaufhörlich mit den Händen wedeln, um die aufdringlichen Schwärme von sich fernzuhalten.

Dann kommt der Priester mit zwei Messdienern, Jungen in schmuddeligen Kitteln. Der Priester ist jung und lächelt. Aber er sieht müde aus. An diesem Morgen hat er schon zwei Messen gelesen. Für die Slums gibt es nicht genug Priester. Viele Priester möchten lieber reichere Gemeinden betreuen. Die Seelsorge in den Slums ist hart und mühsam und sehr unbequem. Da gibt es keine schönen Kirchen. Da muss der Priester die Messe meistens unter freiem Himmel halten.

Die Erwachsenen winken ihm zu, die Kinder rufen: „Padre, Padrecito!" Das heißt: „Vater, Väterchen!" Sie mögen ihn. Sie setzen große Hoffnungen auf ihn, denn er bemüht sich, ihnen zu helfen. Sie sind dankbar, dass er zu ihnen hält, zu den Machtlosen, den Habenichtsen.

Er hat fünf lange Weißbrote mitgebracht. Zwei Männer tragen einen alten, wackligen Tisch aus einer Hütte und stellen ihn vor den Priester in den Schlamm. Er legt die Brote darauf. Niemand stiehlt sie ihm, obwohl alle, die auf ihn gewartet haben, hungrig sind.

Der Priester liest die Messe. Die Leute um ihn herum singen, sprechen im Chor, hören seinen Worten andächtig zu. Ach ja, lieber Gott, vergiss uns nicht, auch wenn wir nicht sauber, satt und weiß gekleidet in Villen wohnen. Es ist nicht unsere Schuld. Wir wären auch gern reich. Sei uns nahe, lieber Gott. Deine Nähe haben wir besonders nötig.

„Das ist mein Leib", sagt der Priester und hebt eines der Brote in die Höhe, so, dass es alle sehen können. Es ist gesegnetes Brot, Gottes Brot, duftendes Brot.

Dann reicht er es in die Menge, ein Brot nach dem anderen. Jemand bricht es durch, der Nächste teilt auch die Hälfte noch einmal. Die Hälften werden halbiert, geviertelt, geachtelt, gesechzehntelt, die Teile werden immer kleiner, wandern von Hand zu Hand in alle Richtungen, werden andächtig in den Mund geschoben, mit geschlossenen Augen lange gekaut. Keiner bestiehlt den anderen, niemand erobert sich mit Gewalt ein halbes Brot und rennt damit fort. O nein, hier herrscht Brüderlichkeit, man gönnt den anderen so viel wie sich selbst.

Gott ist im Brot. Auch wenn es nur ein ganz kleines Stück ist, ein Fetzen Kruste. Für viele, die die Messe mitgefeiert haben, ist es die einzige Nahrung an diesem Tag.

Gudrun Pausewang

Geburt eines Fohlens

Als wir auf die Weide kommen, rupft sie noch immer die Blütenköpfe gelber Blumen, die Nüstern goldbestäubt von Pollen.

Lady, ihr Bauch ist angeschwollen, die Rippen haben sich geweitet.

Wir warten, lassen unsre bloßen Füße in die Pferdetränke baumeln, in warmes Wasser, wo Goldfische an unsre glatten Knöchel streifen.

Wir warten, während das Fruchtwasser an Ladys dunklen Beinen herabrinnt und das schlüpfrignasse Fohlen wie eine schwarze Kaulquappe aus ihr hervorbricht und sofort die Beine ausstreckt.

Sie leckt es, hilft ihm aufstehn, das Fruchthäutchen ist noch da, rot, durchscheinend, die aufgehende Sonne durchleuchtet es, der Himmel strahlt morgenhell, und das Land, von Maispollen überweht, das Land, dem wir immer angehören werden, überall ist es rot.

Linda Hogan

Morgenröte

Inhalt: Jedes Lebewesen hat ein Recht auf den ihm angemessenen Lebensraum. Jimmy in New York, der sich so sehr ein Pferd wünscht und viele Monate hart dafür arbeitet, sieht ein, dass ein Pferd nicht in der Stadt leben kann. Es braucht Stille, Weite und Wiesen. Jimmy verzichtet. Das Glück des Tieres geht vor.

Stichworte: Junge – New York – Wunsch – Pferd – Arbeit – Besitz – Begeisterung – Großstadt – Lebensraum – Einsicht – Verzicht

Alter: ab 12 Jahren

Es war immer das Gleiche – um diese Stunde saß der Junge vor dem Fernsehgerät.
„Wenn ich es mir recht überlege", brummte der alte Tom, „dann würdest du besser deine Schulaufgaben machen, anstatt dir einen Cowboyfilm anzusehen!"
„Aber Tom!" Jimmy warf seinem Großvater einen flinken Blick zu. „Es ist doch wegen der Pferde!"
„Pferde!" Der Alte stopfte mit dem schwieligen Daumen den Tabak in seine Pfeife. „Deinen Eltern hättest du nicht damit kommen können!"
„Schau dir das Tempo an!", rief Jimmy begeistert. „Und die Mähnen fliegen. Schau nur! Am schönsten ist das Schwarze. Das Schwarze ganz hinten."
„Ein Rappe", knurrte der alte Tom. „Die Schwarzen nennt man Rappen."
„Wenn ich ein Pferd hätte...", begann Jimmy.
„Wir sind hier in New York", sagte der alte Tom. „Was du brauchst, wäre ein Fahrrad."
Jimmy wollte kein Fahrrad. Es interessierte ihn überhaupt nicht. Gebannt starrte er auf die flimmernden Bilder.
„Wer ist denn der Held der Story?", fragte der alte Tom.
„Weiß nicht", entgegnete Jimmy. „Ich seh' mir nur die Pferde an."
„Araber", belehrte ihn Tom. „Zierliche Knochen, kurze, bewegliche Ohren, fleischloses Gesicht und weite Nüstern."
„Sind die gut?", fragte Jimmy über die Schulter.
„Siehst du doch", antwortete der Alte. „Sind die besten."
Er stand auf und begann Eier in eine Pfanne zu schlagen.
„Schluss", sagte Jimmy. „Schade."
Er schaltete das Fernsehgerät ab. Ein wenig später begann er gedankenlos sein Abendessen in sich hineinzustopfen.
„Das viele Fernsehen macht dich noch verrückt", meinte der alte Tom. „Ich wette, du weißt nicht mal, was du da isst."

„Eier", sagte Jimmy nach einem Blick auf seinen Teller. „Ist es schwer, ohne Sattel zu reiten?"

„Das ist, wie man's nimmt. Ich hab's gekonnt. Wie kein Zweiter hab' ich es gekonnt." Der alte Tom nahm einen Schluck aus der Flasche.

„War eine feine Zeit damals auf der Farm, das kannst du mir glauben. Einen Rappen habe ich geritten. Der sah so aus wie deiner vorhin im Fernsehen. Morgenröte."

„Morgenröte?", fragte Jimmy.

„So hat er geheißen. Morgenröte." Der alte Tom starrte versonnen vor sich hin.

„Warst du glücklich?", fragte Jimmy.

„Damals? Und ob ich glücklich war!" Der alte Mann schlug mit der flachen Hand auf die Tischplatte. „Weißt du, Jimmy, wenn ich zurückdenke, ist es, als habe alle Tage die Sonne geschienen."

„Wenn man ein Pferd hat, ist man glücklich", stellte Jimmy fest.

Er schob den Teller fort, stand auf und trat ans Fenster. Lange stand er so, still und in seine Träume versponnen.

„Was kostet ein Pferd?", fragte er endlich.

„Ein gutes Pferd?" Der alte Tom räumte den Tisch ab. „Da kannst du sechshundert Dollar rechnen. Mindestens."

„Und eines, das ein bisschen weniger gut ist?", fragte Jimmy vorsichtig.

„Das kostet dann eben weniger." – „Wie viel?"

„Wie viel!", brummte der Alte ungeduldig. „Dreihundert, vierhundert – was weiß ich! Es ist sieben Uhr. Wenn du jetzt nicht endlich Schularbeiten machst, werde ich Schererien mit deinem Lehrer bekommen."

Jimmy trat vom Fenster fort und holte seine Bücher. „Ja", sagte er.

Und das war der Augenblick, in dem er beschloss, ein Pferd zu kaufen.

Am anderen Tag sah er sich die Straßen an. Wenn er ganz rechts reiten würde, wäre es vielleicht erlaubt. Oder sonst gab es immer noch den Stadtgarten mit den vielen verzweigten Wegen. Und irgendwo musste ja auch die Stadt zu Ende sein. Da waren dann Wiesen. Jimmy wusste nicht genau, wo die Stadt zu Ende war, aber das spielte im Augenblick auch keine Rolle.

Er ging nach Hause und kippte seine Spardose aus. Sie enthielt genau drei Dollar fünfundfünfzig.

„Ich werde mir Arbeit suchen", verkündete er. Und er suchte sich Arbeit. Von allen Jungen, die Zeitungen verkauften, war Jimmy der kleinste. Aber gerade dieser Umstand und die Tatsache, dass seine eifrige, helle Stimme die der anderen übertönte, waren ihm bei seinem Geschäft von Nutzen.

„He, Knirps!" Der schlaksige, sommersprossige Ted stieß ihm freundschaftlich die Lenkstange seines chromglänzenden Fahrrades gegen die Schulter. „Du willst dir wohl 'n Cadillac verdienen, was?"

Jimmy schwieg. Das mit dem Pferd würde er niemandem erzählen. Die würden Augen machen, wenn er eines Tages dahergeritten kam! Morgenröte, dachte Jimmy, und: Einen halben Cent pro Zeitung, das macht hundertfünfundzwanzig Cent am Tag. Siebentausendfünfhundert Zeitungen im Monat sind siebenunddreißig Dollar fünfzig. Zwölf Monate, und ich habe es geschafft. Vierzehn Monate, korrigierte er, denn er würde kein schlechtes Pferd nehmen. Das auf keinen Fall!

„New York Times!", schrie er. „Der tollste Einbruch des Jahres! Gangsterstück auf der Third Avenue! New York Times! Hund rettet siebenköpfige Familie!"

Es war ein Vergnügen zu spüren, wie der Packen der Zeitungen dünner wurde und die Münzen in der Tasche schwerer.

„Kommst du mit zum Sportplatz?", fragte Gene.

„Keine Zeit!"

Jimmy musste nach Hause, um sechs begann der Fernsehfilm.

„Ritt durch die Teufelsschlucht!", rief er dem alten Tom zu, während er die Mütze hinter sich warf. „Stell an!"

„Guten Abend", brummte der Alte.

„Abend", sagte Jimmy zerstreut.

Er ließ sich in den Sessel fallen und zog die Beine hoch. Das letzte, was er flüchtig wahrnahm, war die Druckerschwärze an seinen Händen. Dann sah er nur noch die Pferde. So wie die da würde er auch einmal reiten, tief vornübergebeugt, die Schenkel fest an den Leib des Tieres gepresst. Er konnte das – Jimmy spürte, dass er es konnte.

„Wie die glänzen", sagte er. „Wie John Millers Auto samstags um sechs. Tom", fügte er ein wenig verlegen hinzu, „muss man Pferde waschen?"

„Du bist ein Narr", grinste der alte Tom. „Pferde waschen! So was habe ich noch nie gehört! Striegeln muss man sie. Hier", er schlug sich auf den Muskel des rechten Armes, „Kraft braucht man dazu und Ausdauer."

„Hm." Jimmy dachte nach. Bis er das Pferd hatte, war er mehr als ein Jahr älter. Es würde schon gehen.

„Und dann muss man sie anständig füttern", sagte Tom.

„Wieso?" Jimmy wandte den Blick verwirrt von der Verfolgungsszene auf dem Bildschirm ab. „Pferde fressen doch Gras, oder?"

Er hatte sich das nämlich schon überlegt. Im Stadtgarten wuchs das Gras so schnell, dass sie alle paar Tage mähen mussten. Fünf, sechs uniformierte Männer gingen dann mit surrenden Rasenmähern nebeneinander her, Stunde um Stunde. Wenn er, Jimmy, nun den Rappen hatte, konnte er das machen. Es war ganz einfach – das Pferd wurde satt und die Gärtner hatten eine Menge Arbeit gespart. In der Zeit konnten sie dann die Blumen begießen oder so. Jimmy war sicher, sie würden ihm dankbar sein.

„Gras und Hafer", erklärte Tom. „Wenn ein Pferd so aussehen soll wie diese da, kannst du zwölf Pfund Hafer am Tage rechnen."
Hafer musste man kaufen, das komplizierte die Sache. Aber dann würde er eben weiter Zeitungen ausrufen.
Es ist alles ganz einfach, dachte Jimmy beruhigt, und am Abend, im Bett, begann er sich vorzustellen, wie der alte Tom es aufnehmen würde.
Eines Tages, so im August ungefähr, stünde die Annonce in der Zeitung. „Rappe gesucht, gegen Barzahlung." Eine ziemlich große Annonce musste es sein, gut zu sehen. Darauf würden sich schon Pferdebesitzer melden. Über die Zeitung konnte man alles bekommen. Die dicke Miß Perkins hatte auf diese Art drei ausgestopfte Schleiereulen gekauft. Und wenn dann das Pferd da war, würde er es zuerst an der Haustür anbinden.
„Tom", hörte Jimmy sich sagen, „lass das mit den Eierkuchen. Das ist heute ein besonderer Tag. Komm mit und sieh dir an, was ich habe." Und der alte Tom würde brummend hinter ihm die Treppen hinunterstapfen.
Dann reiße ich die Haustür auf, dachte Jimmy, und sage: Das ist Morgenröte! Da werden ihm die Tränen in die Augen schießen, dem alten Tom, wie damals, als er die Urkunde vom Veteranenverein bekommen hat. Junge, wird er sagen, mein Junge, dass ich das noch erleben darf! An dieser Stelle seines Zukunftstraumes angelangt, schlief Jimmy stolz und glücklich ein.
Während der nächsten Wochen verlief alles planmäßig. Tag für Tag schrie Jimmy sein „New York Times", und am Abend, wenn die anderen Jungen auf ihren Fahrrädern davonfuhren, lief er, von der Melodie der klimpernden Münzen in seiner Tasche begleitet, nach Hause. Mit dem alten Tom vor dem Fernsehgerät hockend, genoss er insgeheim Vorschuss auf alle Seligkeiten eines Pferdebesitzers. Und ihm, dem Jungen aus New York, der nie ein Pferd berührt hatte, war es, als fühle er schon jetzt das seidige, warme Fell seines Rappen unter der Hand.
„Was hast du denn vor mit deinem selbst verdienten Geld?", wollte der alte Tom eines Abends wissen.
„Wirst es schon sehen", sagte Jimmy geheimnisvoll, und er zeichnete mit der Fußspitze die Umrisse eines Pferdekopfes auf den Boden. „Wirst es schon sehen!"
Im Juni kam die große Hitzewelle über die Stadt. Es wurde beschwerlich, Stunde um Stunde in den glühenden Straßenschluchten zu stehen und Zeitungen zu verkaufen. Wenn ich das Pferd habe, dachte Jimmy, werde ich mit ihm zum Wasser reiten.
„Komm, Kleiner, wir gehen ein Eis essen." Gene tupfte sich mit einem Taschentuch den Schweiß von der Stirn. Jimmy schüttelte stumm den Kopf. Er würde keinen Cent ausgeben. Eine einzige Ausnahme hatte er gemacht. Das war, als die Times das halbseitige Pferdefoto brachte. Damals hatte er sich

selbst eine Zeitung abgekauft, und das Foto hing nun über seinem Bett. Es war ein Rappe mit großen, feurigen Augen und einem edel geschwungenen Hals. So ungefähr würde Morgenröte aussehen.

„Du bist ein komischer Kauz", sagte Gene. Und als er achselzuckend sein Fahrrad davonschob, wäre Jimmy ihm am liebsten nachgelaufen und hätte ihm alles erzählt. Doch dann besann er sich.

„New York Times!", schrie er, um dieses brennende Gefühl der Einsamkeit loszuwerden, das ihn plötzlich befallen hatte. „New York Times! Baby verursacht Großfeuer!"

Abends sah er sich noch einmal in Millers Garage um. Ja, es war Platz genug. Wenn Mister Miller ganz scharf links heranfuhr, konnte Morgenröte bequem stehen.

„Suchst du was?" Mister Miller war plötzlich hinter ihm.

„Nein", antwortete Jimmy verlegen. „Nur so. Mögen Sie eigentlich Pferde?", fragte er dann nach einer Pause und er versuchte, seine Stimme möglichst harmlos klingen zu lassen.

„Pferde?" Der Mann begann mit einem Wolllappen die Autolampen zu polieren. „Warum soll ich keine Pferde mögen?"

„Ich meine", sagte Jimmy, „so richtig gern?" Mister Miller lachte. „Du kannst aber auch Fragen stellen! Na, also meinetwegen: so richtig gern!"

Er ist ein gutmütiger Mensch, dachte Jimmy. Er wird bestimmt nichts dagegen haben. Niemand wird etwas dagegen haben, dachte er, und während der nächsten Tage verkaufte er mehr Zeitungen als je zuvor.

Es war gegen Ende des Monats, als Jimmy mit dem alten Tom wieder einmal vor dem Fernsehgerät saß.

„Glaubst du, dass er das Pferd im Stich lässt?", fragte Jimmy gespannt, und er spuckte einen Kirschkern in seine Faust.

„Nee", brummte der alte Tom und das war der Auftakt zu jenem Gespräch, das alles ändern sollte.

„Woher weißt du das?", fragte Jimmy.

„Weil ich es weiß", sagte Tom. „Ein Pferd lässt man nicht im Stich."

„Hm, hast Recht", stellte Jimmy fest. „ Er holt es sich wieder."

„Ein Pferd ist der beste Freund eines Mannes", sagte der alte Tom.

Jimmy nickte. Und dann plötzlich fiel ihm etwas ein, etwas, was ihn zwang, den Blick von dem Geschehen auf der flimmernden Scheibe abzuwenden und den alten Mann anzusehen.

„Tom", sagte Jimmy, „und Morgenröte?"

„Was ist damit?", fragte der Alte.

„Wo hast du Morgenröte gelassen, damals, als du in die Stadt gingst?"

„Auf der Farm natürlich, wo denn sonst?"

„Aber Morgenröte war dein Pferd!"

„Ja", sagte der alte Tom.
„Warum hast du dein Pferd nicht mitgenommen?"
„Nach New York?"
„Du hast dein Pferd nicht mitgenommen", sagte Jimmy. „Tom..."
Der alte Mann stand auf und drehte das Fernsehgerät ab. „Jimmy", sagte er. „Hier in New York kann ein Pferd nicht leben. Das musst du doch einsehen."
„Warum nicht?" Jimmy schluckte. „Wir leben doch auch hier!"
„Menschen können überall leben", erklärte Tom. „Pferde nicht."
Jimmy ballte die Faust um die Kirschkerne fester.
„Das ist nicht wahr", sagte er.
„Jimmy", der alte Tom zündete seine Pfeife an, „du könntest hier schließlich auch keinen Löwen halten."
„Das ist etwas anderes", sagte Jimmy. – „Wieso?"
„Weil...", begann Jimmy. „Weil es eben etwas anderes ist!"
„Ein Pferd braucht Raum", sprach der alte Mann. „Freiheit und Stille. Wiesen braucht ein Pferd, über die sich der Himmel spannt. Und wenn du ihm das nicht selbst gibst, wird es unglücklich sein."
„Aber der Stadtgarten!"
„Im Stadtgarten darfst du nicht einmal einen Hund von der Leine lassen!"
„Du meinst also...", sagte Jimmy tonlos.
„Was?"
„Ach nichts", antwortete Jimmy.
Er ließ die Kirschkerne einzeln in den Kübel fallen und schaute zu, als sei das die interessanteste Sache der Welt. Später, als sie beide im Bett lagen, starrte der Junge lange in die Dunkelheit. Er sah die endlosen Wiesen, über die seine Fernsehpferde galoppierten, und er sah die Straßen der Stadt.
„Tom", sagte er endlich. „Ich verstehe das jetzt."
„Was?", brummte der alte Tom.
„Das mit Morgenröte", sagte Jimmy leise. „Ich meine – man kann ein Pferd doch nicht unglücklich machen."
Am anderen Tag kaufte Jimmy das Fahrrad. „Lass das jetzt mit den Eierkuchen", sagte er zum alten Tom. „Komm mit nach unten und sieh dir an, was ich habe. Weißt du", fuhr er fort, während er die Haustür aufstieß, „ich habe mir gedacht, was ich brauche, ist ein Fahrrad."
„Gut so", nickte der alte Tom.
Jimmy legte die Hand auf das kühle Metall der Lenkstange. Er hatte dem Rad einen Namen gegeben – er nannte es Morgenröte. Aber darüber sprach er nicht.

Gina Ruck-Pauquèt

Jedem kann man nicht helfen

Inhalt: Liberio hilft einem Käfer in Not. Marko hat kein Verständnis dafür. Aber Liberio besteht darauf: „Und wenn es nur dies eine Tier ist!"

Stichworte: Kreatur – Insekt – Wahrnehmen – Not – Helfen – Unverständnis – Tadel – Entschiedenheit

Alter: ab 8 Jahren

Marko und Liberio laufen durch den Sand, über den Teil des Strandes, den das Kommen und Gehen der Meereswellen feucht und fest hält. Plötzlich stoppt Liberio, dreht einen Käfer, der hilflos auf seinem Rücken zappelt, wieder auf seine Beine. Eine Welle hat den Winzling umgeworfen. Der Gerettete eilt zum sicheren, trockenen Sand, während Liberio schneller läuft, um wieder Anschluss zu gewinnen.

„Hast du den Käfer nicht gesehen?", fragt er ein wenig außer Atem den Voranlaufenden.

„Ja", antwortet Marko.

„Und warum hast du ihm nicht geholfen?"

„Da hätte ich viel zu tun, wenn ich jedem Käfer helfen sollte", erwidert Marko schroff.

„Jedem kannst du nicht helfen", sagt Liberio, „aber ihm hättest du helfen können."

Heribert Haberhausen

Das Wunder

Inhalt: Willi in der Stadt erhält von seiner Urgroßmutter geheimnisvollen Samen. Er legt im Hof ein Beet an, sät aus, hegt und pflegt die heranwachsenden Pflanzen. Sonnenblumen erblühen.

Stichworte: Urgroßmutter – Urenkel – Samen – Geheimnis – Erde – Beet – Aussaat – Pflege – Liebe – Behutsamkeit – wachsen – blühen – Überraschung – Sonnenblume – Wunder

Alter: ab 8 Jahren

Seht ihr Willi im roten Pulli zwischen seinen Freunden? Sie spielen auf dem engen Hof eines fünfstöckigen Häuserblocks, mitten in einer großen Stadt.

Hier wohnen achtunddreißig Familien und Willis Vater ist der Hausmeister. Der Hof ist mit Steinplatten ausgelegt. Grünes wächst hier nur in Blumentöpfen.

Willis Urgroßmutter lebt weit weg von der Stadt in einem alten Bauernhof. Hier haben schon ihre Eltern und Großeltern und Urgroßeltern gelebt. Sie ist vierundachtzig Jahre alt, aber sie hilft noch bei allen Arbeiten mit. Sie arbeitet fast den ganzen Tag im Grünen: im Garten, auf der Wiese, auf den Feldern. Oft denkt sie an Willi. Sie hat ihn noch nie gesehen.

Zu Willis siebtem Geburtstag entschließt sie sich, ihn zu besuchen. Fünf Stunden lang muss sie im Zug reisen, bis sie in Willis Stadt ankommt. Das ist eine große Sache für sie! Der Vater und Willi holen sie vom Bahnhof ab. Willi wundert sich, denn sie trägt ein Kopftuch und dicke wollene Strümpfe. Sie bringt einen Korb voll Eier und Speck mit und Gläser mit eingemachten Kirschen.

Für Willi hat sie noch ein besonderes Geburtstagsgeschenk: Ein Tütchen mit braungelben Dingern, kaum so groß wie Willis Daumennagel.

„Was ist denn das?", fragt Willi.

„Junge", ruft die Urgroßmutter, „du wirst doch wohl erkennen, dass das Samenkörner sind!"

Aber Willi hat noch nie Samenkörner gesehen.

„Die steckt man in die Erde", erklärt die Urgroßmutter, „und sorgt dafür, dass die Erde feucht ist. Dann werden Pflanzen daraus. Dies ist kein gekaufter Samen, sondern selbst gezogener aus meinem Garten. Was für Pflanzen es werden, verrate ich dir nicht. Das soll eine Überraschung sein."

„Aber wir haben ja keine Erde hier", sagt Willi traurig.

„Was ist das für eine Welt, in der es keine Erde gibt!", ruft die Urgroßmutter bekümmert.

„Wir tun die Samen eben in einen Blumentopf", sagt die Mutter. „Blumenerde gibt es ja zu kaufen."

„Mit diesem Samen geht das nicht", meint die Urgroßmutter. „Warum, das werdet ihr selber bald sehen. Aber wenn er nicht bald in die Erde kommt, wird nichts mehr daraus. Ihr könnt einem schon leid tun, hier in der Stadt."

Nach zwei Tagen reist sie wieder heim.

Willi geht mit dem Samentütchen herum und lässt alle Kinder aus dem Häuserblock hineinschauen.

„In den Dingern ist ein Wunder drin", erklärt er. „Wenn man sie in die Erde legt, kommen richtige Pflanzen aus ihnen heraus."

„Glaub ich nicht", sagt die kleine Mia aus dem Hinterhaus.

„Wenn ich nur Erde hätte!", ruft Willi. „Dann könnte ich dir's beweisen."

Er schaut sich um. Kein bisschen Erde ist zu sehen. Aber mitten auf dem Hof ist eine Platte locker. Mit großer Mühe hebt er sie heraus. Nachdem er den Zement aus den Fugen gebohrt hat, kann er auch noch eine zweite und dritte und vierte Platte herauslösen. Aber darunter ist keine Erde, nur Sand. Willi gibt nicht auf. Er holt eine alte Kohlenschippe aus dem Keller und schaufelt den Sand aus dem Loch. Unter dem Sand ist Erde. Willi tanzt vor Freude um das Loch herum und ruft den Vater.

„Bist du verrückt, Junge?", schimpft der. „Was wird der Hausbesitzer sagen?"

„Aber ich brauche doch Erde für meinen Samen", klagt Willi. Da steht der Vater eine Weile stumm vor dem Loch und sagt dann: „Na ja. Wenn er's nicht erlaubt, müssen die Platten eben wieder rein."

Da springt Willi an seinem Vater hoch und küsst ihn vor Freude auf die Nase.

„Aber in dieser Erde wird nicht viel wachsen", sagt der Vater. „Purer Lehm. Den musst du erst auflockern – so tief, wie dein Arm reicht."

Den ganzen Nachmittag müht sich Willi mit seiner Schippe. Der Vater hilft ihm dann noch mit ein paar Spatenstichen.

„Jetzt muss der Lehm mit Blumenerde gemischt werden", sagt er und gibt Willi zwei Zweimarkstücke. Willi läuft in den Supermarkt und holt eine große Tüte Blumenerde.

Am nächsten Morgen mischt Willi die Blumenerde unter den Lehm. Der Vater wirft noch drei Schippen voll Sand dazu.

„Sand hält die Erde locker", sagt er.

Jetzt ist kein Loch mehr da, sondern ein richtiges Beet.

Und dann kommt der feierliche Augenblick: Willi steckt die Samenkörner in die Erde. Ein paar Kinder schauen zu. Da fängt es an zu regnen.

„Der Regen kommt wie gerufen", sagt der Vater. „Und jetzt musst du warten. Ein paar Tage wird es dauern, bis sich in deinem Beet etwas regt." Er klopft noch in alle vier Ecken des Beetes einen Holzpflock und spannt einen Draht darum.

Willi geht im ganzen Häuserblock von Tür zu Tür und sagt: „Ich habe ein Beet im Hof, in das habe ich meinen Geburtstagssamen hineingesät. Jetzt werden Pflanzen daraus wachsen. Bitte tretet nicht darauf. Dafür dürft ihr euch später meine Pflanzen auch ansehen."

Die meisten Leute versprechen, das Beet zu schonen.

„Sagt es auch euren Kindern", bittet Willi, „dass sie beim Spielen aufpassen sollen."

Nur ein Mann in der Wohnung Nummer vierzehn sagt ärgerlich: „Lass mich mit deinem Quatsch in Ruhe."

Jeden Morgen läuft Willi hinunter auf den Hof und betrachtet sein Beet. Am neunten Tag zeigen sich vier grüne Sprösschen, am zehnten Tag kommen noch fünf dazu.

„Das Wunder fängt an!", ruft Willi der kleinen Mia zu. Er holt Mutters Gießkännchen, das sie für ihre Topfblumen braucht, und gießt damit die jungen Pflänzchen. Jeden Tag wachsen sie ein Stück. Alle Kinder aus dem Block beugen sich über das Beet, wenn sie vorüberkommen. Die großen Jungen schließen sogar Wetten ab. Klaus behauptet, so sähen Bohnen aus, aber Manfred meint, das sei nur ganz gewöhnliches Unkraut.

Neun Pflanzen muss Willi behüten. Sie sind so verletzlich! Aber Willi kann schon schreiben. Er bastelt ein Schild und schreibt VORSICHT! darauf. Das Schild steckt er ins Beet.

Trotzdem geschieht es, dass ein Hund auf eine der Pflanzen pisst. Davon geht sie ein. Zwei andere sterben im Auspuffgas eines Möbelwagens, der sich langsam durch die Toreinfahrt rückwärts in den Hof schiebt. Die vierte Pflanze verdorrt unter der Pfeifenasche eines Elektrikers. Über die fünfte rollt der Bäckerjunge auf seinem Fahrrad.

Und Willi weint über jede Pflanze, die er verliert. Aber vier Pflanzen bleiben leben. Sie wachsen immer rascher. Sie überholen Willi, ja sogar den Vater!

„Jetzt verstehe ich, warum man diesen Samen nicht in einen Blumentopf säen kann", sagt Willi.

Die Kinder bestaunen die dicken Stengel mit den großen Blättern.

„Das wird ja fast ein Wald", sagt der große Klaus.

Ganz oben an den Stengeln bilden sich Knospen. Alle Bewohner des Blocks warten gespannt. Und dann, an einem blauen Sommermorgen, öffnen sich zwei Knospen zu riesigen Blüten.

„Es sind Sonnenblumen!", rufen sich die Leute von Fenster zu Fenster zu. „Auf unserem dunklen Hof Sonnenblumen!"

Am nächsten Tag blühen sie alle vier.

Gerade an diesem Tag kommt der Hausbesitzer, um nach dem Rechten zu sehen. Willis Vater wird nervös.

„Oh", ruft der Hausbesitzer, „Sonnenblumen! Gute Idee, mitten auf dem Hof ein Beet anzulegen."

„Mein Junge hat diese Idee gehabt", sagt der Hausmeister.

„Warum macht er das Beet nicht etwas größer?", fragt der Hausbesitzer. „So ein bisschen Grün im Hof wird sicher allen gefallen."

Am Abend schreibt Willi mit großen schiefen Buchstaben an seine Urgroßmutter: „Es sind Sonnenblumen geworden. Danke! Und wenn ich groß bin, will ich Gärtner werden."

Dein Willi

Gudrun Pausewang

Wenn wir der Erde etwas wegnehmen

Wenn wir der Erde etwas wegnehmen,
müssen wir ihr auch etwas zurückgeben.
Wir und die Erde sollten gleichberechtigte Partner sein.
Was wir der Erde zurückgeben,
kann etwas so Einfaches
– und zugleich so Schwieriges –
wie Respekt sein.
Die Suche nach Öl, Kohle und Uran
hat der Erde bereits großen Schaden zugefügt,
aber noch kann dieser Schaden wiedergutgemacht werden –
wenn wir es wollen.
Beim Abbau von Bodenschätzen werden Pflanzen vernichtet.
Es wäre recht und billig,
der Erde Samen und Schösslinge anzubieten
und dadurch wieder zu ersetzen,
was wir zerstört haben.
Eines müssen wir lernen:
Wir können nicht immer nur nehmen,
ohne selber etwas zu geben.
Und wir müssen unserer Mutter, der Erde,
immer so viel geben,
wie wir ihr weggenommen haben.

Jimmie C. Begay

Ich werd' mal so wie Onkel Sepp

Inhalt: Der kindliche Erzähler liebt seinen skurrilen Großonkel Sepp. Der lebt naturverbunden – alternativ. Der geht mit der stummen Kreatur zärtlich um. Der spricht mit den Bäumen. Der pflanzt jedem, der es wünscht, ohne Entgelt einen Obstbaum. Onkel Sepp ist der größte Baumpflanzer der Gegend.

Stichworte: Großonkel – Großneffe – Bewunderung – alternatives Leben – Naturverbundenheit – Bäume – Bewahren – Pflanzen – Schenken – Liebe – Erfolg – Schöpfung

Alter: ab 10 Jahren

In der Schule bin ich schlecht, das muss ich zugeben. Mich interessiert eben nicht, wovon die Lehrer sprechen. Schnittmenge und Substantiv und H_2O und netto und brutto und Prozente und Achtelnoten und das ganze Zeug, unter dem man sich nichts vorstellen kann. Ich stelle mir gern was vor. Ich langweile mich nie, auch nicht in der Schule, weil ich mir immer was vorstelle. Aber in der Schule werde ich oft dabei gestört. Die Lehrer sind so aufdringlich. Sie können sich nicht daran gewöhnen, dass ich das, womit sie uns bedrängen, nicht für so wichtig halte wie sie. Immer wieder reden sie auf mich ein: Dass ich das alles unbedingt brauche für mein späteres Leben, für den Beruf und so. Ohne gute Leistungen kein gutes Zeugnis, ohne gutes Zeugnis keine Lehrstelle, ohne Lehrstelle keinen Arbeitsplatz, ohne Arbeitsplatz kein Geld, kein Ansehen, keinen Lebenssinn. Na, das Übliche.

Aber die Lehrer sind nur in diesem Lernkram so aufdringlich. Vielleicht würde ich mir noch Mühe geben, sie zu verstehen, wenn sie mir mal übers Haar streichen oder mir die Hand auf die Schulter legen würden. Oder wenn sie Michi statt Michael zu mir sagen würden. Wenn sie so zu mir wären, wie Onkel Sepp zu seinen Bäumen ist.

Ich brauche das alles nicht, was ich in der Schule lernen soll. Ich hab auch keine guten Noten nötig. Ich weiß doch schon längst ganz genau, was ich machen werde, wenn ich groß bin. Das ist es ja, was ich mir in der Schule immer vorstelle, und ich stelle mir's gern vor, weil's so schön ist: Ich werde mein Leben lang Bäume pflanzen.

Ich hab doch den Onkel Sepp in Bellenbach, der ist mein Großonkel. Bei dem bin ich immer in den Schulferien. Der freut sich auf mich und ich freu mich auf ihn. Wenn mich da einer hindern wollte, in den Ferien hinzufahren, dem würde ich an die Kehle springen! Aber meine Eltern haben gar nichts dagegen, dass ich zu ihm fahre. Da haben sie ihre Ruhe. Ich strapaziere sie nämlich zu sehr und ich enttäusche sie immer wieder. Das kriege ich bei jeder Gelegenheit zu hören.

Der Onkel Sepp, der hält viel von mir und mag mich. Darin ist er so ziemlich der Einzige. Und ich bin wohl auch der Einzige, der viel von ihm hält und ihn mag. In Bellenbach sagen sie, er hätte eine Meise und er sei nicht ganz bei Trost und er leiste nichts und hätte seinen Hof verlottern lassen. Faul und verrückt. Jedenfalls nicht so wie die anderen Leute.

Ich kenne ihn besser als die Bellenbacher. Er ist weder ein Faulpelz noch ein Idiot. Er will sich nur nicht so abrackern und stressen lassen. Er sagt, dazu sei das Leben viel zu schade. Und er sagt, es gäbe viel wichtigere Dinge als den Arbeitslohn und was man sich damit kaufen kann. Und Wichtigeres als das Ansehen. Da ließe er sich nicht hineinreden, egal, was sie von ihm dächten.

Er hat ein Bein ab. Das ist im letzten Krieg passiert. Jetzt hat er ein Holzbein und kriegt eine Rente. Und er hat ein kleines Haus mit einem Stall und einer Scheune im Tal zwischen Bellenbach und Kasparshausen, ganz einsam. Nicht einmal eine Straße geht dort durch, nur ein breiter Feldweg.

Onkel Sepp hat vor vielen Jahren eine Frau und ein Kind gehabt. Einmal wollte ihn die Frau mit dem Kind besuchen, als er wegen dem Bein im Lazarett lag. Aber auf der Fahrt dorthin ist ihr Zug von einer Bombe zerfetzt worden, gerade als er in einem Bahnhof hielt. Seitdem hat der Onkel Sepp nicht mehr geheiratet.

Es ist ziemlich unordentlich bei ihm, das muss man zugeben. Sein Bett macht er so gut wie nie und er trinkt immer nur aus der gelben Tasse. Die schwenkt er jedesmal nur unter dem Wasserhahn aus und fertig. Seine Kleider riechen auch nicht gerade nach einem guten Waschmittel. Doch, doch, manchmal macht er große Wäsche, an sonnigen, windigen Tagen. Dann wäscht er gleich einen ganzen Haufen Wäsche auf einmal, auch alles, was er anhat, außer der Unterhose. Sogar manchmal auch die, im Hochsommer. Dann läuft er ganz nackt herum, bis die Wäsche wieder trocken ist. Das macht ihm gar nichts aus.

In seinem Haus sei noch alles so wie vor vierzig Jahren, sagt er. Richtig gemütlich, mit einem Fußboden aus Holzbrettern und einem Kochherd mit einem langen Rohr quer durch die Küche. Auf dem Dachboden hat er eine Wanne stehen, weil's bei Regen durchtropft. Er traut sich nicht mehr aufs Dach. Ihm wird schwindlig. Weil er doch schon über siebzig ist. „Das kannst du dir später selber reparieren", sagt er.

Ja, das hab ich fest vor. Und neu verputzen will ich das Haus auch, denn der Mörtel bröckelt schon.

Im Stall standen früher mal fünf Kühe. Jetzt hat er nur noch zwei Ziegen. Aber was für Ziegen! Malchen und Kathrinchen. Sie sind gut genährt und haben ein glattes Fell und sie genießen es, wenn er sie unterm Kinn kitzelt. „Meine Frauen", nennt er sie.

Außer den Ziegen hat er nur noch Bienen. Drei Bienenstöcke hinterm Haus. Den ganzen Frühling und Sommer über schwärmen Onkel Sepps Bienen zwischen den Schmetterlingen und Libellen um die Hecken und über die Auwiesen. Er sagt, schon seit vielen Jahren sei er von keiner Biene gestochen worden. „Wie einer zu ihnen ist, so sind sie zu einem", meint er.

Das ganze Tal von Bellenbach bis fast nach Kasparshausen gehört ihm. Über zwei Kilometer Auwiesen rechts und links vom Bach bis an die Feldränder. Die Felder, die noch dazugehören, hat er schon vor langer Zeit verkauft oder verpachtet. Aber die Auwiesen hat er nicht hergegeben. Die hätte auch niemand haben wollen. Denn für die Leute aus Bellenbach oder Kasparshausen taugen sie nichts. Sie sind feucht und stehen in jedem Frühjahr ein paar Tage unter Wasser. Schilf und Binsen wuchern darauf und auch Wollgras gibt's da. An den Bachufern wachsen Erlen und Weiden. Auf beiden Talseiten geht ein leichter Hang hinauf. Am Wiesenrand, dort, wo die Felder anfangen, ziehen sich dichte Hecken entlang. Da kommt niemand so leicht durch, denn da wächst Stachliges: Himbeeren, Brombeeren, Weißdorn, Heckenrosen. Und viele Birken und Fichten und Eichen und Eschen stehen dazwischen. Ja, und die Haselsträucher nicht zu vergessen. Die Hecken sind voller Vogelnester und Igel und Wildkaninchen und in den Auwiesen wimmelt es nur so von Fröschen und Kröten und Wildenten. Manchmal stehen Störche oder Reiher im Schilf. Und Ringelnattern gibt es da auch.

Onkel Sepp schießt weder Wildkaninchen noch Wildenten. Er hat kein Gewehr. Er sagt, er hätte im Krieg für sein Lebtag genug schießen müssen. Und er erlaubt auch niemand anderem, auf seinem Anwesen zu jagen oder Tiere zu fangen. Nur solche Leute lässt er drauf, die Tiere beobachten wollen. Vor ein paar Jahren hat er seine Ziegenlämmer noch geschlachtet, aber das macht er jetzt auch nicht mehr. „Ich bring's nicht mehr übers Herz", sagt er. „Wie könnte ich danach das Kathrinchen unterm Kinn kraulen?" Er verschenkt sie: an ziegenliebe Familien oder an das Kinderheim in Breckendorf, das auch eine kleine Landwirtschaft hat. „Wenn sie alt sind – gut, dann müssen sie sterben", sagt er. „Aber sie sollen wenigstens ein Ziegenleben lang gelebt haben."

Er hat nicht nur Bäume in seinen Hecken und Wiesen. Hinter dem Haus hat er auch einen Obstgarten: drei Pflaumenbäume, drei Kirschbäume, vier Birnbäume und fünf Apfelbäume. Im Herbst helfe ich ihm immer ernten. Das ist das reinste Fest. Ich klettere in den Ästen herum und pflücke, und er nimmt mir vorsichtig ab, was ich ihm reiche.

Sie tragen nicht immer gleich viel, Onkel Sepps Obstbäume. Aber die Ernte ist jedesmal so groß, dass Onkel Sepp noch eine Menge Obst verkaufen kann. Viele Leute kaufen Obst bei ihm. Es ist wirklich wunderschönes Obst. Ich weiß auch, warum er das schönste Obst in der ganzen Umgebung hat: Er geht nämlich den ganzen Sommer lang immer wieder von Baum zu Baum, tätschelt jeden Stamm und sagt: „Brav, brav, mein Lieber", und wenn dem alten Boskop fast die Äste brechen, so überladen, wie er meistens ist, stützt ihn der Onkel Sepp ab und murmelt dabei: „Ja, ja, bist ein Guter. Übernimm dich nur nicht, alter Freund."

Seine Lieblinge aber sind die jungen Obstbäume, die er selber aus Schösslingen gezogen und gepfropft hat. Ganze Reihen hat er davon. Er macht nie Reklame. Aber nicht nur von Bellenbach und Kasparshausen kommen Leute, die junge Obstbäume haben wollen. Sie kommen zu ihm, weil sie hoffen, später mal genauso gutes Obst ernten zu können, vor allem aber, weil er kein Geld für die Bäume verlangt. Er stellt nur eine Bedingung: Er selber will sie pflanzen. Und so holen sie ihn samt den jungen Bäumen ab und fahren ihn zu ihren Gärten. Aber es ist schon oft vorgekommen, dass er ein Bäumchen wieder heimbrachte, ohne es zu pflanzen. Denn er pflanzt seine Bäume nur dorthin, wo sie Platz und Licht und die Erde haben, die ihnen bekommt. Darin lässt er sich nicht beschwatzen.

Manchmal gab's deshalb schon richtigen Krach, zum Beispiel mit dem Besitzer des Supermarktes in Kasparshausen. Der wollte einen Apfelbaum zwischen Wohnhaus und Garage geklemmt haben, noch dazu in purem Bauschutt. Aber er konnte dem Onkel Sepp nichts anhaben, weil der ja kein Geld für den Baum genommen hatte. Nur hat er ihn aus Wut nicht heimgefahren. Der Onkel Sepp hat mit dem Baum zu Fuß heimwandern müssen, mit dem Holzbein. Aber mit dem kann er fast so gut laufen wie mit seinem echten.

„Du bist schon ein verrückter Kerl", hat einmal der Postbote zu ihm gesagt: „Was könntest du für ein Geld machen mit deiner Obstbaumzucht, wo du schon eine so gute Hand für Bäume hast!"

„Würdest du deine Kinder verkaufen? Für Geld?", antwortete ihm der Onkel Sepp.

„Das ist doch was ganz anderes", sagte der Postbote.

„Was dir deine Kinder sind, das sind mir meine Bäume", meinte der Onkel Sepp.

Da schüttelte der Postbote nur noch den Kopf. Aber ich verstand ihn, den Onkel Sepp. Und je älter ich werde, um so klarer wird mir, dass er der einzige normale Mensch ist unter lauter Verrückten. Ich finde es zum Beispiel gar nicht verrückt, dass er sich über die frischgepfropften Bäumchen beugt, mit den Fingerspitzen über die Pfropfwunden streicht und leise sagt: „Die Natur macht's schon, mein Kleiner. Du musst nur den Willen dazutun."

Ich finde es auch nicht verrückt, wenn er im zeitigen Frühjahr mit dem Spaten an seinen Hecken und Bachufern entlanggeht und Schösslinge ausgräbt – ganz behutsam, um die Wurzeln so wenig wie möglich zu verletzen.

Dann ist er tagelang unterwegs in der ganzen Umgebung und pflanzt Bäume. Er pflanzt sie in kahle Hänge neben den Straßen, auf Feldraine, sogar an Wegränder mitten in den Dörfern. Er pflanzt sie überall hin, wo einmal Bäume waren oder wo sie schön aussähen oder wo man dankbar wäre für ihren Schatten. Er pflanzt Erlen an Bachufern und Birken an Spazierwege, Eichen an den Rand des langweiligen Fichtenwalds und Kiefern in die sandige Böschung, in die das letzte Unwetter tiefe Furchen gezogen hat.

Im Spätherbst macht er das Ganze noch einmal. Zweimal im Jahr. In den Herbstferien und in den Osterferien, wenn sie früh liegen, helfe ich ihm dabei. Ich trage ihm die Schösslinge und darf auch schon pflanzen. Es hat lange gedauert, bis er mir das Pflanzen erlaubt hat. Ich war ihm anfangs zu grob mit den Wurzeln umgegangen.

„Behandle den Baum so, als sei er du", hat er mal zu mir gesagt.

Er fragt nicht danach, wem das Land gehört, in das er seine Bäume pflanzt. Meistens gehört es irgendwelchen Bauern, aber manchmal auch dem Staat oder der Gemeinde oder einer Immobiliengesellschaft. Über die Hälfte seiner Bäume werden wieder herausgerissen, abgeschnitten, zertrampelt, verschüttet. Aber fast die Hälfte bleibt stehen und wächst an. Denn vielen Leuten ist es egal, was auf ihren Wiesen, ihren Wegrändern, ihren Rainen wächst, und es gibt auch Leute, die sich über Onkel Sepps Bäumchen freuen. Bäume pflanzen, das kostet ja Zeit und Geld. Wenn's einen Verrückten gibt, der's gratis für einen macht – na bitte schön!

„Schau", sagt der Onkel manchmal zu mir, „ich bin der Vater von dieser Hecke und dort die drei Birken stammen auch von mir."

Schon fast zwanzig Jahre lang pflanzt der Onkel Sepp Bäume und seine Bäume pflanzen sich wieder fort. Jetzt wachsen schon überall in der Umgebung von Bellenbach und Kasparshausen mehr Bäume und Sträucher als rund um die anderen Dörfer, die weiter weg liegen. Richtig freundlich sieht's da jetzt aus.

„Lieblich", hat ein Tourist unsere Landschaft genannt. Das hat der Postbote dem Onkel Sepp erzählt.

Früher hat der Onkel Sepp oft Scherereien mit den Bellenbachern und Kasparshausenern gekriegt, wenn er seine Bäume pflanzte. Manchmal wurden sogar die Hunde auf ihn gehetzt. Aber nie hat ihn ein Hund gebissen. Er redet nämlich mit ihnen. Dann lassen sie sich von ihm sogar streicheln. Wenigstens die meisten.

Seit Bellenbach aber den Preis im Wettbewerb „*Unser Dorf soll schöner werden!*" bekommen hat, sehen die Leute Onkel Sepps Bäume auf einmal anders. Weil doch das Dorf jetzt so richtig im Grünen liegt. Der neue Bürgermeister hat den Onkel Sepp in einer Sitzung des Ortsverschönerungsvereins gelobt und hat gesagt, einen guten Teil des Preises hätte das Dorf ihm zu verdanken. Und man solle ihn nur ja auch weiterhin seine Bäume pflanzen lassen, ja man solle ihm das nachmachen!

Ich glaube nicht, dass ihm das viele Bellenbacher und Kasparshausener nachmachen werden. Es ist ihnen zu mühsam. Und wenn sie's auch täten, so wär's wohl nur dafür, dass sie mehr Sommerfrischler ins Dorf kriegen. Sommerfrischler bringen Geld. Wenn sie's aber nur wegen des Geldes tun, dann werden wohl nicht viele von ihren Bäumchen anwachsen. Denn die spüren das, sagt der Onkel Sepp.

Mir ist es egal, ob Touristen nach Bellenbach und Kasparshausen kommen. Bei mir wachsen sie jedenfalls an, die Schösslinge. Zwischen den beiden Dörfern, wo die Landstraße oben am Berg die große Doppelkurve macht, wuchert schon eine richtige kleine Hecke von mir. Die hab ich gepflanzt, als ich neun Jahre alt war. Jetzt bin ich dreizehn.

Noch fünf Jahre, dann kann ich machen, was ich will. Dann zieh ich zum Onkel Sepp und lass mich, wenn's sein muss, von der ganzen Welt für faul und verrückt erklären. Ich werde weiterpflanzen, wenn der Onkel Sepp nicht mehr kann. Ich werde weit über die Gemarkung von Bellenbach und Kasparshausen hinauswandern, in die vielen Dörfer, die nie einen Onkel Sepp gehabt haben, und werde auch dort die Landschaft „lieblich" machen. Vielleicht werden bis dahin auch die Kasparshausener und die Bellenbacher soweit sein, dass sie Bäumchen pflanzen, ohne über die Mühe und die verlorene Zeit zu knurren. Vielleicht hat sich bis dahin die ganze Welt geändert, so dass sie dem Onkel Sepp ein Denkmal setzt, ein hohes aus Marmor mit Stufen und Sockel. Auf dem steht dann vielleicht:

> DEM
> GROSSEN
> ONKEL SEPP,
> DER AUCH MIT DER STUMMEN KREATUR
> ZÄRTLICH UMGING,
> IN DANKBARKEIT
> UND ZÄRTLICHKEIT!

oder noch geschwollener, wie solche Denkmal-Texte eben sind.

Gudrun Pausewang

Diese Angst*

Diese Angst:
Wenn das Letzte geschähe,
das sich dem Denken versagt,
wenn die jähe
Glut um den Erdball jagt
und der Planet
zerschellte,
vertilgt des Menschen Spur,
zwischen Venus und Mars die Kälte
des leeren Raumes nur...

Franz Fühmann

Wissen und Vergessen

Inhalt: Daniel – ein winziger Punkt auf der Erdkugel im grenzenlosen Universum – möchte eines vergessen: den Atomunfall von Tschernobyl. Er möchte damit seine Zukunftsängste vergessen.

Stichworte: Welt – Umwelt – Fantasie – Erdkugel – Universum – Atomunfall – Tschernobyl – Waffen – Kriege – Angst – Zukunft – vergessen wollen – Hilflosigkeit

Alter: ab 10 Jahren

Als Daniel zum ersten Mal einen Globus sah, dachte er: „Wenn wir hier", und er tippte mit dem Finger auf den Namen der Stadt, in der er lebt, „aufrecht gehen, so müssen die Leute da", und er drehte den Globus halb herum, „auf den Händen gehen, von oben in ihre Häuser klettern, alles muss auf dem Kopf stehen." Nie hat er vergessen, welche Vorstellung er sich damals von der Erde gemacht hat.

Inzwischen weiß Daniel aber, wie das ist. Er, er sitzt hier auf seinem Stuhl, im Zimmer, im Haus, in dieser Stadt, in diesem Land... ein winziger Punkt auf der Weltkugel, die sich dreht und dreht und dreht... im grenzenlosen Universum selbst nur ein kleiner Punkt. Und überall auf dieser runden Welt gehen die Menschen aufrecht. So ist es wirklich. Daniel weiß es, aber er merkt

---
* Titel redaktionell

nichts davon, außer dass nun Tag ist und dann kommt die Nacht und wieder wird es Tag werden. Das erinnert ihn dann an diese Wirklichkeit, die ihm so unwirklich vorkommt, dass er sie meistens vergisst.

Manchmal vergisst Daniel fast, dass er nicht allein ist auf dieser Welt, wenn er auf seinem Fahrrad den langen Berg hinterm Haus hinunterrast. Der Fahrtwind zerrt die Haare nach hinten, presst die Kleider an seinen Körper, die Beine strampeln wie verrückt. Daniel selbst kommt es vor, als würde er wachsen, Flügel bekommen und alles wissen, alles können. Nichts scheint ihm unmöglich. Unbesiegbar, unerreichbar ist Daniel und frei. Was er nur will, kann er noch werden. Daniel ist ganz er selbst. Die Augen möchte er schließen, mit seinem Fahrrad abheben... geradewegs in den Himmel hinein. Aber nein, er weiß, er darf nicht vergessen, dass Motorräder, Mofas, Autos und Busse auf der gleichen Straße fahren wie er.

Und dann gibt es etwas, das weiß Daniel auch.

Aber das will er vergessen.

Das fällt ihm ein, wenn er nach der Erdbeermarmelade greift, um sein Frühstücksbrot damit zu bestreichen, oder in einen Apfel beißt. Dann denkt er schnell an andere Dinge, um diesen Mai zu vergessen. Es gab keinen Spinat und Salat oder Frühlingskräuter zu essen, obwohl alles frisch und grün wie jedes Frühjahr auf den Gartenbeeten wuchs. Er durfte nicht rumbolzen und Fußball spielen, obwohl das junge Gras genauso aussah und roch wie in jedem Frühling. Die Schuhe musste er vor der Tür stehen lassen, wenn er nach Hause kam. Etwas war geschehen mit den Pflanzen und der Erde und vielleicht auch mit den Menschen, etwas, das man nie wieder ungeschehen machen kann. Nie. Noch heute sprechen seine Eltern von *dem Unfall*. Dann sieht er Angst in ihren Gesichtern und fühlt sich allein gelassen mit seiner eigenen Angst. Aber diese Furcht war schon lange vorher in Daniel. Sie steigt in ihm auf, wenn er im Fernsehen Raketen sieht. Menschen, die in einem fernen Erdteil Krieg führen, Bomben. Er weiß, hat es wieder und wieder und oft genug gehört, dass alle Waffen zusammen genügen, um die Welt vollkommen zu vernichten.

Und Daniel sieht weg, hört weg. Will vergessen, was er doch weiß, ganz schnell vergessen. Will nichts wissen von der Angst, die er genauso bei seinen Eltern spürt, will vergessen, wie hilflos ihn gerade das macht.

Wegdenken schützt ihn. An andere Dinge denken hilft ihm.

Und meistens vergisst Daniel das alles sowieso.

Susanne Kilian

Sie sägen die Äste ab

Sie sägen die Äste ab, auf denen sie sitzen.
Sie schreien sich zu ihre Erfahrungen,
wie man schneller sägen könnte, und sie fahren
mit Krachen in die Tiefe. Und die ihnen zusehen,
schütteln die Köpfe beim Sägen und
sägen weiter.

Bertolt Brecht

Das Rattenkind

Inhalt: Das Bettelkind Nadeem, dem eine Ratte den kleinen Finger abgebissen hat, findet nach vielem Leiden erbarmende Hilfe.

Stichworte: Eine Welt-Dritte Welt – Indien – Landflucht – Kalkutta – Slum – Hunger – Tod – Müllkind – Erbarmen – Kinderarbeit – betteln – Diebstahl – Gefängnis – Hilfe – Glaube

Alter: ab 7 Jahren

Das kleine indische Dorf lag wie ausgestorben. Die Bewohner hatten sich in ihre Hütten zurückgezogen. In ihrem Schatten war es besser auszuhalten als in der brennenden Sonne. Seit Monaten schauten die Bauern vergeblich zum Himmel. Keine Wolke ließ sich sehen. Die furchtbare Dürre hielt an.

Der Fluss trug schon lange Zeit kein Wasser mehr. Wer Wasser wollte, musste seinen Tonkrug nehmen und eine Stunde weit bis zur Wasserstelle laufen. Aber viele Dorfbewohner hatten kaum noch die Kraft für weite Wege. Sie hungerten. Der letzte Reis war verbraucht. Die Menschen aßen Gras und warteten auf den Tod. Mit finsterer Miene blickte Bauer Singh auf seine Felder. Die trockene Erde war aufgerissen und steinhart. Dieser Boden, das wusste er, würde lange Zeit keine Nahrung hervorbringen.

„Über unser Dorf ist das große Sterben gekommen", sagte er zu seiner Frau. „Wir wollen uns aufmachen und in die Stadt ziehen. Vielleicht finde ich Arbeit. Dann könnten wir überleben."

Die Frau sah den Mann aus traurigen Augen an. Sie widersprach nicht. Wie sollte sie auch! Vom Dorf war nichts mehr zu erwarten. Vergeblich war sie in den Tempel gelaufen, vergeblich hatte sie die Götter angefleht, doch endlich Regen zu schicken.

Noch am gleichen Tag packten sie ihre wenigen Habseligkeiten zusammen: die Schlafmatten, zwei Decken, Tonkrüge und einige Kleider. Der Mann lud alles auf einen Handkarren. Die Frau nahm das Kind, ein Baby von knapp vier Monaten.

Schweigend verließ die Familie das Dorf. Es war ein trauriger Abschied. Die Frau weinte, das Kind schrie und dem Bauern war es, als müsste er sterben. Es wurde eine schwierige Reise. Nadeem, das kleine Mädchen, schrie oft. Es hatte Hunger. Die Mutter nahm die Kleine und legte sie an ihre Brust. Aber das Kind fand kaum noch Milch. Deshalb tauchte die Mutter einen Stofflappen ins Wasser. Die Kleine saugte und konnte wenigstens ihren Durst stillen.

Einmal hatte die Familie Glück. Ein freundlicher Lastwagenfahrer nahm sie eine Tagesreise weit mit. Er schenkte der Frau auch Milchpulver für das Kind.

„Du kannst es unbesorgt annehmen", sagte er, „es ist nicht gestohlen. Eine europäische Organisation schickte es in unser Hungergebiet."

Nach fünf Tagen kam die Familie in Kalkutta an. Da sie keine Verwandten in der Stadt hatten, zimmerten sie sich aus Pappe und ein wenig Blech ein Dach über den Kopf. Die Hütte war schlechter als eine Hundehütte. Der Bauer suchte Arbeit. Er fand keine. Es gab zu viele Arbeitslose in Kalkutta. Die Frau suchte in den Abfällen nach etwas Essbarem. Eines Tages kam der Bauer froh nach Hause. „Jetzt wird es besser", rief er, „ich habe Arbeit."

Drei Tage lang schleppte er schwere Steine zu einem Bau. Aber er war durch den Hunger bereits zu sehr geschwächt. Am dritten Tag brach er tot zusammen. Die Frau starb ebenfalls an Erschöpfung.

Irgendjemand fand das Bündel mit dem Kind. Es sah aus wie eine kleine Leiche. Deshalb warf man Nadeem in einen Mülleimer. Dort wurde das Baby von einer mitleidsvollen alten Frau gefunden. „Du sahst aus, als seiest du längst tot", erzählte sie später, als Nadeem fünf Jahre alt war. „Die Ratten hatten dir den kleinen Finger von der linken Hand abgefressen."

Die alte Frau nahm das Kind mit heim. Lange Zeit blieb Nadeem klein und schwach, aber dann erholte sie sich, denn bei der alten Frau gab es genügend Reis, Brot und Früchte. Das Kind nannte die gute alte Frau „Großmutter". Einen Onkel jedoch, der oft zu Besuch kam, konnte Nadeem nicht leiden. Der Mann, ein Bruder der Frau, war ständig schlechter Laune. War er zu Gast, kochte sie ihm das Beste, aber nie war es ihm recht. Nadeem musste sich vor ihm auf die Erde knien und seine Sandalen blitzblank reiben. Wenn sie dabei nicht flink genug war, schlug er sie. Die Kleine fürchtete sich deshalb, wenn der Onkel zu Besuch kam.

Nadeem war zehn Jahre alt, als die Großmutter starb. Die alte Frau lag still und friedlich auf ihrer Matte. Laut schreiend warf sich das Kind über die Tote. Dann hörte Nadeem, wie eine Nachbarin sagte: „Das arme Kind, der Bruder wird es holen. Es wird jetzt keine gute Stunde mehr haben."
Nadeem wurde vor Schrecken bleich. In ihrer Angst lief sie fort. Sie rannte, als ginge es um ihr Leben. Den ganzen Tag irrte sie durch die Straßen der großen Stadt. Als es Abend wurde, legte sie sich in einen Hauseingang.
„Mach, dass du fortkommst, dies ist mein Schlupfwinkel!", hörte sie eine Stimme. Vor ihr stand ein Junge von ungefähr elf Jahren. Er trug einen schmutzigen Lendenschurz.
„Hast du nicht verstanden? Fort, sage ich, sonst mach ich dir Beine! Dies ist mein Platz."
Das Mädchen stand auf und legte sich vor den Hauseingang, denn es wollte keinen Streit.
Am anderen Morgen besah sich der Junge die Kleine. Donnerwetter, die trug ja ein richtiges Kleid. Ordentliche Schuhe hatte sie auch...
„Wo kommst du her?", fragte er.
Nadeem erinnerte sich sogleich wieder an die tote Großmutter. Sie weinte.
„So heul doch nicht. Wie heißt du?"
„Nadeem."
„Und ich heiße Raschid."
Das Mädchen war froh, mit jemandem über ihr Leid sprechen zu können. „Kannst du verstehen, dass ich nicht zu dem bösen Onkel will?", fragte sie, nachdem sie alles erzählt hatte.
Raschid nickte.
„Kannst du betteln?", fragte er. „Wenn du auf der Straße leben willst, musst du betteln." Der gerissene Raschid hatte bereits einen Plan. „Mit Schuhen an den Füßen und in einem hübschen Kleid kann man nicht betteln. Wir werden einige Lumpen für dich besorgen und deine Sachen verkaufen."
Nadeem blickte auf ihr Kleid. „Ich werde es nicht verkaufen", sagte sie.
„Dann wird die Polizei kommen und dich zu dem bösen Onkel bringen", log Raschid.
Aus Angst vor dem Onkel ließ sich Nadeem überreden. Raschid führte sie an sein Versteck. In einem alten Kanalrohr hielt er einige Lumpen verborgen. Die gab er dem Mädchen. Nadeem schüttelte sich vor Ekel, als sie in die Lumpen schlüpfte.
„Mit dir ist nichts anzufangen. Du bist ein verwöhntes Kind", schalt Raschid.
„Ich bin nicht verwöhnt. Ich habe als Kind in einer Mülltonne gelegen. Die Ratten haben mir sogar den kleinen Finger der linken Hand abgebissen."

Triumphierend hielt Nadeem dem Jungen ihre Hand vor die Augen. Das machte Eindruck.

„Dann komm, du Rattenkind", sagte er. „Wir wollen die Sachen verkaufen."

Raschid kannte sich in der Stadt gut aus. „Ich kenne alle Gassen und alle Winkel", prahlte er.

Später standen die Kinder vor einem Altkleiderhändler.

„Gute Leute schenkten uns diese Sachen", log Raschid, „aber wir müssen sie verkaufen. Seit langer Zeit haben wir nichts mehr gegessen."

Der Händler sah sogleich, dass Kleid und Schuhe gut waren. Da er jedoch ein Geschäft machen wollte, rief er: „Fort mit dem Kram, er ist nichts wert."

„Bitte, lieber Herr", flehte Raschid, „wir müssen verhungern." Er verdrehte bei diesen Worten die Augen. Es sah aus, als fiele er jeden Augenblick tot zu Boden.

Der Händler entnahm einem schmutzigen Beutel eine geringe Summe. „Mehr gebe ich nicht", knurrte er. Raschids Hand umklammerte das Geldstück.

„Heute werden wir Reis und Huhn essen", schwärmte er.

Er aß und aß. Zuerst kaufte er Huhn und Reis, dann Brot und einen kleinen süßen Kuchen, später aß er nochmals Huhn und Reis. Mit dem letzten Geld erstand er eine Flasche Coca Cola.

In dieser Nacht durfte Nadeem neben Raschid im Hauseingang schlafen.

Und damit begann auch ihre Lehrzeit als Bettlerkind in den Straßen von Kalkutta.

Raschid schonte seine Schülerin nicht. Wenn sie nicht genug zusammenbettelte, schimpfte er. „Du musst dich an die Reichen heranmachen", lehrte er sie. „Die reichen Leute geben zwar nicht aus Mitleid, aber sie wollen die Bettler möglichst schnell wieder loswerden. Du musst die Augen verdrehen und ‚Hunger, Hunger' rufen."

Nadeem entdeckte bald, dass Raschid nicht nur bettelte. Er stahl auch. Besonders gern hielt er sich auf dem Markt auf. Er war flink wie ein Wiesel. Ehe sich die Verkäufer versahen, hatte er schon eine Banane oder eine Orange gestohlen.

„Mit der Bettelei kommen wir nicht weiter, wir sind schon zu groß", sagte er eines Tages, „wir werden deshalb hauptsächlich stehlen."

Nadeem war schon zu sehr ein Kind der Straße geworden, um noch widersprechen zu können.

Einmal, nach einem Streit, sagte Nadeem zu Raschid: „Heute stehle ich allein. Ich brauche dich nicht."

Zu ihrer Verwunderung rief der Junge: „Das ist prima. Dann können wir sehen, wer mehr zusammenbringt."

Die Kinder sollten sich nie wiedersehen.

Nadeem wurde auf frischer Tat ertappt. Der wachsame Händler packte die kleine Diebin bei den Haaren und schüttelte das Kind wie einen leeren Sack. Sie wollte sich losreißen. Da traf sie ein heftiger Schlag mitten ins Gesicht. Ihre Nase blutete. Als die Polizei kam, fand sie ein blutverschmiertes, heulendes Mädchen, dem der Händler die Hände über dem Rücken zusammengebunden hatte. Sie brachten Nadeem ins Gefängnis. Dort kümmerte man sich kaum noch um das Kind. Woche um Woche verging. Nadeem wurde schwach und blass. Sie bekam nur wenig und unregelmäßig zu essen.

Manchmal dachte sie an Raschid, aber häufiger dachte sie an die Großmutter. Nur noch einmal bei der guten alten Frau sein, wünschte sie sich.

Eines Tages kam eine Frau in einem langen weißen Kleid an ihre Gefängniszelle. Sie sah das blasse, ängstliche Kind und fragte: „Wie alt bist du?"

Nadeem hatte lange nicht darüber nachgedacht. Die Augen der Frau erinnerten sie an die Augen der Großmutter. Sie konnte sich vom Anblick der Frau nicht losreißen und überhörte deshalb die Frage.

Die Frau strich ihr begütigend über das Haar.

„Weißt du denn nicht, wie alt du bist?"

„Doch", stotterte Nadeem, „ich lebe seit einem Jahr auf der Straße, bin also elf Jahre alt."

„Was tut so ein Kind hier im Gefängnis?", rief die Frau und schüttelte den Kopf.

Nadeem fasste Vertrauen und erzählte alles. Sie sprach von der Großmutter, die sie als Baby im Mülleimer gefunden hatte. Sie erzählte vom bösen Onkel und ihrer großen Angst. Sie berichtete von Raschid und ihrem Leben auf der Straße. Die Frau hörte geduldig zu.

„Willst du mit mir kommen?", fragte sie, als Nadeem alles erzählt hatte.

Das Mädchen starrte die fremde Frau ungläubig an.

„Du wirst mit vielen anderen Kindern zusammen in einem Haus wohnen. Du wirst zur Schule gehen und fleißig sein. Du wirst nie mehr stehlen. Willst du mitkommen?"

Nadeem nickte. Sie konnte vor Freude kein Wort hervorbringen.

Zwölf Jahre später war sie selbst Lehrerin für schwer erziehbare Kinder. „Gott erbarmt sich der Menschen", lehrte sie oft, „er hat sich auch meiner erbarmt, als ich noch ein Rattenkind war."

Eva-Maria Kremer

Das Versprechen

Inhalt: Anlässlich ihrer Geburtstagsfeier verzichtet Ulla schweren Herzens auf die üblichen kleinen Geschenke für die Gäste, sowie auf Wegwerfgeschirr und Einladungskarten. Sie hat versprochen, Geld für die von einem Vulkanausbruch Betroffenen zu sparen.

Stichworte: Mutter (alleinerziehend) – Tochter – Geburtstag – Überfluss – Zwang – Geschenke – sparen – versprechen – Selbstüberwindung – Verzicht – Überraschung – Feier – Fröhlichkeit

Alter: ab 8 Jahren

„Nein", sagte Ullas Mutter. Dabei blieb es.

Ulla nahm die Zettel und legte sie in ihrem Zimmer auf den Tisch, einen neben den anderen. Aber so sehr sie sich auch anstrengte, eine Lösung für ihr Problem zu finden, es fiel ihr nichts ein. Und in einer Woche war ihr Geburtstag.

Wie jedes Jahr hatte sie ihre Wünsche auf die Zettel geschrieben und wollte sie ihrer Mutter zur Erledigung geben. Aber diesmal hatte ihre Mutter einfach gesagt: „Nein."

Ulla schob die Zettel zu einem Päckchen zusammen. Da war die Liste mit den Namen der Freunde, die zu ihrer Geburtstagsparty eingeladen werden sollten, die Aufstellung für die Spiele, die Süßigkeiten, die Getränke – und die Liste, was sie jedem ihrer Gäste schenken wollte. Dieser letzte Zettel war der eigentliche Anlass für die Ablehnung ihrer Mutter gewesen. „Ich dachte, du willst deinen Geburtstag feiern? Weshalb dann Geschenke für deine Gäste?"

„Das ist heute so, Mama – bei allen." Ohne weitere Erklärung hatte ihre Mutter die Schublade der Kommode aufgezogen. „Damit dann alles in einen Kasten kommt. Ihr solltet mal darüber nachdenken."

Das tat Ulla ja nun auch. Sie kam nicht weiter. „Mama", versuchte sie es noch einmal, „denkst du, es käme noch mal jemand zu mir, wenn…"

„Na, das würde ich aber mal ausprobieren", riet die Mutter. „Auf diejenigen, die aus solch einem Grund wegbleiben, kannst du doch glatt verzichten."

„Und ich? Denkst du, mich lädt dann noch jemand ein? Dann geht es mir wie dir, als Papa…"

Ulla sprach nicht weiter, aber sie ging wieder in ihr Zimmer und heulte verzweifelt. Sie wusste jetzt, die Mutter würde bei ihrem Nein bleiben.

Das alles hatte seine Vorgeschichte, die mehr als ein halbes Jahr zurücklag. Nach dem schrecklichen Vulkanausbruch wollte Ulla auch etwas Vernünftiges tun, um zu helfen. Spontan versprach sie, mindestens ein Jahr lang auf alle unnützen Ausgaben zu verzichten. Aber bisher war das nie so konkret geworden. Aber gerade jetzt kam es ihr darauf an, es den anderen gleichzutun. Niemand sollte denken, sie müssten sich nun einschränken, seit ihr Vater die Familie verlassen hatte. Überhaupt Papa! Der würde ihr sofort das Geld dafür geben, damit sie ihren Geburtstagsgästen ein kleines Geschenk neben den Kuchenteller legen konnte, wie das üblich geworden war. Aber den Vater um etwas zu bitten, was ihre Mutter verboten hatte, das ging gegen ihre Ehre.

Ulla legte nun ihre Zettel wieder nebeneinander auf den Tisch wie ein Kartenspiel. Mit dem Filzstift kreuzte sie an, was ihre Mutter als unnütz bezeichnet hatte. Das bunte Plastikgeschirr beispielsweise, das den späteren Abwasch ersparte, die lustigen Einladungskarten samt Briefmarken – und die Geschenke eben. Kleinkariert und handgestrickt würde das nun alles aussehen, aber niemals eine perfekt geplante Party ergeben. Dieses blöde Versprechen – damals.

Ulla kritzelte nervös auf ihrer Schreibunterlage herum. Eigentlich war sie nur deshalb so wütend, weil die Mutter Recht hatte. Es war ja wirklich immer das gleiche Getue bei jedem Fest. Und hinterher wurde verglichen, wo es am perfektesten war. Ulla kniete sich vor die Schublade, die noch offen stand. Sie nahm ein paar Sachen heraus und versuchte, sich zu erinnern, wann und wo sie das Geschenk erhalten hatte. Es gelang ihr nur schwer. Sie schob den Kasten zu.

Nein, von all diesen Dingen brauchte sie nichts. Wirklich nichts. Aber sie konnte doch auch nicht auf ihre Einladungskarten schreiben: Geschenke gibt es diesmal nicht!

Warum eigentlich nicht? Es würde sich zeigen, wer dann nur ihretwegen käme. Einfach um mit ihr einen Nachmittag fröhlich zu sein. Einfach nur das.

Ullas zwölfter Geburtstag fiel auf einen Sonntag. Sie hatte für ihre Gäste den Tisch gedeckt. Zwölf sollten es sein – mit ihr. Auf dem Tisch standen Blumen aus dem Garten, und wenn sie ehrlich war, gefiel ihr das blaue Steingutgeschirr viel besser als das bunte Partygeschirr aus dem Supermarkt. Beim Geschirrspülen konnten die anderen ja helfen – wenn überhaupt jemand kam.

Immer wieder schaute Ulla auf die Uhr. Einen Tisch, der ihre Geburtstagsgeschenke aufnehmen konnte, hatte sie erst gar nicht bereitgestellt. In ihrer mündlichen Einladung hatte sie klargestellt: „Ihr kriegt nichts – ich erwarte nichts. Und wem das nicht gefällt, der braucht nicht zu kommen". Gerade der letzte Satz machte ihr jetzt zu schaffen. „Sie werden nicht kommen, Mama. Niemand wird mit mir feiern."

„Und darüber wärest du so traurig?"

„Ja, weil ich dann wüsste..." Ulla beendete ihren Satz nicht.
„Du tust deinen Freunden sicher Unrecht, Ulla. Vielleicht trauen sie sich nur nicht, mit dieser Unsitte Schluss zu machen. Wie du."
„Aber warum muss gerade ich es sein?"
„Warum nicht du?"
Darauf wusste Ulla keine Antwort.
Sie waren alle gekommen. Jeder mit einer einzigen Blume – von der Wiese hinter der Stadt. Die Margeriten, Lichtnelken und Glockenblumen bildeten einen zarten Strauß, so als ob sie schon immer beieinander gestanden hätten. Ulla freute sich darüber mehr als über Geschenke. Die anderen hatten sich die Mühe eines weiten Weges gemacht, um eine einzige Blüte für sie zu holen.
Alle waren fröhlich und niemand schielte zum Nachbarn, welches Geschenk neben dessen Teller liegen könnte.
Ulla war so glücklich, dass sie es schaffte, die zwölf Kerzen ihrer Geburtstagstorte mit einem Mal auszupusten.
„Wie bist du nur auf diese prima Idee gekommen?", wollte Annegret wissen. „Das ist ja erholsam, wenn man nur ans Feiern denken muss."
Ulla wechselte einen kurzen Blick mit ihrer Mutter. Die nickte ihr aufmunternd zu. Und da erzählte Ulla von ihrem spontanen Versprechen angesichts der schrecklichen Fernsehbilder vom Vulkanausbruch. Sie beendete ihre Geschichte: „... und ich dachte wirklich, es würde niemand kommen. Entschuldigt bitte."
„Na hör mal!", protestierten die anderen. „Wir sind deinetwegen gekommen. Und wir haben doch von allem, was wir brauchen..."
Annegret holte sich noch ein Stück vom Geburtstagskuchen. Verlegen sagte sie: „Aber ich brauche halt noch ein Stück mehr als die anderen – und von dem Kuchenberg könntest du sowieso noch eine komplette Fußballmannschaft ernähren."
Alle lachten. Aber Ulla dachte dabei nicht nur an die Fußballmannschaft. Und den Kasten in ihrer Kommode konnte sie dringend für wichtigere Dinge gebrauchen.

Isolde Heyne

Canillitas

Inhalt:	Zeitungsjungen (Canillitas) in Buenos Aires versuchen, ihre Ware bei Touristen an den Mann zu bringen.
Stichworte:	Eine Welt-Dritte Welt – Argentinien – Buenos Aires – Touristen – Straßenkinder – Zeitungsjungen – Verwahrlosung – Not – Arbeitslosigkeit – Slum – Betrug – Diebstahl – Überlebenskampf – Teufelskreis – Mitleid
Alter:	ab 9 Jahren

Sie überfielen uns, als wir in Buenos Aires den kleinen Reisebus verlassen wollten, um uns die Kathedrale anzusehen. Francisco, unser argentinischer Reiseführer, stieß sie unsanft zur Seite und forderte uns auf, sie nicht zu beachten und ihm schnell zu folgen.

Doch sie gaben nicht auf. Sie drängten sich zwischen uns, packten uns am Arm, rissen an unseren Kleidern und hielten uns ihre Zeitungen vor das Gesicht. Schmutzige, verwahrloste Kinder, die ihre Zeitungen an den Mann bringen wollten: Canillitas.

Wir standen eingekeilt zwischen ihnen und konnten nicht weiter. Francisco wandte sich um und bedachte die Kinder mit einem Schwall spanischer Schimpfworte, deren Sinn wir ahnten, wenn wir auch der spanischen Sprache nicht mächtig waren. Irgendetwas mit Polizei war auch dabei. Die Kinder ließen uns augenblicklich los. Es war nicht das erste Mal, dass wir von diesen Zeitungsjungen so hart bedrängt wurden. Wir hatten nur noch nicht gelernt, sie uns mit ein paar schnellen Handbewegungen und einer Kanonade von Schimpfworten vom Leibe zu halten. Wir waren eben erst zwei Tage in Argentinien und konnten uns noch nicht damit abfinden, wie hart und kalt Francisco reagierte. Aber er reagierte nicht anders als all die anderen gut gekleideten, reicheren Leute, die die Elenden auf der Straße übersahen und deren Armut anscheinend überhaupt nicht bemerkten. Später im Bus erzählte uns Francisco mehr über die Canillitas, die Zeitungsjungen von Buenos Aires.

„Ich kannte einen, der war zwölf. Die halbe Nacht lungerte er mit einem Haufen anderer vor dem Zeitungsgebäude herum. Die Jüngsten sind noch nicht einmal sieben Jahre. Sie warten bis zum Morgengrauen. Dann werden nämlich die Zeitungen herausgebracht. Nur ein paar Bündel. Aber jeder will ein Bündel Zeitungen haben und verkaufen. Dann gibt es Schlägereien. Sie prügeln sich, dass die Fetzen fliegen, und reißen sich ihre armseligen Kleidungsstücke vom Leib. Die Stärksten gewinnen. Sie können nicht lesen und schreiben. Deshalb bemerken sie auch nicht, dass sie von den Zeitungsleuten übers Ohr gehauen werden. Ein paar Münzen für den gesamten Stapel erhalten sie als Lohn. Aber zuerst muss der Stapel überhaupt einmal verkauft werden. Wer nicht alle verkauft und alles Geld abliefert, kriegt überhaupt nichts und braucht nie mehr wiederzukommen.

Er musste seinen Bericht kurz unterbrechen, weil der Bus vor einer Ampel mit einem Ruck angehalten hatte. Schon versuchte ein Zeitungsboy in den Bus zu klettern, und Francisco hatte alle Mühe, ihn wieder nach draußen zu drängen und die Tür zu schließen.

„So einen wie den kannte ich!", sagte er dann, als der Bus wieder weiterfuhr. „Er hieß Ernesto. Er war so wie dieser da in meinen Bus geklettert. Die Leute im Bus wollten mehr von ihm erfahren. Leute aus Europa, die die Probleme der Canillitas nur vom Hörensagen kannten. Ich habe ihn erzählen lassen und dann der Reisegruppe übersetzt. Sie haben viele Fragen gestellt. Und Ernesto hat sie alle beantwortet. Schüchtern war der Junge nicht, wenn er auch kein Wort von dem lesen konnte, was in den Zeitungen stand, die er verkaufte. Sein Vater war arbeitslos. Er hatte noch sieben Geschwister. Er war der älteste. Und seine Mutter war schon wieder schwanger.

Von welchem Geld die Familie lebte, wollten meine Leute wissen.

Von den Zeitungen, meinte er. – Von welchen?

Von denen, die er verkaufte. – Verkaufte er täglich Zeitungen?

Er wollte schon, aber es klappte nur manchmal. Meistens waren die anderen schneller und stärker als er. Dann bekam er noch nicht einmal einen Stapel, um überhaupt Zeitungen verkaufen zu können.

Als sie ihn fragten, wo er wohnte, zuckte er mit den Schultern. Na ja, es ist auch nicht so einfach, hier im Bus zu sagen, dass man in den Slums zu Hause ist.

Keine Schule, keine Arbeit, kein Geld. Nichts.

Die Leute haben ihm Schokolade geschenkt. Und Süßigkeiten, die sie bei sich hatten. Sogar Erfrischungstücher. Und alle haben Zeitungen gekauft, obwohl kaum einer sie lesen konnte. Er ist sie alle im Bus losgeworden.

Als er dann ausstieg, haben alle Mitleid mit ihm gehabt. Nur ich habe geflucht, weil ich ihn hereingelassen hatte. Ich bemerkte nämlich plötzlich, dass auch meine Brieftasche fort war. Ich habe den Jungen nie wiedergesehen. Aber mir kommt keiner mehr in den Bus."

Er räusperte sich. Dann sagte er: „Bitte denken Sie daran, wenn wir jetzt wieder aussteigen: Am besten tragen Sie Ihr Geld im Brustbeutel um den Hals. Und vor allem: Klemmen Sie Ihre Handtaschen fest unter den Arm, selbst wenn Sie sie schon an einem Riemen um die Schulter tragen!"

Als wir ausstiegen, waren wieder Canillitas da. Und wir ließen uns ihre Zeitungen aufschwatzen. Einer kaufte sogar fünf Zeitungen. Fünfmal dieselbe Nummer.

Rolf Krenzer

O du fröhliche, o du selige...

Inhalt: Eindrucksvoll wird das Elend kindlicher Teppichknüpferinnen in Nordafrika der Freude über den billig erworbenen Berber im deutschen Wohlstandsweihnachten konfrontiert.

Stichworte: Eine Welt-Dritte Welt – Kinderarbeit – Teppiche knüpfen – Hunger – Not – Ausbeutung – Wohlstand – Erschöpfung – Schmerz – Angst – Weihnachten – Deutschland – Wohlstand – Berberteppich – Freude

Alter: ab 9 Jahren

Es war ruhig geworden in der kleinen Halle, in der die Mädchen hockten. Nach zehn Stunden Arbeit hatte man sich nichts mehr zu erzählen. Nur gelegentlich unterbrach eine laute Stimme die Stille, wenn eine Meisterin ein Mädchen anfuhr nicht einzuschlafen, und sie antrieb schneller zu knüpfen.

Aischa hörte nicht mehr hin. Sie spürte nur noch ihren Rücken und den Schmerz in den Fingern. Aischa war erst neun Jahre alt, wie die meisten der anderen Mädchen auch, aber ihre Hände und Finger sahen aus wie die einer alten Frau.

Am Morgen waren die Finger noch flink und kräftig, doch am Abend gehorchten sie nicht mehr, griffen den falschen Faden, waren kraftlos und konnten die Knoten nicht mehr richtig zurren. Aischas Fingerkuppen waren wundgescheuert und schmerzten. Gelegentlich steckte sie ihre Finger in den Mund, um sie zu kühlen.

Jeden Tag ging das so, zwölf Stunden lang. Wenn die Meisterin nur nicht so treiben würde. Aber sie wurde je selber von Abu Batuta angefahren, wenn er am Abend nicht zufrieden war und meinte, dass sie zu wenig Meter geknüpft hätten. Zudem zahlte er die Meisterin schlecht, so dass sie auch nur wenig an die Mädchen weitergeben konnte. Zwanzig Dirham bekam sie für ein Stück von einem mal einem Meter. Und was sie davon den Mädchen am Abend auszahlte, reichte oft nicht einmal für ein Stück Brot. Aischa spürte in ihrem Magen ein Gefühl der Leere. Schon seit Stunden hatte sie großen Hunger, aber sie würde erst wieder etwas zu essen bekommen, wenn sie zu Hause war.

Durch den Spalt der angelehnten Tür fiel der Schein der Kerzen. Sabine und Karsten stürzten herein.

„He! Nicht so eilig!", lachte der Vater. „Wollen wir nicht erst einmal ein Weihnachtslied singen?"

Doch sein Vorschlag ging in dem „Ahh" und „Ohh" unter. Auch seine Frau hatte es sofort gesehen: Da lag er mitten im Zimmer, flauschig, weich und weiß, ein echter Berberteppich. Lange starrte sie ungläubig zu Boden, und die Röte stieg ihr ins Gesicht.

„Aber Liebling", brachte sie nur hervor und fiel ihrem Mann um den Hals. Dann kniete sie sich auf den Boden und nahm eine Kante des Teppichs prüfend zwischen die Finger: „Der ist sehr sorgfältig geknüpft. Das ist eine ausgezeichnete Qualität!"

„Eben", strahlte ihr Mann. „Extra für dich."

„Aber der muss doch unwahrscheinlich teuer gewesen sein?" Die Mutter sah fragend auf.

„Ganz billig war er nicht gerade", antwortete der Vater, „aber es war ein günstiges Angebot. Da musste man einfach zugreifen. Und du hattest dir doch schon immer einen echten Berber gewünscht."

Die Mutter nickte und schaute dabei noch immer ungläubig zu Boden.

„So, jetzt lass uns erst einmal singen", schlug der Vater vor, „und dann schauen wir nach, was in den Päckchen unter dem Baum ist."

Die Mutter stimmte „Stille Nacht, heilige Nacht" an. Sabine, Karsten und der Vater fielen ein. Während sie sangen, blickten sie in den glänzenden Schein der Kerzen, der sich in den silbernen Kugeln spiegelte.

Es war schon längst dunkel geworden und das Licht der Glühbirnen, die nackt von der Decke hingen, erleuchtete nur notdürftig den Raum. Aischas Augen brannten und konnten kaum noch die Knoten erkennen. Von Zeit zu Zeit fielen ihr die Lider zu, aber dann gab sie sich jedesmal wieder einen Ruck und versuchte, sie weit aufzureißen.

„Schlaf nicht ein!", hörte sie hinter sich die Stimme der Meisterin. „Ihr kommt nicht eher nach Hause, bis das Soll erfüllt ist. Abu Batuta wird sonst Ärger machen. Und dann zahlt er noch weniger. Und ich muss euch dann auch weniger geben." Aischa bekam einen Schrecken. Ihre Eltern brauchten das Geld doch. Wie würden sie schimpfen, wenn sie mit weniger Geld nach Hause käme.

„O du fröhliche, o du selige, gnadenbringende Weihnachtszeit!"

Das letzte Lied hatten sie schon ganz schnell gesungen und Karsten hatte dabei überlegt, ob in dem großen Päckchen wohl das ersehnte Flugzeugmodell sei. Und was war wohl in all den anderen Paketen?

Dann ging es ans Auspacken. Karsten sah den Aufdruck bereits durch das Papier schimmern. Zu oft hatte er sich das Modell schon im Schaufenster angesehen, als dass er nicht das Bild auf dem Karton genau gekannt hätte. Und Sabine packte eine richtige Puppenstubeneinrichtung aus. Da war der Kühlschrank und der Herd. Zwar war keine Waschmaschine dabei, aber dafür eine kleine Kaffeemaschine.

Der Mutter fiel ein, dass sie das Kaffeewasser aufsetzen und den Kakao heiß machen wollte. Während Sabine und Karsten ihre Geschenke bestaunten und ausprobierten und Vater in seinem neuen Buch blätterte, hantierte Mutter in der Küche. Dann trug sie auf einem Tablett die gefüllten Tassen herein und der Duft von Kakao und Kaffee vermischte sich mit dem des Tannengrüns und der Süßigkeiten.

Die Mutter sah zufrieden auf ihre Kinder und stellte ihnen die Kakaotassen hin.

„Pass doch auf!", konnte sie gerade noch hervorstoßen. Doch da war es auch schon passiert. Karsten war mit dem rechten Flügel seines Flugzeuges an die Tassen gestoßen. Sie kippten um und der Kakao sickerte in den weichen Teppich ein. Mutter lief gleich in die Küche, kam mit einem Schwamm und einem Schüsselchen Wasser zurück und versuchte, den braunen Fleck herauszureiben.

Aischa musste sich mehr und mehr anstrengen, ihre Augen offen zu halten. Immer häufiger bekam sie einen Faden nicht zu fassen. Ihre Finger waren kraftlos, aufgerissen und wund. Die Kuppe des rechten Zeigefingers schmerzte besonders. Und plötzlich war es geschehen! Ein Blutstropfen quoll auf die weißen Wollfäden und wurde von ihnen sofort gierig aufgesogen. Ein kleiner roter Fleck, aber unübersehbar. Was würde die Meisterin sagen? Und erst Abu Batuta? Würde er toben? Und würde die Meisterin ihr den Lohn kürzen? Oder sie gar vor die Tür setzen?

Aischa blickte sich scheu um. Die Meisterin stand am Ende des Ganges. Hastig steckte Aischa die Finger ihrer linken Hand in den Mund, befeuchtete sie und versuchte, den roten Fleck zu verreiben. Schon kam die Meisterin auf sie zu.

Hans-Martin Große-Oetringhaus

Alles gelogen

Inhalt: Recife, Brasilien: Die 17-jährige Vanda, selbst im Geschäft, will ihre 12-jährige Schwester Adriana deutschen Touristen als Prostituierte anbieten. Adriana wehrt sich – mit Erfolg.

Stichworte: Eine Welt-Dritte Welt – Brasilien – Armut – Slum – Arbeitslosigkeit – Ausweglosigkeit – Sextourismus – Kinderprostitution – Lüge – Gefühllosigkeit – Angst – Befreiung

Alter: ab 10 Jahren

„Você, Cola? Du, Cola?" Der bullige weiße Mann beugt sich über den runden Tisch in der Bar. Grinsend schaut er Adriana mit seinem rot gebrannten Gesicht an. Auch sein ebenso großer und kräftiger Freund mit den hellen blonden Haaren neben ihm sieht Adriana an.
„Beber! Trinken!", sagt er. Aber Adriana antwortet nicht. Sie weicht den Blicken der Männer aus und schaut auf ihre Hände, die sie gefaltet zwischen die Knie steckt. Adriana wird heiß. Sie schwitzt, obwohl vom Meer eine kühle abendliche Brise über die Terrasse der Bar weht. Sie möchte fortlaufen. Sie fühlt sich allein unter all den Menschen in dieser fremden Bar.
Dabei ist Adriana jetzt dort, wo viele Mädchen einmal leben möchten. In Boa Viagem. Im Viertel der Reichen und ausländischen Touristen in der großen Stadt Recife. Dabei dröhnt aus den Lautsprechern ihr Lieblingssamba aus der Karnevalszeit. Dabei sitzt Vanda neben ihr.
„Sie ist noch ein wenig schüchtern", deutet ihre Schwester den beiden Männern mit einer Geste an. „Sie ist fünf Jahre jünger als ich, erst zwölf." Vanda hebt erst beide Hände und spreizt dann noch einmal Zeigefinger und Daumen. Dann lächelt sie.
Die Männer, die so alt sein könnten wie Adrianas Eltern, grinsen sich an. „Não problema", winkt der blonde Stefan neben Adriana ab. „Kein Problem, kleines Mädchen süß", radebrecht er in gebrochenem Portugiesisch und bestellt beim Kellner. Dann legt er seine Hand auf Adrianas Schulter. Der andere rückt näher an Vanda heran. Beide reden kurz miteinander und lachen plötzlich laut los. Die Mädchen verstehen sie nicht, aber Vanda lacht trotzdem sofort mit.
Adriana bewegt sich nicht. Mit großen Augen sieht sie Vanda flehend an. Die breite Hand des Deutschen drückt auf ihre Schulter. Es fühlt sich an, als wenn die Haut brennt.
„Stell dich nicht an", zischt Vanda, als der Ober die Getränke bringt. „Brauchst keine Angst zu haben. Wir gehen nachher ins Hotel und dann ist sofort alles vorbei. Wirst sehen."

Adriana lässt resigniert den Kopf hängen. Sie streicht mit ihren Fingern über den Nagellack auf ihren Fingernägeln. „Ist alles gelogen, alles gelogen", murmelt sie, holt tief Luft und spricht dann etwas lauter. „Du hast uns alle angelogen. Mama, Papa, mich, die ganze Familie. Du arbeitest gar nicht als Dienstmädchen in einer reichen Familie. Jeden Tag rennst du hier in Recife zum Flughafen und wartest auf Touristen. Auf Männer, mit denen du dann losziehst."

Vanda schaut Adriana nicht an. Sie sieht nur Hans und Stefan an, die sich über einen Kokosnussverkäufer lustig machen. Mühselig zieht der Mann seinen schweren Karren mit Kokosnüssen vor der Bar die Strandpromenade entlang.

Adriana gibt nicht auf. „Und alle zu Hause glauben, dass ich auch bei einer Familie arbeite. Deswegen haben sie mich ja hergeschickt. Damit du mir eine Familie suchst", schluchzt sie. „Dabei sitze ich in einer Bar mit fremden Männern, die mit uns…" Adriana stockt. Ein dicker Kloß verschnürt ihr den Hals. Die laute Musik dröhnt in ihrem Kopf.

Grimmig schaut Vanda sie an. „Wo hätte ich denn sonst das Geld für mich und euch verdienen sollen?", herrscht sie Adriana von der Seite her an. „Du weißt doch genau, dass es dort, wo wir herkommen, nichts mehr gibt. In den Zuckerrohrfeldern draußen vor der Stadt wird der Lohn doch immer weniger. Oder hast du etwa vergessen, wie viele Leute jeden Morgen an der Straße stehen und einen Job suchen? Hast vergessen, wie oft Vater wieder nach Hause kam ohne einen Cruzeiro? Und hast wohl auch vergessen, wie krank und schwach er ist?" Vanda nimmt einen Schluck von ihrer Cola und lächelt die beiden Männer wieder an.

„Ja, aber", sagt Adriana und will etwas entgegnen.

„Was, ja aber", raunt Vanda und sieht Adriana wieder ernst an. „Vor zwei Jahren, als sie mich hergeschickt haben, habe ich genauso gedacht. Aber ich habe dir schon ein paar Mal gesagt, dass die reiche Familie, wo ich gearbeitet habe, mich wieder entlassen hat. Wo sollte ich denn da hin? Wenn ich nicht eines der Mädchen aus Brasilia Teimosa getroffen hätte, säße ich heute auf der Straße. Klar, die Touristen amüsieren sich mit uns. Wir verkaufen uns an diese Männer aus Deutschland oder aus der Schweiz. Wir leben in einem stinkenden Viertel, in einem Loch im Hinterhof. Aber das ist besser als nichts…"

Adriana erschrickt. Sie hört Vanda nicht mehr zu. Eine Hand legt sich auf ihre Beine. Und der deutsche Mann rückt näher an sie heran. Ihr Herz klopft immer heftiger. Schnell schiebt sie ihre Beine zur Seite. „Na, na", brummt der Mann, greift zu einem Glas Bier und trinkt es in einem Zug aus.

„So sind die Brasilianerinnen eben", sagt Vanda schnell, lächelt und rückt ihr enges Kleid zurecht. Als die Männer ihre Brieftaschen zücken, um zu bezahlen, blickt sie Adriana noch einmal finster an. „Hör zu, Kleine. Zier dich jetzt nicht so. Wir brauchen das Geld. Ich habe mir alle Mühe gegeben, die Typen aufzugabeln."

„Aber... aber ich habe Angst, Vanda", stottert Adriana.

„Quatsch", sagt Vanda. „Stefan hat mir gesagt, dass er kleine Mädchen sehr gerne mag. Er wird dir schon nichts tun. Wirst sehen. Außerdem sagt Hans, dass er mich nach Deutschland mitnimmt. Verdirb mir diese Chance ja nicht!"

„Vamos, gehen wir", sagen die Deutschen und deuten mit dem Kopf zum Ausgang. Erst jetzt fallen Adriana die dicken Bäuche der Männer auf. Vanda zieht Adriana vom Stuhl. Sie schiebt die Schwester vor sich her aus der Bar heraus. Auf der Straße am Strand zupft Vanda noch einmal an ihrem kurzen Kleid, während Hans seinen Arm um sie legt.

„Ins Hotel?", fragt Stefan und will Adriana an sich ziehen. Da stößt Adriana voller Ekel die breiten Hände des Mannes von sich und läuft los. Sie läuft und läuft die breite Strandpromenade entlang, stolpert, fällt und richtet sich schnell wieder auf.

„Wartet!", ruft Vanda den erstaunten Männern zu und rennt Adriana nach. Aber Adriana ist schneller als Vanda in ihren hohen Schuhen. Adriana läuft in eine Nebenstraße und dann in eine andere dunkle Straße. Sie läuft und läuft. Bis sie nicht mehr kann und sich an eine hohe Gartenmauer in den Straßenstaub hockt.

Völlig außer Atem kommt Vanda angelaufen. „Spinnst du?", faucht sie die kleine Schwester an. „Komm jetzt mit!"

Aber Adriana rührt sich nicht. Sie zieht die Beine an und tastet mit den Fingern nach der blutenden Wunde an ihrem Knie. Sie zittert am ganzen Körper. Tränen rollen über ihre Wangen. Sie lösen die Farbe auf ihren Augenlidern, die Vanda ihr aufgetragen hat. Als Adriana die Tränen wegwischt, verschmiert sie die Farbe auf der Wange.

„Mist", schimpft Vanda. „Wie sollen wir denn sonst unser Geld verdienen? Die Straßen sind doch voller Leute, die keine Arbeit finden." Aber Adriana weint weiter. Sie kann die Tränen nicht stoppen. Erst als Vanda sich neben sie setzt und ihren Arm um sie legt, fühlt sie sich nicht mehr so allein.

„Glaubst du wirklich", schluchzt Adriana, „der Mann hätte dich nach Deutschland mitgenommen?"

„Weiß nicht", antwortet Vanda und sieht in den Sternenhimmel. „Vielleicht."

Adriana schaut die Schwester an. „Als sie bezahlt haben, habe ich ein Foto in seiner Brieftasche gesehen. Er, eine Frau und ein kleiner Junge."

Uwe Pollmann

Früher war alles ganz anders

Früher war alles ganz anders.
Morgen ist alles ganz neu.
Später ist nichts mehr wie früher.
Ich bin dann nicht mehr dabei.

*Gedicht von Joscha, als er im Felsen
einen seltsamen versteinerten Fisch fand.*

Martin Auer

Wie alt bist du?

Inhalt: Aus der Sicht des 6-jährigen Lukas sind Eltern und Großeltern uralt. Aber auch er wird einmal so alt sein. Unvorstellbar alt sind die Kieselsteine vom Seeufer.

Stichworte: Zeit – Alter von Menschen – Alter von Steinen – Vergangenheit – Zukunft

Alter: ab 6 Jahren

Lukas geht in den Kindergarten. Er ist sechs Jahre alt.
„Und wie alt bist du?", fragt Lukas die Mutter.
„Zweiunddreißig", sagt sie.
„Und der Vater?"
„Er ist vier Jahre älter als ich!"

„Ihr seid alt", sagt Lukas, „sehr alt."
Die Mutter lacht. „Opa und Oma sind noch älter. Und einmal wirst auch du so alt sein wie Vater und ich, wie Oma und Opa."

Lukas versucht sich das vorzustellen. Er braucht seine Finger. Er braucht seine Zehen. Und das ist immer noch nicht genug. Er holt die Kieselsteine, die er am Seeufer gefunden hat. Er legt sie in eine Reihe. Sie sind rund und glatt wie Murmeln.

„Sie sind älter als wir alle zusammen", sagt die Mutter, „die Zeit hat sie geschliffen, sie sind Tausende von Jahren alt."

Lukas nimmt sie in die Hand. Sie fühlen sich gut an, wie neu.

Max Bolliger

Die Zeit und Lena mittendrin

Inhalt: Der Mensch im Strom der Zeit: In den Ruinen der alten Römerstadt wird sich Lena der Unermesslichkeit der Zeit bewusst: Zeit ist wie ein riesiges Loch zwischen Ewigkeit und Ewigkeit.

Stichworte: Zeit – Vergänglichkeit – Schnelligkeit – Vergangenheit – Zukunft – Tiefendimension Ewigkeit – Winzigkeit

Alter: ab 10 Jahren

Manchmal vergeht die Zeit so schnell, man begreift nicht, wo sie eigentlich hingekommen ist. Dann wieder dehnt sie sich aus, ein einziger Vormittag scheint Jahre zu dauern.

Schon so lange läuft Lena in den Ruinen der uralten Römerstadt herum, müde lässt sie sich auf einen Steinblock fallen. Die Stimmen und Schritte ihrer Eltern entfernen sich weiter, immer weiter.

Stille.

Lena lässt den Kopf gegen die Steinmauer sinken und schließt die Augen. Sie atmet den Duft der wilden Kräuter. Die Zikaden singen ihr eintöniges, unermüdliches Lied von Sommer und Hitze und Sonne.

Lena kann sich einfach nicht vorstellen, dass diese Sonne im Augenblick auch zu Hause scheint. Es ist dieselbe, es gibt nur eine Sonne. Vielleicht saß genau an dieser Stelle, wo sie jetzt sitzt, einmal ein Römerkind, ein Mädchen in Lenas Alter. Wer kann das wissen? Damals war dieselbe Sonne schon da.

Wie Gott das wohl einteilt, wann jemand geboren wird? Nur er kann wissen, ob Lena auch einmal Kinder haben wird und wann und wie viele. Nur er kann wissen, ob da, wo sie jetzt sitzt, das Römermädchen nachdachte, wie es wäre, in der Zukunft geboren zu sein...

Lena legt die Hände auf den Steinblock. Er ist so warm, da ist kein Unterschied, Stein oder Hand.

Sie will weiterdenken, etwas begreifen, aber nun geht es nicht mehr. Sie ist ja Stein. Wind und Regen über ihr, schon lange, lange Zeit. Die Sonne geht auf und wieder unter, wieder auf und wieder unter. Auch das ist vor langer Zeit so gewesen, aber es ist noch immer so und es wird noch lange Zeit so sein.

Ich bin nicht, denkt Lena.

Ich war schon, denkt Lena. Und: Ich. Dann ist alles leer, dort, wo sonst ihre Gedanken sind. Sie fühlt nur noch Wärme. Und dann ihr Herz, wie es klopft: ruhig und gleichmäßig und wunderbar.

Zeit, plötzlich begreift Lena, was das ist: Zeit. Nicht diese Linie auf der Tafel in der Schule. Auf ihr war die Zeit eingezeichnet, so lange die Erde besteht. – Es ist ganz anders. Man kann es auf keine Tafel der Welt malen. Die Zeit ist ein riesiges Loch. Alles fällt hinein und fällt und fällt: Saurier, Mammuts und geflügelte Fische, Meere, Berge, Schachtelhalmwälder, alles, Millionen Jahre lang, ununterbrochen. Menschen gibt es sowieso erst seit ein paar Minuten, Lena erst seit einer Sekunde! Achtzig Jahre wird sie möglicherweise leben, achtzig mal dreihundertfünfundsechzig Tage. Das ist lange und trotzdem nicht länger als eine Sekunde. Dann kommt wieder Zeit und immer noch Zeit, wieder Jahrmillionen oder noch länger, wie lange weiß nur Gott.

Von Ewigkeit zu Ewigkeit dehnt sich das Loch.

Lena wird ganz schwindlig davon, sie ist jetzt winzig klein, fast gar nicht mehr da, so wie ein Tropfen unter unzähligen andern im Meer der Zeit.

„Lena, du, Lena, komm. Kind, wir gehn!"

Wer ist das – *Lena?* Sie fühlt plötzlich ihre Schulter, weil Mutter sie berührt, hört die Zikaden, sieht die uralten Steine. Und immer noch glüht am Himmel die Sonne.

Lena steht auf. Dann geht sie zwischen Vater und Mutter. Schon so lange dauert dieser Sommer und danach wird es noch viele Sommer geben. Ich bin ja noch ein Kind, denkt Lena, ich werde noch lange, lange ein Kind sein.

Susanne Kilian

Mittwochs darf ich spielen

Inhalt: Eine Tante, die zum Kinderhüten kommt, durchbricht Fabias Teufelskreis von total verplanter Zeit.

Stichworte: Kinder der Wohlstandsgesellschaft – verplante Zeit – Eltern – Ehrgeiz – Leistung – Auszeichnungen – Termine

Alter: ab 9 Jahren

Am Mittwochmorgen bin ich in der Schule mit Lesen drangekommen und da konnte ich es nicht. Das ist mir zum ersten Mal in meinem Leben passiert, zum allerersten Mal, sonst hatte ich ja immer geübt; aber am Dienstag hatte ich das nicht gemacht und das war alles Tante Pias Schuld. Da hätte ich beinah geweint.

In der Pause haben mich dann Annette und Mareike gefragt, warum ich gestern nicht beim Flöten war und vorgestern schon nicht beim Ballett. Ich habe gesagt, das ist nur wegen meiner blöden Tante, die soll auf mich aufpassen und jetzt bringt sie mich nirgendwo hin.

Ich bin also ziemlich wütend nach Hause gekommen und da saß Tante Pia natürlich wieder mit ihren Büchern am Küchentisch. Aber wenigstens hatte sie Pizza gemacht und die ganze Küche hat danach gerochen.

„Hm, leckere Pizza!", hab ich gesagt und die Oliven an den Rand gelegt, weil ich die nämlich nicht mag. Da war ich schon fast nicht mehr böse. „Hast du für heute Nachmittag was abgemacht?"

„Was?", hat Tante Pia gefragt und die Oliven von meinem Teller einfach zu sich rübergeholt. „Du gestattest doch sicher."

„Eine Verabredung getroffen", hab ich gesagt. „Von meiner Liste! Die hat Mama dir doch extra noch hingelegt!"

Tante Pia hat mich angestarrt, als ob ich verrückt wäre. „Bitte?", hat sie gesagt. „Erklär das mal näher."

Da hab ich im Bauch so eine Wut gekriegt, weil ja schon klar war, dass sie nichts abgemacht hatte für mich, und dabei ist mittwochs sonst immer mein allerschönster Tag. Da hab ich nämlich überhaupt keinen Termin. Montags ist Ballett und dienstags ist Flöten und donnerstags Tennis und freitags ist Hockey, aber am Mittwoch hab ich immer vollkommen frei. Das hat Mama so gemacht, weil sie Wert darauf legt. Mama sagt, es ist ja schrecklich, wenn ein Kind keine Zeit mehr zum Spielen hat, und darum durfte ich mittwochs auch mit dem Schwimmkurs aufhören, als ich Silber gemacht hatte, Fahrtenschwimmer.

Gold ist überhaupt gar nicht nötig, hat Mama gesagt, wir machen das ja nicht, um anzugeben, und ihr ist es wichtiger, dass ihr Kind auch noch mit anderen Kindern spielt. Und dafür ist eben der Mittwoch da. Die Mütter haben das auch immer ganz schön geplant, weil es ja gar nicht so einfach ist. Weil manche Mütter nämlich nicht so klug sind wie Mama und da gehen die Kinder dann mittwochs noch schwimmen. Oder Voltigieren gehen sie auch, das ist auch immer mittwochs, und darum muss Mama dann immer telefonieren, hin und her, wer Zeit hat und wann, und das sagt sie mir immer beim Essen. Aber Tante Pia hatte das natürlich nicht gemacht, gar nichts hatte sie wieder gemacht und jetzt war also Mittwoch und ich war nicht verabredet.

„Mein schönster Tag!", hab ich Tante Pia angeschrien. „Mama hat dir extra die Liste hingelegt!"

„Die Telefonliste?", hat Tante Pia gefragt und sich seelenruhig sogar noch Oliven direkt von meiner Pizza geklaut. „Dafür ist die da? Ich hatte gedacht, das ist, wenn du mal im Dunkeln noch nicht zu Hause bist, damit ich dann weiß, wo ich anrufen kann!" Und sie hat ganz ruhig weitergegessen.

„Mein schöner Mittwoch!", hab ich gebrüllt. „Morgen ist wieder Tennis, und Freitag ist Hockey, aber mittwochs darf ich immer nur spielen!"

„Und durftest du gestern nicht?", hat Tante Pia gefragt. „Und vorgestern? Meinetwegen darfst du auch morgen, dir gehört die Welt."

Da hätte ich sie am liebsten mit meiner Pizza geschmissen, aber so was macht man natürlich nicht. Und ich habe gewusst, dass es jetzt ein ganz trostloser Nachmittag wird, weil keiner für mich Zeit hat, und ich bin mutterseelenallein.

Da musste ich es also selber versuchen. Also bin ich losgegangen und auf dem Weg ist mir erst eingefallen, dass ich noch nicht mal meine Hausaufgaben gemacht hatte.

Das Haus, in dem Annette wohnt, ist viel größer als unsers. Ihre Auffahrt ist auch viel breiter, und bevor man überhaupt in den Garten kommt, muss man immer erst durch so eine Gegensprechanlage reden.

„Ja, bitte?", hat die Stimme von Annettes Mutter gefragt, als ich geklingelt hab.

„Hallo, hier ist Fabia", hab ich gesagt. Vielleicht habe ich auch ein bisschen gekrächzt. Ich mag diese Gegensprechanlage nicht und ein bisschen ist sie mir auch unheimlich. Weil man doch die Gesichter zu den Stimmen nicht sieht, und darum kann man nie genau wissen, was sie wirklich denken. Annette, zum Beispiel, die redet ganz freundlich, aber dabei schneidet sie lauter Grimassen und rollt mit den Augen, dass man weiß, in Wirklichkeit wünscht sie den Klingler zum Teufel.

„Oh, hallo Fabia!", hat Annettes Mutter am anderen Ende ganz fröhlich gesagt. Da konnte ich mir richtig vorstellen, wie sie dabei mit den Augen rollt und denkt, so ein Mist, die jetzt auch noch. „Annette ist aber gar nicht zu Hause, du."

„Oh", hab ich in die Sprechanlage gesagt.

„Ja, du, Fabia, das weißt du doch", hat Annettes Mutter gesagt. Immer noch hat ihre Stimme ganz fröhlich geklungen. „Am Mittwoch geht sie doch immer Voltigieren."

„Ach so", hab ich gesagt, als ob ich es vergessen hab. Und ich wollte auch noch gerne zu ihr sagen, dass man das nicht machen darf, ein Tag muss auch noch zum Spielen sein. Das hab ich mich aber nicht getraut.

„Ja, also dann, tut mir Leid", hat Annettes Mutter wieder gesagt. „Dann also tschüs." Und ich hab das Klicken gehört, das bedeutet, jetzt ist die Anlage ausgeschaltet.

Da hab ich auch eine Grimasse geschnitten und mit der flachen Hand hab ich einmal ganz kurz gegen den Lautsprecher gehauen. Ich wollte eigentlich doller, das hab ich mich aber nicht getraut.

Ich bin dann also zu Mareike gegangen, es bei ihr versuchen. Und mir war ganz klar, dass ich das besser gleich gemacht hätte, weil Mareike in einem Reihenhaus wohnt, da haben sie keine Sprechanlage, und man sieht die Mutter genau. Und außerdem geht Mareike mittwochs nicht zum Voltigieren, die geht dann zum Schwimmen, und vielleicht war sie heute ja nicht da. Wenn man erkältet ist, zum Beispiel, kann man nämlich nicht gehen, sonst wird daraus noch eine Lungenentzündung und das ist dann immer sehr ärgerlich. Fehlen wirft einen ja immer so zurück. Einmal aussetzen ist beim Schwimmen nicht gut.

Als ich geklingelt hab, hat Mareikes Mutter gleich aufgemacht. Sie sieht immer sehr freundlich aus, Mareikes Mutter, und sie ist auch immer so hübsch geschminkt. Bei Mareike sieht man gleich, dass in der Familie alles stimmt, sagt Mama.

„Ach, hallo Fabi!", hat Mareikes Mutter gesagt und dabei so gestrahlt, dass ich gedacht habe, sie freut sich wirklich, dass sie mich sieht, aber wissen kann man es nicht. „Wie schön, dich zu sehen."

„Hm", hab ich gesagt. Ich weiß nicht genau, ob man dann antworten muss: „Und wie schön, *Sie* zu sehen." Das ist mir eigentlich peinlich. „Ist Mareike da?"

„Mareike? Nein, du, leider nicht", hat ihre Mutter gesagt. Dabei hat sie immer noch so gestrahlt, dass ich schon gedacht hab, gleich sagt sie, komm rein, aber wir zwei können ja spielen. „Die ist doch mittwochs beim Schwimmen!"

„Ach so, ach ja, hab ich ja ganz vergessen!", hab ich gesagt. „Hat sie immer noch kein Silber?"

Mareikes Mutter hat ganz laut gelacht und dann hat sie mich mit dem Finger herangewinkt, wie das die Butterhexen tun, und sie hat mir ins Ohr geflüstert: „Die hat ja noch nicht einmal Bronze! Die hat ja noch immer erst ihr Seepferdchen! Die hat Angst vor dem Wasser, unsere Mareike!" Und dann hat sie wieder so gelacht, aber mir ist es dabei eiskalt den Rücken runtergelaufen wie bei einer echten Butterhexe. Weil ich es nicht richtig finde, wenn eine Mutter ihr Kind verpetzt und weil jeder mal Angst vor irgendwas hat, das braucht die Mutter dann gar nicht zu sagen.

„Ach so, aha!", habe ich also gemurmelt und dann hab ich mich umgedreht und bin weggegangen.

„Wiedersehen, Fabi!", hat Mareikes Mutter hinter mir hergerufen. Da hab ich erst gemerkt, dass ich das ganz vergessen hatte.

Auf dem Weg zu Isgard habe ich immer überlegt, ob sie mittwochs auch einen Termin hat, es ist mir aber nichts eingefallen. Und ich hab gedacht, wie blöd ich war, dass ich es bei Mareike überhaupt versucht hab, weil ja doch klar war, dass sie noch kein Silber hatte. Sonst hätte sie es mir in der Schule erzählt und den Badeanzug mit dem Abzeichen hätte sie auch bestimmt mitgebracht. Das machen ja alle.

Bei Isgard hat es eine Weile gedauert, bis die Tür aufgegangen ist. Isgards Mutter hatte einen Bademantel an und ein Handtuch um den Kopf und hat ganz verwirrt ausgesehen.

„Fabia?", hat sie gefragt und sich mit dem Bademantelärmel die Tropfen von der Stirn gewischt. „Hab ich denn was durcheinandergekriegt?"
Ich hab den Kopf geschüttelt. „Ich wollte nur fragen, ob Isgard heute..."
„Ja, seid ihr denn heute verabredet?", hat Isgards Mutter gefragt und mich ganz erschrocken angestarrt dabei. „Hab ich etwa zwei Termine für heute gemacht? Isgard ist nämlich bei Katrin, das ist schon lange so abgesprochen!"
Ich hab nur wieder den Kopf geschüttelt. „Ich hatte nur gedacht", hab ich gesagt. Aber Isgards Mutter hat mich schon wieder unterbrochen.
„Natürlich weiß ich, dass du mittwochs immer frei hast!", hat sie gerufen. „Aber ich hab doch für heute nicht – ich kann mich nicht erinnern, dass deine Mutter..."
„Nee, nee, ist schon in Ordnung", hab ich gesagt. Und ich hab die Hände in die Taschen gesteckt und mich umgedreht und dann ist es mir noch gerade rechtzeitig eingefallen.
„Tschüs!", hab ich noch über die Schulter gerufen.
In der Tür stand immer noch Isgards Mutter im Bademantel mit einem Handtuch auf dem Kopf und sah völlig verwirrt aus.

Kirsten Boie

Medium

fernsehen
hat uns gelehrt
unseren nächsten
in der ferne
zu sehen
da
wo er
uns
nicht zu nahe
kommen kann

Fritz Köbler

Keine Zeit für Märchen

Inhalt: Die Großmutter erfährt es von ihrer Enkelin: Fernsehen lässt kein Geschichtenerzählen mehr zu.

Stichworte: Großmutter – Enkelin – Freizeit – Märchen – erzählen – zuhören – Fernsehen – Übermacht

Alter: ab 8 Jahren

Eines Tages waren meine Eltern mit meiner Schwester verreist und ich musste bei meiner Oma bleiben. Als ich aus der Schule kam und zu Mittag gegessen hatte, fragte mich Oma: „Soll ich dir ein Märchen erzählen, Jenny?"
„Ich weiß nicht, Oma", sagte ich zögernd.
Oma sagte: „Es ist ein Märchen, das du bestimmt noch nicht kennst!"
„Ich muss noch meine Hausaufgaben machen", antwortete ich.
„Gut, dann beeile dich damit."
„Danach habe ich leider auch keine Zeit."
Oma war erstaunt. „Warum denn nicht?", fragte sie.
„Um 17 Uhr will ich den Kriminalfilm für Kinder sehen!"
Von dieser Minute an hat Oma mir nie wieder ein Märchen erzählt.

Jennifer Bottländer, 11 Jahre

Der verlorene Sonntag

Inhalt: Ein Junge gibt bei der Polizei eine Verlustanzeige für den Sonntag auf. Sie wird veröffentlicht. Es erfolgen die unterschiedlichsten Reaktionen – negativ und positiv.

Stichworte: Sonntag – Verlustanzeige – Polizei – Radio – Reaktionen – Ruhe – Feier – Stille – Heiligung – Freiheit

Alter: ab 10 Jahren

„Guten Tag. Kann ich hier anmelden, wenn etwas verschwunden ist?"
  Patrick hatte ein leichtes Kribbeln im Bauch. Schließlich war seine Verlustanzeige nicht alltäglich.
  Der Polizeibeamte nahm ein grünes Blatt aus der Schublade, drehte es in die Schreibmaschine. „Was ist verschwunden oder gestohlen worden?"

„Der Sonntag."
Die Schreibmaschine verstummte.
„Nicht ‚wann', sondern ‚waaas'?"
„Der Sonntag."
„Ich frage dich, was ist gestohlen worden oder verschwunden?"
„Genau wie ich sage: Der Sonntag ist verschwunden. Ich bin in die Stadt gekommen, um zu sehen, was Sonntag ist. Nirgends habe ich den Sonntag gefunden. Haben Sie ihn erlebt?"
„Nein, gestern hatte ich Dienst."
„Ich will melden, dass der Sonntag nicht mehr da ist."
„Mach keine Witze. Gestern war Sonntag."
„Nicht für mich. Und nicht für Sie."
„Im Kalender stand trotzdem ‚Sonntag'."
„Aber wenn im Kalender Sonntag stand, dann musste auch Sonntag sein", erklärte Patrick. „Wenn ich nichts davon merke, stimmt etwas nicht."
Der Beamte atmete tief ein. „Nein, das geht nicht."
„Ich bleibe bei meiner Meldung", beharrte Patrick. Der Polizist nahm den Telefonhörer und tippte zwei Nummern. „Könnten Sie schnell kommen." Und leise: „Ein schwieriger Fall. Ich wäre froh."
Gleich darauf erschien der Chef: „Worum geht's?" Patrick erklärte seine Sache. Der Polizei-Oberbeamte machte ein ernstes Gesicht. Nach einer Weile lächelte er und sagte: „Wir nehmen es zu Protokoll. Einmal etwas anderes als immer die gestohlenen Fahrräder, Autos oder Geldbeutel." Nach zehn Minuten war die Sache erledigt. Patrick musste das Ganze durchlesen und unterschreiben.
Welche Überraschung, als er am Abend kurz vor den Nachrichten im Radio hörte: „Eine Vermisstenmeldung der Polizei. Vermisst wird ‚Der Sonntag', früher allgemeiner Ruhe- und Feiertag der Christen; seit längerer Zeit im Lärm und Betrieb und in der Langeweile der Menschen untergegangen. Besondere Merkmale: Der Vermisste ist ursprünglich ein Geschenk Gottes. Er könnte die Menschen glücklicher machen und ihnen Stille und ein Stück Freiheit geben. Mitteilungen über den Verbleib des vermissten ‚Sonntag' sind erbeten an das nächste Polizeirevier."
Gab das einen Sturm! Das Telefon bei der Polizei lief heiß.
Ob sie von allen guten Geistern verlassen seien, so dummes Zeug herauszulassen, sagte einer. „Ich bin gestern mit Freunden über sieben Alpenpässe gefahren. Das war ein Sonntag wie schon lange nicht mehr."
Ein Pfarrer meinte, die Polizei übertreibe. Bei ihm und den 300 Gottesdienstbesuchern hätte der Sonntag stattgefunden.
Ein Junge rief an: „Für mich ist der Sonntagmorgen langweilig. Die Eltern schlafen sehr lange. Ich kann höchstens leise Radio hören."

Eine junge Frau sagte: „Ich hasse diesen Tag. Schon vom Mittag an muss ich daran denken, dass am Montag der Krampf im Büro wieder anfängt."

Kaum war der Telefonhörer aufgelegt, klingelte es von neuem. Ein Schüler erzählte, für ihn sei das ein schöner Tag. In seiner Familie dürfe abwechslungsweise jeder einen Vorschlag machen, was man gemeinsam unternehme. Ein Kind berichtete, es besuche gerne den Kindergottesdienst. Sie hörten dort schöne Geschichten. Auch die Lieder gefielen ihm. Aber zu Hause gäbe es manchmal Streit.

Ein Mann war der Ansicht, am Sonntag fühle er sich frei. Da müsse er gar nichts müssen. Er lese oder schlafe oder spaziere. Er lebe einfach.

„Für mich ist der Sonntag meistens der anstrengendste Tag", sagte ein Kellner.

Aber das alles erfuhr Patrick erst später aus der Zeitung. *„Ist der Sonntag verloren gegangen?"*, stand fett gedruckt auf der Titelseite. Und darunter: „Ein Junge stellt mit einer Verlust-Anzeige die Polizei vor große Probleme."

Patrick freute sich über die Bemühungen der Polizei. Aber kann der Sonntag gesucht und gefunden werden wie ein gestohlenes Auto?

Am Dienstag wollte ein Zeitungsmann mit Patrick sprechen. „Warum hast du diese Verlust-Anzeige aufgegeben?", fragte er.

„Weil der Sonntag so wertvoll ist und wenn etwas sehr wertvoll ist und verschwindet, muss man es suchen, bis man es wieder hat." Patrick sagte, er hoffe, den Sonntag doch noch zu finden.

„Der kommt sicher wieder", meinte der Reporter. „In fünf Tagen."

„Ich bin nicht sicher. Es steht auf dem Papier. Das ist nicht das Leben. Im Leben möchte ich den Sonntag finden."

Robert Tobler (gekürzt)

Der Papalangi hat Zeit

Inhalt: Der Südseehäuptling Tuivaii wundert sich über den Umgang des Papalangis (des weißen Mannes) mit der Zeit, über seine Zeitmaschinen und über sein Klagen, dass die Zeit so schnell vergeht.

Stichworte: Zeit – weißer Mann – Zeitmaschine (Uhr) – Aufteilung – Verplanung – Zeitmangel – festhalten – Unruhe – Klage – Lebenszeit – Tod – Zufriedenheit

Alter: ab 12 Jahren

Aus den Reden des Südseehäuptlings Tuivaii über seine Erfahrungen bei den Weißen

Der Papalangi liebt das runde Metall und das schwere Papier, er liebt es, Flüssigkeiten von getöteter Frucht und Fleisch von Schwein und Rind in seinen Bauch zu tun, er liebt vor allem aber auch das, was sich nicht greifen lässt und doch da ist – die Zeit. Obwohl nie mehr Zeit vorhanden ist, als zwischen Sonnenaufgang und -untergang hineingeht, ist es ihm doch nie genug. Ja, er lästert Gott und seine große Weisheit, indem er jeden Tag nach einem bestimmten Plane teilt und zerteilt. Er zerschneidet ihn geradeso, als führe man ein Buschmesser kreuzweise durch eine weiche Kokosnuss. Alle Teile haben ihren Namen: Sekunde, Minute, Stunde.

Das ist eine verschlungene Sache, die ich nie ganz verstanden habe. Doch der Papalangi macht ein großes Wissen daraus. Die Männer, die Frauen und selbst die Kinder, die kaum auf den Beinen stehen können, tragen im Lendentuch, an dicke metallene Ketten gebunden, über den Nacken hängend oder mit Lederstreifen ums Handgelenk geschnürt, eine kleine, platte, runde Maschine, von der sie die Zeit ablesen können. Dieses Ablesen ist nicht leicht. Man übt es mit den KIndern, indem man ihnen die Maschine ans Ohr hält, um ihnen darauf Lust zu machen.

Solche Maschine, die sich leicht auf zwei flachen Fingern tragen lässt, sieht in ihrem Bauche aus wie die Maschinen im Bauch der großen Schiffe, die ihr ja alle kennt. Es gibt aber auch große und schwere Zeitmaschinen, die stehen im Innern der Hütten oder hängen an den höchsten Giebeln, damit sie weithin gesehen werden können. Wenn nun ein Teil der Zeit herum ist, zeigen kleine Finger auf der Außenseite der Maschine dies an, zugleich schreit sie auf, ein Geist schlägt gegen das Eisen im Herzen. Wenn dieses Zeitlärmen ertönt, klagt der Papalangi: „Es ist schon wieder eine Stunde herum", und er macht ein trauriges Gesicht dabei. „Die Zeit geht vorüber!" – „Die Zeit läuft wie ein Ross!" – „Gib mir doch etwas Zeit!" – Das sind die Klagerufe des weißen Mannes.

Ich denke, dies sei eine Art Krankheit; denn angenommen, der Weiße hat Lust, irgendetwas zu tun, er möchte vielleicht in die Sonne gehen oder auf dem Fluss im Canoe fahren oder seine Frau liebhaben, so verdirbt er sich meistens seine Lust, indem er meint: Mir ward keine Zeit, fröhlich zu sein. Die Zeit wäre da, doch er sieht sie nicht. Er nennt tausend Dinge, die ihm die Zeit nehmen, hockt mürrisch über einer Arbeit, zu der ihn niemand zwingt als nur er selbst. Sieht er dann aber plötzlich, dass er Zeit hat, oder gibt ihm ein anderer Zeit, so fehlt ihm wieder die Lust oder er ist müde von der Arbeit ohne Freude. Und regelmäßig will er morgen tun, wozu er heute Zeit hat.

Weil jeder Papalangi besessen ist von der Angst um seine Zeit, weiß er auch ganz genau, wie viele Mond- und Sonnenaufgänge vergangen sind, seit er selber zum ersten Mal das große Licht erblickte. Ja, dies wird sogar in gewissen, gleichen Zeitabständen gefeiert mit Blumen und großen Gelagen. Dieses Zählen und Nachforschen ist aber voller Gefahr, denn dabei ist erkannt worden, wie viele Monde der meisten Menschen Leben dauert. Ein jeder passt nun ganz genau auf und wenn recht viele Monde herum sind, sagt er: „Nun muss ich bald sterben." Er hat keine Freude mehr und stirbt auch wirklich bald.

Es gibt in Europa nur wenige Menschen, die wirklich Zeit haben. Daher rennen auch die meisten so durchs Leben, wie ein geworfener Stein durch die Luft fliegt.

Ich habe einen Mann gesehen, dessen Kopf fast auseinanderbarst, der die Augen rollte und das Maul aufsperrte wie ein sterbender Fisch, der mit Händen und Füßen um sich schlug, weil sein Diener einen Atemzug später kam, als er zu kommen versprochen hatte. Der Atemzug war für ihn ein großer Verlust, der gar nicht zu sühnen war. Der Diener musste seine Hütte verlassen, der Papalangi verjagte und schalt ihn: „Genug hast du mir Zeit gestohlen. Ein Mensch, der die Zeit nicht achtet, ist ihrer nicht wert."

Nur ein einziges Mal traf ich einen Menschen, der viel Zeit hatte und nicht darüber klagte; aber der war arm und schmutzig und verworfen. Die Menschen gingen in weitem Bogen um ihn herum, keiner achtete ihn. Ich begriff das nicht, denn sein Gehen war ohne Hast und seine Augen hatten ein stilles, freundliches Lächeln. Als ich ihn darüber befragte, verzerrte sich sein Gesicht und er sagte traurig: „Ich wusste nie, meine Zeit zu nützen, daher bin ich ein armer, missachteter Tropf." Dieser Mensch hatte zwar Zeit, doch auch er war nicht glücklich.

Der Papalangi wendet all seine Gedanken daran, wie er seine Zeit möglichst dick machen könne. Er nutzt das Wasser und das Feuer, den Sturm, die Blitze des Himmels, um die Zeit aufzuhalten. Er tut eiserne Räder unter seine Füße und gibt seinen Worten Flügel, um mehr Zeit zu haben. Aber ich glaube, die Zeit entschlüpft ihm wie eine Schlange in nasser Hand, gerade weil er sie zu sehr festhält. Er lässt sie nicht zu sich kommen. Immer jagt er mit ausgestreckten Händen hinter ihr her, er gönnt ihr die Ruhe nicht, sich in der Sonne zu lagern.

O ihr lieben Brüder! Nie haben wir geklagt über die Zeit, wir haben sie geliebt, wie sie kam, haben sie nie zusammen- noch auseinanderlegen wollen. Aber wir sind auch mit ihr zufrieden, wir brauchen nicht mehr Zeit, als wir haben, und haben doch Zeit genug. Wir wissen, dass wir immer noch früh genug zu unserem Ziel kommen und dass uns der Große Geist nach seinem Willen abberuft, auch wenn wir die Zahl unserer Monde nicht wissen. Wir müssen den armen, verirrten Papalangi vom Wahn befreien, müssen ihm seine Zeit wiedergeben. Wir müssen seine kleine runde Zeitmaschine zerschlagen und ihm verkünden, dass von Sonnenaufgang bis -untergang viel mehr Zeit da ist, als ein Mensch gebrauchen kann.

Südseehäuptling Tuiavii

In einem solchen Land

Inhalt: Es ist ein Land – überall auf der Welt könnte es sein – in dem Unterdrückung herrscht, brutaler Terror der Regierenden und Todesangst der Bevölkerung. Wer über Freiheit spricht, kommt ins Gefängnis. Kits Vater ist verhaftet. Kits Fehlverdächtigung bringt einen anderen Unschuldigen ins Gefängnis. Die Strukturen gebären nur Unheil.

Stichworte: Diktatur – Gewalt – Unterdrückung – Angst – Verhaftung – Freiheit – Verleumdung – Verleugnung – Verdächtigung – Verrat – Auswegslosigkeit – Verachtung – Misstrauen – Verstrickung – Feindschaft – Wahrheit

Alter: ab 14 Jahren

Ein Junge war zwölf Jahre alt. Hier soll er Kit heißen. Das ist nicht sein richtiger Name. Es ist besser, wenn keiner seinen richtigen Namen kennt.

Kit hatte Feindschaft mit einem anderen Jungen. Der soll hier Tapo heißen. Auch seinen richtigen Namen soll keiner kennen, es ist besser so.

Immer wenn Kit und Tapo mit den anderen Kindern spielten, gab es Streit. Immer wollte jeder von ihnen der erste sein.

Solche Feindschaft zwischen Jungen gibt es überall, deshalb bräuchte man kein Geheimnis aus ihren Namen zu machen.

Aber sie wohnten in einem Land, da durfte man nicht alles sagen, was man dachte, da durfte man nicht alles wissen, was man erfahren hatte.

Denn niemand sollte die Wahrheit sagen über das, was schlecht war in diesem Land. Wer laut darüber redete, kam ins Gefängnis.
Die Menschen in diesem Land hatten Angst vor denen, die regierten. Und die hatten Angst vor der Wahrheit, weil sie schlecht und ungerecht regierten.
In einem solchen Land ist es gefährlich, einen Feind zu haben.
Freundschaft kann auch gefährlich sein in einem solchen Land.
Eines Nachts wurde Kit von einem Lärm an der Wohnungstür wach. Er hörte fremde Männer rufen und seine Mutter weinte laut.
Kit stand auf und sah, wie drei Männer seinen Vater wegführten.
„Hilf der Mutter, Kit!", rief der Vater. Dann brachten sie ihn weg.
Kit wusste, dass der Vater ins Gefängnis kam. Aber er wusste nicht weshalb.
Die Mutter saß am Tisch und weinte.
Kit fragte sie: „Was hat er getan?"
„Er hat seine Freunde getroffen", sagte die Mutter. „Sie haben von der Freiheit gesprochen."
„Freiheit?", fragte Kit. „Das ist doch ein Wort aus den Zeitungen. Darf man darüber nicht sprechen?"
Die Mutter sagte: „Die Zeitungen lügen. Dort steht nichts von der wirklichen Freiheit. Ohne Angst zu sein, das ist Freiheit. Und in diesem Land ist keiner ohne Angst. Darüber haben die Männer gesprochen."
„Wer war dabei?", fragte Kit. „Einer von denen muss den Vater verraten haben!"
„Keiner war dabei", flüsterte die Mutter. „Hörst du, Kit? Keiner! Du darfst nichts davon wissen. Du weißt auch nichts vom Gefängnis. Du musst sagen: Mein Vater ist verreist."
Kit blieb bei seiner Mutter, bis es hell wurde. Dann schlief er am Tisch ein.
Am Tag darauf sollte Kit wie immer mit den anderen Kindern spielen. Die Mutter wollte es. Als er auf die Straße kam, lief Tapo weg. Das hatte er noch nie getan.
Kit fragte die anderen Kinder: „Was hat er?"
Sie sagten: „Er muss zu Hause helfen."
Und dann fragte einer: „Was war das für ein Lärm bei euch heute Nacht?"
Kit antwortete: „Mein Vater ist verreist. Bekannte haben ihn abgeholt."
Die Kinder fragten nicht weiter.
In der nächsten Zeit war Tapo nie dabei, wenn Kit mit den anderen spielte. Immer musste Tapo zu Hause helfen. Auch seine Geschwister liefen weg, wenn Kit auf die Straße kam. Und mit Tapos Geschwistern hatte Kit keine Feindschaft.
Kit begegnete Tapos Vater und als er ihn grüßte, sah der Mann an ihm vorbei und ging schnell weiter.

Da fragte Kit seine Mutter: „Wo hat Vater seine Freunde getroffen? Wo haben sie von der Freiheit geredet?"
„Ich weiß es nicht", sagte die Mutter.
„Du weißt es. Du willst es nicht sagen. War es in der Gastwirtschaft von Tapos Vater?"
„Ich weiß es nicht. Frag mich nicht. Du sollst nicht mehr daran denken."
Aber Kit dachte weiter darüber nach: Bestimmt hatten der Vater und seine Freunde sich in der Gastwirtschaft von Tapos Vater getroffen. Tapo lief weg, wenn Kit auf die Straße kam. Tapos Geschwister gingen ihm auch aus dem Weg. Tapos Vater grüßte Kit nicht mehr.
Es war, als hätten sie alle ein schlechtes Gewissen. Tapos Vater musste der Verräter sein.
Kit sagte zu den anderen Kindern: „Ich weiß etwas Schlimmes von Tapos Vater."
Er sagte das immer wieder und die Kinder erzählten es ihren Eltern.
Bald danach kam Tapo auf die Straße, als Kit dort mit den anderen Kindern spielte.
Tapo sagte: „Heute habe ich Zeit. Wir haben die Gastwirtschaft zugemacht. Mein Vater musste verreisen."
Tapo sah Kit an, als er das sagte.
Kit drehte sich um und ging weg. Tapo lief ihm nach. An der Ecke wartete Kit auf ihn.
Kit fragte: „Bekommt ihr viel Geld dafür, dass ihr meinen Vater verraten habt? So viel, dass ihr die Gastwirtschaft jetzt zumachen könnt?"
Dann wollte er weitergehen.
Aber Tapo packte ihn und warf ihn auf die Erde. Er hielt ihn fest, er flüsterte: „Du Schuft, du Hund, du hinterlistiger! Was redest du? Mein Vater ist jetzt auch im Gefängnis, weil du ihn verraten hast, du mit deinem gemeinen Geschwätz! Was hast du davon?"
„Der ist doch nicht im Gefängnis! Das glaube ich nicht", sagte Kit. „Der Verräter! Ihr habt ja alle ein schlechtes Gewissen. Weggelaufen seid ihr vor mir und dein Vater wollte mich nicht mehr kennen."
Tapo ließ ihn los.
„Weil wir Angst hatten", sagte er. „Verstehst du das nicht? Wenn einer zu viel redet und geschnappt wird, dann suchen sie nach seinen Freunden. Das weißt du doch."
„Und?", fragte Kit. „Natürlich weiß ich das. Mein Vater ist nicht allein im Gefängnis. Viele von seinen Freunden sind dort, weil sie die Wahrheit gesagt haben, wie er."
„Ja", sagte Tapo, „und mein Vater ist jetzt auch dabei. Deinetwegen! Niemand wusste etwas davon."

„Wovon?", fragte Kit.
„Tu nicht so dumm!", schrie Tapo. „Du weißt genau, was ich meine!" Er sah sich um. Die anderen Kinder kamen. Tapo flüsterte: „Sie wollten ihn auch holen, damals in der Nacht. Er hat zu ihnen gesagt: ‚Ich bin doch nur der Gastwirt. Was meine Gäste reden, geht mich nichts an. Da höre ich nicht hin.' Sie haben ihm geglaubt, aber wir hatten immer noch Angst. Wenn einer ihnen einmal verdächtig ist, schnüffeln sie weiter. Und dann hast du alles verraten mit deinem dummen Gerede!"
Tapo spuckte Kit vor die Füße und ging weg.
„Du lügst! Du lügst!", schrie Kit ihm nach.
„Was ist?", fragten die anderen Kinder.
„Nichts", sagte Kit und lief nach Hause.
Er fragte seine Mutter. „Was weißt du vom Gastwirt? Jetzt muss ich das wissen. Tapo sagt, sie hätten seinen Vater ins Gefängnis geholt."
Die Mutter erschrak.
Sie sagte: „Der Gastwirt war Vaters Freund."
Kit glaubte das nicht. Er wollte es nicht glauben. Keiner glaubte dem anderen. Kit und Tapo blieben Feinde. Misstrauen, Angst und Feindschaft sind nicht verboten in einem solchen Land.

Ursula Wölfel

Der Jude

Inhalt: Die nationalsozialistische Jungenschaft macht sich über den jüdischen Jungen Friedrich her, beschimpft und quält ihn. Der Ich-Erzähler hält sich zurück. Ein Freund aber schreitet mutig und energisch ein.

Stichworte: Nazizeit – jüdischer Junge – „Jungenschaft" – Beschimpfung – Misshandlung – Verteidigung – Mut

Alter: ab 12 Jahren

Die anderen polterten die Treppe hinab. Mir befahl Heinz, das Heim wieder in Ordnung zu bringen. Dann ging auch er fort. Ich stellte umgestürzte Bänke auf, rückte verschobene Tische an ihren Platz, putzte die verschmierte Tafel, kehrte verstreute Papierfetzen zusammen und machte mich als Allerletzter auf den Heimweg. Draußen dämmerte es bereits. In manchen Läden brannte schon Licht. Langsam wanderte ich an erleuchteten und dunklen Schaufenstern vorüber, guckte hier und guckte dort. Von der Kranstraße her hörte ich Lärm. Je näher ich kam, desto deutlicher ließ sich der Lärm unterscheiden.

Es waren Jungenstimmen. Sie johlten und pfiffen, sie riefen und lachten; manchmal klang es sogar wie Gesang. Schon von der Ecke aus sah ich alles. Dort unten tobte unsere *Jungenschaft*. Sie grölten und tanzten mitten auf der Fahrbahn im Kreis. Ihre Uniformen wirkten in der hereinbrechenden Dunkelheit fast schwarz. Sobald die Gesichter in den Lichtkranz der Laterne gelangten, schimmerten sie grüngelb. Was sie schrien, galt jemand.

Irgendwer stand in der Mitte des Ringes. Er wurde beschimpft.

„Dreckiger Jude!", hallte es von den Hauswänden wider. „Dreckiger Jude!" Aus der Entfernung, aus Türnischen und Fenstern schauten Erwachsene zu. Niemand mischte sich ein. Ich ging näher heran. „Stinkiger Jude!", begann einer aus dem Kreis. Sofort stimmten die andern mit ein und brüllten im Takt: „Stinkiger Jude! Stinkiger Jude…" Umringt von den andern hielt ein Junge die Hände vor sein Gesicht. Er trug keine Uniform, sondern eine dunkle Jacke. Seine Haare…

Diese Jacke und diese Haare kannte ich: Das war Friedrich! Friedrich aus unserem Hause! Einer von den Peinigern stieß Friedrich. Er stolperte, drohte zu fallen, raffte sich wieder auf. Ein Fußtritt. Ergeben nahm Friedrich alles hin. Er rührte sich kaum und deckte nur sein Gesicht ab. Langsam wich ich wieder zurück. Ich versuchte, in einem Hauseingang unterzutauchen.

„Drecksjud! Stinkjud!", geiferten sie. Mit eingezogenen Schultern ließ Friedrich alles über sich ergehen. Einer aus dem Kreis hatte mich entdeckt. „Komm!", rief er mir zu. „Saujud!", erfand einer. Die übrigen schlossen sich sofort an. „Saujud! Saujud…" Einer sprang zu mir, fasste mich bei der Hand und wollte mich in den Kreis ziehen. „Mach mit!", forderte er mich auf.

Ich sträubte mich. „Wo ist Heinz?", fragte ich.

„Du kannst ruhig mittun, Heinz ist zu Hause!", beschwichtigte er mich.

„Lass ihn doch", sagte ich leise und deutete mit dem Kopf zu Friedrich hinüber.

Der andere blieb stehen. Von unten bis oben maß er mich mit Blicken. Dann spuckte er vor mir auf den Boden und höhnte: „Schleich doch zu Mutti!" Mit einer verächtlichen Bewegung wandte er sich wieder dem Kreis zu und kreischte: „Saujud! Saujud…"

Rasch zog ich mich wieder in den Schatten des Hauseingangs zurück.

„Ihr feigen Hunde!", gellte es auf einmal durch die Kranstraße. Günther! Mit hämmernden Fäusten warf er sich in den Kreis und stellte sich neben Friedrich. Unvermutet brach das Gezeter ringsum ab. Überrascht starrten alle auf den Zweiten im Kreis. „Ihr gemeinen Feiglinge!", griff Günther sie an. Das schürte ihre Wut. Die Fäuste ballten sich. Günther reizte sie weiter: „Ihr erbärmlichen Kerle!" Sie rückten ihm näher. Friedrich wagte noch immer nicht aufzublicken. „Ihr Lumpen!" Günthers Stimme überschlug sich. Näher und näher schoben sie sich an ihn heran. Der erste packte ihn beim Ärmel. Günther schwieg noch immer nicht.

Da trat ein alter Mann zu den Streitenden. „Schämt ihr euch nicht?", fragte er ruhig und musterte die Uniformierten reihum. Unschlüssig verharrten sie. Der alte Mann legte seine Arme um Günthers und Friedrichs Schultern und zog sie an sich. Er führte beide aus dem Kreis. Dann wandte er sich um und befahl den anderen: „Geht nach Hause!"

Hans Peter Richter

Ende

Inhalt: Einem Parteigenossen gilt der Tod eines jüdischen Jungen weniger als ein beschädigter Gartenzwerg.

Stichworte: Nazizeit – Krieg – Fliegerangriff – jüdischer Junge – Tod – Parteigenosse – Zynismus

Alter: ab 12 Jahren

Draußen empfingen uns Staub und Hitze. Der Himmel war brandrot. Flammen loderten aus Dachstühlen und Fensterhöhlen. Trümmerhaufen rauchten. Glassplitter und Scherben von Dachziegeln übersäten die Straße. Dazwischen lagen Brandbomben, die sich nicht entzündet hatten.

Verzweifelte Frauen weinten vor Ruinen, über denen noch schwere Wolken von Ziegelstaub und gepulvertem Mörtel in der Luft hingen. Neben einer Gartenmauer lag ein Mensch. Jemand hatte ihm einen zerfetzten Unterrock über das Gesicht geworfen.

Mutter stützend suchten wir den Heimweg.

Herr und Frau Resch schlossen sich uns an.

Bei unserem Haus hatte eine Sprengbombe die Straße aufgerissen. Aber das Haus stand noch. Das Dach war zum Teil abgedeckt; in allen Fenstern fehlte das Glas.

Wir betraten den Vorgarten.

Sofort lief Herr Resch auf die kleine Grasfläche. Er nahm Polykarp, den Gartenzwerg, hoch. Ein Splitter hatte die Spitze der Zipfelmütze abgeschlagen. Herr Resch suchte die Spitze. Als er sie im Rotdunkel der Brandnacht entdeckte, sagte er zu Vater: „Schade drum! Ich will versuchen, ob es sich wieder ankleben lässt."

Angstvoll schaute Mutter sich nach Friedrich um.
Friedrich saß in den Schatten des Hauseingangs hingeduckt. Die Augen hielt er geschlossen; sein Gesicht war blass.
„Bist du wahnsinnig?", fuhr es Vater heraus.
Da bemerkte auch Herr Resch die Gestalt.
Vater wartete noch immer unschlüssig auf dem Plattenweg. Man sah ihm an: Er wusste nicht, was er tun sollte.
Herr Resch schob seine Frau beiseite und trat näher; auf dem Arm trug er Polykarp, seinen Gartenzwerg.
„Scher dich fort!", zischte er Friedrich an. „Glaubst du, weil nach diesem Angriff alles drunter und drüber geht, wärst du sicher davor, abgeholt zu werden?!"
Schrill schrie Mutter: „Sehen Sie denn nicht? Er ist doch ohnmächtig!"
Mit einem spöttischen Lächeln schaute Resch meine Mutter an: „Die Ohnmacht werde ich ihm schnell austreiben. – Ich muss mich allerdings sehr über Ihr Mitgefühl mit Juden wundern! – Sie, als Frau eines Parteigenossen?!"
Vater zog Mutter beim Ärmel.
Mutter schlug die Hände vor das Gesicht.
Herr Resch hob den Fuß und trat Friedrich.
Friedrich rollte aus dem geschützten Hauseingang auf den Plattenweg. Von der rechten Schläfe zog sich eine Blutspur bis zum Kragen.
Meine Hand verkrampfte sich in den dornigen Rosensträuchern.
„Sein Glück, dass er so umgekommen ist", sagte Herr Resch.

Hans Peter Richter

Ralph und Rita[*]

Inhalt: In der Endzeit des Naziregimes bietet der Berliner Gefängnispfarrer Harald Poelchau zwei aus der Haft entflohenen jungen Juden sichere Unterkunft.

Stichworte: Nazizeit – Kriegsende – Fliegerangriff – junge Juden – Gestapo – Verhaftung – Folter – Flucht – Hilfe – Sicherheit

Alter: ab 12 Jahren

Harald Poelchau, Sie haben als Pfarrer dem Kreisauer Kreis angehört und im Widerstand gegen das Hitler-Regime gestanden. Aktiver Widerstand bedeutete ja auch, denen zu helfen, die unter dem Unrecht litten. Während der Nazizeit waren das neben den Inhaftierten, um die Sie sich als Gefängnisseelsorger kümmerten, die Juden und die Zigeuner. Können Sie uns ein Beispiel erzählen, wie Helfen in der Nazizeit möglich war?

„Es muss Ende März 1945 gewesen sein, als es nachts um 12.00 Uhr plötzlich an unserer Tür schellte. Ein Fliegerangriff war eben vorüber, wir waren wieder einmal heil geblieben und eben dabei einzuschlafen und wieder warm zu werden nach dem kalten Keller. Das Haus konnte nicht mehr abgeschlossen werden, die Haustür war noch vom letzten Angriff her entzwei, die Fenster im Treppenflur waren herausgefegt, sodass ein gewisses Licht von draußen, von der Nacht her, die Treppe erfüllte. Strom war noch nicht wieder da, weil es irgendwo eben in die Leitungen eingeschlagen hatte und auch das Telefon war noch nicht wieder benutzbar. Als ich mit einer Kerze in der Hand öffnete, standen sie vor mir: Ralph und Rita, blass, außer Atem, abgehetzt, ein 16-jähriger Junge und ein 18-jähriges Mädchen. Ralph kannte ich schon, er hatte in den Monaten vorher öfter einmal bei uns geholfen, Gänge für mich gemacht, mit seinem Fahrrad Botendienste geleistet. Er war ein fixer, anständiger Junge und lebte mit seiner Schwester schon seit sehr langer Zeit illegal bei einer Pfarrersfamilie in der Innenstadt. Ich wusste auch, dass er leichtsinnig gewesen war, allmählich allzu sicher, weil immer alles gut abgelaufen war und er irgendjemandem nicht nur den Koffer zur Bahn gebracht, sondern mit der Bahnsteigkarte auch in den Zug eingestiegen war. Da er ein groß gewachsener junger Mann war, war er offenbar der Streife aufgefallen, die ihn für einen entlaufenen Soldaten hielt. Er war gefasst worden, hatte keine Papiere und, romantisch-abenteuerlich wie ein 16-jähriger Junge ist, einen Revolver in der Tasche, den ihm irgendjemand kurz vorher geschenkt hatte.

---
[*] Titel redaktionell

Die Gestapo prügelte so lange, bis er alles gestand, auch gestand, wo er zuletzt gewohnt hatte. Als seine Schwester hörte, wie er misshandelt worden war, stellte sie sich der Gestapo und sah ihren Bruder, sah ihn nackt in einem Käfig, in dem er weder sitzen noch aufrecht stehen konnte, über und über mit Wunden bedeckt. Er hatte versucht, sich die Pulsadern durchzubeißen, ohne Erfolg.

Nun teilte sie seine Haft. Die Pfarrfrau und die Tochter des Pfarrers waren inzwischen auch verhaftet worden. Das war einige Wochen her. Nun standen sie beide plötzlich vor mir, um Mitternacht. Es war ihnen gelungen, bei dem starken Fliegerangriff nicht mit in den Keller ihres Gefängnisses zu gehen, sondern sich auf dem Boden zu verstecken, eine dort verborgene Wäscheleine zu benutzen, und nun hatten sie sich während des Fliegerangriffes an der Außenwand des Hauses heruntergelassen, unentdeckt, weil alle Wachen voller Angst in den Keller geflüchtet waren.

Aber wie sahen ihre Hände aus? Ich merkte es erst, als sie eine Weile da waren: durchgerieben bis auf die Knochen von dem allzu eiligen Herabgleiten an der Leine. Noch wochenlang konnten sie nichts anfassen vor Schmerzen. Aber das Wichtigste, das Leben, hatten sie gerettet. Sie wussten, dass sie auf der Transportliste standen und am nächsten Tag in ein KZ abgehen sollten. In jener Zeit kam es schon nicht mehr auf Sicherungsmaßnahmen an, sie konnten ruhig bei uns bleiben, bis das Ende wirklich da war. Auch Lebensmittelkarten spielten keine große Rolle mehr, jeder neue Fliegerangriff machte es möglich, sich neue Papiere zu verschaffen.

Ralph und Rita haben die Zeit überstanden. Ralph lebte noch einige Wochen unter den Russen in meiner Wohnung. Jetzt sind beide in den Vereinigten Staaten."

Harald Poelchau

Tod in Auschwitz*

Inhalt:	Literarisch dichte, bedrängende Schilderung des Gaskammertodes in Auschwitz.
Stichworte:	Auschwitz – Rampe – SS – Auslese – Mengele – Panik – Desinfektionslüge – Musik – Gaskammer – tödliche Verzweiflung – Qual – Gebet – Klage Israels – Todeskampf – Krematorium
Alter:	ab 14 Jahren

Ich bin so ermattet, dass meine Feder nicht mehr schreiben kann. „Mensch, lege deine Kleider ab, bestreue dein Haupt mit Asche, renne auf die Straßen und tanze, von Wahnsinn gepackt..."

Nur ein einziger Zwischenfall störte das Zeremoniell der Auslese; durch den Geruch wachsam geworden, rief eine Frau plötzlich „Hier tötet man", was eine kurze Panik hervorrief, während der die Herde langsam nach hinten zurückflutete, den Bahnsteigen zu, die den Blicken durch die sonderbare Fassade des Bahnhofes entzogen wurden, die wie eine Kulisse wirkte.

Die Wächter griffen sofort ein. Nachdem die Herde beruhigt war, durcheilten Offiziere die Reihen und erklärten höflich, ja manche sogar mit salbungsvoller, priesterlicher Stimme, dass die kräftigen Männer für den Bau von Häusern und Straßen in Anspruch genommen würden, während die übrigen sich von der Reise erholen könnten, bis man ihnen häusliche oder andere Arbeiten auftrüge.

Erni stellte freudig fest, dass selbst Golda dieser Fiktion Glauben zu schenken schien und dass ihre Züge sich von Hoffnung erfüllt entspannten. Plötzlich begann die motorisierte Blechmusik, eine alte deutsche Weise zu spielen, in der Erni verblüfft eines jener Lieder voll schwerer Melancholie wiedererkannte, die Ilse liebte. Die Blechinstrumente glänzten in der grauen Luft; von der in Schlafanzüge gekleideten Kapelle und dieser Musik mit ihren schmachtenden, zuckersüßen Klängen ging eine geheime Harmonie aus. Einen Augenblick, einen kurzen Augenblick lang gab auch Erni in seinem Innern zu, dass man nun wirklich keine Musik für die Toten spielen konnte, und wäre es selbst diese Melodie, die aus einer anderen Welt zu kommen schien. Dann verstummte das letzte Blasinstrument, und nachdem die Herde gehörig eingelullt war, begann die Auslese erneut.

„Aber ich bin krank, ich kann nicht gehen", murmelte er auf deutsch, als die Reitgerte ihn, sowie er an die Reihe kam, mit einer knappen Bewegung

---
* Titel redaktionell

der Gruppe arbeitsfähiger Männer zuwies, denen man einen Aufschub geschenkt hatte.

Doktor Mengele, der Oberarzt des Vernichtungslagers Auschwitz, gewährte der „jüdischen Scheiße", die soeben diese Worte gesprochen hatte, einen kurzen Blick.

„Nun", sagte er, „wir werden dich kurieren."

Die Gerte beschrieb einen Halbkreis. Die beiden jungen SS-Leute lächelten listig. Vor Erleichterung schwankend, gelangte Erni zu dem trostlosen menschlichen Meer, das in der Nähe der Baracke hin- und herwogte, und von Golda umschlungen, von den kleinen Händen der Kinder herangezogen, versank er wartend darin. Schließlich waren alle versammelt.

Ein Unterscharführer, der laut sprach und seine Worte deutlich absetzte, forderte sie auf, ihr Gepäck dazulassen und sich ins Bad zu begeben, unter alleiniger Mitnahme ihrer Papiere, der Wertgegenstände und des zum Waschen unbedingt Notwendigen. Dutzende von Fragen drängten sich ihnen auf die Lippen: Sollte man Leibwäsche mitnehmen? Durfte man die Pakete öffnen? Würde man seine Sachen wieder vorfinden? Würde nichts weggenommen sein?

Die Verurteilten wussten nicht, welch seltsame Macht sie jedoch zwang, zu schweigen und sich recht schnell, ohne ein Wort zu sagen, ja ohne einen Blick zurückzuwerfen, zu dem Eingang in dem drei Meter hohen Stacheldrahtzaun zu begeben, der sich am Rande der Baracke mit dem Schalter befand. Plötzlich begann im Hintergrund des Platzes die Kapelle wieder zu spielen und man hörte das Surren von Motoren, das in den noch von Morgennebeln verhangenen Himmel aufstieg und dann in der Ferne verstummte.

Bewaffnete SS-Leute trennten die in Hundertergruppen zusammengefassten Verurteilten. Der Stacheldrahtkorridor schien kein Ende zu nehmen. Alle zehn Schritte eine Aufschrift: *Zu den Bädern und Inhalationszelten.* Dann ging die Herde an Panzerabwehr-Igeln vorbei, an einem Panzerabwehrgraben entlang und wieder an einem dünnen, gerollten Draht vorbei, der zu einem Gestrüpp ineinandergeschlungen war, schließlich durch einen ungedeckten Korridor, der von unzähligen Metern Stacheldraht gebildet wurde. Erni trug einen ohnmächtigen Kleinen. Andere stützten sich gegenseitig. Und während im immer dumpfer lastenden Schweigen der Menge, im immer verpesteteren Geruch auf seinen Lippen leichte, sanfte Worte zum Leben erwachten, den Schritt der Kinder mit einem Traumrhythmus und Goldas Gang mit Liebe begleitend, da schien es ihm, als falle ewiges Schweigen über die jüdische Herde, die man zum Schlachthof führte, als werde kein Erbe, kein Gedenken den stummen Gang der Opfer verlängern; kein treuer Hund würde erzittern, kein Glockenton erklingen, bleiben würden einzig die am kalten Himmel dahingleitenden Sterne.

Ausgeliefert sein

„O Gott", sagte plötzlich der Gerechte Erni Levy, während das Blut des Mitleids erneut aus seinen Augen floss, „o Herr, so sind wir vor Tausenden von Jahren ausgezogen. Wir sind durch trockene Wüsten gegangen und durch das von Blut Rote Meer, in einer Sintflut bitterer, salziger Tränen. Wir sind sehr alt. Wir gehen. Oh, wir würden gerne endlich ankommen!"

Das Gebäude glich einer großen Badeanstalt; rechts und links in großen Betontöpfen Stiele verwelkter Bäume. Am Fuße der kleinen Treppe sagte ein wohlwollender, schnurrbärtiger SS-Mann zu den Verurteilten: „Es wird euch nichts Unangenehmes geschehen! Ihr müsst nur sehr tief atmen, das stärkt die Lungen; es ist ein Mittel, ansteckenden Krankheiten vorzubeugen, es ist eine gute Desinfektion."

Die meisten traten wortlos ein, von denen gestoßen, die hinter ihnen standen. Drinnen machten nummerierte Kleiderhaken die Wände zu einer Art riesiger Garderobe, wo die Herde sich, so gut es ging, entkleidete, von SS-„Ciceronen" getröstet, die dazu rieten, die Nummern gut zu behalten.

Es wurden ihnen Stücke einer Seife ausgeteilt, die aus Stein zu sein schien. Golda bat Erni, sie nicht anzuschauen, und mit geschlossenen Augen von dem jungen Mädchen und den Kindern, deren weiche Hände sich an seinen nackten Schenkeln festhielten, geführt, trat er durch die Schiebetür in den zweiten Saal, in dem bereits unter den in die Decke eingelassenen Duschen und im blauen Licht der kleinen vergitterten Lampen, die aus den in den Beton gegossenen Nischen leuchteten, jüdische Männer und Frauen, Kinder und Greise zusammengepfercht waren.

Mit geschlossenen Augen erlitt er den Druck der letzten Fleischbündel, die von der SS jetzt mit Kolbenstößen in die Gaskammer getrieben wurden. Und mit geschlossenen Augen wusste er, dass das Licht über den Lebenden erlosch, über den Hunderten von jüdischen Frauen mit ihren plötzlichen Verzweiflungsschreien, über den Greisen, deren heilige Gebete mit zunehmender Kraft emporstiegen, über den Märtyrerkindern des Transports, die im Grauen die unschuldige Frische ihrer erstmaligen Ängste wiederfanden und alle in die gleichen Klagerufe ausbrachen: *Mama! Aber ich war doch brav! Es ist dunkel! Es ist dunkel!*

Und während die ersten Ströme des „Zyklon-B"-Gases zwischen die großen, schwitzenden Körper drangen, um sich weiter unten auf den bewegten Teppich der kindlichen Köpfe zu lagern, beugte sich Erni, aus der stummen Umarmung des jungen Mädchens sich lösend, im Dunklen zu den Kindern hinab, die sich selbst zwischen seine Beine schmiegten, und begann mit aller Mildherzigkeit und aller Kraft seiner Seele laut zu schreien: „Atmet tief, meine Lämmchen, *atmet schnell!*"

Als das Gaswoge alles überdeckt hatte, entstand im dunklen Himmel der Todeskammer ein kurzes Schweigen, das nur durch die lauten Hustenanfälle derer unterbrochen wurde, die zu tief in den Todeskampf verstrickt waren, um ihn als Opfergabe darzubringen. Als Bach zuerst und schließlich als unaufhaltsamer, majestätischer Strom brandete dann das Gedicht, das durch den Rauch der Brände und über die Scheiterhaufen hinweg die Juden – die seit zweitausend Jahren das Schwert nicht trugen und niemals weder Missionsreiche noch farbige Sklaven besaßen –, brandete die alte Liebesdichtung, die sie mit blutigen Buchstaben auf die harte Rinde der Erde schrieben, durch die Gaskammer, erfüllte sie und siegte über ihr dunkles abgründiges Hohnesgrinsen: „SCHEMA ISRAEL ADONAI ELOHENU ADONAI EH'OTH... Höre, Israel, der Ewige ist unser Gott, der Ewige ist einzig. O Herr, durch Deine Gnade nährst Du die Lebenden, und in Deiner großen Barmherzigkeit lässt Du die Toten wieder auferstehen; und Du stützest die Schwachen, heilest die Kranken, brichst die Ketten der Sklaven; und Du hältst getreulich Deine Versprechungen denen, die im Staube ruhen. Wer ist wie Du, o barmherziger Vater, und wer vermag Dir zu gleichen?"

Eine Stimme nach der anderen erstarb in dem Gebet. Schon gruben die Kinder, die ihr Leben aushauchten, in allerletzter Zufluchtnahme ihre Nägel in Ernis Schenkel und schon wurde Goldas Umarmung schlaffer, ihre Küsse matter, da schlang sie wild die Arme um den Hals des Geliebten und röchelnd stieß sie hervor: „So werde ich dich niemals wiedersehen? Niemals mehr?"

Es gelang Erni, die feurige Nadel zurückzustoßen, die seine Kehle durchbohrte, und während der weibliche Körper an ihm zusammensackte, rief er der leblosen Golda ins Ohr: „Gleich, ich schwöre es dir!" Und in der undurchsichtigen Dunkelheit traten seine Augen aus ihren Höhlen.

Dann wusste er, dass er niemandem auf der Welt mehr helfen konnte, und im Aufzucken, das seiner eigenen Vernichtung voranging, erinnerte er sich freudig an die Legende Rabbi Chanina ben Teradions, wie sie der Ahne fröhlich berichtet hatte: Als der mildherzige Rabbi von den Römern in die Torarolle eingehüllt auf den Scheiterhaufen geworfen worden war, weil er den Talmud gelehrt hatte, und man die Reisigbündel anzündete, deren Äste noch grün waren, damit die Marter länger dauerte, fragten die Schüler ihn: „Meister, was siehst du?" Und Rabbi Chanina antwortete: „Ich sehe, wie das Pergament brennt, aber die Buchstaben fliegen davon..."

O ja, gewiss, die Buchstaben fliegen davon, wiederholte Erni, während sich die Flamme, die seine Brust in Brand steckte, schlagartig in seinem Gehirn ausbreitete. Mit seinen sterbenden Armen umschlang er Goldas Leib in einer schon unbewussten Gebärde liebenden Beschützens und dies war die Stellung, in der sie eine halbe Stunde später die Gruppe des Sonderkommandos vorfand, die damit beauftragt war, die Juden im Verbrennungsofen einzuäschern.

So geschah es mit Millionen, die vom Zustand des Luftmenschen in den von Luft übergingen. Und so wird diese Geschichte nicht mit irgendeinem Grab enden, das man gedenkend besuchen kann. Denn der Rauch, der aus den Verbrennungsöfen aufsteigt, gehorcht wie jeder andere den physikalischen Gesetzen: Die Partikel vereinigen sich und zerstreuen sich im Wind, der sie dahintreibt.
 Und gelobt. Auschwitz. Sei. Maidanek. Der Ewige. Treblinka. Und gelobt. Buchenwald. Sei. Mauthausen. Der Ewige. Belzec. Und gelobt. Solibor. Sei. Chelmno. Der Ewige. Ponary. Und gelobt. Theresienstadt. Sei. Warschau. Der Ewige. Wilna. Und gelobt. Skazysko. Sei. Bergen-Belsen. Der Ewige. Janow. Und gelobt. Dora. Sei. Neuengamme. Der Ewige. Pustkow. Und gelobt...

Manchmal allerdings will das Herz vor Kummer zerspringen. Aber häufig, am ehesten abends, kann ich auch nicht umhin zu denken, dass Erni Levy, der sechs Millionen Mal gestorben ist, noch irgendwo lebt, ich weiß nicht wo... Als ich gestern, am Boden festgewachsen, mitten auf der Straße vor Verzweiflung erbebte, fiel von oben ein Tropfen Mitleid auf mein Gesicht herab; aber da war kein Hauch in der Luft, keine Wolke am Himmel... da war nur eine Gegenwart.

André Schwarz-Barth (Auszug)

Shalom David

Inhalt: Sieben Jahre nach dem Zweiten Weltkrieg kommt der jüdische Junge David in der Nähe von Bergen-Belsen in eine deutsche Schule. Martin befreundet sich mit ihm. Als bei einem Wandertag der Klasse der etwas einfältige Gerold eine lebende Maus ins Lagerfeuer wirft, gerät David in Panik. Seine Mutter starb in Bergen-Belsen wie diese Maus.

Stichworte: Nachkriegszeit – jüdischer Junge – deutscher Junge – Freundschaft – Wandertag – Lagerfeuer – Verbrennen einer lebenden Maus – Verbrennen von lebenden Menschen im KZ – Entsetzen – Versuch zu helfen – Land Israel als Hoffnung – Kibbuz – Sabbat

Alter: ab 10 Jahren

Anfang Februar 1952 war er eines Morgens gegen acht Uhr in die 6. Klasse hereingekommen. Wir glotzten ihn buchstäblich an. Angefangene Unterhaltungen brachen ab; Georg, der sich immer mit Thomas kabbelte, drehte sich herum und schaute den fremden Jungen an. Es wurde still.

„Wer bist du denn?"

„Ich bin David Levin, ich gehe in die 6 a!" Er sprach mit einem spürbaren Akzent fließend Deutsch.

Er war anders als die anderen. Lang, schmal, den Kopf voller brauner Locken, traurige große Augen hinter einer Brille.

Er trug eine lange Hose, bessere Schuhe als wir und einen grauen Wollpullover mit einem kleinen Rollkragen. Als der Lehrer hereinkam, ging er zu ihm hin und sagte leise und höflich: „Guten Tag, ich bin David Levin. Mein Großvater hat mich in der Schule angemeldet. Ich gehe in die 6 a."

Der Lehrer sah erstaunt aus, als er ihn musterte, und sagte: „Ach, das bist du. Setz dich in die vierte Bank neben Martin Volz."

Das war ich. Er zögerte einen Augenblick und setzte sich zu mir. Wir schauten zusammen in mein Lesebuch. Einmal drehte er den Kopf zu mir und lächelte mich an. „Danke", sagte er.

Sein Lächeln gefiel mir so gut, dass ich mit Ungeduld auf ein anderes wartete. Er war sehr schweigsam. Einmal fragte der Lehrer nach einem Wort. Wir sollten es erklären oder ein anderes dafür finden. Der Lehrer schaute uns an: „Na, niemand? Und du, David?"

Er wusste es, er konnte auch ein Beispiel geben. „Du musst den Arm heben, wenn du etwas weißt", sagte der Lehrer. David wurde dunkelrot, und ich sah, dass seine Hand, die auf dem Tisch lag – lang und fein und sehr sauber gegen meine – ich sah, dass sie zitterte.

In der Pause kamen ein paar Jungen zu uns. „Woher bist denn du?"

„Aus Frankfurt, meine Familie ist aus Frankfurt."

„Was macht dein Vater?"

„Er ist Landwirt." So sah er nicht aus. „Richtiger Landwirt?"

„Ja", antwortete David. Dann aber schwieg er.

Mittags gingen wir zusammen. Er wohnte ein paar Straßen weiter bei seinem Großvater. Zu Hause konnte ich nicht genug erzählen.

„Mama, er ist wie ein König."

„Hast du denn schon so viele gesehen?"

„Nee, ein junger König." Da fing ich schon an, ihn lieb zu haben.

In der Schule wusste er manchmal ganz einfache Dinge nicht, dafür aber löste er alle komplizierten Probleme in Mathematik und er sprach fließend Englisch. Ich glaube, dass es unserem Lehrer gar nicht so recht war.

Am Freitag hatten wir in der letzten Stunde Religionsunterricht.

„Du, wir müssen in einen anderen Raum, komm!"

Aber David rührte sich nicht. „Bist du denn katholisch?"

„Nein."

„Bist du nichts?"
„Oh doch, ich bin Jude."
Mein Gott, er war Jude.
„Mama, er ist Jude."
„Wer?"
„David."
„Freue dich", sagte Mama, „dass du einen Juden kennen darfst, es sind so furchtbar viele von ihnen in unserem Land umgebracht worden."

Ich hatte in meinem Elternhaus oft von den schrecklichen Verbrechen gehört. Ich wusste, was ein Konzentrationslager war. Mein Vater wollte, dass wir Kinder Bescheid wüssten. In der Schule hatten sie mich manchmal Lügner genannt, Erfinder, blöder Angeber, wenn ich etwas davon gesagt hatte. Ich wusste mit meinen zwölf Jahren viel, aber ich stellte mir doch nichts vor. Mit David begann sich mein Herz zu beunruhigen.

Wenige Tage später hatten wir Wandertag und marschierten morgens früh los. Wir nahmen die Straßenbahn bis zum Wald. Dann liefen David und ich zusammen. An einer Stelle bei einer schönen Lichtung hielten wir, denn dort durfte man ein Feuer machen.

Jeder von uns hatte eine Kartoffel und ein Würstchen mitgebracht, um sie in der heißen Asche zu garen. Wir waren sehr guter Dinge, laut und glücklich. David saß schweigsam neben mir. Da kam plötzlich Gerold, ein dicker Junge, gutmütig und etwas einfältig, auf uns zu. In der Hand hielt er eine winzige Maus.

Man sah nur ihr Köpfchen. „Wie die zappelt", schrie Gerold.
„Lass sie doch laufen", sagte David lauter als sonst. Doch ehe noch ein weiteres Wort fallen konnte, hatte Gerold die Maus ins Feuer geworfen. Manche schrien: „Du Schwein, Idiot, Tierquäler!" Sie boxten Gerold. Einige aber lachten.

Ich war entsetzt. Ich schaute David an. Er war weiß bis in die Zähne. Er stand auf, lief weg bis zu einem Gebüsch und übergab sich. Gerold heulte und der Lehrer sprach mit ihm und mit uns allen über diese unglückliche Tat. Zu David sagte er nichts.

Beim Rückweg stellte sich die Fröhlichkeit nicht wieder ein. David und ich liefen nebeneinander. Ich legte ihm zum ersten Mal den Arm um den Hals, obwohl einer schrie: „Ist das deine Braut, Martin?" Ich begleitete David bis nach Hause aus Angst, es könne ihm etwas passieren.

David fehlte drei Tage. Der Großvater rief an, ob ich ihn besuchen wolle. Ich freute mich unbändig. Das Haus seines Großvaters war groß und etwas düster, aber Davids Zimmer war hell. Überall hingen Photos der Wüste an den Wänden. „Dahin werde ich gehen", sagte David. „Mein Vater ist schon dort. Er baut unser Leben auf. Das ist Israel."

Auf seinem Tisch stand das Bild einer großen dunklen Frau in einem weißen Kleid.
„Ist das deine Mutter?" Er nickte nur.
„Lebt sie nicht mehr?"
„Nur Vater und ich haben überlebt. Weißt du, Bergen-Belsen ist nicht weit von hier. Wir waren zwei Jahre dort. Mutter starb wie die Maus."
David weinte nicht.

Ich durfte noch oft zu David kommen und blieb auch einmal über Nacht und erlebte den Sabbat mit. Die Sabbatkerzen brannten, der Tisch war festlich gedeckt. Vor dem Großvater stand ein silberner Becher, er goss Wein hinein und jeder trank daraus. Zwei zugedeckte Brote wurden herbeigeholt und aufgeschnitten. Jeder bekam davon, auch ich. Es war gemütlich, ich fühlte mich wohl und geborgen. Der Großvater streichelte meinen Kopf so, wie es nur Mama zu Hause tat.

Zwei Jahre später ist mein Freund David nach Israel gegangen, wo sein Vater in einem Kibbuz als Landwirt arbeitete.

Höre Israel, der Herr ist unser Gott, Gott ist einer allein, und du sollst Gott lieben mit deinem ganzen Herzen und mit deiner ganzen Kraft.

Shalom David.

Antoinette Becker

Dieser Mensch war ein Schwarzer

Inhalt: In dieser Ich-Erzählung wird der dunkelhäutige Mietbewerber, von der Frau des Hauses zunächst mit Vorbehalten angesehen, bald zum geschätzten Freund der Familie.

Stichworte: Eine Welt – Schwarz/Weiß – Vorbehalte – Unsicherheit – Akzeptanz – Freundschaft

Alter: ab 12 Jahren

Wenn ich ehrlich sein soll, auch mir war ein bisschen komisch zu Mute, als er das erste Mal vor mir stand. Es hatte ein wenig schüchtern geklingelt und ich hatte mir gedacht: Das kann einer sein! Und es war einer. Wer sollte auch sonst früh um halb neun an einem ganz gewöhnlichen Wochentag bei mir klingeln? Hans war schon im Büro, die Kinder lagen noch im Bett und ich hatte in der Zeitung gerade unsere Anzeige nachgelesen: Zimmer zu vermieten an alleinstehenden Herrn, sonnige, ruhige Lage, hintenraus usw. Mein Mann hatte gesagt: Du wirst sehen, die Zeitung wird noch warm sein, dann klingelt's schon. Er hatte Recht.

Er war riesengroß. Er hatte eine hohe Stirn und kurzes krauses Haar. Er war gut angezogen und sprach ein wenn auch nicht fehlerloses, so doch sehr gepflegtes Deutsch. Nur war alles, was sozusagen aus der Kleidung herausschaute, dunkelbraun. Kurz und gut: Er war ein Schwarzer! Sicher ein intelligenter Schwarzer, aber wie gesagt, er war kaffeebraun.

Ich weiß auch noch, dass ich mich ärgerte. Weil ich dieselbe blöde Manier hatte wie so viele Leute, die ich sonst nicht für voll nehme. Ich wog den positiven Eindruck des ersten Augenblicks schnell ab gegen die Tatsache, dass dieser Mensch ein Schwarzer war. Ich unterschied mich um kein Haar von den anderen. Dabei stand er nur ein wenig verlegen in unserer Wohnungstür und fragte bescheiden, ob wir das Zimmer in der Zeitung inseriert hätten. Ich sagte: Ja, das seien wir gewesen. Er wiederum fragte nach einer Pause verlegenen Schweigens – als wollte er mir Zeit lassen, mich an seine dunkelbraune Farbe zu gewöhnen –, ob das Zimmer schon vermietet sei. Als wollte er mir entgegenkommen, so sah es aus. Wem wäre da nicht der Gedanke gekommen, schnell zu sagen: Ja, mein Herr, es tut mir schrecklich Leid, aber ich habe das Zimmer tatsächlich vor ein paar Minuten an einen Studenten vermietet. Ich hätte es Ihnen gern gegeben, aber Sie sehen...

Wir hätten uns gegenseitig freundlich angelächelt und es wäre nichts passiert, als dass eine der längst zur Gewohnheit gewordenen Notlügen mehr in die Welt gesetzt worden wäre. Sie lag mir auch auf der Zunge, ich gebe es zu, aber ich brachte sie nicht über die Lippen. Ich schämte mich. Die Röte schoss mir ins Gesicht, während ich stammelte: „Ja, Herr..." – „Collins", sagte er. „Ja, Herr Collins, das Zimmer ist noch frei!"

Ich kam mir sehr mutig vor. Ich ließ ihn eintreten. Ich führte ihn in das Zimmer und sah sofort, wie sehr es ihm gefiel. Die Möbel, die Couch, die Vorhänge, die Sonne – alles eben. Er strahlte über das ganze Gesicht, als er sagte: „Ich würde es sehr gern nehmen!"

Natürlich fragte ich mich, was Hans dazu sagen würde. Ich dachte auch an die Kinder. Ich war mir auch nicht ganz sicher, wie die Nachbarn reagieren würden. Wir wohnen in so einem Etepetete-Haus mit Müllschlucker und Tiefgarage und Rasenverbot für die Kinder. Selbst eine blöde Zeitungsnotiz kam mir in den Sinn, wo irgendwas mit einem Schwarzen passiert war. An all so was dachte ich also. Aber ich sagte ihm: Warten Sie einen Moment, ich rufe nur meinen Mann an! Und war bereit, wie ein Löwe zu kämpfen, wenn Hans sagen würde, das käme nicht in Frage.

Aber was rede ich da? Hans kam schnell nach Hause und eine viertel Stunde später war alles perfekt. Collins zog ein.

Heute nennen wir ihn alle längst John und die Kinder rufen ihn Joooonnny. Längst ist er mehr als ein Untermieter. Er ist unser Freund. Und was die Leute sagen? Ach was, wozu eigentlich haben wir einen Mund und Gedanken im Kopf? Da kann man doch drüber reden.
Nur eins kann ich nicht verkraften. Seine Größe. 1,95 ist mir einfach zu lang. Wo ich doch bloß 1,59 bin. Und zu Männern aufschaun, das war noch nie meine starke Seite.

Kurtmartin Magiera

David

Inhalt:	Der elternlose David aus Eritrea wird von deutschen Eltern adoptiert. Im Sportunterricht der Schule erlangt er im Wettrennen für seine Gruppe den Sieg. Das trägt ihm Anerkennung ein, aber auch das Bedauern, dass er ein „Neger" ist.
Stichworte:	Eine Welt-Dritte Welt – Eritrea – schwarzes Kind – Deutschland – Adoption – Schule – Sport – Sieg – Anerkennung – Vorurteil
Alter:	ab 7 Jahren

David hat eine dunkle Haut. Seine Haare sind schwarz. Sie verteilen sich in zahllosen Locken über seinem Kopf. Die Lippen sind ein wenig aufgeworfen, es fällt kaum auf. Auch die Augen sind dunkel. David ist sieben Jahre alt, vielleicht auch erst sechs, vielleicht aber schon acht. Niemand weiß das genau. Ihm ist das gleich. David kommt aus Afrika, aus Äthiopien, genauer aus Eritrea. Er kommt aus einem Land, in dem schon lange Krieg ist.

Es gibt dort viele Kinder, die nicht wissen, wo ihre Eltern sind. Oft verhungern sie irgendwann. Doch David hat Glück gehabt. Jemand hat ihn zu sich genommen, hat ihm zu essen und zu trinken gegeben und hat ihn zu einer Missionsstation gebracht. Dort waren schon viele andere Kinder. Eltern hatten sie alle nicht. Und da hat David wieder Glück gehabt. Menschen in einem fremden Land wollten seine Eltern sein, sie haben ihn adoptiert. Das war für David wie noch einmal geboren werden.

Er hat eine lange Reise angetreten. Mit einem Flugzeug ist er nach Deutschland geflogen. Und dort lebt er nun bei seinen Eltern und bei seiner Schwester. Die haben alle eine helle Haut und blonde Haare. David fand das zuerst komisch. Menschen, die so aussehen, hatte er bisher nur selten gesehen. Doch er hat sich schnell an sie gewöhnt. Es ist seine Familie. Er hat die neue Sprache erlernt, sehr gut sogar. Und wenn heute Menschen David durchs Telefon sprechen hören, dann ahnen sie nicht, dass er eine dunkle Haut hat.

In diesem Jahr ist David in die Schule gekommen. Schon lange vor dem ersten Schultag hat er immer wieder seine Schultasche aus- und eingepackt, die neuen Filzstifte, die Knete, die Schere, die Bücher und die Mappen. Er hat sich gefreut auf die Schule.

Am ersten Schultag ist er zuerst mit seiner Mutter, seinem Vater und seiner Schwester in die Kirche gegangen. Dort waren schon viele andere Familien mit ihren Kindern. Die, die auch in die Schule kommen sollten, erkannte er an den neuen Schultaschen. Von einigen Kindern wusste er die Namen. Er hatte schon öfter mit ihnen auf der Straße gespielt. In der Kirche haben sie gesungen, der Pastor hat ihnen Bilder gezeigt und dazu eine Geschichte erzählt. Zum Schluss hat er jedem die Hand gegeben. Dann sind sie alle zum Schulhaus gegangen, das war gleich gegenüber.

Ein Mann, es war ihr Klassenlehrer, führte sie in ihren Klassenraum. Alles war sehr laut und unruhig. Als es schließlich doch ganz still wurde, hat der Lehrer sie gefragt, ob auch jedes Kind einen Stuhl gefunden habe. David hat sich neben Christoph gesetzt. Er kannte ihn nicht, aber er hat keinen anderen freien Platz gesehen. Christoph hat ihn ein wenig komisch angeschaut, gesagt hat er aber nichts. Schon wieder hat der Lehrer gesprochen. Er zeigte den Kindern Namensschilder, die sahen aus wie Blätter. Jedes Kind sollte sein Namensblatt herausfinden und es dann an einen großen Baum aus Pappe kleben. Christophs Blatt wollte nicht so richtig kleben, immer wieder fiel es zu Boden. Da hat David ihm geholfen. Sie haben abwechselnd das Blatt so lange festgehalten, bis der Kleber getrocknet war. Gemeinsam ging das recht gut.

Zum Schluss gab ihnen der Lehrer die Schultüten. Christoph war ganz ungeduldig und hat seine sogleich geöffnet. Er hat David hineinschauen lassen und da ist David ganz neugierig auf seine geworden.

Nun geht David schon vier Wochen in die Schule. Zwei Buchstaben kann er schon lesen und schreiben. Heute haben sie in der letzten Stunde Sport. Staffelläufe wollen sie machen. Der Lehrer hat die Kinder in vier Mannschaften aufgeteilt. David und Christoph sind zusammengekommen, das haben sie sich auch gewünscht. Die Kinder laufen und hopsen um die Wette, sie rollen dicke Bälle so schnell wie möglich von einem Ende der Turnhalle zum anderen. Zum Schluss soll die schnellste Mannschaft im Laufen gefunden werden. Die Kinder jeder Gruppe haben sich in Reihen hintereinander aufgestellt. Jetzt gibt der Lehrer das Startzeichen. Die ersten Läufer jeder Mannschaft sausen los: vom Start weg durch die ganze Halle, auf der gegenüberliegenden Seite geschwind um die rotweiße Fahne herum und dann wieder zurück. Dort wartet schon der nächste Läufer mit ausgestrecktem Arm, um angeschlagen zu werden.

Davids Mannschaft hat einen guten Start. Zuerst läuft Tanja, die ist flink. Sie schläg Melanie an. Die tritt beim Start ein bisschen über, niemand merkt es, nicht einmal die Nachbarmannschaft. Auch Melanie rennt so schnell, wie sie kann, und als sie an Christoph übergibt, liegt ihre Mannschaft vorn. Christoph ist kein guter Läufer, er strengt sich aber an wie noch nie. An ihm soll es nicht liegen, wenn sie nicht die Schnellsten sind. Er stampft vorwärts, den Kopf weit nach vorn gestreckt. An der Fahne passiert es dann. Christoph bremst zu spät, er will mit vollem Tempo um die Kurve und dabei rutscht er aus und schlägt hin. Das tut weh. Christoph möchte am liebsten heulen. Doch richtet er sich wieder auf, humpelt zurück zum Start und schlägt den nächsten Läufer an. Jetzt ist ihre Mannschaft weit abgeschlagen. Lars und Maren holen noch etwas auf. Zum Schluss muss David laufen. Er ist schon ganz aufgeregt. Kaum hat er Marens Schlag auf seiner Hand gespürt, da saust er auch schon davon. Mit den Armen wirft er die Luft hinter sich. Alle Kinder feuern ihre Mannschaften an, sie rufen die Namen ihrer Schlussläufer. Doch David hört nur immer „David! David!". Er schielt ein wenig nach links und rechts zu den anderen Läufern. Links sieht er nichts mehr, nur rechts bewegt sich noch jemand vor ihm. Jetzt kommt die Fahne, noch fünf Schritte, abbremsen, aufpassen! David muss vorsichtig sein, dass ihm nicht dasselbe wie Christoph passiert, und rum um die Kurve. Das Geschrei wird immer tosender. Doch David hört nichts mehr. Er spürt nur, dass nun niemand mehr vor ihm ist. Die Beine wollen immer schneller werden. Es geht alles so leicht. Er sieht die Kinder seiner Gruppe, die Zielfahne, er rast an ihr vorbei, bremst ab und fängt sich mit den Armen an der Mauer auf. Davids Mannschaft hat gewonnen, ganz knapp nur. Tanja, Melanie, Christoph, Lars und Maren springen in die Luft, sie reißen die Arme hoch, jubeln, umarmen David und fallen übereinander.

Der Lehrer pfeift, das ist das Zeichen zum Umziehen. Die Kinder gehen in ihre Umkleideräume. Lars und Christoph nehmen David in die Mitte, ihre Arme liegen auf seinen Schultern. Christoph freut sich, dass sein Sturz jetzt nicht mehr wichtig ist. Er jubelt mit den anderen. Das nächste Mal wird er sich vorsichtiger verhalten. Ein bisschen bewundert er David und das will er ihm sagen. „Mensch, David! Kannst du schnell laufen! Schade, dass du ein Neger bist!", sagt er und nimmt sich vor, David zu seinem nächsten Geburtstag einzuladen.

Hartmut Kulick

Was willst du noch?

Eins plus eins
macht zwei,
habe ich von dir gelernt.

Gelernt habe ich auch, dass du
der größte Krieger aller Zeiten bist.

Gelernt habe ich auch, dass du
der Erfinder der Lokomotive bist.

Gelernt habe ich auch, dass du
der Erfinder des Schießpulvers bist.

Gelernt habe ich auch, dass du
der Erfinder des Dampfers bist.

Gelernt habe ich auch, dass du
der Erfinder der Poesie bist.

Gelernt habe ich auch, dass du
der größte Musiker dieser Erde bist.

Gelernt habe ich auch, dass du
der intelligenteste Mensch auf Erden bist.

Gelernt habe ich auch, dass du
den Thron zwischen Gott und mir besitzt.

Gelernt habe ich auch, dass du
der Eroberer aller Meere bist.

Gelernt habe ich auch, dass du
der Entdecker der Erdkugel bist.

All dieses weiß ich von dir.
Und jetzt frage ich dich:
Was hast *du* gelernt,
als du den Boden Afrikas betratest?

El Loko

Ist das gerecht?

Inhalt: Durch ein einfaches Spiel wird im Familiengottesdienst höchst bildhaft die ungerechte Verteilung der Lebensmittel in der Welt demonstriert.

Stichworte: Eine Welt-Dritte Welt – Lebensmittel – Verteilung – Ungerechtigkeit – Gottesdienst – Spiel – Enttäuschung – Protest – Predigt – verstehen

Alter: ab 6 Jahren

Manchmal besuchte Tina mit ihren Eltern den Gottesdienst. Zuerst spielte immer die Orgel und alle sangen gemeinsam ein Lied. Der Pfarrer ging zum Altar, sprach ein Gebet und las aus der Bibel vor. Dann stieg er auf die Kanzel und hielt die Predigt. Tina verstand nicht viel.

Einmal aber war alles anders. Viele Eltern waren mit ihren Kindern gekommen. Ein größeres Mädchen trat vor und begrüßte die Gemeinde.

Später brachten zwei Jungen ein großes Tablett herein mit vielen bunten Schokoladentäfelchen. Tina riss die Augen auf. Die Kinder in den ersten Reihen aber riefen „oh" und „ah" und nahmen sich, was sie kriegen konnten. Als die Jungen bei der dritten Bankreihe ankamen, war das Tablett schon fast leer. Tina und alle, die weiter hinten saßen, bekamen nichts. Wie enttäuscht war Tina! Da rief ein Mädchen aus der letzten Bank: „Das ist nicht gerecht! Ihr da vorn stopft euch die Taschen voll und wir hier hinten bekommen nichts!"

Und auf der anderen Seite stand ein Junge auf und rief: „Das lassen wir uns nicht gefallen! Los, kommt mit! Wir wollen auch was!"

Da kamen auf einmal von hinten Kinder und stürmten durch den Mittelgang nach vorn. Tina bekam Herzklopfen vor Schreck! Sie würden doch wohl nicht eine Rauferei anfangen! Aber dann begriff sie: Es war ja nur ein Spiel. Die Kinder spielten den Leuten vor, wie ungerecht es ist, dass die einen alles haben und die anderen nichts.

Darüber sprach auch der Pfarrer in seiner Predigt. Heute verstand Tina, was er sagte.

Nach der Predigt gingen einige Kinder herum und verteilten von einem zweiten Tablett die Schokolade gerecht.

Zuletzt sprach der Pfarrer das Schlussgebet und den Segen. Tina wunderte sich, wie rasch ihr die Zeit vergangen war.

Renate Schupp

Martin

Inhalt: Zum Namenstag hat Jakob seinem Freund Martin ein Bild mit Szenen aus der Geschichte des heiligen Martin gemalt. Martin will es seinem großen Namenspatron gleichtun. Er teilt, nicht das Bild, wohl aber die große Tafel Schokolade.

Stichworte: Martin von Tours – Namenstag – Geschenk – teilen – Dank – Freude

Alter: ab 6 Jahren

Jakob hat einen Freund. Martin heißt er. Jakob will Martin etwas Schönes zum Namenstag schenken; nichts zum Aufessen, nichts, was einer im Geschäft kaufen könnte. Es soll etwas Besonderes ein.

Jakob will Martin die Geschichte vom heiligen Martin schenken. Aber Jakob kann noch nicht schreiben. Er zeichnet die Geschichte, zeichnet sie in vier kleinen Bildern.

Auf dem ersten Bild sieht man einen Bettler am Straßenrand sitzen. Der Bettler friert, denn sein Hemd ist zerrissen und seine Hose hat Löcher. Auf dem zweiten Bild sieht man den heiligen Martin daherkommen. Eigentlich ist er dahergeritten, aber Jakob kann kein Pferd zeichnen. Der heilige Martin trägt einen langen, warmen Umhang. Wenn man den umhat, kann der Wind blasen, so kalt er will. Auf dem dritten Bild sieht man, wie der heilige Martin seinen Umhang teilt. Mit dem Schwert schneidet er ihn in zwei Stücke. Auf dem vierten Bild sieht man, wie der heilige Martin dem Bettler den halben Umhang schenkt. Jakob zeichnet zwei Blasen, eine vor dem Mund des Bettlers, eine vor dem Mund des heiligen Martins. Dann geht er zu seiner Mutter und sagt ihr, was sie in die Blasen hineinschreiben soll. „Danke!", steht in der einen Blase. „Ist doch selbstverständlich!", steht in der anderen Blase.

Am Martinstag besucht Jakob seinen Freund und gibt ihm das Bild. Martin zeigt Jakob die anderen Geschenke: eine Mütze, ein kleines Puzzlespiel und eine große Schokolade. Aber Jakobs Bildgeschichte vom heiligen Martin ist das schönste Geschenk.

„Der Martin", sagt Jakob, „der war einer, der alles geteilt hat."
Martin schaut seine Geschenke an. Eine Mütze kann man nicht teilen, höchstens herleihen. Ein Puzzle kann man nicht teilen, höchstens zu zweit zusammenbauen. Aber die Schokolade...
Martin teilt sie und gibt Jakob die Hälfte.
„Danke!", sagt Jakob.
„Ist doch selbstverständlich!" sagt Martin

Lene Mayer-Skumanz

Das Schlusslicht vom Sankt-Martins-Zug

Inhalt: Die ärmeren Kinder vom Schluss des Martinszuges mit ihren zusammengeschusterten Laternen üben Kritik am heiligen Martin, da er nur seinen *halben* Mantel hingibt. Indes: Auch die Hälfte ist schon viel. Und: Man kann auch etwas von seiner Kopfarbeit abgeben.

Stichworte: Martinszug – Arm/Reich – Arbeitslosigkeit – Kritik – Teilen von Kopfarbeit – Hilfe für ausländische Kinder

Alter: ab 8 Jahren

Von hier aus sehen wir nur einen Helm, der manchmal im Schein einer Laterne aufblitzt. Sankt Martin reitet an der Spitze des Zuges. Spitze kann man eigentlich nicht sagen. Denn vorne ist der Zug der Kinder breit und dicht. Die meisten möchten nahe bei Sankt Martin sein. Und bei seinem Pferd, das gelegentlich schnaubt.

Vorn gehen die Jungen und Mädchen mit den prächtigsten Laternen und dem schicksten Zeug: Sogar Pelzmäntel haben manche. Hier bei uns ist der Zug ganz schmal geworden. Und hinter uns geht nur noch Felix, dessen Vater schon seit zwei Jahren ohne Arbeit ist.

Bei uns ist es auch dunkler als vorn bei Sankt Martin. Wir haben uns die Laternen selbst zusammengeschustert. Aus Konservendosenblech und aufgeklebtem Butterbrotpapier. Und unser Licht ist funzliger, als wir dachten, als wir das Döschen mit altem Maschinenöl füllten und den Wollfaden als Docht hineinlegten. Wenn man ehrlich schnuppert, muss man sogar sagen, dass unsere selbst gebastelten Laternen leise vor sich hin stinken.

Aber was soll's? Joop und ich haben wenigstens so eine Latüchte, mag sie auch noch so schäbig sein. Felix hinter uns hat keine. Felix ist ein Schlusslicht ohne Licht.

„Eigentlich finde ich's blöd", sagt Joop.

„Was findest du blöd?", frage ich.

„Na, dass Sankt Martin gleich seinen Mantel zerschneidet. Was kannst du schon mit 'nem halben Mantel anfangen? Mit einem Ärmel und einem halben Gürtel! Wie willst du das überhaupt anziehen? Die halbe Seite hast du's warm und die andere halbe Seite frierst du wie ein Regenwurm bei Bodenfrost!"

Eigentlich hat Joop Recht, denke ich. Hab noch nie darüber nachgedacht, dass ein halber Mantel eigentlich zu nichts taugt. Vielleicht noch gerade als Aufnehmer beim Schrubben.

„Du stellst dir das falsch vor", sagt Felix von hinten.

„Wieso?", fragt Joop.

„Na ja, du denkst bloß an einen Mantel von heute mit Taschen und Schnallen und Gürtel und Knöpfen. Aber Sankt Martin hat sich seinen Mantel nicht nebenan aus'm Kaufhof geholt, vierte Etage, Herrenoberbekleidung. Sankt Martin hat von 315 bis 379 gelebt!"

„Kluges Kerlchen", schnalzt Joop anerkennend. „Wenn man dich hat, Felix, kann man seinen Taschenrechner wegschmeißen!"

Felix überhört den Spott. „Damals trugen die Leute Umhänge, wenn's kalt war. Umhänge, die wie eine Wolldecke waren. Und wenn man so einen Umhang teilte, da konnte man sich in jedes Stück einwickeln. Darum war das schon richtig, was Sankt Martin gemacht hat!"

„Na gut", gibt Joop widerwillig zu. „Hab ich kapiert. Aber trotzdem: Hätte Sankt Martin da nicht noch ein bisschen großzügiger sein können? War er nicht zu knickrig? Bloß den halben Umhang? Warum hat er dem Bettler nicht den ganzen Mantel gegeben und damit basta! Sankt Martin hatte doch sicher noch was unter seinem Umhang an, vielleicht einen Schlafanzug oder 'ne Rüstung oder einen Trainingsanzug oder sowas Ähnliches!"

Ich bin gespannt, was Felix jetzt antworten wird. Ob ihm überhaupt auf Joops Fragen etwas einfällt? Joop ist helle. Auch in unserer Klasse.

„Ich glaub, die Hälfte ist schon viel", sagt Felix.

„Wie meinst du das denn schon wieder?", fragt Joop.

„Stell dir mal vor, jeder soll die Hälfte von seinem Kram abgeben. Die Hälfte von seinem Spielzeug, von seinen Büchern, von seinem Essen! Da würden manche ganz schön Krach machen und nein sagen!"

„Aber manche haben so wenig, dass man's gar nicht teilen kann", sagt Joop. „Dann bleibt nämlich nichts mehr! Was willst du zum Beispiel noch teilen von dem, was wir hier anhaben? Unsere geflickten Hosen? Die alte Jacke, die dein älterer Bruder schon kaputt getragen hat? Oder sollen wir unsere qualmenden Laternen teilen? Die sind so mies, dass keiner sie haben will."

Erst als Felix jetzt antwortet, merken wir, dass er schon eine ganze Weile zwischen uns geht und nicht mehr der Schlussmann des Zuges ist.

„Du denkst immer nur an das, was man sehen kann", sagt Felix. „Klar, von meinen alten Klamotten kann ich nichts abgeben, schon darum nicht, weil da nichts mehr dran ist. Aber ich geb' doch fast jeden Tag was ab. Und du könntest es auch, Joop."

„Was kannst du denn schon abgeben, Felix!? Du kannst ja nichts dafür, dass dein Vater schon zwei Jahre keine Arbeit mehr hat und ihr jeden Pfennig dreimal umdrehen müsst. Aber wo nichts ist, gibt's auch nichts zu teilen."

„Doch", sagt Felix. „Den Kopf!"

„Na, den teil mal!", sagt Joop. „Dann lauf mal mit 'nem halben Kopf 'rum. Wirste schnell leid!"

„Wenn du was im Kopf hast, kannst du vielen davon abgeben und behältst ihn doch!", sagt Felix.
Mir geht ein Licht auf, das heller ist als unsere Maschinenöl-Funzeln.
„Ich weiß, wie Felix das meint", sage ich zu Joop. „Felix gibt jeden Tag Nachhilfestunden für Miguel und Rosita, die voriges Jahr in unsere Klasse gekommen sind. Und er nimmt nichts dafür. Und Miguel und Rosita verstehen doch ganz gut jetzt. Da merkst du kaum noch, dass sie vorher spanisch gesprochen haben. Das meint Felix, wenn er sagt: vom Kopf was abgeben."
Wir stoßen an unsere Vordermänner. Der Martinszug hält. Von vorn hört man das Zerreißen von Stoff.

Josef Reding

Das Licht der Kerze

Inhalt: Im stillen Dunkel des Adventsabends entzündet Natascha eine Kerze, Symbol für das unfasslich helle Licht bei Gott.

Stichworte: Advent – Wärme – Stille – Geborgenheit – Dunkel – Licht – Gott

Alter: ab 7 Jahren

Ganz allein darf Natascha die dicke rote Kerze heute Abend anzünden. Aber sie wartet, bis es draußen ganz dunkel geworden ist. Und Mutti darf hier im Zimmer nicht das elektrische Licht einschalten.
Papa hält noch immer die Streichholzschachtel mit dem einen Streichholz in der Hand. Wenn Natascha es will, dann wird er das Streichholz aufflammen lassen und es ihr reichen. Und Natascha wird dann die dicke Kerze anzünden.
Aber es ist schön, noch im Dunkeln ein bisschen zu warten. Es ist schön, weil Mutti und Papa ganz nah sind. Und Oliver sitzt still neben Mutti und wartet auch. Obwohl es dunkel ist, kann Natascha Muttis und Olivers Kopf noch ein bisschen erkennen.
„So dunkel ist es jetzt in der Welt!", sagt Papa leise. „So dunkel bleibt es die ganze Nacht, wenn du die Kerze nicht anzündest!"
„Die dicke, rote Adventskerze!", sagt Oliver.
„Wir zünden sie an, weil Gott uns etwas von seinem Licht zeigen will!", sagt Mutti.
„Ist Gott so hell wie die Kerze?", fragt Natascha.

„Noch viel heller", antwortet Mutti. „Und er macht es ganz warm in der Welt. Dann braucht keiner mehr zu frieren."
„Wenn es dunkel ist, warten wir auf das Licht", sagt Papa.
Oliver nickt. „Und Weihnachten brennen alle Kerzen", meint er.
„Das Licht von Gott ist noch heller", sagt Mutti. „Noch viel, viel heller!"
Natascha kann ein bisschen die Möbel im Zimmer erkennen. Und manchmal wird es vor dem Fenster plötzlich ganz hell. Das sind die Scheinwerfer der Autos auf der Straße vor dem Haus. „Viel heller als die Scheinwerfer draußen", meint Natascha. Es ist hier drin so schön, dass Natascha am liebsten den Atem anhalten möchte. Wenn sie nicht atmet, vielleicht bleibt dann die Zeit so lange stehen.
„Jetzt zünde endlich die Kerze an!", sagt Oliver.
„Wollen wir?", fragt Papa.
Natascha nickt. Und Papa sieht es, obwohl es dunkel im Zimmer ist. Das Streichholz flammt auf. Natascha greift ganz vorsichtig danach und hält es dann an den Docht der Kerze. Es dauert ein bisschen und es wird warm an Nataschas Fingern. Aber dann brennt die Kerze und sie bläst schnell das Streichholz aus.
„Seht mal, wie Nataschas Augen glänzen!", sagt Oliver.
„Deine auch!", ruft Natascha. „Alle unsere Augen!" Sie sieht Papa und Mutti an.
„Das kommt von der Kerze", sagt Mutti.
„Von dem Adventslicht!", fügt Papa hinzu.
Mutti summt ganz leise ein Weihnachtslied.
„Das kenne ich doch!", ruft Oliver.
Und Natascha sieht in das helle Licht der Kerze hinein. Es ist hell und warm. Sie spürt Papas Arm um ihre Schulter und kuschelt sich ganz eng an ihn. „Die Kerze soll heute ganz lang brennen!", sagt sie leise.

Rolf Krenzer

Jakob wartet auf Weihnachten

Inhalt: So wie seine Mutter auf ihn gewartet hat, so hat Maria auf ihr Baby gewartet, so haben die Menschen auf den Messias gewartet – Jakob findet das Warten auf Weihnachten nicht mehr so schlimm.

Stichworte: Advent – Ankunft – warten – Jesuskind – wachsen – Hoffnung – Zukunft – Freude

Alter: ab 6 Jahren

Die Mutter zündet die erste Kerze auf dem Adventskranz an. Jakob schaut in den Kerzenschein.

„Warum muss man so lange auf das Jesuskind warten?", fragt er. „Vier große Kerzen lang?"

„Auf etwas Schönes muss man meistens warten", sagt die Mutter. „Etwas Schönes braucht Zeit zum Wachsen. Zum Beispiel, bis ein Kind geboren wird. Damals haben die Menschen lange Zeit auf die Geburt des Jesuskindes gewartet. Wann kommt es denn endlich?, haben sie gefragt. Auch die Mutter Maria hat viele Monate lang gewartet, bis sie das Jesuskind zur Welt bringen konnte."

„Hast du auf mich auch so lange warten müssen?", fragt Jakob.

„Ja freilich", sagt die Mutter.

„Dafür war ich dann schön und du hast dich gefreut", sagt Jakob.

„Sehr gefreut", sagt die Mutter.

Jakob schaut wieder in den Kerzenschein.

„Miteinander warten ist nicht so schlimm", sagt er.

Lene Mayer-Skumanz

Dinis Christfest-Wunsch

Inhalt: Als Dini, Kind sehr reicher Eltern, hört, welch teure, unsinnige Geschenke sie zu Weihnachten erhalten soll, ist sie traurig. Was sie sich wünscht, ist Liebe und Zuneigung. Doch ihr Vater weiß nicht, wo es das zu kaufen gibt. Der Text ist eine bittere Satire.

Stichworte: Weihnachten – Reichtum – Geschenke – Nutzlosigkeit – Defizit – Wünsche – Zuneigung – Liebe

Alter: ab 10 Jahren

Dini hat alles, was sie sich wünscht: Drei Schränke voller Kleider und Pullover. Einen eigenen Farbfernseher, einen Heimcomputer und ein Videogerät. Sie besitzt 27 Puppen, drei Teddybären und über 300 CDs.

„Was soll ich dir zum Christfest schenken?", seufzt der Vater. „Du hast doch schon alles, was man sich nur wünschen kann. Das beste wird sein, ich schenke dir einen goldenen Zweihundertmarkschein."

Dinis Eltern sind reich. Geld spielt bei ihnen keine Rolle.

Die Mutter sagt: „Ich schenke dir einen fernlenkbaren Puppenwagen mit Elektromotor."

„Von mir bekommst du einen leuchtenden Bernsteinring mit eingebauter Taschenlampe", schmunzelt der Opa.

Die Oma meint: „Ich stricke dir eine Schutzhülle für Zahncremetuben – aus allerfeinster Angorawolle."

Bruder Ricky tut sehr geheimnisvoll: „Von mir bekommst du eine vollautomatische Bleistift-Spitzmaschine aus Silber."

Dini ist traurig: „Ich will keine vollautomatische Bleistift-Spitzmaschine. Ich will keine Schonhülle für Zahncremetuben, keinen Puppenwagen mit Elektromotor, keinen in der Nacht leuchtenden Taschenlampenring und auch keinen goldenen Zweihundertmarkschein. Das sind doch alles unnütze Sachen."

„Ja, was möchtest du dann?", fragt die Mutter erstaunt.

„Eure Liebe und Zuneigung."

Der Vater überlegt lange. Dann schüttelt er bedenklich den Kopf: „Aber Dini", meint er, „was du für ausgefallene Wünsche hast. Liebe und Zuneigung kann man doch nicht kaufen."

„Ja, darum!", sagt Dini.

Bruno Horst Bull

Der oberste Brief auf dem Stapel

Inhalt:	Ulrike wünscht sich von ihrer viel beschäftigten Mutter mehr Zuwendung (Zeit, Liebe). Mit einer Weihnachts-Grußkarte besonderer Art zeigt sie diesen Wunsch an.
Stichworte:	Weihnachten – allein erziehende Mutter – Tochter – Vernachlässigung – Geschäft – Werbung – Grußkarten – Wunsch – Zeit – Liebe
Alter:	ab 9 Jahren

Ulrikes Mutter gehört die Boutique auf dem Marktplatz. Ulrike schaut Mutti manchmal zu, wie sie Blusen und Röcke, Schmuck und Handtaschen verkauft. Mutti ist dann ganz anders als daheim, viel freundlicher und geduldiger. Aber für Ulrike hat sie auch dort zu wenig Zeit. „Die Kundschaft geht vor", sagt sie immer und Ulrike sitzt in der Ecke, halb versteckt hinter einem Kleiderständer und macht dort ihre Hausaufgaben. Das ist immer noch besser, als daheim allein in der leeren Wohnung zu sein. Vati ist ja nicht mehr da. Vati und Mutti haben sich scheiden lassen. Nur sonntags ist Mutti den ganzen Tag daheim. Da ist die Boutique geschlossen.

„Hilfst du mir?", fragt Mutti an einem Adventssonntagvormittag und packt eine große Schachtel aus. Sie zählt: einhundertzwanzig Weihnachtsgrußkarten, einhundertzwanzig Umschläge mit dem Aufdruck *Uschis Boutique, Am Marktplatz 3*. Uschi ist Mutti.

Und nun setzt sich Mutti an ihre Schreibmaschine und kramt aus dem Schreibtisch eine Liste mit vielen, vielen Adressen. Auf jeden Umschlag tippt sie eine davon und zum Schluss schreibt sie mit dem Parker, den Vati ihr zur vorletzten Weihnacht geschenkt hat, ihren Namen auf jede Karte. Einhundertzwanzig Mal. Sie stöhnt dabei.

Ulrike muss in jeden Umschlag eine Karte stecken, ganz vorsichtig, damit nichts reißt, nichts knickt, nichts schmutzig wird. Einhundertzwanzig Mal. *Ein frohes Weihnachtsfest und ein glückliches neues Jahr wünscht Ihnen Uschi Behr*, einhundertzwanzig Mal ein Foto von der Boutique, daneben ein Tannenzweig und der Stern von Betlehem.

„Schicken die dir auch alle einen Weihnachtsgruß?", fragt Ulrike.

„Aber nein", antwortet Mutti. „Höchstens drei oder vier. Die meisten, die so einen Brief bekommen, schauen nur auf den Absender, dann werfen sie ihn in den Papierkorb. Es sind halt Kunden. Die sollen bei mir kaufen. Ich muss sie immer wieder an meine Boutique erinnern. Deshalb die ganze Plage."

Sie schaut auf die Uhr. „Schon halb zwei!", ruft sie erschrocken und schiebt zwei Fertigmenüs in den Mikrowellenherd.

Nach dem Essen ist Mutti von der Adressen- und Unterschriftenschreiberei so erschöpft, dass sie sich einen langen Mittagsschlaf gönnt.
„Kleb noch die Marken auf", sagt sie zu Ulrike, bevor sie in ihrem Zimmer verschwindet.
Ulrike klebt nachdenklich eine Marke auf jeden Umschlag. Endlich liegt der Stapel fix und fertig auf Muttis Schreibtisch: immer zehn Briefe längs und zehn Briefe quer, damit er nicht umkippt. Er überragt alles andere auf dem Schreibtisch, außer der Lampe.
Ulrike möchte jetzt keinen Mittagsschlaf halten. Sie geht in ihr Zimmer, schneidet sich aus einem Blatt ihres Zeichenblocks eine Karte, genauso groß wie die, die sie in die Umschläge geschoben hat. Darauf schreibt sie mit ihrer schönsten Schrift:

Liebe Mutti,
ich hätte so gern viel Zeit mit dir. Aber ich weiß ja, dass das nicht geht. Ich wünsche dir ein frohes Weihnachtsfest und ein gesegnetes neues Jahr! Bitte wirf diese Karte nicht in den Papierkorb. Ich geb mir so viel Mühe mit ihr, weil ich dich lieb habe.
Ulrike

Und sie malt mit Filzstiften ein Bild darunter: Sich selber in der schönen neuen Latzhose. Unter ihren Füßen einen Tannenzweig und über ihrem Kopf strahlt der Stern von Betlehem.
Zur Kaffeezeit kommt die Mutter wieder aus dem Schlafzimmer. Sie ruft Ulrike. Niemand antwortet. Die Mutter schaut ins Kinderzimmer. Ulrike liegt auf ihrem Bett und schläft. Leise schließt die Mutter die Kinderzimmertür und geht ins Wohnzimmer. Auf ihrem Schreibtisch findet sie jetzt einhunderteinundzwanzig Briefe. Der oberste auf dem Stapel hat eine handgeschriebene Adresse und als Absender steht nur *Ulrike*.

Gudrun Pausewang

Das kann ich noch

Inhalt: Die von der Familie abgeschobene rüstige Großmutter möchte noch gebraucht werden. Ihre Enkelin, ledig, schwanger, deshalb ebenfalls von der Familie ausgeschlossen, holt sie zur Betreuung des erwarteten Kindes aus dem Altersheim.

Stichworte: Weihnachten – Großmutter – Enkelin – Altersheim – Einsamkeit – gebraucht werden – Aufgabe – Wärme – Glück

Alter: ab 10 Jahren

Am Nachmittag des 24. Dezember saß die alte Frau in ihrem Zimmer. Sie strickte – und sie horchte. So viele Schritte knarrten die Treppe herauf und hinunter, so viele Schritte tappten an ihrer Tür vorbei. Sie hörte freudige Ausrufe vor anderen Türen, Begrüßungen und Abschiede. Kinder lachten und riefen „Oma" oder „Opa". Nur hier im Zimmer war es ganz still.

Wie groß jetzt wohl Sebastian war? Als sie vor zwei Jahren hierhergekommen war, war er knapp acht Jahre alt gewesen. Er hatte damals so geweint, als sie sich von ihm verabschiedet hatte, um ins Altersheim zu ziehen. Aber beim letzten Besuch hatte er sie nur noch halb neugierig, halb gleichgültig angesehen und auf ihre Fragen nur mit Ja und Nein geantwortet. Verstohlen hatte er gegähnt. Ihrem Kuss war er ausgewichen. Das war im Sommer gewesen, als Helmut und Gisela sie mit den Kindern besucht hatten, auf dem Weg nach Spanien.

„Wir wollen nur mal eben hereinschauen", hatten sie gesagt. Ganze zwölf Minuten waren sie geblieben, und die Plätzchen, die sie in aller Eile aus dem Schrank gekramt und auf den Tisch gestellt hatte, hatten sie nicht angerührt.

Und Sabine? Die musste jetzt schon zwanzig sein. Zehn Jahre lang hatten Helmut und Gisela nur eine Tochter gehabt. Dann hatte sich noch Sebastian eingestellt. Bei Helmut und Gisela hatte es damals Panik gegeben, aber sie hatte sich nur gefreut und gesagt: „Lasst es nur kommen. Ich hab euch die Sabine großgezogen. Das Kleine schaff ich schon auch noch."

Fast acht Jahre hatte sie den kleinen Sebastian betreut – bis das Kaufhaus in Konkurs gegangen war, in dem Gisela, die Schwiegertochter, als Abteilungschefin gearbeitet hatte. Eine andere, etwa gleichwertige Arbeitsstelle hatte sie damals nicht finden können und so hatte sie beschlossen, daheim zu bleiben. Ohne Giselas Einkünfte konnten sie aber die große Wohnung nicht halten. Und in der neuen, der kleineren, war kein Platz mehr für die Großmutter gewesen.

„Und überhaupt", hatte Helmut, ihr Sohn, gesagt, „jetzt ist Sebastian ja auch schon so groß, dass er nicht dauernd jemanden um sich braucht. Du darfst dich jetzt mal richtig ausruhen. Das hast du verdient."

„Aber ich will mich doch gar nicht ausruhen!", hatte sie ihm geantwortet. „Ich fühl mich noch stark und gesund. Und ich bin ja auch noch nicht einmal siebzig! Mit achtundsechzig ist man doch noch nicht…"

„Ich hab alles schon geregelt", hatte Helmut hastig geantwortet. „Wenn du dich so rüstig fühlst, dann mach ein paar Reisen. Du hast ja noch kaum was von der Welt gesehen."

„Allein?", fragte sie.

Darauf hatte er nichts zu antworten gewusst.

Und so war sie ins Altersheim gekommen. Nicht in Düsseldorf, wo die anderen lebten, sondern in Köln. Viel zu weit für einen Besuch zu Fuß.

Zum ersten Weihnachtsfest hatten sie sie noch heimgeholt. Zum zweiten waren sie verreist – in die Berge, Skiurlaub. Weil Helmut im Sommer keinen Urlaub hatte bekommen können, erklärten sie ihr. Und in diesem Jahr? Sie hatte vor einer neuen Absage gebangt. Aber es war weder ein Anruf noch ein Brief gekommen, auch nicht an diesem Morgen, dem letzten vor dem Fest. Das konnte doch nur bedeuten, dass ihr Besuch zu erwarten war, dass Helmut sie vielleicht sogar holen kam… Oder?

Sie hatte schon alles bereit für diesen oder den anderen Fall: ihr Köfferchen mit Kleidern und Wäsche und den Pantoffeln. Eine Schachtel voll Weihnachtsgebäck, das sie auf Pappteller verteilen konnte, falls sie herkämen. Und für jeden ein Geschenk: einen Autoatlas für Helmut, einen Satz Kompottschüsseln für Gisela, einen selbst gestrickten Pullover für Sebastian und eine Blumenvase für Sabine. Gewiss, es waren recht bescheidene Geschenke. Aber sie bekam nur achtzig Mark Taschengeld im Monat. Damit konnte sie sich keine großen Sprünge leisten. Allein die Wolle für Sebastians Pullover hatte sie fast das Taschengeld eines ganzen Monats gekostet!

Sie wartete und lauschte. Nein, so spät konnten sie sie nicht mehr besuchen. Dann bliebe ihnen danach keine Zeit mehr für die Bescherung daheim. Also musste sie damit rechnen, dass Helmut sie holen kam. Und so räumte sie die Pappteller weg und packte die Plätzchen in einen Tragebeutel. Selbstgebackene waren es nicht. Aber wie hätte sie hier im Altersheim auch backen können?

Es klopfte. Die alte Frau erhob sich hastig. Ihr Herz schlug schneller. Jetzt kam Helmut – ihr Sohn Helmut! „Herein!", rief sie froh.

Aber es war nur Frau Kremer: „Sie werden am Telefon verlangt, Frau Klausmann!"

Die alte Frau hastete ins Büro. Außer Atem presste sie den Hörer ans Ohr. Es war Helmut. Fünf Minuten später kehrte sie langsam in ihr Zimmer zurück. Nun brauchte sie keine Eile mehr zu haben.

Helmut kam nicht, um sie zu holen. Niemand kam. Sie konnte wieder auspacken. Sie hätten alle drei die Grippe, hatte Helmut gesagt, er, Gisela und Sebastian, und natürlich wollten sie sie nicht anstecken. Nein, das Risiko sei zu groß.

„Wie schade, Mutti, wir hätten dich so gern bei uns gehabt. Aber zur nächsten Weihnacht klappt es ganz gewiss. Ja. Und viele Grüße von Gisela und Sebastian und alle guten Wünsche zum Fest. Hast du das Päckchen von uns noch nicht bekommen? Nein? Unerhört! Von Jahr zu Jahr lässt sich die Post mehr Zeit." Und er hatte sich schnell verabschieden wollen.

„Aber warum sprichst du immer nur von euch dreien?", hatte die alte Frau verstört gefragt. „Was ist mit Sabine?"

„Eine unerfreuliche Geschichte", hatte Helmut geantwortet. „Sie ist unter schlechten Einfluss geraten. Sie ist zu einer Freundin gezogen."

„Aber ihr kümmert euch doch um sie?", hatte die alte Frau noch fragen wollen, aber da hatte Helmut schon „Tschüs, Mutti, und feiere schön!" gerufen und schnell aufgelegt.

Schön feiern! Die alte Frau machte die Tür hinter sich zu und setzte sich auf ihren Stuhl, ohne das Licht anzuknipsen. Sie hatte keine Lust, in den Aufenthaltsraum hinunterzugehen, wo sie sicher bald die Lichter am Weihnachtsbaum anzünden würden. Sie hatte keine Lust, dort unten Weihnachtsmusik zu hören und Weihnachtsplätzchen zu knabbern und in den Fernseher zu starren, wo man glückliche Familien vor dem Gabentisch sah. Sie blieb lieber im Dunkeln sitzen.

Plötzlich klopfte es wieder. Jetzt kam wohl jemand vom Personal, um sie hinunter zum Weihnachtsbaum zu holen.

„Herein", sagte sie ungehalten.

Die Tür öffnete sich einen Spalt. Aus dem Flur fiel Licht herein.

„Omi?", hörte sie eine fast noch kindliche Stimme fragen. Die alte Frau stand hastig auf. Diese Stimme kannte sie. „Sabine?", rief sie und knipste das Licht an.

Ja, es war Sabine, die kleine, zierliche Sabine. Nur trug sie jetzt keinen Pferdeschwanz mehr, sondern ließ das Haar lang hängen. Sie zog sie ins Zimmer und umarmte sie.

„Wie schmal du aussiehst!", rief sie, „und so verfroren!" Sie drückte sie auf den Stuhl und packte die Plätzchen wieder aus.

„Ach Omi", sagte Sabine, „du bist immer noch die alte. Wo du auch bist, bei dir wird's einem warm." Und dann fügte sie hinzu: „Übrigens wohne ich nicht mehr daheim."

„Ich weiß", sagte die alte Frau. „Dein Vater hat mir's gerade am Telefon gesagt."

„Dann weißt du wohl auch schon, dass ich schwanger bin?"

Die alte Frau starrte Sabine sprachlos an. „Und er?", fragte sie nach einer Pause.

Sabine schluckte. Ihre Augen schwammen in Tränen. „Wir haben heiraten wollen", schluchzte sie, „aber dann ist er plötzlich auf und davon. Einfach verschwunden, ich weiß nicht wohin. Und ich hatte ihn so lieb!"

„Was hast du jetzt vor?", fragte die alte Frau.

„Ich will es trotzdem haben", sagte Sabine und warf den Kopf zurück. „Ich werd's schon irgendwie schaffen. Ich wohne jetzt bei einer Freundin, die mit mir zusammen in die Dolmetscherschule geht. Jutta heißt sie. Sie ist querschnittgelähmt. Ich hab sie in der Dolmetscherschule kennen gelernt. Sie hat's daheim auch nicht mehr ausgehalten. Weißt du, sie ist auch so eine, die zeigen möchte, dass sie's allein schafft. Deshalb hat sie sich eine eigene Wohnung genommen. Sie kommt ganz gut zurecht. Früher hat sie öfter den Hausmeister oder seine Frau oder Wohnungsnachbarn um Hilfe bitten müssen. Aber jetzt bin ich ja bei ihr. Sie macht Übersetzungen. Ich brauche ihr für die Miete nichts zu geben. Sie gibt mir sogar manchmal Übersetzungen ab. Die werden nicht schlecht bezahlt. Und in Stoßzeiten helfe ich in einem Reisebüro. Sonntags sitze ich im Roxi-Kino an der Kasse. Du siehst, ich halte mich irgendwie über Wasser. Und in eineinhalb Jahren mach ich die Dolmetscherprüfung."

„Aber was wird mit dem Kind, während du zur Schule gehst und arbeitest?", fragte die alte Frau.

„Das ist es ja", sagte Sabine, „weshalb ich hergekommen bin, Omi. Ich hab gedacht, vielleicht könntest du zu uns ziehen? Für Jutta wär das auch eine Lösung, sagt sie, denn das Kochen und Putzen ist schwierig für sie, so im Rollstuhl. Und wenn dann das Kind da ist – bei dir wär's bestens aufgehoben. Das weiß ich doch aus meiner eigenen Kinderzeit. Da könnte ich ganz beruhigt in der Schule oder sonstwo sein."

Eine Stunde später begleitete die alte Frau ihre Enkelin über Flur und Treppe, wo es jetzt still geworden war, hinunter bis zum Ausgang. Sabine hatte den Pullover an, der eigentlich für Sebastian gestrickt worden war, und trug eine große Tüte mit Weihnachtsplätzchen, Blumenvase, Autoatlas und Kompottschüsselchen.

„Es wird noch drei, vier Wochen dauern", sagte die alte Frau. „Alle diese Formalitäten. Aber ich mach so schnell ich kann."

„Sag dem Papi nichts davon", bat Sabine. „Der würde alles dransetzen, dich davon abzubringen."

„Das brauchst du mir nicht zu sagen", meinte die alte Frau. „Aber auch wenn er's erfahren sollte, könnte er nichts mehr daran ändern. Du brauchst mich und damit basta. Gib Jutta auch was von den Plätzchen ab."

„Das brauchst du mir nicht zu sagen", lachte Sabine. „Wir teilen alles."

Vor der großen Schwungtür stellte sie ihre Tüte ab und umarmte die alte Frau. „Ich schäm mich so, Omi", flüsterte sie. „Ich hab damals einfach zugesehen, wie sie dich ins Altersheim abgeschoben haben, und hab nicht protestiert! Ich war so gedankenlos. Und ich hätte dich doch auch öfter mal hier besuchen können..."
„Schon gut, schon gut", sagte die alte Frau. „Jetzt wird's ja anders."
Kaum war Sabine durch die Schwingtür verschwunden, kehrte die alte Frau in ihr Zimmer zurück. Sie hörte die anderen im Aufenthaltsraum singen: „Freue dich, freue dich..." Aber sie ging nicht hinein. Sie eilte die Treppe hinauf und in ihr Zimmer, knipste das Licht an, kramte aus einer Schublade ein Knäuel feiner weißer Wolle samt Stricknadeln und schlug so viele Maschen auf, wie sie für ein Babymützchen brauchte.

Gudrun Pausewang

Die Dinkelsbacher Weihnacht

Inhalt: Die wohlhabenden Großeltern feiern mit ihrem Enkel noch einmal Weihnachten so, wie sie es als obdachlose Ausgebombte in der Kriegs- und ersten Nachkriegszeit in einem Behelfsheim gefeiert haben.

Stichworte: Weihnachten – Bombenkrieg – Obdachlosigkeit – Behelfsheim – Elend – Armut – Kälte – Improvisation – Erinnerung – Wiederholung – einfaches Leben – Dankbarkeit

Alter: ab 9 Jahren

Steffens Großeltern sind reich. Sie besitzen einen Supermarkt, fahren einen Mercedes und wohnen in einer Villa mit einem großen Garten. Bis zum vorigen Jahr haben sie im Winter immer eine Reise nach dem Süden gemacht. Drei Wochen lang sind sie in der Sonne spazieren gegangen. Der Supermarkt hat trotzdem funktioniert. Steffens Großvater hat ja genug Angestellte.

Aber im November des vergangenen Jahres hat der Großvater plötzlich gesagt: „In diesem Winter fahren wir nicht in den Süden. Wir haben ein Wochenendhaus bei Dinkelsbach gekauft. Dort werden wir Weihnachten und Neujahr verbringen." – „Nanu", sagt Steffens Vater überrascht. „Dinkelsbach – das ist doch das Dorf, wo wir gewohnt haben, nachdem unser Haus in Köln zerbombt worden war?"

„Ja", sagte die Großmutter. „Das Behelfsheim. Damals standen fünf nebeneinander. Aber jetzt ist nur noch dieses eine da. Genau das, in dem wir gewohnt haben. Ein alter Mann hat es bis jetzt als Gartenhaus verwendet. Ein Stückchen Garten gehört auch dazu."

„Ich glaube, ihr seid nicht recht gescheit!", rief der Vater. „Ihr könnt euch doch ein anderes Wochenendhaus leisten als so ein olles, vergammeltes Behelfsheim von vier mal fünf Metern!"

„Leisten schon", meinte der Großvater. „Aber darum geht's uns nicht."

„Was ist ein Behelfsheim?", fragte Steffen.

Die Großmutter erklärte: „Im letzten Krieg wurden viele Familien obdachlos. Die Bomben hatten ihre Wohnungen zerstört. Die Obdachlosen wurden in die Dörfer geschickt. Über Dörfern fielen selten Bomben. Aber auch dort war kaum mehr Platz für die vielen Obdachlosen. Da ließen die Bürgermeister kleine Holzhäuser bauen, ohne Keller, Badezimmer, Zentralheizung, nur mit einem Klohäuschen daneben. Die Behelfsheime hatten nur einen oder zwei Räume. Aber die Leute, die hineinziehen durften, waren trotzdem froh, nun wieder ein Dach über dem Kopf zu haben. Es waren meistens Familien mit mehreren Kindern, die anderswo nicht unterkamen. Wir hatten ja auch drei Kinder und das vierte war unterwegs. Als wir einzogen, war ich mit den Kindern allein. Dein Großvater war an der Front, dein Vater erst zwei Jahre alt. Fünf Jahre haben wir darin gewohnt. Dort hat uns auch der Großvater gefunden, als er aus der Gefangenschaft kam."

„Furchtbar war's dort", sagte der Vater und rümpfte die Nase. „Die Windeln hingen an einer Leine über dem Kanonenofen. Der hat geraucht, wenn der Wind aus einer bestimmten Richtung kam. Und bei Sturm und Regen mussten wir hinaus aufs Klo. Wozu habt ihr dieses Ding bloß gekauft? Wollt ihr's ausbauen?"

„Nein", antwortete der Großvater, „wir wollen es lassen, wie es ist. Es hat sich kaum verändert. Sogar der alte Kanonenofen steht noch drin. Auch die beiden Stockwerkbetten sind noch da. Die hat der bisherige Besitzer als Regale für seine Blumenzwiebeln und Samentüten und Gartengeräte verwendet. Wir haben Betten und Ofen gleich mitgekauft und einen alten Tisch und drei Stühle dazu, auch wenn es nicht die von damals sind. Ich bin schon dort gewesen und habe Brennholz und das nötige Geschirr besorgt."

„Und in dieser elenden Bude wollt ihr Weihnachten feiern?", rief nun Steffens Vater und fing an zu lachen. „Das könnt ihr euch doch nicht antun. Ich wette, spätestens in drei Tagen seid ihr wieder da."

„Wir werden sehen", sagte die Großmutter. „Jedenfalls freu ich mich schon darauf."

„Großvater", rief Steffen, „darf ich mit?"

Der Großvater sah die Großmutter an.

„Natürlich darf er", sagte die Großmutter. „Aber du weißt, was dich erwartet. Dort sind wir arm."

„Aber Steffen", sagte die Mutter vorwurfsvoll, „wolltest du nicht mit uns ins Skihotel nach Garmisch fahren? Dort hast du alle Bequemlichkeiten und ein eigenes Zimmer und die Hotelleitung bietet ein Extraprogramm für Kinder an –"

„Nein, nein", rief Steffen, „ich will zu den Großeltern. Bitte!"

„Er wird sich erkälten", sagte die Mutter. „Der Fußboden wird kalt sein, durch die Bretterwände wird es ziehen –"

„Nun ja, es schadet ihm nichts, wenn er ein bisschen abgehärtet wird", meinte der Vater. „Und bedenke, meine Liebe, wie er auf dem letzten Skiurlaub herumgequengelt hat: Dies war ihm nicht recht und das hat ihm nicht gepasst und dauernd sollten wir uns mit ihm abgeben. Wenn *ihr* sein Gequengel diesmal auf euch nehmen wollt – mir soll's recht sein. Die Geschenke kann er ja vorher kriegen."

„Aber dann muss er wenigstens genug warme Sachen mitnehmen", sagte die Mutter.

Sie fuhren mit der Bahn. Steffen war noch nie mit der Bahn gefahren, solange er sich erinnern konnte. Er fand die Reise herrlich. Am Dorfrand stand das alte Behelfsheim. Schon von weitem entdeckte Steffen das Klohäuschen. Der Großvater schleppte zwei Koffer, die Großmutter die beiden Reisetaschen. Steffen trug einen Rucksack. Sie keuchten alle drei, als sie endlich vor der Tür standen: nicht nur vom Gepäck, sondern auch vom Waten durch den hohen Schnee. Vom Dach hingen Eiszapfen herab. Die Tür war zugefroren. Der Großvater musste mit klammen Fingern erst eine Weile werkeln, bis sie sich öffnen ließ.

„Tretet ein in die Elendszeiten", sagte er.

Ein paar Stunden später hatten sie sich in den zwei winzigen Räumen eingerichtet: Der Kanonenofen glühte und rauchte ein bisschen. Eine Wasserkanne stand darauf. Durch die Küche hatte die Großmutter eine Leine gespannt. Über der hingen Steffens und Großvaters Hosen und Socken, die im tiefen Schnee nass geworden waren. Drei Paar Schuhe standen um den Ofen herum und rochen nach Leder und Schweiß. Im Ofen knallte das Holz. Es war halbdunkel im Raum. Über dem Tisch hing eine Birne an einem Draht herunter, mit einem fliegenbekleckerten, selbst gebastelten Lampenschirm. In der Ecke stand ein Spülstein, der nichts als eine Zementwanne unter einem Wasserhahn war. Dort wusch die Großmutter Kartoffeln. Sie tat sie in einen Topf, füllte ihn halb mit Wasser, nahm die Kanne vom Ofen und stellte den Kartoffeltopf darauf.

„Heute Abend gibt es Kartoffeln, Butter und Quark", sagte sie. „Aber nur ganz wenig Butter. Quark macht stark."

„Diesen Spülstein habe ich hier eingebaut, als ich aus der Gefangenschaft kam", erzählte der Großvater. „Vorher musste die Großmutter das Wasser draußen am Wasserhahn holen. Es gab nur einen einzigen Wasserhahn für alle fünf Häuser."

Er faltete Zeitungen und schnitt sie mit dem Messer in kleine Stücke.

„Unser Klopapier", erklärte er. „Am Anfang wird's dich hart ankommen, aber du wirst dich schnell daran gewöhnen. Wer zuerst hinaus muss, nimmt's mit."

Vor lauter Neugier musste Steffen zuerst hinaus. Draußen war es schon dunkel und bitterkalt und es stürmte. Er hielt das Papier fest umklammert. Er musste durch hohen Schnee stapfen. Der Sturm fuhr ihm unter die offene Jacke. Der Riegel ließ sich nur mühsam zurückschieben. Im Klo war es stockfinster. Durch eine Ritze war Schnee auf das Sitzbrett geweht. Steffen merkte es nicht und setzte sich hinein. Und dann dieses Papier! Es war so hart, so glatt.

„Na", sagte der Großvater, als Steffen voll Schnee und zähneklappernd zurückkehrte. „Nicht sehr gemütlich, was?"

„Hier hast du einen Pfefferminztee", sagte die Großmutter. „Dafür müssen wir etwas länger auf das Abendessen warten. Auf dem Ofen hat immer nur *ein* Topf Platz."

Wie gut der Tee tat! Und dann deckte die Großmutter nichts als Teller, Gabeln und Küchenmesser auf. Mitten auf den Tisch stellte sie die dampfenden Pellkartoffeln.

„Die musst du dir selber schälen", sagte der Großvater.

Steffen hatte noch nie Kartoffeln geschält. Anfangs ging das Schälen ziemlich langsam, wo er doch so einen Hunger hatte. Jede Kartoffel war viel schneller aufgegessen als geschält. Steffen musste sich sein Essen regelrecht erarbeiten. Aber es schmeckte köstlich. Vor allem der Zwiebelquark.

„Die Zwiebeln und Kartoffeln haben wir damals selber im Garten angebaut", sagte die Großmutter. „Weil das, was es auf Marken gab, längst nicht ausreichte, um satt zu werden."

„Ja, von den Lebensmittelmarken hab ich schon gehört", sagte Steffen.

„So ein winziges Stückchen Butter bekam jeder pro Tag zugeteilt", sagte der Großvater und zeigte auf seine Daumenspitze.

Nach dem Essen wusch die Großmutter die Teller, Messer und Gabeln im Spülstein. Aber dazu musste sie sich erst Wasser auf dem Ofen heiß machen. Steffen trocknete ab. Das nasse Tuch hängte er über die Leine. Der Großvater war inzwischen hinausgegangen. Durch den Türspalt war Schnee hereingewirbelt. Mit Ästchen, Spänen und Rinde kam er wieder herein. Von der Großmutter ließ er sich zwei Küchenmesser geben.

„Ich habe Füße wie Eis", sagte die Großmutter. Ich muss mir einen Muckefuck kochen."

Steffen musste lachen. „Muckefuck?"

Er erfuhr, dass das ein Ersatzkaffee aus den Kriegszeiten war, aus Getreidemalz gemacht. Aber das, was die Großmutter sich da zubereitete, roch so wie Caro, der Kinderkaffee, den er von Axels Geburtstagsfeier her kannte und der ihm gut geschmeckt hatte.

„Stimmt", sagte sie. „Dies ist Caro. Der schmeckt dem Muckefuck noch am ähnlichsten. Muckefuck gibt es nirgends mehr zu kaufen."

„Wenn du hier spielen willst, Steffen", sagte der Großvater, „müssen wir das Spielzeug selber machen."

Sie schnitzten, während die Großmutter strickte und Kaffee trank, aus Rinde und Spänen wunderschöne Boote mit Segeln aus Zeitungspapier und ließen sie im Spülstein schwimmen. Das Abflussloch verstopfte der Großvater mit einem alten Lappen. Steffen lernte eine Menge über Boote und Schnitzkniffe.

„Morgen gehen wir in den Wald", sagte der Großvater zu ihm, „und suchen uns Holz für einen Quirl."

„Was ist ein Quirl?", fragte Steffen.

„Ein Mixer für Arme", sagte der Großvater.

Vor dem Schlafengehen wuschen sich alle drei ihre Füße in einer Blechschüssel und der Großvater zog sich Pullover und Hemd aus und wusch sich am Spülstein.

„Komm du nur auch her", sagte er zu Steffen. „Sauber halten kann man sich trotzdem."

Als Steffen dann im oberen Stockwerkbett lag, hörte er den Großvater unter sich atmen. Die Großmutter werkelte noch in der Küche herum. Durch die türlose Öffnung zwischen beiden Räumen fiel fahler Lichtschein auf Steffens Bett. Der Ofen bullerte. Steffen konnte den flackernden Feuerschein sehen. Es war schön warm. Was machte es da schon aus, dass der Sturm am Dach rüttelte? Steffen fühlte sich wohl. Er dachte nicht an zu Hause.

Dass die Matratze viel härter als daheim war, merkte er erst am nächsten Morgen. Er fühlte sich wie zerschlagen. Auch den Großvater hörte er stöhnen. Aber als er an den Quirl dachte, vergaß er seine Steifheit und kletterte unter der warmen Decke hervor. Er fing an zu schlottern. Der Raum war eiskalt. Der Ofen war längst ausgegangen. Und schon kniete der Großvater vor der Ofentür und baute kunstvoll Papier, Späne und Holz übereinander.

„Schau her, wie man's macht", sagte er zu Steffen. „Morgen bist *du* dran mit dem Feuermachen und Auflegen."

Dann kochte die Großmutter Caro. Der duftete durch den ganzen Raum.

Zu Weihnachten holten sie sich selber ein Tannenbäumchen aus dem Wald – mit Erlaubnis des Försters. Es war nur ganz klein. Sie hatten ja nicht viel

Platz in dem Häuschen. Sie schmückten es mit Selbstgebasteltem und ein paar weißen Kerzen.

„Süßes gibt es nicht", sagte der Großvater. „Das hatten wir damals auch nicht."

„Das stimmt nicht", sagte die Großmutter. „Ich hab's immer geschafft, zu Weihnachten wenigstens ein bisschen was Süßes für die Kinder zu haben."

„Plätzchen backen konntest du hier jedenfalls nicht."

„Nein. Die gibt es auch diesmal nicht. Aber Marzipankartoffeln, mit Mandelaroma zubereitet. Solches Aroma konnte man damals noch bekommen."

So drehten Großmutter und Steffen Marzipankartoffeln aus Grieß, Zucker, Butter und Mandelaroma.

Am Heiligen Abend beschenkten sie sich: Die Großmutter schenkte dem Großvater ein paar selbst gestrickte Pulswärmer und dem Steffen einen gehäkelten Teddybär. „Den gibt's nur einmal auf der Welt", sagte sie.

Der Großvater schenkte der Großmutter ein selbst gebasteltes Wandbrett und dem Steffen ein Vogelhäuschen. Steffen schenkte dem Großvater einen großen Quirl und der Großmutter einen kleinen Quirl.

„Du kannst deinen ja der Großmutter borgen, wenn sie einen großen braucht", sagte er zum Großvater.

Aber das Allerschönste von allem hatten sie zusammen gebastelt: eine Weihnachtskrippe aus Holz mitten in einem Wald aus Zweigen und Moos. Maria und Josef waren Fichtenzapfen mit Eichelköpfen, die Hirten waren Kiefernzapfen, die Schafe Lärchenzapfen mit Wollflocken umwickelt, die Steffen von den Koppeldrähten gezupft hatte. Das Jesuskind war eine Haselnuss und lag in einer richtigen Futterkrippe aus Spänen. Die Großmutter hatte Maria und Josef und die Hirten in bunte Stoffreste eingenäht, die sie in der Tischschublade gefunden hatte, und an der Haselnuss klebte eine winzige Windel.

„So was Schönes hab ich noch nie gebastelt", sagte Steffen überwältigt, kauerte sich vor die Krippe und bewunderte sie, während Großvater und Großmutter aus ihrem Leben erzählten. Alle drei knabberten an ihren Marzipankartoffeln. Jeder hatte nur sechs bekommen, aber der Großvater brauchte lange für seine erste und gab dann die übrigen fünf dem Steffen, der das sehr nett von ihm fand. Von der Großmutter bekam er auch drei Kugeln.

Als Steffen sich wunderte, weil keiner mehr erzählte, und sich umdrehte, sah er, dass sich Großvater und Großmutter aneinandergelehnt hatten und sich an den Händen hielten.

Um neun Uhr abends kam ein Telegrammbote. Er brachte ein Telegramm, das aus den Bergen kam. FROHE WEIHNACHT! MUTTI UND VATI stand darauf. Kopfschüttelnd stapfte der Bote wieder davon.

Am ersten Weihnachtsfeiertag bekam Steffen Fieber. Er hatte sich erkältet.

„Vielleicht haben wir dir zu viel zugemutet", meinte der Großvater besorgt. „Du bist so ein Leben nicht gewöhnt."

„Aber ich geb mir ja alle Mühe, mich dran zu gewöhnen", rief Steffen mit glühendem Gesicht. „Sag bloß nicht, wir müssen jetzt nach Hause."

Die Großmutter heizte, bis der Ofen glühte. Sie häufte alle Decken auf Steffen und ließ ihn schwitzen. Hinterher stellte sie ihn in die Schüssel, wusch ihn ab und rubbelte ihn trocken. Am nächsten Tag war das Fieber weg.

Am letzten Ferientag brachten die Großeltern Steffen zu seinen Eltern zurück. Der schenkte seiner Mutter auch einen Quirl und seinem Vater ein Boot aus Rinde.

„Damit du in der Badewanne was zu spielen hast, Vati", erklärte er.

„Na?", fragte der Vater die Großeltern. „Ich schätze, ihr habt die Nase voll von dem Elendsleben."

„Wir waren gern dort", antwortete der Großvater, „auch wenn ich mir einen scheußlichen Schnupfen geholt habe und die Großmutter einen Hexenschuss. Es war eine unvergessliche Weihnacht."

„Das klingt ja fast, als wünschtet ihr euch so ein Elendsleben und den Krieg zurück", sagte die Mutter.

„Nein", sagte die Großmutter, „nicht den Krieg und nicht das Elend. Der Krieg hat mich viele schlaflose Nächte aus Angst um den Großvater und meine Brüder an der Front und die Kinder in den Bombennächten gekostet. Er hat uns um unser Haus und unseren Laden gebracht. Es hat uns unsägliche Mühe gekostet, hinterher wieder zu einem eigenen Heim zu kommen. Ein Krieg entsteht schnell, ganz plötzlich, ehe man sich's versieht – und dann ist das Elend wieder da. Wir fahren nach Dinkelsbach, damit uns all die Ruhe und die Bequemlichkeiten und die Sicherheit, die uns der Frieden gibt, nicht selbstverständlich werden. Die Dinkelsbacher Weihnacht macht uns dankbar."

„Und nächstes Jahr fahr ich wieder mit nach Dinkelsbach!", rief Steffen.

Gudrun Pausewang

O du fröhliche

Inhalt: Die Schulweihnachtsfeier über das Lied „O du fröhliche" von Johannes Falk wird von Ralf, dem „King" aus dem benachbarten Johannes-Falk-Heim für Schwererziehbare, brutal gestört. Am Adventskranz bringt er eine Kerze nach der anderen zum Erlöschen. Der Lehrer resigniert. – Eine Geschichte aus der oft harten Realität heutiger Schulen.

Stichworte: Weihnachtsfeier – Schwererziehbare – „Show" – Rowdytum – Aggressivität – Zerstörungswut – „Tollhaus" Schule – Resignation

Alter: ab 12 Jahren

Die große Schultür wird aufgestoßen und mit einem Schwall eiskalter Luft kommt Ralf in die Halle. Die vier Kerzen oben auf dem Adventskranz fangen an wild zu flackern.

Rums! Ralf gibt der Tür einen Tritt. Wie ein Gaul feuert er nach hinten aus. Er trägt feste PUMA-Schuhe. Als Sport-Fan kommt für ihn nur PUMA in Frage. Die Tür fällt ins Schloss und augenblicklich verlöscht die Kerze. Das hat nicht länger als dreißig Sekunden gedauert.

„Guten Morgen!", sagt Herr Meißner zu Ralf.

„Guten Abend!", antwortet Ralf. Mit einem Blick hat er die Halle überflogen. Herr Meißner steht unter dem Adventskranz und die Schüler sitzen im Halbkreis um ihn herum. Ein paar lachen, winken mit den Händen. Der lauteste ist Oliver: „Ha, ha, ha!"

Ralf, der King, steht an der Tür. Er kann noch lauter lachen: „Ha, ha, ha, ha!" Schnurstracks steuert er auf Bobby zu, denn der sitzt auf einem Stuhl mit Armlehne und davon gibt es nur ein Dutzend in der Schule. Ralf lacht immer noch und dabei packt er Bobbys Stuhl hinten an der Lehne und kippt ihn nach vorn. Wie auf einer Rutschbahn saust Bobby auf die Steinfliesen. Wieder flackern im Luftzug die Kerzen und auf einmal brennen nur noch zwei.

Herr Meißner hält die Luft an. „Bobby, steh auf", sagt er, „du kannst dich auf meinen Stuhl setzen."

Bobby schluckt die Tränen hinunter. Anscheinend hat er sich weh getan.

„A…kriecher!", sagt Ralf. Seine Augen sind schon wieder woanders. Futtert da nicht jemand Pfeffernüsse? „He, schmeiß mal rüber!"

Die Pfeffernüsse fliegen über die Köpfe. Ralf fängt sie mit links. Das eine muss man ihm lassen: Im Sport ist er Spitze.

„Nun reicht's!", sagt Herr Meißner. Gleich wird er in die Luft gehen.

„Mir nicht!", antwortet Ralf, denn für ihn fängt die Show jetzt erst richtig an.

Herr Meißner gibt Frau Semmler einen Wink. Sie weiß Bescheid. Frau Semmler sitzt an der Heimorgel und beginnt zu spielen: „O du fröhliche, o du selige, gnadenbringende Weihnachtszeit..."

„La, la, la...", macht Ralf. Er muss nicht lange warten, gleich stimmt Oliver ein: „La, la, la..."

Herr Meißner kennt die Jungen. Sie wohnen im Johannes-Falk-Haus, das ist ein Heim, gleich neben der Schule. Eigentlich müsste er dazwischenfahren, aber er will sich nicht reizen, nicht provozieren lassen. Deshalb fängt er an zu erzählen, auch wenn Ralf Klamauk macht.

„Hallo, Olli!", ruft Ralf dazwischen und im selben Moment erlischt die dritte Kerze. Niemand weiß, wie der King das fertig gebracht hat. Jetzt brennt nur noch eine.

Herr Meißner erzählt von Johannes, einem bettelarmen Jungen, der nur mit Hilfe fremder Menschen in die Schule gehen konnte. Als er später studieren wollte, gab ihm der Bürgermeister das Geld dazu. „Du bleibst unser Schuldner, Johannes", sagte er. „Wenn einmal arme Kinder an deine Tür klopfen, so denke, wir sind es, die Bürger deiner Heimatstadt, und weise sie nicht ab."

Jahre später kam Johannes nach Weimar. Dort lebte damals der große Dichter Goethe. Es war Krieg und überall zogen elternlose Kinder bettelnd durchs Land. Johannes hatte die Worte des Bürgermeisters nicht vergessen. Er nahm hungernde Kinder auf in seine Wohnung und wurde ihnen ein Vater. Mit dem letzten Geld kaufte er ein Haus und nun war er von früh bis spät unterwegs, um seine Waisenkinder, hundert waren es zuletzt, satt zu machen. Gerade als sein ältester Sohn an Gehirnhautentzündung gestorben war und der Sarg noch in der Stube stand, klopfte es draußen wieder an die Haustür. Vier fremde Kinder baten um Aufnahme, sie waren von einem Pfarrer geschickt worden. „Wir haben sie nicht abgewiesen", schrieb Johannes in sein Tagebuch. „Der Name des Herren sei gelobt." Er kannte Armut und Not und auch der Tod hatte seine Familie nicht verschont. Sechs Kinder waren ihm gestorben, trotzdem bewahrte er sich ein warmes Herz. Als einmal ein fahrender Drehorgelmann ein sizilianisches Lied spielte, konnte er die schöne Melodie nicht vergessen. Schließlich schrieb er dazu einen Text:

O du fröhliche, o du selige,
gnadenbringende Weihnachtszeit!
Welt ging verloren, Christ ist geboren:
Freue, freue dich, o Christenheit!

„Von Johannes Falk ist die erste Strophe dieses Weihnachtsliedes", sagte Herr Meißner. „Also von dem Mann, nach dem euer JOHANNES-FALK-HAUS genannt worden ist."

„Amen!", schreit Ralf. Blitzschnell hat er die letzte Kerze ausgeblasen. „Nun hast du's geschafft!", sagt Herr Meißner.
Ralf lacht. „Das müssen Sie mir erst mal beweisen. Und überhaupt, was soll 'n der Scheiß? Für mich brauchen Sie keine Andacht zu halten."
„Für dich hätte ich sie auch nicht gehalten", sagt Herr Meißner.

Dietrich Seiffert

Die Tulpe

Dunkel
war alles und Nacht.
In der Erde tief
die Zwiebel schlief,
die braune.
Was ist das für ein Gemunkel,
was ist das für ein Geraune?,
dachte die Zwiebel, plötzlich erwacht.
Was singen die Vögel da droben
und jauchzen und toben?

Von Neugierde gepackt,
hat die Zwiebel einen langen Hals gemacht
und um sich geblickt
mit einem hübschen Tulpengesicht.

Da hat ihr der Frühling entgegengelacht.

Josef Guggenmos

Die Knospe

Inhalt: Das Spielen, Singen, Lachen der Kinder, das gemeinsame Spazierengehen, die Gartenarbeit, all das erweckt den nach dem Tod der Großmutter tief in Trauer und Einsamkeit versunkenen Großvater zu neuem Leben. Plötzlich hat Großmutters Lieblingsblume, die Clivie, eine dunkelrote Blüte.

Stichworte: Tod – Großmutter – Großvater – Trauer – Einsamkeit – Verlorenheit – Schmerz – Enkel – Fröhlichkeit – angesteckt werden – neue Aktivität – Lebensmut – Ostern

Alter: ab 8 Jahren

8, 9, 10, 11. Martin zählte die Fähnchen auf der Karte. Das erste steckte da, wo Martin wohnte. Die nächsten waren entlang der Autobahn aufgereiht. Eigentlich waren es Stecknadeln, aber an die roten, runden Köpfchen hatte Martin Papierstreifen geklebt, blaue, gelbe und rote. Wie richtige kleine Fahnen sahen sie aus und jetzt markierten sie den Reiseweg auf der Landkarte, die Autobahn entlang, um den See herum und noch ein Stückchen weiter bis zu den Bergen.

Jeden Tag schaute Martin sich die Karte an. Er freute sich auf die Reise. Ein Ruderboot würden sie mieten am See. Damit konnte man weit hinausrudern und fischen. Er hatte schon das Netz eingepackt, ein grünes Netz mit einem langen Stock. Damit konnte man Kaulquappen fangen und kleine Fische. Jeden Tag fiel Martin etwas anderes ein, was er noch mitnehmen konnte: die gelben Gummistiefel, den roten Plastikeimer für die Fische, den Rucksack für die Bergtour, das Fernglas. Er las auch die bunten Prospekte, die der Vater in einem Reisebüro besorgt hatte. Sogar ein eigenes Reiseprogramm machte er noch: 1. Tag Boot mieten, 2. Tag Wanderung. Daneben malte er noch ein paar Bilder.

Jeden Tag strich er auf dem Kalender einen Tag durch, noch 14 Tage, noch 13, und jedesmal freute er sich, weil man richtig sehen konnte, wie die Reise immer näher rückte. Dann kam der Anruf von Großvater. Vater und Mutter hatten auf einmal ganz besorgte Gesichter, so wie damals, als Tina ins Krankenhaus musste und die Ärzte ihr den Blinddarm herausoperierten. Sie flüsterten auch oft miteinander, so wie sie es sonst nie taten, und einmal, als Martin ins Zimmer kam, hörten sie auf zu sprechen. Sie telefonierten noch ein paarmal mit Großvater, dann merkte Martin, warum sie so besorgt waren. Es war wegen Großmutter. Sie war ganz plötzlich sehr krank geworden. Jetzt war sie im Krankenhaus und alle machten sich große Sorgen. Am nächsten Tag fuhr Mutter hin, um sie zu besuchen. Als sie wiederkam, hatte sie ein ganz trauriges Gesicht. Es ging Großmutter sehr schlecht.

Die Mutter fuhr noch ein zweites Mal hin und dann sagte der Vater die Reise ab, die sie geplant hatten. Martin hörte, wie er mit dem Hotel am See telefonierte, dass sie die Zimmer nicht mehr brauchten, wegen eines schweren Krankheitsfalls.

Erst sagte Martin gar nichts. Er stand nur da und starrte den Vater wortlos an. Dann heulte er los. Er rannte in sein Zimmer, warf sich aufs Bett und brüllte vor Wut und Enttäuschung ins Kissen. Die Mutter kam herein und versuchte, ihm zu erklären, dass man die Reise verschieben musste, wegen der Großmutter, weil sie wirklich sehr krank war. Aber Martin ließ sich nicht trösten. Er gab dem Rucksack, der fertig gepackt neben dem Bett lag, einen Tritt. Das grüne Netz schmiss er unter den Schrank. Dann riss er auch noch die Fähnchen aus der Landkarte und warf sie in den Papierkorb.

Als Tina dann noch sagte: „Wir können die Reise ja nächstes Jahr machen", da schmiss er mit einem Bauklotz nach ihr.

Großmutter starb acht Tage später. Sie waren alle sehr traurig. Auch Martin. „Eigentlich könnten wir jetzt doch an den See fahren", sagte er einmal zur Mutter. „Jetzt brauchst du doch nicht mehr zur Großmutter ins Krankenhaus."

Aber sie fuhren trotzdem nicht an den See.

Jetzt, wo Großvater ganz allein zu Hause war, in dem großen Haus mit dem Garten auf dem Land, da konnte man ihn doch nicht in den Ferien allein lassen, so kurz nach Großmutters Tod, meinten die Eltern.

Tina freute sich sogar darauf, den Großvater zu besuchen. Sie freute sich auch auf den großen Garten und auf Großvaters graue Katze.

Aber Martin freute sich nicht. Auch dann nicht, als er hörte, dass sie den Dackel mitnehmen würden, der in Großvaters Katze ganz vernarrt war.

Mürrisch saß Martin in Großvaters Wohnzimmer und löste Kreuzworträtsel in einer alten Zeitung. Alles war viel ruhiger als sonst. Früher hatte man Großmutters Stimme gehört, wenn sie die Katze rief oder mit Großvater redete, der nicht gut hörte. Deshalb hatte sie immer sehr laut geredet.

Großmutters Blumen am Fenster blühten nicht mehr wie früher. Sie ließen die Köpfe hängen. Ein paar waren vertrocknet, weil niemand ihnen Wasser gegeben hatte. Großvater saß meistens im Sessel am Fenster und schaute in den Garten hinaus. Er sagte nichts. Vielleicht hörte er es gar nicht, wenn Martin und Tina mit ihm redeten.

Am schlimmsten war das mit der Katze. Sie lag auf Großmutters Bett und rührte sich nicht. Den ganzen Tag lag sie da. Man konnte nicht mehr mit ihr spielen und herumtoben wie sonst. Nicht einmal dem Dackel gelang es, sie hochzuscheuchen, so viel er auch bellte und tobte zum Spaß.

Jetzt lag der Dackel im Wohnzimmer unter dem Sofa und schlief. Das Kreuzworträtsel langweilte Martin. Er hätte gern mit Großvater gespielt,

Karten, ein Ratespiel oder sowas, aber er traute sich nicht ihn anzureden, weil Großvater jetzt immer so traurig war.

Nachher fasste er sich doch ein Herz. „Spiel mit uns, Großpapa!", sagte er. Der Großvater antwortete nicht.

„Spiel mit uns", rief Tina. Aber auch sie bekam keine Antwort. Der Großvater schien sie nicht zu hören. Vielleicht, weil er so weit weg war mit seinen Gedanken. – „Er braucht eine schriftliche Einladung", sagte Tina.

Sie ging zum Schreibtisch, nahm ein Blatt Papier und Buntstifte und fing an zu malen. Martin sah neugierig zu.

„Einladung", schrieb Tina in roten Buchstaben. „Wir spielen jetzt ‚Stadt, Land, Fluss' oder ‚Mensch ärgere dich nicht', oder ‚Mau Mau' oder sonst was. Wenn du mitspielst, kannst du dir ein Spiel aussuchen." Sie malte noch ein paar Blumen unter die Einladung und schrieb darunter: „Herzliche Grüße, deine dich liebende Tina." Dann schob sie dem Großvater das Blatt hin.

„Das findet er bestimmt doof", sagte Martin.

Aber Großvater fand es gar nicht doof. Er betrachtete die Einladung zuerst erstaunt und dann fing er auf einmal an zu lachen, ein bisschen nur, aber er lachte doch.

„Stadt-Land-Fluss", sagte er. Das hatte er früher immer schon gern mit ihnen gespielt. Es machte ihnen allen dreien Spaß, besonders dann, wenn einem eine berühmte Persönlichkeit einfallen musste. Da schrieb Großvater immer die komischsten Namen hin und behauptete, es wären berühmte Sänger oder Eiskunstläufer. Er lachte und freute sich, wenn sie sich bemühten, ihm nachzuweisen, dass er schwindelte.

Dann spielten sie noch „Mau Mau". Großvater versuchte zweimal zu mogeln, aber sie erwischten ihn jedesmal. Sie hatten viel zu lachen.

Nachher gingen sie mit ihm spazieren durch die Wiesen. Es war ganz warm in dem windgeschützten Heckenweg. Ein paar Kirschbäume blühten schon. Der Hund jagte vergnügt durch die Hecken und bellte hinter einer Amsel her. Die Frühjahrssonne schien so stark, dass die Bäume Schatten warfen auf den staubigen Weg.

Da fiel ihnen ein, Schattenfangen zu spielen. Jeder versuchte, auf den Schatten der andern zu treten. Wer mit seinem Schatten nicht schnell genug wegspringen konnte, hatte verloren. Der Großvater verlor fast immer, weil er nicht so schnell hopsen konnte, wenn Martin und Tina auf seinem Schatten herumsprangen. Außerdem wollte sich auch noch der Dackel am Spiel beteiligen und zerrte den Großvater knurrend am Hosenbein, wenn er hopsen wollte. Am Schluss taten ihnen ein bisschen die Mundwinkel weh, vor Lachen.

Auf dem Nachhauseweg sangen sie alle Frühlingslieder, die sie kannten. Der Großvater sang mit. Meistens sang er schrecklich falsch, weil er ja selber nicht so gut hörte, was er sang. Wenn die beiden lachen mussten, fragte er jedesmal erstaunt: „Habe ich falsch gesungen?" Es machte ihm gar nichts aus, wenn sie lachten. Zu Hause im Garten sah er sich die Sträucher an und die Blumenbeete. „Ich muss Unkraut jäten", sagte er.

Er fing auch gleich damit an. Martin und Tina halfen ihm, das Unkraut zwischen den Steinplatten im Gartenweg zu zupfen.

Der Dackel wühlte in einem Maulwurfshügel herum und bellte aufgeregt. Am offenen Schlafzimmerfenster tauchte plötzlich die Katze auf. Sie machte einen Buckel, gähnte und blinzelte in die Sonne. Der Dackel gab die Maulwurfsjagd auf und sprang kläffend vor dem Fenster herum. Die Katze schaute ihm eine Weile zu, dann sprang sie ihm mit einem Satz auf den Rücken, haute ihn mit den Pfoten, nur so zum Spaß, und jagte über den Gartenweg davon. Der Dackel stürmte bellend hinterher. Es war herrlich, so im Garten in der warmen Frühlingssonne die Beete zu harken und das Unkraut auszureißen. Nachher pflückte Tina noch einen großen Strauß von den Forsythien für die Bodenvase. Großmutter hatte in der Osterzeit immer Forsythien im Wohnzimmer gehabt, mit rot lackierten Eiern daran. Tina fand die kleinen Holzeier in einer Schublade. Der Osterstrauß war wunderbar, das fand Großvater auch. Dann gossen sie noch die Blumen auf der Fensterbank. Nur zwei Töpfe mussten sie wegwerfen, weil die Blumen darin nicht mehr zu retten waren. Die andern würden sich bestimmt wieder erholen. Da entdeckte Martin, dass an Großmutters Lieblingsblume, an der Clivie, eine Knospe war, an einem dünnen Stengel zwischen den festen grünen Blättern. Sie war noch klein und fest geschlossen, aber an einer Seite sah man schon, dass es eine dunkelrote Blüte war.

Susanne von Schroeter

Worte

Inhalt:	Worte können töten. Worte können lebendig machen: Weil Hardy in die von dem selbstbewussten, überheblichen Axel dominierte Kinderbande will, verleugnet er seinen behinderten Freund Daniel. Sofort bereut er seine Worte, aber er kann sie nicht zurückholen. Überdies hat Daniel alles mitangehört. Die Freundschaft scheint gestorben. Doch Hardy's Bitte um Vergebung und sein offensichtlicher Schmerz über den Verrat lassen den zutiefst verletzten und verstörten Daniel aufmerken. Hoffnung keimt auf.
Stichworte:	Freundschaft – Behinderung – Kinderbande – Verleugnung – Verletzung – Verstörung – Reue – Eingeständnis – Vergebensbitte – Schmerz – Hoffnung
Alter:	ab 10 Jahren

„Und wer macht mit?", frage Hardy.
„Alle, die gut sind", sagte Axel. „Die besser sind als andere."
„Wie besser?", wollte Heiko wissen.
„Überhaupt", sagte Axel. Er stand mit leicht gespreizten Beinen, die Daumen in den Gürtelschlaufen der Jeans. Das borstige, blonde Haar wippte ihm in die Stirn. „Zu uns können nur die gehören, die schneller sind, mutiger, die mehr Grips haben und Lust auf Abenteuer. Nicht so'ne lahmen Typen."
„Der Freddo!", fiel es Jochen ein.
„Ich auch?", fragte Heiko unsicher.
„Klar!", sagte Axel. Dann blickte er Hardy an. „Du hast ja andere Kontakte", sagte er, „deinen Freund Humpelbein." Er machte ein paar Schritte, wobei er den linken Fuß nachzog. Alle lachten.
„Der ist doch nicht mein Freund", hörte Hardy sich sagen. Er wunderte sich selber über seine Worte und er erschrak.
„Sondern?", Axel blickte ihm starr in die Augen.
„Ach, der läuft mir so nach", sagte Hardy. „Der hängt sich an mich ran, der Daniel."
Gleich, nachdem er es gesagt hatte, fing Hardy an sich mies zu fühlen. Ein paar Augenblicke später sah er dann Daniel. Er musste wohl hinter dem Baum auf Hardy gewartet haben. Er hatte ihn abholen wollen. Daniel ging auf eine andere Schule. Vielleicht hatte er früher frei gehabt heute und da hatte er gedacht, dass Hardy sich freuen würde, wenn er kam. Natürlich hatte er alles gehört. Sie hatten laut und deutlich gesprochen und Daniel war nur ein paar Meter von ihnen entfernt gewesen.
Hardy stand wie versteinert, während Daniel, ohne ihn anzusehen, langsam fortging. Das mit dem Bein hatte er von Geburt an. Aber humpelte er heute nicht stärker als sonst? Hardy sah, wie Daniel sich entfernte. Er wollte

ihm nachrennen, rufen, aber er fühlte sich wie unter einem Bann und er vermochte sich nicht zu rühren.

Die Straße stieg leicht an. Die Kastanien zu beiden Seiten begannen eben zu blühen. Daniel ging und blickte sich nicht um.

Er war klein und zart und Hardy wusste, wie er sich anfühlte, wenn man den Arm um seine Schultern legte. Er erinnerte sich an den Ausdruck von Daniels Augen, die Art, wie er zu lachen pflegte. Die beiden oberen Schneidezähne standen ein bisschen schief. Hardy fielen ihre gemeinsamen Spiele wieder ein, die vielen Stunden im Schrebergarten draußen am Bahndamm, die Schlittenfahrten im Winter, wie sie Comic-Hefte tauschten, und ihre geheimen Plätze. Sie kannten sich von klein auf. Daniel war Hardys Freund. Jetzt hatte er ihn verraten. Irgendetwas in Axels Worten war wie ein Feuer gewesen, von dem Funken auf Hardy übersprangen. Er hatte mit zu den Guten gehören wollen, zu den Besonderen, zu den Schnellen, Cleveren. Zu denen, die Axel um sich haben mochte. Axel, der wählerisch war und launisch und stark und unberechenbar.

Hardy wischte sich mit der Hand über die Augen. Er verstand sich selber nicht mehr. Ihm war, als erwache er aus einem bösen Traum. Als er sich umblickte, waren die anderen fort.

„Daniel!", schrie er plötzlich und rannte los wie verrückt. Er rannte, bis er Seitenstechen kriegte. Das war am Ende des kleinen Parks. Er setzte sich auf eine Bank. Ringsum piepsten Meisen und Spatzen in den Sträuchern. Hätt' ich das nur nicht gesagt, dachte Hardy wieder und wieder. Wenn ich das nur nicht gesagt hätte!

Worte konnte man nicht zurückholen. Wenn ein Wort wie ein Vogel wär, dachte Hardy, dann hätte man eine Chance es einzufangen. Aber manche Worte waren eher wie Kugeln aus einer Waffe. Sie trafen hart, böse und grausam und verletzten. Man konnte sie nicht einfangen, nicht ungesprochen machen, nicht zurücknehmen. Im Moment, in dem sie gesagt waren, entwickelten sie sich zu einer Macht, der man nicht gebieten konnte.

Es war spät, als Hardy nach Hause kam. Doch anstatt zu schimpfen, fragte die Mutter nach Daniel.

„Seine Eltern suchen ihn", sagte sie. „Sie machen sich Sorgen. Du weißt nicht, wo Daniel ist?", fragte sie dann erstaunt. „Ich denke, er ist dein Freund!"

Hardy lief in sein Zimmer und warf die Tür hinter sich zu. Später erzählte er es ihr doch. Er erzählte seiner Mutter, was passiert war. Dass er die Worte gesagt hatte, diese furchtbaren Worte, die nun alles kaputt gemacht hatten zwischen Daniel und ihm. Die Mutter saß ihm gegenüber am Tisch. Sie hörten ihm ruhig zu.

„Und alles nur, weil ein Junge dummes Zeug geredet hat", sagte sie dann.

„Die Besseren! Die Schnelleren! Die Stärkeren!", sagte sie. „Wer ist das schon? Jeder ist auf seine Art besser als ein anderer. Und auch wieder schwächer. Jeder Mensch hat andere Fehler und auch andere Begabungen. Man kann nicht Menschen gegeneinander abwägen wie Ware. Wusstest du das nicht?"

Hardy senkte den Kopf.

„Da kommt einer und will sich wichtig machen und redet und ihr fallt darauf herein!"

Um acht rief sie Daniels Eltern an und um neun noch einmal. Aber Daniel war immer noch nicht nach Hause gekommen.

„Ich möchte ihn suchen", sagte Hardy, „lässt du mich gehen?"

Die Mutter schüttelte den Kopf. „Ich will nicht, dass du im Dunkeln draußen herumläufst", sagte sie. „Nein."

Ein paar Minuten später riefen sie an. Daniel war heimgekommen.

„Schlaf jetzt", sagte die Mutter zu Hardy. „Durch manche Worte entstehen Wunden", sagte sie, „doch andere Worte könnten helfen, sie wieder zu heilen."

„Meinst du, dass es wieder gut wird mit Daniel und mir?", fragte Hardy und er fühlte sich lächerlich klein, fast wie ein Baby.

Am anderen Morgen in der Schule kam Axel auf ihn zu.

„Machst du nun mit?", fragte er.

„Nein", sagte Hardy.

Axel wirkte verblüfft. „Und warum nicht?", fragte er weiter. Es klang drohend.

„Weil ich nicht besser bin", sagte Hardy. „Nicht besser und nicht cleverer als andere. Und mehr Grips hab ich auch nicht. Und weil ich finde, dass das alles Quatsch ist!"

Axel schnippte mit den Fingern. Dann drehte er sich um und ging. Die anderen blickten erstaunt. Mehr geschah nicht?

„Ist ja auch Schwachsinn", sagte Heiko später auf dem Nachhauseweg. „So'n blöden Kinderverein zu gründen! Der Axel sucht nur immer was, womit er angeben kann."

An diesem Tag sah Hardy Daniel nicht. Und an den folgenden Tagen sah er ihn nur von weitem. Es war klar, dass Daniel ihm aus dem Weg ging.

Am Samstag setzte sich Hardy auf die Stufen vor Daniels Haus.

„Lass mich durch", sagte Daniel ruhig.

Hardy stand auf. „Ich will dir nur... Es tut mir Leid", sagte er.

„Ich bin dir nie nachgelaufen", sagte Daniel.

„Nein, du bist mir nie nachgelaufen. Ich hab Blödsinn geredet, verstehst du?"

„Gesagt ist gesagt!" Daniel stellte die Einkaufstasche ab und schaute

Hardy an. Der Blick seiner hellen Augen war anders als sonst und doch vertraut.

„Kannst du's nicht vergessen?", fragte Hardy. „Der hat mich geblufft mit seinem Gerede. Ich war – wie besoffen war ich, verstehst du? Was ich gesagt habe, klar, das hab ich gesagt. Ich kann's doch nicht ausradieren. Aber es war nicht einen Moment lang wahr. Weil du echt mein Freund bist! Das weißt du doch auch. Mensch Daniel", sagte Hardy, „du weißt es doch wirklich!"

„Ich weiß es", sagte Daniel. Und er blickte traurig und doch auch so, dass Hardy einfach hinter ihm die Treppe raufging wie früher so oft.

Gina Ruck-Pauquèt

Was ist das Leben?

Was ist das Leben? Ist es ein Haus?
Ja, es ist ein Haus, ja, es ist ein Haus!
Ist als Wohnstatt uns gegeben,
dass wir ziehen ein und aus.

Ist's eine Brücke, weit ausgespannt?
Eine Brücke, ja! Eine Brücke, ja!
Und wir alle, alle gehen
über sie ins Anderland.

Hans Baumann

Jetzt nicht mehr

Inhalt:	Ein Junge im Rollstuhl und ein blindes Mädchen finden zueinander. Gegenseitig können sie sich helfen. Miteinander können sie viel unternehmen. Plötzlich gewinnt für beide das Leben wieder einen Sinn.
Stichworte:	Junge – Mädchen – blind sein – gehen – gelähmt sein – sehen – helfen (gegenseitig) – Miteinander – Freundschaft – Lebensmut – Lebenssinn
Alter:	ab 8 Jahren

Ein Junge war von einem rücksichtslosen Autofahrer überfahren und so schwer verletzt worden, dass er nie mehr gehen konnte. Seine Eltern fuhren ihn manchmal im Rollstuhl spazieren. Aber meistens stellten sie ihn bei schönem Wetter nur vor das Haus auf den Rasen, weil sie nicht viel Zeit hatten. Er hatte eine Glocke bei sich. Damit konnte er bimmeln, wenn er etwas brauchte oder wollte. Und so saß er da und schaute auf die Straße, auf der nicht viel geschah.

Aber einmal kam ein Mädchen über den Rasen gestolpert. Es lief merkwürdig unsicher und mit ausgestreckten Armen. Und da prallte es auch schon gegen den Rollstuhl und fiel auf die Knie des Jungen.

„Entschuldigen Sie", sagte das Mädchen, als es sich wieder aufgerappelt hatte.

„Wieso sagst du ‚Sie' zu mir?", fragte der Junge verwundert. „Ich bin doch kaum älter als du."

„Ich kann dich nicht sehen", antwortete das Mädchen. „Ich bin blind."

„Aber du kannst gehen, wohin du willst", sagte der Junge. „Du bist besser dran."

„Du kannst sehen", sagte das Mädchen. „Sehen ist das Allerbeste."

„Dann schlage ich vor, du gehst für mich mit, und ich sehe für dich mit", sagte der Junge.

Sie probierten es. Das Mädchen klammerte sich an den Rollstuhl und schob ihn und der Junge sagte ihr, ob sie nach rechts oder links oder geradeaus lenken sollte. Während sie fuhren, beschrieb er ihr alles, was er unterwegs sah: Kinder, die Verstecken spielten, einen Dackel, der ein Stöckchen apportierte, einen Trimm-Trab-Mann, ein Vogelnest, einen Gartenzwerg und ein Segelflugzeug, das am Himmel kreiste.

Am Anfang war's noch mühsam für beide. Einmal lenkte das Mädchen den Rollstuhl zu scharf nach links und schob ihn gegen einen Zaun. Der Junge tat sich am Fuß weh.

„Weiter!", sagte er und verbiss den Schmerz.

Dann kam seine Mutter gelaufen. Sie war ganz blass und umarmte ihn.

„Du hättest mir Bescheid sagen müssen", sagte sie zu ihm und strich dem Mädchen übers Haar. „Komm wieder", sagte sie.

Am nächsten Tag kam das Mädchen wirklich wieder. Es schien sich den Weg gut eingeprägt zu haben. Aber es hatte sich von der Mutter des Jungen auch die Adresse sagen lassen. Und nun ging es schon besser, das Zusammen-Ausfahren. Einmal sagte der Junge: „Links!" Aber das Mädchen zögerte: „Was gibt es links?"

„Ein Autohaus mit den neuesten Modellen", sagte der Junge.

„Und was ist rechts?"

„Der Kinderspielplatz."

„Dann lass uns erst eine Weile nach rechts gehen", sagte das Mädchen. „Ich schaukel so gern. Danach fahren wir zum Autohaus."

Jeden Tag wagten sie sich weiter fort, sogar bis in den Stadtpark. „Hier müssen Himbeeren sein", sagte sie. „Ich riech's."

Er ließ sich zwischen den Bäumen herumschieben, bis er sie entdeckt hatte. Dann pflückten und aßen sie gemeinsam. Und dann pfiffen sie zusammen den River-Kwai-Marsch.

„Früher", sagte sie, „hab ich mir oft gewünscht, tot zu sein."

„Ich auch", sagte er. „Aber jetzt nicht mehr."

Gudrun Pausewang

Der Landstreicher und der Baum

Inhalt:	Beide Erfahrungshorizonte haben etwas für sich, sowohl der feste verlässliche Platz, als auch die Bewegung von Ort zu Ort. Zum einen kommt die Welt. Der andere geht in die Welt. Das sagen sich Landstreicher und Baum.
Stichworte:	Landstreicher – Baum – unterwegs sein – Füße – gehen – Bewegung – Leichtigkeit – fester Ort – bleiben – zu Hause sein – Wurzeln
Alter:	ab 10 Jahren

„Da stehst du nun", sagt der Landstreicher zum Baum. „Bist zwar groß und stark, aber was hast du schon vom Leben? Kommst nirgendwo hin. Du kennst den Fluss nicht und nicht die Dörfer hinter dem Berg. Immer an derselben Stelle! Du kannst einem Leid tun!"

Er packt sein Bündel fester und geht los.

„Da gehst du nun", sagt der Baum. „Immer bist du unterwegs. Hast keinen Platz, an den du gehörst. Du kannst einem Leid tun!"

Der Landstreicher bleibt stehen. „Hast du das wirklich gesagt?", fragt er und schaut zum Baum empor.

„Wer sonst?", sagt der Baum. „Siehst du hier jemanden außer mir?"

„Nee", sagt der Landstreicher. „Meinst du wirklich, was du sagst? Ich geh in die Welt, Tag für Tag, ich kenne die Menschen und die Häuser mit den rot gedeckten Dächern..."

„Zur mir *kommt* die Welt", sagt der Baum. „Der Wind und der Regen, die Eichhörnchen und die Vögel. Und in der Nacht setzt sich der Mond auf meine Zweige."

„Ja ja", sagt der Landstreicher, „aber das Gefühl zu gehen – Schritt für Schritt."

„Mag schon sein", sagt der Baum, „aber das Gefühl zu bleiben – Tag und Nacht."

„Bleiben", sagt der Landstreicher nachdenklich. „Zu Hause sein. Ach ja."

Und der Baum seufzt: „Gehen, unterwegs sein können – ach ja."

„Wurzeln zu haben", sagt der Landstreicher, „das muss ein tolles Gefühl sein!"

„Ja", sagt der Baum, „ganz ruhig und fest ist es. Und wie lebt man mit den Füßen?"

„Leicht", sagt der Landstreicher, „flüchtig und schnell."

„Wenn wir tauschen könnten", sagt der Baum. „Für eine Weile."

„Ja", sagt der Landstreicher, „das wäre schön."

„Lass uns Freunde sein", sagt der Baum.

Der Landstreicher nickt. „Ich werde wiederkommen", verspricht er, „und ich werde dir vom Gehen erzählen."

„Und ich", sagt der Baum, „erzähle dir dann vom Bleiben."

Gina Ruck-Pauquèt

Was du nicht sehen kannst

Wenn du atmest, die Luft,
von einer Rose den Duft.
Aus der Erde die Kraft,
die Süße vom Apfelsaft.
Die Schmerzen der Kranken,
deine Gedanken.
Dein guter Wille
und die Stille.

Gott ist da,
im Unsichtbaren nah.

Max Bolliger

Die Fische im Fluss

Inhalt: Die kleine Geschichte vergleicht das Leben der Fische im Element Wasser mit dem Leben des Menschen in Gott, der ihn von allen Seiten umgibt.

Stichworte: Fische – Wasser – Lebenselement – Mensch – Gott

Alter: ab 10 Jahren

Die Fische eines Flusses sprachen zueinander: „Man behauptet, dass unser Leben vom Wasser abhängt. Aber wir haben noch niemals Wasser gesehen. Wir wissen nicht, was Wasser ist."

Nach langem Überlegen machten sich einige Fische auf den Weg zu einem weisen Fisch, der im Meer wohnte, und stellten ihm die Frage, was Wasser sei.

Als der Fisch sie angehört hatte, sagte er: „O, ihr dummen Fische! Im Wasser lebt und bewegt ihr euch. Aus dem Wasser seid ihr gekommen, zum Wasser kehrt ihr zurück. Ihr lebt im Wasser und wisst es nicht."

So lebt der Mensch in Gott. Gott ist in allen Dingen und alle Dinge sind in Gott. Und doch fragt der Mensch: Kann es Gott geben? Was ist Gott?

Aus einer alten Klosterschrift

Lied für jeden Tag

Wenn dich auch keiner von uns sehen kann,
du, der die Welt erschuf,
du blickst uns aus jeder Blume an.

Es ist dein Licht, das uns am Tag bewacht,
mit tausend Sternen blickst
du aus dem Dunkel herab zur Nacht.

Ohne Furcht würden wir durchs Leben gehn,
könnten wir unsern Weg
einmal nur mit deinen Augen sehn.

Hans Baumann

Ich weiß nicht, wie Gott aussieht

Ich weiß nicht, wie Gott aussieht.
Ich versuche auch nicht, ihn ins Bild zu bekommen.
Ich kann nur auf ihn warten.

Das will sagen,
dass ich mit Gott nicht fertig bin,
dass ich ihn ganz und gar nicht besitze,
und wäre es auch nur in einem Bilde.

Gott wird selber einmal hervortreten.
Das ist die Erwartung, die mich mit ihm verbindet.

Gustav Heinemann

Der Gewaltige und der Gütige

Inhalt: In Jesus hat Gott sich als der menschengütige Vater erwiesen. Das erfuhr der Dichter Jakob als Junge im Traum, als er noch den Vorstellungen von einem Gott, der im sichtbaren Himmel wohnt, der in der Natur sich offenbart, der im Gewitter zornig Blitze schleudert, nachhing.

Stichworte: Gottesbilder – Gott im Himmel wohnend – Gott in der Natur sich offenbarend – angsterregender Gewittergott – Traum – Jesus – Gott der Güte

Alter: ab 9 Jahren

Sie saßen auf einer Bank am Waldrand: der Dichter Jakob und seine zwei Freunde, der alte und der junge. Über dem Berg auf der anderen Seite des Tales stand eine weiße Wolke; sie lag auf dem Berg wie ein riesiges, weiß bezogenes Oberbett.

„Als ich ein Junge war", erzählte der alte Dichter, „wollte ich immer wissen, wie Gott aussieht. Und wenn dann diese weißen Wolken auf dem Berg hinter unserem Dorf lagen, dachte ich: Die Wolke da ist der Thron Gottes. Ich stellte mir vor, wie Gott die Lerchen in den Morgen steigen lässt. Wenn ich am Bach lag, dachte ich: Das Murmeln des Wassers ist die Stimme Gottes, der leise mit sich selbst spricht – oben auf seiner Wolke. Wenn der Sommertag unter dem blauen Himmel golden funkelte, dachte ich: Gott hat den Himmel einen Spalt aufgemacht und vom Licht des Himmels ist nun ein wenig nach draußen geflossen. Und wenn ich das wogende Getreide sah, dachte ich an Gottes Hand, mit der er vielleicht über die Halme streichelt. Tobte aber der Sturm, donnerte das Gewitter über das Land und spaltete der Blitz die Bäume, so dachte ich: Nun fährt Gott im Wolkenwagen über die Welt.

Wenn das Gewitter in der Nacht aufkam, konnte ich es im Bett nicht aushalten. Ich stand heimlich auf, schlich mich an das kleine Fenster der Diele, kletterte auf die Truhe und sah zum Fenster hinaus und zitterte voller Angst vor diesem donnernden Gott. Seine Stimme war rauh und drohend. Über den Pappeln zuckten Blitze wie die Blitze seiner Augen.

Lag ich dann wieder in meinem Bett, wurde mein Herz so voll von Furcht vor Gott, dass ich noch beim Erwachen ganz ängstlich in den Morgen blinzelte. Aber schon bald schien Gott mir wieder etwas freundlicher – wenn ich die Lerchen hörte und wenn die Glocken über das Dorf läuteten. Dann blickte ich zum Fenster hinaus und über der Morgenlandschaft stand ein blauer Himmel – wie ein blauer Gottesmantel.

Aber der Pfarrer war gar nicht damit einverstanden, wie ich mir den großen Gott vorstellte. Und er erzählte mir auch einiges, was ich behalten sollte. Aber ich konnte es nicht verstehen. So sehr ich mich auch vor dem donnernden Gott fürchtete – trotzdem musste ich immer an ihn denken. So war Gott eben. Bis ich dann eines Tages bei der Ernte am späten Nachmittag auf einer Garbe im Feld eingeschlafen war.

Da sprach Gott im Traum zu mir. Und er sagte fast dasselbe wie der Pfarrer. Nur eines war anders: Was Gott im Traum zu mir sprach, das verstand ich. „Du bist also der kleine Heide Jakob", sagte Gott. Ich antwortete: „Ich bin kein Heide – wie kannst du so etwas sagen?" Aber Gott blieb dabei: „Du bist ein Heide, mein lieber kleiner Jakob. Du stellst dir Gott wie einen Sturmgott vor, der auf weißen und schwarzen Wolken thront, der Blitze schleudert und am Donnern seinen Spaß hat. Genau wie die Heiden stellst du dir Gott vor", sagte Gott. Ich wusste nichts darauf zu sagen. Aber ich brauchte auch nichts zu sagen. Gott sprach nämlich – in meinem Traum, versteht sich – sofort weiter. Er sagte: „Ich lege keinen Wert darauf, mein lieber Jakob, dass du mich für einen Donnergott hältst. Wenn die Heiden das getan haben – gut, die wussten's nicht besser. Aber du müsstest es eigentlich besser wissen, weil du doch ein Christ bist. Bin ich nicht als guter Mensch zu euch gekommen? Jesus, mein Sohn, hat die Einsamen getröstet und die Kranken geheilt. Siehst du – so bin ich: ein menschengütiger Gott, kein Donnergott."

So sprach Gott zu mir – im Traume. Da habe ich die Arme nach ihm ausgestreckt und gerufen: „Ich will alles tun, was du willst, du menschengütiger Gott."

Jakob Kneip

Was du meinst, ist Gott

Nenne es Wahrheit
oder nenne es Liebe
oder nenne es Güte,
was du meinst,
ist immer Gott.
Und nennst du es Gott,
dann ist es Liebe,
ist es Wahrheit,
ist es Güte.

Birgitt Siegl

Tino und das Telefon

Inhalt: Am Telefon beschwert sich Tino bei Gott über die Gemeinheiten seiner Schwester Tina, merkt aber bald, dass er selbst auch nicht ohne Fehl und Tadel ist.

Stichworte: Schwester – Bruder – Telefongespräch – Gott – Beschwerde – Gemeinheiten – Selbsterkenntnis

Alter: ab 6 Jahren

Tino geht zum Telefon. Er hebt den Hörer ab.

„Grüß dich Gott", sagt Tino. „Stell dir vor: Tina hat mich gestern nichts als geärgert. Das Zeichenblatt hat sie mir weggezogen. Den Radiergummi hat sie mir versteckt. Auf meine schöne gelbe Sonne hat sie grüne Schnecken gemalt. Sie hat mich gezwickt und geboxt. Aber ich, ich habe kein einziges Mal zurückgeschlagen.

Wie bitte? Du meinst, ich hätte ihr meinen Kugelschreiber ruhig einmal borgen können? Aber er ist doch ganz neu! Wenn sie ihn kaputt macht...

Du meinst, von Einmalherborgen wird der Kugelschreiber schon nicht kaputt? Na gut, das nächste Mal soll sie ihn haben!

Also dann grüß dich Gott!" Tino legt den Hörer auf.

Tina fragt: „Mit wem hast du telefoniert, Tino?"

„Mit dem lieben Gott", sagt Tino.

„Aber Tino!", sagt Tina. „Dazu brauchst du doch kein Telefon. Der liebe Gott hört dich auch so."

„Das weiß ich", sagt Tino. „Aber ich tu mich so leichter!"

Lene Mayer-Skumanz

Tino sucht den lieben Gott

Inhalt: Als Tino liest, dass Gott überall sei, geht er ihn suchen. Er könnte seine Spuren im Lebendigen, in Blume und Tier, vor allem aber im Füreinanderdasein der Menschen entdecken.

Stichworte: Schwester – Bruder – Gottsuche – Spuren Gottes – Kreatur – mitmenschliche Hilfe

Alter: ab 8 Jahren

Tino liest ein Buch. In dem Buch steht: Gott ist überall.
Tino legt das Buch weg und zieht seine Schuhe an.
Tina fragt: „Wohin gehst du, Tino?"
„Ich gehe den lieben Gott suchen", sagt Tino.
„Oh", sagt Tina. „Den lieben Gott kann man doch nicht sehen."
„Ich werde überall schauen", sagt Tino. Er läuft in den Garten hinaus.
Hier blühen Stiefmütterchen in einem runden Beet.
Tino steht ganz still und schaut.
Die Stiefmütterchen haben kleine, freundliche Gesichter. Keines gleicht dem anderen, jedes ist schön.
Tino schaut und wartet, aber er sieht nur Stiefmütterchen.
„Ich werde anderswo weitersuchen", sagt Tino.
Da rührt sich etwas im Blumenbeet. Es huscht heimlich hin und her. Tino beugt sich vor. Eine kleine Maus schaut zwischen den Stiefmütterchen hervor. Ihr Schnurrbart zittert, ihr braunes Fell schimmert wie Seide. Tino freut sich.
Die Maus verschwindet im Gras. An den zarten Graswellen kann Tino erkennen, wohin die Maus rennt. Er rennt ihr nach.
Die Maus huscht zwischen den Zaunlatten in den Nachbargarten. Tino findet eine große Lücke im Zaun und kriecht durch.
Der Nachbar schneidet Holz. Mit der einen Hand drückt er einen dicken Ast auf den Sägeblock, mit der anderen Hand hält er die Säge. Aber die Säge ist für zwei gemacht, nicht für einen.
„Ich hätte schon immer gern gesägt", sagt Tino. „Darf ich mitsägen?"
Später geht Tino nach Hause. Er ist müde und zufrieden.
„Na?", fragt Tina. „Hast du den lieben Gott gefunden?"
„Ich weiß nicht", sagt Tino. „Aber morgen gehe ich ihn wieder suchen."

Lene Mayer-Skumanz

Früher

Inhalt: In ehrfürchtiger Demut liegt das Geheimnis der Gottesschau.
Stichworte: Schüler – Rabbi – Sichtbarkeit Gottes – Ehrfurcht – Demut – Selbsterniedrigung
Alter: ab 12 Jahren

Ein Schüler kam zu einem Rabbi und fragte: „Früher gab es Menschen, die Gott von Angesicht gesehen haben. Warum gibt es die heute nicht mehr?"
Darauf antwortete der Rabbi: „Weil sich heute niemand mehr so tief bücken kann."

Martin Buber, Chassidische Geschichten

Die Nacht im Dom

Inhalt: Gott verschwindet, wo die Menschlichkeit schwindet, wo die Menschen nichts abgeben, wo die Menschen von ihrem Gott nichts abgeben wollen. Das erfährt Don Valentino, Priester des Domes, zutiefst. Erst sein Schuldbekenntnis bringt die ganze Weihnachtsherrlichkeit Gottes zu ihm zurück.
Stichworte: Weihnachten – Dom – Herrlichkeit Gottes – nicht abgeben können – Verlust Gottes – Suchen – Schuld – Bekenntnis – Gnade
Alter: ab 14 Jahren

Wer klopft am Weihnachtsabend an die Domtür?, fragte sich Don Valentino. Haben die Leute noch nicht genug gebetet? Was für eine Sucht hat sie ergriffen?
Mit diesen Worten ging er öffnen und mit einem Windstoß trat ein zerlumpter Mann herein.
„Wie viel von Gott ist hier", rief er lächelnd aus und sah sich um. „Wie viel Schönheit! Man spürt es sogar von draußen. Hochwürden, könnten Sie mir nicht ein wenig davon abgeben? Denken Sie, es ist der Heilige Abend."
„Das gehört Seiner Exzellenz, dem Erzbischof", antwortete der Priester. „Er braucht es in wenigen Stunden."
„Und auch nicht ein kleines bisschen könnten Sie mir geben, Hochwürden? Es ist so viel davon da! Seine Exzellenz würde es gar nicht einmal merken!"

„Nein, habe ich gesagt... du kannst gehen... der Dom ist für die Allgemeinheit geschlossen!" Und Don Valentino geleitete den Armen mit einem Fünf-Lire-Schein hinaus. Aber als der Unglückliche aus der Kirche hinausging, verschwand im gleichen Augenblick auch Gott.

Bestürzt schaute sich Don Valentino um und forschte in den dunklen Gewölben: Selbst da oben war Gott nicht mehr. Und in ein paar Stunden sollte der Erzbischof kommen! In höchster Erregung öffnete Don Valentino eine der äußeren Pforten und blickte auf den Platz. Nichts. Auch draußen keine Spur von Gott, wiewohl es Weihnachten war. Aus den tausend erleuchteten Fenstern kam das Echo von Gelächter, zerbrochenen Gläsern, Musik und sogar von Flüchen. Keine Glocken, keine Lieder.

Don Valentino ging in die Nacht hinaus, schritt durch die unheiligen Straßen. Er wusste die rechte Anschrift. Als er in das Haus trat, setzte sich die befreundete Familie gerade zu Tisch. Alle sahen einander wohlwollend an und um sie herum war ein wenig von Gott.

„Frohe Weihnachten, Hochwürden", sagte der Vater. „Wollen Sie nicht unser Gast sein?"

„Ich habe Eile, ihr Freunde", antwortete Don Valentino. „Durch eine Unachtsamkeit meinerseits hat Gott den Dom verlassen und Seine Exzellenz kommt gleich zum Gebet. Könnt ihr mir nicht euern Herrgott geben? Ihr seid ja in Gesellschaft und braucht ihn nicht so unbedingt."

„Mein lieber Don Valentino", sagte der Vater. „Sie vergessen, dass heute Weihnachten ist. Gerade heute sollten meine Kinder ohne Gott auskommen? Ich wundere mich, Don Valentino."

Und in dem gleichen Augenblick, in dem der Mann so sprach, schlüpfte Gott aus dem Hause, das freundliche Lächeln erlosch und der Truthahnbraten war wie Sand zwischen den Zähnen.

Und wieder hinaus in die Nacht und durch die verlassenen Straßen. Don Valentino lief und lief und erblickte Gott schließlich von neuem. Er war bis an die Tore der Stadt gekommen und vor ihm breitete sich, licht im Schneegewande schimmernd, das weite Land. Über den Wiesen und den Zeilen der Maulbeerbäume schwebte Gott, als wartete er. Don Valentino sank in die Knie.

„Aber was machen Sie, Hochwürden?", fragte ihn ein Bauer. „Wollen Sie sich in dieser Kälte eine Krankheit holen?"

„Schau da unten, mein Sohn! Siehst du nicht?"

Der Bauer blickte ohne Erstaunen da hin.

„Das ist unser", sagte er. „Jede Weihnacht kommt er, um unsere Felder zu segnen."

„Höre", sagte der Priester, „könntest du mir nicht ein wenig davon geben? Wir sind in der Stadt ohne Gott geblieben, sogar die Kirchen sind leer. Gib mir ein wenig davon ab, damit wenigstens der Erzbischof ein anständiges Weihnachten feiern kann."

„Fällt mir im Traume nicht ein, Ihr lieben Hochwürden! Wer weiß, was für ekelhafte Sünde ihr in der Stadt begangen habt. Das ist eure Schuld. Seht allein zu."

„Gewiss, es ist gesündigt worden. Und wer sündigt nicht? Aber du kannst viele Seelen retten, mein Sohn, wenn du mir nur ja sagst."

„Ich habe genug mit der Rettung meiner eigenen Seele zu tun!", sagte der Bauer mit höhnischem Lachen und im gleichen Augenblick hob sich Gott von seinen Feldern und verschwand im Dunkel.

Und Don Valentino ging weiter und suchte. Gott schien seltener zu werden, und wer ein bisschen davon besaß, wollte nichts hergeben (aber im gleichen Augenblick, da er mit „nein" antwortete, verschwand Gott und entfernte sich immer weiter).

Endlich stand Don Valentino am Rande einer grenzenlosen Heide und in der Ferne am Horizont leuchtete Gott sanft wie eine längliche Wolke. Der Priester warf sich in den Schnee auf die Knie.

„Warte auf mich, o Herr", bat er, „durch meine Schuld ist der Erzbischof heute allein geblieben."

Seine Füße waren zu Eis erstarrt, er lief im Schnee weiter und sank bis ans Knie ein, und alle Augenblicke fiel er der Länge nach hin. Wie lange konnte er es noch aushalten?

Endlich vernahm er einen großen, leidenschaftlichen Chor von Engelstimmen, ein Lichtstrahl brach durch den Nebel. Er öffnete ein hölzernes Türchen, es war eine riesige Kirche und in ihrer Mitte betete ein Priester zwischen einigen Lichtern. Und die Kirche war voll des Paradieses.

„Bruder", seufzte Don Valentino, am Ende seiner Kräfte und mit Eisnadeln bedeckt, „habe Mitleid mit mir. Mein Erzbischof ist durch meine Schuld allein geblieben und braucht Gott. Gib mir ein bisschen von ihm, ich bitte dich."

Langsam wandte sich der Betende um. Und Don Valentino wurde, als er ihn erkannte, fast noch bleicher, als er ohnedies war.

„Ein gesegnetes Weihnachten dir, Don Valentino", rief der Erzbischof aus und kam ihm entgegen, ganz von Gott umgeben. „Aber Junge, wo bist du nur hingelaufen? Was hast du um Himmels willen in dieser bärenkalten Nacht draußen gesucht?"

Dino Buzati

Verpatzt

Inhalt: „Mich hat der liebe Gott verpatzt", das ist schmerzliche Anklage des 6-jährigen Udo, aus dessen rechter Schulter nur vier kleine Finger hervorgewachsen sind.

Stichworte: Behinderung – Verzweiflung – Anklage – Theodizee – Trost – Schicksal – annehmen

Alter: ab 8 Jahren

Udo geht in die erste Klasse. Er ist einer der Klügsten, aber er hat nur einen Arm. Er hat nur den linken Arm. Aus seiner rechten Schulter sind nur vier kleine Fingerchen herausgewachsen.

Er hat einen künstlichen Arm, der am Körper festgeschnallt wird. Aber er trägt ihn nicht gern. Beim Spielen und Turnen schnallt er ihn ab. Er kann mit seiner linken Hand ebenso gut schreiben wie die anderen mit ihren rechten Händen. Er hat sogar eine sehr schöne und saubere Schrift. Er isst, er malt, er wäscht sich mit der linken Hand.

Die Kinder in seiner Klasse lachen ihn nie aus. Sie mögen ihn gern und spielen mit ihm. Sie haben sich an den merkwürdigen Anblick gewöhnt: dass aus dem rechten Ärmel seines T-Shirts ein paar winzige Fingerspitzen herausschauen. Wenn sie ein Kreisspiel machen, fasst Udos Nachbar den Gürtel von Udos Hose an und so ist der Kreis geschlossen, trotz des fehlenden Arms.

„Er merkt es noch gar nicht so richtig, wie arm er dran ist", hat der Hausmeister einmal zu seiner Frau gesagt.

Aber eines Tages hat Udo doch gemerkt, wie arm er dran ist. Das ist beim Kneten gewesen. Die Lehrerin hat jedem Kind ein paar Klumpen Knetmasse gegeben und hat gesagt: „Jetzt knetet mal einen lustigen Clown."

Da haben alle mit Feuereifer angefangen, einen Clown zu kneten, auch Udo. Die Clowns haben die spaßigsten Gesichter bekommen. Da hat es Froschaugen und Wulstlippen, dicke und spitze Nasen, Fischmäuler und Elefantenohren gegeben. Manche Clowns haben ein Doppelkinn, Stiernacken, dicke Bäuche, lange Hälse oder gar keine Hälse gekriegt, und die meisten haben auf riesigen Latschfüßen gestanden. Die Hände haben wie Kugeln oder Schaufeln ausgesehen. Aber jedes Kind hat sich bemüht, die beiden Arme und auch die beiden Beine auf die gleiche Länge zu bringen.

Denn wie lustig Clowns auch aussehen mögen: Ihre Arme sind immer gleich lang, ebenso wie ihre Beine. Nur Erwin, der Tollpatschigste aus der Klasse, hat die gleiche Länge nicht hingekriegt. Der eine Arm des Clowns ist ihm doppelt so lang geraten wie der andere. Die Kinder haben gekichert, als sie das gesehen haben. Das hat auch wirklich sehr komisch ausgesehen.

Erwin hat das selbst gemerkt und hat versucht, den kurzen Arm zu verlängern, aber das ist nichts Rechtes geworden. Alle haben ihm schließlich zugeguckt, bis er ganz unsicher geworden ist unter so vielen Blicken, und da hat er seinen Clown genommen, zwischen beiden Händen zerdrückt und wieder zu einem Klumpen gerollt.

„Nanu, Erwin?", hat die Lehrerin gesagt.

„Den hab ich verpatzt", hat da Erwin erklärt. „Ich mach einen neuen."

„Gut, Erwin", hat die Lehrerin gesagt, „der neue wird dir sicher besser gelingen."

Da ist Udo auf einmal in Tränen ausgebrochen. Er hat seinen Kopf auf den Tisch gelegt, mitten in die Knetklümpchen hinein, und hat dabei auch seinen Clown platt gedrückt, der doch einer der schönsten gewesen war und zwei ganz gleich lange Arme gehabt hatte. Udo hat so geweint und geschluchzt, dass die ganze Klasse bestürzt dagestanden und mucksmäuschenstill auf ihn gestarrt hat.

„Aber Udo", hat die Lehrerin erschrocken gesagt, ist zu ihm hingegangen und hat ihm über den Kopf gestrichen, „was ist denn los?"

Zuerst hat er gar nicht sprechen können, aber dann hat er es doch herausgebracht: „Mich hat der liebe Gott verpatzt", hat er geschluchzt. Da hat die Lehrerin ihn auf den Schoß genommen und hat die ganze Klasse hinausgeschickt auf den Schulhof. Dort haben die Kinder erst bedrückt herumgestanden. Keines hat Lust gehabt zum Spielen. Aber dann hat es zur Pause geläutet und die anderen Klassen sind auch herausgestürmt. Die haben ja nichts gewusst von Udos Kummer und haben zu spielen angefangen, wie immer in der Pause. Und da haben Udos Klassenkameraden schließlich auch wieder mitgespielt.

Als sie nach der Pause in den Klassenraum zurückgekommen sind, hat Udo wieder auf seinem Platz gesessen. Seine Augen sind noch ein bisschen verheult gewesen. Er hat aber schon wieder lächeln können. Er hat seinen Clown hoch gehalten, dass ihn alle haben sehen können. Der war jetzt nicht mehr platt gedrückt und außerdem hatte ihn Udo etwas verändert: Die rechte Hand des Clowns hat jetzt an der Schulter geklebt.

„Nun wollen wir den Clown auswählen, der euch am besten gefällt", hat dann die Lehrerin gesagt.

Da haben fast alle Kinder Udos Clown gewählt. Nur Erwin hat seinen eigenen Clown am schönsten gefunden, weil ihm zum Schluss doch noch zwei ganz gleich lange Arme geglückt waren.

Gudrun Pausewang

Tante Ogottchen

Inhalt: Den Namen Gottes unnötig im Munde führen, das tun wir -- gedankenlos – leichtfertig – oft. An Tante Ogottchen zeigt Gudrun Pausewang exemplarisch, dass das Wort „Gott" eine eigene zu respektierende Würde hat. Die Juden sprechen es nicht aus.

Stichworte: Gottesname – Gedankenlosigkeit – Missbrauch

Alter: ab 9 Jahren

Eigentlich war sie unsere Großtante – eine Schwester unserer verstorbenen Großmutter – und hieß Luise. Wir nannten sie aber nicht Großtante, sondern Tante, und auch nicht Tante Luise, sondern Tante Ogottchen. Die ganze Familie nannte sie so, nur unser Vater nicht. Für ihn allein war sie die Tante Luise.

Tante Ogottchen wohnte ein Stockwerk über uns. Aber sie hielt sich die halbe Zeit des Tages unten bei uns auf: bei meiner Schwester und mir, unserern Eltern und Onkel Theo, der bei uns wohnte. Sie war seelengut und immer bemüht, uns nützlich zu sein. Sie half beim Bügeln, beim Großreinemachen, beim Kochen und Backen. Sie passte auf uns Kinder auf, wenn unsere Eltern abends ausgingen und wir allein daheim blieben.

Wir mochten sie gern, auch wenn sie bei jedem geringsten Anlass in Panik geriet und dann wie ein aufgescheuchtes Huhn herumflatterte. Ihre unzähligen O-Gottchen-Ausrufe hörten wir kaum mehr. Für uns gehörten sie zu ihr wie ihr Dutt oder ihre erschrockenen Kulleraugen. Nur unserem Vater fielen sie auf die Nerven.

„O Gottchen", rief sie zum Beispiel, „jetzt hab ich doch vergessen, Brot einzukaufen – und morgen ist Sonntag!"

Oder: „Warum habt ihr bloß die Fifi auf die Straße gelassen! Jetzt treibt sich Müllers Bello mit ihr herum. Dackel und Pudel – O Gottchen, was wird das für eine Mischung geben?"

Oder: „O Gottchen, o Gottchen, es kneift mich so hier unten – das wird doch nicht der Blinddarm sein?"

„Aber Tante Luise", sagte einmal unser Vater zu ihr, „lass doch den lieben Gott in Frieden."

„Wieso?", fragte Tante Ogottchen mit runden, erschrockenen Augen. „Was tue ich ihm denn?"

„Du machst ihn lächerlich."

„O Gottchen, wie kannst du so etwas behaupten?", rief Tante Ogottchen empört aus, brach aber mitten im Satz ab und hielt sich die Hand vor den Mund.

„Siehst du", sagte unser Vater. „Nun hast du's selber gemerkt, wie du ihn unnötig bemühst. Und noch dazu so verkleinert!"

Jetzt wurde Onkel Theo lebendig. „Wenn man sich das recht überlegt: Den Herrgott „Gottchen" zu nennen – ha ha ha! Da gehört schon was dazu!", rief er und schlug sich mit einer dröhnenden Lache auf die Schenkel.

Unsere Mutter, die fast immer versöhnlich gestimmt war und nicht anders konnte, als zu den Schwachen, Kleinen und Unbedarften zu halten, schaute mit einer Falte zwischen den Brauen in die Runde und sagte: „Das „-chen" muss nicht immer nur verkleinern. Es kann auch Zärtlichkeit ausdrücken."

„So hab ich's gemeint, ja", beeilte sich die Tante zu beteuern. „Es kann mir niemand nachsagen, dass ich den Herrgott nicht liebe und ehre."

„Aber wo bleibt der Respekt?", fragte Onkel Theo. „Der Respekt vor dem höchsten und mächtigsten Wesen, dem Herrn von Himmel und Erde?" Tante Ogottchen bekam nasse Augen.

„Übernimm dich nicht, Theo", sagte unsere Mutter. „Als ob sich der liebe Gott so leicht kränken ließe – noch dazu von Tante Ogottchen, die keiner Fliege was zu Leide tut."

„Aber mich stört's", sagte unser Vater. „Wirklich, Tante Luise, ich kann's nicht mehr hören. Es macht mich ganz krank. Kannst du nicht etwas anderes ausrufen, wenn du schon den Drang verspürst, etwas ausrufen zu müssen? Kannst du dich nicht auf „o Himmel!" oder „o meine Güte!" umgewöhnen?"

„Oder: ‚ach du liebe Zeit'!", sagte ich.

„Oder: ‚o Jesses'!", meinte meine Schwester.

„Herrje", rief Onkel Theo ärgerlich, „jetzt soll wohl für Tante Ogottchens kleine Aufregungen auch noch Jesus herhalten!"

Da fiel auch schon die ganze Familie über den Onkel her.

„Sei du mal ganz still", hörte ich unseren Vater sagen. „Du benutzt ihn ja selber."

„Ich?", rief Onkel Theo höchst entrüstet. „Wann hab ich je den Namen Jesu respektlos in den Mund genommen?"

„Eben!", riefen meine Schwester und ich gleichzeitig.

Unser Vater amüsierte sich köstlich. ‚Sagt ‚Herrje' und merkt es nicht", rief er. „Ein Witz!"

„Herrje?", donnerte Onkel Theo. „Das hab ich nie gesagt!"

„Es wird immer besser", triumphierte unser Vater. „Tante Luise sagt ‚O Gottchen', wie ‚O Radieschen' – und du, Theo, rufst Jesus an und merkst es nicht einmal!"

„Verlangst du etwa, dass ich mir jeden Satz erst gründlich überlegen soll, bevor ich ihn ausspreche?", rief Onkel Theo erhitzt. „Das ist einfach zu viel verlangt, Herrgott nochmal!"

„Da!", schrien meine Schwester und ich wie aus einem Mund und deuteten mit spitzen Fingern auf Onkel Theos geöffnete Lippen.

„Natürlich kann man sich sowas nicht von heute auf morgen abgewöhnen", sagte unsere Mutter. „Aber man könnte sich vielleicht ein bisschen drum bemühen."

Tante Ogottchen wischte sich über die Augen und nickte eifrig, während sich Onkel Theo räusperte und dem Blick unserer Mutter auswich.

„Na ja", meinte er, „versuchen kann man's – aber Garantie geb ich keine."

„Wir können ja ein Spiel daraus machen", schlug ich vor. „Jeder, der so einen Gottesnamen sinnlos verwendet, muss einen Groschen in eine Kasse zahlen –"

„– in die Ogottchen-Kasse!", rief meine Schwester dazwischen.

„– und das Geld wird vor Weihnachten für irgendeinen guten Zweck gespendet."

„Einverstanden", sagte Onkel Theo.

Auch Tante Ogottchen nickte.

„Das muss aber für jeden von uns gelten", sagte unsere Mutter, „nicht nur für die beiden."

„Das versteht sich von selbst", sagte unser Vater. „Aber wer außer Theo und Tante Luise benutzt schon solche Namen? Ich glaube, von dir und mir werden nicht viele Groschen in die Kasse fallen."

„Da sei du dir nur nicht so sicher", sagte unsere Mutter trocken.

Plötzlich stieß die Tante einen spitzen Schrei aus und stürzte zur Küchentür. „O Gottchen!", jammerte sie: „Jetzt hab ich den Kuchen im Backofen vergessen – über all dem Gerede!"

Meine Schwester und ich schauten uns an und mussten kichern. Auch Onkel Theo begann zu lachen. Sogar unsere Mutter lächelte. Vaters Gesicht aber ließ keinen Zweifel darüber, dass er Tante Ogottchen für einen hoffnungslosen Fall hielt. Kopfschüttelnd schnalzte er mit der Zunge, dann seufzte er: „Mein Gott –!"

Gudrun Pausewang

Die beiden Töpfe

Inhalt: Ohne Wasser gedeiht keine Pflanze. Das wird von einer Lehrerin in einer gottesfeindlichen Weise benutzt, um den Kindern zu zeigen, dass es Gott nicht gibt.
Stichworte: Gottesferne – Gottesfeindschaft – Hinterhältigkeit – bösartiger Beweis für die Nichtexistenz Gottes – Unglaube – Verführung von Kindern
Alter: ab 12 Jahren

Meine Reisen führen mich oft in Länder, deren Regierungen den Religionsunterricht erschweren oder überhaupt abgeschafft haben.

Auf einer dieser Reisen kam ich in einer großen Stadt an einer Volksschule vorbei. Unter meinen Begleitern war ein junger Lehrer. Er blieb vor der Schule stehen und deutete auf ein Fenster im ersten Stock.

„Sehen Sie die beiden Blumentöpfe hinter den Scheiben?", fragte er.

„Ja", sagte ich.

„Dazu gibt es eine traurige Geschichte", sagte er. „Ich habe sie erlebt, vor kurzem erst, als Kandidat des Lehramtes in der Klasse. Ich saß in der letzten Reihe und habe zugehört."

„Erzählen Sie!", sagte ich...

Eines Tages kam die Lehrerin in die Klasse und rief: „Schaut, Kinder, was ich euch mitgebracht habe!"

Es waren zwei Blumentöpfe, ein Sack mit Gartenerde, eine kleine Gießkanne und eine Hand voll Erbsen.

„Wir werden Erbsen setzen!", riefen die Kinder.

„Und zuschauen, wie sie wachsen, und uns dabei freuen!", sagte die Lehrerin.

Die Kinder füllten beide Töpfe mit Erde und die Lehrerin zeigte ihnen, wie tief und in welchem Abstand man die Erbsen in die Erde stecken muss. Die Kinder bohrten kleine Löcher, etwa fünf Zentimeter tief, und steckten die Erbsen hinein. Es waren vier oder fünf Erbsen für jeden Topf.

„Dieser Topf da", sagte die Lehrerin und zeigte auf den einen, „ist *unser* Topf. Um den werden *wir* uns kümmern." Dann zeigte sie auf den anderen. „Um den soll sich Gott kümmern."

Der Topf, der Gott gehörte, wurde auf das Fensterbrett gestellt.

„So", sagte die Lehrerin. „Fangen wir gleich an, uns um unseren Topf zu kümmern. Die Erbsen sind in der Erde. Was müssen wir jetzt tun?"

„Gießen!", riefen die Kinder. Sie gossen die Erde, bis sie sich voll gesogen hatte. Der Topf, der Gott gehörte, wurde nicht gegossen.

Nun standen die beiden Töpfe nebeneinander auf dem Fensterbrett, der eine mit der feuchten Erde, der andere mit der trockenen.
Jeden Tag in der Frühe prüften die Kinder die Erde in ihrem Topf mit den Fingerspitzen, ob sie wohl feucht genug war.
Die Erde im anderen Topf begann auszutrocknen. Sie bekam feine Risse und Sprünge.
Die Kinder jubelten, als in ihrem Topf die ersten weißlich-grünen Triebe zu sehen waren.
„Kinder, ich freue mich", sagte die Lehrerin. „Unsere Erbsen haben ausgetrieben. Ihr habt euch wirklich gut um euren Topf gekümmert. – Und was macht der andere Topf?"
In dem anderen Topf rührte sich nichts. Die Risse waren breiter geworden, die Erde war hart.
„Dass Gott sich nicht kümmert –", sagte ein Kind.
„Wenn es ihn gibt, wird er sich kümmern", sagte die Lehrerin. „Er sollte sich kümmern, und zwar bald!"
Die Erbsenpflänzchen im Topf der Kinder wuchsen und wuchsen. Sie bekamen feine Ranken und Blätter. Die Kinder gossen ihren Topf jeden Tag. Die Töpfe standen nun am offenen Fenster. Die kleinen Pflanzen hatten Licht und Luft. Bald mussten die Kinder Stäbchen in ihren Topf stecken, damit sich die Erbsenpflanzen festranken konnten.
In der Zeichenstunde malten die Kinder die beiden Töpfe. Die Lehrerin zeigte ihnen, wie man die Farben am besten mischt, um das frische Grün auf das Papier zu zaubern.
„Wie hässlich der andere Topf aussieht", sagten die Kinder. Sie malten auch ihn, aber ohne Freude.
„Sehr hässlich", sagte die Lehrerin. „Sollten wir noch ein bisschen Geduld haben? Sollen wir Gott noch eine Chance geben?"
„Ich glaube, aus der Erbse wird nichts mehr", sagte ein Kind.
„Lassen wir den Topf noch stehen", sagte ein anderes.
Eines Tages entdeckten die Kinder die erste Blüte auf ihren Erbsenpflanzen. Staunend standen sie davor und bewunderten das duftige weiße Blütenschiffchen mit den spinnwebzarten Adern.
„Wunderschön, nicht wahr?", sagte die Lehrerin. „Wenn ihr weiterhin so geschickte Gärtner seid und euch um euren Topf kümmert, werdet ihr erleben, wie aus den Blüten Hülsen wachsen."
Siebzehn Erbsenblüten öffneten sich im Topf der Kinder.
Der andere Topf stand da, mit steinharter, rissiger Erde.
„Schade", sagten die Kinder. „Wenn *wir* uns um ihn gekümmert hätten, wären jetzt auch Pflanzen und Blüten da."
„Ihr habt Recht", sagte die Lehrerin.

„Ja, so war das", erzählte der junge Mann. „Die Lehrerin musste den Kindern gar nichts weiter sagen. Für sie alle war nun klar: Es gibt Gott nicht, sonst hätte er sich um seinen Topf gekümmert."
Das Schultor ging auf und die Kinder liefen heraus. Am liebsten wäre ich zu ihnen gegangen und hätte gesagt: „Kinder, diese Geschichte mit den beiden Töpfen hat nichts mit Gott zu tun, ganz und gar nicht."

Kardinal Franz König

Vom Singen und Tanzen

Inhalt: Fröhliche Kinder spielen nach dem Regen in den Pfützen. Da entdecken sie auf einmal den Regenbogen. Das ist ein Gotteszeichen, erzählt Rebekkas Mutter.

Stichworte: Kinder – Regen – spielen – staunen – singen – tanzen – Fröhlichkeit – Regenbogen – Gotteszeichen

Alter: ab 7 Jahren

Einmal hat ein Kind einen ganzen Vormittag lang gewartet, bis es endlich zu regnen aufgehört hat. Es wollte nicht mehr in der Wohnung bleiben. Nein, es wollte draußen mit seinen Freundinnen und Freunden spielen. „Jetzt gehe ich aber!", hat das Kind gerufen und wollte gleich hinauslaufen.
„Halt!", hat seine Mutter gerufen. „Warte noch! Es regnet immer noch ein bisschen. Erst wenn die Sonne hinter den Wolken hervorkommt, dann wird es nicht mehr regnen."
Da hat das Kind am Fenster gestanden und gewartet und gewartet und gewartet, bis endlich die Sonne hervorkam.
„Jetzt darf ich aber hinausgehen!", hat da das Kind gesagt.
Da musste es vorher noch die Regenjacke und die Gummistiefel anziehen. Draußen waren jetzt nämlich überall große Pfützen. Und die Bäume und Sträucher, die Büsche und das Gras, alles war noch vom Regen nass.
„Ich gehe zum Spielplatz", hat das Kind gesagt und ist losgelaufen.
Als es zum Spielplatz kam, waren seine Freunde nicht da.
Da ist das Kind gleich zurückgelaufen und hat bei seinen Freunden und Freundinnen an der Haustür geklingelt.
„Es ist doch noch so nass!", haben die Mütter gesagt. „Das Gras und die Büsche!"
„Wir gehen doch zum Spielplatz!", haben die Kinder gesagt und da durf-

ten alle loslaufen. Vorher mussten alle noch ihre Gummistiefel und die Regenjacken anziehen. Und der dicke Willi musste sogar noch einen Schirm mitnehmen.

Als sie dann zum Spielplatz kamen, war dort eine riesengroße Pfütze. „Juchhu!", haben die Kinder da gerufen und sind mit ihren Gummistiefeln mitten hinein in die Pfütze gelaufen. Das war schön!

Sie sind immer wieder mitten durch die Pfütze gesprungen und haben viel Spaß gehabt, als sie dazu noch den Regenschirm aufgeklappt haben. Sie waren so froh und ausgelassen, dass sie beim Springen und Herumplanschen noch laut gesungen haben:

„Durch die Pfützen flitzen,
dass die Pfützen spritzen,
ist das Schönste, was es gibt!"

Sie sind mitten durch die Pfütze gesprungen. Dann haben sie sich an den Händen angefasst und sind in einer langen Kette durch die Pfütze gelaufen. Weil ihnen das so viel Spaß gemacht hat, haben sie sich an den Händen angefasst und sind in der Pfütze herumgetanzt.

Dann haben die Kinder auf einmal den großen Regenbogen am Himmel gesehen. Er reichte über den ganzen Spielplatz und noch viel, viel weiter. Bis hin zu den Bergen und zum Wald.

Es hat noch ein ganz bisschen geregnet, doch die Kinder haben es nicht bemerkt. Denn die Sonne war auch da und hat hell und warm vom Himmel herunter geschienen.

Und dann hat das Kind entdeckt, dass sich ein Stückchen Regenbogen in der Pfütze spiegelt. Da sind die Kinder ganz still geworden und haben immer wieder hinauf zum Himmel und zum Regenbogen geblickt. Dann haben sie über den Regenbogen in der Pfütze gestaunt.

Dann aber haben sie sich an den Händen gefasst und sind nach Hause gelaufen.

„Seht nur, den wunderschönen Regenbogen!", haben sie gerufen. Sie haben ein Regenbogenlied gesungen und einen Regenbogentanz getanzt.

Ihre Eltern sind herausgekommen und haben sich auch über den Regenbogen gefreut. Und Rebekkas Mutter hat erzählt, dass der Regenbogen ein Zeichen Gottes ist. Rebekkas Mutter ist Pastorin. „Gott ist immer bei uns!", hat sie gesagt. „Und der Regenbogen ist das Zeichen dafür, wie lieb Gott uns hat! Deshalb dürfen wir uns immer wieder neu freuen und singen und tanzen und lachen!"

Da haben sich die Kinder wieder angefasst und haben noch einmal ihr Regenbogenlied gesungen. Und die Großen haben gelacht und mitgesungen. Aber nicht so laut wie die Kinder.

Und keiner hat über die nassen Jacken und Gummistiefel geschimpft. Als der Regenbogen nicht mehr zu sehen war, haben sie alle im Sonnenschein zusammengestanden.

Sie haben laut miteinander gesprochen und viel zu erzählen gehabt. Die Kinder haben immer weiter gesungen und getanzt. So froh waren sie an diesem Tag.

Rolf Krenzer

Jakob betet

Inhalt: Gott hat den Apfelbaum, die Rosen, die Erdbeeren gemacht. Jakob lobt ihn dafür. Das ist seine Art zu beten.

Stichworte: Junge – Gott – Schöpfung – Lob – Gebet

Alter: ab 6 Jahren

Vor dem Schlafengehen läuft Jakob noch einmal durch den Garten. Er schaut den Apfelbaum an.
„Den hast du schön gemacht, wirklich wahr", sagt Jakob.
Er riecht an den Rosen.
„Die hast du auch schön gemacht."
Er kostet ein paar Erdbeeren.
„Mmm! Die hast du am schönsten gemacht. Danke", sagt Jakob.
Dann geht er ins Haus.
Die Großmutter bringt ihn ins Bett.
„Und jetzt beten wir", sagt die Großmutter.
„Ich habe schon gebetet", sagt Jakob.

Lene Mayer-Skumanz

Die Geschichte von Gott und dem Kind

Inhalt: Das Kind erkennt: Meine Mutter hat mich so geboren, wie Gott mich erschaffen hat.

Stichworte: Kind – Mutter – geboren werden – geschaffen sein – Gott – Glaube – Gebet – Dank – Glück

Alter: ab 6 Jahren

„Alles hat Gott geschaffen", sagte die Mutter.
„Mich aber nicht", meinte das Kind. „Du hast mich doch geboren."
„Aber Gott hat dich in meinem Bauch wachsen lassen", antwortete seine Mutter. „Als du geboren warst, konntest du schon atmen und trinken, du konntest schreien und strampeln und du hast in die Windeln gemacht. Ja, du hast wirklich gelebt."
Das Kind hörte gut zu. Es hatte es gern, wenn seine Mutter davon erzählte. „Und was war dann?", fragte es.
„Dann haben wir gebetet und Gott gedankt, dass wir dich so lebendig und gesund bei uns hatten."
„Habt ihr laut gebetet?", fragte das Kind. „Und die Oma auch?"
„Ich habe leise gebetet. So leise, dass es sonst niemand gehört hat", sagte seine Mutter.
„Nur Gott", flüsterte das Kind und nickte.
„Haben die anderen auch leise gebetet?", fragte das Kind. „Waren sie auch so froh?"
„Sicher", sagte seine Mutter. „Wir waren so glücklich, dass Gott dich uns geschenkt hat."
„Dann hat Gott mich auch geschaffen", sagte das Kind nachdenklich. „Du hast mich so geboren, wie Gott mich geschaffen hat."
„Richtig!" Seine Mutter nickte und lächelte ihm zu.
„Seid ihr immer noch so glücklich?", fragte das Kind.
„Immer noch", sagte seine Mutter leise und nahm das Kind ganz fest in den Arm.

Rolf Krenzer

Bekenntnis

Ich bekenne mich

zur Erde und ihren
gefährlichen Geheimnissen

zu Regen Schnee
Baum und Berg

zur mütterlichen mörderischen
Sonne zum Wasser und
seiner Flucht

zu Milch und Brot

zur Poesie
die das Märchen vom Menschen
spinnt

zum Menschen

bekenne ich mich
mit allen Worten
die mich erschaffen

Rose Ausländer

Ohne uns

Wir alle beide,
ich und du,
hielten uns die Ohren zu,
damals:
beim Urknall!
Weißt du noch?

Weißt du es aber doch
nicht mehr,
kommt das – vielleicht –
daher,
dass wir noch nicht anwesend waren.
Damals,
vor Milliarden Jahren.

Ach, seither
durfte noch manches geschehn
– ohne uns beide.
Kannst du das verstehn?

Josef Guggenmos

Der Garten

Inhalt: Anna im kargen, wasserlosen Hochland Südamerikas träumt von einem herrlichen Paradiesgarten. Sie entschließt sich, ein Stückchen dieses Gartens – und sei es noch so minimal – in ihrem dürren Umfeld zu verwirklichen. In ihrem fast aussichtslosen utopischen Handeln wird sie zu einer wahren, einer überzeugenden Gärtnerin Gottes.

Stichworte: Mädchen – Südamerika – Karstland – Dürre – Wasser – Traum – Paradies – Engel – Sehnsucht – Utopie – Verwirklichung – Garten – Hilfe – Freude

Alter: ab 12 Jahren

Anna lebte in einem armseligen Dorf auf der Hochebene. Die Häuser waren aus Lehm gebaut und lagen eng beisammen, um sich gegenseitig vor Sonne und Wind zu schützen. Die Menschen bemühten sich, ihre Felder zu bestellen, doch die Arbeit war mühsam und die Ernte gering, denn es gab wenig Wasser und das Land war Sonne und Wind schutzlos preisgegeben.

Eines Nachts hatte Anna einen seltsamen Traum. Ein junger Mann, in dem sie einen Engel erkannte, rief ihr zu: „Komm mit!" und ging ihr voraus. Sie wanderten einige Zeit und kamen schließlich an eine hohe Mauer, die aus Lehm gebaut war und eine riesige Fläche im Viereck umgab. Der Engel legte eine Leiter an und sie stiegen hinauf. Oben war die Mauer so breit, dass sie bequem darauf gehen konnten. Wie staunte Anna, als sie unter sich einen wunderschönen Garten sah.

Da wuchsen die verschiedensten Bäume. Einige hatten dichte Kronen, in denen bunte Vögel herumflatterten und zwitscherten; andere trugen Früchte, die Anna noch nie gesehen hatte. Das Laub der Bäume leuchtete in den verschiedensten Farben. Der Garten wirkte schattig und angenehm kühl. Zwischen den Bäumen breitete sich eine Wiese aus, auf der kleinere Blütenbüsche standen, dann gab es auch Beete, gefüllt mit Blumen aller Arten und Farben. Die ganze Luft war von einem feinen Duft erfüllt.

Anna schaute und konnte sich nicht satt sehen. Da führte der Engel sie ein Stück weiter auf der Mauer und zeigte ihr die Mitte des Gartens. Dort stieg Wasser in einem Springbrunnen in die Höhe und ergoss sich in ein großes Becken. Von da aus verteilte es sich in vier Bäche, die nach allen vier Seiten hin den Garten durchflossen. Anna bekam große Lust, von der Mauer zu hüpfen und ihre Arme in dieses Wasser zu tauchen. Wasser, das war etwas, das ihnen im Dorf immer fehlte. Und hier gab es sprudelndes Wasser in großer Menge! Aber der Engel hielt sie zurück: „Du kannst nicht in den Garten", sagte er, „aber sieh weiter!"

Nun erst gewahrte Anna die Menschen, die sich dort unten aufhielten. Unter einem Baum saß eine Gruppe von Leuten, die miteinander sangen. Einige begleiteten die Lieder auf Musikinstrumenten, andere tanzten. An einer anderen Stelle waren zwei Jungen dabei, eine Brücke über einen der Bäche zu bauen. Sie halfen sich gegenseitig, zuweilen hielten sie inne und überlegten miteinander, bevor sie weiterbauten. Nun erblickte Anna eine Gruppe von Menschen, die im Garten auf und ab gingen und sich lebhaft unterhielten. Wenn einer sprach, hörten die anderen zu. Es waren ältere und jüngere Menschen und Anna hatte das Gefühl, dass jeder vom anderen lernen wollte.

In einer abgelegenen Ecke des Gartens saßen sich ein Mann und eine Frau unter einem blühenden Kirschbaum gegenüber. Sie hielten sich an der Hand und schauten sich glücklich an. In der Nähe des Brunnens las ein Vater seinem Kind aus einem Buch etwas vor. Er hatte den Arm um das Kind gelegt, hielt beim Lesen immer wieder inne und erklärte ihm etwas.

Zuletzt richtete Anna ihren Blick auf eine dichte Rosenhecke. In ihrem Schatten wiegte eine Mutter ihr Kind auf den Armen.

„Ach, lass mich doch in den Garten hinunter", bat Anna den Engel.

„Dies ist der Garten des Paradieses", antwortete er, „ein Ort, an dem alle in Liebe beieinander wohnen. Du kannst jetzt noch nicht hinein. Aber du kannst versuchen, ein wenig davon auf Erden zu verwirklichen."

Darauf wurde es um Anna dunkel und der Engel war verschwunden.

Als Anna erwachte, war sie sehr traurig. Sie lag auf ihrer Strohmatte, draußen heulte der Wind, der das Land austrocknete und die Regenwolken vertrieb, auf die sie so sehr warteten. Warum hatte sie nicht in diesem herrlichen Garten bleiben dürfen? Hatte sie hineinschauen sollen, damit ihr Herz immer vor Heimweh danach brannte? Oder gab es noch einen Grund?

Später trat Anna auf die Gasse und wie immer scharten sich die Kinder des Dorfes um sie.

„Kommt mit", sagt sie, „wir wollen gemeinsam einen Garten pflanzen."

Während sie am Rand des Dorfes den trockenen Boden umgruben, mühsam wässerten und kleine, dürftige Pflanzen einsetzten, erzählte Anna von dem Garten, den sie im Traum gesehen hatte.

„So schön wird unser Garten nie werden", seufzte sie, „aber ein wenig soll er ihm ähneln."

Und sie freute sich, als sie sah, wie Tom und Paolo gemeinsam die Gießkanne schleppten und wie Maria dem weinenden Jan tröstend übers Haar strich und ihm eine Träne abwischte.

Mechtild Theiss

Warten auf Daniel

Inhalt: Urplötzlich ist Daniel tot. Eben noch raste er über die Straße auf den Schulbus zu. Das Auto, das ihn tötete, hat er gar nicht wahrgenommen.

Stichworte: Schüler – Eile – Unachtsamkeit – Unfalltod – Endgültigkeit

Alter: ab 8 Jahren

An diesem Morgen ging alles so schnell. Mutter hatte ihn wie immer um sieben Uhr geweckt. Doch Daniel hatte sich nur umgedreht und weitergeschlafen. Den Schulbus würde er noch schaffen.

Nun war es kurz vor halb acht und Mutter stand wieder an seinem Bett.

„Steh' auf, du Faulpelz! Dein Bus fährt in fünfzehn Minuten", raunzte sie. Und dabei zog sie ihm die Bettdecke weg.

„So'n Mist", murmelte Daniel in sich hinein. Er reckte sich kurz, sprang dann auf und rannte ins Bad. Ein kurzes Zähneputzen, ein Hauch von Waschen, zurück ins Zimmer, anziehen und rüber in die Küche. Auf dem Tisch lagen schon zwei Brote. Er knallte sie zusammen, biss ab und griff zur Jacke. Der Zeiger der Küchenuhr rückte gerade auf fünf nach halb acht. Noch drei Minuten bis zur Abfahrt des Schulbusses. Kein Problem, die Haltestelle ist ja gleich gegenüber der Haustür. Daniel griff zur Schultasche. „Tschüss, Mutti", rief er noch in Richtung Küche und schon war er im Treppenhaus. Er hörte nicht mehr das „Pass gut auf" seiner Mutter.

Im Treppenhaus nahm Daniel immer gleich drei Stufen auf einmal. Als er aus der Haustür stürmte, war der Bus noch nicht da. Doch dort hinten in der weiten Rechtskurve sah man seine Lichter. Geschafft, ein kurzer Spurt auf die andere Straßenseite.

Das Quietschen der Reifen muss Daniel noch gehört haben. Und irgendwer muss den Krankenwagen und die Polizei alarmiert haben. Beide waren nach wenigen Minuten da. Der Notarzt und die beiden Sanitäter beugten sich lange über Daniel. Dann kam ein kleiner grauer Lieferwagen. In den wurde Daniel gelegt.

An diesem Morgen wartete die vierte Klasse vergeblich auf Daniel. Er kam nie wieder.

Hartmut Kulick

Etwas Unwiderrufliches

Inhalt: Etwas Unwiderrufliches hat der Tod. Das erkennen die Spielkameraden des achtjährigen Nicky Thürauf, der beim Schlittenfahren mit dem Kopf an einen Stein prallte. Das erfahren andere Kinder, die Wochen später das Erinnerungskreuz an der Todesstelle betrachten.

Stichworte: Kind – Unfalltod – Schrecken – Betroffenheit – Unwiderruflichkeit – Kreuz – Nachdenklichkeit

Alter: ab 8 Jahren

An einem Wintertag, wie man ihn sich schöner und strahlender nicht denken kann, flog Nicky Thürauf beim Schlittenfahren aus der Kurve, stürzte und schlug mit dem Hinterkopf hart auf einen Stein. Es war der einzige Stein weit und breit, ein vergessener alter Grenzstein, der ohne Sinn und Nutzen am Rande der Wiese stand.

Jan und Mareike, die zusammen die Schlittenbahn hoch kamen, sahen Nicky im Schnee liegen. Ein wenig sonderbar lag er da neben seinem umgekippten Schlitten und rührte sich nicht.

„He, Nicky!", riefen sie ihm zu. „Steh doch auf!"

Als Nicky keine Antwort gab, stellten sie ihre Schlitten an den Rand und stapften zu ihm hin, um ihm wieder auf die Beine zu helfen.

Nicky hatte die Augen weit aufgerissen und sah ganz erstaunt aus. Neben ihm im Schnee lag ein roter Anstecker mit der Aufschrift STOP. Den hatte er beim Sturz verloren. Mareike bückte sich und hob ihn auf.

Jan berührte Nickys Schulter und sagte ängstlich: „Du, was ist denn? Sag doch was!" Er rüttelte ihn ein bisschen, aber plötzlich fuhr er hoch und rief mit einer Stimme, die sich vor Schreck überschlug: „Er blutet ja! Schaut doch! Er blutet!"

Unter Nickys Kopf sickerte Blut hervor und färbte den Schnee rot. Entsetzt starrten die Kinder auf den roten Fleck, der sich unaufhaltsam ausbreitete. Und sie erschraken bis in die Tiefe ihrer Herzen.

Alles, was danach kam, das Laufen und Schreien, den Krankenwagen, der mit Blaulicht angerast kam, die aufgeregten Stimmen: Wer? Wer ist es? Wer hat es gesehen? Wer sagt es den Eltern? Wer? Wer? – all das erlebten sie wie hinter einem Nebel. Aber niemals vergaßen sie dieses tödliche Erschrecken und den furchtbar klaren Augenblick, in dem sie begriffen, dass etwas Unwiderrufliches geschehen war.

Viele Wochen später, als der Schnee geschmolzen war und die Menschen sich längst mit anderen Aufregungen beschäftigten, wanderte an einem Sonntagnachmittag eine Familie vom Wald herab dem Dorf zu. Da kamen sie an einem Kreuz vorbei, das ein wenig abseits nahe einer Wiese stand.

„Was ist das?", fragte das Mädchen. „Das war doch sonst nicht hier." Sie blieben stehen. Das Kreuz war klein, kaum höher als das Sommergras, schmucklos aus zwei Holzlatten zusammengenagelt. Wo die beiden Latten sich kreuzten, waren unbeholfen ein Name und ein paar Zahlen ins Holz geritzt; darunter – mitten durchs große O genagelt – ein roter Anstecker aus Blech mit der Aufschrift STOP. Eine Kette aus frischen Margeriten und Butterblumen wand sich um die Mitte des Kreuzes und rahmte die Schrift ein.

„Was bedeutet das?", fragten die Kinder und betrachteten das Kreuz neugierig.

„Es bedeutet, dass hier jemand gestorben ist", erwiderte die Mutter.

„Hier?" Die Kinder schauten ungläubig über das Gras und die Bumen hin, die sich sanft im Sommerwind bewegten.

„Sterben kann man überall", sagte der Vater.

Die Kinder gingen ganz nah an das Kreuz heran und der Junge buchstabierte: „N-i-ck-y Thü-rau-f."

„Sch!" machte das Mädchen. Sie entzifferte die Zahlen und rechnete angestrengt vor sich hin. „Nächste Woche hätte er Geburtstag", erklärte sie. „Am Donnerstag." Und nach einer Pause: „Dann wäre er acht."
„Acht?", rief der Junge betroffen. Genauso alt war er selber gerade geworden. Eine Weile standen sie alle zusammen schweigend vor dem Kreuz und jeder hing seinen Gedanken nach.
„Kommt", sagte die Mutter endlich. „Lasst uns weitergehen!"
Der Junge nickte und konnte sich doch nicht losreißen.
„Und der Anstecker?", fragte er. „Warum ist der Anstecker da?"
Aber die anderen waren schon weitergegangen.
Der Junge wandte sich um und stolperte über den Stein. Fast wäre er gefallen. Er konnte sich gerade noch abfangen.
„Hoppla", sagte er. Er schaute den Stein an und runzelte verwundert die Stirn. Dann rannte er mit großen Sprüngen hinter den anderen her.

Renate Schupp

Gespräch mit der sehr alten Tante Emmy

Inhalt: Von der Familie liebevoll begleitet möchte Tante Emmy sterben, ohne Lebensverlängerung durch eine Apparatemedizin. Das Aufscheinen Gottes in ihrem Leben gibt ihr ruhige Gewissheit für ihren Tod und das ganz Andere danach.

Stichworte: Sterbebegleitung – Familie – Liebe – Lebenszeit – Tod – Leben nach dem Tod – „Aufscheinen" Gottes – Hoffnung – aufgehoben sein – Gewissheit – Vorstellungen bei Hindus und Muslimen

Alter: ab 9 Jahren

„Hast du manchmal Angst vor dem Sterben, Tante Emmy?"
„Ich habe Angst, alleine zu sterben, und etwas Angst, zu sehr zu leiden. Ich möchte gerne, dass jemand mir die Hand hält, wie du jetzt, bis ich auf die andere Seite gekommen bin. Man soll mich hier sterben lassen, ich bin schon so alt. Ich möchte nicht weggebracht werden, ich möchte nicht ins Krankenhaus, damit mein Leben verlängert wird. Verstehst du das? Ich bin am Ende eines langen, schweren und schönen Lebens. Wenn ich sterben muss, will ich es ohne Apparate tun. Ich bin alt und habe gelebt. Man soll mich einschlafen lassen, hoffentlich ohne Kampf. Helft mir, bleibt bei mir und habt mich lieb. Ich will spüren, dass ihr bei mir seid."

„Gehst du danach zu Gott?"
„Ich glaube ja."
„Sofort oder etwas später?"
„Ich weiß es nicht. Sicher braucht es Zeit, um von hier fortzugehen. Aber ich glaube an ein Leben nach diesem Leben. Ich werde bei Gott aufgehoben sein. Ich gehe nicht verloren."
„Glauben das alle Menschen?"
„Nein."
„Und was glauben die dann?"
„Es gibt viele Vorstellungen. In Indien glaubt man, dass die Seele immer wieder in einem neuen Menschen auf die Erde kommt, um ein besserer Mensch zu werden."
„Und wenn er nicht besser wird?"
„Dann muss er es wieder versuchen, immer wieder versuchen. – Die Muslime glauben auch an ein Leben nach dem Tod bei Gott. Viele Menschen wissen nicht, an was sie glauben sollen, für sie ist das Leben mit dem Tod zu Ende. Sie meinen, dass sie vielleicht noch in der Erinnerung der Menschen leben, die sie kannten, danach aber gibt es nichts."
„Ist das falsch?"
„Das finden sie für sich richtig, wie das, was ich glaube, für mich richtig ist."
„Und für mich?"
„Du wirst finden, was für dich das Richtige ist."
„Hast du dir das ausgedacht?"
„Nein, Christus, der Sohn Gottes, hat es damals den Menschen gesagt. Gott hat niemand gesehen; Christus aber haben die Menschen gesehen, angerührt, umarmt, sie haben mit ihm gegessen und gefeiert."
„Wie merkst du, dass es Gott gibt?"
„An Dingen, die in meinem Leben geschehen sind und immer noch geschehen, am ‚Aufscheinen Gottes'."
„Wo siehst du das, Tante Emmy?"
„Schau dich um: die Sonne, die Nacht, die Blumen, der Regen, die Tiere, Kinder, Menschen überhaupt, Berge, Meer, Wasser, Wind, Bäume, Winter, Sommer, Mond und Schnee. Dass du mit mir sprichst, dass ich manchmal getröstet werde, dass Hilfe kommt, wenn ich es gar nicht erwartete, das Wachsen, das Sterben..."
„Aber Tante Emmy, es geht doch immer alles kaputt, die Blumen, der Mensch, die Tiere, die Bäume und das Leben überall."
„Aber die Sonne geht jeden Tag wieder auf."
„Aber der Regen kann doch alles kaputt machen..."
„Oder ganz neu. Denk, wie schön es nach einem erschreckenden Gewitter

ist. Wie die Dächer glänzen, wie die Bäume leuchten, wie die Straßen ohne Staub sind. Fändest du es gut, wenn die Blumen immer weiterblühten und nicht verwelkten? Du würdest nie mehr einen neuen Strauß pflücken. Aber wenn er verwelkt, denkst du an einen neuen Strauß, der ganz anders aussehen wird. Die Welt ist immer in Bewegung. Gott sei Dank. Es geht alles weiter, von der Geburt an. Ich war einmal so jung wie du, dann erwachsen, dann älter, alt und jetzt uralt. Jedes Ding, jedes Lebewesen hat seine Zeit."

Antoinette Becker

Die Geschichte vom wundersamen Garten

Inhalt: Wie ein geheimnisvoller Garten ist das Leben. Wie ein großes Tor ist der Tod. Durch einen Spalt in der umgebenden undurchdringlichen Hecke kommt jeder Mensch in den Garten herein. Durch das Tor des Todes muss jeder früher oder später unwiederbringlich wieder hinaus. Ganz unterschiedlich reagieren die Menschen auf diese Tatsache. Die einen mit Angst, Panik, Resignation, die anderen mit Ruhe, Ehrfurcht, Hoffnung. Entsprechend wandelt sich das Tor. Für diesen ist es bedrohlich finster, für jenen licht und hell.

Stichworte: Garten – Leben – Geburt – Tod –Tor – Angst – Lebensgenuss – Panik – Zerstörung – Resignation – Ehrfurcht – Hoffnung – Friede – Ruhe – Jenseits

Alter: ab 12 Jahren

Vor einer Zeit – unendlich fern, unendlich nah – gab es einen wundersamen Garten, dessen Schönheit kaum zu ermessen war. Hatte ein Mensch das Wesen dieses Gartens erkannt, er konnte nicht aufhören, davon zu erzählen.

Der Garten war von einer dichten, undurchdringlichen Hecke umgeben. Niemand konnte von außen durch sie in den Garten hineinsehen; niemand, der sich im Garten befand, konnte durch die Hecke hinausschauen. An zwei Stellen war die Hecke unterbrochen. An der einen befand sich eine schmale Öffnung zwischen den Zweigen. Immer, wenn diese Öffnung sich weitete und jemand durch sie in den Garten vorgedrungen war, schlossen sich die Zweige unwiederbringlich und es gab kein Zurück. Auf der gegenüberliegenden Seite der Hecke war ein großes Tor. Dieses hatte die seltsame Eigenschaft, sein Aussehen wandeln zu können. Je nachdem, wie es von einem Menschen angesehen wurde – voller Angst oder voller Ehrfurcht und Hoffnung – hatte es dunkle, schreckliche Farben und wuchtige Flügel oder es erschien leicht gebaut und mit freundlichen Farben angestrichen.

Eine Kraft ging aus von diesem Tor. Sobald ein Mensch den Boden des wundersamen Gartens betreten hatte, begann diese Kraft auf ihn zu wirken und ihn auf das Tor hin zu ziehen. Früher oder später wusste es jeder in diesem Garten: Ich muss einmal dort hinaus, durch das große Tor, unwiederbringlich. Niemand war jemals durch dieses Tor in den Garten zurückgekehrt. Niemand wusste, was sich hinter dem Tor befand.

Eines Tages zwängte sich ein Mensch durch die Öffnung in den Zweigen der Hecke. Kaum hatte er den Boden des Gartens betreten, da begann die Kraft des großen Tores auf ihn zu wirken. Anfangs merkte er es nicht. Er schaute sich im Garten um. Er entdeckte all die Schönheiten. Doch als er auf die Bäume und Blumen zugehen wollte, spürte er, wie es ihn zog. Gebannt begann er auf das große Tor zu starren. Was mochte dahinter sein? Lange grübelte er. Schließlich meinte er es zu wissen. Und er ließ resigniert die Hände sinken, mit denen er gerade eine der wunderbaren Früchte pflücken wollte. Ohne noch einmal einen Blick auf die Kostbarkeiten des Gartens zu verschwenden, ließ er sich zu dem großen Tor treiben. Er bemerkte nicht mehr, wie sehr der Garten voller Leben war von Tieren und Menschen, die auf ihn zukamen und seine Aufmerksamkeit suchten.

Der Mensch näherte sich dem großen Tor. Finstere Flügel öffneten sich, schlossen sich und er war verschwunden.

Schon kam ein anderer durch die Öffnung der Hecke. Auch auf ihn begann die Kraft des Tores zu wirken, als er den Boden des Gartens berührte. Auch er bemerkte dies nicht gleich. Wie sein Vorgänger entdeckte er die herrlichen Dinge des Gartens. Er machte sich einen Plan, wie er sie nutzen und genießen wollte.

Doch dann wurde auch ihm die Kraft, die ihn zog, bewusst. Und es geschah, dass das große Tor ihm die Zeit nahm, den Garten zu genießen. Was mochte dahinter sein? Er versuchte, es sich vorzustellen. Schließlich meinte er es zu wissen. Und dies Wissen versetzte ihn in Panik. Er begann sich auf alles, was er im Garten bekommen konnte, zu stürzen. Von einem Apfelbaum nahm er sich sämtliche Früchte. Er schlang sie in sich hinein. Beim Pflücken riss er die Zweige des Baumes achtlos mit ab. Er begann, auch Blumen herauszureißen, sie achtlos wegzuwerfen. Er zertrampelte die Beete. Er achtete nicht auf die vielen Tiere im Garten, auf die Menschen. Wollte sich jemand eine Frucht nehmen, er stieß ihn beiseite und nahm sich die Frucht selbst. Hatte jemand eine Blume gepflückt, er entriss sie ihm.

Alles wollte er haben, und doch, je mehr er sich nahm, desto gieriger wurde er, sein Hunger ließ sich nicht stillen.

Schließlich kam er in die Nähe des großen Tores. Hinter ihm lag der Garten verwüstet da. Und die Menschen und Tiere waren voller Verletzungen und ihre Augen waren voller Angst.

Die geheimnisvolle Kraft zog ihn auf das große Tor zu. Er wehrte sich mit allen Kräften. Doch es gab kein Zurück. Noch während er durch die geöffneten Flügel gezogen wurde, versuchte er an sich zu reißen, was gerade noch zu fassen war. Als das Tor zuzuschlagen begann, fiel ihm alles aus den Händen. Er verschwand.

Und schon kam ein dritter Mensch durch die Öffnung der Hecke. Und wieder geschah dasselbe, wie bei den beiden anderen. Kaum hatte dieser den Boden des Gartens berührt, begann auch an ihm die Kraft zu wirken. Sein Blick fiel auf den herrlichen Garten: die Blumen, die versteckten Lauben, die frischen Quellen. Er beugte sich zu einer Quelle hinab und trank. Er begann die Blumen zu betrachten und sie zu pflegen. Er freute sich an ihrer Schönheit. Eine Blume, die abgeknickt war, stützte er durch einen kleinen Ast, den er vorher zurechtgeschnitten hatte.

Dann aber spürte auch er die Kraft, die ihn vorwärts zog. Er entdeckte das große Tor. Er bemerkte, dass die Kraft von diesem Tor kam. Er überlegte: Was mag wohl hinter dem Tor sein? Nachdenklich ließ er seinen Blick über die Schönheiten des Gartens gleiten. Und er sah das pulsierende Leben, die Tiere, die Menschen. Er ging auf sie zu, sie kamen auf ihn zu. Sie machten ihn glücklich und manchmal auch traurig. Und alles, was er von ihnen und von dem wundersamen Garten empfing – es kam ihm vor, als ob es ihm von liebenden Händen gegeben werde.

Liebende Hände...

Auf einmal glaubte auch er zu wissen, was sich hinter dem Tor befand. Und er begann daraufhin noch bewusster durch den Garten zu gehen. Im Einklang mit der Kraft, die das große Tor aussandte. Mit noch offeneren Augen, mit noch bereiteren Händen, mit hoffendem Herzen ging er durch den Garten. Unendlich lang. Schließlich kam auch er zu dem Tor. Er wusste: Ich muss hindurch. Es gibt kein Zurück. Traurig, aber friedvoll, in großer Ruhe ließ er sich geleiten. Leichte Flügel öffneten sich, herrliche Farben erstrahlten...

Und wenn die Zeit – unendlich fern, unendlich nah – noch nicht vergangen ist, dann gibt es den Garten, die Hecke mit ihrer Öffnung, das große Tor, immer noch.

Monika Förster

Ein Wunder

Ein Wunder! Wirklich wunderbar!
Dies Wunder, es ist wirklich wahr!

Es fraß eine Raupe Blatt für Blatt
und wurde nicht satt
und wurde nicht satt.
Sie fraß vom Gemüse und vom Salat
und wurde nicht satt
und wurde satt.
Zum Schluss spann sie sich dann still und fein
ein Häuschen und schlief darin ein.
Dort schläft sie, bis sie über Nacht
als schöner Schmetterling erwacht.
Der breitet dann die Flügel aus
und fliegt weit in die Welt hinaus.

Ein Wunder! Wirklich wunderbar!
Dies Wunder, es ist wirklich wahr!

Rolf Krenzer

Leben

Unsere Sau hat geferkelt,
fünfzehn Ferkel hat sie geworfen,
hör es alle Welt!
Fünfzehn Ferkel und alle munter,
und keinem fehlt ein Bein oder ein Ohr oder der Schwanz.
Gestern Abend erst zwölf,
um Viertel vor elf noch zwei
und um Mitternacht dann das letzte.
Sie kamen heraus aus der Sau
und schon konnten sie laufen.
Ein Wunder, ein richtiges Wunder!
Und die Zitzen haben sie auch gleich gefunden.

Dagegen sind wir Menschen nichts:
Wir brauchen ein Jahr,
bis wir laufen gelernt haben,
und im Zitzenfinden sind uns die Ferkel auch über.
Wirklich zum Staunen,
wie das alles so fabelhaft eingerichtet ist bei den Schweinen.
Und jedes Ferkel trinkt immer an derselben Zitze.
Aber unsere Sau hat nur vierzehn Zitzen für fünfzehn Ferkel.
Da ist dir, lieber Gott, ein kleiner Fehler unterlaufen.
Na, mach dir darum keine Sorgen.
Es wäre doch gelacht,
wenn wir nicht trotzdem alle fünfzehn groß kriegen,
hat meine Oma gesagt
und meine alte Babyflasche mit Milch gefüllt.
Jetzt sitz' ich auf der Schwelle vor dem Saustall
und hab' das Ferkel auf dem Schoß,
das allerkleinste von den fünfzehn.
Es liegt auf dem Rücken,
mit den Pfoten nach oben,
und nuckelt am Sauger, dass es nur so schmatzt.
Hannelore hab' ich's genannt, nach der Oma.
Ich bring' das schon in Ordnung, lieber Gott,
ich lass das Kleine nicht verhungern,
auch wenn du seine Zitze bei der Sau vergessen hast.
Du kannst dich auf mich verlassen,
du, der so ein Wunder zu Stande bringt
wie eine Sau mit fünfzehn Ferkeln.

Gudrun Pausewang

Glauben II

Ich glaube an die Wunder
dieser Welt und der unendlichen
unbekannten Welten

Ich glaube
an das Wunder der Träume
Träume im Schlaf
und im Wachen

Ich glaube an die Wunder
der Worte
die in der Welt wirken
und die Welten erschaffen

Ich glaube
an dich
Lebensbruder

Rose Ausländer

Wann reitest du wieder, Mutter Gertrudis?

Inhalt:	Peter erfährt auf einer Missionsstation im Indioland, was es heisst, Christentum glaubwürdig zu leben, Frömmigkeit und liebevolles Handeln am Nächsten untrennbar miteinander zu verbinden. Höchst eindringlich und ganz kindgemäß wird Mission als Diakonie (als tätige Nächstenliebe) geschildert.
Stichworte:	Eine Welt-Dritte Welt – Südamerika – Missionsstation – Missionsschwester – europäischer Junge – Hunger – Krankheit – Armut – Not – Hilfe – Dienst – Gebet – Christentum – Glaubwürdigkeit – Diakonie – Nächstenliebe
Alter:	ab 8 Jahren

Peter und seine Eltern lebten in Südamerika. Peters Vater war Lehrer an einer deutschen Schule.

Peter war acht Jahre alt, als ihn seine Eltern für eine Woche bei Mutter Gertrudis auf der Missionsstation im Indianerland ließen. Sie mussten auf eine Tagung fahren und konnten ihn nicht mitnehmen. Er war schon öfter mit ihnen bei Mutter Gertrudis gewesen, aber noch nie allein.

„Du bist ja jetzt schon so groß", hatte der Vater beim Abschied gesagt, „und es ist ja auch nur eine Woche."

Aber am Abend, als Mutter Gertrudis ihm Gute Nacht gesagt hatte und er allein in einem so fremden und großen Bett lag, war ihm doch sehr elend zu Mute. Er konnte sich hier ja nur mit Mutter Gertrudis unterhalten, denn sie war die einzige Deutsche auf der Missionsstation. Die beiden anderen Nonnen waren Südamerikanerinnen.

Deshalb erschrak er auch, als Mutter Gertrudis am nächsten Morgen verkündete, dass sie den ganzen Tag unterwegs sein werde.

„Und ich?", fragte er ängstlich.

„Du kommst natürlich mit", sagte sie heiter.

Er fiel ihr vor Freude um den Hals, so heftig, dass ihr Häubchen verrutschte.

„Du weißt nicht, was dich erwartet", sagte Mutter Gertrudis lachend. „Heute Abend wirst du halb tot ins Bett fallen. Zieh deine Gummistiefel an."

Nach dem Frühstück zog sich Mutter Gertrudis eine Reithose unter ihren weiten Rock und schlüpfte in lederne Stiefel. Claudina, die andere Nonne, führte das Pferd vor das Haus und sattelte es. Lidvina, die dritte Nonne, packte den Proviantsack und band ihn an der einen Seite des Sattels fest. An die andere Seite hängte sie eine große lederne Tasche mit Medikamenten und Verbandszeug. Quer über den Rücken des Pferdes schnallte sie die eingerollten Regenmäntel von Mutter Gertrudis und Peter. Dann schwang sich Mutter Gertrudis in den Sattel.

„Und ich?", fragte Peter. Mutter Gertrudis zeigte hinter sich.

Schwester Claudina flocht ihre beiden Hände ineinander und winkte Peter mit den Augen. Der verstand. Er trat auf Claudinas Hände, stützte sich auf ihre Schulter und schwang sich dann hinter Mutter Gertrudis auf das Pferd.

„Halte dich nur an mir fest", sagte Mutter Gertrudis.

Sie gab den beiden Nonnen, die zu Hause blieben, noch ein paar Anweisungen und dann schnalzte sie mit der Zunge. Das Pferd gehorchte und trabte zum Hoftor hinaus über den Hügelhang hinunter zum Meer.

Peter schaute sich noch einmal um: Da lag die kleine Holzkirche auf der Spitze des Hügels, daneben die hölzerne Schule für die Indianerkinder, die von den beiden Nonnen Claudina und Lidvina unterrichtet wurden, und unter den Bäumen das Haupthaus, in dem die Nonnen wohnten und ein Krankenzimmer eingerichtet hatten. Die hohe Gartenhecke verdeckte den Stall für die Ziegen, die Schweine und das Pferd. Aber dann verschwand alles hinter der Rundung des Hügels.

Nun ging es steil hinab und Peter musste sich an Mutter Gertrudis festklammern, wenn er nicht fallen wollte. Am Fuß des Hanges lag der breite Strand. Dahinter wogte das Meer graugrün. Die Brandung warf sich schäumend gegen das Land.

Sie begegneten ein paar Indianerkindern, die den Hügel hinaufkeuchten. Sie gingen zur Schule. Sie liefen alle miteinander barfuß und hatten geflickte und ausgefranste Kleider an.

„Denen geht es nicht so gut wie dir", sagte Mutter Gertrudis. „Die meisten von ihnen laufen auch im Winter barfuß."

„Im Winter?", fragte Peter erstaunt. „Gibt's hier einen Winter?"

„Gewiss", antwortete Mutter Gertrudis. „Schnee fällt zwar so gut wie nie, aber es regnet von morgens bis abends und manchmal liegt Reif auf den Wiesen. Durch den Reif laufen die Kinder zur Schule."

Als sie am Fuß des Hügels angekommen waren, sagte sie: „Wir müssen uns beeilen. Ich habe heute mehr als zwanzig Kranke zu besuchen. Halte dich jetzt fest."

Und schon begann das Pferd zu galoppieren. Peter stieß vor Schreck einen Schrei aus. Fast verlor er das Gleichgewicht, denn der Pferderücken ging auf und ab. Aber schon nach einer Weile hatte er sich an den Galopp gewöhnt. Er machte ihm sogar Spaß. Sie galoppierten über Muscheln und braungrünen Tang.

„Von dem Tang nehmen wir uns auf dem Rückweg mit", rief Mutter Gertrudis über die Schulter. „Davon kochen wir Gemüse. Schmeckt scheußlich, ist aber gesund."

Sie galoppierten am Strand entlang bis zu einer Landzunge, auf der vier Holzhütten standen. Eine ganze Hundemeute kläffte ihnen entgegen, aber ein Mann in einem wollenen Poncho pfiff sie zurück und half der Nonne beim Absteigen.

„Hüpf runter", sagte Mutter Gertrudis zu Peter. „Hier kannst du nicht mit hereinkommen, denn du könntest dich an dem kranken Kind anstecken. Warte auf mich. Es wird nicht lange dauern."

Sie löste ihre Medikamententasche vom Sattel. Der Mann band das Pferd an einen Pfahl vor der Hütte, dann verschwand er mit Mutter Gertrudis in der Tür. Von drinnen hörte Peter ein klägliches Kinderweinen. Aus den Nachbarhütten näherte sich eine Schar kleiner schmutziger Kinder. Sie starrten Peter an. Er konnte nicht mit ihnen sprechen. Er kannte ja ihre Sprache nicht.

Auch drei Frauen kamen aus den anderen Hütten und schienen auf Mutter Gertrudis zu warten. Die eine von ihnen hatte einen sehr dicken Bauch. Peter sah, dass sie ein Kind erwartete. Die Frauen trugen ihr schwarzes Haar in hoch gebundenen Zöpfen und hatten Röcke an, die bis zu den Knöcheln reichten. Auch sie gingen barfuß. Sie nickten Peter zu und lächelten. Vor den Hütten lagen Boote. Daneben waren Netze aufgespannt. Peter begriff, dass die Indianer, die hier lebten, Fischer waren.

Dann erschien Mutter Gertrudis in der Tür. Sie hatte die Ärmel hoch gekrempelt und trug die Tasche in der Hand. Die drei Frauen liefen auf sie zu und redeten alle gleichzeitig auf sie ein. Sie antwortete ihnen in ihrer Sprache und schritt zwischen ihnen auf die nächste Hütte zu. Peter sah ihr erstaunt nach. Hatte sie ihn vergessen?

Aber da drehte sie sich auch schon um und rief: „Dorthin kannst du mitkommen. Es schadet nichts, wenn du dir das mal ansiehst."

Er trat ein. Auch die drei Frauen kamen mit. Anfangs konnte Peter fast gar nichts sehen. Die Hütte bestand nur aus einem Raum und hatte ein einziges kleines Fensterloch ohne Scheiben. Es roch nach Rauch. Ein Hund beschnüffelte ihn, ein Ziegenlamm meckerte kläglich neben ihm. Allmählich gewöhnten sich seine Augen an das Halbdunkel. Er sah, dass auf einem Lager in der Ecke eine Frau lag. Sie musste sehr alt sein. Ihr Gesicht war runzlig, ihre Augen lagen tief in den Höhlen. Sie hatte weißes Haar und weiße Brauen und als sie den Mund öffnete, sah Peter nur noch einen einzigen Zahn darin.

Mutter Gertrudis fühlte ihren Puls, maß ihren Blutdruck und gab ihr eine Spritze. Peter schaute sich verstohlen um. Hier gab es keinen Fernseher, keine Waschmaschine, keinen Elektroherd, ja fast keine Möbel. Die Wände waren aus Brettern zusammengefügt. Ein paar Jacken hingen an Nägeln. Nicht einmal eine Uhr konnte Peter entdecken und der Fußboden war aus glatt gestampftem Lehm.

Wenn ich das meinen Freunden in Deutschland erzähle, dachte Peter, werden sie mir's nicht glauben.

Mutter Gertrudis kramte in ihrer Tasche und reichte der Frau, die das Kind erwartete, ein Fläschchen mit Medizin. Dann tätschelte sie der Alten auf dem Lager die Hand, sagte etwas zu ihr und klappte ihre Tasche zu. Die Frauen und Kinder begleiteten Mutter Gertrudis und Peter zurück zur Hütte, vor der das Pferd festgebunden war. Der Mann kam mit einem Schemel gelaufen, stellte ihn neben das Pferd, half der Nonne auf den Schemel und von da auf das Pferd. Dann hob er Peter hinter sie auf den Sattel. Und schon ritten sie im Galopp in ein enges Tal hinein, das bald morastig wurde. Jetzt war es aus mit dem Galopp. Das Pferd hatte Mühe voranzukommen.

„Was hatte das Kind?", fragte Peter.

„Eitrige Angina", sagte Mutter Gertrudis.

„Und die alte Frau?"

„Sie wird bald sterben. Sie ist schon über achtzig Jahre alt. Ihr kann niemand mehr helfen."

Unter den Pferdehufen spritzte der Schlamm hoch. Der weiße Rock von

Mutter Gertrudis wurde über und über beschmutzt und auch Peters Hosen bekamen Schlammspritzer ab. Dann bogen sie in ein Seitental ein, wo sie vor einer einsamen Hütte hielten. Hier galt es die eiternde Wunde eines Mannes zu säubern. Ein Stück talaufwärts versorgte Mutter Gertrudis eine junge Frau, die vor zwei Tagen ein Kind bekommen hatte. Die Frau strich Peter über den Kopf und sagte etwas.

„Sie bewundert dein helles Haar", sagte Mutter Gertrudis.

„Ich habe immer schwarzes Haar haben wollen", sagte Peter.

Danach ritten sie zurück in das morastige Hauptal, besuchten dort zwei Kinder, die an Bandwürmern litten, und einen alten Mann mit einer geschwollenen Backe. Zu Peters maßlosem Erstaunen konnte Mutter Gertrudis sogar Zähne ziehen.

Sie zogen immer höher in die Berge hinauf. Von zwei am Hang liegenden Hütten, wo eine ganze Schar von Kindern das Pferd umringte, griff Mutter Gertrudis nicht in die Medikamententasche, sondern in den Proviantbeutel und schenkte jedem Kind ein Brötchen und deren Müttern je ein Säckchen voll Mehl.

„Warum haben die denn alle so dicke Bäuche?", fragte Peter.

„Das sind Hungerbäuche", antwortete Mutter Gertrudis traurig. „Hier oben gedeiht der Mais nicht gut. Und diese Kinder wohnen zu weit von der Missionsstation entfernt, als dass sie zu uns in die Schule kommen und da auch ein Mittagessen erhalten könnten."

Als sie weiterritten und an einen Fluss kamen, fragte Peter erstaunt: „Müssen wir hier drüber? Wo ist denn eine Brücke?"

„Warte nur ab", sagte Mutter Gertrudis.

Und ehe Peter sich's versah, trabte das Pferd auch schon in den Fluss hinein. Mutter Gertrudis hielt die Zügel locker, damit sich das Pferd ganz allein den besten Weg durch die Furt suchen konnte. An der tiefsten Stelle schaute nur noch sein Rücken aus dem Wasser. Peter zog seine Beine hoch und kauerte wie ein Hase auf dem Pferderücken.

Als sie am anderen Ufer ankamen, troff Wasser aus Mutter Gertrudis' Rock.

„Wirst du jetzt nicht krank?", fragte Peter besorgt.

„I wo", rief Mutter Gertrudis und lachte. „Da müsste ich oft krank werden."

Sie stieg ab, wand den Rock aus und setzte sich auf einen sonnengewärmten Stein.

„Jetzt gibt es was zu essen", sagte sie. „Hast du Hunger?"

Und ob er Hunger hatte! Er konnte es kaum erwarten, bis sie das Tischgebet gesprochen und das Kreuz geschlagen hatte.

„Na, und du?", fragte sie, als sie den Kopf wieder hob.

„Wir beten nie beim Essen", sagte er.
„Solange du bei mir bist", sagte sie ernst, „möchte ich, dass du dich für das Essen bedankst. Weil es nämlich, wie du siehst, nicht selbstverständlich ist, dass man immer genug zu essen hat."
„Danke, lieber Gott, für das Essen", sagte Peter.
Dann aßen sie.

An diesem Tag besuchte Mutter Gertrudis noch ein paar Kinder mit Masern, half bei einer Geburt, von der sie unterwegs erfuhr, säuberte und verband mehrere Wunden, teilte Medizin gegen Bandwürmer und Durchfall aus, ebenso Salbe gegen Hautausschläge, sah nach mehreren bettlägerigen Alten und schiente einen gebrochenen Arm. Sie durchquerten noch zwei schäumende Wildbäche, mühten sich steile Hänge hinauf und hinunter und ritten geduckt durch Waldpfade, wo ihnen die Zweige um den Kopf schlugen.

Am Spätnachmittag begann es zu regnen. Sie mussten ihre Regenmäntel abschnallen und aufrollen. Mit dem Regen wurde es empfindlich kalt. Sie ritten in einem großen Bogen durch das Indianerland.

„Wie viele Kranke sind es noch?", fragte Peter müde.
„Nur noch drei", antwortete Mutter Gertrudis.

Als sie wieder am Strand ankamen, stieg Mutter Gertrudis, ein wenig steif, vom Pferd und stopfte einen Sack, den sie mitgebracht hatte, voll Tang. Während das Pferd sich den Hügel zur Missionsstation hinaufquälte, begann es schon dunkel zu werden. Peter lehnte sich gegen Mutter Gertrudis' Rücken und schlief ein. Sogar im Schlaf klammerte er sich fest an sie. Er erwachte erst wieder, als Schwester Lidvina ihn vor der Tür des Haupthauses aus dem Sattel hob.

„An euch ist ja kein trockener Faden mehr", rief Schwester Claudina. Eine halbe Stunde später saßen sie in trockenen Kleidern vor einem Teller mit Bratkartoffeln und Speck und einem Becher dampfender Milch. Mutter Gertrudis sagte: „Na, Peter, jetzt hast du wohl genug von solchen Ritten, wie?"
„Nein", antwortete Peter schlaftrunken. „Wann reitest du wieder, Mutter Gertrudis?"
„Übermorgen."
„Ich reite mit", sagte Peter und nieste.

Gudrun Pausewang

Wie der Bauer Matias aus Guatemala begann, für die eigene Sache zu reden

Inhalt:	Der Mut wächst, je mehr sich einer zutraut. Der alte Indiobauer Matias muss erst durch die katholische Schwester Tonia und ein gemeinsames Gebet darauf gebracht werden, dass er seiner Not durch tatkräftigen Widerstand gegen Ausbeuter – durch Gründung einer bäuerlichen Genossenschaft – begegnen kann. Beten und Handeln gehören zusammen.
Stichworte:	Eine Welt-Dritte Welt – Indiobauer – Medizinmann – Krankheit – Aberglaube – Magie – Kloster – Missionsschwester – Gebet – miteinander sprechen – Genossenschaft – Selbsthilfe – Mut – Gerechtigkeit
Alter:	ab 9 Jahren

Der alte Mann sang. Niemand hätte ihm angesehen, dass er ein Brujo (Brucho = indianischer Medizinmann) war; man hätte ihn für einen Bauern gehalten mit seinem braunen, faltigen Gesicht, dem grauen Haar, den bloßen Füßen, dem Poncho im Muster des Dorfes. Die Stimme verriet ihn. Sie klang tief und laut wie eine Glocke und war voller Kraft. Der Brujo sang die uralten, geheimnisvollen Worte, mit denen er die Geister beschwören konnte. Immer lauter sang er. Zuletzt schrie und keuchte er, Schaum stand vor seinem Mund. Er taumelte und ließ die Arme sinken. Er sagte zum Bauern Matias, der vor ihm stand: „Geh heim. Wenn deine Tochter noch immer nicht gesund ist, hilft nur eines: Du musst nach San Martin hinuntergehen, zum Haus der Schwestern. Schwester Tonia soll für dich zu Gott reden."

Matias ging heim. Seine Tochter lag in der Hütte, die Hände über den Leib gefaltet, und stöhnte. Die Kinder saßen neben ihr; sie weinten.

„Felipa", sagte Matias zu seiner ältesten Enkeltochter, „füll einen Korb mit Bohnen und Eiern. Nimm Blumen und Kerzen mit. Wir gehen nach San Martin hinunter."

Der Platz vor dem Kloster lag im hellen Sonnenschein. Als der Bauer Matias die Kapelle betrat, kam sie ihm dämmrig-kühl vor wie der Wald, wenn am Morgen die Nebel aus den Tälern steigen. Matias nahm den Hut vom Kopf und blinzelte unter den Haarsträhnen hervor. Seine Augen gewöhnten sich an das sanfte Licht, er sah die flackernden Kerzen zu den Füßen der Heiligen, auch die Blumen und silbernen Lampen und die schönen Schalen für den Weihrauch. Der alte Matias nickte. Er kam selten vom Berg herunter, und er war zufrieden, dass alles noch so war, wie er es in der Erinnerung hatte. Die Heiligen hatten bloße Füße wie Bauern, die im Sommer über ihr Feld gehen, und ihre Hände und Gesichter waren dunkel vom Kerzenrauch vieler Jahre. Auf dem Altar schimmerte ein kleines silbernes Kreuz. Der ganze

Raum roch nach Wachs und Blumen. In den Duft der Blumen aus dem Klostergarten der Schwestern mischte sich der würzige Geruch der gelben Blüten von den Sträuchern, die an den Berghängen wuchsen. Vielleicht hatten die Kinder von San Martin sie beim Holzsammeln gepflückt und heruntergebracht.

Matias setzte den Hut wieder auf und ging hinaus ins Freie. Vor der Kapelle kauerte Felipa. In ihrem Schoß hielt sie den Korb. Sie sah zu Matias auf und fragte: „Großvater, kommt die Schwester Tonia bald?"

„Bald, Felipa", antwortete er. „Wenn sie mit ihrer Schulstunde fertig ist."

Er nahm ein Stück Kopalharz aus seiner Tasche, legte es auf einen Stein vor der Kapelle und zündete es an. Aufmerksam sah er zu, wie der Rauch aufstieg: Zuerst wie ein dünner Faden, dann wie eine kleine Säule, sehr gerade und ohne im Lufthauch zu schwanken.

„Schau, Felipa", sagte der Bauer Matias, „Gott und seine Heiligen werden zuhören, wenn Schwester Tonia für uns spricht."

Eine Tür des Klostergebäudes öffnete sich, Kinder rannten heraus. Ein Junge mit Hirtentasche und Strohhut pfiff auf zwei Fingern. Zwischen den Hütten kam ein kleiner, struppiger Hund hervor, lief auf ihn zu und sprang an ihm hoch. Der Junge streichelte ihn. Der Hund stieß dem Jungen seine Schnauze auffordernd in die Kniekehlen und der Junge rannte über den Platz. Der Hund jagte neben ihm her. Felipa sah den beiden nach. „Das war ein lustiger Hund", sagte sie.

„Steh auf", sagte der Großvater. „Da kommt die Schwester Tonia."

Schwester Tonia trug einen blauen Schleier auf dem Kopf und hatte Sandalen an den Füßen. Sonst war sie gekleidet wie eine indianische Bäuerin. Sie lachte Felipa freundlich an, dann fragte sie den Großvater, wie sie ihm helfen könne.

„Ich will, dass du für mich und meine Familie zu Gott und den Heiligen sprichst", sagte Matias.

Schwester Tonia lächelte. „Jeder Mensch darf mit seinen eigenen Worten zu Gott sprechen", sagte sie.

Matias schüttelte den Kopf. „Ich bin nur ein armer Bauer, ich weiß die Worte nicht, die man da sagen muss. Ich war beim Brujo und habe ihn um Hilfe gebeten. Der Brujo hat lange und laut für mich gesungen, aber genützt hat es nichts. Geh zu meiner Schwester Tonia, hat da der Brujo gesagt. Darum sind wir hier, meine Enkelin Felipa und ich."

Schwester Tonia sah den Bauern nachdenklich an.

„Erzähl mir von deinen Sorgen, damit ich für dich bitten kann!"

„Mein Sohn ist vor drei Monaten an die Küste gegangen, um Geld zu verdienen, er arbeitet auf einer Kaffeeplantage", erzählte Matias. „Ich kümmere mich um die Familie und um das Maisfeld. Nun ist meine Tochter, Felipas

Mutter, krank geworden. Die Geister aus dem Vulkan haben mit ihren Pfeilen auf sie gezielt. Sie liegt mit Schmerzen im Leib und will nicht essen, was wir ihr geben, die Bohnen und Tortillas, mehr haben wir nicht. Ihr Magen behält nichts. Das ist die eine, die größte Sorge. Die andere Sorge ist der Mais. Was wir geerntet haben, ist schon aufgegessen, ich muss unser letztes Schwein verkaufen, um Mais zu bekommen. Ich muss auch die Truthähne verkaufen. Meine Frau, die Großmutter der Kinder, versorgt uns alle, so gut sie kann, und pflegt auch die Kranke. Aber nun wissen wir nicht mehr, wie es weitergehen soll."

„Komm", sagte Schwester Tonia. Sie nahm Felipa an der Hand und führte sie in die Kapelle hinein. Matias ging hinter ihnen drein, den Hut in den Händen.

Felipa nahm Blumen und Kerzen aus ihrem Korb und legte sie auf die Stufen vor dem Altar. „Ist das so richtig?", flüsterte sie.

Schwester Tonia legte Felipa die Hand auf die Schulter. „Hör zu, mein Kind, jetzt wollen wir mit Gott reden. Jesus, sein Sohn, hat uns ein Versprechen gegeben. Er hat gesagt: Wenn zwei oder drei in meinem Namen beisammen sind, dann bin ich mitten unter ihnen. Bittet den Vater in meinem Namen, er wird euch hören, wie ein Vater seine Kinder hört."

Matias nickte. „Das ist gut, Schwester. Rede für uns!"

„Lieber Gott", sagte Schwester Tonia laut. „Du hast dem Bauern Matias große Liebe zu seiner Familie ins Herz gegeben. Du hast ihm aber auch Verstand in seinen Kopf gegeben, dass er für seine Familie sorgt, und du hast ihm einen Mund zum Sprechen gegeben, damit er für sich und seine Familie reden kann! Jetzt gib ihm noch den Mut dazu! Gib ihm Mut, dass er mit den anderen Bauern gemeinsam überlegt, wie sie einander helfen können! Einer allein kann gegen das Elend nicht kämpfen! Alle zusammen können es! Amen!"

Sie beugte sich zu Felipa.

„Glaubst du, dass Gott uns Mut schenken kann?"

„Ja", sagte Felipa.

„Hörst du, Matias? Deine Enkelin glaubt daran. Wenn auch du daran glaubst, seid ihr schon zu dritt, denn Jesus ist mit euch."

„Wird die Mutter gesund werden?", fragte Felipa.

„Sie braucht einen Arzt und Medizin", sagte Schwester Tonia. „Ihr müsst mit euren Nachbarn die kranke Mutter ins Tal hinuntertragen. Wir werden den Händler Nicolas bitten, dass er sie mit seinem Lastwagen in die Stadt zum Arzt bringt."

„Nicolas, der Ladino?", fragte Matias. „Ich kann ihn nicht bezahlen, ich habe kein Geld."

„Wir werden ihn bitten", sagte Schwester Tonia.

„Nicolas hat noch nie etwas für einen Indiobauern getan", sagte Matias. „Außer er bekommt Geld dafür. Ich habe keines! Auch nicht für den Arzt und die Medizin!"

„Du wirst dir das Geld von unserer Genossenschaft ausborgen", sagte Schwester Tonia. „Wenn die nächste Ernte besser wird, zahlst du das Geld zurück."

„Die Ernte wird nicht besser", sagte Matias und wischte sich mit dem Hut den Schweiß von der Stirn. „Der Boden ist zu schlecht."

„Wenn du dich mit den anderen Bauern zusammentust", sagte Schwester Tonia, „wenn ihr einen Kanal baut und Dünger verwendet, werdet ihr eine bessere Ernte haben. Krankheiten kommen vom schlechten Wasser und von der schlechten Nahrung. Schau, Matias, gegen die Pfeile der Geister im Vulkan kann ein Mensch wohl nicht kämpfen, aber gegen schlechtes Wasser und einen armen, ausgelaugten Boden kann er etwas tun!"

„Die Ladinos wollen nicht, dass die Indiobauern Genossenschaften gründen", brummte Matias. „Wenn wir Bauern mehr ernten, können uns die Händler weniger verkaufen!"

„Viele Indianerbauern, die zusammenhalten, sind stärker als ein Händler, der mehr Geld verdienen möchte", sagte Schwester Tonia und lachte. Matias seufzte. Er sah zu den Heiligen hinüber, deren Gesichter im Kerzenlicht wie lebendig schienen. Er spürte den würzigen Geruch der gelben Bergblüten. Er hörte Schwester Tonia lachen. Er hätte sich nie zu lachen getraut, hier, vor dem Angesicht der Heiligen. Er war verwirrt und verzweifelt, und als er antwortete, klang seine Stimme laut durch die Kapelle.

„Geld borgen! Düngen! Gegen die Händler sein! Du willst einen ganz anderen aus mir machen, als ich bin!", rief er. „O Gott und ihr Heiligen alle! Wie kann ein armer, dummer Bauer für sich selber reden?! Was erwartet ihr von mir?! Wohl, dass ich zu Tomas und Xoy und Tollano gehe, nicht wahr, und sie überrede, eine Rinne für das Wasser zu bauen und einen Damm für die Felder?! Dass wir Dünger um die Maispflanzen streuen! Gemüse anbauen, Samen kaufen für ausgeborgtes Geld! Viele Monate lang zittern, ob die Ernte gut wird! Das erwartet ihr von mir? Ihr Heiligen alle, dazu müsste ich ein neuer Mensch werden!"

„Darüber würden sich die Heiligen nicht wundern, Matias", sagte Schwester Tonia. „Ihnen allen hat Gott einmal die Kraft gegeben, neue Menschen zu werden!"

„Sie sollen nicht denken: Der versucht es nicht einmal!", brummte Matias. „Versuchen will ich es, wenn ich nur den Mut dazu bekomme!"

Felipa drehte sich zu Schwester Tonia um. „Hörst du das?"

„Ja", sagte Schwester Tonia. „Dein Großvater hat angefangen, für sich selber zu reden."

Felipa zupfte den Großvater an der Jacke und sie gingen wieder auf den Platz hinaus. Matias zeigte auf Felipas Korb, auf die Bohnen und Eier.
„Das ist für dich, Schwester!"
„Nein, nein", sagte Schwester Tonia. „Gib es deinen Enkeln zu essen!"
„Das ist unsere kleine Gabe für dich!", rief Matias. „Du wirst die Gabe eines Bauern vom Berg nicht zurückweisen!"
Schwester Tonia nahm den Korb, sah Matias an und sagte: „Danke." Dann sah sie Felipa an und fragte: „Wenn deine Mutter krank ist, wer hilft der Großmutter kochen?"
„Ich", sagte Felipa. „Ich bin die älteste von meinen Schwestern. Ich bin schon neun Jahre alt."
„Kannst du Wasser kochend heiß machen?"
„Warum denn nicht?", fragte Felipa. „In einem Kessel über dem Feuer?!"
„Und Pulver aus einer Schachtel in das Wasser schütten und gut verrühren?"
„Ja, das kann ich", sagte Felipa. „Obwohl wir nie Pulver ins Wasser schütten..."
„Ich meine Incaparina. Das ergibt ein gutes Getränk für dich und deine Geschwister", sagte Schwester Tonia. „In diesem Getränk sind alle Nährstoffe, die ein Mensch braucht, um gesund zu bleiben; die meisten Krankheiten, an denen die Bauern leiden, kommen von der ungenügenden Nahrung. Wir haben kaum Fleisch, keine Milch, kein Obst. – Dieses Getränk hilft uns, wenn wir es regelmäßig trinken. – Wenn dein Großvater jetzt zu Nicolas geht, kommst du unterdessen mit mir. Ich zeige dir, wie man das Getränk zusammenrührt, und gebe dir eine Schachtel mit."

Der Bauer Matias sah stumm zu, wie seine Enkelin mit der Schwester ins Haus ging. Nun stand er allein auf dem Platz. Von den Hütten klangen Kinderstimmen herüber, ein Hund bellte, Hühner gackerten und Truthähne ließen ihr hässliches Kollern ertönen. Von irgendwoher kam der Klang einer Hirtenflöte. Matias konnte nicht länger hier stehen bleiben und keinen Entschluss fassen. Müßig dastehen und den Truthähnen und einer fernen Flöte zuhören, das konnte nur ein Mann, der keine Sorgen hatte oder aber vor Sorgen ganz ratlos war. Der Bauer Matias hatte Sorgen genug, aber ratlos war er nicht mehr. Er wusste, wo der Händler Nicolas wohnte. Es war schwer, ihn um die Fahrt in die Stadt und zum Arzt zu bitten und ihm dafür Geld zu versprechen, das er erst borgen musste. Er wollte es schnell hinter sich bringen, gleich jetzt, solang sein Mut noch frisch war.

An diesem Tag wusste Matias noch nicht, dass der Mut wächst, je mehr einer sich zutraut.

Lene Mayer-Skumanz

Das weite Herz

Inhalt: Das Dorf in Burundi ist durch die Stammesreligion geprägt. Bigira, Kind aus diesem Dorf, findet in der Schule der benachbarten Missionsstation den Weg zum Gott der Christen. Sie will keine eigene Familie mehr gründen, sondern Mutter für Kinder in der Familie Gottes sein.

Stichworte: Afrika – Stammesreligion – Dorf – Großfamilie – Missionsstation – Missionsschule – Christentum – Missionsschwester – weites Herz – Mutter für die Kinder Gottes

Alter: ab 8 Jahren

Bigira heißt ein kleines Mädchen in Burundi. Das ist ein Land in Afrika. Bigiras Name bedeutet: „Gott vollbringt."

Das Mädchen weiß ganz genau, warum es diesen Namen bekommen hat. „Deine Mutter hat viele Jahre auf ein Kind gewartet", erzählte die Großmutter. „Sie hat viel zu Imana, zu Gott, gebetet. Er hat das Wunder vollbracht und dich ihr geschenkt."

Imana segnete Bigiras Mutter aber nur einmal. Das kleine Mädchen hat keine Brüder und keine Schwestern. Aber es ist deshalb nicht einsam. Bigira wächst mit vielen Vettern, Cousinen, Neffen und Nichten auf. Zusammen bilden sie eine glückliche Familie. Bigira liebt ihren Vater. Er ist immer freundlich und zeigt ihr, wie man eine Mausefalle stellt und wie man aus einem Kürbis einen schönen Krug formt.

„Wenn du einmal groß bist", sagt er, „wirst du viele Söhne und Töchter haben."

„Und du hast dann viele Enkel und Enkelinnen", lacht Bigira. Die Mutter freut sich, wenn ihr einziges Kind so mit dem Vater spricht.

„Es ist nicht leicht für ihn, nur eine Tochter zu haben. Aber er hat ein weites Herz", sagt sie.

Bigira kann sich nicht recht vorstellen, was es heißt, ein weites Herz zu haben.

Die Mutter erklärt es ihr: „Menschen, die ein weites Herz haben, tragen anderen Menschen nichts nach. Sie denken nicht nur an sich, sondern auch an die anderen."

Von da an wünscht sich Bigira ein weites Herz.

„Vater, ich möchte zur Schule gehen", sagt sie eines Tages.

Der Vater sieht seine Tochter erstaunt an. „In unserem Dorf gibt es keine Schule. Du müsstest uns verlassen und in einem Internat auf der Missionsstation leben", sagt er. „Du wirst lange Zeit ohne deine Eltern sein, willst du das?"

Bigira kaut an einem Grashalm. „Eh, das habe ich mir noch nicht überlegt", antwortet sie.

„Ich möchte aber doch zur Schule gehen", sagt sie einige Wochen später. „Jetzt habe ich mir alles überlegt."

„Du willst also deinen Vater und deine Mutter verlassen?"

„Ich werde in den Ferien nach Hause kommen", tröstet ihn Bigira.

Der Vater seufzt tief auf. Aber da er ein weites Herz hat, bringt er seine Tochter selbst auf die Missionsstation, die einen Fußweg von sechs Stunden entfernt liegt.

Für Bigira beginnt ein ungewohntes Leben. Sie muss von jetzt an ein blaues Kleid mit einem weißen Kragen tragen. Sie muss ungewohnte Zeichen auf die Tafel malen. Sie muss mit vielen anderen Mädchen zusammenleben. Die Schwestern, die sie unterrichten, sagen: „Passt gut auf, damit ihr das, was ihr hier lernt, später daheim in euren Dörfern weitergeben könnt."

Bigira denkt mit ihren Freundinnen darüber nach, was sie alles weitergeben wollen.

„Wir zeigen ihnen, wie man eine Jacke strickt." – „Wir zeigen ihnen, wie man Früchte kocht und isst." – „Wie man Krankheiten vermeidet, das Wasser abkocht und Wunden verbindet", sagen sie.

In den Ferien kommt Bigira nach Hause. Sie ist älter und größer geworden. Ihr Vater ist stolz auf sie.

„Schaut", sagt er zu seinen Freunden. „Sie wird langsam eine junge Frau. Nur noch kurze Zeit, dann wird sie heiraten und Kinder bekommen. Imana, unser Gott, wird mich im Alter segnen. Ich werde viele Kindeskinder sehen."

„Der Mann, der Bigira einmal heiraten wird, kann stolz sein", sagen seine Freunde. Der Vater lacht. Weil er sich freut, lässt er Bier verteilen. Bigiras Mutter röstet Bananen und Erdnüsse.

Jedes Jahr, wenn Bigira in den Ferien kommt, gibt es ein Fest. Und jedesmal spricht der Vater von den Kindeskindern, auf die er sich freut.

„Du bist nun groß genug", meint er viele Jahre später. „Du sollst heiraten."

Bigira wehrt sich. „Lass mich erst mein Examen machen", bittet sie. Da ihr Vater ein weites Herz hat, gibt er nach.

Bigira legt ein gutes Examen ab.

„Du bist wirklich durch diese Tochter gesegnet", sagen die Lehrerinnen, als der Vater sie abholt.

„Wir werden ein großes Fest feiern", verspricht er seiner Tochter. „Dann wollen wir auch deine Verlobung bekannt geben. Hat dein Herz schon gesprochen?"

Bigira denkt an die Mutter. Sie sorgt für das Wasser und für das Feuer. Sie kehrt die Hütte. Sie pflanzt Hirse und Bohnen. Sie lächelt, wenn der Vater ihr etwas erzählt. Sie kümmert sich um die Großmutter. Sie erzählt den Kindern Geschichten. Sie ist fleißig, anspruchslos und geduldig.

Meine Mutter ist eine gute Frau, denkt Bigira. Aber ihr Herz ist unruhig. Sie kann sich ihr eigenes Leben nicht wie das Leben ihrer Mutter vorstellen. Sie möchte eine viel größere Familie haben. Wie aber soll sie das ihrem Vater beibringen?

Daheim wartet das Dorf auf das versprochene große Fest.

„Ich möchte eine sehr große Familie haben", sagt Bigira, als sie einen Augenblick mit ihren Eltern allein ist.

Der Vater freut sich. „Das ist gut so", lacht er.

„Ich denke anders als du", erklärt Bigira. Aber die Eltern verstehen sie nicht. So schweigt das Mädchen traurig.

Es wird ein schönes Fest. Es gibt Bier und Fleisch und Gemüse. Die Trommeln dröhnen und die Verwandten und Freunde tanzen. Auch Bigira tanzt.

Sie ist schön, denkt der Vater. Er ist stolz. Er blickt zu den jungen Männern hinüber. Wen wird seine Tochter wählen?

Als das Feuer erloschen ist, sinkt Bigira müde auf ihr Lager. Aber sie kann nicht schlafen. Sie betet. Auch das Gebet macht sie nicht ruhig. „Wie soll ich es dem Vater sagen?", denkt sie immer wieder.

Am folgenden Tag geht sie mit ihm aufs Feld. Die Früchte stehen gut. Es wird eine gute Ernte geben.

„Hat dein Herz gesprochen?", fragt der Vater sie wieder.

Bigira blickt zu Boden. Dann sagt sie mit leiser Stimme: „Ja, Vater."

„So werden wir alles für die Hochzeit vorbereiten", lobt er.

Jetzt gesteht Bigira: „Ich möchte Schwester werden. Vater, du kennst doch die Schwestern in der Schule, die mich unterrichten. Eine solche Schwester will ich werden."

Der Vater starrt auf den Boden. Eine Falte steht auf seiner Stirn. Zum erstenmal in ihrem Leben sieht Bigira ihn böse.

„Das also ist es", keucht er. „Die Schwestern wollten dich fangen. Deshalb haben sie dich unterrichtet. Schämen sie sich nicht? Ich habe nur eine Tochter und die wollen sie mir nehmen?"

„Niemand will mich fangen", widerspricht Bigira. „Nur Gott hat mich gefangen, weil ich die Mutter für viele Kinder sein soll."

„Ich höre Mutter", schreit der Vater. „Wie willst du Mutter sein, wenn du einen Schleier trägst und keinen Mann hast?"

„Man kann auf verschiedene Weise Mutter sein", erklärt Bigira. Der Vater versteht das nicht. Auch die Mutter kann nicht begreifen, was mit ihrer Tochter geschehen ist. Sie weint und bettelt: „Kind, sei doch vernünftig. Das kannst du uns doch nicht antun." Die Tanten, die Nichten, Cousinen und Neffen laufen herbei.

Alle rufen: „Bigira, sei doch vernünftig. Du gehörst zu uns".

Für Bigira beginnt eine schwere Zeit. Niemand will sie verstehen. Aber ihr Vater, der ein weites Herz hat, gibt auch diesmal ihrem Drängen nach.

„Imana soll dich segnen", sagt er zum Abschied. Dann wendet er sich schnell ab. Niemand soll sehen, dass Tränen in seinen Augen stehen.

Nach einigen Jahren der Vorbereitung heißt Bigira Schwester Bigira. „Ich hätte keinen anderen Namen haben wollen", erklärt sie.

Als ihre Eltern sie besuchen, sitzt sie im Kreise vieler Kinder. „Mama Bigira", sagen die Kleinen. Sie alle hängen an der fröhlichen schwarzen Schwester.

Da schauen die Eltern einander an. Sie begreifen.

Ihre Augen strahlen. „Sie hat jetzt wirklich viele Kinder", sagt der Vater.

Eva-Maria Kremer

Ibrahim

Inhalt: Als der Muslim Ibrahim in einer befreundeten Familie vom Unfalltod eines 17-jährigen Jungen hört, wundert er sich über den Schmerz in der Familie: „Aber ihr seid doch Christen. Wisst ihr nicht, dass man nehmen muss, was Gott schickt? Ihr Christen glaubt doch auch an ein Leben nach dem Tod bei Gott." Ibrahim kann mit seiner tiefen Gläubigkeit trösten.

Stichworte: Unfalltod – Muslim – Christen – Gläubigkeit – Trost – Leben bei Gott

Alter: ab 10 Jahren

Ibrahim ist einer von den vielen Gastarbeitern in unserem Land. Er kommt aus Ägypten. Bei uns gefällt es ihm, aber er träumt davon, einmal Urlaub in Ägypten machen zu können, um seine Schwestern zu besuchen. Für diesen Traum spart er.

Ibrahim ist Muslim. Fünfmal am Tag breitet er seinen kleinen Teppich aus und betet zu Allah. Seine Kollegen in der Gießerei, in der er arbeitet, lachen ihn deshalb nicht aus. Sie sagen: „Soll er fromm sein. Das geht uns nichts an. Aber dass er so schnell arbeitet, das geht uns schon an. Mit seinem Tempo kann keiner mithalten." Sie ärgern sich über ihn. Sie schieben ihm jede lästige Arbeit zu. Das ärgert Ibrahim. Er überlegt, ob er sich eine andere Arbeitsstelle suchen soll.

Ibrahim freut sich, wenn er schnell arbeiten kann. Er sagt: „Vernünftig zu essen, damit ich gesund bleibe, und schnell und gut zu arbeiten, das ist meine Sache. Alles Übrige schickt Allah, wie Er will."

An den Abenden und an Samstagen arbeitet Ibrahim noch als Gärtner bei verschiedenen Familien. Er mäht das Gras, er schneidet die Hecken, er harkt im Herbst geduldig das Laub zusammen. Am liebsten arbeitet er im Garten der Familie Hanser. Dort gibt es eine alte Wiese und Rosen und außerdem arbeitet die Hausfrau selber oft im Garten mit. Ihr kann er vieles erzählen, was er erlebt hat. Vor allem den Ärger mit den Kollegen in der Gießerei.

An einem Samstag im Juni bemerkt Ibrahim, dass die Tochter der Familie Hanser mit verweinten Augen nach Hause kommt. Er denkt: Vielleicht hat sie Pech in der Schule gehabt, die Arme. Dann hört er die aufgeregten Stimmen drinnen im Haus. Später am Nachmittag kommt die Frau in den Garten. Sie jätet das Unkraut unter den Rosen. Ibrahim sieht: Auch sie hat geweint.

Weil die Frau nichts sagt, wagt er sich vor: „Hat es Ärger gegeben?"

„Nicht Ärger", sagt sie. „Ein Unglück." Die Tränen rinnen ihr über das Gesicht, sie sucht nach einem Taschentuch. „Ein Schulfreund von der Eva! Er war mit dem Rad unterwegs und ein betrunkener Autofahrer hat ihn niedergefahren."

„Ist er tot?", fragt Ibrahim und stellt den Motor des Rasenmähers ab.

„Ja! Mit siebzehn hat er sterben müssen! Es ist nicht zu fassen!" Sie setzt sich auf die Böschung und schluchzt.

Ibrahim steht vor der Frau und sieht nachdenklich auf sie hinunter. Ein armes Bündel Mensch, hilflos im großen Kummer! Aber sie ist doch Christin, weiß sie nicht, dass man nehmen muss, was Gott schickt?

Er sagt behutsam: „Es ist nicht gut für Sie, wenn Sie sich gar so kränken."

Sie weint. Sie sagt mit zitternder Stimme: „Aber so jung! Mit siebzehn..."

„Der eine lebt lang, der andere nur ein paar Jahre", sagt Ibrahim. „Wie Gott will. Er bestimmt die Zeit."

Die Frau hat den Kopf gesenkt, aber er spürt, dass sie ihm zuhört. Er überlegt: Glauben die Christen denn nicht auch an ein Leben nach dem Tod? An ein Leben bei Gott?

Er spricht weiter: „Wenn Gott sagt: Es ist genug!, dann ist es gut für den Menschen. Er darf zu Gott kommen. Was gibt es Besseres für ihn, als bei Gott zu sein? In einer Freude und Herrlichkeit, die keiner von uns sich richtig vorstellen kann..."

Ibrahim hält inne. Der Prophet Muhammad hat sich vorstellen können, was den Menschen bei Gott erwartet. Er hat es in heiligen Träumen schauen dürfen. Er hat es niederschreiben lassen, damit alle Menschen es wissen und getröstet sind. – Wie viel davon soll er der Frau erzählen? Was wissen die Christen vom Himmel?

„Gott ist gut. Er ist barmherzig. Er hat zu diesem Jungen gesagt: Komm, Kind, sei bei mir. Ich will, dass du glücklich bist."

„Danke, Ibrahim", sagt die Frau. „Sie meinen es gut mit mir. Und Sie haben Recht. Bestimmt haben Sie Recht." Sie steht auf, wischt sich über das Gesicht und beugt sich wieder über das Unkraut unter den Rosen.

Ibrahim lässt den Motor an. Der Rasenmäher kommt über den Abhang. Ibrahim beschäftigt sich wieder mit seinen eigenen Problemen. Eine seiner Schwestern hat ihm geschrieben: Ihr Mann hat den Posten verloren und jetzt wissen sie nicht, wie sie die Wohnung abzahlen sollen. Ibrahim wird ihnen seine Ersparnisse schicken. Er sieht keinen anderen Ausweg. Nur Allah weiß, ob Ibrahim jemals nach Ägypten auf Urlaub fahren wird.

Lene Mayer-Skumanz

Ach!

Inhalt: Gott ist frei. Er braucht auch keinen Namen. Der muslimische Derwisch nennt ihn „Ach".

Stichworte: Muslime – Kloster – Derwische – Tanz – Gottesverbindung – Gottesname

Alter: ab 14 Jahren

Wir hielten vor einem kleinen türkischen Kloster, in dem Derwische lebten, die jeden Freitag tanzten. Das grüne Bogentor zeigte auf dem Türbalken eine bronzene Hand – das heilige Zeichen Mohammeds. Wir traten in den Hof. Aus einer Zelle kam ein Derwisch auf uns zu; er legte grüßend die Hand auf Brust, Lippen, Stirn. Wir setzten uns. Der Derwisch sprach von den Blumen, die wir rundum sahen, und vom Meer, das zwischen den spitzen Blättern des Lorbeerbaumes blitzte. Später begann er über den Tanz zu sprechen.

„Wenn ich nicht tanzen kann, kann ich nicht beten. Ich spreche durch den Tanz zu Gott."

„Was für einen Namen gebt Ihr Gott, Ehrwürden?"

„Er hat keinen Namen", antwortete der Derwisch. „Gott kann man nicht in einen Namen pressen. Der Name ist ein Gefängnis, Gott ist frei."

„Wenn Ihr ihn aber rufen wollt? Wenn es notwendig ist, wie ruft Ihr ihn?"

„Ach!", antwortete er. „Nicht: Allah. Ach! werde ich ihn rufen."

Ich erbebte. „Er hat Recht", murmelte ich.

Nikos Kazantzakis

Mit euch zusammen[*]

Inhalt: Den Muslimen, die aus Liebe zu Allah sich fast zu Tode hungern, fühlt Jesus sich nahe (Legende). Dem religiösen Fasten wird hier für Christentum und Islam eine große Bedeutung beigemessen.

Stichworte: Jesus – Muslime – fasten – Kasteiung – Liebe zu Allah – Liebe zu Gott – Nähe der Religionen zueinander

Alter: ab 14 Jahren

Es wird erzählt, dass Jesus einst an Leuten vorüberkam, die elend und abgemagert aussahen.
Er sprach zu ihnen: „Was ist mit euch?" Sie sagten: „Aus Furcht vor der Strafe Allahs sind wir so abgemagert." Da sprach er: „Ihr habt es vor Allah verdient, dass er euch vor Strafe behütet."
Darauf traf er andere Leute, die noch elender und abgemagerter aussahen. Da sprach er: „Was ist mit euch?" Sie sagten: „Die Sehnsucht nach dem Paradies hat uns so abmagern lassen." Darauf sprach er: „Ihr habt es vor Allah verdient, dass er eure Sehnsucht erfüllt."
Dann traf er andere Leute, die noch elender und abgemagerter als die Vorigen aussahen, deren Gesichter aber leuchteten wie Spiegel. Er sprach: „Was ist mit euch?" Sie sagten: „Die Liebe zu Allah hat uns so werden lassen."
Da setzte er sich zu ihnen und sprach: „Ihr seid die, die Allah nahe sind; mit euch zusammenzusitzen ist uns befohlen worden!"

Abu Hamid Ghazzali

---

[*] Titel redaktionell, Original ohne Titel

Kruzifix

Inhalt:	Die Figur des gekreuzigten Jesus in der christlichen Kirche übt auf den Vietnamesenjungen Yang eine schockierende Wirkung aus.
Stichworte:	Kirche – Vietnamese – Kruzifix – Schock – Kreuzigung – Nägel – Unverständnis – Gedankenlosigkeit
Alter:	ab 9 Jahren

„Weißt du, was ich gerne möchte", sagte Yang eines Tages zu Florian. „Ich möchte mal in eure Kirche reingucken."

Yang war Vietnamese. Er lebte zwar schon ein paar Jahre in Deutschland, aber es gab immer noch viele Dinge, die ihm fremd waren.

„Werktags ist abgeschlossen", erklärte Florian. „Du musst am Sonntag kommen, bevor der Gottesdienst anfängt. Dann ist offen."

Yang kam am Sonntag pünktlich nach dem ersten Läuten. Auf dem kleinen Platz vor der Kirche stand Florian mit Frau Bauer, der Küsterin, und wartete schon.

„Hallo", rief er.

„Hallo", erwiderte Yang. Er gab Frau Bauer die Hand und machte eine kleine Verbeugung. Und Frau Bauer sagte, ohne Zeit zu verlieren: „Na, dann kommt mal mit, ihr beiden!"

Sie schob die Jungen vor sich her in die Kirche hinein. Drinnen war es kühl und dämmerig.

„Schau dich nur überall gut um", sagte Frau Bauer zu Yang. „Und wenn du etwas wissen willst, kannst du mich ruhig fragen."

Yang sah neugierig hoch und prallte einen Schritt zurück: Die Wand, die der Eingangstür gegenüberlag, war ausgefüllt von einem hölzernen Kreuz, an dem ein hölzerner Mensch aufgehängt war. Es war ein riesiges Kreuz. Es reichte von der Decke bis fast hinunter zum Fußboden. Der Mensch war auch riesig. Er hing mit ausgebreiteten Armen und lang gestreckten Beinen am Kreuz. Durch die Handflächen und die übereinandergelegten Füße waren Nägel getrieben. Riesige Nägel.

„Was ist das?", fragte Yang erschrocken.

„Das?", sagte Frau Bauer, ohne hinzusehen. „Das ist ein Kruzifix."

„Ein Kru-, Kruzi-?" Yang brachte das unbekannte Wort nicht über seine Lippen.

„Kru-zi-fix", sprach Florian ihm vor.

Und Frau Bauer erklärte: „Kruzifix heißt ‚Der Gekreuzigte'. Es ist Jesus am Kreuz."

Dann fiel ihr ein, dass Yang am Ende gar noch nie etwas von Jesus gehört hatte, und sie erzählte ihm eine Kurzfassung vom Leben Jesu, so wie sie glaubte, dass Yang es verstehen konnte.

„Jesus hat den Leuten Sachen gesagt, die sie nicht hören wollten", beendete sie ihre Erzählung. „Da haben sie ihn zu guter Letzt ans Kreuz geschlagen."

„Aber das tut doch weh", stammelte Yang fassungslos. Ihn schauderte bei dem Gedanken, dass ihm jemand einen solch dicken Nagel… Er konnte es nicht zu Ende denken. Er ballte seine Hände zu Fäusten und versteckte sie in den Hosentaschen.

Der gekreuzigte Jesus hatte den Kopf zur Seite geneigt. Sein Gesicht war schmerzlich verzerrt. Yang spürte, wie sein eigenes Gesicht sich zusammenkrampfte. Er schaute weg.

„Warum muss das da hängen?", fragte er.

Darüber hatte Frau Bauer noch nie nachgedacht. Das Kruzifix gehörte zur Kirche wie der Altar und die Kanzel. Sie beachtete es gar nicht weiter. „Na, weißt du", sagte sie, „das hängt eben da, weil –." In diesem Augenblick machte oben auf der Empore die Orgel einen tiefen Ton. Die Jungen fuhren zusammen. Frau Bauer lachte.

„Ah", sagte sie erleichtert. „Herr Koch ist gekommen. Geh, Flori, zeig deinem Freund die Orgel. Das kennt er auch nicht. Das gibt es nicht in dem Land, wo er herkommt."

Florian nahm Yang am Ärmel und zog ihn zu der schmalen Treppe, die zur Empore hinaufführte. Herr Koch ließ die Orgel brausen. Er lächelte den Jungen zu und wies mit dem Kopf auf die Sitzbänke. Florian und Yang setzten sich und hörten zu.

„Gefällt es dir?", fragte Florian nach einer Weile.

Yang hob unentschlossen die Schultern und flüsterte: „Ich weiß nicht, ich hab nicht zugehört. Ich muss immer an den angenagelten Mann denken."

Renate Schupp

So verrückt bin ich gern

Inhalt: Vater hat wieder Arbeit bekommen. Das ist für die Familie Anlass, in ausgelassener Freude zu singen und zu tanzen.

Stichworte: Arbeitslosigkeit – Ende – Glück – Familie – Freude – singen – tanzen – Heiterkeit – Einladung – Verrücktheit – Fest

Alter: ab 8 Jahren

Gestern bekam Annelis Vater einen wunderbaren Brief. In dem stand, dass er wieder einen Arbeitsplatz bekomme. Nach über einem Jahr Arbeitslosigkeit! Und noch dazu eine Arbeit, die ihm Spaß macht!

Er schwenkte den Brief, lief hinaus auf die Terrasse zu Mutti, die dort gerade die Rabatten jätete, las ihr aufgeregt vor, was man ihm geschrieben hatte, zerrte sie von den Rabatten weg und drückte und küsste sie.

„Vorsicht, ich habe Erde an den Fingern", rief sie lachend und hielt die Arme in die Höhe, um sein Hemd nicht schmutzig zu machen.

Anneli war hinter dem Vater auf die Terrasse gelaufen. Sie begriff, wie glücklich er jetzt war. „Arno, Susi, kommt schnell!", rief sie ins Haus zurück, „etwas Tolles ist geschehen!"

Arno stürzte aus seinem Zimmer und kam auch auf die Terrasse. „Was ist denn los?", fragte er erstaunt. Er lässt sich nicht so leicht in Erstaunen setzen. Er ist ja schon zwölf. Und jetzt rauschte die Spülung im Badezimmer und Susi erschien, die Jüngste, sieben Jahre alt.

„Vati hat Arbeit, Vati hat Arbeit!", jubelte Anneli.

Die Kinder liefen auf den Vater zu und umarmten ihn.

„Ich könnte tanzen und springen vor Freude", rief der Vater.

„Tu's doch", rief Anneli.

„Als erwachsener Mann?", meinte der Vater. „Das ist nicht üblich." Aber dann stutzte er und sagte: „Warum eigentlich nicht?" Und schon fasste er Annelis und Muttis Hand und Mutti fasste mit ihrer anderen, schmutzigen Hand nach Arnos Hand, Arno fasste Susi, Susi fasste Anneli: Der Kreis war geschlossen. Was für ein springlebendiger Kreis! Er begann sich zu drehen. Vati hüpfte hoch und spreizte die Beine im Sprung. Dabei sang er lautstark: „Hollahi, hollaho, heut bin ich zum Platzen froh!"

Mutti ließ sich anstecken von seiner Laune. Die Kinder mussten lachen: So hatten sie ihre Eltern schon lange nicht mehr erlebt. So locker, so heiter, so unbeschwert! Es wurde ein wilder und lauter Tanz. Alle sangen mit, auch wenn es manchmal falsch klang.

Auf der Straße blieben die Leute stehen und schauten herüber. Ein Mann schüttelte den Kopf.

„Kommen Sie her und machen Sie mit!", rief ihnen der Vater zu. Sie schauten schnell weg, als fühlten sie sich ertappt, und machten, dass sie davonkamen.

„Sie halten uns für verrückt", sagte Arno.

„Die Armen", sagte Mutti heiter. „Ihnen ist nicht zu helfen. Ich jedenfalls bin ab und zu gern mal verrückt." Sie fasste Vati mit ihren Erdfingern und tanzte mit ihm Walzer um den Unkrautkorb. Und die Kinder sprangen mit Hoho und Haha um sie herum – eines verrückter als das andere.

Gudrun Pausewang

Anatol

Inhalt: Der Träumer Anatol braucht keine Arbeit. Er kommt auch so durchs Leben. Alle mögen ihn. Er kann auf eine besondere Weise „hören". Wenn jedoch jemand Anforderungen an ihn stellt, wird er „taub". Eine Geschichte von der Leichtigkeit des Seins (Daseins).

Stichworte: Fantasie – hören – Leichtigkeit – Beliebtheit – träumen – unterwegs sein – Forderungen – lernen – lächeln – Musik – Liebe – Taubheit

Alter: ab 14 Jahren

Der Anatol ist nicht immer taub gewesen. Als er ein Kind war, hat er sogar ganz besonders gut gehört. Er hat gehört, wie die Mäuse im Stadtgarten unter dem Gras ihre Gänge gruben. Er hat Musik im Wind gehört und den Schnee, der auf das Dach der Baracke fiel, in der er mit seinen Eltern wohnte.

Nur wenn seine Mutter nach ihm rief, hörte der Anatol sie nie. Vielleicht war er mehr für die leisen Töne geschaffen?

„Du solltest etwas Vernünftiges tun", sagte seine Mutter. „Lern was, damit du später Geld verdienst."

Damals hatte der Anatol schon dieses Lächeln, das er auch heute noch hat. Er lächelte und blieb, wie er war.

Als er vierzehn wurde, ging er in einer Nacht leise von zu Hause fort. Er ging in fremde Städte und in fremde Länder, tat dies und das und spielte den Leuten Lieder auf seiner Flöte vor, die er irgendwann irgendwo gefunden hatte. Die Leute mochten Anatol.

Aber wenn er länger blieb, sagten sie: „Du solltest was Vernünftiges tun. Damit du Geld verdienst."

Dann zog der Anatol weiter, leise, in der Nacht.

Einmal hat ihn einer festhalten wollen. Der hieß Bruno Friedensreich und war ein guter Freund. Aber auch dem ist es nicht gelungen.

Anatol liebte ein Mädchen und das Mädchen wurde seine Frau. Er erzählte ihr Geschichten und sie lauschten zusammen dem Regen und träumten, dass ihr Haus auf dem Meer schwimme und eine Insel sei. Doch eines Tages war Anatols Frau vom Träumen satt.

„Du solltest was Vernünftiges tun", sagt sie. „Damit du Geld verdienst."

Da ging Anatol nicht weg, weil er sie liebte. Aber damals begann sein Gehör nachzulassen. Und nicht viel später war er gänzlich taub.

Gina Ruck-Pauquèt

Bruno

Inhalt: Der in jeder Hinsicht von Erfolg und Glück verwöhnte – angepasste – Geschäftsmann Bruno wird manchmal von der Sehnsucht nach einem ganz anderen Leben gepackt.

Stichworte: Geschäftsmann – Erfolg – Familie – Besitz – Anpassung – Vagabund – Zuneigung – Sehnsucht

Alter: ab 14 Jahren

Der Bruno Friedensreich hatte die besten Anlagen. Das sagten schon seine Lehrer, als er noch ein Kind war. Und er hat dann auch was daraus gemacht.

Mit fünfzehn war der Bruno Anführer einer Pfadfindergruppe. Mit neunzehn bestand er sein Abitur mit „sehr gut". Mit zwanzig arbeitete er tagsüber in einem Büro. Abends bügelte er seine Anzüge selber und lernte eine dritte Fremdsprache.

Er rauchte nicht und ging nicht ins Kino. Mit seinem ersparten Geld kaufte er Bücher, aus denen er erfuhr, was er noch nicht wusste.

Manchmal aber blickte der Bruno Friedensreich von den bedruckten Seiten hoch und verspürte eine Sehnsucht, die er nicht verstand. Eine Weile schaute er so, rundäugig und fragend wie ein junger Uhu. Dann vergaß er es wieder.

Mit fünfundzwanzig war Bruno der Direktor seiner Firma. Er heiratete nach langer Überlegung seine beste Sekretärin und sie lebten in Frieden. Bruno baute ein Haus, er kaufte sich ein großes, graues Auto und wurde in den Stadtrat gewählt. Seine Frau gebar ihm zwei Kinder, einen Jungen und ein Mädchen.

Die Tage verliefen in schöner Gleichmäßigkeit. Um acht stand Bruno Friedensreich auf, frühstückte und fuhr ins Büro. Um eins kam er zum Mittagessen. Dann arbeitete er bis sieben. Von sieben bis halb acht machte er einen Spaziergang. Er begann nämlich, etwas schwergewichtig zu werden. Nie passierte etwas Außergewöhnliches. Bis auf ein einziges Mal. Das war, als Bruno Friedensreich einen Vagabunden mit nach Hause brachte, der Anatol hieß. Zu diesem Anatol fasste er eine rätselhafte Zuneigung und am liebsten hätte er ihn gar nicht mehr gehen lassen.

Aber Anatol verschwand in einer Nacht. Bruno sprach nie mehr von ihm. Manchmal, ganz selten, schaut er mitten in einer Konferenz hoch, rundäugig und fragend. Dann warten die anderen, bis es vorüber ist.

Gina Ruck-Pauquèt

Das Lied der Gefangenen

Inhalt: Russische Kriegsgefangene, gegen Ende des Zweiten Weltkrieges auf einem Transport in einer deutschen Scheune untergebracht, stimmen ein seltsam schwermütiges, tief bewegendes Lied an.

Stichworte: Zweiter Weltkrieg – Gefangene – Russen – Gesang – Schwermut – Ruhe – Trost

Alter: ab 12 Jahren

Es war in den letzten Wochen vor dem Ende des Zweiten Weltkriegs. Wir wohnten damals in einem großen Bauernhaus mit einer riesigen Scheune. Neugierig beobachteten wir Kinder, was sich draußen auf der Straße ereignete. Flüchtende deutsche Soldaten kamen vorbei. Manche saßen auf überfüllten Lastautos, andere hatten sich irgendwo einen Pferdewagen organisiert und ihre wenigen Habseligkeiten darauf geladen. Müde und abgemagert, unrasiert und verschmutzt marschierten sie nebenher, das Gewehr locker über die Schulter gehängt. Ein paar Panzer ratterten durch die Straßen. An Kampf dachte niemand mehr.

Mitten unter den flüchtenden deutschen Soldaten tauchte plötzlich ein Trupp sowjetischer Kriegsgefangener auf. Ihre deutschen Bewacher waren wohl SS-Soldaten. Sie sahen nicht so abgehärmt aus, ihre Uniformen waren noch ziemlich sauber, die Maschinenpistolen hielten sie im Anschlag. Die Gefangenen hatten hohle Wangen, tief lagen die Augen in den Höhlen. Ihre Mäntel waren völlig zerlumpt und verdreckt. Einige liefen barfuß, andere hatten Holzpantinen an den Füßen. Manche humpelten und schwankten, zwei oder drei Gefangene hatten ihre Arme über Kameraden gelegt, die ihnen gut zuredeten und sie stützten. Ein Haufen Elend und Jammer, wie wir Kinder es noch nie gesehen hatten.

Es war schon ziemlich dunkel und die Bewacher suchten offenbar nach einer Übernachtungsmöglichkeit für sich und die Gefangenen. Da entdeckten sie unsere Scheune. Ein SS-Mann schaute hinein und stellte fest, dass sie leer war. Ohne langes Federlesen teilte er meinen Eltern mit: „Wir werden heute mit den Gefangenen in Ihrer Scheune übernachten." Die Tore wurden aufgerissen und die Gefangenen hineingetrieben. Alles ging blitzschnell. Kaum waren die Gefangenen verschwunden, schlossen die Soldaten die Tore wieder. Zwei von ihnen legten sich zur Bewachung davor und es dauerte nicht lange, da schliefen sie auch schon.

Wir Kinder aber hockten immer noch hinter den Fenstern und schoben ab und zu schüchtern die Gardinen einen winzigen Ritz beiseite, um zu sehen, was draußen in der Dunkelheit passierte. Was mochten wohl die Gefangenen machen? Es verging eine Weile, dann hörten wir mit einem Mal ein seltsames, fremdartiges Summen. Ganz leise zuerst. Bald aber konnten wir hohe und tiefe Töne unterscheiden. Und es dauerte nicht lange, da erscholl aus der Scheune ein wunderbares Lied mit einer Melodie, die sehr traurig klang, die aber gleichzeitig eine große Ruhe verbreitete und Trost spendete. Die geschundenen und verhärmten Gefangenen hatten es angestimmt. Ihr Leid und ihr Elend, ihre Verzweiflung und ihre Hoffnung, ihre Angst und ihre Sehnsucht klangen aus diesem Gesang. Was mussten das für Menschen sein, die in dieser schrecklichen Situation, dem Tode nahe, noch singen konnten? Was waren das für Lieder, die ihnen in dieser entsetzlichen Not Trost und Hilfe bedeuteten?

Ich habe den Gesang der Gefangenen nicht vergessen. Als ich Jahrzehnte später bei meinen Reisen auch in die damalige Sowjetunion kam, bin ich ihm wieder begegnet – beim Gottesdienst in den orthodoxen Kirchen, aber auch bei Familienfesten. Ein Gesang, der aus den Tiefen der Seele aufsteigt und bis in die Tiefen der Seele vordringt. Ein Lied, das von Herzen kommt und zum Herzen geht. Eine Melodie, die alle irdische Angst und Aufgeregtheit überwunden hat.

Norbert Scholl

Erinnerung an einen Apfelbaum

Inhalt: Eine bestimmte Art von Musik lässt Gerd immer wieder einen mit weißrosa Blüten besäten Apfelbaum sehen.

Stichworte: Musik – Bild – Träume – Apfelbaum – froh werden

Alter: ab 12 Jahren

Wie ist das möglich?
Wie kann manche Art von Musik ihn so froh machen?
Dann sieht Gerd vor seinen Augen geträumte Bilder, schöne Bilder. Manchmal blühende Bäume, Apfelbäume. Das heißt, eigentlich nur einen bestimmten Apfelbaum. Er weiß nicht mehr, wann und wo er ihn sah. Aber seither hat Gerd nie mehr einen Baum so angeschaut wie diesen einen. Der war über und über besät mit weißrosa Blüten. Sie hatten sich alle geöffnet, wie Sterne so groß, und sie verdeckten die schwarzen Äste. Der ganze Baum summte von Bienen, und am Himmel zogen – langsam und still wie große Segelschiffe – schneeweiße Wolken. Lautlos schneiten hier und da Blütenblättchen ins Gras, die Luft war weich und süß von ihrem Duft. Gerd wollte am liebsten hineintauchen in diesen weißrosa Blütenschaum, sich einfach hineinfallen lassen. Einziger Apfelbaum! Er ist in ihm und bei bestimmter Musik sieht er ihn wieder vor sich, genau wie damals, ganz genau.
Wie ist das möglich?

Susanne Kilian

Von den Tagen, die im Traum zu uns sprechen

Inhalt: Das hymnische Märchen aus Australien erzählt von den Gottesträumen, die Wegweisung sind in die Schöpfung, in Vergangenheit und Zukunft, in das Leben.

Stichworte: Träume – singen – tanzen – Ahnen – Gott – Geheimnis – Schöpfung – Vergangenheit – Zukunft – Leben – verstehen

Alter: ab 14 Jahren

Die Hügel und Quellen, die Bäume und Felsen und Büsche sind unsere großen Stätten. Wir suchen unsere großen Stätten auf und tanzen und singen da von den Dingen, die unseren Ahnen zugestoßen sind. Wir tanzen, singen und spielen, was sich einst zugetragen hat. So erkennen wir, was uns widerfahren soll. Denn alle, die des gleichen Blutes sind, sollen die gleichen Erlebnisse haben. Und sie sollen viel erleben, auf dass sie stark und zahlreich seien.

Gott, das sagst du uns im Traum. Wer ein weiser Mann ist, ein Zauberer, der kann das verstehen. Er sagt uns dann, was er verstanden hat. So wissen wir von den Tagen, die zu uns im Traum sprechen.

Wir suchen die großen Stätten auf und singen und tanzen und spielen die Ereignisse aus den Tagen, da der Himmel oben und die Erde unten war. Da der Himmel und die Erde leer waren, und auf ihr nur Salzwasser lag. Auch heute ist der Himmel oben und die Erde unten. Doch Himmel und Erde, auch das Salzwasser, das ein wenig weiter floss, sind heute nicht mehr leer.

Gott, du sprichst auch heute noch zu uns im Traum! Alles ist voller Tiere und Pflanzen und Vögel und Fische und Menschen. Doch nur der Mensch weiß, was du im Traum ihm sagst.

Er kommt an die großen Stätten und versteht die Erde und versteht den Himmel. Er lauscht der Erde, blickt zum Himmel auf und hört den Gesang:

*Still sitzen sie da,
die Frauen und Männer.*

*Und auf dem Wasser
blitzt die Sonne.*

*Wassergräser und Schilf
drängen ans Licht.*

*Schäumendes Wasser quillt
aus den Wasserstellen hervor.*

Die Erde trinkt...

*Alles versickert,
alles verschwindet,
alles lebt weiter.*

Aus einem australischen Märchen

Träumen...

Inhalt: Silvie beschäftigt sich mit ihren ganz unterschiedlichen Traumerfahrungen. Manche Träume müssten Wirklichkeit sein.

Stichworte: Träumen – Märchen – Farben – aufwachen im Traum – Alpträume – reales Aufwachen – Glück – Geborgenheit – fliegen

Alter: ab 9 Jahren

Es gibt Tage, da wacht Silvie morgens auf und ist fröhlich. Warum? Sie weiß es selbst nicht, aber es kommt ihr so vor, als hätte sie die ganze Nacht gelacht. Oft kann sie sich nicht erinnern, was sie geträumt hat. Manchmal waren es wunderbare, lustige, märchenhafte Träume. Überhaupt geht es in Träumen so zu wie im Märchen. Manchmal fragt sich Silvie, ob Träume bunt sind. Ob sie Farben haben, wie man sie normal sieht, oder ob es ganz andere Farben sind. Vielleicht ist alles nur schwarzweiß, wie die Zeitungsbilder? Redet sie, wenn sie träumt, lacht oder weint sie richtig wie am Tag?

Einmal wachte Silvie mitten in der Nacht auf und ihre Augen waren tränennass. Wo war sie? Da war ein wüster, einsamer Ort und ihr sind furchtbare Sachen geschehen, welche, wusste sie nicht mal, es war eben so. Da waren Leute. Eine riesige Menge, sie rannten hinter ihr her und Silvie lief wie in Sirup, bekam die Füße nicht hoch und hörte die Leute schreien oder hörte sie nicht und wusste nur, dass sie schreien... Silvie hoffte im Traum – sie wusste das noch genau –, sie hoffte, dass es ein Traum wäre. Nur ein Traum! Aber es war schreckliche Wirklichkeit: Sie fiel und fiel in diesen Sirupweg und weinte und schrie... und wachte auf.

Langsam wurde Silvie unvorstellbar glücklich – es war doch nur ein Traum! Nichts davon war geschehen. Nichts war wirklich. Ihr Kopfkissen schien weicher als sonst zu sein, ihre Decke wärmer. Sie war geborgen und in Sicherheit.

Am allerliebsten mag Silvie Träume, in denen sie... Also, es fängt meistens so an, dass sie auf einem Turm steht oder einem Dach, hoch über allem. Sie weiß: Sofort werde ich runterfallen! Sie hat große Angst davor und zittert. Aber von einem Moment auf den anderen ist sie sich ganz sicher, dass ihr nichts, absolut nichts geschehen wird: Sie kann doch fliegen! Sie braucht sich nur ganz einfach fallen zu lassen und schon fliegt sie. Sieht Straßen unter sich, Häuserdächer, winzig kleine Menschen, deren Gesichter sich ihr zudrehen: helle, weiße Scheiben. Sie fliegt über Wälder und große Wasserflächen so sicher und leicht wie ein Vogel.

Solche Träume müssten Wirklichkeit sein.

Susanne Kilian

Komm!

Inhalt:	Der stotternde Stefan hat oft einen Tagtraum: Wenn Jesus heute als Mensch zu uns käme, er wäre ganz unauffällig, aber er würde sich in Liebe meiner annehmen.
Stichworte:	Jesus – Gegenwart – Unauffälligkeit – Junge – Tagtraum – stottern – Spott – Angst – Verständnis – annehmen – Freude – Verzauberung – Geheimnis
Alter:	ab 8 Jahren

Wenn Jesus jetzt als Mensch zu uns käme, würden ihn die meisten Leute nicht erkennen. Er trüge dieses Mal sicher kein langes Gewand. Denn er kleidet sich so, wie sich die Menschen kleiden, unter denen er lebt. Damals trugen alle Leute solche langen Gewänder.

Wenn Jesus jetzt als Mensch zu uns käme, trüge er aber auch keine Krawatte. Jedenfalls kann ich mir das nicht vorstellen. Wahrscheinlich ginge er in Jeans und T-Shirts. Mit seinem langen Haar und dem Bart würde er dann gar nicht auffallen.

Ich aber würde ihn sofort erkennen. Ich würde zu ihm laufen und ihm die Hand geben und sagen: „Guten Tag, Jesus! Schön, dass du da bist."

Er würde nicht über mein Gestotter lachen, wie die anderen in meiner Klasse. Aber ich würde ja auch gar nicht stottern! Nicht vor ihm. Weil ich keine Angst vor ihm hätte. Ich stelle mir vor, dass er sagen würde: „Da bist du ja, Stefan. Ich habe schon auf dich gewartet." Und sein Gesicht wäre voller Freude.

Wir würden uns an der Hand halten und durch die Fußgängerzone bummeln. Und die ganze Zeit vergäße ich die Schaufenster – sogar die, in denen Computerspiele zu sehen sind.

Ich würde niemanden verraten, dass du da bist, Jesus, auch wenn mir das schwer fiele. Oder hättest du lieber, dass ich es in alle Welt hinausschreie? Wie du willst, Jesus, ganz wie du willst.

Ich träume oft davon, dass ich dich treffe. Komm, Jesus! Trau dich! Sie werden dir diesmal nichts tun. Ich bin ja bei dir. Fürchte dich nicht!

Gudrun Pausewang

Der Löwenzahn

Inhalt:	Ein Erwachsener beobachtet ein Kind. Es scheint mit einem Löwenzahn zu sprechen, der durch den Asphalt gebrochen ist, um mitten im Lärm zu blühen. Der Alltag ist verwandelt.
Stichworte:	Erwachsener – Kind – Löwenzahn – Gespräch – Leben – Kraft – Verzauberung – Wunder
Alter:	ab 14 Jahren

Was wir täglich tun, wird leicht alltäglich, und das Alltägliche macht leicht Verdruss. Nur allzu oft haben wir verlernt, das Besondere im Alltäglichen zu erfahren. Und, Freunde, die Geschichte, die ich erzähle, hat mir klar gemacht: Die wirklichen Wunder sind leise und – sie finden im Alltag statt.

An jedem Tag war ich diesen Weg gegangen, wie man eben Wege macht, um stets dieselben Ziele zu erreichen, die Schule, den Betrieb, das Geschäft oder die Bank im Park. So war es auch mit meinem Weg, es gab eigentlich nichts Neues, ich kannte die Ecken, die Schilder, die Unebenheiten, die Bäume und Sträucher, ja sogar die Menschen, die ebenso täglich mit mir auf dem Wege waren bis zu diesem Tag, als ich fast über das Kind gestolpert wäre, das vor mir hockte und mit winzigen, behutsamen Gesten, wie staunende Kinder es tun, offensichtlich ein wichtiges Gespräch führte. Ich verstand die Worte nicht, aber ich sah den Partner: einen Löwenzahn mit saftig grünen Blättern, fetten gelben Blüten und einer dicken wolligen Pusteblume. Erst Augenblicke später merkte ich, dass ich neben dem Kind hockte und begeistert dem Zwiegespräch folgte, das keine richtigen Worte hatte. Doch könnte ich mir denken, dass es etwa so gewesen sein muss: „Du", sagte der Löwenzahn, „ich finde es unheimlich prima, dass du mich entdeckt hast. Das ist mir so noch nie passiert!"

„Und ich finde", meinte das Kind. „dass du ganz toll aussiehst."

„Meinst du das ernst?", fragte der Löwenzahn. „Oder willst du mich nur trösten, weil ich hier ziemlich allein herumstehe?"

„Was ist das, trösten?", fragte das Kind.

„Ist schon gut", beeilte sich der Löwenzahn einzuwerfen, „ich wollte nur wissen, warum du mit mir redest."

„Einfach so!", sagte das Kind.

Vielleicht war ich zu sehr Erwachsener, als ich mir das Gespräch der beiden so vorstellte. Aber ich dachte: Da hat es solch ein kleiner Kerl von Löwenzahn gewagt, durch den Asphalt zu brechen, um mitten im Lärm zu blühen. Und jemand anders, ein Kind, hat es gewagt, einen Erwachsenen ins Stolpern zu bringen, weil die beiden in Beziehung zueinander traten.

Und ich kam ins Stolpern, aber anders als sonst: Ich begriff neu etwas von der Kraft des Lebens, die durch Verhärtungen bricht, mitten im Lärm. Ob man erst sehr klein werden muss? „Einfach so?"
Und dann sah ich, wie das Kind die kleinen Fallschirme der Pusteblume in den Wind entließ. Einfach so. Und irgendwo verwandeln sie wieder den Alltag.

Peter Spangenberg

Noch immer

Noch immer
sehe ich die Knospen schwellen,
noch immer
taumeln junge Falter in den Wind,
und aus der Erde
brechen immer neue Quellen,
und immer wieder
schreit ein neugebornes Kind.

Die Sonne hört nicht auf
zu sinken und zu steigen,
der Frühling birst in Fülle,
so wie jedes Jahr.
Ich singe, juble, schrei' –
wie könnte ich auch schweigen?
Noch leb ich ja.
Und das ist wunderbar.

Gudrun Pausewang

Stichwortverzeichnis

Aberglaube 414
Ablehnung 156
Ablösung 46
Abschied 36
Abwehr 131
Adoption 336
Adoptiveltern 59
Adoptivkind 59
Advent 344, 346
Afrika 261, 419
Aggression 33, 234
Aggressivität 79, 139, 163, 361
Ahnen 433
Aktion 86
Allein erziehende Mutter 38, 295, 348
Allein erziehender Vater 134
Allein sein 18, 183
Alpträume 435
Alte/Junge 169
Alter 50, 143
Alter von Menschen 306
Alter von Steinen 306
Alternatives Leben 282
Altersheim 350
Andere Richtung 103
Anders werden 36
Anerkennung 20, 93, 134
Angabe 89
Angenommen werden 43, 87
Angesteckt werden 364
Angst 85, 87, 89, 206, 222, 288, 318, 403, 436
Angstträume 86
Angstüberwindung 85
Anklage 384
Ankunft 346

Annehmen 139, 200, 436
Anpassung 208, 430
Anpöbelung 172
Anteilnahme 167
Antisemitismus 221
Apfelbaum 433
Arbeitslosigkeit 152, 428
Argentinien 298
Arm/reich 342
Armut 98, 124, 188, 269, 303, 408
Armutsgesellschaft 265
Asylbewerber/innen 163, 167
Atomunfall 288
Aufbruch 98
Aufgehoben sein 401
„Aufscheinen" Gottes 401
Aufwachen im Traum 435
Ausbeutung 74, 300
Auschwitz 327
Ausländer(in) 169, 172
Ausländerfeindlichkeit 152
Aussaat 277
Außenseiter(in) 63, 134, 139, 146, 156, 188
Aussichtslosigkeit 191

Baum 245, 253, 282, 373
Bedrohungen 221
Bedürftigkeit 267
Befreit sein 85
Behelfsheim 354
Behindertes Mädchen 183
Behinderung 193, 368, 384
Behutsamkeit 277
Bekenntnis 381
Belastung 50

Berberteppich 300
Beruf 162
Beschimpfung 321
Beschwerde 379
Besitz 430
Betroffenheit 399
Betrug 43
Betteln 290
Bewahren 245, 282
Bewegung 373
Bewunderung 80
Bild 433
Blind sein 372
Blumen 249
Bomben 222, 234
Bombenkrieg 354
Bosheit 79
Bosnienflüchtlinge 156
Brandstiftung 200
Brasilien 303
Brot 211, 266, 267, 269
Bruder 379, 380
Brunnen 261
Brutalität 215

Christen 422
Christentum 408, 419

Dank 257, 341, 394
Dankbarkeit 354
Demagogie 204
Demonstration 152, 237
Demut 381
Denken 76
Derwische 424
Deutsche Soldaten 218
Diakonie 408
Diebstahl 105, 290
Diebstahl in der Familie 57
Dienst 408
Diktatur 318

Down Syndrom 194
Drogenmilieu 191
Drogenproblematik 191
Dunkel 344
Dürre 261, 396

Ehrfurcht 253, 381, 403
Ehrgeiz 308
Eigene Wohnung 97
Eigenwelt 36
Eine Welt – Dritte Welt 265, 266, 290, 298, 300, 303, 334, 336, 340, 408, 414
Einfaches Leben 354
Einsamkeit 103, 118, 143, 350, 364
Ekstase 204
Elend 188, 191, 211
Eltern 18, 39, 55, 87, 127, 308
Empfindungen 76
Endgültigkeit 398
Energie 193
Engel 396
Enkel(in) 43, 46, 48, 50, 55, 124, 167, 200, 229, 313, 350, 364
Enttäuschung 27, 122
Entzugserscheinungen 191
Erbarmen 290
Erde 277
Erdkugel 288
Erfolg 104, 178, 282, 430
Erfüllung 55
Erinnerung 46, 48, 76, 242, 354
Erschießen 218
Erschöpfung 300
Erste Zuneigung 122
Erwachsener 437
Erzählen 53
Erziehung 124, 125
Eskalation 172
Eucharistie 269

Europäer 257
Ewigkeit 307

Familie 18, 24, 27, 29, 74, 103, 176, 185, 401, 428, 430
Fanatismus 204
Fantasie 19, 70, 72, 75, 124, 163, 183, 193, 288, 429
Fantasiefigur 71
Fantasiewelt 71
Farben 435
Fasten 425
Feier 295, 313
Feindseligkeit 172
Fernsehen 313
Fest 169, 428
Fester Ort 373
Feuer 222
Fische 375
Fliegen 435
Fliegerangriff 323, 325
Flucht 325
Flüchtlingsheim 156
Folter 325
Forderungen 429
Fortschritte 178
Freie Entscheidung 124
Freiheit 318
Freizeit 313
Fremde 98
Freude 93, 97, 196, 266, 346, 396, 428, 436
Freund 113
Freundschaft 72, 114, 152, 162, 331, 334, 368, 372
Freundschaft mit den Lebewesen 257
Friede 403
Friedenssehnsucht 242
Fröhlichkeit 295, 364, 391
Froh werden 433

Führerkult 204
Fürbitte 194
Fürsorge 176
Füße 373
Fußwaschung 194

Garten 257, 396, 403
Gärtner 249
Gaskammer 327
Gastfreundschaft 167
Gebet 218, 327, 393, 394, 408, 414
Geboren werden 394
Geborgenheit 97, 344, 435
Gebraucht werden 350
Geburtstag 295
Gedankenlosigkeit 386
Gefahr 104
Gefährdung 253
Gefangene 431
Gefängnis 290
Gefängnisstrafe 146
Gegenwart 167, 436
Geheimnis 433, 436
Gehen 372, 373
Gehirn 76
Geistig und körperlich Behinderte(r) 176
Geistig Behinderte(r) 178, 194
Gelähmt sein 372
Geld 105
Gemeinschaft 18, 163
Gemeinschaft aller Menschen auf der Erde 152
Generation 50, 143, 237, 253
Genossenschaft 414
Genügsamkeit 124
Gerechtigkeit/ Ungerechtigkeit 188, 414
Gern haben 113
Gesang 431

Geschaffen sein   394
Geschäftsmann   430
Geschenk   74, 295, 341 347
Geschwisterfürsorge   93
Geschwisterkonflikt   33
Gespräch   437
Gestapo   325
Gewalt   237
Gewissheit   401
Gewittergott   377
Glaube   290, 394
Gläubigkeit   422
Glück   18, 33, 38, 194, 350, 394, 428, 435
Gnade   381
Gott   78, 344, 375, 377, 379, 393, 394, 433
Gott der Güte   377
Gott im Himmel wohnend   377
Gott in der Natur sich offenbarend   377
Gottesbilder   377
Gottesfeindschaft   389
Gottesferne   389
Gottesname   386, 424
Gottesverbindung   424
Gotteszeichen   391
Gottsuche   380
Großfamilie   419
Großmutter   43, 46, 50, 86, 167, 185, 200, 313, 350, 364
Großneffe   282
Großonkel   282
Großstadt   271
Großvater   48, 50, 53, 55, 124, 229, 364
Großzügigkeit   46
Gruppenzwang   24
Grußkarten   348

Hass   139

Haus   169
Hausbesetzung   191
Hausmann   27
Heiligung   313
Heimat   98
Heimliche Freundschaft   118
Heiterkeit   428
Helfen (gegenseitig)   277, 372
Heroin   191
Herrlichkeit Gottes   381
Herzenswärme   46
Hilfe   211, 290, 325, 408
Hilfe für ausländische Kinder   342
Hilfe für den Nächsten   185
Hilflosigkeit   50
Hilfsorganisationen   185
Hinterhältigkeit   389
Hirnschädigung   178
Hitler   204
Hitlerjugend   204
Hitlerzeit   208
Hoffnung   55, 146, 156, 242, 269, 368, 401, 403
Holocaust-Überlebender   221
Hören   429
Hunger   265, 266, 269, 290, 300, 408

Ich-Identität   68
Ich-Stärkung   134
Identität   75, 78
Identitätskonflikt   59
Identitätskrise   79, 80
Indianer   257
Indien   266, 290
Indiobauer   414
Integration   134
Internationale   206

Jenseits   403
Jesus   425, 436

Jesuskind 346
Judenjunge 218
Jüdischer Junge 321, 323, 331
Jugendliche 191
Jugendliebe 131
Junge 87, 97, 98, 122, 271, 372, 393
Junge Frau 128
Junge Juden 325
Junge/Mädchen 89
Jüngerer Bruder 36

Kalkutta 290
Karstland 396
Kind 19, 20, 29, 39, 53, 74, 78, 85, 86, 127, 128, 185, 394, 437
Kinder als Entwicklungshelfer 261
Kinder der Wohlstandsgesellschaft 308
Kinderarbeit 290, 300
Kinderbande 368
Kinderprostitution 303
Kindesmisshandlung 63
Kindheitserlebnisse 146
Kirche 426
Klage 74
Klage Israels 327
Klassensprecher(in) 137
Kleinwüchsigkeit 118
Kloster 414, 424
Konflikt 24
Konventionen 24, 125
Konzentrationslager 206
Körper 70
Kostbarkeit 260
KPD-Verbot 206
Kraft 437
Krankheit 408, 414
Kreativität 122
Kreatur 277

Krematorium 327
Kreuz 399
Kreuzigung 426
Krieg 237, 242, 288, 323
Kriegsende 325
Kriegsgefangenschaft 211
Kriegsrealität 234
Kriegsteilnehmer 229
Kriegstote 229
Krise 114
Kritik 29
Kruzifix 426

Lager 211
Land Israel als Hoffnung 331
Landflucht 290
Landstreicher 373
Law and Order 172
Leben 403, 433, 437
Leben bei Gott 422
Leben nach dem Tod 401
Lebenselement 375
Lebensfreude 193
Lebensgenuss 403
Lebensmittel 340
Lebensmut 364, 372
Lebensraum 271
Lebenszeit 316, 401
Lehrer 63, 139
Leichtigkeit 373, 429
Leistung 308
Lernverweigerung 139
Licht 344
Liebe 43, 57, 176, 200, 267, 282, 347, 348, 401, 429
Liebe zu Allah 425
Liebe zu Gott 425
List 21
Lob 393
Löwenzahn 437
Luftangriff 222

Luftschutzkeller 222

Mädchen 70, 75, 80, 114, 122, 150, 193, 372, 396
Magie 414
Mangel 265
Mangelndes Selbstvertrauen 129
Manipulation 208
Märchen 313, 435
Martin von Tours 341
Martinszug 342
Massen 204
Medizinmann 414
Mensch 375
Mensch im Mittelpunkt 78
Menschlichkeit 218
Militarist 215
Missachtung 134
Missbrauch 386
Misserfolg 27
Misshandlung 321
Missionsschule 419
Missionsschwester 408, 414, 419
Missionsstation 408, 419
Miteinander essen 18
Miteinander sprechen 414
Mitleid 218, 298
Mörder 229
Müllkind 290
Musik 429, 433
Muslim 422, 424, 425
Mut 55, 89, 218, 321, 414
Mut machen 39
Mutter 29, 85, 113, 150, 178, 394
Mutter für die Kinder Gottes 419

Nachkriegszeit 331
Nächstenliebe 408
Nacht 85
Nägel 426

Nähe der Religionen 425
Namenstag 341
Natürliches Leben 127
Naturverbundenheit 282
Nazilieder 206
Nazizeit 204, 206, 321, 323, 325
Nervenversagen 222
Neue Aktivität 364
Neue Lehrerin (positiv) 134
Neue Rolle 33
Neue Wege 103
Nicht abgeben können 381
Nicht verstehen 113
Not 277, 298, 300, 408
Notlüge 93

Obdachloser 185
Obdachlosigkeit 354
Orden 215
Ostern 364

Panik 403
Paradies 396
Parteigenosse 323
Partnerschaft 124
Patriarch 27
Pferd 271
Pflanzen 245, 282
Pflege 196, 249, 277
Pflegekind 57
Priester 269
Prostitution 191
Protest 215, 237

Qualifikation 162
Qualitäten 137

Rampe 327
Reales Aufwachen 435
Realität 19
Realitätsgehalt 53

Regen 261
Regenbogen 391
Reichtum 347
Resignation 200, 361, 403
Respekt 21
Rettung 253
Reue 105, 368
Risiko 104
Rollstuhl 176, 193
Rowdytum 361
Rücksichtnahme 169
Ruhe 403, 431
Russen 211, 431
Russland 229

Sabbat 331
Samen 277
Satt sein 265
Satt werden 269
Schalom 169
Schlechte Zensur 87
Schmerz 57, 113, 131, 364
Schnelligkeit 307
Schock 426
Schöpfung 257, 282, 393, 433
Schuld 105, 131, 381
Schule 24, 63, 89, 134, 137, 139, 156
Schüler 398
Schulprobleme 188
Schulschwäche 200
Schwarz/Weiß 334
Schwarzes Kind 336
Schwererziehbare 361
Schwermut 431
Schwerstmehrfachbehinderter 196
Schwester 33, 178, 379, 380
Schwindelei 72
Seelenfrieden 183
Sehen 372
Sehnsucht 98, 396, 430

Selbsterkenntnis 379
Selbsthilfe 414
Selbstüberwindung 295
Selbstverleugnung 118
Selbstwertgefühl 80
Sextourismus 303
„Show" 361
Sich annehmen 68
Sich bekennen 93
Sich distanzieren 46
Sich erinnern 229, 267
Sichtbarkeit Gottes 381
Sich trauen 172
Singen 206, 391, 428, 433
Sinnhaftigkeit 78
Sinnlosigkeit 229
Slum 269, 290, 298, 303
Sohn 27, 38
Söhne 21
Solidarität 39, 150
Sonntag 313
Soziale Not 188
Sparen 295
Spott 36, 118, 436
Sprachbarrieren 163
Sprache 178
Sprachschwierigkeiten 156
Spuk 85
Spuren Gottes 380
SS 327
Stammesreligion 419
Starrköpfigkeit 131
Staunen 391
Sterbebegleitung 401
Stille 344
Stottern 436
Straffälligkeit 200
Straßenkinder 298
Streit 55
Strenge 43, 125
Südamerika 396, 408

Symbolhandlung 194

Tagesheimstätte 176
Tagtraum 75, 436
Tante 127
Tanz/tanzen 391, 424, 428, 433
Taubheit 429
Teilen 269, 341
Teilen von Kopfarbeit 342
Teppich knüpfen 300
Termine 308
Teufelskreis 298
Theodizee 384
Tierquälerei 193
Tisch 18
Tochter 18, 295, 348
Tod 234, 290, 323, 364, 401, 403
Todesangst 218
Todeskampf 327
Tödliche Verzweiflung 327
Toleranz 169
„Tollhaus" Schule 361
Tor 403
Töten 215, 229
Touristen 298
Trauer 364
Traum/träumen 396, 429, 433, 435
Trauma 163
Traumwelten 183
Trockenheit 261
Trost 384, 422, 431
Trümmer 222
Tschernobyl 288
Tür 55
Türke 162
Türkenkinder 150

Überfluss 265, 295
Überlebenskampf 298
Übermacht 313

Überversorgung 127
Überwindung 33
Umwelt 288
Unachtsamkeit 398
Unauffälligkeit 436
Unbefangenheit 127
Unbeirrbarkeit 103
Unbelehrbarkeit 215
Unendlichkeit 78
Unfalltod 398, 399, 422
Ungerechtigkeit 340
Unglaube 389
Universum 288
Universum im Kleinen 78
Unmut 29
Unterdrückung 318
Unterlassene Hilfe 188
Unterrichtsstörung 139
Untersuchungshaft 200
Unterwegs sein 373, 429
Unverständnis 426
Unwiderruflichkeit 399
Urenkel 277
Urgroßmutter 237, 277
Utopie 396

Vagabund 430
Vater 20, 21, 27, 29, 38, 78, 113
Verachtung 93, 146
Veränderung 19
Verantwortung 188
Verantwortung des Einzelnen 185
Verbrennen von lebenden Menschen im KZ 331
Verdächtigung 105, 318
Verführung 204, 206
Verführung von Kindern 389
Vergangenheit 167, 306, 307, 433
Vergänglichkeit 307

Stichwortverzeichnis 447

Vergebensbitte 368
Vergebung 57
Vergessen wollen 288
Verhaftung 325
Verleugnung 368
Verleumdung 122, 318
Verlorenheit 87, 364
Verlust 113, 131
Verlust Gottes 381
Verlustanzeige 313
Vernachlässigung 139, 348
Vernichtung 234
Verplante Zeit 308
Versagen 139
Verschwendung 260
Verständigung 163
Verständnis 436
Verstehen 433
Verstörung 368
Versuchung 105
Verteidigung 321
Verteilung 340
Vertrauen 137, 139, 163, 245
Vertreibung 103
Verwahrlosung 134, 298
Verwandlung 75
Verwirrung 50
Verzauberung 48, 436, 437
Verzicht 38, 93, 271, 295
Verzweiflung 39, 191, 384
Veteranen 215
Videospiel 234
Vielseitigkeit 48
Vietnamese 426
Vietnamkrieg 215
Vorurteil 150, 163, 336

Wachsen 245, 277
Waffen 288
Wagnis 98, 104, 178
Wahl 208

Wahrnehmen 143, 277
Wandlung 29
Wärme 38, 344
Warschauer Getto 218
Warten 346
Wasser 249, 260, 375, 396
Weg 104
Weihnachten 234, 300, 347, 348, 350, 354, 381
Weihnachtsfeier 361
Weißer Mann 316
Weitergeben 267
Weites Herz 419
Welt 70
Weltall 78
Weltverbesserung 185
Werbung 348
Widerstand 125, 208, 237
Wieder gutmachen 105
Winzigkeit 307
Wir-Gefühl 163
Wohlstand 300
Wohlstandsgesellschaft 127, 265
Wohngemeinschaft 169
Wunder 277, 437
Wunsch 271, 347, 348
Wunsch, anders zu sein 79
Wurzeln 373

Zärtlichkeit 129
Zeit 306, 307, 316, 348
Zeitmangel 316
Zeitmaschine (Uhr) 316
Zeitzeuge 221
Zerstörung 234, 242, 403
Zerstörungswut 361
Zivilcourage 150
Zivildienstleistender 196
Zufriedenheit 124
Zu Hause 87
Zu Hause sein 373

Zuhören 143
Zukunft 167, 245, 288, 306, 307, 433
Zuneigung 128, 347
Zurücksetzung 200
Zutrauen 196
Zuwendung 129, 139, 146, 156, 167, 176, 194
Zweifel 53
Zweiter Weltkrieg 211, 215, 218, 222, 229, 431
Zynismus 323

Übersicht über den Einsatz der Texte in den Altersstufen

Die Altersangaben sind lediglich Anhaltspunkte. Sie variieren im konkreten Fall je nach dem Auffassungsvermögen des Kindes bzw. der Lerngruppe.

Texte möglich ab 6 Jahren:

18, 19, 20, 33, 68, 71, 72, 74, 85, 86, 176, 260, 306, 340, 341, 346, 379, 393, 394

Texte möglich ab 7 Jahren:

21, 27, 43, 57, 80, 97, 150, 193, 234, 249, 253, 266, 290, 336, 344, 391

Texte möglich ab 8 Jahren:

36, 38, 39, 50, 55, 59, 70, 87, 89, 93, 98, 105, 113, 114, 124, 125, 127, 128, 134, 137, 143, 152, 156, 163, 178, 185, 245, 261, 265, 277, 295, 313, 342, 364, 372, 380, 384, 398, 399, 408, 419, 428, 436

Texte möglich ab 9 Jahren:

29, 146, 167, 169, 183, 188, 218, 229, 298, 300, 308, 348, 354, 377, 386, 401, 414, 426, 435

Texte möglich ab 10 Jahren:

24, 53, 63, 75, 76, 78, 79, 103, 104, 118, 129, 139, 200, 222, 237, 267, 269, 288, 303, 307, 313, 331, 347, 350, 368, 373, 375, 422

Texte möglich ab 12 Jahren:

48, 122, 172, 194, 196, 204, 206, 208, 211, 215, 221, 257, 271, 282, 316, 321, 323, 325, 334, 361, 381, 389, 396, 403, 431, 433

Texte möglich ab 14 Jahren:

46, 131, 162, 191, 242, 318, 327, 381, 424, 425, 429, 430, 433, 437

Autoren- und Quellenverzeichnis

Nachstehenden Autoren und Verlagen danken wir für freundlich erteilte Abdruckerlaubnis:

Anja, 14 Jahre
Ein Tag in meiner realen Hölle S. 191, aus: „Suchen tut mich keiner – Texte, Protokolle und Interviews von Straßenkindern in Deutschland", Karuna E.V. – Zeitdruck Verlag, Berlin

Aries, Wolf D.
Zwei Freunde S. 162, © beim Autor

Auer, Martin
Früher war alles ganz anders (G) S. 306, aus: „Joscha unterm Baum", Verlag St. Gabriel Mödling, 1994

Aus Afrika
Seligpreisungen eines alten Menschen (G) S. 144

Aus einem australischen Märchen
Von den Tagen, die im Traum zu uns sprechen S. 433, entnommen aus: „Märchen der Südsee", Verlag Werner Dausien, Hanau

Aus einer alten Klosterschrift
Die Fische im Fluss S. 375

Ausländer, Rose
Bekenntnis (G) S. 395, aus: dies., „Hügel aus Äther unwiderruflich. Gedichte und Prosa 1966–1975", © S. Fischer Verlag GmbH, Frankfurt/Main 1984 – Glauben II S. 408, aus: dies., „Ich höre das Herz des Oleanders. Gedichte 1977–1979", © S. Fischer Verlag GmbH Frankfurt/Main, 1984

Banscherus, Jürgen
Der Klassenaufsatz S. 118, © beim Autor

Baumann, Hans
Was ist das Leben? (G) S. 371; Lied für jeden Tag (G) S. 376, © beim Autor

Becker, Antoinette
Gespräch mit der sehr alten Tante Emmy S. 401, aus: „Ich will etwas vom Tod wissen", Reihe ‚Ich und die Welt', Otto Maier Buchverlag, Ravensburg; Shalom David S. 331, © bei der Autorin

Becker, Elfriede
Eine Bombengeschichte S. 234, aus: Becker/Fuchshuber, „Ein Ort in allen vier Winden", Verlag Ernst Kaufmann, Lahr; Zweimal Brot und zweimal Milch S. 266, aus: R. O. Wiemer (Hrsg.), „Wo wir Menschen sind", Pädagogischer Verlag Schwann, Düsseldorf, © bei der Autorin

Begay, Jimmie C.
Wenn wir der Erde etwas wegnehmen S. 281, aus: Recheis/Bydlinski, „Weißt du, dass die Bäume reden?", Verlag Herder, Freiburg, 24. Auflage 1996

Bischof Hippolyt von Rom
Der Baum (G) S. 245

Boge-Erli, Nortrud
Marijana und die neuen Wörter S. 156, © bei der Autorin

Boie, Kirsten
Mittwochs darf ich spielen S. 308, Ausschnitt aus: „Mittwochs darf ich spielen", Verlag Friedrich Oetinger, Hamburg

Bolliger, Max
Was du nicht sehen kannst (G) S. 375; Was du alles kannst (G) S. 67; Wie alt bist du? S. 306, © beim Autor

Bolte, Karin
Die Sache mit dem Geld S. 105, © bei der Autorin

Bottländer, Jennifer
Keine Zeit für Märchen S. 313

Brecht, Bertolt
Ihr, die ihr auftauchen werdet (G) S. 204, aus: Gesammelte Werke „An die Nachgeborenen III"; Sie sägen die Äste ab (G) S. 290, aus: Gesammelte Werke „Exil III", © Suhrkamp Verlag Frankfurt am Main 1976

Brender, Irmela
Wir (G), S. 109 aus: Jutta Modler (Hrsg.), „Brücken bauen", Verlag Herder, Wien, 3. Auflage 1991

Bröger, Achim
Na und!? S. 178, aus: Jutta Modler (Hrsg.), „Brücken bauen", Verlag Herder, Wien, 3. Auflage 1991

Bruckner, Winfried
Mach mich klein wie eine Maus S. 218, aus: Winfried Bruckner, „Die toten Engel", © 1963 by Verlag Jungbrunnen, Wien – München

Buber, Martin
Früher S. 381, aus: „Die Erzählungen der Chassidim", Manesse Bibliothek der Weltliteratur, Manesse Verlag, Zürich, 1949

Bull, Bruno Horst
Dinis Christfest-Wunsch S. 347, © beim Autor

Burton, Jimalee
Der Jäger spricht den Hirsch an (G) S. 255, aus: Recheis/Bydlinski, „Weißt du, dass die Bäume reden?", Verlag Herder, Freiburg, 24. Auflage 1996

Buzati, Dino
Die Nacht im Dom S. 381, aus: „Geboren ward das Licht", Agentur des Rauhen Hauses, Hamburg

Carell, Marcus
Realitätsgefühl (G) S. 92, © beim Autor

Du bist du S. 109

El Loko
Was willst du noch? (G) S. 339, Gedichtauszug, aus: El Loko, „Mawuena", Gedichte und Holzschnitte, Eigenverlag, Duisburg, 1983

Fährmann, Willi
Nur ein schmaler Spalt S. 211, © beim Autor

Förster, Monika
Die Geschichte vom wundersamen Garten S. 403, © bei der Autorin

Franck, Ed
Ein Vater für den Trödelmarkt S. 27, © Clavis Verlag, Hasselt – deutsche Fassung entnommen: aus: R. Portmann, „Mut tut gut", Arena Verlag, Würzburg

Fuchs, Ursula
Lucias Vater S. 152, aus: Jo Pestum (Hrsg.), „Der Feuertopf". Geschichten vom Anderssein, © 1994 Verlag Heinrich Ellermann, München

Fühmann, Franz
Diese Angst (G) S. 288

Gadieja, Südafrika
Was ist Liebe? (G) S. 130

Gemici, Bahattin
Meine Heimat ist hier S. 150

Ghazali, Abu Hamid
Mit euch zusammen S. 425 aus: Hubertus Halbfas, „Der Sprung in den Brunnen", Patmos Verlag Düsseldorf 1996 (Neuausgabe)

Grossberg, Schlomith
Friede (G) S. 243, aus: „Wir wollen Frieden", hg. von der American Publishing Co. 1974

Große-Oetringhaus, Hans Martin
O du fröhliche, o du selige S. 300, © beim Autor

Guder, Rudolf
Ganz anders (G) S. 248, © beim Autor

Guggenmos, Josef
Ohne uns (G) S. 396; aus: Hans Joachim Gelberg, „Die Erde ist mein Haus", Beltz Verlag Weinheim und Basel – Programm Beltz & Gelberg, Weinheim; Die Tulpe (G) S. 363, © beim Autor

Haberhausen, Heribert
Jedem kann man nicht helfen S. 277, aus: H. Haberhausen, „Das Staunen nicht verlieren", Patmos Verlag, Düsseldorf, 2. Auflage 1996

Häuptling Seattle
Diese Erde ist uns heilig (G) S. 256

Hausmann, Manfred
Stern unter Sternen S. 21, aus: Peter Härtling (Hrsg.) „Die Väter", © S. Fischer Verlag GmbH, Frankfurt am Main, 1968

Heinemann, Gustav
Ich weiß nicht, wie Gott aussieht S. 376, zit. nach G. Miller, „Glaubensunterweisung im 9. Schuljahr", Kösel Verlag, München 1972

Hetmann, Frederik
Der Mann mit dem einen Arm S. 215; Eine ziemlich haarige Geschichte S. 24 aus: „Die Dicken und die Dünnen", Carl Bertelsmann Verlag, München, © beim Autor

Heyne, Isolde
Das Versprechen S. 295, © bei der Autorin

Höly, Claudia
Manchmal (G) S. 68, aus: Hans-Joachim Gelberg (Hrsg.), „Was für ein Glück", 1993 Beltz Verlag Weinheim und Basel – Programm Beltz & Gelberg, Weinheim

Hogan, Linda
Geburt eines Fohlens S. 270, aus: Recheis/Bydlinski, „Freundschaft mit der Erde", Verlag Herder, Freiburg, 6. Auflage 1995

Hohmann, Rainer
Trotzdem (G) S. 145, © beim Autor

Hollweck, Sepp
Hannes S. 194, aus: Lene Mayer-Skumanz (Hrsg.), „Hoffentlich bald", Verlag Herder, Wien, 1983

Indianisch
Gebet an den jungen Zedernbaum S. 255; Großvater und ich (G) S. 48, aus: „Weißt du, dass die Bäume reden?", Verlag Herder, Freiburg 24. Auflage 1996

Kardinal Franz König
Die beiden Töpfe S. 389, aus: Lene Mayer-Skumanz (Hrsg.), „Hoffentlich bald", Verlag Herder, Wien 1983

Kazantzakis, Nikos
Ach! S. 424, aus: „Im Zauber der griechischen Landschaft", © by F. A. Herbig Verlagsbuchhandlung GmbH, München

Kilian, Susanne
Angst S. 87; Die Zeit und Lena mittendrin S. 307; Erinnerung an einen Apfelbaum S. 433; Etwas vom Denken S. 76; Wissen und Vergessen S. 288; Träumen S. 435; aus: Susanne Kilian, „Kinderkram", 1987 Beltz Verlag, Weinheim und Basel – Programm Beltz & Gelberg, Weinheim

Kinder aus dem ehemaligen Jugoslawien schreiben gegen den Krieg:
1. Sandra, 10 Jahre, Wenn ich durch unsere Stadt laufe S. 227; 2. Alik, 13 Jahre, Die Soldaten befahlen uns S. 227; 3. Roberto, 10 Jahre, Wenn ich Präsident wäre S. 228; 4. Edina, 12 Jahre, An alle Kinder in der Welt S. 228; aus: „Ich träume vom Frieden", © 1994 UNICEF Köln

Kneip, Jakob
Der Gewaltige und der Gütige S. 377, aus: H. A. Mertens, „Die Messiastrompete", München, 1968

Köbler, Fritz
Erwartungen (G) S. 150; Gebet (G) S. 83; Medium (G) S. 312, © beim Autor

Korczak, Janusz
Der Frühling und das Kind S. 242, aus: Janusz Korczak, „Von Kindern und anderen Vorbildern" (GTB 1084), Gütersloher Verlagshaus, Gütersloh, 1. Auflage 1991

Kötter, Ingrid
Welt-Themen S. 265, © bei der Autorin

Kremer, Eva Maria
Das Rattenkind S. 290; Das weite Herz S. 419, aus: Kremer, Eva Maria, „Weihnachten hat viele Gesichter", rex verlag, Luzern/Stuttgart, 1979

Krenzer, Rolf
Canillitas S. 298, aus: „Komm, wir gehen Hand in Hand", Lahn Verlag, Limburg; Ein Haus des Friedens S. 198, aus: „Die schönsten Geschichten zur Oster- und Frühlingszeit", Herder Verlag, Freiburg, 1977; Für diesen Erik bist du da S. 198, aus: „Wir zwei", Lahn Verlag, Limburg; Vom Singen und Tanzen S. 391, aus: „Wir kleinen Menschenkinder", Menschenkinder Verlag, Münster, © beim Autor – Das Licht der Kerze S. 344, aus: „Der Adventsbaum", © Verlag Ernst Kaufmann, Lahr; Die Geschichte von dem Kind und dem Bild S. 20; Die Geschichte von Gott und dem Kind S. 394; Ein Wunder S. 406; Mitten in der Nacht S. 84; Wer einen Freund hat S. 111; Wer eine Freundin hat S. 112; aus: „Freue dich auf jeden Tag", © Echter Verlag, Würzburg, 1996

Krüss, James
Lied des Menschen (G) S. 59, © Internationaal Literatuur Bureau BV, Hilversum

Kruse, Sigrid
Hinter der Tür S. 50, aus: Hans-Joachim Gelberg (Hrsg.) „Die Erde ist mein Haus", 1988, Beltz Verlag, Weinheim und Basel – Programm Beltz & Gelberg, Weinheim

Kulick, Hartmut
David S. 336; Telefonstreich S. 143; Warten auf Daniel S. 398, © beim Autor

Leserbrief eines Auschwitz-Überlebenden
Du wirst bald abgeholt S. 221, entnommen aus: DIE ZEIT 3/1996

Lopez, Alonzo
Ich weine vor Durst (G) S. 259, aus: Recheis/Bydlinski, „Weißt du, dass die Bäume reden?", Verlag Herder, Freiburg, 24. Auflage 1996

Magiera, Kurtmartin
Dieser Mensch war ein Schwarzer S. 334, © beim Autor

Mai, Manfred
Die Sache mit Harald Weißmann S. 63, aus: Manfred Mai, „Mutmach-Geschichten", © by Ravensburger Buchverlag 1985; Etwas ganz anderes S. 150; Vertrauen schenken S. 137, © beim Autor

Mayer-Skumanz, Lene
Ibrahim S. 422; Jakob betet S. 393; Jakob wartet auf Weihnachten S. 346; Martin S. 341; Tino denkt nach S. 68; Tino sucht den lieben Gott S. 380; Tino und das Telefon S. 379; Wie der Bauer Matias begann, für die eigene Sache zu reden S. 414, © bei der Autorin

Mebs, Gudrun
Judith S. 114, aus: „Meistens geht's mir gut mit dir" von Gudrun Mebs, © 1985 Verlag Nagel & Kimche AG, Zürich/Frauenfeld

Menking, Gundula
Nur ein Gefühl (G) S. 67, © bei der Autorin

Ntlhane, Elisabeth
Meine Großmutter, meine Liebe (G) S. 42, entnommen aus: Samsolidam Nr. 25/1991

Olbrich, Hiltraud
Eins zu null für Bert S. 93, © bei der Autorin

Ortiz, Simon
Was ich ihm sage S. 247, aus: Recheis/Bydlinski, „Weißt du, daß die Bäume reden?", © Verlag Herder, Freiburg, 24. Auflage 1996

Pausewang, Gudrun
Das Wagnis S. 104; Das Wunder S. 277, aus: „Entdeckungen, Glaubensgeschichten für Kinder", Signal Verlag, Baden-Baden; Noch immer S. 438; Jetzt nicht mehr S. 372, aus: „Tag für Tag und Jahr für Jahr", Lahn-Verlag, Limburg – Komm S. 436, aus: „Komm, wir gehen Hand in Hand", Lahn-Verlag, Limburg – Leben S. 406, aus: „Habt acht auf Gottes Welt",

Lahn-Verlag, Limburg – Abendmahl im Slum S. 269; Tante Ogottchen S. 386; Verpatzt S. 384, Wann reitest du wieder, Mutter Gertrudis? S. 408, aus: „Erzählbuch zum Glauben", Verlag Ernst Kaufmann, Lahr und Patmos Verlag, Düsseldorf; Früher, später, jetzt S. 167; Katrin ist viel unterwegs S. 183; So verrückt bin ich gern S. 428; Lukas in der Hundehütte S. 97, aus: „Vorlesebuch Symbole", Verlag Ernst Kaufmann, Lahr – Der Bankräuber S. 146; Ich hab niemand, der mir hilft S. 134; Unser Alois S. 139, aus: „Meine Welt", Gütersloher Verlagshaus, Gütersloh, © bei der Autorin – Universum im Universum S. 78, aus „Gottes Schöpfung uns anvertraut", © Burckhardthaus-Laetare, Offenbach – Das kann ich noch S. 350; Der oberste Brief auf dem Stapel S. 348, aus: „Der Weihnachtsmann im Kittchen"; Trotzdem S. 200, aus: „Ich hab einen Freund in Leningrad", Der Reuschebach S. 259, aus: „Es ist doch alles grün"; Die Dinkelsbacher Weihnacht S. 354; Uri auf der Demo S. 237, aus: „Frieden kommt nicht von allein" © by Ravensburger Buchverlag, Ravensburg – Ich mag mich S. 80; Ich werd mal so wie Onkel Sepp S. 282, aus: „Zärtlichkeit läßt Flügel wachsen", Ravensburger Buchverlag, Ravensburg

Peterson, Hans
Ich bin ein Baum (G) S. 244, aus: „Anna 7 Jahre", © 1987 Carlsen Verlag, Hamburg

Piontek, Heinz
Bäume (G) S. 244 (Originaltitel: „Bäume im Wind"), in H. Piontek, „Kastanien aus dem Feuer", Deutsche Verlags-Anstalt, Stuttgart, 1963, © beim Autor

Poelchau, Harald
Ralph und Rita S. 325, © beim Autor

Poeplau, Wolfgang
An meine Großmutter S. 46 (Originaltitel: „Zwieback und Pflaumenmarmelade"), © beim Autor

Pollmann, Uwe
Alles gelogen S. 303, entnommen aus: Samsolidam Nr. 29/1993

Preuss, Gunter
Der Sprung S. 89, © beim Autor

Purnell, D. J., 14 Jahre
Geh an ihm vorbei (G) S. 184, aus: „Rettungsaktion Planet Erde, Kinder der Welt zum Umweltgipfel in Rio", Bibliographisches Institut & F. A. Brockhaus AG, Mannheim

Recheis, Käthe
Danke S. 257, aus: Jutta Modler (Hrsg.), „Brücken bauen", Verlag Herder, Wien, 3. Auflage 1991

Reding, Josef
Das Schlusslicht vom St. Martins-Zug S. 342, © beim Autor

Richter, Hans-Peter
Der Angriff S. 222; Der Empfang S. 204; Der Jude S. 321; Die Internationale S. 206; Ende (1942) S. 323; Wahl S. 208, © bei Richter-Siehl

Richter, Viola
Ein Traum (G) S. 83, aus: Hans-Joachim Gelberg (Hrsg.), „Überall und neben dir", 1986 Beltz Verlag, Weinheim und Basel – Programm Beltz & Gelberg, Weinheim

Ridder, Harm H.
Kleine Schritte zum Frieden S. 57, © beim Autor

Rodari, Gianni
Die Geschichte vom jungen Krebs S. 103, aus: Gianni Rodari, „Gutenachtgeschichten am Telefon", © 1964 by K. Thienemanns Verlag, Stuttgart – Wien – Bern

Ruck-Pauquèt, Gina
Anatol S. 429; Bruno S. 430; Das arme Kind S. 38; Das gesunde Kind S. 127; Der Hund S. 74; Der Landstreicher und der Baum S. 373; Der Mann auf der Bank S. 185; Der Spuk S. 85; Der Zoo S. 72; Die Kreidestadt S. 122; Die bösen Tiere S. 86; Ein Fisch sein S. 75; Einen Baum pflanzen S. 245; Einschlafgeschichte S. 19; Essgeschichte S. 18; Liebesgeschichte S. 129; Manuel S. 36; Migi und Jannika S. 193; Migi und die Frau Schneewittchen S. 128; Migi und Onkel Kurt S. 125; Migi und Opa S. 124; Milliputanien S. 71; Morgen S. 70; Morgen werde ich aufbrechen S. 98; Morgenröte S. 271; Schlag was kaputt S. 113; Thea. 188; Worte S. 368; © bei der Autorin

Russel, Norman H.
Eins mit der Erde (G) S. 246, aus: Recheis/Bydlinski, „Auch das Gras hat ein Lied", Verlag Herder, Freiburg, 5. Gesamtauflage 1995

Scholl, Norbert
Das Lied der Gefangenen S. 431, aus: D. Petri/J. Thierfelder, „Vorlesebuch Drittes Reich", Verlag Ernst Kaufmann, Lahr – Butzon & Bercker, Kevelaer

Schroeter, Susanne von
  Alle in einem Boot S. 163; Der blaue Brief S. 43; Der Hibiskus S. 249; Die Knospe S. 364; Ein Brunnen für Afrika S. 261; Zauberfisch S. 33; © bei der Autorin; Zweimal Geburtstag S. 59, aus: Schroeter/Müller (Hrsg.), „Gelber Drachen – rufende Flöte", Verlag Herder, Freiburg, 1979

Schulze-Wegener, Günther
  Das halbe Brot S. 267, © Luther Verlag, Bielefeld

Schupp, Renate
  Etwas Unwiderrufliches S. 399, aus: E. Domay, „Vorlesebuch Symbole", Verlag Ernst Kaufmann, Lahr; Ist das gerecht? S. 340, aus: „Erzähl mir vom Glauben", Verlag Ernst Kaufmann, Lahr, Gütersloher Verlagshaus, Gütersloh; Kann Wasser aufhören? S. 260; Kruzifix S. 426, aus: E. Domay, „Vorlesebuch Symbole", Verlag Ernst Kaufmann, Lahr; Krieg ist ein schmutziges Geschäft S. 229; Kummerjan S. 39; Mamas lustiges Leben S. 29, © bei der Autorin

Schuzo, Nishio
  Hiroshima (G) S. 226, aus: Cornelius Schreiber (Hrsg.), „Hiroshima-Lyrik" Dona nobis pacem, Steinklopfer Verlag, 1957

Schwarz, Regina
  Mein Vater (G) S. 20; Wen du brauchst (G) S. 111, aus: Hans-Joachim Gelberg (Hrsg.) „Überall und neben dir", 1986 Beltz Verlag, Weinheim und Basel – Programm Beltz & Gelberg, Weinheim

Schwarz, Regine
  Traurig (G) S. 84, aus: H. Kaiser, „Vorlesebuch Leiden und Hoffen", Verlag Ernst Kaufmann, Lahr

Schwarz-Barth, André
  Tod in Auschwitz S. 327, Auszug aus: „Der Letzte der Gerechten", © S. Fischer Verlag GmbH, Frankfurt am Main, 1960

Seiffert, Dietrich
  Damals in Kukulau S. 53; Mutters Geburtstag (G) S. 29; O du fröhliche S. 361, © beim Autor

Seiterich, Thomas
  Er und sie S. 199

Siegl, Birgitt
  Was du meinst ist Gott (G) S. 378, © bei der Autorin

Singer, Charles
Wie ein Igel (G) S. 79, aus: Charles Singer, „Danke, lieber Gott", Verlag Ernst Kaufmann, Lahr und Benziger Verlag, Zürich

Spangenberg, Peter
Der Löwenzahn S. 437, © beim Autor

Südseehäuptling Tuiavii
Der Papalangi hat keine Zeit S. 316, aus: „Der Papalangi. Die Reden des Südseehäuptlings Tuiavii", Verlag Tanner & Staehlin, Zürich

Theiss, Mechtild
Der Garten S. 396; Die Tür S. 55, aus: Erhard Domay, „Vorlesebuch Symbole", Verlag Ernst Kaufmann, Lahr

Tobler, Robert
Der verlorene Sonntag S. 313, aus: Robert Tobler, „Haben Sie den Sonntag gesehen?", Benziger Verlag, Zürich, 1984

Weißenborn, Theodor
Die Züge nach Morrow S. 131, © beim Autor

Welsh, Ranate
Der Weg S. 48, aus: Hans-Joachim Gelberg (Hrsg.), „Das achte Weltwunder", 1979 Beltz Verlag, Weinheim und Basel – Programm Beltz & Gelberg, Weinheim; Stefan S. 176, aus: Welsh/Schwecke, „Stefan", © by Verlag Jungbrunnen Wien-München; Straßenbahn S. 172, © bei der Autorin

Wiemer, Rudolf Otto
Großmutter sagt (G) S. 264; Schreibstunde I Schreibstunde II S. 233; Strandgut (G) S. 236, © beim Autor

Wölfel, Ursula
In einem solchen Land S. 318, aus: Dies., „Die grauen und die grünen Felder", © 1970 Anrich Verlag GmbH, Weinheim

Woman, Papago
Die leise Stimme S. 20

Leider war es uns trotz sorgfältiger Recherchen nicht möglich, alle Rechtsinhaber ausfindig zu machen. Für Hinweise sind Verlag und Herausgeber dankbar.

Dietrich Steinwede, Dozent für Religionspädagogik i. R. Zahlreiche Religionspädagogische Veröffentlichungen; bei Kaufmann Mitherausgeber der Vorlesebücher Religon, Herausgeber der Erzählbücher zur Kirchengeschichte, Verfasser der Sachbilderbücher zur Kirchengeschichte und der Sachbilderbücher zu Bibel.

Wohnt in Bonn-Bad Godesberg

Vorlesebücher für den schulischen Gebrauch

Vorlesebücher Religion
Herausgegeben von
Dietrich Steinwede und Sabine Ruprecht
Die Texte der Vorlesebücher wurden aus der Kinderliteratur der Gegenwart ausgewählt, z. T. extra für diese Bücher geschrieben und mit Kindern erprobt. Sie bringen einen Ausschnitt aus der Vielfalt kindlichen Erlebens und menschlicher Erfahrung. Sie fordern zum Nachdenken und Gespräch heraus, die in allen Lehrplänen Parallelen haben. Sie sind nach thematischen Aspekten geordnet und ermöglichen die Deutung der Lebenserfahrung von der Gotteserfahrung her.

Vorlesebuch Religion 1
384 S. geb. ISBN 3-7806-0121-4

Vorlesebuch Religion 2
400 S. geb. ISBN 3-7606-0221-0

Vorlesebuch Religion 3
416 S. geb. ISBN 3-7806-0287-3

Arbeitshinweise – Register 1–3
Erarbeitet von Renate Ohlemacher, Sabine Ruprecht und Heidi Kaiser.
504 S. kart. ISBN 3-7806-0309-8

Vorlesebuch Fremde Religionen
Für Kinder von 8–14. Herausgegeben von Monika und Udo Tworuschka

Band 1: Judentum, Islam
470 S. geb. ISBN 3-7806-2179-7

Band 2: Buddhismus, Hinduismus
440 S. kart. ISBN 3-7806-2361-7

Symbole in den Religionen der Welt
Ein Vorlesebuch für Kinder von 8–14 Jahren
Herausgegeben
von Monika und Udo Tworuschka
352 S. geb. ISBN 3-7806-2386-2
Das Vorlesebuch bietet zu den wichtigsten religiösen Symbolen wie z. B. Licht, Feuer, Wasser, Berg, Baum, Stein usw. Geschichten für den Religionsunterricht vom dritten bis achten Schuljahr.

Erzählbuch zur Bibel 1
Theorie und Beispiele. Über 40 Beispiele für das Erzählen biblischer Geschichten und Themen bei Kindern von 6–12 in Schule und Kindergottesdienst.
Herausgegeben von Walter Neidhart und Hans Eggenberger
384 S. geb. ISBN 3-7806-0258-X

Erzählbuch zur Bibel 2
Geschichten und Texte für unsere Zeit weitererzählt.
Von Walter Neidhart
312 S. geb. ISBN 3-7806-2238-6

Erzählbuch zur Bibel 3
Geschichten und Texte für unsere Zeit neu erzählt.
Von Walter Neidhart
176 S. kart. ISBN 3-7806-2307-2

Erzählbuch zum Glauben
Die Zehn Gebote
Für Religionsunterricht, Kindergottesdienst und Familie.
Herausgegeben von Elfriede Conrad, Klaus Deßecker und Heidi Kaiser
432 S. geb. ISBN 3-7806-0451-5

Vorlesebuch Ökumene
Geschichten vom Glauben und Leben der Christen in aller Welt.
Herausgegeben von Susanne Beck, Ulrich Becker, Gerhard Büttner, Ursula Kress, Jörg Thierfelder, Helmut Zechner
586 S. geb. ISBN 3-7806-2246-7

Vorlesebuch Diakonie

Herausgegeben von Gerhard Büttner, Jörg Thierfelder, Markus Wild
368 S. geb. ISBN 3-7806-2448-6

In Form von Erzählungen, erzählenden Berichten, Briefen, Interviews etc. zeigt das Buch das breite Spektrum diakonischen Handelns und Wirkens auf. Grundsatzbeiträge zur Geschichte der Diakonie, deren biblisch-theologische Grundlagen und Bedeutung im heutigen gesellschaftlichen Kontext, ergänzen und runden den Sammelband thematisch ab.

Vorlesebuch Symbole

Geschichten zu biblischen Bildworten
Für Kinder von 6–12 Jahren
Herausgegeben von Erhard Domay
280 S. kart. ISBN 3-7806-2359-5

Erzählbuch zur Kirchengeschichte

Herausgegeben von Dietrich Steinwede

Die Bände enthalten über 140 Erzählungen und erzählende Beispiele zu den wichtigsten Daten und Epochen der Kirchengeschichte.

Band 1
Von den Anfängen des Christentums bis zum Spätmittelalter.
464 S. geb. ISBN 3-7806-0471-X

Band 2
Von der beginnenden Neuzeit bis zur Gegenwart.
576 S. geb ISBN 3-7806-0472-8

Vorlesebuch Drittes Reich

Von den Anfängen bis zum Niedergang.
Herausgegeben von Jörg Thierfelder und Dieter Petri
464 S. geb. ISBN 3-7806-2338-2

Die 150 Geschichten, Berichte und Dokumente bieten eine umfassende Materialsammlung und begleitende Hilfe zum Einsatz im Religionsunterricht.

Vorlesebuch Kirche im Dritten Reich

Anpassung und Widerstand

Herausgegeben von Jörg Thierfelder und Dieter Petri
416 S. mit Dokumenten und Fotos, geb.
ISBN 3-7806-2249-1

Das Buch besteht aus 5 Hauptkapiteln: Kirche im Zeichen der Machtergreifung (1930–1934), Zwischen Anpassung und Widerstand (1935–1939), Kirche während des Zweiten Weltkrieges – daheim, Kirche während des Zweiten Weltkrieges an der Front (1939–1945), Kirche nach dem Zusammenbruch (1945/46).

Werner Laubi
Geschichten zur Bibel
Ein Erzählbuch für Schule, Familie, Gemeinde

Saul, David, Salomo
168 S. kart. ISBN 3-7806-0445-0

Elia, Amos, Jesaja
152 S. geb. ISBN 3-7806-0479-5

Abraham, Jakob, Josef
152 S. kart. ISBN 3-7806-2145-2

Jesus von Nazaret Teil 1
144 S. geb. ISBN 3-7806-0399-3

Jesus von Nazaret Teil 2
154 S. geb. ISBN 3-7806-0396-9

Mose, Mirjam, Aaron
196 S. geb. ISBN 3-7806-2406-0

Jedes Buch enthält über 20 spannende Geschichten zu dem jeweiligen Thema. Der Autor vermittelt ein lebendiges Bild der Umwelt, des historischen Hintergrunds und der geistigreligiösen Auseinandersetzungen. Alle Geschichten fußen auf fundierten theologischen und historischen Kenntnissen, die mit Phantasie in Handlung umgesetzt wurden. Sie sind alle in der Praxis des Pfarramts und der Schule entstanden und bei Kindern, Jugendlichen und Erwachsenen erprobt.

Verlag Ernst Kaufmann

Neues Vorlesebuch Religion Band 1

Geschichten für Kinder von 6–14
Herausgegeben von Dietrich Steinwede
464 Seiten, gebunden, ISBN 3-7806-2412-5

Bei der Auswahl der Geschichten, Kurztexte und Gedichte waren neben der Verwendbarkeit im Unterricht vor allem ihre Aussagekraft und literarische Qualität maßgebend.
Einerseits werden weiterhin die Grundfragen des Daseins behandelt – Fragen nach Gerechtigkeit, Menschenwürde und Chancengleichheit, nach Toleranz und Solidarität, andererseits kommen neue Themen in den Blick, die vor 20 Jahren noch keine oder nur eine marginale Rolle gespielt haben wie z. B. Computerwelt, Genmanipulation, Aids, Asylproblematik, Arbeitslosigkeit, zunehmende Gewalt, näherrückende Kriege, Ökokatastrophen, Leben nach Tschernobyl, die Erfahrungen junger Menschen vor und nach der Wende usw.

Verlag Ernst Kaufmann